KB091862

원각과 함께하는 인생 논리학(명리학 지침서)

알기 쉽게 배우는

正統(정통) 命理學(명리학) I
槪論(개론)

알기 쉬우면서 논리적이고 체계적으로 정리하였으며,
고전(古典)을 근거(根據)로 명리학(命理學) 개론을 엮었음.

※ 고전(古典)들의 원문(原文) 및 논문 활용 근거 제시,
명리학(命理學)은 미신(迷信)이 아님을 증명(證明)하였음.

원각전통문화연구원
원각 김 형 근 철학박사

원각과 함께하는 인생 논리학

알기 쉽게 배우는
正統(정통) 命理學(명리학) Ⅰ

槪論(개론)

고전에 근거하여 정통 명리학을 제시함.

원각전통문화연구원

원각 김 형 근 철학박사

一以貫之

[학문(學問)은 하나로 연결되어 있으며, 그 하나의 이치(理致)로 인해 모든 학문(學問)이 운행(運行)된다.]

자연(自然)과 우주(宇宙)의 에너지는 서로 공존하고 있으며,

자연(自然)은 스스로 그러하여 그러할 뿐이지[自然而然]

작위(作爲)하지 않는다.

- 圓覺 金亨根 -

【 책을 마무리 하면서 】

본 책은 술(術)이 아니라, 고전(古典)에 근거(根據)하여 학(學)을 중심으로 엮었다.

책을 마무리 하면서 …

현재 책을 마무리 하면서 많은 아쉬움과 후회가 남는다.

박사논문을 완성하고도 비슷한 마음이 들었는데, 이 책을 마무리 하면서도 여전히 어딘가 허전함이 있다는 것은 아직도 학문의 소양이 부족해서 일 것이다.

사실 오래전부터 원전류를 직접 구입하거나 없는 책들은 제본을 해서 미리 준비해 왔었음에도, 약 8개월의 시간이 걸린 것을 보면 근거에 대한 많은 어려움과 갈등과 갈증이 있었기 때문이다. 명리학과 풍수지리학에 관해 10년을 넘게 강의하면서 좀 더 체계적인 내용이 필요하다는 생각을 하다가, 박사논문과 관련된 책을 먼저 내기로 했었는데, 나도 모르게 뭔가에 이끌려 이렇게 명리학 기초 관련 책을 먼저 내게 된 것은 <보이지 않는> 어떤 연유가 있을 것으로 보인다.

책의 완성도에 있어 너무 미흡한 것 같아 좀 더 질적 수준을 높여 출판하고 싶어 많은 고심을 하고 있었는데, 학생 분들의 재촉으로 인한 덕분에 <내용에 있어서는 부끄럽지만> 빨리 나오게 된 것 같아 감사의 인사를 드립니다.

향후 계속 이어질 더 나은 책들을 기대하면서 ….

2019(己亥)年 04(戊辰)月 06日(癸酉) (土)
원각전통문화원 김형근 철학박사 배상.

【 목 차 】

【 표 차 례 】

【그림차례】

제Ⅰ장. 서론(緖論)

　명리학(命理學)은 학술적 논문(論文)으로 활용할 수 있는 학문적 근거(根據)를 가지고 있다. 본 책에서는 명리학(命理學)과 관련하여 학문적 근거(根據)를 최대한 제시(提示)하면서 논(論)하고자 한다.

　고대(古代) 중국(中國)[1]은 요·순(堯·舜)시대[2]와 하·은·주(夏·殷·周)시대를 거쳐, 중국(中國) 역사상 가장 혼란했었던 춘추전국(春秋戰國)시대[3]에 접어들게 된다.

　요·순(堯·舜)시대는 왕위(王位) 선양(禪讓)을 도(道)와 덕(德)을 갖춘 신하(臣下)에게 물려줌으로써 이상국가로 여겨졌으나, 하·은·주(夏·殷·周)시대부터는 왕위(王位) 세습(世襲)이 혈연관계로 이어졌다. 주대(周代, B.C.1046~B.C.771)까지는 천자(天子)중심이면서 '예(禮)'를 존중했으나, 춘추전국(春秋戰國)시대에는 천자(天子)의 권위(權威)가 명목상으로만 남아있던 춘추(春秋, B.C.770~B.C.403)시대와 천자(天子)의 권위(權威)가 완전히 무너진 전국(戰國, B.C.403~

---

1) 필자(筆者)가 본 책에서 설명하고자 하는 내용대로 중국(中國) 역사를 간단하게 정리하면 다음과 같다. 요(堯)→순(舜)→하(夏)→은(殷)→주(周)→춘추(春秋)→전국(戰國)→진(秦)→전한(前漢)→후한(後漢)→위(魏)[삼국시대]→진(晉)→남·북조(南·北朝)→수(隨)→당(唐)→송(宋)→금(金)→원(元)→명(明)→청(淸)→중화민국(中華民國)→중화인민공화국(中華人民共和國)

2) 중국(中國) 고대(古代)의 요(堯)와 순(舜)시대를 흔히 태평성세를 표현하는 대명사로 쓰고 있다. 백성은 풍요롭고 여유로워 심지어는 군주(君主)의 존재까지도 잊고 격양가(擊壤歌)를 부르는 세상이었다고 전한다.

3) '춘추(春秋)'는 노(魯)나라 공자(孔子)의 『춘추(春秋)』에서 유래되었고, '전국(戰國)'은 한(漢)나라 유향(劉向)의 『전국책(戰國策)』에서 유래되었다. 춘추(春秋)는 제(齊)·진(晉)·초(楚)·오(吳)·월(越) 등의 나라를 춘추(春秋) 5패라고 하고, 전국(戰國)은 진(秦)·초(楚)·제(齊)·한(韓)·위(魏)·조(趙)·연(燕) 등의 나라를 전국(戰國) 7웅이라고 한다.

B.C.221)시대로 나눌 수 있다.[4)]

천자(天子)[신(神)]중심이었던 주(周)나라가 멸망하면서 춘추전국(春秋戰國)시대에는 제후(諸侯)들의 분권(分權)다툼과 전쟁으로 인한 대혼란의 시기였으며, 백성들도 신(神)[천자(天子)] 중심에서 자기 삶을 중심으로 생각하는 계기가 되었다.[5)] 이는 노자(老子)와 공자(孔子)같은 제자백가(諸子百家)들이 등장하면서부터라고 할 수 있다.

주(周)나라가 붕괴(崩壞)되면서 왕실(王室)에 있던 수많은 학자들은 각 지방으로 흩어지게 되고, 그 지방에 왕실(王室)에서만 보유했던 중요한 학문들을 보급하기 시작하였다. 각 지방의 제후(諸侯)들은 자신들의 나라를 더욱 부강(富强)하게 만들기 위해 국가(國家)와 신분(身分)에 관계없이 숨거나 흩어져 있던 제자백가(諸子百家)들을 등재(登載)하면서 다시 학문의 부흥(復興)이 일어나게 된다.

당시 시대적 상황은 청동기(靑銅器)에서 철기(鐵器)가 보급되면서 국가(國家)

---

4) 당시 시대상황을 『맹자(孟子)』에는 다음과 같이 표현 되어있다. "천(天)으로부터 주어진 덕(德)은 인간에게 그저 머무는 것이 아니라 계속적 노력으로 자기완성과 대타[공헌(貢獻)] 완성을 통하여 다시 천(天)으로 귀착되어야 하는 것이다. 천자(天子)라도 폭군이 되면 필부(匹夫)가 되며 천명(天命)으로 위(位)에서 내쫓기게 된다"고 하였다.(『孟子』「梁惠王章句下」: "曰, 賊仁者謂之賊, 賊義者謂之殘, 殘賊之人, 謂之一夫.) 이처럼 당시 천(天)이 곧 천자(天子)라고 인식되었던 시대적 상황은 천자(天子)라도 폭정(暴政)을 하게 되면 쫓겨나게 되고, 모든 중심이 신(神)의 중심에서 인간중심(人間中心)으로 변환하는 시기라고 볼 수 있으며, 이 시대의 특성은 제자백가(諸子百家)들에 의해 백성들은 스스로의 주체성과 존엄성을 가지게 되었다고 할 수 있다.

5) "인간의 활동 공간이면서 인류의 생활에 필요한 물질적 조건을 제공해주는 것이 자연(自然)이다. 그 자연(自然) 환경과 인간은 어떠한 관계를 가지고 있을까? 인류(人類)가 사유(思惟)하기 시작하면서 부딪치게 되는 가장 근원적인 문제라고 할 수 있다. 바로 인간과 자연의 관계인 것이다. 이 문제는 하늘과 인간이라는 문제로 나타난다. 언제나 천(天)과 인(人)을 연관 지어 생각했으며, 인간은 언제나 자연의 일부라고 생각해 온 것이 주된 경향이었다. 그래서 초기 정착농경사회 시기에 사람들이 느꼈던 하늘은 항상 자신들에게 영향력을 행사하는 생활 속의 신(神)이었다. 이러한 하늘과 인간의 관계에 대한 인식은 은(殷)과 주대(周代)를 거치면서 점차 주체적인 인간규정의 범위로 확대되기 시작한다. 그러다가 그것이 결정적인 전기를 맞게 되는 것이 서주말(西周末), 동주초(東周初)로 접어 들면서 이다. 당시 정치·사회적 부패로 인해 백성들은 천명(天命)에 대해 심하게 회의하기 시작하게 되고, 하늘에 대하여 새로운 해석(解釋)을 요구하고 논의하게 되었으며, 인간존재에 대한 물음을 심화시켰던 것이다."(河永三, 「甲骨文에 나타난 天人關係」, 『중국어문학』제30집, 1997, 288쪽 및 金元甲, 「孔子의 道에 관한 硏究」, 圓光大 博士請求論文, 2018, 37-38쪽.)

와 사회적으로는 철제무기(鐵製武器)가 사용되고 화폐(貨幣)가 널리 사용되었으며, 경제적으로는 주생활이었던 농업(農業)의 경작(耕作)이 확대되면서 수확량이 증가하고, 이로 인한 상업(商業)과 수공업(手工業) 등도 크게 발달하게 된다.

제자백가(諸子百家)6)에서 제자(諸子)는 학자들을 말하는 것이고, 백가(百家)는 학파(學派)들을 말한다. 춘추전국(春秋戰國)시대는 수많은 학자와 학파(學派)들이 자신들의 사상과 학문을 펼쳤던 시기로, 후한대(後漢代) 『한서(漢書)』7) 「예문지(藝文志)」에는 유가(儒家)·도가(道家)·음양가(陰陽家)·법가(法家)·명가(名家)·묵가(墨家)·종횡가(縱橫家)·잡가(雜家)·농가(農家) 등 구류(九類)로 분류하였으며, 한대(漢代)이후에는 사회(社會)·정치(政治)사상뿐만 아니라 지리(地理)·농업(農業)·문학(文學)·학술(學術) 등 전반에 걸쳐 영향을 끼쳤다.

이처럼 제자백가(諸子百家)들에 의해 문자(文字)로 인한 학문이 보급되고, 경제가 급속도로 발전하면서 세상의 중심이 '신(神)과 천자(天子)의 중심'에서 '인간중심(人間中心)'으로 발전하게 된 계기가 되고, 개인 사유 재산에 대한 가족관계의 중심이 두드러지게 나타나게 된다.

명리학(命理學)은 춘추전국(春秋戰國)시대에 제자백가(諸子百家)에 의해 세상의 모든 중심이 '천(天)[신(神)]' 중심에서 '인간중심(人間中心)'의 천·지·인(天·地·人) 합일(合一) 관계와 농업을 바탕으로 한 가족사회의 시초(始初) 되어, 음양오행설(陰陽五行說)8) 및 전한대(前漢代)9) 천인감응설(天人感應說)10)에 의해

---

6) 『사기(史記)』를 저술한 사마천(司馬遷)의 아버지 사마담(司馬談)을 제자백가(諸子百家)를 맨 처음 분류한 인물로 보고 있으며, 사마천(司馬遷)의 『육가요지(六家要旨)』에는 음양가(陰陽家), 유가(儒家), 묵가(墨家), 명가(名家), 법가(法家), 도덕가(道德家)의 六家(육가)에 대한 특성과 구체적 설명이 나타나 있다.

7) 『한서(漢書)』는 후한(後漢)시대 역사가(歷史家)인 반고(班固)가 저술한 역사서(歷史書)를 말한다.

8) 음양오행설(陰陽五行說)은 B.C. 4세 경 전국(戰國)시대 각기 다른 뜻이었던 음양설(陰陽說)과 오행설(五行說)이 추연(鄒衍)에 의해 결합되기 시작하여 여러 가지 현상들을 설명하는 틀로 사용되었고, 전한대(前漢代)이후 유안(劉安)과 동중서(董仲舒), 유향(劉向) 등에 의해 하나의 정합적인 이론으로 통합된다.

발전하게 된다. 이후 당대(唐代)까지를 고법(古法) 명리학(命理學)이라 칭(稱)하고, 송대(宋代) 서자평(徐子平) 이후부터 일주(日主)를 기본으로 하는 신법(新法) 명리학(命理學)이 등장하면서 더욱 깊이 연구(研究) 활용되어 현재에 이르고 있다.

발전 내용에 대해서는 고전(古典)들을 제시하면서 추론(推論)하겠지만, 춘추전국(春秋戰國)시대 활동했었던 제자백가(諸子百家) 중 노자(老子)의 『도덕경(道德經)』 백서본(帛書本)이 1973년 호남성(湖南省) 장사시(長沙市) 인근의 마왕퇴(馬王堆)에 소재한 한대(漢代, B.C.202~A.D.220) 고분(古墳)에서 출토되었는데, 도가(道家)계통의 의학(醫學)·천문학(天文學)·명리학(命理學) 관련 백서와 『황제외경(黃帝外經)』, 『오성점(五星占)』, 『주역(周易)』 등의 죽간(竹簡)[11]들이 다수 발견된 점으로 보아 한대(漢代)이전부터 학자를 중심으로 사용되었음을 추측할 수 있다.

결국, "문자(文字)로 인해 동양은 최초 철학자라고 할 수 있는 노자(老子)와 공자(孔子)이후, 서양은 탈레스가 '만물(萬物)의 근원은 물이다'라고 주장한 이

---

9) 한(漢)나라는 기원전 206년 고조(高祖) 유방(劉邦)이 세운 나라로, 서기 9년에 왕망(王莽)이 정변을 일으켜 신(新)나라를 건립할 때까지 유지되었다. 그러다가 서기 25년에 한(漢)나라 왕조(王朝)의 후예인 유수(劉秀)가 신(新)나라를 무너뜨리고 다시 한(漢)나라를 건립했으니 그가 광무제(光武帝)이다. 통상적으로 전자를 전한(前漢), 후자를 후한(後漢)으로 구분한다. 후한(後漢)은 서기 220년에 삼국지(三國志)에 등장하는 조조(曹操)의 아들 조비(曹丕)의 강압으로 마지막 황제인 헌제(獻帝)가 제위(帝位)를 물려줌으로서 역사(歷史)에서 사라지게 된다. 조비(曹丕)는 이후 나라 이름을 위(魏)로 바꾸었다.

10) 천인감응설(天人感應說)은 전한대(前漢代) 동중서(董仲舒)의 이론에 따른 것으로, 그는 유교(儒敎)철학과 음양(陰陽)철학을 통합하였다. 동중서(董仲舒)에 의해 중국(中國)은 유교(儒敎)를 중국(中國)의 국교(國敎)이자 정치 철학의 토대로 삼게 되었다. 동중서(董仲舒)의 사상 체계는 음양오행설(陰陽五行說)을 기본 구조로 하고, 그 위에 천(天)을 중심으로 한 천인감응설(天人感應說)을 주장하고 있다. 그것은 전통적인 종교 개념(概念)과 인문 정신을 그의 독창적인 방식에 의해 결합한 것으로 상고(上古)로부터 내려온 원시적인 종교관과 인간의 존엄성을 결부시킨 인본주의 정신의 결정체이다. 그는 천(天)을 최고의 주재자로 삼고, 인간을 천(天)과 동등한 수준에서 설정할 수 있다고 함으로써, 인간을 천하(天下)에서 가장 귀한 존재로 보고 있다.

11) 고대(古代)에 대나무로 만든 책(冊)을 말한다. 종이의 처음 사용은 서기 105년 중국(中國) 후한(後漢)의 채륜(蔡倫)이 나무껍질·마·넝마·헌 어망 등을 원료로 하여 종이를 발명하였다.

후부터, 모든 세상과 만물(萬物)의 중심을 '신(神, God) 중심'에서 '인간중심(人間中心)'으로 바뀌었다고 할 수 있고, 인간의 모든 중심을 '신(神)'에서 '인간이 문화와 사상'의 주체가 되는 계기가 되었다고 할 수 있다. 이후 유학자(儒學者)들은 경학(經學)을 통해 신(神)과 인간과 자연을 하나로 이어 '천인합일(天人合一)' 즉 천·지·인(天·地·人)을 하나로 이었고, 역할 분담론이 아닌 조화(調和)와 평등(平等)이 강조되었다. 또한 인간중심(人間中心)의 문화와 사상은 '존재(存在)'와 '가치(價値)'가 혼재한 '지행합일(知行合一)'의 특성을 지니고 있다."[12]

또한 신분제도 사·농·공·상(士·農·工·商)중 농업이 명예로운 직업이고 학업을 병행(竝行)하는 것을 자랑스럽게 생각하게 되고,[13] 문자(文字)로 인한 학문의 보급과 세상의 중심을 천·지·인(天·地·人) 합일(合一)이 강조되었으며, 농업을 바탕으로 한 가족사회가 발전하면서 천인(天人)관계에서 나타난 인간중심(人間中心)의 명리학(命理學)이 발생되었다고 본다.

제자백가(諸子百家) 중 종횡가(縱橫家)의 시조이며, 전국(戰國)시대 정치가로 활동하였던 귀곡자(鬼谷子)[14] 유문(遺文)에서 납음오행(納音五行)[15]이 창제(創製)된 내용이 나타나 통상적으로 명리학(命理學)의 근거(根據)가 시작되었다고 보고 있고, 음양가(陰陽家)의 추연(鄒衍)[16]에 의해 음양오행설(陰陽五行說)이 제

---

12) 金亨根, 「嶺南地方 邑城의 空間構成과 風水的 特性 研究」, 大邱韓醫大 博士請求論文, 2018, 41쪽.
13) 풍우란(정인재 옮김), 『중국철학사』, 형설출판사, 1990, 37쪽 참조.
14) 귀곡자(鬼谷子, B.C.400~B.C.320)는 전국(戰國)시대의 사상가로, 본명은 왕후(王詡), 호는 현미자(玄微子)이다. 종횡가(縱橫家)의 시조(始祖)이며, 도가(道家)와 병가(兵家)의 사상에도 정통하였고, 양성(養性)[본성을 기르고 수양함]과 사람의 심리에 정통하고 강유(剛柔)의 세(勢)[강약]와 종횡가(縱橫家)의 패합술(捭闔術)[사람의 심리를 꿰뚫는 기술]에 능통했다고 한다. 주양성(周陽城) 청계(淸溪)의 귀곡(鬼穀)에서 은거하였다고 해 귀곡선생으로 불렀다. 명리학(命理學)의 여러 고전(古典)에 등장하는 인물이다.
15) 납음오행(納音五行)은 당대(唐代) 이허중(李虛中)의 『이허중명서(李虛中命書)』 서문(序文)에 귀곡자(鬼谷子)의 『귀곡자유문(鬼谷子遺文)』 9편을 받아 주석(註釋)한 책으로 소개되어 있으며, 『이허중명서(李虛中命書)』는 육십갑자납음오행(六十甲子納音五行)의 해석(解釋)으로 시작하는 책이다.
16) 추연(鄒衍)을 추연(騶衍)이라고도 표기한다. 본 책에서는 추연(鄒衍)으로 통일하여 기술(記述)하기로

창(提唱)되었으며, 전한대(前漢代)이후부터 음양오행설(陰陽五行說)이 천인감응설(天人感應說)과 연계되면서 명리학(命理學)과 직접적으로 연관된 『회남자(淮南子)』, 『춘추번로(春秋繁露)』, 『백호통(白虎通)』, 『오행대의(五行大義)』 등과 같은 많은 고전(古典)들이 나타나게 된다.

추연(鄒衍)은 전국(戰國)시대 제(齊)나라의 사상가로, 성선설(性善說)을 주장한 맹자(孟子, B.C.372?~B.C.289?)보다 늦게 등장하여 음양오행설(陰陽五行說)을 제창(提唱)하였다. 세상의 모든 사상(事象)은 오행(五行)[土·木·金·火·水]의 상승(相勝) 원리에 의하여 일어나는 것이라 하였고, 이 오행상생설(五行相生說)은 중국(中國)을 비롯한 한국(韓國) 등에 전통사상의 기초가 되었다.

명리학(命理學)과 관련한 역사(歷史)를 간단하게 정리하면 다음 <표 1>과 같다.

한다.

<표 1> 명리학(命理學)의 역사(歷史)

순번	시대 (時代)	년도 (年度)	편찬자(編纂者)	제목(題目)
1	주대(周代)	B.C.4C	귀곡자(鬼谷子)	납음오행(納音五行) 창제(創製)
2			낙록자(珞碌子)	『삼명소식부(三命消息賦)』
3	전국(戰國)	B.C.305	추연(鄒衍)	음양오행설(陰陽五行說) 제창(提唱)
4	한대(漢代)	B.C.179	유안(劉安)	『회남자(淮南子)』
		B.C.179?	동중서(董仲舒)	『춘추번로(春秋繁露)』
5		276년	곽박(郭璞)	『옥조신응진경(玉照神應眞經)』
6	수대(隋代)	581년	소길(蕭吉)	『오행대의(五行大義)』
7	당대(唐代)	762년	이허중(李虛中)	『이허중명서(李虛中命書)』
8	송대(宋代)	10C	서자평(徐子平)	『명통부(明通賦)』
9		1162년	서대승(徐大升)	『연해자평(淵海子平)』
10	명대(明代)	1368년	유백온(劉伯溫)	『적천수(適天髓)』
11		1578년	만민영(萬民英)	『삼명통회(三命通會)』
12		1609년	장신봉(張神峯)	『명리정종(命理正宗)』
		?	?	『궁통보감(窮通寶鑑)』
13	청대(淸代)	1637년	진소암(陳素菴)	『명리약언(命理約言)』
14		1658년		『적천수집요(適天髓輯要)』
15		1739년	심효첨(沈孝瞻)	『자평진전(子平眞詮)』
16		19세기	임철초(任鐵樵)	『적천수천미(適天髓闡微)』
17		1881년	원수산(袁樹珊)	『명리탐원(命理探源)』
18	중화민국 (中華民國)	1933년	위천리(韋千里)	『정선명리약언(精選命理約言)』
19		1935년	서락오(徐樂吾)	『적천수징의(適天髓徵義)』
20		1936년		『자평진전평주(子平眞詮評註)』
21		1938년		『자평수언(子平粹言)』
22		1946년	위천리(韋千里)	『팔자제요(八字提要)』

다음으로 동양철학(東洋哲學)을 대표하는 제자백가(諸子百家)와 그 계승자(繼承者)들에 대해 간단하게 정리하면 <표 2>와 같다.

<표 2> 제자백가(諸子百家)와 그 저서(著書)

순번	백가(百家)	제자(諸子)와 그 저서(著書)
1	도가(道家)	노자(老子)『도덕경(道德經)』, 열자(列子)『열자(列子)』, 장자(莊子)『장자(莊子)』, 왕필(王弼)『노자주(老子註)』, 곽상(郭象)『장자주(莊子註)』, 도연명(陶淵明)
2	유가(儒家)	공자(孔子)『논어(論語)』, 증자(曾子), 자사자(子思子), 맹자(孟子)『맹자(孟子)』, 순자(荀子)『순자(荀子)』, 동중서(董仲舒)『춘추번로(春秋繁露)』, 주돈이(周敦頤)『태극도설(太極圖說)』, 장재(張載)『정몽(正夢)』, 정호(程顥)『이정전서(二程全書)』, 정이(程頤)『이천역전(伊川易傳)』, 주자(朱子)『주자문집(朱子文集)』·『사서집주(四書集註)』, 왕양명(王陽明)『전습록(傳習錄)』
3	묵가(墨家)	묵자(墨子) 『묵자(墨子)』, 호비자(胡非子)『호비자(胡非子)』, 전구(田俅)『전구자(田俅子)』
4	법가(法家)	관중(管仲)『관자(管子)』, 오기(吳起)『오자병법(吳子兵法)』, 상앙(商鞅)『상군서(商君書)』, 한비(韓非)『한비자(韓非子)』
5	명가(名家)	등석(鄧析)『등석자(鄧析子)』, 윤문(尹文)『윤문자(尹文子)』, 공손룡(公孫龍)『공손룡자(公孫龍子)』
6	음양가(陰陽家)	추연(鄒衍)『추연(鄒衍)』·『추자종시(鄒子終始)』
7	종횡가(縱橫家)	귀곡자(鬼谷子)『귀곡자(鬼谷子)』, 소진(蘇秦), 소대(蘇代), 소여(蘇厲)
8	병가(兵家)	손무(孫武)『손자병법(孫子兵法)』, 손빈(孫臏)『손빈병법(孫臏兵法)』, 사마양저(司馬穰苴)『사마법(司馬法)』, 울요(尉繚)『울요

		자(尉繚子)』, 황석공(黃石公)『황석공삼략(黃石公三略)』, 이정(李靖)『이위공문대(李衛公問對)』
9	잡가(雜家)	여불위(呂不韋)『여씨춘추(呂氏春秋)』, 유안(劉晏)『회남자(淮南子)』
10	농가(農家)	허행(許行)
11	소설가(小說家)	육자(鬻子)『육자(鬻子)』, 청사자(靑史子)『청사자(靑史子)』
12	기타 사상가	좌구명(左丘明)『춘추좌씨전(春秋左氏傳)』·『국어(國語)』, 굴원(屈原)『초사(楚辭)』, 편작(扁鵲)『난경(難經)』

다음은 본 글에 대한 이해도를 높이기 위해 중국(中國)의 역사(歷史)와 한국(韓國)의 역사(歷史)를 비교하여 표로 나타내면 다음과 같다.

<표 3> 한국(韓國)과 중국(中國)의 역사(歷史) 연대표(年代表)

중국(中國)의 역사			한국(韓國)의 역사	
요·순(堯·舜)				
하(夏)	약 B.C. 2C ~ B.C. 16C	노예사회	B.C. 2333 ~ B.C. 108년	조선(朝鮮)
은(殷)	약 B.C. 16C ~ B.C. 1066년			
서주(西周)	약 B.C. 1066 ~ B.C. 771년			
동주(東周)	약 B.C. 770 ~ B.C. 256년	봉건사회		
춘추(春秋)	약 B.C. 770 ~ B.C. 476년			
전국(戰國)	약 B.C. 475 ~ B.C. 221년			
진(秦)	약 B.C. 221 ~ B.C. 206년			
한(韓)	약 B.C. 206 ~ A.D. 220년		B.C. 108 ~ A.D. 313년	한사군(漢四郡)
위(魏) [삼국(三國)시대]	220 ~ 265년		B.C. 57 ~ A.D. 935년	신라(新羅)
진(晉)	265 ~ 420년		B.C. 37 ~ A.D. 688년	구려(句麗)
남북조(南北朝)	420 ~ 557년		B.C. 18 ~ A.D. 660년	백제(百濟)
수(隋)	581 ~ 618년		삼국(三國)시대	
당(唐)	618 ~ 907년		698 ~ 926년	발해(渤海)
송(宋)	960 ~ 1127년		918 ~ 1395년	고려(高麗)
금(金)	1115 ~ 1234년			
원(元)	1279 ~ 1368년			
명(明)	1368 ~ 1644년		1392 ~ 1898년	조선(朝鮮)
청(淸)	1644 ~ 1911년	반식민지, 반봉건 사회		
중화민국(中華民國)	1912 ~ 1949년		1898 ~ 1948년	대한제국(大韓帝國)
중화인민공화국(中和人民共和國)	1949년 10월 1일 성립		1948년 8월 15일	대한민국(大韓民國)

제Ⅱ장. 음양(陰陽)·오행(五行)과 명리학(命理學)

명리학(命理學)은 음양(陰陽)과 오행(五行)을 기초로 하여 이루어진 학문이다. 음양(陰陽)에 대한 철학적 사유(思惟)는 제자백가(諸子百家) 중 노자(老子, BC.571?~BC.471년?)에서 시작하였다고 보고, 본 장에서는 시대의 흐름에 따라 음양(陰陽)과 오행(五行)의 개념(槪念)이 변화(變化)된 것을 고전(古典)을 통해 전개(展開)하고자 한다.

노자(老子)의 도가(道家)사상과 공자(孔子)의 유가(儒家)사상은 중국(中國)문화의 양대 주류가 되었고, 우리나라에서는 산(山)을 중심으로 한 풍류(風流)사상17)과 중국(中國)의 유가(儒家), 도가(道家)와 함께 뒤 늦게 들어온 불교(佛敎)가 융합(融合)하게 된다.

---

17) 金亨根, 「嶺南地方 邑城의 空間構成과 風水的 特性 硏究」, 大邱韓醫大 博士請求論文, 1쪽에 의하면, "『삼국사기』에 나타난 통일신라 말엽 학자였던 고운(孤雲) 최치원(崔致遠)의 비문(碑文)에 우리나라 전통사상[유기체론적]은 자연관을 기본으로 하고 있다. 이는 달리말해 풍류(風流)사상을 근본으로 하고 있다는 뜻이 되는데, 여기에는 유·불·도 삼교의 요소가 포함되어 있다고 서술하고 있다. "우리나라에 현묘(玄妙)한 도(道)가 있으니 풍류(風流)라 이른다. 그 교(敎)의 기원은 『선사(仙史)』에 자세히 실려 있거니와, 실로 이는 삼교(三敎)를 포함하여 중생을 교화한다. 집에 들어오면 효도하고, 나아가면 나라에 충성하는 것은 공자(孔子)의 주지(主旨) 그대로이며, 또 그 함이 없는 일에 처하고 말 없는 교(敎)를 행하는 것은 노자(老子)의 종지(宗旨) 그대로이며, 모든 악한 일을 하지 않고 착한 일만을 행함은 석가(釋迦)의 교화(敎化) 그대로이다. 이처럼 풍류(風流)사상은 고대(古代)사회가 성립된 신라(新羅)의 화랑(花郞)들이 심신훈련을 하면서 풍류(風流)를 닦았던 풍류도(風流徒)[국선도(國仙徒), 풍월도(風月道)]로 발전하게 되었고, 고려(高麗)와 조선(朝鮮)시대를 거치면서 삼교(三敎)(유·불·도)와 함께 명맥(命脈)을 이어왔다.(崔致遠鸞郞碑序曰, 國有玄妙之道, 曰風流, 設敎之源, 備詳仙史, 實乃包含三敎, 接化群生, 具如, 入則孝於家, 出則忠於國, 魯司寇之旨也, 處無爲之事, 行不言之敎, 周柱史之宗也, 諸惡莫作, 諸善奉行, 竺乾太子之化也.)"

【 제1절. 음양(陰陽)의 개념(槪念)과 의미(意味) 】

음양(陰陽)에 대해 먼저 문자학적(文字學的)으로 살펴보면, 후한대(後漢代) 허신(許信)[18]의 『설문해자(說文解字)』[19]에 음[侌]과 양[昜]을 "黔(음)은 구름이 해를 가리는 것이다. '雲(운)'의 뜻과 '今(금)'의 소리가 합하여 侌[음]이 되었는데, 고문(古文) '黔(음)'의 생략형이다."[20]

또 "양(昜)이란 해가 처음 떠오르는[開(개)]것이니, 日(일), 一(일), 勿(물)에서 이 글자가 이루어졌다. 그래서 날린다<는 뜻도 있고>, 길다<는 뜻도 있고>, 굳센 것이 많은 모습이기도 하다"[21]라고 하였다.

위 내용을 근거(根據)로 하여 양계초(梁啓超, 1873∼1929)는 "'음(陰)'은 구름이 해를 가린다는 뜻이므로, 해를 가린다면 반드시 어둡게 [암암(暗闇)][22]되니 해를 등진[배일(背日)] 땅을 이면(裏面), 뒤쪽, 북쪽으로 의미가 확대되었고, '양(陽)'은 해가 땅 위에 떠오르면 해의 광채(光彩)[23]가 나게 되고 지상(地上)은

---

18) 허신(許信, 30∼124)은 후한대(後漢代) 유가(儒家)의 고전(古典)에 정통(正統)하였으며, 원전(原典)을 중시하는 고문가(古文家)에 속한다. 상세하고 정치한 학풍은 특히 문자학에 대한 깊은 조예에서 특색을 발휘하였으며, 『설문해자(說文解字)』30권은 한자(漢字)의 형(形)·의(義)·음(音)을 체계적으로 해설(解說)한 최초의 자서(字書)로서 불후의 가치를 지니고 있다. 오경(五經)의 해석(解釋)에 관한 이설(異說)을 집성한 『오경이의(五經異義)』10권도 있었으나 산일(散逸)되어 전하지 않는다.

19) 『설문해자(說文解字)』는 후한대(後漢代)의 허신(許愼)이 편찬한 것으로 총 15편으로 되어 있다. 그 중 말미의 서(敍) 1편은 진한(秦漢) 이래 문자정리의 연혁을 밝힌 것으로 100년에 완성되었다. 그 당시 통용된 모든 한자 9,353자를 540부(部)로 분류하고, 친자(親字)에는 소전(小篆)의 자체(字體)를 싣고, 그 각 자(字)에 자의(字義)와 자형(字形)을 해석(解析) 하였다. 소전(小篆)과 자체(字體)가 다른 혹체자(或體字, 고문(古文)·주문(籀文)는 중문(重文)으로서 1,163자를 수록하였다.

20) 段王裁, 『說文解字注』 11篇下 「雲部」: "黔, 雲覆日也, 從雲今聲, 侌, 古文黔省." 은주(殷注)에서는 "오늘의 음양(陰陽)이란 글자는 소전에 음양(黔昜)이라고 되어졌었다"고 하였다.(今人陰陽者, 小篆作黔昜.)

21) 段王裁, 『說文解字注』 9篇下 「勿部」: "昜, 開日也. 從日一勿, 一曰飛揚, 一曰長也, 一曰疆者衆皃[= 貌]."

22) 段王裁, 『說文解字注』 14篇下 「阜部」: "음(陰)은 어둡다는 의미이다. 물의 남쪽, 산의 북쪽이다. 부(阜)를 좇아 만들어 졌고 음성(侌聲)이다"(陰, 闇也, 水之南, 山之北, 從阜侌聲.)

따뜻하여 지므로 해를 향한[향일(向日)] 땅을 표면, 양쪽, 정면, 남쪽으로 의미가 확대되었다고 하였다."[24]

그러므로 음양(陰陽)의 최초 형태는 해와 구름을 중심으로 하여, 해가 구름에 가려 빛을 발하지 못할 때와 구름이 없어 사방(四方)에 비출 때 나타나는 두 가지 현상을 나타낸 것이었다. 이후 이것을 지상(地上)과 연관시켜서, 지형(地形)에 따라 해가 비추는 곳도 있고 그늘진 곳도 있음을 보고 각각 '언덕 부(阜)'변을 더하여 해가 비치는 곳을 양(陽)으로, 그늘진 곳을 음(陰)으로 표현한 것이다. 이것이 의미하는 바는 결국 음(陰)·양(陽)의 어원은 '태양(日)'과 밀접한 관련을 가지고 있다는 것이다. 다시 말해 음양(陰陽)의 최초의 의미는 다만 햇볕과 연관된 자연현상을 지칭할 뿐이었다. 이렇듯 문자학적(文字學的) 방면에서의 음양(陰陽)의 본래 의미는 단순하였던 것인데, 나중에 음양(陰陽)이 연용 되어 한 단어로 사용되면서 남북(南北), 표리(表裏[겉과 속], 향배(向背[앞과 뒤] 등의 상대적 관계(關係)를 의미하게 되었다.[25]

음양(陰陽)과 오행(五行)은 원래 서로 상관이 없는 두 개의 개념단어였다. 이는 음양(陰陽)에 대한 사상을 흔히 음양설(陰陽說)이라 하고 오행(五行)에 대한 것을 오행설(五行說)이라고 하는데, 그것의 유래(由來)와 전개(展開)가 서로 상관이 없는 길을 따라서 이루어졌음을 의미한다. 뿐만 아니라 음양(陰陽)과 오행(五行)의 본래적 의미(意味)는 추상적(抽象的)이고 철학적인 것에서 출발하지 않

---

23) 段王裁, 『說文解字注』 14篇下 「阜部」: "양(陽)은 높고 밝다는 의미이다. 부(阜)를 좇아 만들어 졌고 양성(昜聲)이다"(陽, 高明也, 從阜昜聲.) 해의 광채를 태양(太陽), 조일(朝日), 조양(朝陽)이라고 한다. 해가 지상(地上)에 떠오르면 지상(地上)은 따뜻해지므로 온화한 기운(氣運)을 양기(陽氣)라고 표현하게 된 것이다.

24) 梁啓超, 「陰陽五行之來歷」 『飮氷室文集』 36卷, 中華書局, 1960, 50쪽 참조.

25) 金亨根, 「同氣感應과 風水地理」 『디지털 문화콘텐츠』 제24권, 대구한의대 디지털콘텐츠개발연구소, 2015, 73쪽.

았다. 음(陰)과 양(陽)이라는 글자의 원형(原形)은 '부(阜)'변(邊)이 없는 '侌(음)'과 '昜(양)'이었다. 또한 음(陰)과 양(陽)은 원래 연용 되어 한 단어로 사용되지 않았다.[26)

결국 음양(陰陽)이란 태초(太初)에는 밝음[명(明)]과 어두움[암(暗)]의 변화(變化)를 나타내는 두 가지 요소로 인식되었다. 이는 태양(太陽)과 태음(太陰)[달]의 상대성 원리(原理)를 말하는 것이기도 하다. 음(陰)과 양(陽)의 작용(作用)에 의해 점차 주야(晝夜)[낮과 밤]와 춘하추동(春夏秋冬)이 연이어 반복(反復)되면서 만물(萬物)을 생(生)하고 노(老)[늙음]하게 하고, 병(病)들게 하고 사(死)하게 하는 것이다. 더 크게 말하면 우주 만물(萬物)의 변화(變化)는 음양(陰陽)의 조화이며 생명의 근원(根源)이 되며, 신(神) 또는 자연과의 조화(調和)를 이루면서 학문적 사상으로 더욱 발전하게 되었다.[27)

〖 1. 『시경(詩經)』 · 『서경(書經)』 · 『역경(易經)』에 나타난 음양(陰陽) 〗

동양에서 최초의 경전(經典)이라고 할 수 있는 『시경(詩經)』과 『서경(書經)』, 『역경(易經)』에 나타난 음양(陰陽)의 개념(槪念)에 대해 알아보자.

여기에서 결론을 미리 말하자면, 해와 관련한 일상적 의미를 가지고 있으며, 단지 어두움·그늘·덮어 가리다·북쪽[陰]과 밝고·맑고·햇빛·남쪽[陽] 등의 생활적 해석(解釋)으로만 나타나 있다.

---

26) 金亨根, 「同氣感應과 風水地理」 『디지털 문화콘텐츠』 제24권, 대구한의대 디지털콘텐츠개발연구소, 2015, 73쪽.
27) 金亨根, 「嶺南地方 邑城의 空間構成과 風水的 特性 硏究」, 大丘韓醫大 博士請求論文, 2018, 50쪽 및 魯炳漢, 『陰陽五行思惟體系論』, 안암문화사, 2005, 118-120쪽 참조.

1) 『시경(詩經)』에 나타난 음양(陰陽)

주대(周代) 초부터 불리어 진 것을 공자(孔子)가 간추려 정리한 『시경(詩經)』[28]에서 나타난 음(陰)과 양(陽)은 대체적으로 각각 8번과 18번 언급되어 있다.

8번 언급된 음(陰)은 그 중 "종일 바람이 불고 음산하네, 하루도 갤 날이 없네, …, 참으로 음산하게 흐리고[其陰(기음)]"[29], "정월에는 얼음 창고에 들여놓는다.[凌陰(능음)]"[30], "이미 그대를 감싸주는데[陰女(음녀)]"[31]라고 나타나 있다. 여기에서 각각 음(陰)에 대한 것을 '날씨'를 설명하고 있고, '춥다·어둡다', '덮는다'는 의미로 사용되고 있다.

18번 언급된 양(陽)은 그 중 "그림자로 방향을 관찰하고, 언덕에 올라 음지(陰地)와 양지(陽地)쪽을 두루 살펴 헤아리고[相其陰陽(상기음양)]"[32], "듬뿍 내린 이슬방울 햇볕 없인 안 마른다[匪陽不晞(비양불희)]"[33], "봄날의 볕이 따뜻해지고[春日載陽(춘일재양)]꾀꼬리 울어 댄다"[34], "붉은 빛이 밝게 빛나거든[孔陽(공양)]"[35]라고 표현되어 있다. 각각의 의미는 '방위(方位)', '햇볕', '따뜻함', '따뜻한 볕'으로 해석(解釋)되는데 결국 '방위(方位)'를 나타내고, '따뜻함'을 나타내거나 의미한다고 할 수 있다.

---

28) 『시경(詩經)』은 공자(孔子)가 편찬 및 저술에 관계했다는 오경(五經[詩經·書經·易經·禮記·春秋]중 하나로, 춘추(春秋) 시대의 민요를 중심으로 모은 시집이다. 당시 철기(鐵器)의 보급으로 농경(農耕)문화가 비약적으로 발전하고 봉건제(封建制)가 정착되어 사상(思想)과 예술(藝術)이 처음으로 활짝 피던 주대(周代)부터 춘추전국(春秋戰國)까지 불려졌다. 본래 3,000여 편이었던 것을 공자(孔子)가 311편으로 간추려 정리했다고 알려져 있지만, 오늘날 305편이 남아 있는데 그 중 6편은 제목만 전해진다.

29) 『詩經』 「邶風·終風」: "終風且曀, 不日有曀, …, 曀曀其陰."

30) 『詩經』 「豳風·七月」: "三之日納于凌陰."

31) 『詩經』 「大雅·桑柔」: "旣之陰女."

32) 『詩經』 「大雅·生民之什·公劉」: "旣景迺岡, 相其陰陽."

33) 『詩經』 「小雅·湛露」: "湛湛露斯, 匪陽不晞."

34) 『詩經』 「豳風·七月」: "春日載陽, 有鳴倉庚."

35) 『詩經』 「豳風·七月」: "載玄載黃, 我朱孔陽."

결국 『시경(詩經)』에서 나타난 음(陰)과 양(陽)의 개념(概念)은 '그늘지고 어둡다[음(陰)]'와 '따뜻하고 밝다[양(陽)]'는 의미로 해석(解釋)되어 해와 밀접함을 알 수 있다.

    2) 『서경(書經)』에 나타난 음양(陰陽)

『서경(書經)』[『서(書)』·『상서(尙書)』][36]은 공자(孔子)가 정리하여 편찬했다고 전하고, 『시경(詩經)』과 더불어 제자(弟子)들의 교육에 핵심적인 교과과정으로 삼았다고 한다.

음양(陰陽)에 대해 "화산(華山)의 남쪽[양(陽)]…, 기산(岐山)의 남쪽…, 남쪽으로는 화산의 북쪽[음(陰)]에 이른다…"[37]고 하였고, "하늘이 은밀히[음(陰)] 아래 백성을 정하여…"[38]와 "어두운 여막(廬幕)에 거하면서 삼년 동안 말을 하지 않았고…"[39]라고 하였다.

결국 『서경(書經)』에서 나타난 음양(陰陽)의 개념(槪念)은 '산(山)의 남쪽[양(陽)]'과 '산의 북쪽, 은밀한, 어두운[음(陰)]'의 의미로 사용되어 음양(陰陽)[남북(南北)]의 해를 중심으로 한, 방위적 개념(槪念)으로 사용된 것을 알 수 있다.[40]

---

36) 『서경(書經)』은 중국(中國) 요·순(堯·舜)시대부터 왕(王)들의 언행(言行)과 행적(行蹟)을 기록한 경전(經典)을 말한다. 『시경(詩經)』과 더불어 동양의 경서(經書)로 정착된 문헌으로서 최고의 산문집으로, 선진(先秦) 때는 단지 『서(書)』라고 칭하다가 한대(漢代)부터 『상서(尙書)』라 칭하기도 했다. 송대(宋代)이후 『서경(書經)』으로 불려졌다. 공자(孔子)가 편집한 원형 그대로가 아니라 진시황(秦始皇)의 분서갱유(焚書坑儒)로 인해 자취를 감추었다가, 한문제(漢文帝) 때부터 경전(經典)으로 제도화되었고, 여기에서는 『서경(書經)』으로 통일하여 표현하기로 한다.
37) 『書經』 「禹貢」: "華陽黑水…, 岐山之陽…, 南至于華陰…."
38) 『書經』 「洪範」: "惟天陰騭下民."
39) 『書經』 「無逸」: "乃或亮陰三年不言."
40) 『書經』 「周官」: "立太師太傅太保, 茲惟三公, 論道經邦, 燮理陰陽, 官不必備, 惟其人."(태사, 태부, 태보는 삼공이며, 이들은 나라를 다스리는 도를 논하고 나라를 다스리며 음양을 조화시키고 바로잡는 것이 그 임무이다. 이 관직은 꼭 사람을 임명할 필요가 없고, 알맞은 사람이 있을 때에만 임명하

3) 『역경(易經)』에 나타난 음양(陰陽)

『역경(易經)』41)은 곧 『주역(周易)』을 말한다. 공자(孔子)는 『주역(周易)』을 가장 소중하게 여겼다고 하며, 이후 공자(孔子)의 사상을 계승(繼承)한 송대(宋代) 주자(朱子)42)가 『역경(易經)』이라 칭하며, 숭상(崇尙)한데에서 오경(五經, 『시경(詩經)』·『서경(書經)』·『역경(易經)』·『예기(禮記)』·『춘추(春秋)』) 중 역시 제일로 꼽힌다. 『주역(周易)』은 주(周)나라 초기에 만들어진 경문(經文)[원전(原典)]과 전국(戰國)시대 후기 제(齊)나라 직하(稷下)의 유생(儒生)들이 유가(儒家)와 도가(道家) 및 음양가(陰陽家) 사상 등을 흡수하여 '경문(經文)'을 철학적으로 재해석한 '전문(傳文)[역전(易傳)]'으로 나눌 수 있다.

『주역(周易)』 경문(經文)에는 '음(陰)'이 "어미 학이 그늘[음(陰)]에서 우니, 그 새끼도 화답한다"43)에서 나타나는데, 음(陰)은 곧 그늘진 곳을 의미하고 있다. 여기에서 나오는 음(陰)은 『시경(詩經)』과 『서경(書經)』의 기록보다 이전의 기록이므로, 전국(戰國)시대 이후에 음양(陰陽)의 개념(概念)이 반영(反映)되었다고 보아야 한다.

는 것이다." 여기에서 '음양(陰陽)'이 나타나긴 하나, 이 문헌은 오늘날 『고문상서(古文尙書)』에 속하는 문헌이므로 음(陰)과 양(陽) 복합된 개념(概念)으로 보긴 어렵다.

41) 『주역(周易)』은 동양에서 가장 오래된 경전(經典)으로 알려져 있다. 공자(孔子)가 진중하게 여겨 받들었다고 하며, 송대(宋代) 주희(朱熹)[주자(朱子)]가 『역경(易經)』이라 이름 하면서 숭상(崇尙)한 이래 오경(五經) 중 으뜸으로 꼽는다. 상경(上經)·하경(下經)·십익(十翼)으로 구성되어 있고, 십익(十翼)은 단전(象傳), 상전(象傳), 계사전(繫辭傳), 문언전(文言傳), 설괘전(說卦傳), 서괘전(序卦傳), 잡괘전(雜卦傳) 등 10편을 말한다.

42) 주자(朱子, 1,130~1,200)[주희(朱熹)]는 중국(中國) 송대(宋代)사람으로, 주자학(朱子學)을 집대성한 인물이다. 주자학(朱子學)이 우리나라에서는 고려(高麗) 말에 성행하여 조선(朝鮮)시대에는 국가의 이념으로 자리 잡게 된다. 우암(尤庵) 송시열(宋時烈)은 '세상의 모든 이치는 주자(朱子)가 이미 완벽하게 밝혀 놓았다. 우리에게 남은 일은 다만 그의 이치를 실천하는 것일 뿐이다'라고 하였다. 일본은 도쿠가와 막부 시대에 널리 받아들여졌다.

43) 『周易』 「中孚卦」: "鳴鶴材陰, 其子和之."

결국 『주역(周易)』 경문(經文)에서 나오는 '음(陰)'은 '그늘지다'라는 의미로 사용되어 해와 연관되어 있음을 알 수 있다.

앞에서 잠깐 언급한 바와 같이 중국(中國)은 주(周)나라를 거쳐 춘추전국(春秋戰國)시대에 접어들면서 노자(老子)와 공자(孔子) 등의 제자백가(諸子百家), 그리고 서양에서는 탈레스[44] 이후에 세상의 중심을 '천(天)[신(神)]'의 중심에서 '인간중심(人間中心)'으로 바뀌게 되었고, 천인(天人) 합일(合一)의 관계로 이어지면서 음(陰)과 양(陽)의 개념(概念)도 음양(陰陽)의 통합 개념(概念)으로 나타나게 된다.

1) 노자(老子) 『도덕경(道德經)』에 나타난 음양(陰陽)

노자(老子)[45]의 『도덕경(道德經)』[노자(老子)][46]에는 우주만물의 근원(根

---

44) 그리스(Greece) 최초 철학자라고 할 수 있는 탈레스(B.C.624?~B.C.546?)는 그리스(Greece) 7현인 중한 사람이며, 자연철학자의 시조(始祖)이다. '만물(萬物)의 근원은 물이다'라고 주장하면서, 당시 유럽에서 세상의 중심을 '신(神)'에서 '자연[인간 중심]'으로 바뀌게 되는 계기가 되었다.

45) 노자(老子)는 도가(道家)사상의 시조(始祖)이다. 정확한 시대 추정은 사실 어려우나, 사마천(司馬遷)의 『사기(史記)』에 "노자(老子)는 초(楚)나라 고현(苦縣) 여향(厲鄕) 곡인리(曲仁里) 사람으로, 성(性)은 이씨(李氏), 이름은 이(耳)이고, 자(字)는 담(聃)으로, 주(周)나라 수장실(守藏室)의 사관(史官)이었다"(司馬遷, 『史記』: "老子者, 楚苦縣厲鄕曲仁里人也. 性李氏, 名耳, 字聃. 周守藏室之史也.")고 하였으며, "『사기(史記)』의 「공자세가(孔子世家)」와 「노자한비열전(老子韓非列傳)」, 『장자(莊子)』의 「천지(天地)」·「천도(天道)」·「천운(天運)」·「전자방(田子方)」·「지북유(知北遊)」편, 『예기(禮記)』의 「증자문(曾子問)」·「공자가어(孔子家語)」, 『여씨춘추(呂氏春秋)』에는 공자(孔子)가 노자(老子)에게 예(禮)를 물었다"고 한 기록이 나타난다.(陳鼓應, 『老子今註今譯』, 商務印書館, 1992(民國80), 3쪽.) 이러한 내용들을 본다면 노자(老子)를 공자(孔子)이전의 사람으로 볼수 있다. 본 책에서는 사마천(司馬遷)의 『사기(史記)』에 의해 노자(老子)를 추론(推論)한다.

46) 『도덕경(道德經)』[『노자(老子)』, 『노자도덕경(老子道德經)』]은 노자(老子)가 주(周)나라가 쇠약해지는 것을 알고 세상과 등지려고 떠나려는 것을 윤희(尹喜)가 청하여 글을 달라고 하여 받은 것이, 상(上)편 37장[도경(道經)]과 하(下)편 44장[덕경(德經)]으로 되어있다(총 81장, 약 5000字)고 알려져 있

源)을 형이상학적으로 '도(道)'라고 하였다.

　〈도(道)는〉 만물(萬物)이 혼돈(混沌)의 상태일 때 천지(天地)보다 먼저 생겨났다. 고요하고 조용하며, 홀로 있어 바뀌는 일이 없고, 두루 행하여 위태로움이 없으니 천하(天下)의 어머니이다. 나는 그 이름을 알지 못한다. 그 자(字)를 지어 '도(道)'라 하고, 억지로 이름 지어 '대(大)[무한히 큰 것]'라고 한다.[47]

　도(道)는 태초(太初)의 시작인 천지(天地)보다 먼저 생겨난 것이라고 하였고, "만물(萬物)은 도(道)에 의지하여 생성(生成)되는 것이며,"[48] "도(道)는 하나를 낳고, 하나는 둘을 낳고, 둘은 셋을 낳는다. 셋은 만물(萬物)을 낳고, 만물(萬物)은 음(陰)을 짊어지고, 양(陽)을 안고 있으며, 충기(沖氣)를 통하여 조화(調和)를 이루고 있다"[49]고 하였다.

　여기에서 노자(老子)가 말하는 음양(陰陽)은 만물(萬物)을 생성하는 도(道)에 의해 생성(生成)되어 졌으며, 충기(沖氣)를 통하여 무한한 변화(變化)를 일으킨다는 것의 의미를 가진다.

　이처럼 노자(老子)에서부터 음양(陰陽)에 대한 철학적 사유(思惟)를 가지게 되고, 이후 많은 제자백가(諸子百家)들이 '도(道)'의 영향을 받았으며, 음양오행설(陰陽五行說)과 천인감응설(天人感應說)로 발전하게 된다.

　노자(老子)의 도가(道家)사상이 계승(繼承)된 전국(戰國)시대 『장자(莊子)』[50]에도 음양(陰陽)에 대해 구체적으로 나타나 있다.

다.

47) 『道德經』 「제25장」: "有物混成, 先天地生, 寂兮寥兮, 獨立不改, 周行而不殆, 可以爲天下母, 吾不知其名, 字之曰道, 强爲之名曰大."
48) 『道德經』 「제34장」: "萬物恃之而生."
49) 『道德經』 「제42장」: "道生一, 一生二, 二生三, 三生萬物, 萬物負陰而抱陽, 沖氣以爲和."
50) 『장자(莊子)』는 장자(莊子, B.C.369~B.C.289년경)의 저서(著書)이며, 장자(莊子)는 전국(戰國)시대 말기 사람이다. 이름은 주(周)이고, 송(宋)나라에서 태어나 맹자(孟子)와 동시대에 노자(老子)를 계승한 것으로 알려져 있다. 한대(漢代)초기 『장자(莊子)』는 유가(儒家)의 공자(孔子)와 맹자(孟子)

"음양(陰陽)의 조화(調和)가 사람에게 미치는 영향은 부모(父母)의 명령보다 더 강력하다. 음양(陰陽)이 나에게 죽음을 요구하는데 내가 따르지 않는다면, 내가 반역자(叛逆者)가 될 것이지만, 음양(陰陽)에게야 무슨 허물이 있으랴!"[51]고 하였다.

동시대 굴원(屈原)의 『초사(楚辭)』에는 "음양(陰陽)이 화합(和合)하니, 무엇이 근본(根本)이며 무엇으로 변화(變化)할 것인가?"[52] "일음(一陰)과 일양(一陽)을 따름이며, 사람들은 내가 무엇이 되는가를 알지 못한다"[53]고 하였다.

여기에서 장자(莊子)와 굴원(屈原)이 말하는 음양(陰陽)의 개념(槪念)은, 만물(萬物)을 이루는 근본적(根本的) 요소(要素)로 보고 있는 것을 알 수 있다.

도(道)와 음양(陰陽)의 기(氣)에 대한 의미는 『주역(周易)』 「계사전(繫辭傳)」에서도 찾을 수 있다.

"한번 음(陰)이 되고, 한번 양(陽)이 되는 것을 도(道)라고 한다"[54]고 하였으며, "그러므로 역(易)에는 태극(太極)이 있는데, 이것은 양의(兩義)를 낳고, 양의(兩義)[음양(陰陽)]가 사상(四象)을 낳고, 사상(四象)이 팔괘(八卦)를 낳는다"[55]고 하여, 도(道)에 의한 음양(陰陽)의 기(氣)에 의해 만물(萬物)이 생성(生成)된다고 볼 수 있다.

사실 전국(戰國)시대 후기 제(齊)나라 직하유생(稷下儒生)들이 철학적으로 재해석한 『주역(周易)』 전문(傳文)에서의 음양(陰陽)은 중요한 의의(意義)를 가지고 있다.

보다 노자(老子)와 함께 장자(莊子)가 더 존중되기에 이르렀었다.
51) 『莊子』 「大宗師」: "陰陽於人, 不翅於父母, 彼近吾死而我不聽, 我則悍矣, 彼何罪焉."
52) 『楚辭』: "陰陽參合, 何本何化."
53) 『楚辭』: "一陽一陰兮, 衆莫之兮余所爲."
54) 『周易』 「繫辭傳」: "一陰一陽之謂道."
55) 『周易』 「繫辭傳」: "是故易有太極, 是生兩義, 兩義生四象, 四象生八卦."

즉 『장자(莊子)』에서 "역(易)은 음양(陰陽)을 말하는 것이다"[56]라고 한 것처럼, 『주역(周易)』의 원리(原理)는 음효(陰爻)[--]와 양효(陽爻)[－]가 괘(卦)를 만드는 기본 요소로 사용하고 있기 때문이며, "음양(陰陽)의 변화(變化)를 보아 괘(卦)를 세운다"[57]고 하였으며, "양괘(陽卦)는 음(陰)이 많고 음괘(陰卦)는 양(陽)이 많다"[58]라는 등의 내용에서도 알 수 있다.

하상공(河上公)[59]은 "도(道)가 처음에 생성(生成)한 것이 하나이다. 하나는 음(陰)과 양(陽)을 생성하고, 음양(陰陽)은 화(和), 청(淸), 탁(濁) 세 가지 기(氣)를 생성(生成)하여, 천(天)과 지(地)와 인(人)으로 나누어진다. 천(天)과 지(地)가 함께 만물(萬物)을 생성하고, 천(天)은 베풀고 지(地)는 이루어내고 인(人)은 그것을 기른다"[60]고 하였다.

진고응(陳鼓應)[61]은 "도(道)는 음(陰)과 양(陽)의 두 기운(氣運)을 품부(稟賦)하며, 음(陰)과 양(陽)의 두 기운(氣運)이 서로 교류(交流)하여 하나의 적절한 균형(均衡) 상태를 이루니, 만물(萬物)이 모두 이 상태에서 산출(産出)된다. 만물(萬物)은 음(陰)을 껴안고 양(陽)으로 나아가며, 음양(陰陽)의 두 기운(氣運)이 서로 교류(交流)하여 새로운 화해체를 이루어 낸다"[62]고 하였으며, 『주역(周

---

56) 『莊子』 「天下」: "易以道陰陽."
57) 『周易』 「說卦傳」: "或問, 觀變於陰陽而立卦."
58) 『周易』 「繫辭傳」: "陽卦多陰, 陰卦多陽."
59) 하상공(河上公)은 전한(前漢) 때 사람으로 이름은 전하지 않는다. 한대(漢代) 문제(文帝) 때 하빈(河濱)에 초가집을 짓고 살아 사람들이 하상공(河上公)이라 불렀다고 한다. 황제(皇帝)가 『노자(老子)』[『道德經』]를 읽기 좋아했는데 대답할 사람이 없어, 하상공(河上公)에게 『소서(素書)』 2권을 받아 답을 얻었다고 한다.
60) 河上公, 『老子河上公章句』 「제42장」: "致始所生者一也, 一生陰與陽也, 陰陽生和淸濁三氣, 分爲天地人也, 天地共生萬物也, 天族地化人長養之."
61) 진고응(陳鼓應, 1935년생)은 중국(中國) 복건성 장정에서 태어났으며, 근대 도가(道家, 노장(老莊)사상)철학 분야에서 국제적으로 인정받는 학자이다. 그는 중국(中國)사상사에서 유가(儒家)철학보다도 도가(道家)철학(노장철학)이 발생순서 면에서 앞서고 사상적 위치 면에서 중심을 차지한다고 보고 있다.
62) 陳鼓應, 『老子今註今譯』, 商務印書館, 1992, 160쪽.

易)』 역전(易傳)의 대부분은 우주론이나 변증사상에 관심이 많은 도가(道家)학자 등이 주축이 되어 전국(戰國)시대 중기부터 지어졌다고 하였다.[63)]

위 내용들을 정리하면, 음양(陰陽)의 철학적 사유(思惟)는 춘추(春秋)시대 노자(老子)의 도가(道家)사상에서 시작한 것을 알 수 있으며, 전국(戰國)시대 『장자(莊子)』와 굴원(屈原)의 『초사(楚辭)』, 『주역(周易)』 역전(易傳)에서 나타난 것처럼, 음양(陰陽)의 기(氣)로써 우주만물이 형성되고 근본적 요소로 운영(運營)되었다고 본다.

2) 『춘추좌씨전(春秋左氏傳)』에 나타난 음양(陰陽)

춘추(春秋)시대 중 B.C.722~B.C.481(약 250년)의 역사를 기록한 공자(孔子)가 『춘추(春秋)』를 주석(註釋)하고 좌구명(左丘明)[64)]이 기록하였다고 전하는 『춘추좌씨전(春秋左氏傳)』[65)]에는 음양(陰陽)의 개념(概念)이 구체적으로 나타난다.

소공(昭公) 21년(B.C. 521) "가을 신월(申月, 7월) 임오(壬午)일 초하루에 일식(日蝕)이 있었다. 소공(昭公)이 자신에게 묻기를 '이것은 무슨 징조인가? 길흉(吉凶)은 어떠하겠는가?'하므로 재신(梓愼)이 대답하기를 '하지(夏至), 동지(冬至), 춘분(春分), 추분(秋分)에는 일식(日蝕)이 있어도 화(禍)가 되지 않습니다.

---

63) 陳鼓應(최진석 옮김), 『주역, 유가사상인가 도가사상인가』, 예문서원, 1996, 14쪽 및 이기동, 『동양 삼국의 주자학』, 성균관대학교출판부, 1995, 174쪽 참조.

64) 춘추전국(春秋戰國)시대 노(魯)나라 학자로, 『좌씨전(左氏傳)』과 『국어(國語)』의 저자(著者)로 알려져 있으나 확실치는 않다.

65) 박건주, 「『左傳』 僞作說 문제에 대한 一考」, 중국고중세사연구 제12집, 2004, 93-127쪽에 의하면, "『춘추좌씨전(春秋左氏傳)』은 공자(孔子)가 편찬한 것으로 전해지는 역사서(歷史書)인 『춘추(春秋)』의 대표적인 주석서(註釋書) 중 하나로, 기원전 700년경부터 약 250년간의 역사(歷史)가 쓰여져 있다. 또 다른 명칭으로는 『좌전(左傳)』, 『좌씨전(左氏傳)』, 『좌씨춘추(左氏春秋)』라고도 한다. 현존하는 다른 주석서인 『춘추곡량전(春秋穀梁傳)』, 『춘추공양전(春秋公羊傳)』과 함께 삼전(三傳)으로도 불린다. 삼전(三傳) 중에서 『춘추좌씨전(春秋左氏傳)』은 기본적으로 최고로 삼고 있다. 저자(著者)는 노(魯)나라 문인 좌구명(左丘明)이라고 기록되어 있으나, 분명하지는 않다"는 입장을 취하고 있다.

춘분(春分)과 추분(秋分)에는 낮과 밤의 길이가 같아 해와 달은 같은 길을 갑니다. 그러나 해와 달이 서로 지나가 버립니다. 그 외의 달은 재앙이 일어납니다. 양기(陽氣)가 이기지를 못하므로 항상 수재(水災)가 일어납니다.' 이때 숙첩(叔輒)이 일식(日蝕)을 보고 곡(哭)을 하므로 소자(昭子)가 말하기를 '자숙(子叔)[숙첩(叔輒)]은 장차 죽을 것이다 곡(哭)을 하지 않을 때 곡(哭)을 하니 말이다' 하였다. 결론적으로 8월에 숙첩(叔輒)이 죽었다."66)

소공(昭公) 24년(B.C. 518) "여름 午月(5월) 을미(乙未)일 일식(日蝕)이 있었는데, 재신(梓愼)이 말하기를 '장차 큰 물난리가 나겠구나!' 하니 소자(昭子)가 말했다. '가물 것이다. 춘분(春分)이 지났는데도 아직 양기(陽氣)가 음기(陰氣)에게 지고 있다. 양기(陽氣)가 음기(陰氣)를 이기게 되면서 부터는 혹독할 것이다. 가물지 않고는 못 베길 것이다. 양기(陽氣)의 진행이 더디구나! 양기(陽氣)의 세력이 이제 모이고자 하는 참이다"67)라고 하였다.

『춘추좌씨전(春秋左氏傳)』에 나타난 위 문장들을 보면 일식(日蝕)과 관련된 내용으로, 일(日)과 월(月)의 천체(天體)현상을 양(陽)과 음(陰)의 기운(氣運)에 따라 설명하고 있고, 음양(陰陽)의 기운(氣運)에서 상극(相剋)관계와 서로의 태과(太過)관계에 대해 설명하고 있는 것을 알 수 있다. 이것은 『주역(周易)』 전문(傳文)처럼 『춘추(春秋)』를 주석(註釋)한 시대에는 음양(陰陽)의 기운(氣運)뿐만 아니라, 자연현상과 상극(相剋)관계 등 다양한 개념(概念)으로 쓰이는 것을 알 수 있다.

---

66) 『春秋左氏傳』 「昭公」 21年: "秋七月壬午朔, 日有食之, 公問於梓愼曰, 禍福何爲, 對曰, 二至二分, 日有食之, 不爲災, 日月之行也, 分同道也, 至相過也, 其他月則爲災, 陽不克也, 故常爲水, 於是叔輒哭日食, 昭子曰, 子叔將死, 非所哭也, 八月叔輒卒."

67) 『春秋左氏傳』 「昭公」 24年: "夏五月乙未朔, 日有食之, 梓愼曰, 將水, 昭子曰, 旱也, 日過分, 而陽猶不克, 克, 必甚, 能無旱乎, 陽不克莫, 將積聚也."

3) 『국어(國語)』와 『묵자(墨子)』에 나타난 음양(陰陽)

『국어(國語)』[68]에서의 음양(陰陽) 개념(槪念)은 기(氣)와 관련하여 『춘추좌씨전(春秋左氏傳)』의 경우보다 더 많은 내용이 나타난다.

『국어(國語)』「주어하(周語下)」에 "옛날에는 태사(太史)가 때에 맞추어 땅을 살펴보았다. 양기(陽氣)가 충만하고 토기(土氣)가 격동하며, …, 양기(陽氣)가 위로 올라가고 땅은 기름지게 움직인다. …, 음양(陰陽)이 균형(均衡)을 이루고 번개와 우레가 터져 나온다"[69]고 하였고, "그러므로 기(氣)에는 정체된 음(陰)이 없고 또한 흩어진 양(陽)도 없습니다. 음양(陰陽)이 질서를 갖추게 되면 바람과 비가 때에 맞게 찾아옵니다"[70]라고 하여, 음양(陰陽)의 적절한 조화(調和)가 필요함이 나타나 있다.

「월어하(越語下)」에는 "음양(陰陽)의 향상됨을 따르고 천지(天地)의 일정한 도(道)에 순응한다"[71]하였고, "양(陽)이 지극(至極)해지면 음(陰)이 되고, 음(陰)이 지극(至極)해지면 양(陽)이 된다"[72]고 하였다.

위 문장들에서 나타나는 음양(陰陽)을 병법(兵法)[73]에 사용하여 역시 조화(調

---

68) 『국어(國語)』는 좌구명(左丘明)이 쓴 것으로 전해지는 역사서(歷史書)로, 『춘추좌씨전(春秋左氏傳)』을 개정한 것이 『국어(國語)』이다. 주(周)나라를 비롯하여 노(魯)·제(齊)·진(秦)·정(鄭)·초(楚)·오(吳)·월(越) 등의 450년의 역사가 나타나 있으며, 왕(王)이나 신하(臣下)들의 좋은 말을 중심으로 만들었기 때문에 『국어(國語)』라고 지었다고 한다.

69) 『國語』「周語上」: "古者, 太史順時覗土, 陽癉憤盈, 土氣震發, …, 陽氣俱蒸, 土膏其動, …, 陰陽分布, 震雷出滯."

70) 『國語』「周語上」: "於乎氣無滯陰, 亦無散陽, 陰陽序次, 風雨時至."

71) 『國語』「越語下」: "因陰陽之恆, 順天地之常."

72) 『國語』「越語下」: "陽至而陰, 陰至而陽."

73) 『國語』「越語下」: "古之善用兵者, 因天地之常, 與之俱行, 後則用陰, 先則用陽, …, 後無陰蔽, 先無陽察."(옛날에 용병을 잘하는 사람은 천지의 법도에 따라 천지와 함께 행한다. 적의 뒤를 습결할 때에는 음을 쓰고, 적의 앞에 나서서 싸울 때는 양을 쓴다. …, 적의 뒤를 습격할 때에도 음을 과하게 하여 너무 숨기지 않고 적의 앞에 나서서 싸울 때에도 양을 과하게 하여 너무 드러내지 않는다.) 참조.

和)의 개념(槪念)으로 나타나 있다. 따라서 『춘추좌씨전(春秋左氏傳)』에 이어 『국어(國語)』에 나타난 음양(陰陽)의 개념(槪念)은 자연현상에 이어 적절한 조화(調和)가 필요함으로 사용되고 있음을 알 수 있다.

제자백가(諸子百家) 중 묵가(墨家)의 시조인 전국(戰國)시대 묵자(墨子)[74]의 『묵자(墨子)』에서의 음양(陰陽) 개념(槪念)도 위 『춘추좌씨전(春秋左氏傳)』과 『국어(國語)』에서 나타난 개념(槪念)에서 크게 벗어나지 않고 있다.

『묵자(墨子)』「사과(辭過)」와 「천지(天地)」에는 각각 "천지(天地) 사이를 둘러싸고 사해(四海)안에 포괄하여 천지(天地)의 정(情)과 음양(陰陽)의 조화가 있지 않는 곳이 없다. …, 천지(天地)에는 상하(上下)가 있고, 사시(四時)[사계절]에는 음양(陰陽)이 있다"[75]하였고, "그러므로 하늘이 찬 기운(氣運)과 더운 기운(氣運)을 만들어 사시(四時)[사계절]가 절도가 있게 하였고, 음양(陰陽)과 비와 이슬을 조절하여 오곡(五穀)이 잘 익게 하며, 가축(家畜)이 잘 자라고, 질병(疾病)과 재해(災害)와 역질(疫疾), 흉년(凶年)과 기근(飢饉)이 이르지 않게 하였다"[76]라고 하였다.

결국 『묵자(墨子)』에서도 사계절(四季節)에 걸쳐 음양(陰陽)이 있음을 말하고 있고, 음양(陰陽)을 계절(季節)현상에 적용하고 있음을 알 수 있다.

---

74) 묵자(墨子, B.C.480?~B.C.390?)의 본명은 묵적(墨翟)으로 전국(戰國)시대 사상가이자 병법가(兵法家)이다. 당시 전쟁에 빈번하면서 혼란했던 시대에 겸애(兼愛)와 평화주의를 제창한 인물이다.

75) 『墨子』「辭過」: "凡回于天地之間, 包于四海之內, 天壤之情, 陰陽之和, 莫不有也, …, 天地也, 則曰上下, 四時也, 則曰陰陽."

76) 『墨子』「天地」: "是以天之爲寒熱也, 節四時, 調陰陽雨露也, 時五谷孰, 六畜遂, 疾災戾疫凶飢則不至."

춘추(春秋)와 전국(戰國)시대를 지나 전한대(前漢代)에 접어들면서, 『예기(禮記)』와 『회남자(淮南子)』에서는 음양(陰陽)에 대한 개념(概念)이 일반적인 자연현상을 넘어 우주만물과 연관되는 보편적인 질서(秩序)로 인식하게 되고, 음양오행설(陰陽五行說)로 발전하면서 명리학(命理學)에서 사용하는 음양(陰陽)의 개념(概念)이 성립하게 된다.

1) 『예기(禮記)』 「월령(月令)」에 나타난 음양(陰陽)

『예기(禮記)』[77]는 주대(周代)에서 부터 춘추전국(春秋戰國)시대를 지나 진·한(秦·漢)시대까지의 예(禮)에 대한 기록으로, 당시 자연에 대한 지식(知識)과 실제 생활에 적용한 내용이 잘 나타나 있다.

월령(月令)에 대한 내용을 보면, 1년을 12개월로 나눠 군주(君主)가 매월 어떤 일을 해야 하는지에 대해 규정해 놓았고, 음양(陰陽)의 개념(概念)과 의미(意味)에 대해 나타나 있다.

「월령(月令)」에 "봄이 시작하는 달[孟春. 음력 1월], …, 동풍(東風)은 얼음을 녹이고 땅 속에 숨었던 벌레가 비로소 움직인다. …, 이 달에는 천기(天氣)가 하강(下降)하고, 지기(地氣)가 상승(上昇)한다. 그리하여 천지(天地)의 기운(氣運)이 서로 활동하고 초목(草木)이 싹튼다"[78]고 하였고, "초봄에 여름의 명령(命

---

77) 『예기(禮記)』는 유교 경전(經典) 중 오경(五經)의 하나로, 주대(周代) 말기에서 진·한(秦·漢)시대까지의 예(禮)에 관한 학설을 집록한 것이다. 『주례(周禮)』, 『의례(儀禮)』와 함께 '삼례(三禮)'라고 한다. 예(禮)에 관한 '경문(經文)'을 주석(註釋)하였다 하여 예경(禮經)이라 하지 않는다.
78) 『禮記』 「月令」: "孟春之月是, …, 東風解凍, 蟄蟲始振, …, 是月也, 天氣下降, 地氣上騰, 天地和同, 草木萌動."

令)을 시행하면 때 아닌 비가 내리며, 초목(草木)이 일찍이 시들고 국가(國家)는 공포(恐怖)에 놓인다. 가을의 명령[秋令]을 시행하면 그 나라 백성들은 커다란 전염병(傳染病)을 앓게 되며, 회오리바람과 사나운 비가 한꺼번에 닥치고, 명아주, 가라지79), 쑥 같은 잡초가 우거진다. 겨울의 명령[冬令]을 시행하면 홍수(洪水)가 범람하고 눈과 서리가 사납게 내려 처음에 뿌려야 할 씨를 뿌릴 수 없게 된다"80) 하였다.

따라서 「월령(月令)」에 1년 12개월을 각각 구별하여 제도(制度) 및 의례(儀禮) 등에 규정을 두었던 것을 알 수 있고, 1년 12개월을 농경(農耕)을 중심으로 천기(天氣)와 지기(地氣) 등의 개념(槪念)을 음양(陰陽)에 적용한 것으로 보인다.

2) 『회남자(淮南子)』에 나타난 음양(陰陽)

제자백가(諸子百家) 중 잡가(雜家)에 대표되는 인물에는 여불위(呂不韋)와 유안(劉安)이 있다. 유안(劉安81), B.C.179~B.C.122)은 전한(前漢)시대의 학자이며 왕족(王族)으로 빈객(賓客)과 방술가(方術家) 수천 명을 모아서 백과사전(百科事典)의 일종82)인 『회남자(淮南子)』를 편찬하였다. 원래 내외편(內外編)과 잡록

---

79) 가라지는 풀[잡초]의 일종으로, 쌀이나 보리 이삭의 모양을 닮아 혼돈할 수 있고, 이삭의 영양분을 나눠야하기 때문에 농사를 지으면서 뽑아내야 한다.

80) 『禮記』 「月令」: "孟春行夏令, 則風雨不時, 草木早槁, 國乃有恐, 行秋令, 則民大疫, 疾風暴雨數至, 藜莠蓬蒿幷興, 行冬令, 則水潦爲敗, 霜雪大摯, 首种不入."

81) 유안(劉安)은 한고조(漢高祖)의 손자로 무제(武帝)때 회남왕(淮南王)에 봉해졌던 회남자(淮南子)이다. 즉위 후 백성들을 잘 다스려 명망이 높았다고 하며, 빈객(賓客)과 방사(方士) 수 천 명으로 하여 『회남자(淮南子)』를 짓게 하였다. 뒤에 전분(田蚡)에 회유되어 모반을 꾀하다 오피(伍被)의 고발로 한무제漢武帝)가 종정(宗正)을 시켜 탄핵할 때 자살하였다.

82) 백과사전(百科事典)의 일종은 전국(戰國)시대 말 진(秦)나라의 관료인 여불위(呂不韋, B.C.292~B.C.232)가 『여씨춘추(呂氏春秋)』를 주도하여 편찬하였고, 유안(劉安, B.C.179~B.C.122)은 전한(前漢)시대 『회남자(淮南子)』를 편찬하였다.

(雜錄)이 있었으나 현재 내편(內篇) 21권이 전하고 있다.

「천문훈(天文訓)」에 "하늘과 땅의 정기(精氣)가 합쳐지면서 음양(陰陽)이 되고, 음(陰)과 양(陽)의 정기(精氣)가 전일하면 춘하추동(春夏秋冬)의 사시(四時)[사계절]가 되고, 사시(四時)[사계절]의 정기(精氣)가 분산되어 만물(萬物)이 된다. 음양(陽氣)을 모은 열기(熱氣)가 불을 낳고, 화기(火氣)의 정기(精氣)는 해가 된다. 음기(陰氣)를 모은 한기(寒氣)가 물이 되고, 수기(水氣)의 정기(精氣)가 달이 된다. 해와 달에서 넘친 정기(精氣)가 성진(星辰)이 된다"[83]라고 하여 천지(天地)와 사시(四時)[사계절]와 해, 물, 달은 음양(陰陽)의 정기(精氣)에 의해 만들어졌다고 하고 있다.

그리고 "천지(天地)의 기(氣)가 치우쳐서 노한 것은 바람이 되고, 천지(天地)의 기(氣)가 합하여 화락(和樂)하게 된 것은 비가 된다. 음양(陰陽)이 서로 부딪혀서 감응(感應)하면 우레가 되고, 그것이 격하게 되면 천둥이 되며, 어지러워지면 안개가 된다. 양기(陽氣)가 더 많아서 그것이 흩어지면 비와 이슬이 되고, 음기(陰氣)가 많아서 그것이 응축(凝縮)되면 서리와 눈이 된다"[84] 하여, 천지(天地)의 기(氣)로부터 음양(陰陽)이 형성되어 모든 만물(萬物)의 보편적인 우주적 질서(秩序)라고 보고 있는 것이다.

그러므로 전한대(前漢代) 『회남자(淮南子)』이후 명리학(命理學)에서 사용하는 음양(陰陽)의 개념(概念)이 만들어졌다고 할 수 있다.

---

83) 『淮南子』「天文訓」: "天之偏氣, 怒者爲風, 地之含氣, 和者爲雨, 陰陽相薄, 感而爲雷, 激而爲霆, 亂而爲霧, 陽氣勝則散而爲雨露, 陰氣盛則凝而爲霜雪."
84) 『淮南子』「天文訓」: "天地之偏氣, 怒者爲風, 天地之合氣, 和者爲雨, 陰陽相薄, 感而爲雷, 激而爲霧, 陽氣勝則散而爲雨露, 陰氣勝則凝而爲露雪."

【제2절. 오행(五行)의 개념(槪念)과 의미(意味)】

동양철학에서 인식하고 있는 오행(五行)은 우주만물을 형성하는 木·火·土·金·水를 말하고 있다. 오행(五行)의 각각의 기(氣)는 우주만물의 존재와 작용 등을 설명하는데 사용되고 있고, 음양(陰陽)과는 별도로 전국(戰國, B.C.403~B.C.221)시대부터 오행(五行)을 계절(季節)과 연계하여 사용하였으며, 이후 시대의 변화(變化)에 따라 다양한 의미가 함축(含蓄)되면서 발전하였다.

오행(五行)의 개념(槪念)과 의미(意味)에 대해서는 여러 고전(古典)에 등장하지만, 현재에 사용되는 오행(五行)과는 구별되고 있고, 많은 학자들이 그 시원(始原)에 대해 다양한 의견(意見)을 제시(提示)하고 있다.

예를 들면, 전국(戰國)시대 성악설(性惡說)을 주장한 순자(荀子)의 『순자(荀子)』「비십이자(非十二子)」에는 오행(五行)을 덕행(德行)과 관련한 것을 알 수 있다. "옛것을 살펴 새로운 학설은 만들었는데 그것을 오행(五行)이라고 한다. <그것은> 지나치게 편벽(偏僻)되고 논리(論理)[류(類)]가 없으며, 내용이 은밀하고 뚜렷한 설명이 없고, 지나치게 간결(慳結)하고 해설(解說)이 없다"[85]하였다. 여기에서 말하는 오행(五行)은 유가(儒家)적 해석인 군자(君子)의 덕행(德行)을 말하는 것으로, 인(仁)·의(義)·예(禮)·지(智)·성(聖)의 의미(意味)가 있다.[86]

그러나 시대상 『순자(荀子)』보다 먼저이고, 음양오행설(陰陽五行說)을 제창한 음양가(陰陽家)에서 중요하게 여기는 문헌 중 『서경(書經)』「홍범(洪範)」에는 더욱 발전된 오행(五行)개념이 나타나 있어, 시대적으로 오행(五行)의 개념

---

85) 『荀子』「非十二子」: "案往舊造設, 謂之五行, 甚僻違而無類, 幽隱而無說, 閉約而無解."
86) 朴正潤, 「陰陽五行說의 성립과 그 理論的 背景」, 高麗大 碩士請求論文, 2001, 25-26쪽 및 조주은, 「陰陽五行의 結合過程 研究」, 東方大 博士請求論文, 2014, 35-36쪽 참조.

(槪念)에 대해 일부 혼돈(混沌)의 상태에 있는 것이 사실이다.

근대에는 서복관(徐復觀)을 비롯한 많은 학자[87]들이 『서경(書經)』 「대우모(大禹謨)」와 「감서(甘誓)」편은 「홍범(洪範)」편과 시대상 다르다[88][89]는 연구(硏究)들이 제시되고 있다.

따라서 본 책에서는 서경(書經)』 「대우모(大禹謨)」편과 「감서(甘誓)」편을 「홍범(洪範)」편과 분리하여 설명하고자 한다. 무엇보다 중요한 것은 많은 학자들에 의해 그 시원(始原)이 연구(硏究)되고 있기 때문에, 우리는 오행(五行)의 중요성을 다시 한 번 자각(自覺)할 수 있다.

〖 1. 『서경(書經)』 「대우모(大禹謨)」· 「감서(甘誓)」에 나타난 오행(五行) 〗

『서경(書經)』 「감서(甘誓)」에 "유호씨(有扈氏)는 오행(五行)을 업신여기고, 삼정(三正)을 문란하게 했다"[90]라고 표현 되어있는데, 오행(五行)에 대한 구체적 언급이 없다. 여기에서 말하는 오행(五行)은 계절(季節)의 개념(槪念)으로 인식할 수 있다.[91][92]

---

87) 서복관(김흥경 옮김), 「음양오행설과 관련문헌의 연구」 『음양오행설 연구』, 신지서원, 1993, 94-119쪽 참조.

88) 유소흥(송인창외 옮김), 『오행, 그 신비를 벗긴다』, 국학자료원, 2011, 27쪽 참조.

89) 『서경(書經)』 「대우모(大禹謨)」와 「감서(甘誓)」편은 음양오행설(陰陽五行說)이 유행하기 시작한 전국(戰國)시대 이후의 작품으로 보고 있으나, 유절(劉節)은 『서경(書經)』 「홍범(洪範)」편을 진대(秦代)이전인 전국(戰國)시대 말기라고 주장하고 있고, 조셉 니덤은 진대(秦代)로 보는데 적어도 음양가(陰陽家)인 '추연(鄒衍)이전은 아니다'라는 입장을 취하고 있어, 「홍범(洪範)」에 대한 오행(五行)의 기원을 구별하기에 난제(難題)로 자리하고 있다.(사송령외, 『음양오행이란 무엇인가』, 연암, 1995, 42-43쪽, 서복관(김흥경 옮김), 「음양오행설과 관련문헌의 연구」 『음양오행설 연구』, 신지서원, 1993, 95-119쪽 및 조셉 니덤(이석호 옮김), 『중국의 과학과 문명Ⅱ』, 을유사, 1994, 341쪽 참조.)

90) 『書經』 「甘誓」: "有扈氏, 滅侮五行, 怠棄三正."

91) 이기동, 『서경강설』, 성균관대출판부, 2011, 191쪽에 의하면, "『여씨춘추(呂氏春秋)』에 유호씨(有扈氏)와 하(夏)는 동성(同姓)이며, 하(夏)나라의 한 제후국(諸侯國)이든지 아니면 하(夏)나라 주변

「대우모(大禹謨)」에 "정치를 잘 하기 위해서는 오로지 덕(德)이 있어야 하고, 정치의 관건은 백성을 잘 기르는데 있다. 水·火·木·金·土로 곡식(穀食)을 잘 다스린다"[93]고 하여, 오행(五行)[水·火·木·金·土]이 계절(季節)과의 연관성으로 나타나고 있다.

〘 2. 『서경(書經)』「흥범(洪範)」에 나타난 오행(五行) 〙

『서경(書經)』「흥범(洪範)」에는 "여러 가지 좋은 징조는 우(雨)[비], 양(暘)[맑음], 욱(燠)[따뜻함], 한(寒)[추위], 풍(風)[바람], 시(時)[때]이다. <1년 중> 이 다섯 가지 기상(氣象)이 다 구비되고, 각종 기상(氣象)이 발생되어야 할 순서대로 알맞게 발생되었을 때에는 여러 가지 초목(草木)이 우거진다. 이 다섯 가지 가운데 어느 하나라도 극단적으로 많으면 흉(凶)하고, 극단적으로 적어도 흉(凶)하다"[94]라고 하여, 앞 「대우모(大禹謨)」와 「감서(甘誓)」편과 같이 오행(五行)이 계절(季節)과의 연관성으로 나타나, 이 문장으로 보아 오행설(五行說)이 크게 발달하지는 않았음을 알 수 있다.

그러나 "그 하나는 오행(五行)인데, …, 오행(五行)은 첫째 水[물, 潤下], 둘

에 있던 어떤 나라였을 것으로 보고 있으며, 또한 水·火·木·金·土 오행(五行)에 맞추어 행동하는 것이 당시의 과학적 행동이었으며, 천명(天命)에 순응하는 인간의 도리로 보았고, 삼정(三正)은 달력을 바로 세우는 세 방법인 건자(建子)·건축(建丑)·건인(建寅)으로 보았다"라는 입장을 취하고 있다.

92) 양계초(김홍경 옮김), 「음양오행설의 역사」『음양오행설의 연구』, 신지서원, 1993, 38쪽에 의하면, "자(子)·축(丑)·인(寅) 삼건(三建)[삼정(三正)]은 하·은·주(夏·殷·周)에 해당한다고 하더라도 「감서(甘誓)」는 「하서(夏書)」에 속하고 당시에는 축(丑)과 인(寅)의 이건(二建)은 존재하지도 않았을 텐데 어떻게 삼정(三正)을 말할 수 있으며, 또 金·木·水·火·土 오행(五行)은 어떻게 업신여긴다 말할 수 있으며, 어떤 방법으로 업신여길 수 있는가?"라는 입장을 취하고 있어 역시 오행설(五行說)과는 구별하고 있다.

93) 『書經』「大禹謨」: "德惟善政, 政在養民, 水火金木土穀惟修."

94) 『書經』「洪範」: "曰雨, 曰暘, 曰燠, 曰寒, 曰風, 曰時, 五者來備, 各以其敍, 庶草蕃廡, 一極備凶, 一極無凶."

째 火[불, 炎上], 셋째 木[나무, 曲直], 넷째 金[쇠, 從革], 다섯째 土[흙, 稼穡]이다. 水는 축축하여 아래로 스며들고, 火는 위로 타올라 가고, 木은 휘어지기도 하고 곧아지기도 하며, 金은 마음대로 모양을 바꿀 수 있고, 土는 종자(種子)를 심어 오곡(五穀)을 수확할 수 있다. 젖어 내리는 것[水]은 짠맛을 내고, 타오른 것[火]은 쓴맛을 내고, 굽거나 뻗은 것[木]은 신맛을 내고, 바뀌는 것[金]은 매운맛을 내며, 심고 가꾸는 것[土]은 단맛을 낸다"[95]고 하였다.

여기에서는 오행(五行)인 木·火·土·金·水의 생성 순서·성질·역할과 그 오미(五味)에 대해 순차적으로 적용하여, 一·水를 윤하(潤下)·짠맛, 二·火를 염상(炎上)·쓴맛, 三·木을 곡직(曲直)·신맛, 四·金을 종혁(從革)·매운맛, 五·土를 가색(稼穡)·단맛으로 표현되어 있어, 오행(五行)의 관념(觀念)이 구체적으로 나타나고 있다.

위 문장들의 공통점은 자연[천(天)]과 인간생활에 있어 서로의 연관성으로 나타나고 있으며, 이러한 사상은 이후 천·인합일(天·人合一)이 되는 천인감응설(天人感應說)로 발전하게 된다.

〖 3. 『춘추좌씨전(春秋左氏傳)』에 나타난 오행(五行) 〗

춘추(春秋)시대 『춘추좌씨전(春秋左氏傳)』과 『국어(國語)』에는 오재(五材)와 오행(五行)이 자주 등장한다. 두 책에서 중복(重複)되는 개념(概念)이 많아, 본 절에서는 『춘추좌씨전(春秋左氏傳)』을 위주로 살펴보기로 하자.

『춘추좌씨전(春秋左氏傳)』에 "오행(五行)을 담당하는 관리(官吏)가 있었으니

---

95) 『書經』「洪範」: "初一, 曰五行, …, 五行, 一曰水, 二曰火, 三曰木, 四曰金, 五曰土, 水曰潤下, 火曰炎上, 木曰曲直, 金曰從革, 土爰稼穡, 潤下作鹹, 炎上作苦, 曲直作酸, 從革作辛, 稼穡作甘."

이것을 오관(五官)이라 한다"⁹⁶⁾고 한 것처럼, 오행(五行)을 담당하는 관리(官吏)까지 있었음을 알 수 있다.

양공(襄公) 27년(B.C. 546)에 "하늘은 金·木·水·火·土의 오재(五材)를 낳고, 백성들은 이것들을 사용하니, 이것들 중에서 하나라도 없앨 수가 없는 것이다"⁹⁷⁾라고 하여 오재(五材)에 대한 내용이 나타난다.

소공(昭公) 25년(B.C. 517)에는 "하늘과 밝음과 땅의 성품(性品)으로 인하여 음(陰)·양(陽)·풍(風)·우(雨)·회(晦)·명(明)의 육기(六氣)가 생기고 木·火·土·金·水의 오행(五行)을 이용하는 것이다. 기(氣)[육기(六氣)]는 시고, 짜고, 맵고, 쓰고, 단 오미(五味)가 되고, 청·황·적·백·흑(靑·黃·赤·白·黑)의 오색(五色)을 발현하고, 소리로 나타나서는 궁·상·각·치·우(宮·商·角·徵·羽)의 오성(五聲)이 된다. 이것들이 빠지면 곧 마음이 어두워지고 어지러워져 백성은 그 본성(本性)을 잃는다. …, 사람에게는 좋아하고, 미워하고, 기뻐하고, 노여워하고, 슬퍼하고, 즐거워함이 있는데, 이것은 육기(六氣)에서 발생한 것이다"⁹⁸⁾라고 하였다.

여기에서 양공(襄公) 27년에 오재(五材, 金·木·水·火·土)의 개념(槪念)은 결국 소공(昭公) 25년에 나타나는 오행(五行, 木·火·土·金·水)과 같은 개념(槪念)으로 볼 수 있으며, 육기(六氣)[음(陰)·양(陽)·풍(風)·우(雨)·회(晦)·명(明)]에서 오미(五味)와 오색(五色), 그리고 오성(五聲)이 파생(派生)되었다고 볼 수 있다.

소공(昭公) 32년(B.C. 510)에 "하늘에는 삼진(三辰)이 있고, 땅에는 金·木·水·火·土 오행(五行)이 있다"⁹⁹⁾라고 하여 삼진(三辰)을 해·달·별로, 오행(五行)을

---

96) 『春秋左氏傳』 「昭公」 29年: "故有五行之官, 是謂五官."
97) 『春秋左氏傳』 「襄公」 27年: "天生五材, 民竝用之, 廢一不可."
98) 『春秋左氏傳』 「昭公」 25年: "則天之明, 因地之性, 生其六氣, 用其五行, 氣爲五味, 發爲五色, 章爲五聲, 淫則昏亂, 民失其性, …, 民有好惡喜怒哀樂, 生于六氣."
99) 『春秋左氏傳』 「昭公」 32年: "故天有三辰, 地有五行."

인간의 실생활에 사용하는 재료(材料)로 볼 수 있어, 오행(五行)이 『춘추좌씨전(春秋左氏傳)』이후 다양한 의미(意味)로 발전되었다고 할 수 있다.

결론적으로 『춘추좌씨전(春秋左氏傳)』과 『국어(國語)』를 통해서 나타난 춘추(春秋)시대의 이른바 오행(五行)은 모두 생활에 필수불가결한 다섯 가지 실용적인 생활 자료(資料)를 가리키는 것이다.[100]

【제3절. 음양오행설(陰陽五行說)】

본 1절과 2절의 문헌(文獻)들에서 살펴본 바와 같이, 음양(陰陽)과 오행(五行)의 명칭이 춘추전국(春秋戰國)시대 문헌(文獻)들에서 각각 나타나고 있으며, 전국(戰國)시대 후기부터는 자주 등장하고 있다.

여기에서 음양오행설(陰陽五行說)에 대해 결론을 미리 말하자면, 전국(戰國)시대 말 추연(鄒衍)에 의해 음양오행설(陰陽五行說)이 확립(確立)되고, 전한대(前漢代) 유안(劉安)의 『회남자(淮南子)』에는 음양설(陰陽說)은 천인합일(天人合一)로 발전하였고, 간지(干支)[십간(十干)과 십이지(十二支)]는 음양(陰陽)으로 구분되면서 오행(五行)과 결부되었다. 이어 음양오행설(陰陽五行說)은 동중서(董仲舒)[101] 등의 천인감응설(天人感應說)과 함께 음양오행사상(陰陽五行思想)으로 더욱 체계화 되었다.

---

100) 서복관(김홍경 옮김), 「음양오행설과 관련 문헌의 연구」『음양오행설 연구』, 신지서원, 1993, 75쪽 참조.
101) 동중서(董仲舒, B.C.170?~B.C.120?)는 하북성(河北省) 광천현(廣川縣) 출신으로, 일찍부터 『공양전(公羊傳)』을 익혔으며 한경제(漢景帝) 때는 박사(博士)가 되었다. 한무제(漢武帝)가 즉위하여 크게 인재를 구할 때 현량대책(賢良對策)을 올려 인정을 받고, 전한(前漢)의 새로운 문교정책에 참획(參劃)하게 되었다. 『춘추번로(春秋繁露)』, 『동자문집(董子文集)』 등이 있다.

먼저 천인(天人)관계에 대해, 춘추(春秋)시대 공자(孔子)의 『논어(論語)』를 보면 다음과 같다.

공자(孔子)는 "15세에 학문에 뜻을 두고, 30세에는 기초를 세웠으며, 40세에는 판단에 혼란이 없었고, 50세가 되자 천명(天命)을 알았다[102]고 하였고, "명(命)을 모르면 군자(君子)가 될 수 없다"[103]고 하였다.

또한 "죽음과 삶에는 명(命)이 있고, 부귀(富貴)는 천(天)에 달려 있다"[104]고 하였으며, "군자(君子)가 세 가지 두려워 할 것이 있는데, 그 중의 하나가 천명(天命)이다"[105]라고 하였다.

그러나 여기에서 나타나는 천인(天人)관계는, 천(天)에 대한 성인(聖人)의 깨달음과 천인(天人)의 종속적(從屬的)관계가 나타나는데, 천(天)을 절대적 관념으로 보았다고 할 수 있다.

이어 전국(戰國)시대 이후 천인감응설(天人感應說)은 『황제내경(黃帝內經)』, 『관자(管子)』, 『여씨춘추(呂氏春秋)』 등에 잘 나타나 있는데, 음양오행설(陰陽五行說)이 바탕이 되었다.

전국(戰國)시대 편찬된 『황제내경(黃帝內經)』「사객(邪客)」[106]에 "하늘은 둥글고 땅은 네모나며, 사람의 머리는 둥글고 발은 평평하여 이에 응(應)한다. …, 이것이 사람이 천지(天地)와 더불어 서로 응(應)하는 것이다"[107]고 하였다.

---

102) 『論語』「爲政」: "吾十有五而志于學, 三十而立, 四十而不惑, 五十而知天命."
103) 『論語』「堯曰」: "不知命, 無以爲君子也."
104) 『論語』「顏淵」: "死生有命, 富貴在天."
105) 『論語』「季氏」: "君子有三畏, 畏天命."
106) 중국(中國)에서 가장 오래된 의학서(醫學書)로, 내경(內經)이라고도 한다. 의학오경(醫學五經) 중 하나이며, 진·한(秦·漢)시대에 황제의 이름에 가탁(假託)하여 저작한 것으로 보인다. 「소문(素問)」은 천인합일설(天人合一說), 음양오행설(陰陽五行說) 등 자연학에 입각한 병리학설을 주로 하고 실제 치료에 대한 기록이 나타나며, 「영추(靈樞)」는 침구(鍼灸)와 도인(導引) 등 물리요법을 상술하고 약물요법에 대하여는 별로 언급이 없다.
107) 『黃帝內經』「邪客」: "天圓地方, 人頭圓足方以應之, …, 此人與天地相應者也"

여기에서 천원지방(天圓地方), 즉 하늘은 둥글고 땅은 네모나며 사람 또한 이에 응한다고 하는 것으로 천인합일(天人合一)의 관점으로 이해할 수 있다.

그리고 "봄에는 낳고, 여름에는 기르고, 가을에는 거두어들이고, 겨울에는 저장한다. 이것이 정상적인 규칙이니, 사람 또한 그에 응(應)한다"[108]고 하였고, 「순기일일분위사시(順氣一日分爲四時)」에는 "사람과 천지(天地)는 서로 참여하며 일월(日月)과 더불어 상응(相應)한다"[109]고 하였다.

「세로론(歲露論)」에는 "천지변화의 법칙(法則)에 사람의 신기(神氣)도 상통(相通)하고 상응(相應)한다."[110]

「지진요대론(至眞要大論)」에는 "천(天)에 대해 제대로 논(論)할 수 있다는 것은, 반드시 사람에 있어서도 똑같이 검증(檢證)할 수 있다"[111]고 하였다.

이처럼 『황제내경(黃帝內經)』에서는 사계절(四季節)의 변화(變化), 천지(天地)와 일월(日月) 등이 역시 사람과 상응(相應)한다는 천인감응설(天人感應說)이 구체적으로 나타나 있다.

전국(戰國)시대에서 한대(漢代)에 걸쳐 성립된 것으로 보이는 『관자(管子)』[112] 「내업(內業)」에는 "무릇 사람의 생명은 천(天)이 정기(精氣)를 주고 지(地)가 형체(形體)를 주어, 이것이 합(合)하여 인(人)이 되었다. 조화(調和)가 이루어지면 생명(生命)이 되고, 조화(調和)가 이루어지지 못하면 생명(生命)이

---

108) 『黃帝內經』「邪客」: "春生, 夏長, 秋收, 冬藏, 是氣之常也, 人亦應之."
109) 『黃帝內經』「順氣一日分爲四時」: "人與天地相參也, 與日月相應也."
110) 『黃帝內經』「歲露論」: "天地之大紀, 人神之通應也."
111) 『黃帝內經』「至眞要大論」: "善言天者, 必有驗於人."
112) 『관자(管子)』는 관중(管仲, ?~B.C.645)이 지었다고 전하나, 그의 업적을 중심으로 하여 후대의 사람들이 썼고, 전국(戰國)시대에서 한대(漢代)에 걸쳐서 성립된 것으로 보여 지고 있다. 전한(前漢)의 학자 유향(劉向)의 머리말에는 86편이라고 되어 있는데, 현재 보존되어 있는 것에는 10편과 1도(圖)가 빠져 있다. 내용은 법가적(法家的) 색채가 농후하고, 때로는 도가적(道家的)인 요소가 섞여 있기 때문에 『한서(漢書)』에서는 도가(道家)에, 『수서(隋書)』에서는 법가(法家)에 넣고 있다.

되지 않는다"113)고 하였다.

　진대(秦代) 백과사전(百科事典)의 일종인 여불위(呂不韋)의 『여씨춘추(呂氏春秋)』에는 "천(天)으로부터 비롯된 음양(陰陽), 추위, 더위, 건조, 습기, 사시(四時)[사계절] 및 모든 만물(萬物)의 변화(變化)가 사람에게 이로운 것만도 아니고 해로운 것만도 아니다"114)고 하였고, "천지(天地)는 둘로 나뉠 수 없는데 하물며 사람이야 어떻겠는가? 인(人)과 천지(天地)는 같으니 만물(萬物)의 형상(形狀)은 비록 각각 다르지만 그 본질(本質)은 같기에, 고로 치신(治身)하여 천하(天下)를 다스린 자들은 반드시 천지(天地)를 본받았다"115)고 하였다.

　이 문장들에서는 사람과 자연이 서로 감응(感應)하고, 음양론(陰陽論)에 근거(根據)한 우주론을 사람과의 이해관계로 인식(認識)하고 있는 것을 알 수 있다.

　한발 더 나아가 전한대(前漢代) 동중서(董仲舒)의 『춘추번로(春秋繁露)』에는 "같은 종류로서 합치(合致)되니 천(天)과 인(人)은 하나이다"116)라고 하여, 천인(天人)관계가 우주의 순환질서 내에서 하나의 구성(構成)요소로 나타난다고 할 수 있으며, 하늘과 사람이 같은 종류로 합치(合致)되니, 사람은 곧 자연의 변화(變化)에 순응(順應)하는 삶을 살지 않으면 안 된다는 것을 내재하고 있다.

　이처럼 천(天)과 인(人)을 천·인합일(天·人合一)관계로 보면서 음양설(陰陽說)을 근본(根本)으로 한 천인감응설(天人感應說)은, 전국(戰國)시대 말 제(齊)나라의 추연(鄒衍)과 도가(道家)·유가(儒家)·음양가(陰陽家)의 사상 등을 흡수(吸收)하여 일어난, 제(齊)나라의 직하(稷下) 유생117)들에 의해 음양(陰陽)과 우주만물

---

113) 『管子』「內業」: "凡人之生也, 天出其精, 地出其形, 合此以爲人, 和乃生, 不和不生."
114) 『呂氏春秋』: "天生陰陽寒暑燥濕四時之化萬物之變, 莫不爲利, 莫不爲害."
115) 『呂氏春秋』: "天地不能兩, 而況於人類乎, 人與天地也同, 萬物之形雖異, 其情一體也, 故古之治身與天下者, 必法天地也."
116) 『春秋繁露』「陰陽義」: "以類合之, 天人一也."
117) "'직하(稷下)'란 본래 '직문(稷門)의 서쪽'이라는 뜻으로, 제(齊)나라 수도 임치(臨菑)의 성문(城

을 형성하는 오행(五行)의 변화(變化)로 설명하는 음양오행설(陰陽五行說)로 발전하게 된다.

〖 1. 주연(鄒衍)과 음양오행설(陰陽五行說) 〗

음양(陰陽)과 오행(五行)의 결합은 제자백가(諸子百家) 중 음양가(陰陽家) 대표 인물인 전국(戰國)시대 제(齊)나라의 추연(鄒衍)에서부터 시작되었고, 당시로서는 새로운 학설인 음양오행설(陰陽五行說)을 주장하였다.

사마천(司馬遷)[118]의 『사기(史記)』에는 "우선 반드시 조그만 사물(事物)을 조사해 본 다음 그것을 크게 미루어서 무한(無限)에까지 이르게 한다"[119]고 하여 추연(鄒衍)의 학문방법에 대해 구체적으로 표현하였다.

"그는 음양(陰陽)의 소멸(掃滅)과 성장(成長), 변화(變化)하는 이치(理致)와 기이한 변화(變化)를 깊이 관찰(觀察)하여 『종시(終始)』와 『대성(大聖)』편 등 십여 만 자를 지었다. …, 그는 중국(中國)의 명산, 큰 하천과 깊은 계곡과 그 속에 사는 금수(禽獸)와 식물과 진기한 산물(産物)을 먼저 열거한 다음 이로부터 해외에 이르러 사람들이 볼 수 없는 것까지 추리(推理)하였다. …, 그는 먼

門) 중 하나인 직문(稷門) 서쪽에 학술을 토론하기 위해 학궁(學宮)이 세워지면서 생긴 말이다. 제(齊)나라 군주들은 이 학궁(學宮)을 근거로 뛰어난 학자들을 초빙하여, '상대부(上大夫)'의 칭호와 넓고 큰 집을 내려주고 존대하고 아꼈다. 이때 직하(稷下) 학궁(學宮)을 중심으로 모여든 수많은 학자들을 '직하학파(稷下學派)'라고 한다." 전국(戰國)시대 말에 형성된 유가(儒家), 도가(道家), 음양가(陰陽家), 법가(法家), 묵가(墨家) 등 수 많은 학파들은 이 직하(稷下)를 통해 체계화 되었으며, 이러한 학술 활동은 제(齊)나라의 경제적 기반이 되었다. 이 학파들의 수많은 책들은 『한서(漢書)』 「예문지(藝文志)」에 기록되어 있다.(劉蔚華외(곽신환 옮김), 『稷下哲學』, 철학과 현실사, 1995, 17-18쪽.)

118) 사마천(司馬遷, B.C.145?~B.C.86?)은 중국(中國) 최고 역사가(歷史家)로 칭송받는 전한(前漢)시대 사람이다. 한무제(漢武帝)의 태사령(太史令)이 되어 『사기(史記)』를 집필하였고, B.C.91년 완성하였다.

119) 『史記』「孟子荀卿列傳」: "必先驗小物, 推而大之, 至於無垠."

저 현세(現世)를 말하고, 위로는 황제(黃帝)시대에까지 소급한다. 이것은 학자들이 다 같이 기술한 공통점이다. 대개는 세상의 흥(興)함과 쇠(衰)함을 논하고, 이로부터 천지(天地)가 아직 생기기 이전 시대에까지 멀리 고찰(考察)할 수 없는 근원(根源)에 이른다. …, 천지(天地)[음양(陰陽)]가 나누어진 이래 오덕(五德)이 전이(轉移)[회전]하고 움직이며 이동하여 그때 그때의 통치가 각각 마땅하고 이와 같이 하늘의 명령에 반응(反應)하게 된다"120)고 하였다.

여기에서는 추연(鄒衍)에 대한 지식과 그의 역사관이 나타나 있고, '천지(天地)'와 '오덕(五德)[오행(五行)]의 전이(轉移)[상생(相生)]' 즉 천인감응설(天人感應說)과 오행(五行) 상생(相生)에 대해 표현 되어 있다.

추연(鄒衍)의 이름에 대한 언급은 없으나, 현재 일부 내용을 『여씨춘추(呂氏春秋)』「응동(應同)」편에서 알 수 있다. "대체로 제왕(帝王)이 장차 흥기(興起)하려고 할 때마다 천(天)은 반드시 먼저 백성들에게 길조(吉兆)를 보여준다. <중국(中國)을 최초 통일한> 황제(黃帝)121) 때에는 하늘이 먼저 큰 지렁이와 큰 개구리를 보냈다. 이것을 보고 황제(黃帝)는 '토기(土氣)가 승(勝)했다'라고 하였다. 토기(土氣)가 승(勝)하므로 그는 황색(黃色)을 숭상(崇尙)하고, 土를 모범으로 삼았다. <하(夏)나라> 우(禹)임금 때에는 '목기(木氣)가 승(勝)하다'고 하였다. 목기(木氣)가 승(勝)하므로 그는 청색(靑色)을 숭상(崇尙)하고 木을 모범으로 삼았다. <은(殷)나라> 탕(湯)임금 때에는 천(天)이 먼저 칼날이 물속에 나타나게 하였다. 탕(湯)임금은 '금기(金氣)가 승(勝)하다'고 하였다. 금기(金氣)

---

120) 『史記』「孟子荀卿列傳」: "乃深觀陰陽消息而作怪迂之變, 終始, 大聖之篇十餘萬言, …, 先列中國名山大川, 通谷禽獸, 水土所殖, 物類所珍, 因而推之及海外, 人之所能睹. …, 先序今以上至黃帝, 學者所共術, 大並世盛衰, 因載其禨祥度制, 推而遠之, 至天地未生, 窈冥不可考而原也, …, 稱引天地剖判以來, 五德轉移, 治各有宜, 而符應若茲."

121) 통상적으로 중국(中國)의 삼황(三皇) 중 한명으로, 중국(中國)을 처음으로 통일한 군주이자 문명의 창시자로 보고 있다. 최초 성(性)은 공손(公孫)씨로 알려져 있고, 나머지 이황(二黃)인 신농(神農氏)과 구려(九黎)의 치우(蚩尤)를 물리쳐 통일한 것으로 알려져 있다.

가 승(勝)하므로 그는 백색(白色)을 숭상(崇尙)하고 金을 본보기로 삼았다. <주(周)나라> 문왕(文王)때에는 천(天)이 먼저 불[火]을 나타내 보였는데, 붉은 새가 붉은 종이조각을 입에 물고 주(周)나라에 내려앉았다. 문왕(文王)은 '화기(火氣)가 승(勝)했다'라고 하였다. 화기(火氣)가 승(昇)하므로 그는 적색(赤色)을 숭상(崇尙)하고, 火를 본보기로 삼았다. 화기(火氣)를 대신하는 것은 반드시 수기(水氣)이며, 천(天)은 수기(水氣)를 승(勝)하게 만들 것이며, 수기(水氣)가 승(勝)하면 제왕(帝王)은 흑색(黑色)을 숭상(崇尙)하고, 水를 본보기로 삼아야 한다. 이렇게 순환(循環)이 계속되면 그 운행(運行)이 다시 토기(土氣)로 옮겨가야 한다."[122]

이처럼 중국(中國)의 실제 역사와 같이 오행(五行)의 상극(相剋)작용[123]을 설명하고 있다.

『여씨춘추(呂氏春秋)』에는 실제 B.C.221년 진시황(秦始皇)은 중국(中國)을 통일하였는데, 그는 주(周)나라 다음의 대(代)를 계승한 왕조(王朝)라고 생각하여 정말로 '바야흐로 수덕(水德)이 시작된다'라고 믿었다. 진(秦)왕조는 학정(虐政)때문에 오래 지속되지 못하고, 곧 한(漢)왕조가 그 대(代)를 계승하였다. 한(漢, B.C.206~B.C.220)왕조 역시 자신도 오덕(五德) 중의 어떤 하나의 덕(德)에 의해 황제(皇帝)가 되었다고 믿었다.[124]

위 내용들에서 나오는 것처럼, 추연(鄒衍)의 음양가(陰陽家)는 오덕(五德)의

---

122) 『呂氏春秋』「應同」: "凡帝王之將興也, 天必先見祥乎下民, 黃帝之時, 天先見大螾大螻, 黃帝曰, 土氣勝, 土氣勝, 故其色尙黃, 其事則土, 及禹之時, 天先見草木秋冬不殺, 禹曰, 木氣勝, 木氣勝, 故其色尙靑, 其事則木, 及湯之時, 天先見金刃生於水, 湯曰, 金氣勝, 金氣勝, 故其色尙白, 其事則金, 及文王之時, 天先見火, 赤鳥銜丹書集于周社, 文王曰, 火氣勝, 火氣勝, 故其色尙赤, 其事則火, 代火者必將水, 天且先見水氣勝, 水氣勝, 故其色尙黑, 其事則水, 水氣至而不知, 數備, 將徙于土."
123) 한국(韓國)의 국가관(國家觀)은 앞의 왕조(王朝)를 계승(繼承)한다는 의미를 가지고 있지만, 중국(中國)은 앞의 왕조(王朝)를 극(剋)하는 개념(槪念)을 가지고 있다.
124) 풍우란(정인재 옮김), 『중국철학사』, 형설출판사, 1990, 182쪽.

전이(轉移)즉 '오행(五行)의 상생(相生)'과 '오행(五行)의 상극(相剋)'으로 오행(五行)을, 더 크게는 왕조(王朝)의 교체와 천(天)[음양(陰陽)]의 작용을 주장하였다.

이를 정리하면, 사계(四季)[춘하추동(春夏秋冬)]는 오덕(五德)의 생성과정에 의해 작용하며, 봄 목기(木氣)는 여름 화기(火氣)를 생(生)하고, 여름 화기(火氣)는 중앙(中央)의 토기(土氣)를 생(生)하고, 중앙(中央)의 토기(土氣)는 가을 금기(金氣)를 생(生)하며, 가을 금기(金氣)는 겨울 수기(水氣)를 생(生)하고, 겨울 수기(水氣)는 다시 봄 목기(木氣)를 생(生)하는 것으로, 오행(五行)의 상생(相生)작용이 나타나 있다. 그리고 황제(黃帝)의 토덕(土德)은 하(夏)나라 목덕(木德)이 극(剋)[이김]하고, 하(夏)나라 목덕(木德)은 은(殷)나라 금덕(金德)이 극(剋)하고, 은(殷)나라 금덕(金德)은 주(周)나라 화덕(火德)이 극(剋)하며, 화덕(火德)은 향후 수덕(水德)이 극(剋)하는데, 이것은 왕조(王朝)를 서로 이긴다는 개념(概念)으로 오행(五行)의 상극(相剋)작용이 나타나 있다.

결국 추연(鄒衍)은 오행(五行)을 다섯 가지 덕(德)으로 나타내었으며, 오덕(五德)의 상극(相剋)원리와 왕조(王朝)의 흥기(興氣)를 대응(對應)시킨 '오행상승설(五行相勝說)'에 근거한 '오덕종시설(五德終始說)'을 주장하여 오행설(五行說)을 정치적 학설로 만들었다.

『사기(史記)』「역서(曆書)」에는 오행(五行)과 음양(陰陽)에 대해 더 구체적으로 나타나 있다. "오행(五行)이 전이(轉移)[회전]하는 이치(理致)에 밝아 음양(陰陽)이 소식(消息)[변화]하는 법을 널리 전파(傳播)하여 제후(諸侯)들 사이에서 이름이 높았다"[125]라고 했는데, 오행(五行)으로 인해 음양(陰陽)이 변화(變化)하는 것을 오행(五行)과 음양(陰陽)의 결합으로 나타내고 있다.

---

125) 『史記』「曆書」: "明於五德之傳, 而散消息之分, 以顯諸侯."

위 전체 내용들에서, 추연(鄒衍)의 음양가(陰陽家)는 음양(陰陽)과 오행(五行)의 상생(相生)과 상극(相剋)을 주장한 것을 알 수 있으며, 이것을 음양오행설(陰陽五行說)이라고 한다.

【 2. 음양오행설(陰陽五行說)의 발전(發展) 】

음양(陰陽)과 오행(五行)은 점차 계절(季節)과 자연(自然)의 이치(理致) 및 방위(方位)를 비롯한 사람의 생활에까지 융합(融合)되어 발전하게 된다.

진대(秦代) 『여씨춘추(呂氏春秋)』 「십이기(十二紀)」에서부터 전한대(前漢代) 유안(劉安)의 『회남자(淮南子)』와 동중서(董仲舒)의 『춘추번로(春秋繁露)』에는 직접적인 결합(結合)이 이루어진다.

이후 송대(宋代) 성리학(性理學)에서는 음양(陰陽)과 오행(五行)이 완전하게 결합하게 되는데, 주돈이(周敦頤)의 『태극도설(太極圖說)』에서는 드디어 무극(無極)에서 태극(太極), 태극(太極)은 다시 음양(陰陽), 음양(陰陽)에서 오행(五行)에 의해 만물(萬物)이 형성되는 우주도식(宇宙圖式)을 전개하게 된다.

성리학(性理學)[126]을 집대성한 송대(宋代)의 주자(朱子)는 『태극도설(太極圖說)』에서 우주도식(宇宙圖式)에 덧붙여 태극(太極)을 리(理)로 해석(解釋)하였다.

---

126) 우리나라는 주자학(朱子學)이 고려(高麗) 말 신진사대부(新進士大夫)에 의해 들어오게 되고, 조선(朝鮮)에서는 주자학(朱子學)을 기본으로 한 유교(儒敎)가 국교(國敎)가 되었으며, 조선(朝鮮) 중기에는 퇴계(退溪) 이황(李滉)과 율곡(栗谷) 이이(李珥)에 의해 조선성리학(朝鮮性理學)으로 발전하게 된다.

1) 『관자(管子)』에 나타난 음양오행(陰陽五行)

『관자(管子)』「승마(乘馬)」에 "춘하추동(春夏秋冬)은 음양(陰陽)의 추이(推移)이다. 사계절(四季節)에 장단(長短)이 있는 것은 음양(陰陽)의 적절한 작용에 의해 이루어진다. 낮과 밤이 바뀌는 것은 음양(陰陽)의 변화(變化)이다"[127]라고 하여, 음양(陰陽)의 변화(變化)에 의해 사계절(四季節)과 낮·밤의 변화를 설명하고 있으며, 음양(陰陽)의 일정한 법칙(法則)에 따라 질서(秩序)가 형성(形成)된다고 말하고 있다.

「사시(四時)」에는 "음양(陰陽)이란 천지(天地)의 대리(大理)이며, 사시(四時)[사계절]란 음양(陰陽)의 대경(大徑)이다. 형덕(刑德)이란 사시(四時)[사계절]에 부합해야 하는 것이니, 형덕(刑德)이 사시(四時)[사계절]에 부합(符合)하면 복(福)이 생기고, 어긋나면 화(禍)가 일어난다"[128]고 하였다.

「형세해(形勢解)」에서는 좀 더 구체적으로 표현되어 있다. "봄에는 양기(陽氣)가 위로 오르기 시작하여 만물(萬物)이 생(生)하며, 여름에는 양기(陽氣)가 완전히 상승하여 만물(萬物)이 자란다. 가을에는 음기(陰氣)가 아래로 내려가기 시작하여 만물(萬物)이 걷히며, 겨울에는 음기(陰氣)가 모두 내려가 만물(萬物)이 폐장(閉藏)하게 된다. 그리하여 봄과 여름에는 생장(生長)하고, 가을과 겨울에는 수장(收藏)하는 것이 사시(四時)[사계절]의 절도(節度)이다"[129]라고 하여, 사계절(四季節)이 곧 오행(五行)의 개념(概念)과 결합(結合)되어 있음을 알 수 있다.

---

127) 『管子』「乘馬」: "春秋冬夏, 陰陽之推移也, 時之短長, 陰陽之利用也, 日夜之易, 陰陽之化也."
128) 『管子』「四時」: "是故陰陽者, 天地之大理也, 四時者, 陰陽之大經也, 刑德者, 四時之合也, 刑德合於時, 則生福, 詭則生禍."
129) 『管子』「形勢解」: "春者, 陽氣始上, 故萬物生, 夏者, 陽氣畢上, 故萬物長, 秋者, 陰氣始下, 故萬物收, 冬者, 陰氣畢下, 故萬物藏, 故春夏生長, 秋冬收藏, 四時之節也."

「오행(五行)」에는 "옛날 황제(黃帝)가, …, 오성(五聲)이 이미 이루어지자 오행(五行)을 만들어 천시(天時)를 바로 잡고, 오관(五官)을 만들어 인간의 지위를 바로 잡았다. 사람과 하늘이 조화가 이루어지자 천지(天地)의 아름다움이 생겨났다.[130] 또 태양(太陽)이 동지(冬至)에 이르러 갑자(甲子)를 만나면 목행(木行)의 지배가 시작된다. …, <태양(太陽)이> 병자(丙子)를 만나면 화행(火行)이 시작된다. …, <태양(太陽)이> 무자(戊子)를 만나면 토행(土行)이 시작된다. …, <태양(太陽)이> 경자(庚子)를 만나면 금행(金行)이 시작된다. …, <태양(太陽)이> 임자(壬子)를 만나면 수행(水行)이 시작 된다[131]고 하여, 사계절(四季節)과 오행(五行)의 상응(相應)과 결합(結合)이 나타나 있다.

『관자(管子)』에서 나타나는 음양(陰陽)에 관련된 문장들을 정리하면, 음양(陰陽)의 일정한 법칙에 의해 사계절(四季節)의 변화(變化)가 생기게 되고, 이 사계절(四季節)은 오행(五行)의 개념(概念)과 결합(結合)되어 있음을 알 수 있다. 즉 사계절(四季節)의 변화(變化)는 음양(陰陽)과 오행(五行)의 법칙(法則)에 의한 것이라고 해석(解釋)할 수 있다.

『관자(管子)』에는 추연(鄒衍)의 사상이 남아있으며, 위 문장들에서 나타나는 음양오행(陰陽五行) 개념(概念)은 천문(天文)과 인사(人事)의 통합(統合) 및 천기(天氣)의 흐름에 부응하는 정치를 하도록 체계를 짠 진대(秦代) 여불위(呂不韋)의 『여씨춘추(呂氏春秋)』「십이기(十二紀)」에 지대한 영향을 주었다.[132] 그리고 『여씨춘추(呂氏春秋)』이후의 문헌에서 거의 음양(陰陽)과 오행(五行)을

---

130) 『管子』「五行」: "昔黃帝, …, 五聲既調, 然后作立五行, 以正天時, 五官以正人位, 人與天調 , 然后天地之美生."
131) 『管子』「五行」: "日至睹甲子木行御, …, 睹丙子火行御, …, 睹戊子土行御, …, 睹庚子金行御, 睹, …, 睹壬子水行御."
132) 劉蔚華(곽신환 옮김), 『직하철학』, 철학과 현실사, 1995, 497쪽, 568쪽 참조.

결합시키고 있다고 단정할 수 있다.[133)]

　이에 덧붙이자면, 『관자(管子)』의 영향을 받은 『여씨춘추(呂氏春秋)』「십
이기(十二紀)」에는 음양오행(陰陽五行)이 계절(季節)과 연계(連繫)되어 더욱 발
전된 관념으로 나타나게 되고, 전한대(前漢代) 유안(劉安)의 『회남자(淮南子)』
와 동중서(董仲舒)의 『춘추번로(春秋繁露)』에는 음양오행설(陰陽五行說)이 우
주와 인간의 통합 및 모든 자연법칙에 적용된다.

　2) 『회남자(淮南子)』와 『춘추번로(春秋繁露)』에 나타난 음양오행(陰陽五行)

　전한대(前漢代) 『회남자(淮南子)』에서는 음양오행(陰陽五行)을 근원(根源)으
로 하여 천지(天地)와 만물(萬物)이 형성되었으며, 음양오행(陰陽五行)을 통하여
운행(運行)된다고 보았다.

　「천문훈(天文訓)」에 "천지(天地)가 정기(精氣)를 모으니 음(陰)과 양(陽)이
되었다. 음(陰)과 양(陽)이 정기(精氣)를 모으니 사시(四時)[사계절]가 되고, 사
시(四時)[사계절]가 정기(精氣)를 모으니 만물(萬物)이 되었다"[134)]에서 나타나는
것처럼, 음양(陰陽)에 의해 계절(季節)과 만물(萬物)이 생성되었다고 보고 있다.

　「원도훈(原道訓)」에는 도(道)[135)]에 대해 논하면서, "그 덕(德)은 천지(天地)
를 넉넉하게 하고 음양(陰陽)을 화(和)하며, 사시(四時)[사계절]를 나누고 오행

---

133) 서복관(김홍경 옮김), 「음양오행설과 관련 문헌의 연구」『음양오행설 연구』, 신지서원, 1993,
　　 145쪽 참조.
134) 『淮南子』「天文訓」: "天地之襲精, 爲陰陽, 陰陽之傳精, 爲四時, 四時之散精, 爲萬物."
135) 『회남자(淮南子)』에서 나타나는 도(道)의 개념(概念)은 노자(老子)의 도가(道家)사상의 영향이라
　　 고 할 수 있다. 유안(劉安)은 도(道)를 중심으로 우주만물과 천문(天文), 지리(地理), 월령(月令), 병
　　 법(兵法) 등에 대해 서술하였다. "도는 허령하되 작용하며 다함이 없으니, 깊고 깊으며, 만물의 근원
　　 과 같다. …, 모양도 없고 움직임도 없으며, 혹 존재하는 듯하다. 나는 누구의 아들인지는 모르나 천
　　 제보다도 먼저인 듯하다. 그리고 도는 만물의 주인이다."(『道德經』 제4장」, 「제62장」: "道沖而
　　 用之, 或不盈, 淵兮似萬物之宗, …, 湛兮似或存, 吾不知誰之子, 象帝之先.", "道者, 萬物之奧.") 참
　　 조.

(五行)을 조화(調和)롭게 하며, 만물(萬物)과 군생(群生)[동·식물]에 온기(溫氣)를 주고 길러준다"[136]고 하여, 도(道)의 범주 내에서 음양(陰陽)이 화(和)하여 사계절(四季節)로 나누어지고 오행(五行)과 만물(萬物)을 생성한다는 개념(概念)이 나타나 있다.

「천문훈(天文訓)」에는 또 천지(天地)가 베풀어지면 음양(陰陽)이 나누어지는데, 양(陽)은 음(陰)에서 생기고, 음(陰)은 양(陽)에서 생긴다. 음양(陰陽)이 서로 섞이니 사시(四時)[사계절]가 유통하게 된다[137]고 하였다.

또, 갑(甲)·을(乙)·인(寅)·묘(卯)는 목(木)이고, 병(丙)·정(丁)·사(巳)·오(午)는 화(火)이며, 무(戊)·기(己)·진(辰)·술(戌)·축(丑)·미(未)는 토(土)이다. 경(庚)·신(辛)·신(申)·유(酉)는 금(金)이며, 임(壬)·계(癸)·해(亥)·자(子)는 수(水)이다[138]라고 하였다.

이 내용들은 음(陰)과 양(陽)이 서로 생성(生成)하는 관계와 음양(陰陽)으로 사계절(四季節)을 설명하고 있고, 십천간(十天干)과 십이지지(十二地支)를 오행(五行)으로 구분하였음을 알 수 있다.

"무릇 일진(日辰)에서 갑(甲)은 강하고 을(乙)은 부드럽고, 병(丙)은 강하고 정(丁)은 부드럽고, 이렇게 하여 계(癸)에 이른다"[139]고 하여, 오행(五行)으로 구분된 십천간(十天干)을 다시 음(陰)과 양(陽)으로 구분하였으며, 양간(陽干)과 음간(陰干)이 각각 '강하고 부드럽다'고 하면서 간지(干支)에 대해 음양(陰陽)의 성질도 설명하고 있다.

---

136) 『淮南子』「原道訓」: "其德, 優天地而和陰陽, 節四時而調五行, 呴嫗覆育萬物群生."
137) 『淮南子』「天文訓」: "天地以設, 分而爲陰陽, 陰生於陽, 陽生於陰, 陰陽相錯, 四時乃通."
138) 『淮南子』「天文訓」: "甲乙寅卯, 木也, 丙丁巳午, 火也, 戊己四季, 土也, 庚辛申酉, 金也, 壬癸亥子, 水也."
139) 『淮南子』「天文訓」: "凡日甲剛乙柔, 丙剛丁柔, 以至于癸."

십천간(十天干)과 십이지지(十二地支)가 처음으로 오행(五行)과 직접적으로 처음 배속된 것은 『회남자(淮南子)』「천문훈(天文訓)」에서이나, 사실 「천문훈(天文訓)」에서 십이지지(十二地支)를 오행(五行)에 배치하게 된 이유는 중국(中國)내 여러 나라들의 상호관계를 해석(解釋)하기 위해서 이다.[140]

<표 4> 『회남자(淮南子)』「시측훈(時則訓)」에 나타난 오행(五行)

사시(四時) 오행(五行)	춘(春)-木	하(夏)-火	계하(季夏)-土	추(秋)-金	동(冬)-水
오방(五方)	동(東)	남(南)	중(中)	서(西)	북(北)
오수(五數)	8	7	5	9	6
오미(五味)	산(酸) [신맛]	고(苦) [쓴맛]	감(甘) [단맛]	신(辛) [매운맛]	함(鹹) [짠맛]
오음(五音)	각(角)	치(徵)	궁(宮)	상(商)	우(羽)
오색(五色)	청색(靑色)	적색(赤色)	황색(黃色)	백색(白色)	흑색(黑色)

「시측훈(時則訓)」에 있는 오행(五行)관련 내용을 간단하게 정리하면 <표 4>와 같고, 사계절(四季節)을 오행(五行)과 만물(萬物)에 상응(相應)시켰음을 알 수 있다.

이처럼 『회남자(淮南子)』에서는 명리학(命理學)에서 기본적으로 사용하는 십천간(十天干)과 십이지지(十二地支)가 음양(陰陽)과 오행(五行)으로 각각 구체적으로 나누어짐을 알 수 있다.

다음은 유안(劉安)과 동시대에 있었던 동중서(董仲舒)의 음양오행(陰陽五行)사상에 대해 알아보기로 하자.

---

140) 강성인, 「『淮南子』의 음양오행 사상과 명리학의 연관성 고찰」, 『道敎文化硏究』40, 韓國道敎文化學會, 2014, 63쪽 및 文載坤, 「漢代易學연구」, 高麗大 博士請求論文, 1990, 95쪽 참조.

전한대(前漢代) 유안(劉安)은 진대(秦代) 진시황(秦始皇)이 받아들인 법가(法家)사상과 노자(老子)의 도가(道家)사상이 융합된 황로(黃老)사상을 대표하는 인물이고, 동중서(董仲舒)는 한무제(漢武帝)[141]가 왕권(王權)강화를 위해 받아들인 유가(儒家)사상을 대표하는 인물이다.

동중서(董仲舒)의 『춘추번로(春秋繁露)』「오행상생(五行相生)」에 하늘과 땅의 기(氣)는 합해지면 하나가 되고, 나누어지면 음(陰)과 양(陽)이 되고, 다시 나누면 사시(四時)[사계절]이 되고, 나열하면 오행(五行)이 된다[142]고 하여, 천지(天地)에서 음양(陰陽), 음양(陰陽)에서 사계절(四季節)과 오행(五行)이 된다고 하였다.

「오행지의(五行之義)」에서는 '하늘[천(天)]의 오행(五行)인 木·火·土·金·水를 순서대로 나타내었고,[143] '木을 오행(五行)의 시작이라 하였으며, 水를 오행(五行)의 끝, 土를 오행(五行)의 가운데'라고 하였다.[144]

「오행대(五行對)」에 "봄은 탄생(誕生)을 주관하고, 여름은 성장(成長)을 주관하고, 늦여름은 양육(養育)을 주관하고, 가을은 수확(收穫)으로 주관하고, 겨울은 저장(貯藏)을 주관한다"[145]고 하였다.

사실 위 내용과는 달리 동중서(董仲舒)의 오행우주론은 완전히 정치사상과 사회제도의 측면(側面)에서 착안(着眼)된 것이지만,[146] 『회남자(淮南子)』와 함께

---

141) 한무제(漢武帝, B.C.156~B.C.87)는 전한(前漢)의 7대 황제로, 6대 경제(景帝)의 11번째 아들로, 시호는 세종(世宗)이다. 왕권(王權)강화와 질서유지를 위해 동중서(董仲舒)의 건의에 의해 황로(黃老)사상을 배척하면서 오경박사(五經博士)를 두는 등 유가(儒家)사상을 통치이념으로 받아들였고, 추은령(推恩令)을 내려 제후왕(諸侯王)들에게 땅을 나눠 자제에게 주고 후(侯)로 삼게 하는 등 제후국의 세력을 약화시키면서 중앙집권체제를 마무리하였다.

142) 『春秋繁露』「五行相生」: "天地之氣, 合而爲一分爲陰陽判, 爲四時, 列爲五行, 行者行也, 其行不同, 故謂之五行, 五行者, 五官也, 比相生而間相勝也, 故爲治, 逆之則亂, 順之則治."

143) 『春秋繁露』「五行之義」: "天有五行, 一曰木, 二曰火, 三曰土, 四曰金, 五曰水." 참조.

144) 『春秋繁露』「五行之義」: "木五行之始也, 水五行之終也, 土五行之中也." 참조.

145) 『春秋繁露』「五行對」: "春主生, 夏主長, 季夏主養, 秋主收, 冬主藏."

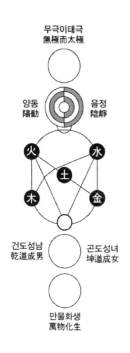

<그림 1>
태극도설(太極圖說)
출처: 필자(筆者)
재작도(再作圖)

음양오행설(陰陽五行說)의 직접적인 결합(結合)이 나타나고, 그의 천인감응(天人感應)[동기감응(同氣感應)] 더 나아가 천인합일(天人合一)사상은 후에 주희(朱熹)의 주자학(朱子學) 탄생에 일정부분 기여하게 된다.

송대(宋代) 주돈이(周敦頤)[147]의 『태극도설(太極圖說)』에서는, "무극(無極)이면서 태극(太極)이다. 태극(太極)이 음양(陰陽)을 낳고, 음양(陰陽)이 오행(五行)을 낳는다"[148]고 하여, 송대(宋代)는 음양오행(陰陽五行)에 의해 만물(萬物)이 형성되는 우주도식(宇宙圖式)이 전개되고, 명리학(命理學)은 음양오행(陰陽五行)을 기초로 한 학문으로 거듭나게 된다.

한편, 후한대(後漢代) 초 『설문해자(說文解字)』에는 "木은 덮어씌워진 것이므로 땅의 덮개를 뚫고 나온 것이다. 글자가 싹틀 철(屮)자 아래에 뿌리가 난 것이며, 자리는 동쪽에 있다. 火는 타오르고 위로 발산하는 것이고, 그 글자가 불꽃 염(炎)자의 위에 있는 火자를 형상한 것이고 그때는 여름이

---

146) 이택후(김홍경 옮김), 「진한사상과 음양오행설」『음양오행설 연구』, 신지서원, 1993, 329-331쪽 참조.

147) 주돈이(周敦頤, 1017~1073)의 호는 염계(濂溪)라 하여 주렴계(周濂溪)라고도 한다. 중국(中國) 북송(北宋)시대의 유학자로, 자(字)는 무숙(茂叔), 호(號)는 염계(濂溪)이다. 그가 저술한 『태극도설(太極圖說)』은 우주의 원리를 태극도(太極圖)를 중심으로 설명하고 있다. 그는 무극(無極)과 태극(太極)이 하나이며, 태극이 음양(陰陽)으로 나뉘고, 여기에서 다시 火·水·木·金·土의 오행(五行)이 생겨난다고 하였다.

148) 『太極圖說』: "無極而太極, 太極動而生陽, 靜而生陰, …, 陽變陰合而生水火木金土."

다. 土는 토해서 생겨난 것이고, 그 글자에서 '二'는 땅의 위와 땅의 가운데를 상징하고, 곧게 세운 한 획 '│'으로 물건이 처음 땅을 뚫고 나오는 것을 상징하며, 계하(季夏)[六月]이다. 계(季)는 늙었다는 뜻으로, 모든 물건이 여기에서 성숙하고 이루어지는 것이니 사시(四時)[사계절]의 끝에서 늙고 왕성(旺盛)해지는 것이다. 그러므로 노(老)라고 한 것이다. 그 자리는 사방(四方)의 중심에 거처하는 것이므로 중심[내(內)]은 사방(四方)으로 통하는 것이다. 金은 금지(禁止)시키는 것이다. 그러므로 음기(陰氣)가 처음 일어나서 만물(萬物)이 금지(禁止)되는 것이다. 하늘과 땅이 물건들로 하여금 돌이켜 반성하게 하는 것이 가을이고, 그 자리는 서쪽이다. 水의 글자는 샘물이 합쳐서 흐르고, 그 가운데에는 양(陽)의 기운(氣運)이 미미하게 있음을 상징하는 것이고, 시절은 겨울이다"[149]라고 하였는데, 오행(五行)뿐만 아니라 해당하는 사계절(四季節)과 방위(方位)를 설명하고 있다.

이처럼, 결국 동양에서는 음(陰)과 양(陽)의 변화(變化)에서 오행(五行)이 성립되고, 모든 만물(萬物)은 음양오행(陰陽五行)에 의해 구조화되고 변화(變化)되어 만물(萬物)의 근원(根源)이 된다고 나타나고 있다.

〖 3. 그리스(Greece) 철학자들의 '4원소설'과 '제5원소' 〗

중국(中國) 동양철학에서 음양(陰陽)에 대한 연구는 서양(西洋)의 그리스(Greece)에 비해 먼저 발전하였다. 앞서 설명한 바와 같이 춘추(春秋)시대

---

149) 『說文解字』: "木者冒也, 言冒地而, 出字從於屮, 下象其根也, 位有在東方, 火者炎上也, 其字炎而上象形者也, 其時夏, 土者吐生者也, 其字二, 以象地之上, 與地之中, 以一直劃, 象物初出地也, 其時季夏, 季老也, 萬物於此成就, 方老王於四時之季, 故日老也, 其位處內, 內通也, 金者禁也, 陰氣始起, 萬物禁止也, 天地反物爲秋, 其位西方, 其字象泉.流, 中有微陽之氣, 其時冬.''

(B.C.403∼B.C.221) 말에 음양(陰陽)과 오행(五行)[오재(五材)]이 우주생성이론과 연계되는 도화선(導火線)이 되었지만, 확립된 것은 황로(黃老)사상의 유안(劉安)과 유학자(儒學者)인 동중서(董仲舒) 등에 의해 전한대(前漢代)이후라고 할 수 있다.

그러나 우주생성이론에 대해서는 그리스(Greece)의 철학자들이 먼저 접근하였다고 볼 수 있다.

비록 완성된 우주 생성이론은 아니지만, 그리스(Greece)에서는 이미 대표적 자연철학자인 탈레스(B.C.624∼B.C.546)가 만물(萬物)의 근원은 '물'이라고 하여 우주의 생성이론에 최초로 접근하였다.[150]

이후 아낙시메네스(B.C.550∼B.C.475)가 만물(萬物)은 '공기'로 되어 있다고 보고, '그 공기가 엷어지면 따뜻한 불이, 짙어지면 차가운 물이나 흙, 돌 따위가 생기는데, 이와 같이 희석(稀釋)과 농축(濃縮)을 통하여 생긴 모든 물질은 재차 공기로 해체되지만, 공기는 다른 한편으로 생명의 원리이기도 하여 영혼이 신체를 이루고 있는 것과 같이 공기가 우주 전체를 싸고 있다'고 주장하였다.[151]

헤라클레이토스(B.C.550∼B.C.475)는 '불'이 모든 변화(變化)의 원인이라고 생각하여 불을 중요시 하였다. 그리스(Greece) 고대 과학을 완성시키는데 많은 기여를 한 엠페도클레스(B.C.492∼B.C.432)는 만물은 절대 변하지 않는 4개의 원소들 즉 '물', '불', '흙', '공기'와 인력과 척력을 나타내는 '사랑과 미움'이라는 두 가지 힘에 의해 만들어 진다고 주장하였다.[152]

소크라테스(B.C.470∼B.C.399)의 제자 플라톤(B.C.428∼B.C.347)은 티마이오스

---

150) 곽영직외, 『자연과학의 역사』, 북힐스, 2001, 28쪽 참조.
151) 곽영직외, 『자연과학의 역사』, 북힐스, 2001, 30쪽 참조.
152) 곽영직외, 『자연과학의 역사』, 북힐스, 2001, 31쪽 참조.

(Demiurgos)라는 자연과학에 관련된 책을 만들었는데, 제1부에서는 아틀란티스의 신화에 대한 설명이 있고, 제2부에서는 제4원소론을 포함하여 물질의 구성에 대하여 설명하였으며, 제3부에서는 인간의 육체와 영혼의 문제를 다루고 있다. 이 4원소가 기하학적으로 구성되어있다고 보았고, 흙은 2등변 직각 삼각형 24개로 이루어진 정육면체라고 했고, 나머지 3원소는 60도 30도의 각을 갖는 직각삼각형과 정삼각형으로 이루어진 정사면체[불], 정팔면체[공기], 정십이면체[물]로 이루어 졌다고 했으며 4개의 원소가 고정 불변이라고 했던 엠페도클레스의 4원소설을 발전시켰다.[153]

플라톤에게 20년 동안 공부를 하고 고대 과학체계를 완성시킨 아리스토텔레스 (B.C.384~B.C.322)는 달 아래 세계와 달 위의 세계를 분리해서 달 아래 세계는 4원소의 결합과 분리에 의해 무쌍한 변화(變化)가 일어나지만, 달 위의 세계는 제5원소인 '아이더(Either)'로 이루어진 변화(變化) 없는 영원한 세계이고, 이곳에서는 완전한 운동인 원운동만 일어난다고 하였다.[154]

이처럼 그리스(Greece)는 B.C.5C~B.C.3C까지 약 200년 동안의 시간이 소요되었지만 우주생성이론에 먼저 접근하였다. 탈레스의 '물'에서 시작한 생성원리는 '불', '흙', '공기'를 합쳐 4원소설이 주장되었고, 제5원소를 엠페도클레스는 '사랑과 미움', 아리스토텔레스는 '아이더(Either)'라고 주장하였다.

한편, 피타고라스[155](B.C.582?~B.C.497?)는 '만물은 수(數)이다'라고 선언하

---

153) 곽영직외, 『자연과학의 역사』, 북힐스, 2001, 46-47쪽 참조.
154) 곽영직외, 『자연과학의 역사』, 북힐스, 2001, 54-55쪽 참조.
155) "피타고라스(Pythagoras)는 현대에도 인정받는 과학자 중 한사람으로, B.C.560년경 에게해(Aegean Sea)의 사모스(Scmos) 섬에서 태어났으며, 이태리 남쪽에 있는 그리스(Greece) 식민지 크로톤(Croton)에서 엄격한 단체 생활을 하는 비밀교단에 입단하여 그 종교단체의 지도자가 되었다. 그 종교단체는 채식을 하도록 하였으며, 술을 마시지 못하도록 하였고, 동물성 원료로 만든 옷도 입지 못하도록 하였다. 그들은 신발을 신지 않고 생활하였으며, 가난하고 검소하게 살았던 것으로 전해진다. 오늘날 알려진 피타고라스 정리의 증명법은 유클리드(Euclid)가 증명한 것이다."(곽영직외, 『자연과학의 역사』, 북힐스, 2001, 32-33쪽.)

면서 모든 만물(萬物)의 근원을 '수(數)'와 연관시켜 접근하였다. 이후 피타고라스학파로 발전하면서 그들은 달 아래 세계인 '우라노스(Uranos)', 달 위의 세계인 '코스모스(Cosmos)', 그리고 신들이 사는 '올림푸스(Olympus)'로 우주는 세 부분으로 나누어져 있다고 보았다.[156]

피타고라스학파는 여러 가지 수(數)에 특별한 의미를 부여하기도 하였다. 수(數) '1'을 제외한 최초의 홀수이면서 남자를 나타내는 수(數)는 '3', 여자를 나타내는 수(數)는 '2', 따라서 남녀가 결합하는 결혼을 나타내는 수(數)는 3+2, 즉 '5'라고 하였다. 또 정의는 '4', 사랑과 우정은 '8'이라고 하였고, 우주의 규준이며 사람과 신의 섭리의 힘은 '10'이라고 하였다. '10'은 삼각수의 하나일 뿐만 아니라 '1'과 최초의 짝수인 '2', 그리고 1을 제외한 최초의 홀수인 '3', 최초의 제곱수인 '4'를 합하여 이루어진 수(數)이기 때문이라고 하였다.[157]

위와 같은 내용을 간단하게 정리하면 다음 <표 5>와 같다.

---

156) 곽영직외, 『자연과학의 역사』, 북힐스, 2001, 33쪽.
157) 곽영직외, 『자연과학의 역사』, 북힐스, 2001, 34-35쪽.

<표 5> 그리스(Greece) 철학자들의 우주생성 이론(理論)

순번	철학자(哲學者)	시대(時代)	우주생성이론(宇宙生成理論)
1	탈레스	(B.C.624~B.C.546)	물
2	헤라클레이토스	(B.C.550~B.C.475)	불
3	엠페도클레스	(B.C.492~B.C.432)	4원소[물, 불, 흙, 공기]와 '사랑과 미움[제5원소]'
4	플라톤	(B.C.428~B.C.347)	불변(不變)의 4원소[물, 불, 흙, 공기]가 기하학적(幾何學的)이라고 주장, 더욱 발전시킴.
5	피타고라스학파, 유클리드(B.C 300년경?) 이후		수(數), 3+2=5, 10
6	아리스토텔레스	(B.C.384~B.C.322)	4원소[물, 불, 흙, 공기]와 아이더(Either)[제5원소]

제Ⅲ장. 명리학(命理學) 기초(基礎)

본 장에서는 명리학(命理學)의 기초이론에 대해 구체적으로 알아보기로 하자.

앞 Ⅱ장에서 잠깐 살펴본바와 같이, 음양(陰陽)에 대한 철학적 사유(思惟)는 노자(老子)의 도(道)에서 시작되었다고 보고, 추연(鄒衍)의 음양오행설(陰陽五行說)은 전국(戰國)시대 말 순자(荀子) 및 한비자(韓非子), 공손룡(公孫龍), 굴원(屈原) 등의 당대 최고 수준의 학자[일명 '상대부(上大夫)']들이 모여 이룬 직하(稷下)학파들에 의해 광범위하게 연구(硏究) 활용되었다.

진대(秦代)를 거치고 전한대(前漢代)에는 황로(黃老)사상[황제(黃帝)·도가(道家)사상의 융합(融合)]을 기반으로 한 유안(劉安)의 『회남자(淮南子)』에서 드디어 간지(干支)[천간(天干)과 지지(地支)]가 음양오행론(陰陽五行論)과 배합하게 되었고, 유가(儒家)사상을 기반으로 한 동중서(董仲舒)의 『춘추번로(春秋繁露)』에서는 음양오행(陰陽五行)을 왕권(王權)강화에 활용하였으며, 이후에는 모든 개념(槪念)을 음양오행(陰陽五行)원리로 접근하게 되면서 명리학(命理學)의 발전이 두드러지게 나타나게 된다.

음양(陰陽)과 오행(五行)이 계절(季節)과 방위(方位) 등을 흡수한 음양오행설(陰陽五行說)로 확립되면서, 간지(干支) 및 더 나아가 수(數)와의 배합(配合)까지 이루어지게 되는데, 하도(河圖)와 낙서(洛書)에서 그 어원(語原)을 찾을 수 있다.

명리학(命理學)에 대해서는 전한대(前漢代) 『회남자(淮南子)』와 그 이후의 명리학(命理學) 고전(古典)을 중심으로 나타내고자 한다.

【제1절. 하도(河圖)와 낙서(洛書)】

당대(唐代)에 이어 송대(宋代)부터는 하도(河圖)와 낙서(洛書)를 통상적으로 『주역(周易)』의 근원(根源)으로 보고 있으며, 음양오행설(陰陽五行說)의 정수 (精髓)로 인식(認識)되어 왔다.

『서경(書經)』「고명(顧命)」에 "태옥(太玉), 이옥(夷玉), 천구(天球), 하도 (河圖)는 동쪽 행랑에 놓았다"[158]고 하였고, 『논어(論語)』「자한(子罕)」에는 "봉황(鳳凰)도 나타나지 않고 하수(河水)에서는 도(圖)가 나오지 않으니 나는 끝났다"[159]고 하였다.

『주역(周易)』「계사전(繫辭傳)」에는 "하수(河水)에서 도(圖)가 나오고 낙수 (洛水)에서 서(書)가 나오자 성인(聖人)이 그것을 본받았다"[160]라고 하였다.

이처럼 하도(河圖)와 낙서(洛書)에 대해 『서경(書經)』과 『논어(論語)』와 『주역(周易)』에 나타나 있다. 즉 '하도(河圖)'에 대한 직접적 언급과 '하수(河 水)에서의 도(圖)'는 하도(河圖)에 대한 언급 내용이고, '낙수(洛水)에서의 서 (書)'는 낙서(洛書)에 대한 언급 내용이다.

춘추(春秋)시대 공자(孔子)의 주요 저서 3곳에서 하도(河圖)와 낙서(洛書)에 대한 내용이 나옴으로써, 중국(中國) 고대(古代)에서부터 천명(天命)과 천자(天 子)를 상징화 시켜 왕권(王權)강화를 목적으로 문서로 기록하였다고 여겨진다.[161]

---

158) 『書經』「顧命」: "太玉, 夷玉, 天球, 河圖, 在東序."
159) 『論語』「子罕」: "鳳鳥不至, 河不出圖, 吾已矣夫."
160) 『周易』「繫辭傳」: "河出圖, 洛出書, 聖人則之."
161) 朱熹(김상섭 옮김), 『周易啓蒙』, 예문서원, 1994, 39쪽 참조.

그 예로, 전한대(前漢代) 공안국(孔安國)[162]은 "하도(河圖)는 복희씨(伏羲氏)가 천하(天下)를 다스릴 때 용마(龍馬)가 황하(黃河)에서 나오자 그 무늬를 본떠서 팔괘(八卦)를 그렸다. 낙서(洛書)는 <중국(中國) 하(夏)나라> 우(禹)임금이 물을 다스릴 때 신령스런 거북이가 무늬를 등에 지고 나왔는데 거기에 9개의 수(數)가 있었다. 이에 우(禹)임금이 그것을 차례대로 나열하여 9개의 무리를 이루었다"[163]라고 하였다.

송대(宋代) 주자(朱子)[164]는 하도(河圖)와 낙서(洛書)를 『주역본의(周易本義)』와 『역학계몽(易學啓蒙)』의 첫머리에 배치함으로써 『주역(周易)』의 근원임을 나타내려 한 것으로 보인다.[165]

그는 『주역(周易)』을 경전(經典)으로 칭하면서 『역경(易經)』이라고 하였고, 하도(河圖)를 리(理)로, 낙서(洛書)를 기(氣)로 표현하였으며, 하도(河圖)와 낙서(洛書)를 만물(萬物)의 관계로 확장(擴張)하면서 우주(宇宙)의 기(氣)와 수(數)가 상(象)을[166] 본받은 과정을 정립(定立)하였다.

우리나라는 고려(高麗)말 신진사대부(新進士大夫)에 의해 주자학(朱子學)이 들

---

162) 공안국(孔安國)의 자(字)는 자국(子國)이고, 공자(孔子)의 11대손으로 산동성(山東省) 곡부(曲阜)에서 출생하였다. 『상서(尚書)』 고문학(古文學)의 시조(始祖)로, 박사(博士)·간대부(諫大夫)를 지내고, 임회(臨淮) 태수에 이르렀다. 노(魯)나라의 공왕(共王)이 공자(孔子)의 옛 집을 헐 때 과두문자(蝌蚪文字)로 된 고문(古文) 『상서(尚書)』, 『예기(禮記)』, 『논어(論語)』, 『효경(孝經)』이 나왔다. 아무도 이 글을 읽지 못한 것을 금문(今文)과 대조·고증 및 해독하여 주석(注釋)을 붙임으로써 고문학(古文學)이 비롯되었다고 본다.
163) 『周易傳義大全』「卷首」: "河圖者, 伏羲氏王天下, 龍馬河出, 遂則其文, 以畵八卦, 洛書者, 禹治水時, 神龜負文, 而列於背, 有數至九, 禹遂因而第之, 以成九類."
164) 주자(朱子)는 주희(朱熹)를 말한다. 이하 주자(朱子)로 통일하여 표기하기로 한다.
165) 朱熹(김상섭 옮김), 『周易啓蒙』, 예문서원, 1994, 37쪽 참조.
166) 주자(朱子)는 음양오행설(陰陽五行說)과 하도(河圖)와 낙서(洛書)를 도서상수론(圖書象數論)으로 정립하였다. 신영대, 「『周易』의 應用易學研究」, 釜山大 博士請求論文, 2012, 250쪽에 의하면, "도서상수론(圖書象數論)은 하늘과 사람 사이, 곧 자연현상과 인사(人事)사이에 인과(因果)관계가 존재한다고 주장하는 학설이다. 중국 한대(漢代)에 동중서(董仲舒)에 의해 크게 성행하였고, 군주는 하늘이 내린 것이며, 정치를 잘못했을 때는 천재지변(天災地變)의 현상을 내려 인간 산화의 잘못을 꾸짖고 나무란다는 재이설(災異說)을 바탕으로 한다"고 하였다.

어왔고, 이어 조선(朝鮮)시대에는 주자학(朱子學)[성리학(性理學)]을 국교(國敎)로 제정하면서 현재에까지 영향을 끼치고 있다.

주자(朱子)가 하도(河圖)와 낙서(洛書)를 『주역(周易)』의 근원(根源)임을 나타낸 것은, 하도(河圖)와 낙서(洛書)에 음양(陰陽)의 조화와 길흉(吉凶)의 본원이 있다고 보았고, 「계사전(繫辭傳)」의 하수(河水)에서 하도(河圖)가 나오고, 낙수(洛水)에서 낙서(洛書)가 나왔다는 점, 공안국(孔安國)의 하도(河圖)와 낙서(洛書)를 복희씨(伏羲氏)와 우(禹)임금과 관련된 내용 등을 들 수 있다.[167]

〖 1. 하도(河圖) 〗

『주역(周易)』에 하도(河圖)에 대한 도식(圖式)이 나타나 있지는 않다.

「계사전(繫辭傳)」에 "天一, 地二, 天三, 地四, 天五, 地六, 天七, 地八, 天九, 地十이니, 天의 수(數)가 다섯 개이고 地의 수(數)가 다섯 개로, 이 다섯 개가 서로 얻으며, 천수(天數)는 25요, 지수(地數)는 30이다. 무릇 천지(天地)의 수(數)가 55이니, 이것으로써 변화(變化)하여 귀신(鬼神)[음양(陰陽)]을 행한다"[168]고 하였다.

후한대(後漢代) 말 정현(鄭玄)[169]은 "天一이 북(北)에서 水를 낳고, 地二가 남

---

167) 백은기, 『周易本義 研究』, 여강, 1996, 51-52쪽 참조.
168) 『周易』 「繫辭傳」: "天一, 地二, 天三, 地四, 天五, 地六, 天七, 地八, 天九, 地十, 天數五, 地數五, 五位相得, 而各有合, 天數二十有五, 地數三十, 凡天地之數, 五十有五, 此所以成變化, 而行鬼神也."
169) 정현(鄭玄, 127~200)은 후한(後漢) 말엽의 대표적 유학자(儒學者)이다. 경학(經學)의 시조로 깊은 존경을 받았으며, 경학(經學)의 금문(今文)과 고문(古文) 외에 천문(天文)·역수(曆數)에 이르기까지 광범한 지식욕의 소유자였다. 가장 옳다고 믿는 설을 취하여 『주역(周易)』, 『상서(尙書)』, 『모시(毛詩)』, 『주례(周禮)』, 『의례(儀禮)』, 『예기(禮記)』, 『논어(論語), 『효경(孝經)』 등 경서(經書)의 주석(註釋)을 하였고, 『의례(儀禮)』와 『논어(論語)』 교과서의 정본(定本)을 만들었다.

(南)에서 火를 낳고, 天三이 동(東)에서 木을 낳고, 地四가 서(西)에서 金을 낳고, 天五가 중(中)에서 土를 낳는다. 양(陽)이 짝이 없고, 음(陰)이 상대가 없으면 서로를 이룰 수 없다. 그래서 地六은 북(北)에서 天一과 함께 水를 이루고, 天七은 남(南)에서 地二와 함께 火를 이루고, 地八은 동(東)에서 天三과 함께 木을 이루고, 天九는 서(西)에서 地四와 함께 金을 이루고, 地十은 중(中)에서 天五와 함께 土를 이룬다"[170]고 역주(譯註)하였다.

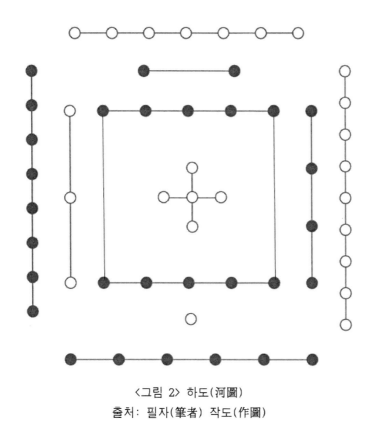

〈그림 2〉 하도(河圖)
출처: 필자(筆者) 작도(作圖)

정현(鄭玄)의 주석(註釋)은 『관자(管子)』「유관(幼官)」과 『여씨춘추(呂氏春秋)』「십이기(十二紀)」이후 월령(月令) 체계에 영향을 주었고,[171] 주자(朱子)는 하도(河圖)를 음양오행설(陰陽五行說)의 입장에서 해석(解

---

170) 『周易鄭康成註』「繫辭傳」: "天一生水於北, 地二生火於南, 天三生木於東, 地四生金於西, 天五生土於中, 陽無偶陰無配未得相成, 地六成水於北與天一幷, 天七成火於南與地二幷, 地八成木於東與天三幷, 天九成金於西與地四幷, 地十成土於中與天五幷也."
171) 문재곤, 『주역의 현대적 조명』, 범양사, 1993, 264쪽 참조.

釋)하였다.

하도(河圖)를 『주역(周易)』과 주자(朱子)의 『역학계몽(易學啓蒙)』에 근거(根據)하여 도식(圖式)하면 <그림 2>와 같다.

이를 다시 주자(朱子)의 『역학계몽(易學啓蒙)』에 근거(根據)하여 설명하면 다음과 같다.

그림에서 "홀수[1,3,5,7,9]를 나타내는 양(陽)은 천수(天數)로 하얀색 표시된 점[○]의 개수이고, 짝수[2,4,6,8,10]를 나타내는 음(陰)은 지수(地數)로 검은색 점[●]의 개수로 표시한다. 천(天)을 대표하는 천수(天數)는 기수(奇數)[홀수]로 양(陽)이 되고, 지(地)를 대표하는 지수(地數)는 우수(偶數)[짝수]로 음(陰)이 된다. 이를 각각 음양(陰陽)으로 나누어 같은 종류로 서로 구하니, 다섯 자리가 서로 얻으며 분명하다."172)

하도(河圖)의 도식(圖式) 안에 나타나는 1에서 5까지의 수(數)는 사물의 발생을 나타내므로 생수(生數)라고 하고, 도식(圖式) 바깥 테두리 쪽으로 있는 6에서 10까지의 수(數)는 사물의 형상을 상징하여 성수(成數)라고 한다.173)

그림의 위치와 하도(河圖)에 대해 다음과 같이 표현되어 있다. "하도(河圖)의 위치는 1과 6이 함께 이웃이 되어 북쪽에 자리하고, 2와 7은 친구가 되어 남쪽에 자리하며, 3과 8은 동도(同道)가 되어 동쪽에 자리하고, 4와 9도 친구로 서쪽에 자리하며, 5와 10은 중앙에 자리 잡아 서로를 지키고 있다. 이것이 수(數)가 되는 이치를 살피면, 한번은 음(陰)이 되고 한번은 양(陽)이 되어, 한번은 기수(奇數)[홀수]가 되고 한번은 우수(偶數)[짝수]가 되는 것을 오행(五行)으로 나누었

---

172) 『易學啓蒙』「本圖書第一」: "陽數奇, 故一三五七九皆屬乎天, 所謂天數五也, 陰數偶, 故二四六八十皆屬乎也, 所謂地數五也, 天數地數, 各以類而相求, 所謂五位之相得者然也." 참조.
173) 『易學啓蒙』「本圖書第一」: "其生數之在內者, …, 其成數之在外者." 참조.

다."174)

위 내용들에서 계절(季節)과 방위(方位), 오행(五行)의 상응관계, 생수(生數)와 성수(成數)에 대해 나타나 있다. 1[양(陽)]은 북(北)으로 6[음(陰)]과 함께 水를 이루고, 2[음(陰)]는 남(南)으로 7[양(陽)]과 함께 火를 이루고, 3[양(陽)]은 동(東)으로 8[음(陰)]과 함께 木을 이루고, 4[음(陰)]는 서(西)로 9[양(陽)]와 함께 金을 이루고, 5[양(陽)]는 중앙으로 10[음(陰)]과 함께 土를 이루고 있다.

이를 간단하게 정리하면, 1·6-水-북(北), 2·7-火-남(南), 3·8-木-동(東), 4·9-金-서(西), 5·10-土-중앙(中央)으로 나타낼 수 있다. 여기에서 1에서 5까지를 생수(生數)라 하고, 6에서 10까지를 성수(成數)라 한다.

결국 주자(朱子)가 주장한 '五位相得而各有合(오위상득이각유합)' 즉 5위가 서로 얻으며 각각 합(合)이 있다고 한 것처럼, 하도(河圖)의 도식(圖式)은 중앙에 있는 수(數) '5'를 통해 음양(陰陽)의 조합(照合)이 만들어 진다. 수(數) '5'는 천지(天地)의 수(數)로 오행(五行)과 방위(方位)가 나타남을 알 수 있고, 만물(萬物)을 생성하는 수(數)로 인식(認識)하게 된다.

이처럼 하도(河圖)에서 나타난 도식(圖式)을 보면, 오행(五行)과 계절(季節)의 변화(變化)가 서로 상생(相生)의 원리(原理)로 나타나는 것을 알 수 있다.

이제까지 언급된 하도(河圖)에서 제시하는 계절(季節)과 방위(方位), 오행(五行)의 상응관계, 생수(生數)와 성수(成數)를 정리하면 <표 6>과 같이 나타낼 수 있다.

『주역(周易)』을 근거(根據)로 하는 오행(五行)의 생성(生成) 순서와 하도(河

---

174) 『易學啓蒙』「本圖書第一」: "河圖之位, 一與六共宗而居乎北, 二與七爲朋而居乎南, 三與八同道而居乎東, 四與九爲友而居乎西, 五與十相守而居乎中, 蓋其所以爲數者, 不過一陰一陽, 一奇一偶, 以兩其五行而已."

<표 6> 하도(河圖)에서 제시하는 해석(解釋)

				수(數) 천지(天地)	생수 (生數)	성수 (成數)
남(南) 2, 7 火						
동(東) 3, 8 木	중앙(中央) 5.10 土	서(西) 4, 9 金		천(天)	1, 3, 5	7, 9
북(北) 1, 6 水				지(地)	2, 4	6, 8, 10

圖)에서 제시되는 수(數) '5'에 대한 조합을 나타내면 다음 <표 7>과 같고, 수(數) '5'는 모든 수(數)를 이루어 내는 교량역할을 하면서 그에 해당하는 '土'는 만물(萬物)을 생(生)함을 드러내는 오행(五行)으로 인식(認識)된다.

　『주역(周易)』「설괘전(說卦傳)」에는 '5'에 대해, "중간의 수(數) '5'는 삼천양지(參天兩地)로 표현되는 천(天)을 뜻하는 수(數) '3'과 지(地)를 뜻하는 수(數) '2'의 조합으로 성인(聖人)이 역(易)을 만들 때 사용한 수(數)이다"[175]라고 하였다.

---

175) 『周易』「說卦傳」: "昔者聖人之作易也, 幽贊於神明而生蓍, 三天兩地而倚數."

176) 『書經』「洪範」: "五行, 一曰水, 二曰火, 三曰木, 四曰金, 五曰土."(오행은 첫째가 水이고, 둘째가 火이고, 셋째가 木이고, 넷째가 金이고, 다섯째가 土이다.) 및 周敦頤, 『太極圖說』: "陽變陰合, 而生水火木金土, 五氣順布, 四時行焉."(양이 변하면서 음을 합하여, 水火木金土의 오행이 생성되며, 다섯 가지의 기운이 골고루 펼쳐져 사계절이 운행 되었다.) 송대(宋代) 서대승(徐大升)이 저술한 것으로 전해지는 『연해자평(淵海子平)』에는 다음과 같이 나타나 있다. 『淵海子平』「論五行所生之始」:

74　정통 명리학 - 개론

<표 7> 오행(五行)과 하도(河圖)의 수(數)

오행(五行) 수(數)	水	火	木	金	土
생성(生成) 순서[176]	첫 번째	두 번째	세 번째	네 번째	다섯 번째
생수(生數)	1	2	3	4	5
중앙 土 수(數) '5'	+ 5	+ 5	+ 5	+ 5	+ 5
성수(成數)	6	7	8	9	10

하도(河圖)에서의 역(易)의 발생은 태극(太極)에 있으며, 태극(太極)에서 양의(兩儀)가 나오고, 양의(兩儀)에서 사상(四象)이 나왔으며, 사상(四象)에서 팔괘(八卦)로 전개(展開)된다.[177]

주자(朱子)가 나타낸 하도(河圖)의 팔괘(八卦) 구성에 대한 설명을 보면, 하도(河圖)의 구조에서 중간의 5와 10을 비우면 태극(太極)이 된다. 기수(奇數)[홀수] 합 20과 우수(偶數)[짝수] 합 20은 양의(兩儀)[천지(天地), 하늘과 땅]이다.

"是時, 一氣盤中結, 於是, 太易生水, 太初生火, 太始生木, 太素生金, 太極生土, 所以, 水數一, 火數二, 木數三, 金數四, 土數五."(홀연히 一氣가 서리고 엉키는 힘이 생기었으니, 이에 태역(氣가 아직 형성되지 않았던 때)이 水를 생하였으며, 태초(氣는 있으나 형체가 아직 생하지 않았던 때)가 火를 생하였으며, 태시(형태는 생하였으나 그 성질이 형성되기 직전)가 木을 생하였으며, 태소(물체의 성질은 있으나 형체는 아직 성립되지 않은 때)가 金을 생하였으며, 태극(森羅一切의 本存)이 土를 생하였다. 그리하여 水의 數는 一이 되고, 火의 數는 二가 되고, 木의 數는 三이 되고, 金의 數는 四가 되고, 土의 數는 五가 된 것이다.)

177) 『周易』 「卦辭傳」: "易有太極, 是生兩儀, 兩儀生四象, 四象生八卦." 참조.

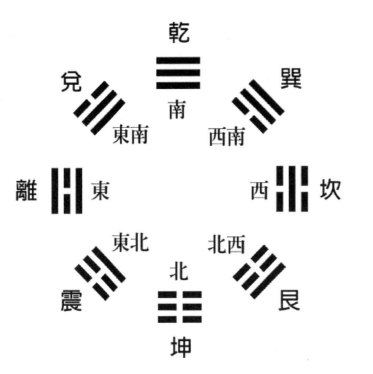

<그림 3> 선천팔괘(先天八卦)
출처: 필자(筆者) 작도(作圖)

1 , 2 , 3 , 4 로서 6,7,8,9가 되므로 사상(四象)이 된다.

4방위에 배합(配合)된 것을 쪼개어 건(乾), 곤(坤), 이(離), 감(坎)이라 하고, 네 모퉁이의 빈 곳을 태(兌), 진(震), 손(巽), 간(艮)이 보충하니 이것이 팔괘(八卦)이다[178]라고 하였는데, 이것이 선천팔괘(先天八卦)이다.

선천팔괘(先天八卦)를 도식(圖式)하면 <그림 3>과 같다.

【 2. 낙서(洛書) 】

낙서(洛書)는 하도(河圖)와 달리 수(數) '10'이 없어지게 된다. 하도(河圖)에 나타난 수(數)는 열개이고, 낙서(洛書)에 나타난 수(數)는 아홉 개 이다.

---

178) 『易學啓蒙』 「本圖書第一」: "河圖之虛五與十者, 太極也, 奇數二十, 偶數二十者, 兩儀也, 以一二三四爲六七八九者, 四象也, 析四方之合, 以爲乾坤離坎, 補四隅之空, 以爲兌震巽艮者, 八卦也."

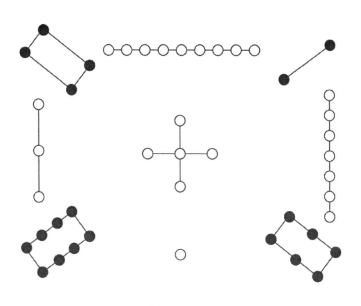

낙서(洛書)에 대해 주자(朱子)의 『역학계몽(易學啓蒙)』을 근거(根據)하여 도식(圖式)하면 〈그림 4〉와 같고 다음과 같이 나타낼 수 있다.

"하도(河圖)는 완전한 것을 주(主)로 하고, 낙서(洛書)에서는 수(數)의 변화(變化)를 주(主)로 하였다고"[179] 하였

<그림 4> 낙서(洛書)
출처: 필자(筆者) 작도(作圖)

고, 상이(相異)한 점 중 특별한 것은 하도(河圖)에서 나타난 생수(生數)와 성수(成數)의 위치가 낙서(洛書)에서는 분리(分利)되어 있으며, 기수(奇數)[홀수]와 우수(偶數)[짝수]가 한 칸 건너서 떨어져 있다.

또 "낙서(洛書)는 천수(天數)이며 양(陽)에 해당하는 5개의 기수(奇數)[홀수, 1,3,5,7,9]를 주(主)로 하였고, 지수(地數)이며 음(陰)에 해당하는 우수(偶數)[짝수, 2,4,6,8]를 거느려 변화(變化)를 가져오게 된다"[180]고 하였다.

주자(朱子)는 "양(陽)에 해당하는 5개의 기수(奇數)[홀수]가 주관을 하고, 지수(地數)이며 음(陰)에 해당하는 4개의 우수(偶數)[짝수]를 거느려 변화(變化)를

---

179) 『易學啓蒙』「本圖書第一」: "河圖主全, 故極於十, …, 洛書主變, 故極於九." 참조.
180) 『易學啓蒙』「本圖書第一」: "洛書以五奇數統四偶數, 而各居其所, 蓋主於陽以統陰." 참조.

가져오게 된다"181)고 하였다.

『진서(晉書)』「천문지(天文支)」에 낙서(洛書)는 기수(奇數)[홀수]를 양(陽)으로 하여 천도좌선(天道左旋)의 규율을 상징하고, 우수(偶數)[짝수]를 음(陰)으로 하여 지도우선(地道右旋)을 상징한다. 따라서 천도(天道)와 지도(地道)는 회전하는 방향이 상반된다.182)

다시 말해, 기수(奇數)[홀수]는 천도운행(天道運行)으로 북쪽[수(數) 1]에서 좌선(左旋)으로 돌아 동쪽[수(數) 3]을 지나 남쪽[수(數) 9]에 이른 후에 극(極)에 이르고, 이어 서쪽[수(數) 7]으로 돌아 점점 약해진다.

우수(偶數)[짝수]는 지도운행(地道運行)으로 서남쪽[수(數) 2]에서 우선(右旋)으로 돌아 동남쪽[수(數) 4]]을 이어 돌면서 점점 증가(增加)하여 동북쪽[수(數) 8]]에서는 극(極)에 이르고, 이어 서북쪽[수(數) 6]으로 돌아 점점 약해진다.

낙서(洛書)에서 나타나는 도식(圖式)을 보면, 오행(五行)과 음양(陰陽) 및 각 수(數)의 운행이 하도(河圖)가 좌선(左旋)하며 상생(相生)을 나타내는 것과는 달리, 낙서(洛書)는 우선(右旋)하여 서로 상극(相剋)의 원리(原理)가 나타나 있음을 알 수 있다.

이제까지 언급된 낙서(洛書)에서 제시하는 계절(季節)과 방위(方位), 오행(五行)의 상응관계, 수(數)의 변화(變化)를 정리하면 다음 <표 8>과 같다.

위 표에서 나타난 바와 같이, 태극(太極)을 상징하는 가운데 수(數) '5'를 중심으로 서로 마주 보는 대각선의 수(數)를 더하면 '15'가 된다. 이를 통해 만물(萬物)이 마주 보며 평형(平衡)을 이루고 안정된 상태를 체현(體現)함과 동시에

---

181) 『易學啓蒙』「本圖書第一」: "洛書以五奇數統四偶數, 以各居其所, 蓋主於陽以統陰."
182) 『晉書』「天文支」: "天旁轉如推磨而左行, 日月右行, 隨天左轉, 故日月實東行, 而天率之以西沒." 참조.

<표 8> 낙서(洛書)에서 제시하는 해석(解釋)

동남(東南) 4 陰木	남(南) 9 陰火	서남(西南) 2 陰土	천지(天地)	수(數)
동(東) 3 陽木	중앙(中央) 5	서(西) 7 陰金	천도(天道)- 좌선(左旋)	1, 3, 5, 7, 9
동북(東北) 8 陽土	북(北) 1 陽水	서북(西北) 6 陽金	지도(地道)- 우선(右旋)	2, 4 6, 8

중앙(中央)에 생(生)하는 기틀을 저장(貯藏)한다는 뜻도 있다고 할 수 있다.

여기에 작용은 하지만 드러나지 않는, 가운데 수(數) '5'를 제거하면 낙서(洛書) 안에 숨어 있던 '10'이라는 수(數)가 나오게 된다. 낙서(洛書)는 비록 '5'에 의해 분열의 양(陽)운동을 진행하고 있지만, 이면적(裏面的)으로는 통일(統一)을 지향(志向)하고 있다.[183]

'10'에 대해 구체적으로 말하면, 낙서(洛書)에서 사용하지 않는 수(數) '5'를 제하게 되면 3·7, 1·9, 2·8, 4·6이 서로 마주 보게 되는데, 그 수(數)의 합(合)은 '10'이 된다. 그리고 생수(生數)에 해당하는 1·2·3·4와 성수(成數)에 해당하는 6·7·8·9는 하도(河圖)와 다른 수(數)의 배치임에도 불구하고, 서로 붙어 있어

---

183) 윤창렬, 「河圖와 洛書에 나타난 陰陽五行에 관한 研究」 『대전대학교 한의학연구소 논문집』 6권 2호, 1995, 111쪽 참조.

배합(配合)[1·6, 2·7, 3·8, 4·9]을 이루고 있음을 알 수 있다.

　주자(朱子)는 "낙서(洛書)는 하도(河圖)와 약간 다르지만 모두 수(數) 5가 가운데 있어, 가운데를 비우고 나면 둘은 음양(陰陽)의 수(數) 20으로 갈라져서 한쪽으로 치우침이 없다. 따라서 낙서(洛書)의 수(數) 구조에서 볼 때 가운데 5를 비우면 역시 태극(太極)이 된다. 기수(奇數)[홀수]와 우수(偶數)[짝수]가 각각 20이 되니 또한 양의(兩儀)이다. 1·2·3·4가 9·8·7·6을 포함하여 가로와 세로가 각각 15가 되니, 7·8·9·6 또한 사상(四象)이다. 사방(四方)의 자리를 건곤리감(乾坤離坎)이라 하고, 사우(四隅)[네 귀퉁이]의 치우친 자리를 태진손간(兌震巽艮)이라 하니 또한 팔괘(八卦)가 된다"184)고 하였으니, 이것이 후천팔괘(後天八卦)이다. 후천팔괘(後天八卦)를 도식(圖式)하면 〈그림 5〉

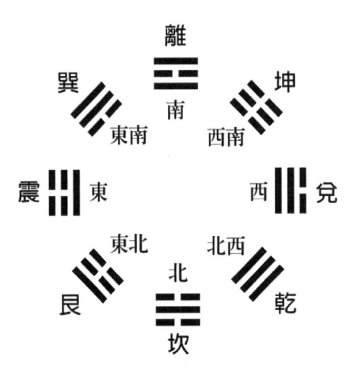

〈그림 5〉 후천팔괘(後天八卦)
출처: 필자(筆者) 작도(作圖)

---

184) 『易學啓蒙』 「本圖書第一」: "洛書而虛其中, 則亦太極也, 奇偶各居二十, 則兩儀也, 一二三四而合九八七六, 縱橫十五而互爲七八九六, 則亦四象也, 四方之正, 以爲乾坤離坎, 四隅之偏, 以爲兌震巽艮, 則亦八卦也."

와 같다.

 <표 8>에 표기한 오행(五行)의 음양(陰陽)을 <그림 12>에 나타난 팔괘(八卦)와의 관계를 『주역(周易)』을 통해 부연(敷衍)하면 다음과 같다. 후천팔괘(後天八卦)는 계절(季節)의 변화(變化)하는 모습과 방위(方位)를 담아 괘(卦)를 배열(排列)한 것으로, 오행(五行)의 변화(變化)는 계절(季節)에 의해 정해지게 된다.

 즉 만물(萬物)은 진괘(震卦)에서 시작하며 동쪽[춘(春)] 양목(陽木)이고, 남쪽[하(夏)]은 이괘(離卦)로 음화(陰火)이고, 서쪽[추(秋)]은 태괘(兌卦)로 음금(陰金)이고, 북쪽[동(冬)]은 감괘(坎卦)로 양수(陽水)이다. 동남방은 손괘(巽卦)로 음목(陰木)이고, 서북방의 건괘(乾卦)는 양금(陽金)이고, 토(土)는 중앙에 위치하고, 서남쪽의 곤괘(坤卦)는 음토(陰土)이고, 동북쪽의 간괘(艮卦)는 양토(陽土)가 된다.[185]

 공자(孔子)가 엮어 만든 주역(周易)에는 낙서(洛書)에 대한 구체적 언급이 없다. 그러나 주자(朱子)는 "낙서(洛書)에 대해 비록 공자(孔子)가 말한 바는 없으나 그 모습과 그 설(說)은 이미 앞에서 갖추어졌다. <하도(河圖)와 낙서(洛書)가> 서로 통하므로 유흠(劉歆)[186]이 이른바 경(經)과 위(緯)가 되고, 서로 표리(表裏)라고 한 것을 알 수 있다"[187]라고 하였다. 즉 공자(孔子)가 하도(河圖)에 비해 낙서(洛書)를 구체적으로 언급하지 않았지만, 결국 하도(河圖)와 낙서(洛書)의 이치(理致)는 같다는 것을 말하고 있다.

---

185) 『周易』「說卦傳」: "萬物出乎震, 震東方也, …, 離也者, 明也, 萬物皆相見, 南方之卦也, …, 兌正秋也, …, 坎者水也, 正北方之卦也, …, 齊乎巽, 巽東南也, …, 乾西北之卦也, 言陰陽相薄也, …, 艮東北之卦也." 참조.
186) 유흠(劉歆)은 전한대(前漢代) 말기의 유학자(儒學者)로, 아버지 유향(劉向)과 궁정(宮廷)의 장서(藏書)를 정리하고 육예(六藝)의 군서(群書)를 7종으로 분류하여 『칠략(七略)』이라 하였다. 이것은 중국(中國)에서의 체계적인 서적목록(書籍目錄)의 최초의 것으로 현존하지는 않지만, 『한서(漢書)』「예문지(藝文志)」가 대체로 그에 의해서 엮어졌다.
187) 『易學啓蒙』「本圖書第一」: "至於洛書, 則雖夫子之所未言, 然其象其說, 已其於前, 有以通之, 則劉歆所謂經緯表裏者可見矣."

주자(朱子)는 하도(河圖)와 낙서(洛書)에 나타나는 수(數)와 체용(體用)관계에 대해서도 다음과 같이 나타내었다. "하도(河圖)에서 …, 〈나타나는 수(數)는〉 그 온전함으로써 도(道)가 일정하고 수(數)의 체(體)가 된다. 낙서(洛書)에서 …, 〈나타나는 수(數)는〉 양(陽)이 주관하여 음(陰)을 통제하니 변화(變化)를 바탕으로 수(數)의 용(用)이 된다"[188]고 하였다.

여기에서의 중점(重點)은 앞서 설명한 하도(河圖)는 오행(五行)의 상생(相生)의 순환(巡還)과정에서 상극(相剋)이 내재되어 있다면, 낙서(洛書)에서는 오행(五行)의 상극(相剋)의 순환과정에서 상생(相生)이 내재되어 있다.

결국 하도(河圖)와 낙서(洛書)는 오행(五行)의 상생(相生)과 상극(相剋)을 나타내면서 태극(太極)에서 뜻하는 '5'를 중점하여 태극(太極)→음양(陰陽)→사상(四象)→팔괘(八卦)로 전개되는 것을 밝혀 하도(河圖)와 낙서(洛書)가 서로 체(體)와 용(用)의 관계임을 말하고 있는 것이다.

【제2절. 간지(干支)와 방위(方位) 이론(理論)】

간지(干支)는 천간(天干)과 지지(地支)를 아울러 이르는 말이다. 천간(天干)은 10개의 글자가 있다고 해서 십천간(十天干), 지지(地支)는 12개의 글자가 있다고 해서 십이지지(十二地支)라고도 한다. 간지(干支)는 원래 음양오행론(陰陽五行論)이 확립(確立)되기 이전부터 사용되다가 음양오행론(陰陽五行論)이 심화·발전되면서 명리학(命理學)에서는 포괄적 의미로 사용된다.

---

188) 『易學啓蒙』「本圖書第一」: "河圖, …, 蓋揭其前以示人, 而道其常, 數之體也, 洛書, …, 蓋主於陽以統陰, 而肇其變, 數之用也."

천간(天干)과 지지(地支)를 의미하는 '간지(干支)'란 용어는 『주례(周禮)』
「춘관(春官)」189)과 『사기(史記)』「율서(律書)」190)에서 간지(干支)를 의미하
는 내용이 나타나 있으며, 후한대(後漢代) 『백호통(白虎通)』「성명(姓名)」에
는 "갑(甲)과 을(乙)은 간(幹)이고, 자(子)와 축(丑)은 지(枝)이다"191)라고 하
여, '간지(幹枝)'에 대해 나타나고 현재 사용되는 '간지(干支)' 용어의 원형(原
型)으로 볼 수 있다.

전한대(前漢代) 『회남자(淮南子)』「천문훈(天文訓)」에 나타난 간지(干支)에
대해서는 앞 장에서, 이미 "甲乙寅卯는 木이고, 丙丁巳午는 火이며, 戊己辰戌丑
未는 土이다. 庚辛申酉는 金이고, 壬癸亥子는 水이다"192)라고 미리 밝혔고, 『사
기(史記)』「율서(律書)」에는 천간(天干)을 자연변화에 근거(根據)하여 다음과
같이 표현하였다.

甲은 부갑(孚甲)의 뜻으로 만물(萬物)이 껍질을 가르고 태어남을 말한다.193)

乙은 알알(軋軋)의 뜻으로 만물(萬物)이 함께 땅위로 올라옴을 말한다.194)

丙은 저명(著明)의 뜻으로 밝아짐을 말하다.195)

丁은 정장(丁壯)의 뜻으로 만물(萬物)이 장성(壯盛)해짐을 말한다.196)

---

189) 『周禮』「春官」: "馮相氏, 掌十有二歲, 十有二月, 十有二辰, 十日, 二十有八星之位, 辨其敍事以會
天位." 참조.(풍상씨가 십이세(十二歲), 십이월(十二月), 십이진(十二辰,) 십일(十日), 이십팔성(二十
八星)을 관장하여, 그 하늘에서 만나는 천위(天位)를 관측하였다.) 여기에서 나타나는 십일(十日)은
천간(天干)을 의미하고, 십이진(十二辰)은 지지(地支)를 의미한다.
190) 『史記』「律書」: "黃鐘者, 陽氣踢黃泉而出也, 其於十二子爲子, 子者, 滋也, 同聲相應, …, 其於十
母爲壬癸, 壬之爲言, 任也." 참조.(황종은 양기가 지중으로부터 나온다. 그 십이자로 보면 子에 해당
하니, 子란 자양(滋養)한다는 것이다. …, 그 十母를 보면 壬과 癸에 해당하나 壬이란 맡는다는 것이
다.)
191) 『白虎通』「姓名」: "甲乙者幹也, 子丑者枝也."
192) 『淮南子』「天文訓」: "甲乙寅卯, 木也, 丙丁巳午, 火也, 戊己四季, 土也, 庚辛申酉, 金也, 壬癸亥
子, 水也."
193) 『史記』「律書」: "甲者, 言萬物剖符甲而出也."
194) 『史記』「律書」: "乙者, 言萬物生軋軋也."
195) 『史記』「律書」: "丙者, 言陽道著明."

庚은 만물(萬物)을 변혁(變革)시켜 열매를 맺게 한다는 의미한다.[197]

辛은 열매 속에서 씨앗이 열매로 형성됨을 말한다.[198]

壬은 임(任)의 뜻으로 임신(妊娠)을 의미하며 양기(陽氣)가 속에서 자라고 있다는 뜻이다.[199]

癸는 규(揆)의 뜻으로 헤아림을 의미하며 만물(萬物)을 살핀다는 의미를 말한다.[200]

천기(天氣)를 나타내는 천간(天干)을 설명하면, 木은 甲과 乙이 있는데, 甲은 양(陽)의 기운(氣運)이고 乙은 음(陰)의 기운(氣運)이다. 火는 丙과 丁이 있고, 丙은 양(陽)의 기운(氣運)이고 丁은 음(陰)의 기운(氣運)이다. 土는 戊와 己가 있는데, 戊는 양(陽)의 기운(氣運)이고 己는 음(陰)의 기운(氣運)이다. 金은 庚과 辛이 있는데, 庚은 양(陽)의 기운(氣運)이고 辛은 음(陰)의 기운(氣運)이다. 마지막으로 水는 壬과 癸가 있고, 壬은 양(陽)의 기운(氣運)이고 癸는 음(陰)의 기운(氣運)이다.

---

196) 『史記』 「律書」: "丁者, 言萬物之丁壯也."
197) 『史記』 「律書」: "庚者, 言陰氣庚萬物."
198) 『史記』 「律書」: "辛者, 言萬物之辛生."
199) 『史記』 「律書」: "壬之爲言任也, 言陽氣任養萬物於下也."
200) 『史記』 「律書」: "癸之爲言揆也, 言萬物可揆度."

천간(天干)을 음양(陰陽)과 오행(五行)으로 나눠 표로 정리하면 <표 9>와 같
다.

<표 9> 음양(陰陽)과 오행(五行)으로 나눈 천간(天干)

오행 (五行) 천간 (天干)	木		火		土		金		水	
	漢子	한글	漢子	한글	漢子	한글	漢子	한글	漢子	한글
양(陽)	甲	갑	丙	병	戊	무	庚	경	壬	임
음(陰)	乙	을	丁	정	己	기	辛	신	癸	계

참고로 명리학(命理學)을 처음 접하시는 분을 위해 십천간(十天干)의 필순(筆順)을 정리하면 다음 표와 같다.

<표 10> 천간(天干) 필순(筆順)

천간 (天干)	필순(筆順)							
甲	丨	冂	日	日	甲			
乙	乙							
丙	一	厂	冂	丙	丙			
丁	一	丁						
戊	丿	厂	戈	戊	戊			
己	乛	彐	己					
庚	丶	亠	广	庐	庐	庐	庚	庚
辛	丶	亠	立	立	立	辛	辛	
壬	一	二	千	壬				
癸	丆	癶	癶	癶	癶	癶	癶	癸

지지(地支)는 십이 년을 나타내기도 하고, 1년을 열두 달을 나타내기도 하며, 하루를 열두 시간으로 나타내기도 한다. 본래의 십이지지(十二地支)는 오행(五行)의 의미가 없었다.

『회남자(淮南子)』「천문훈(天文訓)」에 음양(陰陽)과 오행(五行)이 상응(相應)된 지지(地支)[201]가 나타나게 되고, 土를 각 계절(季節)의 말미(末尾)에 배속(配屬)시킨 내용이 나타난다. "戊와 己와 계절(季節)의 끝[四季]은 土이다."[202]

전한대(前漢代)에 土를 계절(季節)의 끝에 배속(配屬)시켜 활용한 구체적 내용은, 후한대(後漢代) 작성된 『백호통(白虎通)』[203] 「오행(五行)」에 "木은 72일간 왕(王) 노릇을 하는데 왜 그런가? 土는 사계절(四季節)의 끝에서 각각 18일이므로, 합해진 90일간(72일+18일)이 한 계절(季節)[봄]을 이루고, 90일간 왕(王) 노릇을 하는 것이다"[204]라고 나타나 있다. 이처럼 土[辰·戌·丑·未]는 계절의 말미(末尾)에 배합(配合)되면서 현재 사용하는 십이지지(十二地支)가 완성되게 된다.

『사기(史記)』「율서(律書)」에는 지지(地支)를 음양(陰陽)의 기운(氣運)이 변화(變化)하는 모습과 관련하여 다음과 같이 설명하고 있다.

子는 번식(繁殖)한다는 뜻으로, 자(滋)란 만물(萬物)이 아래(땅·생식기)로부터 불어나는 것을 말한다.[205]

---

201) 『淮南子』「天文訓」: "甲乙寅卯, 木也, 丙丁巳午, 火也, 戊己四季, 土也, 庚辛申酉, 金也, 壬癸亥子, 水也."(甲乙寅卯는 木이고, 丙丁巳午는 火이며, 戊己辰戌丑未는 土이다. 庚辛申酉는 金이고, 壬癸亥子는 水이다.) 참조.

202) 『淮南子』「天文訓」: "戊己, 四季, 土也."

203) 『백호통(白虎通)』은 중국 후한(後漢)시대 반고(班固:32~92)가 편찬한 경서(經書)로 4권으로 되어 있다. 『백호통덕론(白虎通德論)』이라고도 한다. 후한(後漢)의 장제(章帝)가 79년에 북궁(北宮) 백호관(白虎觀)에 여러 유학자를 모아, 유교 경서(經書)에 관한 해석이 학자에 따라 다른 점에 대해 토론케 하고 그때 나온 각종 의견을 절충하여 정리시켜 『백호통덕론(白虎通德論)』을 편찬하였는데, 이것을 바탕으로 반고가 칙령(勅令)을 받아 편찬한 것이다.

204) 『白虎通』「五行」: "木, 王所以七十二日何, 土, 王四季, 各十八日, 合九十日爲一時, 王九十日."

丑은 얽어맨다는 말이다. 양기(陽氣)가 위에 있고 아직 내려오지 않아서 만물(萬物)이 얽혀 감히 나오지 못하는 것을 말한다.[206]

寅은 만물(萬物)이 꿈틀꿈틀 일어나기 시작하는 것을 말한다.[207]

卯는 무성(茂盛)하다는 뜻으로 만물(萬物)이 무성(茂盛)한 것을 말한다.[208]

辰은 만물(萬物)이 움직인다는 뜻이다.[209]

巳는 양기(陽氣)가 이미 쇠진(衰盡)했음을 말한다.[210]

午는 음양(陰陽)이 교류(交流)하는 것을 말한다.[211]

未는 만물(萬物)이 모두 성장(成長)하여 맛이 더해지는 것을 말한다.[212]

申은 음기(淫氣)가 사물(事物)에 작용한다는 뜻이다. 만물(萬物)을 거듭 해치기 때문에 申이라 한다.[213]

酉는 만물(萬物)이 늙었다는 뜻이다.[214]

戌은 만물(萬物)이 모두 없어진다는 뜻이다.[215]

亥는 막히고 감추어진다는 뜻이다. 양기(陽氣)가 아래(땅)에 감추어지는 까닭에 亥라고 하는 것이다.[216]

이처럼 지지(地支)에 대해 나타나 있는 내용들을 보면, 지지(地支)가 음양오행설(陰陽五行說)과 결합하여 각 계절(季節)의 기운(氣運)과 해당하는 월(月)의 의

---

205) 『史記』「律書」: "子者, 滋也滋者言萬物滋於下也."
206) 『史記』「律書」: "丑者, 紐也言陽氣在上未降萬物厄紐未敢出也."
207) 『史記』「律書」: "寅者, 言萬物始生螾然也故曰寅."
208) 『史記』「律書」: "卯者, 之爲言茂也言萬物茂也."
209) 『史記』「律書」: "辰者, 言萬物之蜄也."
210) 『史記』「律書」: "巳者, 言陽氣之已盡也."
211) 『史記』「律書」: "午者, 陰陽交故曰午."
212) 『史記』「律書」: "未者, 言萬物皆成有滋味也."
213) 『史記』「律書」: "申者, 言陰用事申賊萬物故曰申."
214) 『史記』「律書」: "酉者, 萬物之老也故曰酉."
215) 『史記』「律書」: "戌者, 言萬物盡滅故曰戌."
216) 『史記』「律書」: "亥者, 該也言陽氣藏於下故該也."

미(意味)를 가지게 된 것은 한대(漢代)이후로 본다.

다음은 지지(地支)를 음양(陰陽)과 오행(五行)으로 나눠 표로 정리하면 다음과 같다.

<표 11> 음양(陰陽)과 오행(五行)으로 나눈 지지(地支)

오행(五行) / 지지(地支)	木		土	火		土	金		土	水		土
漢字	寅	卯	辰	巳	午	未	申	酉	戌	亥	子	丑
한글	인	묘	진	사	오	미	신	유	술	해	자	축
음양(陰陽) 체(體)	양(陽)	음(陰)	양(陽)	음(陰)	양(陽)	음(陰)	양(陽)	음(陰)	양(陽)	음(陰)	양(陽)	음(陰)
음양(陰陽) 용(用)				양(陽)	음(陰)					양(陽)	음(陰)	

위 표에 나타나 있는 지기(地氣)를 나타내는 지지(地支)를 설명하면, 木은 寅과 卯가 있는데, 寅은 양(陽)의 기운(氣運)이고 卯는 음(陰)의 기운(氣運)이다. 火는 午와 巳가 있고, 午는 양(陽)의 기운(氣運)이고 巳는 음(陰)의 기운(氣運)이다. 金은 申과 酉가 있는데, 申은 양(陽)의 기운(氣運)이고 酉는 음(陰)의 기운(氣運)이다. 水는 子와 亥가 있고, 子는 양(陽)의 기운(氣運)이고 亥는 음(陰)의 기운(氣運)이다. 마지막으로 土는 각 계절(季節)의 말미(末尾)에 辰未戌丑가 배속(配屬)되어 있고, 辰戌은 양(陽)의 기운(氣運)이고 丑未는 음(陰)의 기운(氣

運)이다.

　지지(地支)는 계절(季節)의 변화(變化)이기 때문에 양(陽)과 음(陰)의 변화(變化)가 극(極)에 달하는 계절(季節)에는 체(體)와 용(用)이 바뀌게 된다. 火의 기운(氣運)을 가진 巳午와 水의 기운(氣運)을 가진 亥子는 체(體)가 각각 음(陰)[巳, 亥]과 양(陽)[午, 子]이나, 용(用)[사용할 때]일 때는 체용(體用)이 바뀌어 巳와 亥는 양(陽)이 되고 午와 子는 음(陰)이 된다. 아래 <표 12>를 보면 양(陽)

<표 12> 계절(季節)과 음양(陰陽)의 기운(氣運)

음력 (陰曆)	11	12	1	2	3	4	5	6	7	8	9	10
지지 (地支)	子	丑	寅	卯	辰	巳	午	未	申	酉	戌	亥
음양 (陰陽) 의 기운 (氣運) 217)	一 陽	二 陽	三 陽	四 陽	五 陽	六 陽	一 陰	二 陰	三 陰	四 陰	五 陰	六 陰
	양(陽)의 기운(氣運)						음(陰)의 기운(氣運)					

의 기운(氣運)을 가진 계절(季節)은 子月(11월)~巳月(4월)까지로 양(陽)의 열기(熱氣)로 동식물(動植物)이 자양(滋養)되고, 음(陰)의 계절(季節)은 午月(5월)~

---

217) 『淮南子』「天文訓」: "陰比應鐘, 加十五日指子, 故曰陽生于子, 陰生于午, 故五月爲小刑, 薺麥亭歷, 冬生草木必死."(음은 應鐘(응종)과 나란히 한다. 15일을 더하여 子를 가리킨다. 그러므로 말하기를 陽은 子에서 생긴다. 陰은 午에서 생긴다. 陽은 子에서 생기므로 11월은 동지다. 까치가 집을 더하기 시작한다. 사람의 기는 머리에 모인다. 陰은 午에서 생한다. 그러므로 5월은 小刑(소형)이다. 냉이, 보리, 정력은 마른다. 겨울에 태어난 초목은 반드시 죽는다.) 참조. 이처럼 전한대 유안(劉安)의 『회남자(淮南子)』「천문훈(天文訓)」에는 일양(一陽)은 子에서 시작하고 일음(一陰)은 午에서 시작함이 잘 설명되어 있다.

亥月(10월)까지로 열매를 맺고 결실(結實)을 얻으며 양(陽)의 계절(季節)을 대비하여 비축(備蓄)한다.

계절(季節)의 음양(陰陽)은 水[子]·火[午]를 기준으로 각각 시작하는데, 水[겨울]·火[여름]가 각각 극(極)에 이르게 되는 시기인 亥와 子, 巳와 午는 각각 체용(體用)이 바뀌어, 巳[음(陰)]와 亥[음(陰)]는 양(陽)이 되고, 子[양(陽)]와 午과[양(陽)]는 음(陰)으로 바뀌게 된다. <표 12>를 참조하여 계절의 음양(陰陽)을 그림으로 나타내면 다음 <그림 6>과 같다.

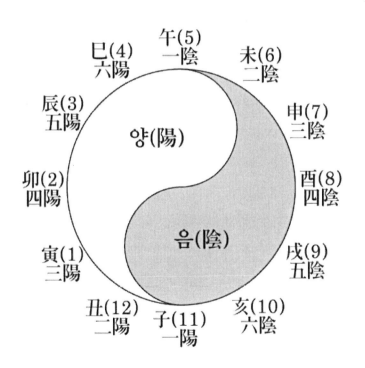

<그림 6> 계절(季節)의 음양(陰陽)
출처: 필자(筆者) 작도(作圖)

천간(天干)은 오행(五行)의 변화(變化)이지만, 지지(地支)는 계절(季節)의 변화(變化)이다. 1년은 12개월로, 계절(季節)의 변화(變化)에서는 寅·卯·辰 월(月)이 춘(春)[봄]이 되고, 巳·午·未 월(月)이 하(夏)[여름]이고, 申·酉·戌 월(月)이 추(秋)[가을], 亥·子·丑 월(月)이 동(冬)[겨울]이 된다.

여기에서 木과 金의 계절인 춘추(春秋)는 음양(陰陽)의 변화(變化)가 없는 것을 알 수 있고, 水와 火의 계절인 하동(夏冬)은 음양(陰陽)의 변화(變化)가 나타나는 것을 알 수 있다.

亥月은 음(陰)이 극(極)에 이르는 육음(六陰)이 되고, 子月(11월)은 일양(一陽)이 되어 만물(萬物)이 자양(滋養)되어 생장(生長)하나 그 기운(氣運)이 아직은 약하여 그 체용(體用)이 바뀌게 된다. 巳月은 양(陽)이 극(極)에 이르러 육양(六陽)이 되고, 오월(午月)은 일음(一陰)이 시작되는 시기이며 음양(陰陽)이 서로 교체(交替)되는 시기로, 역시 그 체용(體用)이 바뀌게 된다.

음양(陰陽)은 서로 대대(待對)의 관계로 대립(對立)하면서 상대를 제약(制約)한다. 음(陰)이 극(極)에 다다르면 양(陽)이 되고 양(陽)이 차면 음(陰)으로 바뀌는데, 『황제내경(黃帝內徑)』「맥요정미론(脈要精微論)」에는 다음과 같이 나타나 있다. "〈子月인〉 동지(冬至)부터 45일은 양기(陽氣)가 조금씩 올라가고, 음기(陰氣)는 조금씩 내려가며, 〈午月인〉 하지(夏至)부터 45일은 음기(陰氣)가 조금씩 올라가고, 양기(陽氣)가 조금씩 내려간다."[218]

그러므로 결론적으로 음(陰)이 생(生)하면 양(陽)은 죽게 되고[음생양사(陰生陽死)], 양(陽)이 생(生)하면 음(陰)이 죽게 되는 바[양생음사(陽生陰死)] 내외(內外)의 체용(體用)이 바뀌게 된다는 것이다. 따라서 후에 설명할 명리학(命理學)에서 십신(十神)과 육친(六親)의 관계에서는 체용(體用)이 바뀐 水·火를 사용한다.

---

[218] 『黃帝內徑』, 「脈要精微論」, "冬至四十五日, 陽氣微上, 陰氣微下, 夏至四十五日, 陰氣微上, 陽氣微下."

참고로 명리학(命理學)을 처음 접하시는 분을 위해 십이지지(十二地支)의 필순(筆順)을 정리하면 다음 표와 같다.

<표 13> 지지(地支) 필순(筆順)

지지(地支)	필순(筆順)
子	㇇ 了 子
丑	㇆ 刀 丑 丑
寅	丶 丷 冖 宀 宀 宂 宀 宙 宙 寅 寅
卯	丿 𠂆 𠂎 卬 卯
辰	一 厂 𠂆 户 辰 辰 辰
巳	㇆ コ 巳
午	丿 𠂉 𠂉 午
未	一 二 干 未 未
申	丨 冂 冃 日 申
酉	一 丆 丙 丙 西 西 酉
戌	丿 厂 厂 戊 戊 戌
亥	丶 亠 亠 亥 亥 亥

〖 1. 천간(天干)과 지지(地支) 〗

1) 천간(天干)

청대(淸代) 『적천수천미(滴天髓闡微)』[219]에는 천간(天干)과 지지(地支)와 장간(藏干)을 삼원(三元)이라 하고, 이 이치(理致)를 벗어나지 않는 것을 만법(萬法)의 종(宗)[220]이라 하였다. 즉 명리학(命理學)에서 만법(萬法)의 종(宗)인 삼원(三元)[천간(天干), 지지(地支), 장간(藏干)]을 정확히 알고자 하면, 천간(天干)과 그 속에 실려 있는 것과 지지(地支)의 공력(功力)을 보고, …, 명(命)에서 천·지·인(天·地·人) 삼원(三元)의 이치(理致)를 모두 근본(根本)으로 삼아야 한다.[221]

여기에서 삼원(三元)은 천원(天元), 지원(地元), 인원(人元)을 말하고, 천원(天元)은 천간, 지원(地元)은 지지(地支), 인원(人元)은 장간(藏干)을 일컫는다. 천간(天干)은 명(命)의 근간(根幹)이 되고, 춘하추동(春夏秋冬)[지지(地支) 월령(月令)]의 때와 장간(藏干)[222]에 따라 다양한 변화(變化)가 생기기 때문에 심도 있게 공부하여야 한다.

먼저 명(命)의 근간(根幹)이 되는 천간(天干)에 대해 알아보기로 하자.

---

219) 『적천수천미(滴天髓闡微)』의 원문(原文)은 경도(京圖)가 저술한 『적천수집요(滴天髓輯要)』이며, 유성의(劉誠意)가 주석(註釋)한 것을 청(淸)나라 진소암(陳素庵)이 순치(順治) 15년(1658)에 편찬하였다. 『적천수천미(滴天髓闡微)』는 경도(京圖)가 저술한 원문(原文), 유성의((劉誠意))가 주석(註釋)한 원주(原註), 임철초(任鐵樵)가 새롭게 주석한 증주(增註)로 이루어져 있다. 1933년 원수산(袁樹珊) 등이 간행하면서 『천미(闡微)』라는 제목이 붙었다.

220) 任鐵樵, 『滴天髓闡微』: "干爲天元, 支爲地元, 支中所藏爲人元, 人之稟命, 萬有不齊, 總不越此三元之理, 所謂萬法宗也." 참조.

221) 任鐵樵, 『滴天髓闡微』: "欲識三元萬法宗, 先觀帝載與神功, …, 命中, 天地人三元之理, 悉本於此."

222) 장간(藏干)은 지지장간(地支藏干) 또는 지장간(地藏干)이라고도 한다. 사주(四柱)의 구성 중 지지(地支) 내에 암장(暗葬)되어 있는 기운(氣運)을 말하고, 천간(天干)에 의해 그 힘이 나타나거나 그 해당하는 운(運)이 오게 되면 작용의 변화(變化)가 나타난다. 뒤에 구체적으로 설명하기로 한다.

명대(明代) 『삼명통회(三命通會)』에는 천간(天干)이 다음과 같이 나타나 있다.

甲木은, …, 천(天)에 있어서 우레[뇌(雷)]가 되고, 용(龍)이 되며, 지(地)에서는 대들보[량(梁)]가 되고 용마루[동(棟)]가 된다. …, 사목(死木)이라 한다. 사목(死木)은 강목(剛木)으로 모름지기 도끼와 같은 연장으로 깍아서 그릇을 만들게 한다.223)

乙木은, …, 천(天)에서는 바람[풍(風)]이 되고, 지(地)에서는 나무가 된다. …, 뿌리가 깊고 가지가 무성(茂盛)하여 활목(活木)이며, 부드러운 木이다.224)

丙火는, …, 천(天)에 있어서는 태양(太陽)과 번개[전(電)]가 되고, 지(地)에 있어서는 화로(火爐)이다. …, 노치(爐治)의 火로 일컬어 사화(死火)가 된다. 사화(死火)는 강화(剛火)가 된다.225)

丁火는, …, 천(天)에서는 별들이 되고, 지(地)에서는 등불이 된다. …, 乙木은 활목(活木)이 되고, 丁火도 활화(活火)가 된다. 활화(活火)는 부드러운 火이다.226)

戊土는, …, 천(天)에 있어서는 안개이고, 지(地)에 있어서는 산(山)이 된다.227)

己土는, …, 천(天)에서는 원기(元氣)[승기(乘氣)]가 되고, 지(地)에서는 진토

---

223) 萬民英, 『三命通會』「論天干陰陽生死」: "甲木, …, 在天爲雷爲龍, 在地爲梁爲棟, …, 謂之死木, 死木者, 剛木也, 須伏斧斤斫削方成其器."
224) 萬民英, 『三命通會』「論天干陰陽生死」: "乙木, …, 在天爲風, 在地爲樹, 謂之陰木, …, 根深枝茂, 謂之活木, 活木者, 柔木也."
225) 萬民英, 『三命通會』「論天干陰陽生死」: "丙火, …, 在天爲日, 爲電, 在地爲爐, …, 爐治之火, 謂之死火, 死火者, 剛火也."
226) 萬民英, 『三命通會』「論天干陰陽生死」: "丁火, …, 在天爲列星, 在地爲燈火, …, 乙爲活木, 丁爲活火, 活火者, 柔火也."
227) 萬民英, 『三命通會』「論天干陰陽生死」: "戊土, …, 在天爲霧, 在地爲山."

(眞土)가 된다.[228]

庚金은, 천(天)에서는 풍상(風霜)[바람과 서리]이 되고, 지(地)에서는 금철(金鐵)이다.[229]

辛金은, …, 천(天)에 있어서 달[월(月)]로 달은 곧 태음(太陰)의 정(精)[근본]이 되고, 지(地)에는 金으로 곧 金은 산(山)과 돌에 있는 광석(鑛石)이 된다.[230]

壬水는, …, 천(天)에 있어서 구름이 되고, 지(地)에 있어서 못이 된다.[231]

癸水는, …, 천(天)에 있어서 우로(雨露)[비와 이슬]이 되고, 지(地)에 있어서는 샘의 맥(脈)이 된다. …, 癸는 활수(活水)로 활수(活水)는 부드러운 水이다.[232]

또 청대(淸代) 『적천수천미(滴天髓闡微)』에는, "甲木은 동량(棟梁, 용마루, 대들보), 乙木은 화과(花果, 꽃과 과실), 丙火는 태양(太陽), 丁火는 등촉(燈燭, 등불, 촛불), 戊土는 성장(城牆, 성곽과 담), 己土는 전원(田園, 논·밭, 동산), 庚金은 완철(頑鐵, 제련되지 않은 철), 辛金은 주옥(珠玉, 구슬, 옥·보석), 壬水는 강하(江河, 강, 하천), 癸水는 우로(雨露, 비, 이슬)이다"[233] 라고 하였다.

『삼명통회(三命通會)』와 『적천수천미(滴天髓闡微)』에서 나타난 천간(天干)을 음양오행(陰陽五行)을 포함하여 현대적 의미로 정리하면 다음과 같이 나타낼

---

228) 萬民英, 『三命通會』「論天干陰陽生死」: "己土, …, 乃天之元氣, 地之眞土."
229) 萬民英, 『三命通會』「論天干陰陽生死」: "庚金, …, 在天爲風霜, 在地爲金鐵."
230) 萬民英, 『三命通會』「論天干陰陽生死」: "辛金, …, 在天爲日月, 乃太陰之精, 在地爲金, 金乃山石之礦."
231) 萬民英, 『三命通會』「論天干陰陽生死」: "壬水, …, 在天爲雲, 在地爲澤."
232) 萬民英, 『三命通會』「論天干陰陽生死」: "癸水, …, 在天爲雨露, 在地爲泉脈, …, 癸爲活水, 活水者, 柔水也."
233) 任鐵樵, 『適天髓闡微』: "竟以甲木爲棟樑, 乙木爲花果, 丙作太陽, 丁作燈燭, 戊作城牆, 己作田園, 庚爲頑鐵, 辛作珠玉."

수 있다.

甲木은 양기(陽氣)가 터져 나오는 춘(春)에 이르니 양목(陽木)이 된다. 태초(太初)에 하늘에서 양기(陽氣)가 처음 터져 나오는 소리는 천둥과 우레이고, 땅 위에서는 굵고 커다란 나무[거목(巨木)]로 이를 자르고 다듬으면 사목(死木)이 되니 용마루와 대들보로 비유된다.

乙木은 양목(陽木)[甲木]과 연계되는 활목(活木)이며 음목(陰木)이다. 태초(太初)에 양기(陽氣)가 처음 터져 나온 후 강한 바람이 부니 이것이 乙木이다. 그래서 乙木은 하늘에서는 바람이 되고, 땅 위에서는 甲木에서 나온 생목(生木)으로 가지와 잎[지엽(枝葉)]이 되고 나무에 핀 꽃도 된다. 甲木이 없으면 甲木을 타고 오르는 넝쿨[등목(登木)] 따위가 되고, 홀로 들에 피는 꽃[야생화(野生花)]과 풀[잡초(雜草)]이 된다.

丙火는 양화(陽火)로 만물(萬物)에 혼백(魂魄)을 부여하고 생명체를 기르는 하늘의 태양(太陽)이며, 그 빛이 빨라 전광(電光)[번개]으로 비유된다. 땅에서는 쇠를 녹일 수 있는 용광로(鎔鑛爐)이나, 인위적으로 불을 밝히거나 피우지 못하는 사화(死火)이다.

丁火는 양화(陽火)에서 거대하게 떨어져 나온 불덩어리로 하늘에 별이 된다. 땅에서는 활화(活火)가 되어 불을 밝히는 등화(燈火) 또는 형광등(螢光燈) 등이 되고, 생활에 필요한 화식(火食)에 사용되는 장작불, 또는 기물(器物)이나 도구를 만드는데 사용되는 용접불로 비유된다.

戊土는 태초(太初)에 대지(大地)의 표면에 있는 안개와 노을이고, 땅 위에서는 만물(萬物)을 생장시키는 기반의 땅이나 거대한 산(山)[고산(高山)]에 비유된다. 戊土에 물이 있으면 물을 활용할 수 있게 만드는 제방(堤坊)[둑]역할을 하나, 물이 없으면 거친 들판[황야(荒野)]이 된다.

己土는 구름에 해당하며, 땅 위에서는 고산(高山)인 戊土를 개간(開墾)하거나, 戊土외에 낮고 고른 땅을 개간(開墾)하여 농작물(農作物)을 재배(栽培)할 수 있는 옥토(沃土)[논과 밭]나 작은 야산(野山)과 언덕에 비유된다.

庚金은 별에 해당하며, 땅 위에서는 단단하고 굳센 철[강철(鋼鐵)] 또는 아직 제련(製鍊)되지 않은 무쇠, 큰 바위, 향후 도구로 활용할 수 있는 광석(鑛石)으로 비유된다.

辛金은 서리에 해당하며, 땅 위에서는 광석(鑛石)을 다듬어 놓은 황금(黃金), 보석(寶石), 주옥(珠玉)과 같은 것 또는 제련(製鍊)되어 사용되는 기물(器物), 칼·낫·바늘 등의 도구와 가을에 추수(秋收)할 수 있는 과실(果實)에 비유된다.

壬水는 눈과 우박에 해당하며, 땅 위에서는 제방(堤防)해야 쓸 수 있는 강(江)과 바다와 같은 바로 사용할 수 없는 물[사수(死水)]에 비유된다.

癸水는 하늘에서 내리는 비나 이슬에 해당하며, 땅 위에서는 바로 사용할 수 있는 지하수(地下水) 또는 활수(活水)나 시냇물에 비유된다.

이와 같은 내용을 다시 표로 나타내면 <표 14>와 같다.

오행(五行)		木		火		土		金		水	
음양(陰陽)		양(陽)	음(陰)	양(陽)	음(陰)	양(陽)	음(陰)	양(陽)	음(陰)	양(陽)	음(陰)
천간(天干)		甲	乙	丙	丁	戊	己	庚	辛	壬	癸
물상(物象)	지상(地象)	거목(巨木) 동량(棟樑) [대들보·용마루] 사목(死木)	화초(花草) [꽃·풀] 등목(燈木) 지엽(枝葉) 생목(生木)	용광로(鎔鑛爐) 번개[電] 사화(死火)	등화(燈火) [등불·촛불·장작불] 용접불 형광등(螢光燈) 활화(活火)	제방(堤防) 고산(高山) 황야(荒野)	전원(田園) [논·밭·동산] 옥토(沃土) 언덕 야산(野山)	강철(鋼鐵) 무쇠 바위 광석(鑛石)	주옥(珠玉) 황금(黃金) 보석(寶石) 기물(器物) 바늘·칼·낫 과실(果實)	강하(江河) 사수(死水)	지하수(地下水) 계수(溪水) [시냇물] 활수(活水)
	천상(天象)	우레 천둥 용(龍)	바람	태양(太陽)	별	노을 안개	구름	달	서리	눈 우박	비 이슬

천간(天干)을 〈그
림 7〉과 같이 손가락
으로 익히는 장결(掌
訣)로 나타내면 향후
여러모로 쓰임이 있
을 것으로 본다.

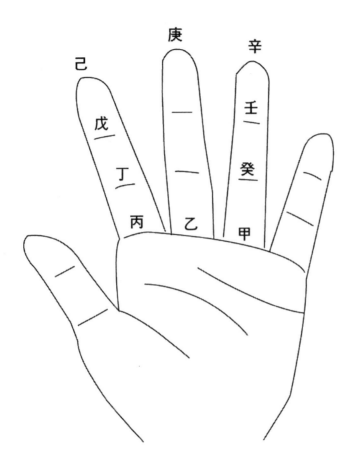

<그림 7> 천간(天干) 장결(掌訣)
출처: 필자(筆者) 작도(作圖)

2) 지지(地支)

지지(地支)는 사계
(四季)[춘하추동(春
夏秋冬)]의 변화(變
化)와 해당하는 일
(日), 해당하는 시
(時), 해당하는 년
(年), 잉태(孕胎)한
월(月)을 의미하며,
그 기운(氣運)에 따
라 다양한 변화(變

化)로 사용되고 있으며, 지지(地支)와 해당하는 계절(季節)을 나타내면 〈그림 8〉
과 같다.

명대(明代)이전까지의 명리학(命理學) 서적(書籍)을 집대성한 명대(明代) 만민
영(萬民英)의 『삼명통회(三命通會)』234)에는 지지(地支)를 다음과 같이 나타내

았다.

대개 가볍고 밝은 것은 천(天)이고, 무겁고 탁(濁)한 것은 지(地)이니 중탁(重濁)한 가운데 물(物)이 있는 것이므로, 子는 쥐[서(鼠)]에 속하고 丑은 소[우(牛)], 寅은 범[호(虎)], 묘(卯)는 토끼[토(兎)], 辰은 용(龍), 巳는 뱀[사(蛇)], 午는 말[마(馬)], 미(未)는 양[양(羊)], 申은 원숭이[후(猴)], 酉는 닭[계(鷄)], 戌은 개[견(犬)], 亥는 돼지[저(猪)]에 속하여 이것을 십이속상(十二屬相)이라 하였는데, 역시 기(奇)와 우(偶)[음양(陰陽)]의 분류이며 성쇠(盛衰)의 쓰임이 있는 것이다.[235]

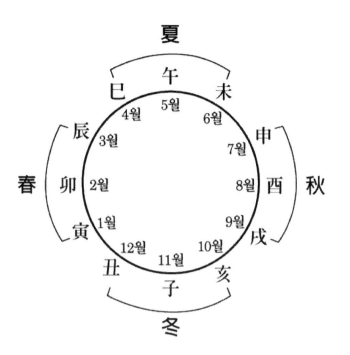

<그림 8> 지지(地支)와 그에 해당하는 계절(季節)
출처: 필자(筆者) 작도(作圖)

---

234) 『삼명통회(三命通會)』는 명대(明代) 말 만민영(萬民英, 육오)이 1578년에 저술한 책이다. 그 이전의 명리학(命理學) 서적(書籍)을 모아 12권으로 집대성하였고, 최초로 야자시설(夜子時說)을 주장 하였으며, 약 3,500개의 사주실례를 통하여 송대(宋代) 연해자평(淵海子平)의 부족한 점을 보충하고 춘하추동(春夏秋冬)에 따른 조후(調喉)를 확립하였다.

235) 萬民英, 『三命通會』「論地支屬相」: "故子屬鼠, 醜屬牛, 寅屬虎, 卯屬兎, 辰屬龍, 巳屬蛇, 午屬馬, 未屬羊, 申屬猴, 酉屬雞, 戌屬犬, 亥屬猪, 此十二屬相亦有奇偶之分, 盛衰之用."

지지(地支)는 명리학(命理學)에서 가장 중요한 월령(月令)의 기운(氣運)인 12개월[寅月~丑月]을 상징한다. 그리고 子年에서 시작해 12년[子年~亥年]이 지나면 다시 새로운 12년이 시작된다. 하루의 시간도 2시간 단위인 子時에서 亥時까지 역시 12시간을 나타낸다.

참고로 이것을 12개의 별자리의 운행으로 나타낼 수 있고, 태양(太陽)의 궤도인 황도(黃道)로 설명할 수 있다. 황도(黃道)를 30°씩 12등분하여 각 별자리의 이름을 붙인 것을 황도십이궁(黃道十二宮)[236]이라 한다. 황도십이궁(黃道十二宮)의 각 별자리 명칭은 염소자리, 물병자리, 물고기자리, 양자리, 황소자리, 쌍둥이자리, 게자리, 사자자리, 처녀자리, 천칭자리, 전갈자리, 사자자리이다. 이를 그림으로 나타내면 <그림 9>와 같다.

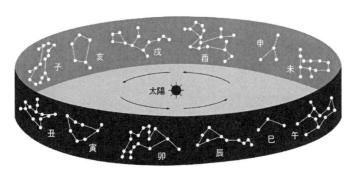

<그림 9> 황도십이궁(黃道十二宮) 별자리
출처: 필자(筆者) 작도(作圖)

황도(黃道)와 십이지지(十二地支)를 보면, 寅月, 卯月, 辰月, 巳月, 午月, 未月, 申月, 酉月, 戌月, 亥月, 子月, 丑月이 된다. 황도십이궁(黃道十二宮) 별자리와 십이지지(十二地支)를 알기 쉽게 그림으로 나타내면 <그림 10>과 같다.

『삼명통회(三命通會)』에 나타나 있는 지지(地支)를 음양오행(陰陽五行)을 포

---

236) 황도십이궁(黃道十二宮)은 고대(古代) 그리스에서 하늘을 도는 주기를 360등분하여 12로 나누는데 이를 황도십이궁(黃道十二宮)이라 한다. 중국은 수대(隋代)에 이미 들어와 있었다고 보고 있다. 십이궁은 쌍녀궁(雙女宮), 천칭궁(天秤宮), 보병궁(寶瓶宮), 마갈궁(摩羯宮), 거해궁(巨蟹宮), 사자궁(師子宮), 인마궁(人馬宮), 음양궁(陰陽宮), 쌍어궁(雙魚宮) 등이다.(돈황학대사전편집위원회(고려대민족문화연구원 옮김), 『돈황학대사전(敦煌學大辭典)』, 소명출판, 2016, 614쪽 참조.)

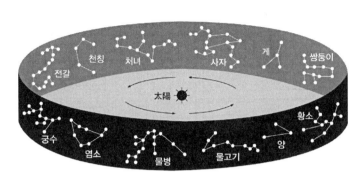

<그림 10> 황도십이궁(黃道十二宮) 지지(地支)

출처: 필자(筆者) 작도(作圖)

함하여 정리하면 다음에 나오는 <표 15>와 같다.

십이지지(十二地支)는 그 해를 의미하기도 하고, 그 달을 의미하기도 하며, 그 시간을 의미하기도 한다. 지지(地支)는 정해져 있어 그 변화(變化)가 없지만 천간(天干)에 의해 해석(解釋)이 달라진다.

寅은 양목(陽木)이고, 맹춘(孟春, 1월)으로 봄의 시작이다. 년은 범의 해가 되고, 인시(寅時)는 오전 3시~5시 사이이다.

卯는 음목(陰木)이고, 중춘(仲春, 2월)으로 목(木)의 힘이 가장 강한 시기이다. 년은 토끼의 해가 되고, 묘시(卯時)는 오전 5시~7시 사이이다.

辰은 양토(陽土)이고, 계춘(季春, 3월)으로 수(水)의 기운(氣運)을 머금은 습토(濕土)이다. 년은 용의 해가 되고, 진시(辰時)는 오전 7시~9시 사이이다.

巳는 양화(陽火)이고, 맹하(孟夏, 4월)로 여름의 시작이다. 년은 뱀의 해가 되고, 사시(巳時)는 오전 9시~11시 사이이다.

午는 음화(陰火)이고, 중하(仲夏, 5월)로 화(火)의 힘이 가장 강한 시기이다. 년은 말의 해이고, 오시(午時)는 오전 11시~오후 1시 사이이다.

未는 음토(陰土)이고, 계하(季夏, 6월)로 화(火)의 기운(氣運)을 가진 조토(燥土)이다. 년은 양의 해이고, 미시(未時)는 오후 1시~3시 사이이다.

<표 15> 지지(地支)와 음양오행(陰陽五行)

오행(五行)	木		土	火		土	金		土	水		土
음양(陰陽) 체(體)	양 (陽)	음 (陰)	양 (陽)	음 (陰)	양 (陽)	음 (陰)	양 (陽)	음 (陰)	양 (陽)	음 (陰)	양 (陽)	음 (陰)
음양(陰陽) 용(用)	양 (陽)	음 (陰)	양 (陽)	양 (陽)	음 (陰)	음 (陰)	양 (陽)	음 (陰)	양 (陽)	양 (陽)	음 (陰)	음 (陰)
지지(地支)	寅	卯	辰	巳	午	未	申	酉	戌	亥	子	丑
동물(動物)	범	토끼	용	뱀	말	양	원숭이	닭	개	돼지	쥐	소
음력(陰曆)	1月	2月	3月	4月	5月	6月	7月	8月	9月	10月	11月	12月

申은 양금(陽金)이고, 맹추(孟秋, 7월)로 가을의 시작이다. 년은 원숭이의 해이고, 신시(申時)는 오후 3시~5시 사이이다.

酉는 음금(陰金)이고, 중추(中秋, 8월)로 금(金)의 힘이 가장 강한 시기이다. 년은 닭의 해이고, 유시(酉時)는 오후 5시~7시 사이이다.

戌은 양토(陽土)이고, 계추(季秋, 9월)로 화(火)의 기운(氣運)을 가진 조토(燥土)이다. 년은 개의 해이고, 술시(戌時)는 오후 7시~9시 사이이다.

亥는 양수(陽水)이고, 맹동(孟冬, 10월)으로 겨울의 시작이다. 년은 돼지의 해이고, 해시(亥時)는 오후 9시~11시 사이이다.

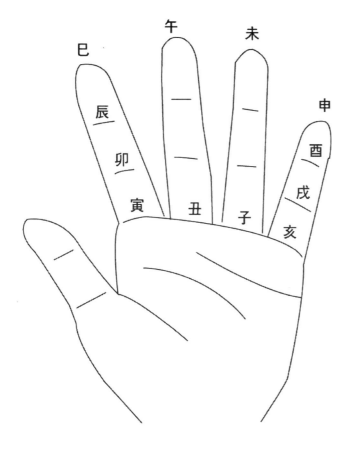

<그림 11> 지지(地支) 장결(掌訣)
출처: 필자(筆者) 작도(作圖)

子는 음수(陰水)이고, 중동(仲冬, 11월)으로 수(水)의 기운(氣運)이 가장 강한 시기이다. 년은 쥐의 해이고, 자시(子時)[237]는 오후 11시~오전 1시 사이이다.

丑은 음토(陰土)이고, 계동(季冬, 12월)으로 수(水)의 기운(氣運)을 가진 습토(濕土)이다. 년은 소의 해이고, 축시(丑時)는 오전 1시~3시 사이이다.

지지(地支)를 장결(掌訣)로 나타내면 <그림 11>과 같다.

---

237) 명대(明代) 말(末) 만민영(萬民英)의 『삼명통회(三命通會)』부터 자시(子時)를 당일 새벽 자시(子時)와 당일 저녁 자시(子時)로 나눈 것으로 보인다. 오전 0시~1시 사이를 아침 자시(子時)라고 하여 조자시(朝子時)라 하고, 오후 11시~오전 0시 사이를 저녁 자시(子時)라고 하여 야자시(夜子時)라고 한다. 본문에서 더욱 자세히 다루기로 한다.

〖 **2. 장간(藏干)** 〗

장간(藏干)을 흔히 지장간(地藏干)이라고도 하며, 지지장간(地支藏干)으로도 불린다. 사주(四柱)에서 나타나는 외형적인 것은 천간(天干)과 지지(地支)이지만, 지지(地支) 내에 천간(天干)이 숨겨져 있다하여 붙여진 이름들이다.

앞서 언급한 『적천수천미(適天髓闡微)』에서의 삼원(三元)[천원(天元), 지원(地元), 인원(人元)] 중 장간(藏干)을 나타내는 인원(人元)을 송대(宋代) 서자평(徐子平)이 주석(註釋)한 『낙록자삼명소식부주(珞琭子三命消息賦註)』[238]에 장간(藏干)의 초기 이론 단계라고 할 수 있는, 즉 土에 암장(暗藏)된 천간(天干)에 대한 내용이 나타난다.

辰 속에 乙木이 있으니 이것은 춘목(春木)의 여기(餘氣)이고, 未 속에 丁火가 있으니 이것은 하화(夏火)의 여기(餘氣)이고, 戌 속에 辛金이 있으니 이것은 추금(秋金)의 여기(餘氣)이고, 丑 속에 癸水가 있으니 이것은 동수(冬水)의 여기(餘氣)이다.[239]

그에 앞서 전한대(前漢代) 『회남자(淮南子)』 「천문훈(天文訓)」에는 이미 장간(藏干)의 시원(始原)이 될 만한 내용이 나타난다.

木을 亥, 卯, 未와 연결시켜 모두 木이라 하였고, 火를 寅, 午, 戌과 연결시켜 모두 火라고 하였고, 土를 午, 戌, 寅과 연결시켜 모두 火라고 하였으며, 金을 巳, 酉, 丑과 연결시켜 모두 金이라 하였으며, 水를 申, 子, 辰과 연결시켜 모두

---

238) 『낙록자삼명소식부주(珞琭子三命消息賦注)』는 원래 전국(戰國)시대 낙록자(珞琭子)가 만든 『낙록자부(珞琭子賦)』를 송대(宋代) 서자평(徐子平)이 주석(註釋)한 것으로 알려져 있다.

239) 徐子平, 『珞琭子三命消息賦注』: "辰中有乙, 是春木之餘氣, 未中有丁, 是夏火之餘氣, 戌內有辛, 是秋金之餘氣, 丑中有癸, 是冬水之餘氣."

水라고 하였다.240)

여기에서 같은 오행(五行)이 아님에도 같은 오행(五行)으로 간주한 것은, 亥 내에 甲, 卯 내에 乙, 未 내에 乙과 같이, 같은 木이 나타나고 있으며, 나머지 오행(五行)의 설명도 이와 같이 할 수 있기 때문이다. 이 같은 내용들은, 뒤에 다시 설명할 삼합국(三合局)과 관련된 내용들이다.

이후 송대(宋代) 『연해자평(淵海子平)』에서는 지지(地支)내 숨어져 있는 천간(天干)을 육친(六親)으로 삼아 길흉(吉凶)을 정한 것으로 보아, 송대(宋代) 이전에는 장간(藏干)의 언급이 일부 나타나고 있으나 삼원(三元) 중 인원(人元)을 납음(納音)으로 사용하였고, 송대(宋代)와 명대(明代)에 걸쳐 장간(藏干)을 인원(人元)으로 사용한 것으로 보이기 때문에, 현재 활용되고 있는 장간(藏干)은 송대(宋代)부터 집중적으로 사용된 것으로 본다.

『연해자평(淵海子平)』에는 장간(藏干)을 구성요소(構成要素)와 월률분야(月律分野)로 크게 나누어 설명하고 있다. 구체적 사용법은 격국용신(格局用神)[Ⅱ. 원론(原論)]과 활용(活用)[Ⅲ. 통변론(通辯論)]에서 설명하기로 하고, 개론(概論)에서는 월별(月別) 관장일수(管掌日數) 이론을 대표하는 월률분야(月律分野)와 지지(地支)의 인원용사(人元用事)의 개념(概念)을 위주로 나타내기로 한다.

『연해자평(淵海子平)』 월률분야(月律分野)에 사람이 태어난 일간(日干)을 기본으로 하여, 월지(月支)를 여기(餘氣), 중기(中氣), 정기(正氣)로 구분하여 인원용사(人元用事)의 기준으로 삼아야 한다고 나타나 있다.

"월령(月令) 중 지지(地支) 가운데 소장(所藏)하고 있는 것이 월률분야지도(月律分野地圖)이다. 간지(干支)는 일(日)로써 주(主)를 삼는다. 월지(月支) 金·木·

---

240) 『淮南子』「天文訓」: "木生于亥, 壯于卯, 死于未, 三辰皆木也, 火生于寅, 壯于午, 死于戌, 三辰皆火也, 土生于午, 壯于戌, 死于寅, 三辰皆土也, 金生于巳, 壯于酉, 死于丑, 三辰皆金也, 水生于申, 壯于子, 死于辰, 三辰皆水也." 참조.

水·火·土를 용신(用神)으로 한다. 그 중 왕쇠(旺衰)를 취한다. 가령 자궁(子宮)은 癸水를 많이 취한다. 어느 날에 태어났는지를 보는 것이 중요하다. 만일 자궁(子宮)의 경우 초일일(初一日)부터 초십일(初十日)까지 태어난 사람은 마땅히 壬水를 취한다. 십일일(十一日)부터 삼십일(三十日) 사이에 태어난 사람은 바야흐로 癸水를 취한다. 이로써 영신(令神)의 용사(用事)를 판단한다. 하나의 예(例)를 취하는 것은 불가(不可)하다. 그렇지 않으면 추명(推命)하여도 기준에 부합(符合)하지 않는다. 이것은 하나의 예(例)를 든 것이다. 그 나머지는 이와 같다"[241] 하였다.

다시 말해, 일간(日干)을 위주로 월지(月支)의 절기(節氣)를 기준, 어느 일(日)에 태어나는가에 따라 장간(藏干)의 활용(活用)을 본다는 것이다.

인원용사(人元用事)의 기준이 되는 월률분야(月律分野)의 여기(餘氣), 중기(中氣), 정기(正氣)에 대해 간단하게 다음과 같이 말할 수 있다. 여기(餘氣)는 지난달의 기운(氣運)이 아직 남아 있어 앞 절기(節氣)의 영향을 받는다. 중기(中氣)는 여기(餘氣)에서 정기(正氣)로 넘어가는 기운(氣運)으로서 대체적으로 그 세력이 약한 것이 대부분이며, 다른 지지(地支)와 삼합(三合)하여 변하는 특성이 있다. 정기(正氣)는 그 달의 원래 기운(氣運)을 말하는 것으로, 그 지지(地支)가 지닌 기운(氣運)과 동일한 천간(天干)이 되고, 가장 왕성(旺盛)하다.

월률분야(月律分野)는 여기(餘氣)와 정기(正氣)로 나누는 것과 여기(餘氣), 중기(中氣), 정기(正氣)로 나누는 것이 있다. 월지(月支)에서 사령(司令)하는 기간은 서로 다르며, 해당 절기(節氣)일로 부터 삼십일(三十日)이 배정되어 있다.

월률분야지도(月律分野地圖)를 『연해자평(淵海子平)』을 기준으로 하여, 월별 장간(藏干)과 관장일수(管掌日數)를 정리하면 위 <표 16>과 같다.

---

241) 徐大升, 『淵海子平評註』, 武陸出版有限公司, 2009, 36쪽.

장간(藏干)			장간(藏干) 관장일수(管掌日數)		
월(月)			여기(餘氣)	중기(中氣)	정기(正氣)
양(陽)의 계절	춘(春)	寅(1월)	戊 七日 二分半	丙 七日 二分半	甲 十六日 三分半
		卯(2월)	甲 十日 五分半		乙 二十日 六分半
		辰(3월)	乙 九日 三分	癸 三日 一分	戊 十八日 六分
	하(夏)	巳(4월)	戊 五日 一分半	庚 九日 三分	丙 十六日 五分
		午(5월)	丙 十日 三分半	己 十日 三分半	丁 十日 三分半
		未(6월)	丁 九日 三分	乙 三日 二分	己 十八日 六分
음(陰)의 계절	추(秋)	申(7월)	己 七日 一分半 戊 三日 一分半	壬 三日 一分半	庚 十七日 六分
		酉(8월)	庚 十日 五分半		辛 二十日 七分半
		戌(9월)	辛 九日 三分	丁 三日 二分	戊 十八日 六分
	동(冬)	亥(10월)	戊 七日 二分半	甲 五日 分半	壬 十八日 六分
		子(11월)	壬 十日 五分		癸 二十日 七分
		丑(12월)	癸 九日 三分	辛 三日 一分	己 十八日 六分

위 〈표 16〉을 근거(根據)하여 예를 들면, 寅月에 생(生)하였을 때 상절기(上節

氣)인 입춘(立春) 절기(節氣)를 계산하여 戊土가 7일을 관장(管掌)하고, 丙火가 7일, 甲木이 16일을 관장(管掌)한다는 것이고, 나머지는 이와 같다.

다음은 월지(月支)의 월률분야(月律分野)와는 다른, 지지(地支)에 암장(暗藏)된 인원용사(人元用事)를 정리하면 〈표 17〉과 같다.

<표 17〉 인원용사(人元用事)
출처: 『연해자평(淵海子平)』 지지장둔가(地支藏遁歌) 참조 작성.

지지(地支)	장간(藏干) 구성요소[242]		
子			癸
丑	癸	辛	己
寅	戊	丙	甲
卯			乙
辰	乙	癸	戊
巳	戊	庚	丙
午		己	丁
未	丁	乙	己
申	戊	壬	庚
酉			辛
戌	辛	丁	戊
亥		甲	壬

---

242) 徐大升, 『淵海子平』 「又地支藏遁歌」: "子宮癸水在其中, 丑癸辛金己土同, 寅宮甲木兼丙戊, 卯宮乙

이처럼 장간(藏干)을 구성요소와 월률분야(月律分野)로 나눠 추명(推命)하여야
한다.

〖 3. 24절기(節氣)와 방위(方位)의 배치(配置) 〗

1) 24절기(節氣)

24절기(節氣)는 현재 생활에 중요하게 사용되고 있으며, 명리학(命理學)에서도
명(命)을 보기위해 세우는 사주(四柱)를 구성하기 위해서 중요하게 사용되고 있
다.

절기(節氣)는 태양(太陽)과 관련하여 밤이 가장 긴 동지(冬至)를 기점으로, 낮
의 길이가 가장 긴 하지(夏至), 그리고 낮과 밤의 길이가 같은 춘분(春分)과 추
분(秋分)을 기점[이분이지(二分二至)[243]]하여 사계(四季)를 구분한다.

전한대(前漢代) 『회남자(淮南子)』「천문훈(天文訓)」에 각 절기(節氣)의 상
호관계와 춘하추동(春夏秋冬)의 특징이 잘 나타나 있다. 그 당시 생활에 중요한
농사(農事)와 관련된 내용으로 설명되어 있으며, 태양(太陽)의 영향이 나타나 있
음을 알 수 있다.

양유(兩維)[子·午]의 사이는 91 5/16°이다. 나아가 하루에 1°를 운행한다. 15
일이 되면 하나의 절기(節氣)가 된다. 24개월의 절기(節氣) 변화(變化)를 생한
다. 북두칠성(北斗七星)의 자루가 子를 가리키면 동지(冬至)이다.[244]

木獨相逢, 辰藏乙戊三分癸, 巳中庚金丙戊叢, 午宮丁火幷己土, 未宮乙己丁其宗, 申位庚金壬水戊, 酉宮
辛字獨豊隆, 戌宮辛金乃丁戊, 亥藏壬甲是眞蹤." 및 徐大升(沈載怨 옮김), 『淵海子平精解』, 明文堂,
1994, 94-95쪽 참조.
243) 이분이지(二分二至)에서 이분(二分)은 춘분(春分)과 추분(秋分)을 말하고, 이지(二至)는 동지(冬至)
와 하지(夏至)를 일컫는 말이다.
244) 『淮南子』「天文訓」: "兩維之間, 九十一度十六分度之五而升, 日行一度, 十五日爲一節, 以生二十四

15일을 더하여 癸를 가리키면 소한(小寒)이다.[245]

15일을 더하여 丑을 가리키면 대한(大寒)이다.[246]

15일을 더하여 보덕(報德)의 유(維)[艮]를 가리키면 지(地)에 음(陰)을 굴복(屈伏)시킨다. 그러므로 말하기를 동지(冬至)로부터 46일 떨어진 날이 입춘(立春)이다. 양기(陽氣)가 언 것을 녹인다.[247]

15일을 더하여 寅을 가리키면 우수(雨水)이다.[248]

15일을 더하여 甲을 가리키면 겨울잠을 자고 있는 벌레들을 깨우는 경칩(驚蟄)이다.[249]

15일을 더하여 卯를 가리키면 승(繩)의 가운데가 된다. 그러므로 춘분(春分)이 되면 천둥이 다닌다고 한다.[250]

15일을 더하여 乙을 가리키면 청명(淸明)이며 바람이 일기 시작한다.[251]

15일을 더하여 辰을 가리키면 곡우(穀雨)이다.[252]

15일을 더하여 상양(常羊)의 유(維)[巽]를 가리키면 봄의 계절이 다한다. 그러므로 춘분(春分)으로부터 46일이 되면 입하(立夏)라고 하고, 큰 바람이 분다.[253]

15일을 더하여 巳를 가리키면 소만(小滿)이다.[254]

15일을 더하여 丙을 가리키면 망종(芒種)이다.[255]

時之變, 斗指子則冬至."
245) 『淮南子』「天文訓」: "加十五日指癸則小寒."
246) 『淮南子』「天文訓」: "加十五日指丑是大寒."
247) 『淮南子』「天文訓」: "加十五日指報德之維, 則越陰在地, 故曰距日, 夏至四十六日而立春, 陽氣凍
　　解."
248) 『淮南子』「天文訓」: "加十五日指寅則雨水."
249) 『淮南子』「天文訓」: "加十五日指甲雷驚蟄."
250) 『淮南子』「天文訓」: "加十五日指卯中繩, 故曰春分則雷行."
251) 『淮南子』「天文訓」: "加十五日指乙, 淸明風至."
252) 『淮南子』「天文訓」: "加十五日指辰穀雨."
253) 『淮南子』「天文訓」: "加十五日指常羊之維, 則春分盡, 故曰有四十六日而立夏, 大風濟."
254) 『淮南子』「天文訓」: "加十五日指巳小滿."

15일을 더하여 午를 가리키면 양기(陽氣)가 극(極)에 이른다. 그러므로 〈입하(立夏)로부터〉 46일이 지나면 하지(夏至)라고 한다.[256]

15일을 더하여 丁을 가리키면 소서(小暑)이다.[257]

15일을 더하여 未를 가리키면 대서(大暑)이다.[258]

15일을 더하여 배양(背陽)의 유(維)[坤]를 가리키면 여름의 계절이 다하게 된다. 그러므로 하지(夏至)로부터 46일이 지나면 입추(立秋)이다. 서늘한 바람이 분다.[259]

15일을 더하여 申을 가리키면 처서(處暑)이다.[260]

15일을 더하여 庚을 가리키면 백로(白露)가 내린다.[261]

15일을 더하여 酉를 가리키면 승(繩)의 가운데가 된다. 그러므로 추분(秋分)은 천둥을 삼간다. 겨울잠을 자는 벌레들은 북쪽마을로 향한다.[262]

15일을 더하여 辛을 가리키면 한로(寒露)다.[263]

15일을 더하여 戌을 가리키면 상강(霜降)이다.[264]

15일을 더하여 제통(帝通)의 유(維)[乾]를 가리키면 가을의 계절(季節)이 다하게 된다. 그러므로 추분(秋分)으로부터 46일이 되면 입동(立冬)이다. 초목(草木)은 다 죽는다.[265]

---

255) 『准南子』「天文訓」: "加十五日指丙芒種."
256) 『准南子』「天文訓」: "加十五日指午陽氣極, 故曰有四十六日而夏至."
257) 『准南子』「天文訓」: "加十五日指丁小暑."
258) 『准南子』「天文訓」: "加十五日 指未大暑."
259) 『准南子』「天文訓」: "加十五日指背陽之, 則夏分盡, 故曰有四十六日而立秋, 涼風至."
260) 『准南子』「天文訓」: "加十五日指申處暑."
261) 『准南子』「天文訓」: "加十五日指庚則白露降."
262) 『准南子』「天文訓」: "加十五日指酉中繩, 故曰秋分雷戒, 蟄蟲北郷"
263) 『准南子』「天文訓」: "加十五日指辛則寒露."
264) 『准南子』「天文訓」: "加十五日指戌則霜降."
265) 『准南子』「天文訓」: "加十五日指蹢通之維則秋分盡, 故曰有四十六日而立冬, 草木畢死."

15일을 더하여 亥를 가리키면 소설(小雪)이다.[266]

15일을 더하여 壬을 가리키면 대설(大雪)이다. 그러므로 말하기를 양(陽)은 子에서 생긴다. 음(陰)은 午에서 생긴다. 양(陽)은 子에서 생기므로 11월은 동지(冬至)이다. 까치가 집을 더하기 시작한다. 사람의 기(氣)는 머리에 모인다. 음(陰)은 오(午)에서 생한다. 그러므로 5월은 소형(小刑)이다. 냉이, 보리, 정력(亭歷)[냉이]은 마른다. 겨울에 태어난 초목(草木)은 반드시 죽는다.[267]

북두칠성(北斗七星)과 관련하여 15일 단위로 24절기(節氣)를 양(陽)의 기운(氣運)이 시작되는 동지(冬至)에서부터 대설(大雪)까지를 설명하고 있으며, 양(陽)은 子[동지(冬至)]에서 시작하고 음(陰)은 午[하지(夏至)]에서 시작함이 정확히 나타나 있다.

24절기(節氣)는 각 달에 15일씩 2개의 절기(節氣)가 있으며, 그 중 명리학(命理學)에서는 상절기(上節氣)로 그 달을 결정 짓는데 사용한다. 사주(四柱) 중 월주(月柱)를 정하는데 중요한 작용을 하는 24절기(節氣)를 정리하면 다음 〈표 18〉과 같다.

그 달을 결정짓는 상절기(上節氣)는 입춘(立春), 경칩(驚蟄), 청명(淸明), 입하(立夏), 망종(芒種), 소서(小暑), 입추(立秋), 백로(白露), 한로(寒露), 입동(立冬), 대설(大雪), 소한(小寒)이다.

---

266) 『淮南子』「天文訓」: "加十五日指亥小雪."
267) 『淮南子』「天文訓」: "加十五日指壬則大雪, 陰比應鐘, 加十五日指子, 故曰陽生于子, 陰生于午, 故五月爲小刑, 薺麥亭歷, 冬生草木必死."

<표 18> 24절기(節氣)와 춘하추동(春夏秋冬)

계절	춘(春)[봄]			하(夏)[여름]			추(秋)[가을]			동(冬)[겨울]		
음력	1월	2월	3월	4월	5월	6월	7월	8월	9월	10월	11월	12월
상절기	입춘(立春)	경칩(驚蟄)	청명(淸明)	입하(立夏)	망종(芒種)	소서(小暑)	입추(立秋)	백로(白露)	한로(寒露)	입동(立冬)	대설(大雪)	소한(小寒)
하절기	우수(雨水)	춘분(春分)	곡우(穀雨)	소만(小滿)	하지(夏至)	대서(大暑)	처서(處暑)	추분(秋分)	상강(霜降)	소설(小雪)	동지(冬至)	대한(大寒)

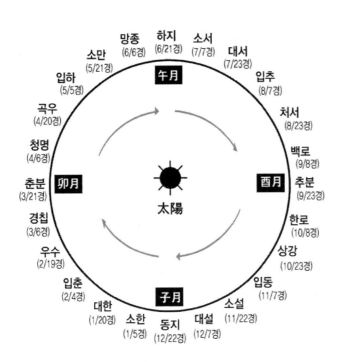

24절기(節氣)를 태양력(太陽曆)의 날짜와 연관지어 그림으로 나타내면 〈그림 12〉와 같다.

위 『회남자(淮南子)』「천문훈(天文訓)」에 나타난 북두칠성(北斗七星)의 자루가 가리키는 계절별 변화(變化)를 나타내면 〈그림 13〉과 같다.

북두칠성(北斗七星)은 이미 전한대

〈그림 12〉 북두칠성(北斗七星) 절기별(節氣別) 변화(變化)
출처: 필자(筆者) 작도(作圖)

(前漢代)이전부터 계절(季節)의 변화(變化)를 관측(觀測)하거나 구분할 때 사용하였다.

『사기(史記)』「천관서(天官書)」에는 "북두칠성(北斗七星)을 선기옥형(旋機玉衡)이라고 하고, 이것을 살펴 칠정(七政)268)을 바로잡는다. …, 음양(陰陽)을 나누고 사시(四時)[사계절]를 세우고 오행(五行)을 조절하며 절기(節氣)를 바꾸고 제기(諸紀)를 확정짓는 모든 것이 북두칠성(北斗七星)과 연계 된다"269)고 하

---

268) 칠정(七政)이란, 자연의 변화(變化) 원리[日月과 水·火·木·金·土星]를 정치의 근원으로 삼은 치도(治道)를 말한다.

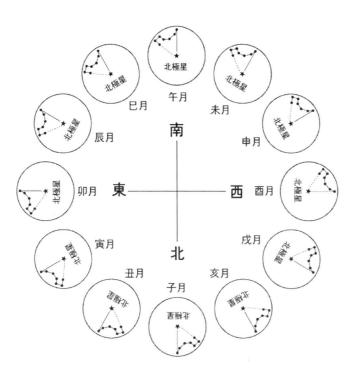

<그림 13> 북두칠성(北斗七星) 계절별(季節別) 변화(變化)
출처: 필자(筆者) 작도(作圖)

였다.

여기에서 북두칠성(北斗七星)을 중요하게 사용하였음을 알 수 있고, 선기옥형(璇璣玉衡)이란 혼천의(渾天儀)의 일종으로 천문(天文)을 관측하는 기계이다. 선기옥형(璇璣玉衡)에서 선기(璇璣)는 두표(斗杓), 옥형(玉衡)은 두병(斗柄)이라고도 한다.

여기에서 북두칠성(北斗七星)에 해당하는 자리와 명칭 등을 나타내면 다음 <그림 14>와 같다.

북두칠성(北斗七星)을 흔히 국자모양으로 인식되곤 하는데, 크게 국자부분에 해당하는 두표(斗杓)[선기(璇璣)]와 자루부분에 해당하는 두병(斗柄)[옥형(玉衡)]으로 나눌 수 있다.

먼저 두표(斗杓)는 네 개의 별로, 제1성부터 천추(天樞)[탐랑(貪狼)270)], 제2

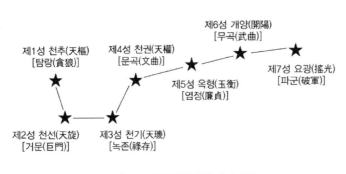

제6성 개양(開陽)
[무곡(武曲)]

제4성 천권(天權)
[문곡(文曲)]

제1성 천추(天樞)
[탐랑(貪狼)]

제7성 요광(搖光)
[파군(破軍)]

제5성 옥형(玉衡)
[염정(廉貞)]

제2성 천선(天旋)
[거문(巨門)]

제3성 천기(天璣)
[녹존(祿存)]

<그림 14> 북두칠성(北斗七星)
출처: 필자(筆者) 작도(作圖)

성 천선(天旋)[거문(巨門)], 제3성 천기(天璣)[녹존(祿存)], 제4성 천권(天權)[문곡(文曲)]을 말하고, 두병(斗柄)는 3개의 별로, 제5성 옥형(玉衡)[염정(廉貞)], 제6성 개양(開陽)[무곡(武曲)], 제7성 요광(搖光)[파군(破軍)]을 말한다.

북두칠성(北斗七星)의 자루에 해당하는 두병(斗柄)을 계절(季節)에 따라 밤하늘을 보면, 봄에는 동쪽을, 여름에는 남쪽을, 가을에는 서쪽을, 겨울에는 북쪽을 가리킨다.

『회남자(淮南子)』 「천문훈(天文訓)」 에는 북두칠성(北斗七星)과 1년 12개월의 연관성에 대해서도 나타나 있다.

두병(斗柄)을 소세(小歲)라고 한다. 정월(正月)에 寅의 방각을 가리키고 달마다 왼쪽으로 돌면서 십이진(十二辰)[12개월]을 돈다.[271]

---

270) 현재 많이 사용하고 있는 북두칠성(北斗七星)의 명칭은 수대(隋代) 『오행대의(五行大義)』내 『황제두도(黃帝斗圖)』에서 그 근거를 찾을 수 있다. "『황제두도(黃帝斗圖)』에 이르기를, '첫 번째는 탐랑(貪狼)이라 하니 자생(子生)의 사람이 속하고, 두 번째는 거문(巨門)이라 하니 축·해생(丑·亥生)이 속하며, 세 번째는 녹존(祿存)이라 하니 인술생(寅戌生)의 사람이 속하고, 네 번째는 문곡(文曲)이라 하니 묘유생(卯酉生)의 사람이 속하며, 다섯 번째는 염정(廉貞)이라 하니 진신생(辰申生)의 사람이 속하고, 여섯 번째는 무곡(武曲)이라 하니 사미생(巳未生)의 사람이 속하며, 일곱 번째는 파군(破軍)이라 하니 오생(午生)의 사람이 속한다'고 하였다."(蕭吉, 『五行大義』: "黃帝斗圖云, 一名貪狼, 子生人所屬, 二名巨門, 丑亥生人所屬, 三名祿存, 寅戌生人所屬, 四名文曲, 卯酉生人所屬, 五名廉貞, 辰申生人所屬, 六名武曲, 巳未生人所屬, 七名破軍, 午生人所屬.)

271) 『淮南子』「天文訓」: "斗杓爲小歲, 正月建寅, 月從左行十二."

천제(天帝)는 사유(四維)272)를 둘러쳐 놓고 북두칠성(北斗七星)이 그곳을 선회(旋回)하도록 하였다. 일진(一辰)씩 이동하고 다시 원위치로 돌아간다. 정월(正月)에는 寅을 가리키고 12월에는 丑을 가리키는데 1년을 돌다가 끝나면 시작점으로 되돌아오는 것이다.273)

24절기(節氣)보다 더 구체적으로 나타나 있는 것이 72후(候)이다. 1년을 사계(四季)로 나누고, 사계(四季)는 3개월씩 12개월이다. 1개월 내 절기(節氣)는 15일씩 2개가 있고, 15일씩인 1절기(節氣)를 3후(候)로 나누면 1후(候)는 5일씩 된다. 다시 1일을 4진(辰)으로 나누면 1진(辰)은 3시간씩이 된다. 이런 원리로 보면 1년은 72후(候)가 되는 것이다.

24절기(節氣)와 72후(候)는 주대(周代)부터 사용되었다고 전하는데 현재의 기후(氣候)와는 다소 차이가 있을 수 있다. 72후(候)를 조선(朝鮮) 세종(世宗) 26년(1444)에 편찬된 『칠정산내편(七政算內篇)』274)을 참조하여 나타내면 〈표 19〉와 같다.

---

272) 사유(四維)는 네 모퉁이를 의미하는 24방위 중 건·손·간·곤(乾·巽·艮·坤)[西北·東南·東北·西南]을 말한다.

273) 『淮南子』「天文訓」: "帝張四維, 運之以斗, 月徙一辰, 復反其所, 正月指寅, 十二月指丑, 一歲而匝, 終而復始."

274) 『칠정산내편(七政算內篇)』은 조선(朝鮮) 세종(世宗)시대(1444년) 이순지(李純之)와 김담(金淡)이 편찬한 역서(曆書)로 원(元)나라 수시력(授時曆)에 대한 해설서이다. 칠정(七政)이란 일월(日月)과 오성(五星)을 지칭한다. 세종(世宗)은 1423년 학자들에게 선명력(宣明曆)·수시력(授時曆)·보교회(步交會)·보중성역요(步中星曆要) 등의 역법(曆法)의 차이점을 비교, 교정시켰고, 수시력(授時曆)의 원리와 방법을 이해하기 쉽게 해설한 『칠정산내편(七政算內篇)』을 편찬하게 하였다. 권말에 한양(漢陽)을 기준으로 한 이지(二至), 즉 동지(冬至)와 하지(夏至) 후의 일출몰(日出沒) 시각과 밤낮의 길이를 나타낸 표가 실려 있고, 각 장에 필요한 곳에는 입성(立成)이라고 부르는 여러 가지 수표(數表)가 들어 있다. 일월오성(日月五星)의 운행을 다룬 것으로 보면 이 역서는 단순한 달력이 아니라 오늘날의 천체력(天體曆)의 구실을 하고 있다. 일행제율의 항에서 보면, 세주(歲周, 1년의 길이)＝365일 2,425분으로 되어 있고 1일＝10,000분(分)＝100각(刻), 1각(刻)＝100분(分)의 십진법(十進法)이 쓰인 것으로 보면, 1년의 길이가 현재 실시하고 있는 그레고리(Gregory)태양력과 같은 365.2425일이고, 1분은 현행 8.64초와 같았음을 알 수가 있다. 서양과 다른 점의 하나는 하늘의 한 바퀴인 주천도(周天度), 즉 원주의 각도를 360°가 아니라 365°25′75″로 하고 있다는 것인데, 이것은 태양이 하늘을 한 바퀴 도는 일수를 그대로 도(度)·분(分)·초(秒)로 나타낸 것으로 각 도에서도 십진법으로, 1도＝100분, 1분＝100초로 하고 있는 데 유래한다. 여기 1도는 오늘날의 0.9756°에 해당한다.

<표 19> 『칠정산내편(七政算內篇)』에 나타난 24절기(節氣)와 72후(候) 특징(特徵)
출처: 한국종합DB/『칠정산내편(七政算內篇)』참조

절기(節氣)		초후(初候)	중후(中候)	말후(末候)
춘(春)	입춘 (立春)	정월절 (正月節)	동풍해동(東風解凍): 동풍이 불어 언 땅을 녹인다.	칩충시진(蟄蟲始振): 동면하던 벌레가 움직이기 시작한다.	어섭부빙(魚涉負氷): 물고기가 얼음 밑에 돌아다닌다.
	우수 (雨水)	정월중 (正月中)	달제어(獺祭魚): 수달이 물고기를 잡아다 늘어놓는다.	후안북(候雁北): 기러기가 북쪽으로 날아간다.	초목맹동(草木萌動): 초목에는 싹이 튼다.
	경칩 (驚蟄)	이월절 (二月節)	도시화(桃始花): 복숭아 꽃이 피기 시작한다.	창경명(倉庚鳴): 꾀꼬리가 운다.	응화위구(鷹化爲鳩): 매는 보이지 않고 비둘기가 날아다닌다.
	춘분 (春分)	이월중 (二月中)	현조지(玄鳥至): 남쪽에서 제비가 날아온다.	뢰내발성(雷乃發聲): 우레 소리가 들려온다.	시번(始電): 금년 처음으로 번개가 친다.
	청명 (淸明)	삼월절 (三月節)	동시화(桐始華): 오동나무 꽃이 피기 시작한다.	전서화위려(田鼠化爲 鴽): 들쥐는 자취를 감추고 종달새가 운다.	흥시견(虹始見): 하늘에 무지개가 비로소 나타난다.
	곡우 (穀雨)	삼월중 (三月中)	평시생(萍始生): 부평초가 생기기 시작한다.	명구불기우(鳴鳩拂其 羽): 산비둘기가 그 깃을 턴다.	대승강어상(戴勝降於 桑): 뻐꾸기가 뽕나무에 내린다.
하(夏)	입하 (立夏)	사월절 (四月節)	루곡명(螻蟈鳴): 청개구리가 운다.	구인출(蚯蚓出): 지렁이가 땅에서 나온다.	왕과생(王瓜生): 쥐참외가 싹터 나온다.
	소만 (小滿)	사월중 (四月中)	고채수(苦菜秀): 씀바귀가 뻗어 오른다.	미초사(靡草死): 냉이가 누렇게 죽는다.	맥추지(麥秋至): 보리가 익는다.
	망종 (芒種)	오월절 (五月節)	당랑생(螳螂生): 사마귀가 생긴다.	격시명(鵙始鳴): 왜가리가 울기 시작한다.	반설무성(反舌無聲): 지빠귀가 울음을 멈춘다.
	하지 (夏至)	오월중 (五月中)	록각해(鹿角解): 사슴뿔이 갈린다.	조시명(蜩始鳴): 매미가 울기 시작한다.	반하생(半夏生): 반하의 알이 생긴다.

	소서 (小暑)	육월절 (六月節)	온풍시지(溫風始至): 더운 바람이 불어온다.	실솔거벽(蟋蟀居壁): 귀뚜라미가 벽에 기어 다닌다.	응내학습(鷹乃學習): 매가 드디어 사나와진다.
	대서 (大暑)	육월절 (六月節)	부초위형(腐草爲螢): 썩은 풀에서 반딧불이 생긴다.	토윤육서(土潤溽暑): 흙이 습하고 더워진다.	대우시행(大雨時行): 때때로 큰 비가 내린다.
추 (秋)	입추 (立秋)	칠월절 (七月節)	양풍지(凉風至): 서늘한 바람이 불어온다.	백로강(白露降): 이슬이 진하게 내린다.	한선명(寒蟬鳴): 쓰르라미가 운다.
	처서 (處暑)	칠월중 (七月中)	응내제조(鷹乃祭鳥): 매가 새를 많이 잡아 늘어놓는다.	천지시숙(天地始肅): 천지가 숙연해지기 시작한다.	화내등(禾乃登): 논에 벼가 익는다.
	백로 (白露)	팔월절 (八月節)	홍안래(鴻雁來): 기러기떼가 날아온다.	현저귀(玄鳥歸): 제비가 강남으로 돌아온다.	군조양수(群鳥養羞): 뭇 새들이 먹이를 저장한다.
	추분 (秋分)	팔월중 (八月中)	뢰시수성(雷始收聲): 우레 소리가 비로소 걷히게 된다.	칩충배호(蟄蟲坏戶): 동면하려는 벌레가 구멍 창을 막는다.	수시학(水始涸): 땅 위의 물이 마르기 시작한다.
	한로 (寒露)	구월절 (九月節)	홍안래빈(鴻雁來賓): 기러기는 초대 받은 듯 모여든다.	작입대수위압(爵入大水 爲蛤): 참새가 줄어들고 조개가 나돈다.	국유황화(菊有黃華): 국화꽃이 노랗게 핀다.
	상강 (霜降)	구월중 (九月中)	시내제수륙금(豺乃祭 獸戮禽): 승냥이가 산짐승을 잡는다.	초목황락(草木黃落): 초목의 잎이 누렇게 떨어진다.	침충함부재내(蟄蟲咸俯 在內): 동면하는 벌레가 모두 땅으로 숨는다.
동 (冬)	입동 (立冬)	십월절 (十月節)	수비빙(水始氷): 물이 비로소 얼기 시작한다.	지시동(地始凍): 땅이 처음으로 얼기 붙기 시작한다.	치입대수위신(雉入大水 爲蜃): 꿩이 드물어지고 큰물에서 조개가 잡힌다.
	소설 (小雪)	십월중 (十月中)	홍장불견(虹藏不見): 무지개가 걷혀서 나타나지 않는다.	천기상등지기하강(天氣 上騰地氣下降): 천기가 올라가고 지기가 내린다.	폐색이성동(閉塞而盛 冬): 폐색되어 겨울이 온다.
	대설 (大雪)	십일월절 (十一月節)	할단불명(鶡鳥旦不鳴): 할단새가 울지 않는다.	호시교(虎始交): 범이 교미를 시작한다.	려연출(荔挺出): 왕부추가 돋아난다.
	동지 (冬至)	십일월 (十一月中)	구인결(蚯蚓結): 지렁이가 교결한다.	미각해(麋角解): 고라니의 뿔이 떨어진다.	수천동(水泉動): 샘물이 언다.

소한 (小寒)	십이월절 (十二月節)	안북향(雁北鄉): 기러기가 북으로 돌아간다.	작시소(鵲始巢): 까치가 집을 짓기 시작한다.	치구(雉雊): 꿩이 운다.
대한 (大寒)	십이월중 (十二月中)	계유(鷄乳): 닭이 알을 품는다.	정조려질(征鳥厲疾): 나는 새는 높고 빠르다.	수택복견(水澤腹堅): 못에 물이 단단하게 언다.

명리학(命理學)은 농경(農耕)사회에서 출발하였다고 보기 때문에 24절기(節氣) 및 72후(候)는 중요한 역할을 하며, 그 중 24절기(節氣) 중 각 달의 상절기(上節氣)는 사주(四柱) 중에서 월주(月柱)를 세우는 기준이 된다.

2) 팔괘방위(八卦方位)와 괘(卦)의 자리

『주역(周易)』에 팔괘(八卦)에 대해 "옛날에 복희씨(伏羲氏)가 나라를 다스릴 때, 우러러 하늘의 상(象)을 살피고 구부려 땅의 법칙을 살펴서, 새와 짐승의 무늬와 땅의 특성을 살폈다. 가깝게는 몸에서 취하고 멀게는 물건에서 취해서, 비로소 팔괘(八卦)를 만들어 신명(神明)한 덕(德)을 통하게 하고, 만물(萬物)의 실정을 유형별로 나열했다"[275]고 하였다.

수대(隋代) 『오행대의(五行大義)』에는 『주역(周易)』의 팔괘(八卦) 내용에 대해, "팔괘(八卦)라는 것은 『주역(周易)』에 이르기를, …, 삼재(三才)를 겸해서 둘로 했기 때문에 여섯 획으로 괘(卦)를 이루었고, 팔방(八方)의 여덟 가지 바람이 통함으로 인해서 팔절(八節)의 기운(氣運)을 이루었다. 그러므로 괘(卦)가 여덟이 있는 것이다"[276]라고 하여, 팔방(八方)[건·손·간·곤·감·이·진·태방

---

275) 『周易』「繫辭傳」: "古者包犧氏之王天下也, 仰則觀象於天, 俯則觀法於地, 觀鳥獸之文與地之宜, 近取諸身, 遠取諸物, 於是始作八卦, 以通神明之德, 以類萬物之情."
276) 『五行大義』: "八卦者, 周易云, …, 兼三才而兩之, 故六劃而成卦, 因八方之通八風, 成八節之氣, 故卦有八."

(乾·巽·艮·坤·坎·離·震·兌方)]이 팔풍(八風)[팔방(八方)의 기운(氣運)]277)을 통해 팔절(八節)[여덟 절기(節氣)], 즉 춘분(春分)·추분(秋分)·동지(冬至)·하지(夏至)·입춘(立春)·입하(立夏)·입추(立秋)·입동(立冬)의 기운(氣運)을 이룬 것으로 팔괘(八卦)를 설명하였다.

현재 우리 실생활에 사용하고 있는 팔괘방위(八卦方位)의 개념(概念)은 앞서 『주역(周易)』의 근거(根據)가 되는 하낙(河洛)에서 이미 충분히 설명하였다. 팔괘(八卦)와 그 궁(宮)에 대해서 좀 더 자세히 알아보면, 『주역(周易)』 「설괘전(說卦傳)」에서 정확히 찾을 수 있다. "우레[진(震)]로서 동(動)하고, 바람[손(巽)]으로써 흩고, 비로써 적시고, 해[이(離)]로써 따뜻하게 하고, 간(艮)으로써 그치고, 태(兌)로써 기쁘게 하고, 건(乾)으로써 군주(君主)노릇하고, 곤(坤)으로써 감싼다. 상제(上帝)가 진(震)에서 나와, 손(巽)에서 깨끗하고, 이(離)에서 서로 만나보고, 곤(坤)에서 일을 맡기고, 태(兌)에서 기뻐하고, 건(乾)에서 싸우고, 감(坎)에서 위로하고, 간(艮)에서 이룬다."278)

"만물(萬物)이 진(震)에서 나오니, 진(震)은 동방(東方)이다. 손(巽)에 깨끗하다는 것은 손(巽)은 동남(東南)이다. 만물(萬物)이 서로 만나보기 때문이니, 남방(南方)의 괘(卦)이다. 성인(聖人)이 남면(南面)하여 천하(天下)를 다스려서 밝은 곳을 향해 다스림은 여기에서 취한 것이다. 곤(坤)은 땅이니, 만물(萬物)이 모두 기름을 이루므로 곤(坤)에 일을 맡긴다 한 것이다. 태(兌)는 가을이니, 만물(萬物)이 기뻐하는 바이므로 태(兌)에 기뻐한다 하였다. 건(乾)에 싸운다는 것

---

277) 팔풍(八風)에 대해 수대(隋代) 소길(蕭吉)의 『오행대의(五行大義)』에서는 『회남자(淮南子)』, 『여씨춘추(呂氏春秋)』, 『태공병서(太公兵書)』와 양천(陽泉)의 팔풍(八風)에 대해 구체적으로 설명되어 있다.(蕭吉(김수철 옮김), 『五行大義』, 大有學堂, 2008, 535-540쪽 참조.) 여기에서는 팔방(八方)의 기운(氣運)으로 해석하기로 한다.

278) 『周易』 「說卦傳」: "雷以動之, 風以散之, 雨以潤之, 日以烜之, 艮以止之, 兌以說之, 乾以君之, 坤以藏之, 帝出乎震, 齊乎巽, 相見乎離, 致役乎坤, 說言乎兌, 戰乎乾, 勞乎坎, 成言乎艮."

은 건(乾)은 서북(西北)의 괘(卦)이니, 음양(陰陽)이 서로 부딪힘을 말한 것이다. 감(坎)은 물이니, 바로 북방(北方)의 괘(卦)이고, 위로받고 만물(萬物)이 돌아가는 바이므로 감(坎)에 위로한다 한 것이다. 간(艮)은 동북(東北)의 괘(卦)이니, 만물(萬物)이 종(終)을 이루고 시(始)를 이루는 것이므로 간(艮)에 이룬다 한 것이다"279)고 하였다.

그리고 "건(乾)은 하늘이므로 부(父)라 칭하고, 곤(坤)은 땅이므로 모(母)라 칭하고, 진(震)은 첫 번째로 구하여 남(男)을 얻었으므로 장남(長男)이라 이르고, 손(巽)은 첫 번째로 구하여 여(女)를 얻었으므로 장녀(長女)라 이르고, 감(坎)은 두 번째로 구하여 남(男)을 얻었으므로 중남(中男)이라 이르고, 이(離)는 두 번째로 구하여 여(女)를 얻었으므로 중녀(中女)라 이르고, 간(艮)은 세 번째로 구하여 남(男)을 얻었으므로 소남(小男)이라 이르고, 태(兌)는 세 번째로 구하여 여(女)를 얻었으므로 소녀(小女)라 이른다"280)고 하였다.

건(乾)은 하늘이 되고, 둥근 것이 되고, 군주(君主)가 되고, 아버지가 된다. …, 곤(坤)은 땅이 되고, 어머니가 되고, 삼베가 되고, 가마솥이 된다. …, 진(震)은 우레가 되고, 용(龍)이 되고, 검정색과 황색이 되고, 꽃이 되고, 큰 길이 되고, 장자(長子)가 된다. …, 손(巽)은 나무가 되고, 바람이 되고, 장녀(長女)가 된다. …, 감(坎)은 물이 되고, 도랑이 되고, 숨어 엎드리는 것이 된다. …, 이(離)는 불이 되고, 해가 되고, 번개가 되고, 중녀(中女)가 된다. …, 간(艮)은

---

279) 『周易』「說卦傳」: "萬物出乎震, 震東方也, 齊乎巽, 巽東南也, 齊也者, 言萬物之潔齊也, 離也者明也, 萬物皆相見, 南方之卦也, 聖人南面而聽天下, 嚮明而治, 蓋取此也, 坤也者地也, 萬物皆致養焉, 故曰致役乎坤, 兌正秋也, 萬物之所說也, 故曰說言乎兌, 戰乎乾, 乾西北之卦也, 言陰陽相薄也, 坎者水也, 正北方之卦也, 勞卦也, 萬物之所歸也, 故曰勞乎坎, 艮東北之卦也, 萬物之所成終而所成始也, 故曰成言乎艮."
280) 『周易』「說卦傳」: "乾天也, 故稱乎父, 坤地也, 故稱乎母, 震一索而得男, 故謂之長男, 巽一索而得女, 故謂之長女, 坎再索而得男, 故謂之中男, 離再索而得女, 故謂之中女, 艮三索而得男, 故謂之少男, 兌三索而得女, 故謂之少女."

산이 되고, 작은 길이 되고, 작은 돌이 되고, 대궐의 문(門)이 된다. …, 태(兌)는 못이 되고, 소녀(小女)가 되고, 무당(巫堂)이 된다.[281]

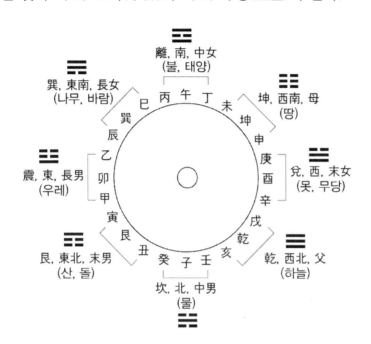

위 『주역(周易)』 「설괘전(說卦傳)」에 나타난 팔괘(八卦)와 방위(方位) 및 그 궁(宮)에 관한 내용을 정리하여 나타내면 <그림 15>와 같다.

수대(隋代) 『오행대의(五行大義)』에는 팔괘(八卦)도 오행(五行)에 배속(配屬)하였다.

"괘(卦)의 오행

<그림 15> 『주역(周易)』에 나타난
팔괘방위(八卦方位)와 궁(宮)
출처: 필자(筆者) 작도(作圖)

(五行) 배속(配屬)은, 건(乾)과 태(兌)는 金이 되고, 감(坎)은 水가 되며, 진(震)과 손(巽)은 木이 되고, 이(離)는 火가 되며, 곤(坤)과 간(艮)은 土가 되니, 각각 방위(方位)로써 말한 것이다."[282]

이것을 <그림 22>를 이해하면서 『주역(周易)』에 나열되어 있는 순서대로 나

---

281) 『周易』「說卦傳」: "乾爲天, 爲圜, 爲君, 爲父, …, 坤爲地, 爲母, 爲布, 爲釜, …, 震爲雷, 爲龍, 爲玄黃, 爲敷, 爲大塗, 爲長子, …, 巽爲木, 爲風, 爲長女, …, 坎爲水, 爲溝瀆, 爲隱伏, …, 離爲火, 爲日, 爲電, 爲中女, …, 艮爲山, 爲徑路, 爲小石, 爲門闕, …, 兌爲澤, 爲少女, 爲巫."
282) 『五行大義』: "其配五行者, 乾兌爲金, 坎爲水, 震巽爲木, 離爲火, 坤艮爲土, 各以方位言之."

타내면 다음 <표 20>과 같다.

<표 20> 팔괘(八卦)의 오행(五行)

	1	2	3	4	5	6	7	8
팔괘 (八卦)	건(乾)	곤(坤)	진(震)	손(巽)	감(坎)	이(離)	간(艮)	태(兌)
	☰	☷	☳	☴	☵	☲	☶	☱
인륜 (人倫)	부 (父)	모 (母)	장남 (長男)	장녀 (長女)	중남 (中男)	중녀 (中女)	말남 (末男)	말녀 (末女)
음양 (陰陽)	양(陽)	음(陰)	양(陽)	음(陰)	양(陽)	음(陰)	양(陽)	음(陰)
오행(五行)/방위 (方位)	金 [西北]	土 [西南]	木 [東]	木 [東南]	水 [北]	火 [南]	土 [東北]	金 [西]

한편, 앞서 설명한 바와 같이 『주역(周易)』의 근거(根據)로 인식되고 있는 하낙(河洛)에서 나타난 24절기(節氣)를 팔간(八干)과 사유(四維)[乾·巽·艮·坤], 십이지지(十二地支)가 나타난 팔간사유십이지지도(八干四維十二地支圖)를 통해 볼 수 있으며 <그림 16>과 같다.

〈그림 16〉 팔간사유십이지지도(八干四維十二地支圖)
출처: 필자(筆者) 작도(作圖)

【제3절. 우리나라 명리학(命理學)의 역사(歷史)】

　　명리학(命理學)이 우리나라에 유입(流入)되어 사용된 시기를 정확하게 밝히기는 쉽지 않다. 삼국(三國)시대 이전에는 점복(占卜)을 이미 사용했을 것으로 보이나, 문헌(文獻)에 나타나는 명(命)에 대한 내용은 삼국(三國)시대이다.

　　중국(中國)은 당대(唐代)이후 서자평(徐子平) 등의 학자(學者)들로 인해 명리학(命理學)의 전성기였고, 당시 우리나라와 교역이 성행함으로써 명리학(命理學) 서적(書籍)들이 유입되었으며, 그럼으로 인해 삼국(三國)시대부터 명리학(命理學)이 활용(活用)되고 말기에는 성행(聖行)한 것으로 보인다.

역서(曆書)와 역법(曆法)에 대한 내용은 『수서(隨書)』등에 "백제(百濟)는 음양오행(陰陽五行)으로 원가력(元嘉曆, 445~509)을 채택하여, 寅月을 정월(正月)로 삼았다"[283]고 하였다.

고구려는 『삼국사기(三國史記)』에 "영류왕(榮留王) 7년(624) 2월에 당(唐)에 사신을 보내어 역서(曆書)를 구하였다"[284]는 기록이 있다.

신라(新羅)는 "문무왕(文武王) 14년(674) 정월(正月)에 당(唐)에 들어가 숙위하던 대나마(大奈麻) 덕복(德福)이 역술(曆術)을 배우고 돌아와 새로운 역법(曆法)을 고쳐 썼다"[285]는 기록이 나타난다.

이처럼 명리학(命理學)에서 사주(四柱)를 세우는데 꼭 필요한 역법(曆法)이 당(唐)에서 유입되었던 내용을 보아, 중국(中國) 당대(唐代)에 이어 송대(宋代)부터 명리학(命理學)이 성행한 것처럼, 우리나라에도 통일신라(統一新羅)시대(676~935) 이후부터 도선(道詵)[286]의 풍수지리도참설(風水地理圖讖說)과 함께[287] 본

---

283) 『後周書』 「列傳 異域條」, 『隨書』 「列傳 東夷條」: "百濟, 解陰陽五行, 用宋元嘉曆, 以建寅月爲歲首."

284) 『三國史記』 「高句麗本紀」: "榮留王七年, 春二月, 王遣使如唐, 請班曆."

285) 『三國史記』 「新羅本紀」: "文武王下十四年, 春三月, 入唐宿衛大奈麻德福傳, 學曆術還, 改用新曆法."

286) 도선(道詵, 827~898)은 신라(新羅) 말(末)의 승려(僧侶)로, 성은 김씨(金氏), 영암(靈巖)출신이다. 당(唐)나라 유학이후 전라남도(全羅南道) 광양(光陽) 백계산(白雞山) 옥룡사(玉龍寺)에 자리를 잡고 후학들을 지도하였다. 음양풍수설(陰陽風水說)의 대가로 알려져 있으며, 875년(헌강왕(憲康王) 1)에 도선(道詵)이 '지금부터 2년 뒤에 반드시 고귀한 사람이 태어날 것이다'고 하였는데, 그 예언대로 송악(松嶽)에서 태조(太祖) 왕건(王建)이 태어났다고 한다. 898년(호공왕(孝恭王) 2)에 72세로 입적하였고, 저서(著書)로는 『도선비기(道詵祕記)』, 『송악명당기(松岳明堂記)』, 『도선답산가(道詵踏山歌)』, 『삼각산명당기(三角山明堂記)』 등이 있다.

287) 당시에는 풍수지리(風水地理)와 명리학(命理學), 의학(醫學), 천문학(天文學) 등은 음양오행(陰陽五行)에 근거하여 성행하였다. 곽박(郭璞, 276~324)은 동진(東晉)시대 하동(河東) 문희(聞喜) 사람으

격적으로 유입(流入)되었고, 고려(高麗)시대 부터 성행(盛行)하였으며, 조선(朝鮮)시대에는 생활화(生活化) 된 것으로 본다.

〚 1. 조선(朝鮮)시대 이전의 명리학(命理學) 〛

『삼국유사(三國遺事)』에는 삼국(三國)을 통일한 김유신(金庾信, 595~673)의 행적(行蹟)을 미화(美化)하여, "유신공(金庾公)은 진평왕(眞平王) 17년(595) 을묘년(乙卯年)에 태어났으며, 칠요(七曜)〔日·月·水·火·木·金·土〕의 정기(精氣)를 타고 났으므로, 등에 북두칠성(北斗七星)의 무늬가 있고 또 신기하고 이상한 일이 많았다"[288]는 내용이 나타나지만 명(命)에 대한 구체적 해석은 없다.

『삼국사기(三國史記)』에는 궁예(弓裔, ?~918)에 대한 내용이 나타나 있다. 궁예(弓裔)는 신라(新羅)사람으로, 성은 김씨(金氏)이다. …, 5월5일에 외가(外家)에서 태어났다. …, 일관(日官)이 아뢰기를, '이 아이는 중오일(重午日)〔午月午日〕에 출생하였고, …, 장차 나라에 이롭지 못할 것이오니 마땅히 키우지 마십시오'라고 하였다. 왕(王)이 궁중사람을 시켜 그 집에 가서 죽이게 했다.[289]

이 내용들에서 통일신라(統一新羅)가 형성될 당시에 김유신(金庾信)을 미담(美談)으로 승화(昇華)시키려는 의도는 엿보이지만, 태어난 날을 기려 이미 선천적 기운(氣運)이 있었다는 것을 강조하고 있고, 궁예(弓裔)에 대해서는 화(火)가 겹

로, 자(字)는 경순(景純)이다. 그는 풍수지리학(風水地理學)에서 빼 놓을 수 없는 『청오경(靑烏經)』을 부연(敷衍)한 『금낭경(錦囊經)』을 저술하였고, 명리학서(命理學書)인 『옥조정진경(玉照定眞經)』을 저술한 것처럼, 당시 학자(學者)들은 음양오행(陰陽五行)에 근거한 학문 전체를 같이 이해하고 있었다고 봐야 한다.

288) 『三國遺事』「紀異」: "庾信公以眞平王十七年乙卯生, 稟精七曜, 故背有七星文, 又多神異."
289) 『三國史記』「列傳」: "弓裔新羅人性金氏, …, 以五月五日, 生於外家, …, 日官奏曰, 此兒以重午日生, …, 恐將來不利於國家, 宜勿養之, 王勅中使, 抵其家殺之."

치는 오월(午月) 오일(午日), 즉 중오일(重午日)이 흉(凶)한 날[290]임과 신라(新羅)에 좋지 않은 기운(氣運)을 준다는 것을 강조하고 있음을 알 수 있다.

그리고 역수(曆數)와 간지(干支)를 관장하는 천문(天文)의 관리(官吏) 일관(日官)이 흉(凶)함에 대해 보고하였다는 것은, 당시 명(命)에 대한 일부 해석과 택일(擇日)에 대한 개념(概念)이 있었다고 본다.

고려(高麗)시대에서는 과거제도(科擧制度)와 관청(官廳)에서 그 기원(起源)을 찾을 수 있다.

『고려사(高麗史)』에 "태조[왕건(王建)] 13년(930) 서경(西京)에 학교를 창설(創設)하였다. …, 의업(醫業)과 복업(卜業) 두 과목을 병설(併設)하였다"[291]고 하였고, 고려(高麗)시대 처음 과거(科擧)제도가 실시된 것은 광종(光宗) 9년(958) 5월이다.

광종(光宗)때 실시된 "과거(科擧)는 제술업(製述業), 명경업(明經業) 두 업(業)이었다. 잡업(雜業)은 의업(醫業), 복업(卜業), 지리업(地理業), 명법업(明法業), 명산업(明算業), 명서업(明書業), 삼례업(三禮業), 삼전업(三傳業), 하론업(何論業) 등 이었다."[292]

태조(太祖)때는 잡업(雜業)이 의업(醫業)과 복업(卜業)이었다가, 광종(光宗)때부터는 잡업(雜業)이 9과목 이상 나타나 더욱더 전문화되었음을 알 수 있고, 여기에서 잡업(雜業)에 해당하는 종류는 전체 음양오행(陰陽五行)과 깊이 관련된 과목이다.

---

290) 이중생(임채우 옮김), 『언어의 금기로 읽는 중국문화』, 동과서, 2003, 99쪽에 의하면, "〈중국〉 주(周)나라 이래로 5월5일에 태어난 아이는 기르지 못한다는 금기가 민간에 널리 퍼져 있다. 이런 금기는 단오날은 세시풍속 중에서 흉한 날이라는 이유에서 나왔다. 이 날 낳은 자녀는 품행이 좋지 못하고 오래 살지도 못하며 심지어 자라서는 자살하지 않으면 부모를 해친다고 한다."
291) 『高麗史』: "學校, 太祖十三年, 幸西京創置學校, …, 兼置醫卜二業."
292) 『高麗史』: "其科擧有製述明經二業, 而醫卜地理律書算三禮三傳何論等雜業."

『고려사(高麗史)』에 인종(仁宗) 14년(1134) 11월 판문(判文)에 대부분 잡업(雜業)의 규정이 정리되어 있어 대략적인 내용을 파악할 수 있다. 먼저 의업(醫業)의 시험과목으로는 『소문경(素問經)』, 『갑을경(甲乙經)』, 『본초경(本草經)』, 『명당경(明堂經)』, 『맥경(脈經)』, 『침경(針經)』, 『난경(難經)』, 『구경(灸經)』이고, 지리업(地理業)의 과목으로는 『신집지리경(新集地理經)』, 『유씨서(劉氏書)』, 『지리결경(地理決經)』, 『경위령(經緯令)』, 『지경경(地鏡經)』, 『태장경(胎藏經)』, 『소씨서(蕭氏書)』 등이다.[293]

이처럼 과거제도(科擧制度) 잡업(雜業)에서 음양오행(陰陽五行)의 전문적 소견이 필요하므로, 명리학(命理學)과의 연관성으로 보는 것이다.

당시 잡업(雜業)의 대표되는 의업(醫業)과 복업(卜業) 시험이 다른 시험에 비해 어려웠던 것을 다음을 통해 알 수 있다.

인종(仁宗) 18년(1140) 윤6월에 중서문하성(中書門下省)에서 왕(王)께 이르기를 명법업(明法業)은 다만 율령(律令)을 읽게 하므로 급제하기가 매우 쉬울 뿐 아니라 그들의 지방 관리(官吏)로 임명함에 있어서도 반드시 처음부터 고을 수령(守令)으로 배치하니 참으로 출세의 빠른 길로 됩니다. 이 때문에 양반(兩班) 자제(子弟)와 지방에서 천거된 사람[공사(貢士)]들이 명법업(明法業)을 희망하는 자가 점점 많아지고, 제술업(製述業)·명경업(明經業) 두 대업(大業)과 의업(醫業)·복업(卜業)·지리업(地理業)은 국가에서 폐(廢)할 수 없는 것임에도 불구하고 지금 응시자(應試者)가 적습니다.[294]

한편, 고려(高麗)시대 서운관(書雲觀)과 복박사(卜博士), 복정(卜正), 복조교

---

293) 박용문, 『고려시대 음서제와 과거제 연구』, 일지사, 1990, 617-618쪽.
294) 『高麗史』: "仁宗十八年閏六月, 中書門下奏, 明法業但讀律令, 其登科甚易, 且於外敍必六經州牧, 實爲出身捷徑, 緣此兩班子弟, 及貢士, 求屬者漸多. 製述明經兩大業, 及醫卜地理業, 國家所不可廢, 而今赴學者小."

(卜助教)와 같은 관직(官職)에서 명리학(命理學)과의 연관성을 볼 수 있다.

서운관(書雲觀)은 천문(天文), 역수(曆數), 측후(測候), 각루(刻漏)에 관한 일을 맡아 본다. 건국 초기에 태복감(太卜監)과 태사국(太史局)으로 나누어 설치[295]하였던 것으로 태복감(太卜監)에는 감(監), 소감(少監), 사관정(四官正), 승(丞), 복박사(卜博士), 복정(卜正)이 있고, 태사국(太史局)에는 령(令), 승(丞), 영대랑(靈臺郎), 보장정(保章正), 설호정(挈壺正), 사신(司辰), 사력(司曆), 감후(監候)가 있다. [296]

현종(顯宗) 14년(1023)에 태복감(太卜監)을 사천대(司天臺)로 개칭(改稱)하였고,[297] 예종(睿宗) 11년(1116)에는 사천대(司天臺)를 사천감(司天監)으로 개칭(改稱)하였다. [298]

충렬왕(忠烈王) 원년(1275) 사천감(司天監)을 관후서(觀候署)로 고쳤고 그 후에 다시 사천감(司天監)으로 고쳤다. 34년(1308) 충선왕(忠宣王)이 사천감(司天監)을 태사국(太史局)과 합쳐서 서운관(書雲觀)으로 하였다.[299]

공민왕(恭愍王) 5년(1356)에 다시 사천감(司天監)과 태사국(太史局)으로 나누어 설치하였다. 〈사천감(司天監)에〉 다만 예전 문종(文宗)때 보다 복조교(卜助教)를 더 두어 그 품계(品階)를 종 9품으로 하였다. …, 11년(1362)에 다시 사천

---

295) 당시 고려(高麗)는 음양관서(陰陽官署)로 당(唐)나라의 제도를 모방하여 태복감(太卜監)과 태사국(太史局)으로 양분되어 있었다. 오천균, 「조선조 맹교육의 사상과 제도」, 단국대 박사청구논문, 1988, 40-41쪽에 의하면, "당나라는 모든 교육기관의 기능을 국자감에 이속시켜 교육제도를 일원화하였는데, 그때에 태사국에 영대랑(靈臺郎), 누각박사(漏刻博士), 의박사(醫博士), 의조교(醫助教), 침박사(鍼博士), 침조교(鍼助教), 태복서에 복박사(卜博士), 복조교(卜助教) 등의 교직제도가 설치되어 있어서 이들에게는 수십 명에서 수백 명까지 학생들이 배속되어 있었다"고 한다. 여기에서 음양오행(陰陽五行)과 관련된 관직(官職)의 명(名)이 나타남을 알 수 있다.

296) 『高麗史』: "書雲觀掌天文曆數測候刻漏之事, 國初分爲太卜監太史局, 太卜監有監少監四官正丞卜博士卜正, 太史局有令丞靈臺郎保章正挈壺正司辰司曆監候."

297) 『高麗史』: "顯宗十四年改太卜監爲司天臺."

298) 『高麗史』: "睿宗十一年改司天臺爲監."

299) 『高麗史』: "忠烈王元年改司天監爲觀候署後復改司天監, 三十四年忠宣倂太史局爲書雲觀刪定員史置."

감(司天監)과 태사국(太史局)을 합쳐서 서운관(書雲觀)으로 하였다. …, 18년(1369)에 다시 사천감(司天監)과 태사국(太史局)으로 나누어 설치하였으며, 21년(1372)에는 다시 병합하여 서운관(書雲觀)으로 하였다.[300]

여기에서 서운관(書雲觀)의 구체적 업무는 천문(天文)과 측후(測候)를 들 수 있다. 천문(天文)은 하늘에서 일어나는 여러 현상들, 특히 별과 하늘과 땅에서 일어나는 각종 천변지이(天變地異)들을 살피는 일을 말한다고 할 수 있지만, 실제로는 서로 분명하게 구분되지 않고 혼용(混用)되었던 것으로 보인다.

역수(曆數)는 역서(曆書)를 만들기 위한 역법(曆法) 계산이며, 일식(日蝕)과 월식(月蝕)을 예보하기 위한 계산도 여기에 있다. 각루(刻漏)는 물시계를 써서 시각(時刻)을 측정하고 알리는 일을 말한다.[301]

이처럼 서운관(書雲觀)의 업무는 음양학(陰陽學)과 관련된 모든 업무를 주관했다고 할 수 있으며, 앞서 언급한 전한대(前漢代) 음양오행(陰陽五行)과 천인감응설(天人感應說)에서 출발한 명리학(命理學)과의 연관성을 유추(類推)할 수 있다.

좀 더 나아가 공민왕(恭愍王) 원년(1389)에는 십학(十學)을 설치하였고, …, 풍수(風水)와 음양(陰陽) 등의 학을 서운관(書雲觀)에 배속(配屬)하도록 하였다.[302] 또 현종(顯宗) 13년(1022) 5월 병자일(丙子日)에 한조(韓祚)가 송(宋)에서 귀국하였다. 이때 송(宋) 임금이 성혜방(聖惠方)과 음양이택서(陰陽二宅書), 건흥력(乾興曆), 불교경전 한 벌을 왕(王)에게 보냈다는[303] 기록과 김인존(金仁存, ?~1127)은 학문을 좋아하여 늙도록 손에서 책을 놓지 않았으며, 일찍이 최

---

300) 『高麗史』: "恭愍王十五年復改司天監判事以下並復, 文宗舊制但加置卜助敎從九品, …, 十一年復併司天太史爲書雲觀改定員事, …, 十八年復分爲司天監太史局員吏品秩用五年官制, 二十一年復併爲書書雲觀用."
301) 성주덕(이면우 옮김), 『서운관지』, 소명출판, 2003, 21-22쪽.
302) 『高麗史』: "十學, 恭愍王元年, 置十學敎授官, …, 風水陰陽等學于書雲觀."
303) 『高麗史』: "顯宗十三年壬戌五月丙子, 韓祚還自宋帝賜, 聖惠方, 陰陽二宅書, 乾興曆, 釋典一藏."

선(崔璿), 이재(李載), 이덕우(李德羽), 박승중(朴昇中) 등과 더불어 음양지리(陰陽地理)에 관한 서적들을 수정하여 왕(王)에게 올리니, 왕(王)이 『해동비록(海東祕錄)』이라는 책 이름을 하사하였다는[304] 내용들로 보아서는, 음양오행학(陰陽五行學)이 고려(高麗)시대에 이미 자리 잡고 있었음을 알 수 있다.

그리고 명리학(命理學)이 적어도 고려(高麗)시대에는 이미 성행하였을 것으로 보인다. 그 예로, 『고려사(高麗史)』에 "초년에 김지대(金之岱, 1190~1266)가 성남에 사는 어떤 노인이 명(命)을 잘 본다는 말을 듣고 찾아갔다. 노인이 그를 맞아들이고 추점(推占)을 치더니 자신의 어린 딸을 불러 뜰아래에서 김지대(金之岱)에게 절하라고 시켰다. 그리고 딸에게 이르기를, '이 분은 나중에 반드시 귀하게 되며, 너는 이분의 은혜를 입게 될 것이니 잘 알아 두어라'고 하였다"[305]는 내용이 나타난다.

『고려사절요(高麗史節要)』에는 "박상충(朴尙衷, 1332~1375)은 강개하고 큰 뜻이 있었고, 박학(博學)하고 글을 잘 지었으며, 더불어 성명(星命)에 통달하였고, 그 행실과 벼슬에 있어서 반드시 도리대로 하여 의롭지 못한 부귀(富貴)는 아무것도 아닌 것으로 여겼다"[306]는 내용이 나타난다.

목은(牧隱) 이색(李穡, 1328~1396)의 『목은집(牧隱集)』에는 "지난 운수(運數) 분명하여 참된 술수 징험했는데, …, 성관(星官)이나 역옹(歷翁)에게 팔자(八字)를 물어보았다. …, 우연히 병세(病勢)가 찾아와 사람을 어지럽히니, 태어날 날을 적어서 역옹(歷翁)에게 묻고 싶구나."[307] 여기에서 성명(星命)에 대한

---

304) 『高麗史』: "仁存好學, 老不釋卷, 一時詔誥多出其手, 再掌禮闈多得名士, 嘗與, 崔璿, 李載, 李德羽, 朴昇中, 等, 刪定陰陽地理諸書, 以進賜名海東祕錄."
305) 『高麗史』: "金之岱, 初年聞城南有叟善星命往見之, 叟迎入推占因令少女拜庭下云, 此公後必貴, 汝蒙其賜謹識之."
306) 『高麗史節要』: "尙衷, 慷慨有大志, 博學善屬文, 兼通星命, 其行已莅官, 必以其道, 不義而富且貴, 視之蔑如也."

내용이 나타나고 있으며, 목은집(牧隱集)에서는 팔자(八字)라는 용어와 병세로 인해 생신(生辰)을 적어 물어보고 싶다는 내용에서 알 수 있듯이, 고려(高麗) 말기(末期)에는 이미 명리학(命理學)이 자리 잡았다고 할 수 있고, 조선(朝鮮) 초기이후부터는 사대부(士大夫)와 백성들에게도 널리 분포되어 사용되었다고 볼 수 있다.

〖 **2. 조선(朝鮮)시대 명리학(命理學)** 〗

조선(朝鮮)시대는 『조선왕조실록(朝鮮王朝實錄)』, 『사가문집(四佳文集)』, 『필원잡기(筆苑雜記)』, 『매월당집(梅月堂集)』 등에서 명리학(命理學)과 관련된 직접적 내용들이 나타나고 있다. 여기에서는 그 중 몇 구절만 소개하고, 조선(朝鮮)시대에 명리학(命理學)이 실생활에 배치되어 있었다는 것에 초점(焦點)을 두어 설명하기로 한다.

성종 18년(1487) 서거정(徐居正, 1420~1488)[308]의 『필원잡기(筆苑雜記)』에는 "세조(世祖)는 음양지리(陰陽地理)의 글에도 모두 널리 통하여 그 옳고 그름을 밝게 보고 판단하였다. 일찍이 나에게 이르기를, '녹명서(祿命書)는 유학자(儒學者)가 궁리(窮理)하는 하나의 일인데 그대는 아는가?' 하므로, 내가 대답하기를, '일찍이 대강 보았습니다' 하니, 세조(世祖)가 이르기를, '그대가 가령서(假令書) 한 편을 지어보라' 하므로, 내가 물러 나와서 여러 책을 모아 그 대요

---

307) 李穡, 『牧隱集』: "數往明明驗術員, …, 星官歷翁問八字, …, 偶然病勢來相擾, 欲把生辰問歷翁."
308) 서거정(徐居正)은 세조(世祖)의 총애를 받아 승승장구하면서 성종대(成宗代)까지 국가(國家)의 편찬 사업에 주도적으로 참여하였다. 오랜 기간 대제학(大提學)을 지냈으며, 『경국대전(經國大典)』, 『삼국사절요(三國史節要)』, 『동문선(東文選)』 등 주요 책의 서문(序文)을 작성한 '서문(序文) 전문가(專門家)'였다. 그의 명문들은 『사가집(四佳集)』을 통해 전해지고 있다. 조선(朝鮮) 초기 최고의 문장가(文章家)로 일컬어진다.

(大要)를 뽑아서 분류해 모으되, 범례(凡例)를 먼저하고 길흉신살(吉凶神殺)을 다음으로 하고, 길흉론단(吉凶論斷)을 끝으로 하여 바쳤더니, 세조(世祖)가 이르기를, '내가 녹명서(祿命書)를 숭상(崇尙)해서가 아니라, 가령서(假令書)를 지어서 궁중 사람으로 하여금 가르쳐주는 수고가 없이 책을 펴보면 스스로 밝게 알도록 하고자 함이다' 하였다."[309]

또 "나에게 이르기를, '경의 뜻에는 녹명(祿命)이 어떠한가?' 하여, 내가 대답하기를, '甲年과 己年의 정월은 丙寅이요, 甲日과 己日의 생시(生時)는 甲子이니, 육십갑자(六十甲子)를 가지고 추산(推算)하면 그 수(數)가 7백 20이 되니, 7백 20년을 가지고 7백 20일과 시(時)에 곱하면 사람의 사주(四柱)는 51만 8천 4백에서 다하고 다시 더할 수 없습니다"[310]라는 내용이 나타난다.

여기에서 녹명(祿命)은 명리(命理)를 말하는 것이고, 녹명서(祿命書)가 명리학(命理學) 서적이며, 가령서(假令書)는 녹명(祿命)을 풀이를 한 책이다. 그리고 甲年과 己年으로 인한 丙寅月, 甲日과 己日로 인해 나타나는 甲子時의 법칙은 둔월법(遁月法)과 둔시법(遁時法)이다. 조선(朝鮮)시대 『필원잡기(筆苑雜記)』에 명리학(命理學)이 군신(君臣)관계에서 나타나고 있다는 것에 의의(意義)가 있다.

비슷한 시기에 김시습(金時習[311], 1435~1493)의 『매월당집(梅月堂集)』 에도

---

309) 徐居正, 『筆苑雜記』: "世祖於陰陽地理之書, 無不淹貫, 洞見是非而睿斷之, 嘗謂臣居正曰, 祿命之書, 儒者窮理之一事, 汝知之乎, 臣對曰粗嘗涉獵, 上曰汝作假令一書, 臣退而裒集諸書, 撮其大要, 分門類聚, 先之以凡例, 次之以吉凶神殺, 終之以吉凶論斷, 以進, 上曰予非崇信祿命之書, 欲作假令使宮中之人不煩指授, 開卷自明耳."

310) 徐居正, 『筆苑雜記』: "且謂臣曰, 卿意謂祿命何如, 臣對曰, 甲己之年正月丙寅, 甲己之日生時甲子, 以六十位類推之, 其數極於七百二十而盡, 以七百二十之年, 加七百二十之日時, 則命之四柱極於五十一萬八千四百, 而無復加矣."

311) 김시습(金時習)은 우리나라 최초의 한문소설 『금오신화(金鰲新話)』의 작가이다. 세조(世祖)에게 밀려난 단종(端宗)에 대한 신의(信義)를 끝까지 지키며 벼슬길에 나가지 않고 자연에 은거한 생육신(生六臣)의 한 사람으로 유명하다. 그의 일생은 동가숙서가식(東家食西家宿)하는 떠돌이의 삶이었지만 배운 것을 실천에 옮기는 지식인의 의무에는 누구보다 엄격하였으며, 그 결과 율곡(栗谷) 이이(李珥)로부터 백세(百歲)의 스승이라는 칭송을 듣기도 하였다.

명리학(命理學)과 연관된 내용이 나타나고 있다. "사람이 태어나면 팔자[八辰]가 각기 다르고 수명[壽夭] 또한 각각 차이가 있다. 그러나 같은 배에 탄 사람이 동시에 물에 빠지면 함께 고기 뱃속에 장사지내고, 한 싸움터의 군졸이 동시에 싸움에 지면 간과 뇌가 땅에 흩어지고, 모든 풀은 가을이 오면 전부 마르고, 연못의 물고기는 가뭄이 들면 함께 죽는다. 이 모두는 운명(運命)이고 운수(運數)이다. 그래서 이것이 대개 하늘의 이치(理致)이고 만물(萬物)의 운수(運數)가 본래 그런 것이라고 이른다."[312]

이어 서거정(徐居正)의 『필원잡기(筆苑雜記)』와 김종직(金宗直[313], 1431~1492)의 『점필재집(佔畢齋集)』에서는 명주(命柱)에 대해 좀 더 구체적인 내용이 나타난다.

먼저 서거정(徐居正)의 『필원잡기(筆苑雜記)』에는 "문성공(文成公) 정인지(鄭麟趾, 1396~1478)의 본명사주(本命四柱)는 丙子 辛丑 戊戌 乙卯인데, 소동파(蘇東坡[314], 1037~1101)의 사주(四柱)는 丙子 辛丑 戊午 乙卯 로서 그 본명이 대략 같고, 문장과 명망도 또한 서로 비슷하다. 내 일찍이 정(鄭) 문성(文成)의 비문을 지었는데, '사주(四柱)와 그 조화(造化)가 소동파(蘇東坡)와 서로 같다'는 말을, 혹 비웃는 사람이 말하기를, '비문(碑文)을 짓는 데는 마땅히 도(道)와

---

312) 金時習, 『梅月堂集』: "人之生也, 八辰各異, 壽夭吉凶, 亦各有差, 奈何一舟之人, 同時沈溺, 則俱葬魚腹, 一陣之卒, 同時敗績, 則肝腦塗地, 乃至百草逢秋而盡枯, 池魚遇旱而俱斃, 是皆命與數乎, 曰是蓋天也, 萬物, 運數之自然也."

313) 김종직(金宗直)은 경상남도 밀양 출신으로, 호(號)는 점필재(佔畢齋)이다. 아버지는 김숙자(金叔滋)이고, 어머니는 밀양(密陽) 박씨(朴氏)로 사재감정(司宰監正) 박홍신(朴弘信)의 딸이다. 정몽주(鄭夢周)와 길재(吉再)의 학통을 계승하여 김굉필(金宏弼)과 조광조(趙光祖)로 이어지는 조선(朝鮮)시대 도학(道學) 정통의 중추적 역할을 하였다. 생전에 지은 『조의제문(弔義帝文)』은 무오사화(戊午史禍)가 일어나는 원인이 되었다.

314) 소동파(蘇東坡)는 송대(宋代)사람으로, 중국(中國)을 대표하는 탁월한 문장가 중 한사람으로 추앙받고 있다. 이름은 식(軾)이며 동생으로 소철(蘇轍)이 있었고 동생과 비교하여 대소(大蘇)라고도 불리었다. 부친 소순(蘇洵)도 구양수(歐陽脩), 왕안석(王安石) 등과 교우하며 송대(宋代) 이름난 문장가였다. 문장에 있어서 당송팔대가(唐宋八大家)의 한 사람으로 평가된다.

덕(德)을 기록할 것이지 복명(卜命)을 논하는 것은 마땅치 않다'고 한다."[315]

김종직(金宗直)의 『점필재집(佔畢齋集)』에는 "불초(不肖) 고(孤)[김종직(金宗直)]가 일찍이 부친의 생신오행(生辰五行)을 가지고 복자(卜者)에게 물어 보았는데, 세상에 이름난 복자(卜者)들이 모두 말하기를, '많은 수(壽)를 누리겠으니 자식(子息)들이 부모(父母)를 모시고 효도(孝道)할 날을 한정할 수가 없다. 팔순(八旬) 이전까지는 금석(金石)처럼 건강할 것이다'고 하였다. 그래서 불초(不肖) 고(孤)는 감히 이 말을 믿고 항상 믿을 데가 있는 것처럼 여겼다. 그리하여 그 급격히 쇠해지심을 보고도 비록 마음속으로 걱정은 되었으나 또한 의심(疑心)을 하지 않았으니, 하늘이 사람에게 진실하지 않은지가 오래이건만 고(孤)마저도 이토록 미혹된 것은 무슨 까닭인가."[316]

서거정(徐居正)은 세조(世祖)의 총애를 받았던 인물로 성종(成宗)때까지 6대의 임금을 모셨고, 오랜 기간 대제학(大提學)을 지냈으며, 『경국대전(經國大典)』 『삼국사절요(三國史節要)』등과 같은 국책(國策)사업에 서문(序文)을 작성할 정도의 인물이다.

김종직(金宗直)은 조선(朝鮮)시대 주자학(朱子學)[성리학(性理學)]을 계승한 정통파 학자이다. 이와 같은 명문가(名門家) 학자들에게서 명주(命柱)에 대해 신뢰(信賴)하는 내용이 나타난 다는 것은, 조선(朝鮮)시대 초기부터 왕실(王室) 및 양반(兩班)들에게 명리학(命理學)이 이미 깊게 자리 잡고 있었음을 알 수 있다.

고려(高麗) 초 복업(卜業)을 담당했던 태복감(太卜監)과 태사국(太史局)이, 말

---

315) 徐居正, 『筆苑雜記』: "鄭文成公麟趾本命四柱曰, 丙子辛丑戊戌乙卯, 蘇東坡四柱曰, 丙子辛丑戊午乙卯, 其命畧同, 而文章聞望, 亦畧相同, 居正嘗撰文成碑, 造化四柱與蘇內翰相同之語, 或有笑者曰, 撰碑宜述道德, 不宜論卜命."

316) 金宗直, 『佔畢齋集』: "不肖孤嘗以先公生辰五行, 訊諸卜者, 名於世者, 皆云, 壽哉壽哉, 子之承顏戲綵, 不可限也, 八旬以前, 其金其石哉, 不肖孤乃敢信此言, 常若有所恃, 見其亟衰, 雖戚戚於中心, 而亦不之疑, 天之不信於人也久矣, 孤之惑如是何也."

에는 서운관(書雲觀)으로 통합되었고, 조선(朝鮮) 태조(太祖) 원년(元年, 1392)에는 서운관(書雲觀)이 다시 설치[317]되었다.

세조(世祖) 12년(1466)에는 관상감(觀象監)으로 개칭(改稱)[318]되었다.

세종(世宗) 12년(1466)에 취재(取才)에 있어 음양학(陰陽學)과 성명(星命) 과목(科目)에 대한 내용을 보면, "음양학(陰陽學)은 『천문보천가(天文步天歌)』·『선명보기삭보교회(宣明步氣朔步交會)』·『수시보기삭보교회(授時步氣朔步交會)』·『태양태음(太陽太陰)』·『금성목성수성화성토성(金星木星水星火星土星)』·『사암성보중성(四暗星步中星)』·『태일산(太一算)』이고, 성명복과(星命卜課)는 『주역점(周易占)』·『육임점(六壬占)』·『성명서(星命書)』·『대정삼천수(大定三天數)』·『범위수(範圍數)』·『자미수(紫微數)』·『황극수(皇極數)』·『원천강오행정기(袁天綱五行精紀)』·『전정역수(前定易數)』·『응천가(應天歌)』·『오총귀(五摠龜)』·『삼신통재란(三辰通載欄)』·『강강관매수(江綱觀梅數)』·『해저안(海底眼)』·『벽옥경(碧玉經)』·『난대묘선(蘭臺妙選)』·『금연신서(禽演新書)』·『삼거일람(三車一覽)』·『지리대전(地理大全)』·『지리전서(地理全書)』·『천일경(天一經)』·『영경(靈經)』입니다"[319]라는 내용이 나타난다.

여기에서 명리학(命理學) 및 풍수지리학(風水地理學)과 직접적으로 연관된 많

---

317) 『朝鮮王朝實錄』「太祖實錄」: "書雲觀, 掌天文, 災祥, 曆日, 推擇等事, 判事二, 正三品, 正二, 從三品, 副正二, 從四品, 丞二, 兼丞二, 從五品, 注簿二兼注簿二, 從六品, 掌候四, 從七品, 視日, 四, 正八品, 司曆四, 從八品, 監候四, 正九品, 司辰四, 從九品."(서운관은 천문의 재상(災祥)과 역일(曆日)을 추택(推擇)하는 등의 일을 관장하는데, 판사 2명 정3품이고, 정(正) 2명 종3품이고, 부정(副正) 2명 종4품이고, 승(丞) 2명, 겸승(兼丞) 2명 종5품이고, 주부(注簿) 2명, 겸주부(兼注簿) 2명 종6품이고, 장루(掌漏) 4명 종7품이고, 시일(視日) 4명 정8품이고, 사력(司曆) 4명 종8품이고, 감후(監候) 4명 정9품이고, 사신(司辰) 4명 종9품이다.) 참조.

318) 『朝鮮王朝實錄』「世祖實錄」: "書雲觀改稱觀象監." 참조.

319) 『朝鮮王朝實錄』「世宗實錄」: "陰陽學, 天文步天歌, 宣明步氣朔步交會, 授時步氣朔步交會, 太陽太陰, 金星木星水星火星土星, 四暗星步中星, 太一算, 星命卜課, 周易占, 六壬占, 星命書, 大定三天數, 範圍數, 紫微數, 皇極數, 袁天綱, 五行精紀, 前定易數, 應天歌, 五摠龜, 三辰通載, 欄江綱, 觀梅數, 海底眼, 碧玉經, 蘭臺妙選, 禽演新書, 三車一覽, 地理大全書, 天一經, 靈經."

은 서적들이 국가(國家)적 차원에서 나타남을 알 수 있다.

조선(朝鮮) 최초 법전(法典)인 『경제육전(經濟六典)』에는 천문(天文)·지리(地理)·성명(星命)·복과(卜課)에 관한 일체를 음양학(陰陽學)이라고 하였고, 이후 세종20년(1438)에는 지리(地理)를 따로 풍수학(風水學)이라 하였으며, 역상(曆象)·일월성신(日月星辰)에 관한 학문은 천문학(天文學)이라 칭하게 되자 성명(星命)·복과(卜課)에 관한 학문은 음양학(陰陽學)이라 일컫게 되었다.[320]

이처럼 명리학(命理學)과 풍수지리학(風水地理學)은 고려(高麗)시대를 거쳐 조선(朝鮮)시대 초부터는 국가(國家)와 적어도 지배계층(支配階層)에서 생활 다방면(多方面)에 사용되었다고 볼 수 있다.

그 후 세조 12년(1466)에는 풍수학(風水學)은 지리학(地理學)으로 이름을 고쳐 교수(敎授)·훈도(訓導)를 각각 하나씩 두었다. 천문학(天文學)은 교수(敎授)·훈도(訓導) 각각 하나씩 두고 음양학(陰陽學)은 명과학(命課學)으로 이름을 고쳐서 훈도(訓導) 둘을 두었다.[321]

음양학(陰陽學)에서 개칭(改稱)된 명과학(命課學)은 『조선왕조실록(朝鮮王朝實錄)』에서 왕조(王朝) 내내 등장하고, 고종(高宗)때까지 나타남을 알 수 있다.

그 내용을 보면, 관상감(觀象監)에서 아뢰기를, '명과학(命課學)의 시취(試取) 책자인 『원천강(袁天綱)』은 순전히 운명(運命)을 추리(推理)하는 방법만 있고, 좋은 날을 잡는 데에는 조금도 도움 되는 것이 없습니다. 그래서 길(吉)한 날을

---

320) 『朝鮮王朝實錄』「世宗實錄」: "議政府啓, 六典, 以天文地理星命卜課, 摠稱陰陽學, 今業地理者, 稱爲陰陽學, 掌曆象日月星辰者, 稱天文學, 陰陽天文, 岐而二之, 殊未合理, 自今業地理者, 依舊稱風水學, 從之."(의정부에서 아뢰기를, '『육전(六典)』에 천문·지리·성명(星命)·복과(卜課)를 총합하여 음양학이라 하였사온데, 이제 지리(地理)를 배우는 것을 음양학이라 하고 역상(曆象)·일월·성신을 맡은 자를 천문학이라 하여, 음양과 천문이 갈려서 둘이 되었사오니 매우 이치에 합당하지 못합니다. 이제 부터는 지리를 배우는 자를 예전대로 풍수학(風水學)이라 하게 하소서' 하니, 그대로 따랐다.) 참조.

321) 『朝鮮王朝實錄』「世祖實錄」: "風水學改稱地理學, 置敎授, 訓導各一, 天文學, 置敎授, 訓導各一, 陰陽學改稱命課學, 置訓導二."

잡는 여러 가지 방법 가운데에 긴요한 것을 취하여 『선택기요(選擇紀要)』 상권(上卷)과 하권(下卷)을 편찬하였으니, 좋은 날을 잡는 방법이 명확하게 되었습니다. 이제부터는 『원천강(袁天綱)』을 내버려두고 『선택기요(選擇紀要)』를 가지고 시취하는 것으로 규정(規定)을 만들어 시행하며, 책자는 본감(本監)에서 찍어 내도록 하는 것이 어떻겠습니까?'하니, 윤허(允許)하였다.[322]

이밖에도 영조(英祖) 8년(1712)에는 관상감(觀象監) 관원(官員) 이세징(李世澄)은 ···, 역관(譯官) 정태현(鄭泰賢)과 청(淸)나라 신본(新本)을 구하고, 또 방기(方技)[의술(醫術)과 점술(占術)]의 여러 서책을 구하여 오니, 『오두통서(鰲頭通書)』·『육임지남(六壬指南)』·『역림보유(易林補遺)』·『연해자평(淵海子平)』·『육임금구결(六壬金口訣)』·『화성세초(火星細草)』·『격해자평(格海子平)』·『지리사탄자(地理四彈子)』·『칠요추보고(七曜推步稿)』·『기신록(忌辰錄)』이다. 관상감(觀象監)에서 계청(啓請)하여 포상(褒賞)하도록 청하였다.[323]

송대(宋代) 서대승(徐大升)이 저술한 것으로 전하는 『연해자평(淵海子平)』 등과 같은 전문서적을 구입한 것을, 관상감(觀象監)에서 영조(英祖)에게 청해 포상(褒賞)하도록 청하였다는 대목에서 우리는 당시 명리학(命理學)에 대한 관심이 얼마만 큰인지 알 수 있다.

또 영조(英祖)시대 많이 활동한 김홍도(金弘道[324], 1745~1806)의 그림 『과로

---

322) 『朝鮮王朝實錄』「高宗實錄」: "觀象監啓, 命課學試取冊子之袁天綱, 專是推命之方, 少無資益於涓吉, 故取吉日家諸方之緊要者, 輯成選擇紀要下卷, 庶可瞭然於剋擇之法矣, 自今以後, 袁天綱置之, 以選擇紀要試取, 定式施行, 而冊子自本監印出何如, 允之."

323) 『朝鮮王朝實錄』「英祖實錄」: "觀象監官員李世澄, ···, 與譯官鄭泰賢, 求得淸國萬年曆新本, 又貿來方技諸書, 鰲頭, 通書, 六壬指南, 易林補遺, 淵海子平, 六壬金口訣, 火星細草, 格海子平, 地理四彈子, 七曜推步稿, 忌辰錄, 觀象監啓請褒賞."

324) 김홍도(金弘道)는 조선(朝鮮) 영조(英祖)와 정조(正祖)시대부터 순조(純祖) 연간 초기에 활동한 화가이다. 어린 시절 강세황(姜世晃)의 지도를 받아 그림을 그렸고, 그의 추천으로 도화서(圖畫署) 화원(畫員)이 되어 정조(正祖)의 신임 속에 당대 최고의 화가(畫家)로 자리 잡았다. 특히 산수화(山水畫)와 풍속화(風俗畫)에서 뛰어난 작품을 남겼다.

도기도(果老倒騎圖)』 시문(詩文)에서는 ''『명리정종(命理正宗)』을 가지고 말년 운세를 묻는다'는 내용325)이 나타나기도 한다. 『명리정종(命理正宗)』은 『적천수(適天髓)』와 『연해자평(淵海子平)』의 내용을 중심으로 사주(四柱)를 대입시킨 명리학(命理學) 전문 서적(書籍)이다.

〖 3. 조선(朝鮮)시대 이후의 명리학(命理學) 〗

명리학(命理學)은 조선(朝鮮)시대 내내 중요한 역할을 했던 것을 앞 항목에서 몇 가지 예를 들어 설명하였다.

그러나 우리가 절대 잊지 말아야 할 일제강점기(日帝强占期)에는 조선총독부(朝鮮總督府)에 의해 명리학(命理學)과 풍수지리학(風水地理學)의 많은 고증(考證)들이 미신(未信)으로 전락(轉落)하고 말았다.

해방 후 한국(韓國)전쟁(1950년 6.25)과 근·현대화 과정에서 학문적 맥락(脈絡)을 잃고 있었다. 조선총독부(朝鮮總督府)에서 조선인(朝鮮人)들에게 미래(未來)에 대한 희망(希望)을 없애고자 명리학(命理學)은 믿지 못할 것이라는 개념(槪念)의 '미신(未信)'이라 하여 대대적 단속을 하였고, 각 명산(名山)에는 쇠말뚝을 박거나 그 맥(脈)을 끊었으며, 경복궁(景福宮) 뒤에는 조선총독부(朝鮮總督府)를 세워 역시 조선왕조(朝鮮王朝)의 맥(脈)을 끊는 짓 등을 행하였다.

그런 여러 가지 과정에서 명리학(命理學)과 풍수지리학(風水地理學)은 학문적 맥락(脈絡)을 잃어가고 있었던 것이다.

---

325) 김홍도(金弘道)의 『과로도기도(果老倒騎圖)』의 시문(詩文)에는 "손안의 신결(神訣)은 『명리정종(命理正宗)』인데 어떻게 내 말년 운세(運勢)를 물을 수 있을까?"라는 내용이 나타난다. (手裏神訣, 乃命理正宗, 何由叩我暮境契濶.)

해방 후 한국(韓國)전쟁과 근·현대화 과정에서 점복(占卜)에 관련된 업종(業種)은 오히려 큰 성행(盛行)을 하게 된다. 당시 한국(韓國)사회에서의 불안한 미래와 혼란기에서 궁금한 점을 바로 얘기해 줄 수 있는 일명 '점바치'는 우리 사회의 단면을 보여주고 있다. 명리학(命理學)과 풍수지리학(風水地理學)이 학문적 성향은 떨어질 수 있었지만, 오히려 민간(民間)에까지 널리 전파되는 계기가 되었다고 볼 수 있다.

1980년대 이후 급격한 사회발전으로 인해 서구문명이 물밀 듯이 들어왔지만, 오히려 그 사이에서 한국(韓國) 전통(傳統)사상에 대한 관심도 같이 일어나기 시작하였으며, 2000년대 이후에는 드디어 학문적 소견이 나타나는 학술단체나 여러 대학원에서 많은 학술적 논문(論文)들이 연구 발표되게 된다.

2019년 4월 현재 국회도서관에 등재된 내용 중 '명리(命理)'로 검색된 학위논문 237편, 학술기사 356편, 도서자료 312편이 나타나고 있으며, 중복된 개념(概念)도 있겠지만, '사주(四柱)'로 검색된 학위논문 694편, 학술기사 3,178편, 도서자료 2,137편이 나타나고 있다. 그리고 '풍수(風水)'로 검색된 학위논문 612편, 학술기가 1,614편, 도서자료 727편이 나타나고 있을 만큼, 이제는 명실 공히 학문적 맥락(脈絡)으로 접어들고 있다.

앞으로 학문적 단계에 이르는 학술 근거(根據)들이 더욱 많이 나올 것으로 기대된다.

제Ⅳ장. 천간(天干)과 지지(地支)의 운행(運行)

명리학(命理學)을 접하기 위해서는, 먼저 음양오행(陰陽五行)에 대한 인식이 있어야 하고, 천간(天干)과 지지(地支)의 음양오행(陰陽五行) 배속(配屬), 십천간(十天干)과 십이지지(十二地支)로 이루어진 육십갑자(六十甲子)의 간지력(干支曆)에 대해 알아야 한다. 이후 음양오행(陰陽五行)과 그에 배속(配屬)된 천간(天干)과 지지(地支)의 상생상극(相生相剋) 관계와 사주(四柱)를 세우는 법 및 그에 해당하는 십신(十神)과 육친(六親)에 대해 익혀 나가야 한다.

【제1절. 간지(干支)의 배합(配合)과 상생(相生)·상극(相剋)】

〖 1. 육십갑자(六十甲子) 〗

천간(天干)의 10글자와 지지(地支)의 12글자가 각각 짝을 지어[甲子~癸亥까지] 운행되면, 그 짝을 합한 수(數)가 육십(六十)이 된다. 이렇게 서로 다른 짝을 지워 이루어 진 것을 육십갑자(六十甲子)라 하고, 60년이 한 주기(週期)가 되며, 한 주기를 일갑(一甲) 또는 일갑자(一甲子) 및 환갑(還甲)이라고도 한다.

육십갑자(六十甲子)는 년(年)과 월(月)과 일(日)과 시(時)에서 사용되며, 태어난 날의 연월일시(年月日時)를 사주(四柱)라고 한다. 다르게 말하면 사주(四柱)

를 세우기 위해서는 육십갑자(六十甲子)의 원리가 사용되는 것이다.

중국(中國)에서 최초로 역(曆)이 제작된 것은 은대(殷代, B.C.1600~B.C. 1046) 이전부터라고 추정되지만 실체를 확인할 수 있는 가장 오래된 역(曆)은 은대(殷代) 일력(日曆)인 은력(殷曆)이다. 갑골문(胛骨文)[326]에 새겨진 은력(殷曆)은 태음태양력(太陰太陽歷)으로서 육십갑자(六十甲子)를 가지고 점복(占卜)을 행한 날짜를 기록(紀日)하였다.[327]

육십갑자(六十甲子)를 만든 것은, 중국(中國)의 황제(黃帝, 공손(公孫)[헌원(軒轅)])때 사관(史官) 대요(大橈)라는 내용이 여러 문헌(文獻)에 나타나고 있다.

이를 시대별로 보면, 먼저 전한대(前漢代) 사마천(司馬遷)의 『사기(史記)』 「역서(曆書)」에는 "황제(黃帝)가, …, 대요(大橈)에게 甲子를 짓도록 하였다"[328]라는 내용이 나타난다.

수대(隋代) 소길(簫吉)의 『오행대의(五行大義)』에도, "간지(干支)는 오행(五行)을 따라서 세운 것이니, 옛날에 황제(黃帝) 헌원(軒轅)이 나라를 다스릴 때 대요(大橈)가 만든 것이다"[329]라고 하였다.

송대(宋代) 고승(高丞)이 편찬한 『사물기원(事物紀原)』에, "『월령장구(月令章句)』에는 '대요(大橈)가 오행(五行)의 이치를 탐구해서 두강(斗綱)[두병(斗柄)]이 세워지는 바를 점쳤는데, 이에 처음으로 甲乙을 만들어 해(日)에 이름을 붙여서 이르기를 '간(幹)'이라 하고, 子丑을 만들어 달(月)에 이름을 붙여서 이

---

326) 갑골문(胛骨文)은 고대(古代) 중국(中國)에서, 거북의 등딱지나 짐승의 뼈에 새긴 상형(象形) 문자(文字)를 말한다.
327) 陳遵嬀, 『中國天文學史』第5冊, 明文書局, 1998, 40쪽.
328) 『史記』「曆書」: "黃帝使, …, 大橈造甲子."
329) 『五行大義』: "支干者, 因五行而立之, 昔軒轅之時, 大橈之所制也."

르기를 '지(支)'라 했으며, 간지(幹支)를 서로 배합하여 육순(六旬)[육십갑자(六十甲子)]을 완성했다'고 한다"330)는 내용이 있다.

명리(命理) 고전(古典)인 『삼명통회(三命通會)』와 『연해자평(淵海子平)』에는 각각 다음과 같이 나타나 있다.

『삼명통회(三命通會)』에, "황제(黃帝)가, …, 명하여 대요(大橈)에게 오행(五行)의 본질(本質)을 탐구(探究)하게 하고, 두강(斗綱)[두병(斗柄)]이 세워지는 것을 점치게 했으니, 이로부터 甲子가 시작되었다."331)

다음 『연해자평(淵海子平)』에, "황제(黃帝)로부터 간지(干支)가 유래한 후에 대요(大橈)가 후세 사람을 위하여, …, 마침내 십간(十干)과 십이지(十二支)를 분배하여 육십갑자(六十甲子)를 완성했다"332)고 한다.

앞서 북두칠성(北斗七星) 설명에서 두병(斗柄)과 24절기(節氣)에 대해 설명하였고, 이것은 크게 계절(季節)과 1년 12개월333)의 변화(變化)도 포함되어 있다.

그와 다르게 십이지(十二支)를 이용한 12년은, 천체(天體)가 하늘을 한 바퀴 돌아 제자리로 돌아오는[주천(周天)] 것을 이용한 것으로, 이것은 목성(木星)[세성(歲星)]의 운행(運行)과 일치한다.

『서경(書經)』「우서(虞書)」에 "하늘의 별자리가 한 바퀴 돌아서 제자리 오

---

330) 高承, 『事物紀原』: "月令章句曰, 大撓探五行之情, 占斗綱所建, 于是始作甲乙, 以名日謂之幹, 作子丑, 以名月謂之支, 支幹相配以成六旬."
331) 萬民英, 『三命通會』: "黃帝, …, 命大撓探五行之情, 占斗綱所建, 於是始作甲子."
332) 徐大升, 『淵海子平評註』, 武陵出版有限公司, 1996, 20쪽.("自後有大撓氏, …, 遂將十干十二支分配, 成六十甲子云.")
333) 명대(明代) 고염무(顧炎武, 1613~1682) 『일지록(日知錄)』을 보면 육십갑자(六十甲子)가 생기고, 년(年)을 적용할 때에는 사용하지 않은 것으로 보인다. 내용을 보면, "옛 사람들은 甲子로써 해(歲)에 이름을 붙이지 않았다. 『이아(爾雅)』에 '甲에서 癸까지는 십일(十日)이 되는데 일(日)은 양(陽)이고, 寅에서 丑까지는 십이진(十二辰)이 되는데 진(辰)은 음(陰)이다'라고 한다. 이 22글자로 옛 사람들은 날(日)은 매겼으나 해(歲)는 매기지 않았다"고 하였다.("古人不以甲子名歲, 爾雅疏曰, 甲至癸爲十日, 日爲陽, 寅至丑爲十二辰, 辰爲陰, 此二十二名, 古人用以紀日, 不以紀歲.")

는 기간[(주천(周天))]이 12년이다"[334])라는 내용이 나타난다.

전한대(前漢代) 『사기(史記)』 「천관서(天官書)」에도 "세성(歲星)[목성(木星)]이 매년 30 7/12°를 운행(運行)하고, 대략 매일 1/12°를 운행(運行)하여 12년이면 하늘을 일주(一周) 한다"[335)고 하여, 12년에 한 바퀴 돌아[일주(一周)] 제자리에 온다는 것[주천(周天)]을 말하고 있다.

그러나 전한대(前漢代) 말 유흠(劉歆)에 의해, 세성(歲星)[목성(木星)]의 실제 공전주기(公轉週期)는 약 11.86년으로 밝혀지면서, 세성(歲星)[목성(木星)]이 매년 황도(黃道)를 1차(次)씩 운행(運行)하여 12년에 하늘을 한 바퀴 돈다는 태세기년(太歲期年)과 세차기년(歲次期年)은 수정(修整)이 불가피하게 되었다. 유흠(劉歆)은 세성(歲星)[목성(木星)]의 운행(運行) 주기(週期)를 12년으로 계산하게 되면, 약 86년마다 1차(次)의 오차(誤差)가 발생하는 것을 수정(修整)해야 한다는 초진법(超辰法)을 주장하였으며, 후한(後漢) 초 54년에 비로소 이러한 오차(誤差)를 수정(修整)했다. 이로 인해 그동안 햇수를 표기했던 태세기년(太歲期年)은 세성(歲星)의 실제 운행(運行)과 결별(訣別)했으며, 이때부터 초진법(超辰法)을 활용해야 하는 세성(歲星)의 운행(運行)과는 상관없이 60갑자의 순서대로 햇수를 표기하기 시작했다.[336)

여기에서 세차기년(歲次期年)이란, 세성(歲星)[목성(木星)]이 12년마다 천체(天體)를 한 바퀴 도는[주천(周天)] 규칙에 따라, 세성(歲星)의 운행(運行)을 12등분하고 12차(次)로 삼아서, 매년 세성(歲星)의 위치를 표시해 그 해를 매기는 것을 말한다.

---

334) 『書經』 「虞書」: "辰以日月所會, 分周天之度, 爲十二次也." 참조. (辰은 해와 달이 만나는 곳으로, 주천의 도수를 나누어서 12차를 만들었다.)
335) 『史記』 「天官書」: "歲行三十度十六分度之七, 率日行十二分度之一, 十二歲而周天."
336) 陳遵嬀, 『中國天文學史』第5冊, 明文書局, 1998, 29-310쪽.

그러나 실제 세성(歲星)[목성(木星)]은 시계반대 방향[서(西)→동(東)]으로 운행함으로 인해, 기존 십이지(十二支)로 사용하던 시계방향[동(東)→서(西)]과는 방향이 달라 불편하였다. 이를 해소하기 위해 임의적 천체(天體)를 사용하여 십이지(十二支)와 12차(次)를 합치시켜, 그 해를 매기는 것을 태세기년(太歲期年)이라고 한다.

세차기년(歲次期年)의 운행(運行), 즉 시계반대방향[서(西)→동(東)]에서 사용되는 12차(次)의 명칭337)을, 세성(歲星)[목성(木星)]이 움직이는 순서대로 작성하면 다음과 같다.

현효(玄枵)[子]→추자(娵訾)[亥]→강루(降婁)[戌]→대량(大梁)[酉]→실침(實沈)[申]→순수(鶉首)[未]→순화(鶉火)[午]→순미(鶉尾)[巳]→수성(壽星)[辰]→대화(大火)[卯]→석목(析木)[寅]→성기(星紀)[丑]이다.

이것을 당시 사용하던 태세기년(太歲期年)의 운행, 즉 시계방향[동(東)→서(西)]에서 사용되는 12차(次)의 명칭과 십이지(十二支)의 명칭에 대해 순서대로 작성하면, 현효(玄枵)[子]→성기(星紀)[丑]→석목(析木)[寅]→대화(大火)[卯]→수성(壽星)[辰]→순미(鶉尾)[巳]→순화(鶉火)[午]→순수(鶉首)[未]→실침(實沈)[申]→대량(大梁)[酉]→강루(降婁)[戌]→추자(娵訾)[亥]이다.

알기 쉽게, 태세기년(太歲期年)과 세차기년(歲次期年)을 십이지(十二支)와 연결하여 그림으로 나타내면 <그림 17>과 같다.

---

337) 12차(次)는 세성(歲星)의 운행을 12등분하여 나타나는 명칭으로, 그 명칭은 공자(孔子) 『춘추(春秋)』의 주석서(註釋書)인 『춘추좌씨전(春秋左氏傳)』 「양공(襄公)」에서 찾을 수 있다. "양공 28년, 봄, 얼음이 얼지 않았다. 재신(梓愼)이 말하기를, …, 세성(歲星)이 성기(星紀)의 자리에 있을 때인데, 제 자리를 지나 현효(玄枵)에 들어 있다." 여기에서 성기(星紀)는 축(丑)의 자리로, 축(丑)을 지나 현효(玄枵) 자리인 자(子)에 와 있어, 그 자리가 지났음을 말하고 있다. 세성(歲星)[목성(木星)]은 십이지(十二支)의 반대 방향인 현효(玄枵)[子], 추자(娵訾)[亥], 강루(降婁)[戌], 대량(大梁)[酉], 실침(實沈)[申], 순수(鶉首)[未], 순화(鶉火)[午], 순미(鶉尾)[巳], 수성(壽星)[辰], 대화(大火)[卯], 석목(析木)[寅], 성기(星紀)[丑]로 진행하고, 계속 순환(巡還)하게 된다.(春, 無氷, 梓愼曰, …, 歲在星紀, 而淫於玄枵.)

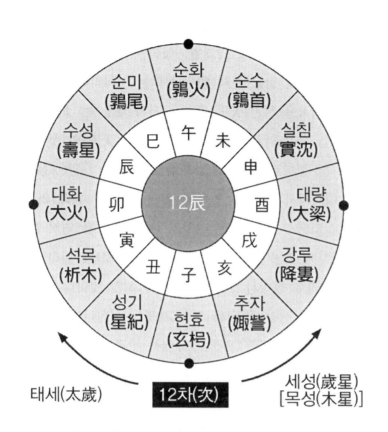

결국 세성(歲星)[목성(木星)]의 운행이 지구(地球)를 운행하는 데 약 11.86년이 걸리는 것으로 판별하여 분석해야 하나, 초진법(超辰法)과 같은 오차(誤差)가 생기는 번거로움이 있어, 세성(歲星)[목성(木星)]의 주기(週期)와 상관없이 십천간(十天干)과 십이지(十二支)의 조합으로 운행(運行)되는 육십갑자

<그림 17> 태세기년(太歲期年)과 세차기년(歲次期年)의 운행(運行)
출처: 필자(筆者) 작도(作圖)

(六十甲子)의 간지기년(干支期年)을 사용하게 된 것이다.

전국(戰國)시대에 주대(周代)의 여러 가지 제도(制度)를 기록한 『주례(周禮)』 「춘관지(春官志)」에, "풍상씨가 십이세(十二歲), 십이월(十二月), 십이진(十二辰), 십일(十日), 이십팔성(二十八星)을 관장(管掌)하여, 그 하늘에 만나는 천위(天位)를 관측(觀測)하였다"338)고 하였다.

338) 『周禮』「春官」: "馮相氏, 掌十有二歲, 十有二月, 十有二辰, 十日, 二十四八星之位, 辨其敍事以會

여기에서 십이세(十二歲)는 세성(歲星)[목성(木星)]의 12년 주기의 주천(周天)을 의미하고, 십이월(十二月)은 두병(斗柄)의 12개월, 십이진(十二辰)은 하루 일진(日辰)을 12시간으로 나누어 하늘의 별을 관측(觀測)한다는 의미이다.

한편, 육십갑자(六十甲子)의 시작을 천간(天干)은 甲, 지지(地支)는 子로 삼은 이유에 대해, 수대(隋代) 『오행대의(五行大義)』에 "甲은 천간(天干)의 첫 머리가 되고, 子는 지지(地支)의 첫 번째로 서로 배합(配合)이 된다. 태양(太陽)의 기운(氣運)이 황천(黃泉)의 아래에서 움직여 子月에 있으니, 황종(黃鍾)의 율(律)이 기(氣)의 근원(根源)이 되어서 子에 있는 것이기 때문에, 子를 먼저 삼는 것이다. 또 만물(萬物)은 寅月에서 다투어 나와서 모두 형체(形體)를 나타낸다. 寅月에 속하기 때문에, 甲을 머리로 삼아서 子와 배합(配合)시킨 것이다. 즉 나타나는 것은 양(陽)이 되기 때문에 천간(天干)을 따르고[甲], 나타나지 않은 것은 음(陰)이 되기 때문에 지지(地支)를 따른다[子]. 그래서 甲과 子를 서로 배합(配合)시켜서 육순(六旬)의 시작으로 삼았다"[339]고 하였다.

또 『삼명통회(三命通會)』에 "천기(天氣)는 甲에서 시작하고, 지기(地氣)는 子에서 시작하여 성인(聖人)께서 음양(陰陽)의 경중(輕重)을 용(用)하여 궁구(窮究)한 것이다"[340]라고 하였다.

따라서 천간(天干)은 甲부터 시작하고, 지지(地支)는 子부터 시작하여 음양(陰陽)의 배합(配合)으로 순환(循環)하게 된다. 그리고 "천지(天地)가 시작된 시기까지 소급할 수 있으니 甲子年, 甲子月, 甲子日, 甲子時가 역원(曆元)이 되며,

---

天位."
[339] 『五行大義』: "甲爲干首, 子爲地初, 相配者, 太陽之氣, 太陽之氣, 動於黃泉之下, 在建子之月 黃鐘之律, 爲氣之源在子, 故以子爲先, 萬物溱出於建寅之月, 皆以見形, 甲屬此月, 故以甲爲先而配子, 見者爲陽, 故從干, 未見者爲陰, 故從支, 所以用甲子相配, 爲六旬支始."
[340] 萬民英, 『三命通會』: "天氣, 始於甲干, 地氣始於子支, 者乃聖人究乎陰陽重輕之用也."

…, 천지(天地)가 처음 개벽(開闢)할 때 일월(日月이) 합벽(合璧)하듯이 위치하였고, 오성(五星)의 운행(運行)이 구슬을 꿴 듯한 상태로 모두 견우(牽牛)[341]의 첫째별에서 일어난 뒤에 그 시간은 동지(冬至) 자정(子正)으로 결정하였다"[342]고 하였다.

이처럼 육십갑자(六十甲子)의 운행은 십천간(十天干)에서 甲, 십이지지(十二地支)에서는 子부터 시작하여 그 짝을 이루게 되고, 年月日時에 해당되며, 이를 정리하여 나타내면 <표 21>과 같다.

---

341) 견우(牽牛) 별은 우리나라에서 잘 알려진 견우(牽牛)와 직녀(織女)이야기에서 견우(牽牛) 별을 말한다. 명대(明代) 풍응경(馮應京, 1555~1606)의 『월령광의(月令廣義)』「칠월령(七月令)」에는 "견우(牽牛)는, …, 1년에 한번 만나는 별이다"라는 기록이 나타난다.(牽牛, …, 一年一回) 실제 견우(牽牛) 별(7월 7일)을 기준으로 보면 1년 동안 한번 돌아 다시 제자리로 돌아온다.

342) 萬民英, 『三命通會』: "必能遠遡天地之始, 故以年甲子, 月甲子, 日甲子, 時甲子, 爲曆元 …, 天地初開闢, 日月如合璧, 五星如連珠, 俱起於牽牛之初, 以後可以定夜半之冬至."

<표 21> 육십갑자(六十甲子)와 의미(意味)

木 [청색(靑色)]		火 [적색(赤色)]		土 [황색(黃色)]		金 [백색(白色)]		水 [흑색(黑色)]	
甲子 청서 (靑鼠) [푸른 쥐]	乙丑 청우 (靑牛) [푸른 소]	丙寅 적호 (赤虎) [붉은 범]	丁卯 적토 (赤兎) [붉은 토끼]	戊辰 황룡 (黃龍) [황금 용]	己巳 황사 (黃蛇) [황금 뱀]	庚午 백마 (白馬) [흰 말]	辛未 백양 (白羊) [흰 양]	壬申 흑후 (黑猴) [검은 원숭이]	癸酉 흑계 (黑鷄) [검은 닭]
甲戌 청견 (靑犬) [푸른 개]	乙亥 청저 (靑猪) [푸른 돼지]	丙子 적서 (赤鼠) [붉은 쥐]	丁丑 적우 (赤牛) [붉은 소]	戊寅 황호 (黃虎) [황금 범]	己卯 황토 (黃兎) [황금 토끼]	庚辰 백룡 (白龍) [흰 용]	辛巳 백사 (白蛇) [흰 뱀]	壬午 흑마 (黑馬) [검은 말]	癸未 흑양 (黑羊) [검은 양]
甲申 청후 (靑猴) [푸른 원숭이]	乙酉 청계 (靑鷄) [푸른 닭]	丙戌 적견 (赤犬) [붉은 개]	丁亥 적저 (赤猪) [붉은 돼지]	戊子 황서 (黃鼠) [황금 쥐]	己丑 황우 (黃牛) [황금 소]	庚寅 백호 (白虎) [흰 범]	辛卯 백토 (白兎) [흰 토끼]	壬辰 흑룡 (黑龍) [검은 용]	癸巳 흑사 (黑蛇) [검은 뱀]
甲午 청마 (靑馬) [푸른 말]	乙未 청양 (靑羊) [푸른 양]	丙申 적후 (赤猴) [붉은 원숭이]	丁酉 적계 (赤鷄) [붉은 닭]	戊戌 황견 (黃犬) [황금 개]	己亥 황저 (黃猪) [황금 돼지]	庚子 백서 (白鼠) [흰 쥐]	辛丑 백우 (白牛) [흰 소]	壬寅 흑호 (黑虎) [검은 범]	癸卯 흑토 (黑兎) [검은 토끼]
甲辰 청룡 (靑龍) [푸른 용]	乙巳 청사 (靑蛇) [푸른 뱀]	丙午 적우 (赤牛) [붉은 소]	丁未 적양 (赤羊) [붉은 양]	戊申 황후 (黃猴) [황금 원숭이]	己酉 황계 (黃鷄) [황금 닭]	庚戌 백견 (白犬) [흰 개]	辛亥 백저 (白猪) [흰 돼지]	壬子 흑서 (黑鼠) [검은 쥐]	癸丑 흑우 (黑牛) [검은 소]
甲寅 청호 (靑虎) [푸른 범]	乙卯 청토 (靑兎) [푸른 토끼]	丙辰 적룡 (赤龍) [붉은 용]	丁巳 적사 (赤蛇) [붉은 뱀]	戊午 황우 (黃牛) [황금 소]	己未 황양 (黃羊) [황금 양]	庚申 백후 (白猴) [흰 원숭이]	辛酉 백계 (白鷄) [흰 닭]	壬戌 흑견 (黑犬) [검은 개]	癸亥 흑저 (黑猪) [검은 돼지]

〖 2. 오행(五行)의 상생(相生)과 상극(相剋) 〗

　전한대(前漢代) 『회남자(淮南子)』「천문훈(天文訓)」에 오행(五行)의 변화(變化)에 대해 잘 나타나 있다. "水는 木을 생(生)하고, 木은 火를 생(生)하고, 火는 土를 생(生)하고, 土는 金을 생(生)하고, 金은 水를 생(生)한다. 子[지지(地支)]의 오행(五行)이 모(母)[천간(天干)]의 오행(五行)을 생(生)하는 것을 의(義)라 하고, 모(母)[천간(天干)]가 子[지지(地支)]를 생(生)하는 것을 보(保)라 하고, 子[지지(地支)]와 모(母)[천간(天干)]가 서로 같은 것을 전(專)이라 하며, 모(母)[천간(天干)]가 子[지지(地支)]를 이기는 것을 제(制)라 하며, 子[지지(地支)]가 모(母)[천간(天干)]를 이기는 것을 곤(困)이라 한다"[343]고 하였다.

　여기에서 오행(五行)의 상생(相生)과 간지(干支)의 상생상극(相生相剋)관계가 나타난다.

　상생(相生)은 木→火[木生火], 火→土[火生土], 土→金[土生金], 金→水[金生水], 水→木[水生木]이 되고, 상극(相剋)은 木→土[木剋土], 土→水[土剋水], 水→火[水剋火], 火→金[火剋金], 金→木[金剋木]이 된다.

　그리고 천간(天干)을 모(母)에 비유하였고, 지지(地支)를 자(子)에 비유하여, 천간(天干)이 지지(地支)를 생(生)하는 것을 '보(保)', 지지(地支)와 천간(天干)이 같은 것을 '전(專)', 천간(天干)이 지지(地支)를 극(剋)하는 것을 '제(制)', 지지(地支)가 천간(天干)을 극(剋)하는 것을 '곤(困)'으로 표현하였고, 이것은 오행(五行)과 그에 배속된 천간(天干)과 지지(地支)의 상생상극(相生相剋) 변화(變化)를 말하는 것이다.

---

343) 『淮南子』「天文訓」: "水生木, 木生火, 火生土, 土生金, 金生水。子生母曰義, 母生子曰保, 子母相得曰專, 母胜子曰制, 子胜母曰困."

오행(五行)이 상생(相生)하는 이유를 수대(隋代) 『오행대의(五行大義)』에, "'『오행전(五行傳)』에 이르기를, 오행(五行)이 함께 일어나지만 각각 이름이 다르다. 그러나 오행(五行)의 이름은 이미 달라졌지만, 다시 서로 작용(作用)하여 돌아가면서 휴(休)하고 왕(王)하기 때문에 서로 생(生)하는 것이다'라고 하였다"[344]고 하여, 오행(五行)이 서로 불가분(不可分)의 관계에 의해 생(生)하는 것으로 나타나고 있다.

전한대(前漢代) 『춘추번로(春秋繁露)』 「오행상생(五行相生)」에 오행(五行)의 상생(相生)과 상극(相剋) 관계에 대해 더 구체적으로 나타나 있다.

"천지(天地)의 기(氣)는 합(合)해지면 하나가 되고, 나누어지면 음(陰)과 양(陽)이 되고, 다시 나누면 사시(四時)[사계절]가 되고, 병렬(竝列)시켜 놓으면 오행(五行)이 된다. 행(行)이란 행(行)하는 것이나 그 행(行)하는 것이 똑같지 않으므로 오행(五行)이라고 하고, 오행(五行)은 오관(五官)이며, 견주어서 서로 생(生)하기도 하고, 사이에서 서로 이기기도 한다. 그러므로 다스릴 때에 거역(拒逆)하면 어지러워지고, 순종(順從)하면 다스려지는 것이다"[345]고 하여, 오행(五行)이 서로 견주어 상생(相生)하고, 서로 상극(相剋)하여 순역(順逆)의 원리를 설명하고 있다.

『춘추번로(春秋繁露)』에 나타난 오행(五行)의 상생(相生)을 좀 더 나타내 보자.

木生火에 대해서, "동방(東方)은 木이고 농사(農事)의 근본(根本)이며, 사농(司農)은 인(仁)을 숭상(崇尙)한다. …, 사마(司馬)는 조정(朝廷)의 근본(根本)

---

344) 『五行大義』 「相生」: "傳曰, 五行竝起, 各以各別, 然五行旣以名別, 而更互用事, 輪轉休王故相生也."
345) 『春秋繁露』 「五行相生」: "天地之氣, 合而爲一分爲陰陽判, 爲四時, 列爲五行, 行者行也, 其行不同, 故謂之五行, 五行者, 五官也, 比相生而間相勝也, 故爲治, 逆之則亂, 順之則治."

이다. 조정(朝廷)의 근본(根本)은 火이다. 그러므로 이르기를 木은 火를 생(生)한다고 한 것이다."[346]

火生土에 대해서, "남방(南方)은 火이며 조정(朝廷)의 근본(根本)이다. 사마(司馬)는 지(智)를 높이고 어질고 성스런 선비를 추천하여 올린다. …, 사영(司營)은 土이다. 그러므로 이르기를 火는 土를 생(生)한다고 하였다."[347]

土生金에 대해서, "중앙(中央)은 土이며 군주(君主)의 기능이며, 사영(司營)은 신(信)을 숭상(崇尙)한다. …, 대리(大理)는 사도(司徒)이고 사도(司徒)는 金이다. 그러므로 이르기를 土는 金을 생(生)한다고 하였다."[348]

金生水에 대해서, "서방(西方)은 金이며 대리(大理)인 사도(司徒)이며, 사도(司徒)는 의(義)를 숭상(崇尙)한다. …, 법(法)을 집행하는 자는 사구(司寇)이며, 사구(司寇)는 水이다. 그러므로 金은 水를 생(生)한다고 하였다.[349]

水生木에 대해서, "북방(北方)은 水이며 법(法)을 집행하는 것은 사구(司寇)이며, 사구(司寇)는 예(禮)를 숭상(崇尙)한다. …, 사농(司農)은 밭을 맡은 관직(官職)이며, 밭을 관리하는 관리(官吏)는 木이다. 그러므로 水는 木을 낳는다고 하였다.[350]

오행(五行)의 상극(相剋)에서도 좀 더 나타내 보면 다음과 같다.

金剋木을, "木은 군주(君主)의 기능이고 木은 농사(農事)이며 농사(農事)는 백

---

346) 『春秋繁露』「五行相生」: "東方者木, 農之本, 司農尙仁, …, 司馬食穀, 司馬本朝也, 本朝者火也, 故曰木生火."
347) 『春秋繁露』「五行相生」: "南方者火也, 本朝, 司馬尙智, 進賢聖之士, …, 司營者土也, 故曰火生土."
348) 『春秋繁露』「五行相生」: "中央者土, 君官也, 司營尙信, …, 大理者, 司徒也, 司徒者, 金也, 故曰土生金."
349) 『春秋繁露』「五行相生」: "西方者金, 大理司徒也, 司徒尙義, …, 執法者司寇也, 司寇者水也, 故曰金生水."
350) 『春秋繁露』「五行相生」: "北方者水, 執法司寇也, 司寇尙禮, …, 司農者, 田官也, 田官者木, 故曰水生木."

성이다. 순종(順從)하지 않고 배반(背叛)하면 사도(司徒)에게 명(命)하여 처벌(處罰)받도록 하고 바르게 이끌도록 하는 것이다. 그러므로 이르기를 金은 木을 이긴다고 한 것이다."351)

水剋火에 대해서, "火는 대조(大朝)이다. 사특(私慝)[악행(惡行)]하고 참소(讒訴)[억울하게]하여 그의 군주(君主)를 현혹시키면 법(法)으로 처벌(處罰)하는 것이다. 법(法)을 가진 자는 水이다. 그러므로 말하기를 水는 火를 이긴다고 한 것이다."352)

木剋土에 대해서, "土는 군주(君主)의 기능이다. 군주(君主)가 크게 사치(奢侈)하고 과도(過度)하게 예(禮)를 잃으면 백성들이 배반(背叛)하는 것이다. 그 백성들이 배반(背叛)하면 그 군주(君主)는 궁색(窮色)하게 된다. 그러므로 木이 土를 이긴다고 한 것이다.353)

火剋金에 대해서, "金은 사도(司徒)이다. 사도(使徒)가 약하면 능히 사중(士衆)을 부리지 못하게 되어 사마(司馬)에게 벌을 받는다. 그러므로 火는 金을 이긴다고 한 것이다."354)

土剋水에 대해서, "水는 법(法)을 집행하는 사구(司寇)이다. 법(法)을 집행하는데 당에 붙어서 공평(公平)하지 않은 법(法)으로 사람을 처벌(處罰)한다면 사영(司營)에게 처벌(處罰)당하는 것이다. 그러므로 이르기를 土는 水를 이긴다고 한 것이다."355)

---

351) 『春秋繁露』「五行相勝」: "木者, 君之官也, 夫木者農也, 農者民也, 不順如叛, 則命可徒誅基率正至, 故曰金勝木."
352) 『春秋繁露』「五行相勝」: "夫火者, 大朝, 有邪讒熒惑基君, 執法誅之 執法者水也, 故曰水勝火."
353) 『春秋繁露』「五行相勝」: "夫土者, 君之官也, 君大奢侈過度失禮, 民叛矣, 其民叛, 其君窮矣, 故曰木勝土."
354) 『春秋繁露』「五行相勝」: "金者, 可徒, 可徒弱, 不能使士衆, 則可馬誅之, 故曰火勝金."
355) 『春秋繁露』「五行相勝」: "夫水者, 執法可寇也, 執法附, 黨不平, 依法刑人, 則可營誅之, 故曰土勝水."

여기에서 나타나는 오행(五行)의 상생(相生)과 상극(相剋)은, 전한대(前漢代) 초 <기존 황로(黃老)사상을> 제7대 한무제(漢武帝, B.C.156~B.C.87)가 유가(儒家)사상을 받아들이면서, 당시의 정치적 성향과 책무(責務)가 연관지어져 설명되었다고 할 수 있다.

더 나아가, 후한대(後漢代) 『백호통(白虎通)』 「오행(五行)」에는, "오행(五行)은 왜 서로 바꾸어 가며 왕(王) 노릇을 하는 것인가? 바꾸어 가면서 서로 생겨나서 하나가 끝이 나면 다른 하나가 시작되기 때문이다. 木은 火를 생(生)하고, 火는 土를 생(生)하고, 土는 金을 생(生)하고, 金은 水를 생(生)하고, 水는 木을 생(生)한다. 그러므로 木이 왕(王) 노릇을 할 때는 火는 돕는 역할이고, 土는 죽는 역할이고, 金은 갇히는 역할이고 水는 쉬는 역할이다. 왕[木]에게 진 것[土]은 죽고 왕[木]을 이기는 것[金]은 갇히고, 왕[木]을 낳은 것[水]은 쉬고, 왕[木]이 낳은 것[火]은 돕는 것이다"[356]고 하여, 상생(相生)과 상극(相剋)에 대한 상호(相互) 성립(成立)을 나타내고 있다.

"오행(五行)이 서로 극(剋)하는 것은 천지(天地)의 성질이다. 많은 것이 적은 것을 이기므로 水는 火를 이기고, 순정(純正)한 것이 단단한 것을 이기므로 火는 金을 이기고, 굳센 것이 부드러운 것을 이기므로 金은 木을 이기고, 꽉 찬 것이 듬성한 것을 이기므로 木이 土를 이기고, 가득 찬 것이 비어있는 것을 이기므로 土가 水를 이긴다"[357]고 하여, 하나의 상(象)으로써 상극(相剋)관계를 나타내고 있다. 오행(五行)의 상생(相生)과 상극(相剋)을 알기 쉽게 나타내면 <그림 18>과 같다.

---

356) 『白虎通』「五行」: "五行所以更王何. 以其特相生, 故有終始也. 木生火, 火生土, 土生金, 金生水, 水生木."
357) 『白虎通』「五行」: ""五行所以相害者, 天地之性, 衆勝寡, 故水勝火也, 精勝堅, 故火勝金, 剛勝柔, 故金勝木, 滿勝散, 故木勝土, 實勝虛, 故土勝水也."

<그림 18> 오행(五行)의 상생상극도(相生相剋圖)
출처: 필자(筆者) 작도(作圖)

그림과 관련하여 명리학(命理學) 고전(古典)에서 오행(五行)의 상생(相生)과 상극(相剋)에 대한 내용을 보면 다음과 같다.

먼저 명대(明代) 『삼명통회(三命通會)』에는 오행(五行)의 상생(相生)과 상극(相剋)하는 이치에 대해 다음과 같이 나타나 있다.

"오행(五行)이 상생(相生)하고 상극(相剋)하는 이치(理致)는 매우 분명하다. 십간·십이지(十干·十二支), 오운육기(五運六氣), 연월일시(年月日時)는 모두 이로부터 나온 것이고 자연히 상호작용을 한다. 하늘에서 한(寒)[춥고], 서(暑)[덥고], 조(燥)[마르고], 습(濕)[축축하고], 풍(風)[바람이 부는 것]은 기(氣)가 되고, 金·木·水·火·土는 형(形)을 이룬다. 형기(形氣)는 서로 감응(感應)하여 만물(萬物)을 생겨나게 한다. 이러한 조화(調和)가 생기는 것은 자연(自然)의 이치이다"[358]하여 자연

---

358) 萬民英, 『三命通會』: "五行相生相剋, 其理昭然, 十干十二支, 五運六氣, 歲月日時, 皆自此立, 更相爲用, 在天則爲氣, 寒暑燥濕風, 在地則成形, 金木水火土, 形氣相感, 而化生萬物, 此造化生成之大紀也."

(自然) 상호작용(相互作用)에 의한 것임을 말하고 있다.

청대(淸代) 심효첨(沈孝瞻)의 『자평진전(子平眞詮)』에 "사시(四時)[사계절]의 운행(運行)은 오행(五行)의 상생(相生)에 의해 이루어진다. 그러므로 木이 火를 生하고, 火가 土를 생(生)하고, 土가 金을 생(生)하고, 金이 水를 생(生)하고, 水가 다시 木을 생(生)하게 되어, 이것이 오행(五行)이 상생(相生)하는 순서이다. 오행(五行)이 순환(巡還)하고 운행(運行)하여 시간이 멈추지 않고 흐르는 것이다. 그러나 상생(相生)이 있으면 필히 상극(相剋)이 있는 법(法)이다. 상생(相生)만 하고 상극(相剋)이 없다면 사계절(四季節) 역시 이루어질 수 없다. 극(剋)은 생(生)을 절제(節制)하여 그치게 하는 것이니, 만물(萬物)을 수렴(收斂)하고 발설(發說)하는 기틀이 된다"359)고 하였다.

이에 대해 서락오(徐樂吾)는 『자평진전평주(子平眞詮評註)』에서, "상생(相生)과 상극(相剋)은 모두 같은 쓸모와 효능(效能)이 있다고 한 말은 가장 적합한 표현이다. 춘하(春夏)의 양화(陽和)한 기운(氣運)만 있고, 추동(秋冬)의 숙살(肅殺)하는 기운(氣運)이 없다면 사시(四時)[사계절]가 이루어지지 못할 것이다"360)라고 하여, 만물(萬物)과 사계절(四季節)의 운행(運行)은 오행(五行)의 상생상극(相生相剋)의 작용이 있어야 함을 강조하고 있다.

〖 **3. 간지(干支)의 상생(相生)과 상극(相剋)** 〗

---

359) 沈孝瞻, 『子平眞詮』「論陰陽生剋」: "四時之運, 相生而成, 故木生火, 火生土, 土生金, 金生水, 水復生木, 則相生之序, 循環迭運, 而時行不匱, 然而有生又必有剋, 生而不剋, 則四時亦不成矣, 剋者所以節而止之, 使之收歛, 以爲發洩之機, 故曰天地節而四時成."

360) 徐樂吾, 『子平眞詮評註』「論陰陽生剋」: "生與剋同用剋與生同功二語, 實爲至言, 有春夏之陽和, 而無秋冬之蕭殺, 則四時不成."

앞 절에서 오행(五行)의 상생(相生)과 상극(相剋)에 대해 살펴보았다. 이 절에서는 좀 더 나아가, 간지(干支)의 상생(相生)과 상극(相剋)에 대해 알아보기로 하자.

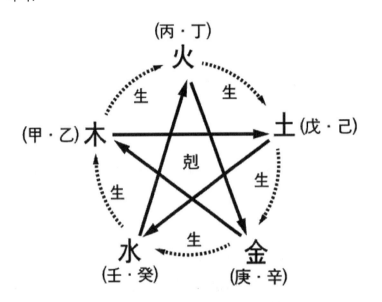

<그림 19> 천간(天干)의 상생상극도(相生相剋圖)
출처: 필자(筆者) 작도(作圖)

먼저 오행(五行)의 상생(相生)과 상극(相剋)하는 관계에서 천간(天干)을 대입하여 나타내면 위 <그림 19>와 같다. 위 그림에서 각 천간(天干)에서의 상생(相生)과 상극(相剋)을 잘 활용하여야 다음에 설명하는 십신(十神)과 육친(六親)에 대해서도 이해 할 수 있다.

다음은 천간(天干)을 위주로 각각 그림으로 나타내면서 설명하기로 하자.

천간(天干) 중 甲乙(木)을 중심으로 상생(相生)과 상극(相剋)을 그림으로 나타내면 <그림 20>과 같다.

甲乙은 木이므로, 火인 丙丁을 생(生)[木生火]한다. 木인 甲乙을 생(生)[水生木]하는 것은 水인 壬癸이다. 甲乙木이 극(剋)하는 것[木剋土]은 土인 戊己이고, 甲乙木을 극(剋)하는 것[金剋木]은 金인 庚辛이다. 甲乙木이 木인 甲乙을 만나면 같은 오행(五行)[木=木]이 된다.

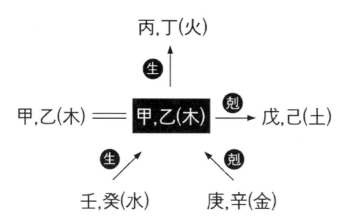

<그림 20> 甲乙木의 상생상극도(相生相剋圖)
출처: 필자(筆者) 작도(作圖)

다음은 丙丁(火)를 중심으로 상생(相生)과 상극(相剋)을 그림을 나타내면 다음 <그림 21>과 같다.

丙丁은 火이므로, 土인 戊己를 생(生)[火生土]한다. 火인 丙丁을 생(生)[木生火]하는 것은 木인 甲乙이다. 丙丁火가 극(剋)하는 것[火剋金]은 金인 庚辛이고, 丙丁火를 극(剋)하는 것[水剋火]은 水인 壬癸이다. 丙丁火가 火인 丙丁을 만나면 같은

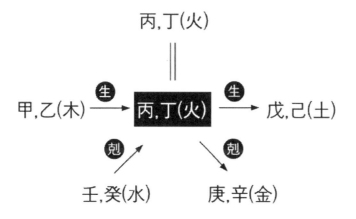

<그림 21> 丙丁火의 상생상극도(相生相剋圖)
출처: 필자(筆者) 작도(作圖)

오행(五行)[火=火]이 된다.

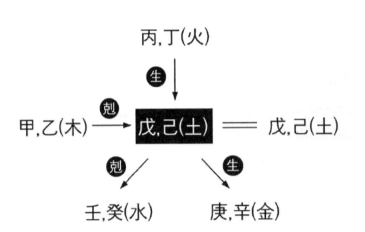

<그림 22> 戊己土의 상생상극도(相生相剋圖)
출처: 필자(筆者) 작도(作圖)

다음은 戊己(土)를 중심으로 상생(相生)과 상극(相剋)을 그림으로 나타내면 <그림 22>와 같다.

戊己는 土이므로, 金인 庚辛을 생(生)[土生金]한다. 土인 戊己를 생(生)[火生土]하는 것은 火인 丙丁이다. 戊己土가 극(剋)하는 것[土剋水]은 水인 壬癸이고, 戊己土를 극(剋)하는 것[木剋土]은 木인 甲乙이다. 戊己土가 土인 戊己를 만나면 같은 오행(五行)[土=土]이 된다.

다음은 庚辛(金)을 중심으로 상생(相生)과 상극(相剋)을 그림으로 나타내면 <그림 23>과 같다.

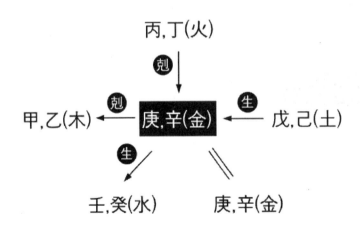

<그림 23> 庚辛金 상생상극도(相生相剋圖)
출처: 필자(筆者) 작도(作圖)

庚辛은 金이므로, 水인 壬癸를 생(生)[金生水]한다. 金인 庚辛을 생(生)[土生

金]하는 것은 土인 戊己이다. 庚辛金이 극(剋)하는 것[金剋木]은 木인 甲乙이고, 庚辛金을 극(剋)하는 것[火剋金]은 火인 丙丁이다. 庚辛金이 金인 庚辛을 만나면 같은 오행(五行)[金=金]이 된다.

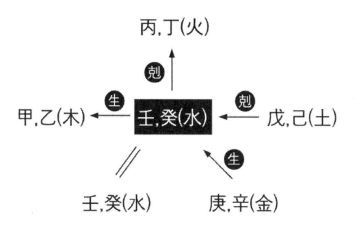

<그림 24> 壬癸水의 상생상극도(相生相剋圖)
출처: 필자(筆者) 작도(作圖)

다음은 壬癸(水)를 중심으로 상생(相生)과 상극(相剋)을 그림으로 나타내면 <그림 24>와 같다.

壬癸는 水이므로, 木인 甲乙을 생(生)[水生木]한다. 水인 壬癸를 생(生)[金生水]하는 것은 金인 庚辛이다. 壬癸水가 극(剋)하는 것[水剋火]은 火인 甲乙이고, 壬癸水를 극(剋)하는 것[土剋水]은 土인 戊己이다. 壬癸水가 水인 壬癸를 만나면 같은 오행(五行)[水=水]이 된다.

이하 지지(地支)의 상생(相生)과 상극(相剋)도 같은 의미로 해석(解釋)하면 된다.

【제2절. 택일(擇日) 상식(常識) 및 음양오행(陰陽五行)과 인체(人體)】

이 절에서는 실생활에 쓰이고 있는 택일(擇日)과 그에 대한 기본 상식(常識)에 대해 알아보자.

현재 명리학(命理學)과 풍수지리학(風水地理學) 등에서 사용하고 있는 택일(擇日)은, 『주역(周易)』의 근원(根源)으로 보고 있는 하낙(河洛)과 북두칠성(北斗七星)의 운행(運行), 세성(歲星) 및 태양계(太陽系)의 운행(運行)과 관련되어 있다.

다시 말해, 택일(擇日)은 거의 대부분 하낙(河洛)의 원리(原理)와 북두칠성(北斗七星), 세성(歲星) 및 태양계(太陽系)의 운행(運行)을 이용하여 길흉(吉凶)에 대한 향방(向方)에 사용한다고 볼 수 있다.

택일(擇日)을 길흉(吉凶)에 사용하였던 시기는 최소한 주대(周代)이전으로 보인다. 은대(殷代)에는 이미 육십갑자(六十甲子)를 이용하여 은력(殷曆)이 사용되었고, 주대(周代)의 역(易)인 『주역(周易)』을 편찬한 공자(孔子)[춘추전국(春秋戰國)시대]가 태어나기 이전이기 때문이다.

1975년 중국(中國) 호북성(湖北省) 운몽현(雲夢縣) 수호지(睡虎地)에 있는 묘(墓)에서 발견된 진대(秦代) 죽간(竹簡), 『운몽수호지진묘죽간(雲夢睡虎地秦墓竹簡)』에서 「일서(日書)」를 통해 택일서(擇日書)를 활용하여 재앙(災殃)을 피하고자 하였다는 것을 알 수 있다.

다양한 법률(法律)문서와 함께 나타난, 『운몽수호지진묘죽간(雲夢睡虎地秦墓竹簡)』의 "「일서(日書)」에는 갑종(甲種)의 '건제(建除)', 직진(稷辰), '성(星)'편 등 택일(擇日)의 주요 원리(原理)와 내용(內容)을 소개한 편이나, 특정 대상, 예를 들면 행(行), 제사(祭祀)나 문(門), 호(戶) 등 오사(五祀)의 택일(擇日)에 이르기 까지 다양하다."[361]

---

361) 문정희, 「일서(日書)를 통해 본 고대 중국의 질병관념과 제사습속」『學林』, 연세사학연구회, 2017, 2쪽.

그리고 최근 중국(中國)에는 진·한대(秦·漢代) 비단으로 쌓여있는 죽간(竹簡)들이 계속 출토[362]되고 있다.

대체적으로 진·한대(秦·漢代) 일서(日書)에 대한 내용이 나타나는, 묘(墓)의 주인이 중하급(中下級) 관리(官吏)라는 점에서 연구자들의 의견(意見)이 분분(紛紛)하기는 하지만, '행정 사항에 법률문서와 일서(日書)를 참고하였을 것이다' 라는 것은 같은 인식(認識)을 하고 있다.[363]

『운몽수호지진묘죽간(雲夢睡虎地秦墓竹簡)』 「일서(日書)」에는 "子일, 아침(朝)에 알현(謁見)하여 보고하면 상관(上官)이 이를 듣는다. 오전(晏)에 보고하면 듣지 않는다. 정오(晝)에 알현(謁見)하면 좋은 말을 듣는다. 오후(日虒)에 알현(謁見)하면 다시 만날 것을 명받는다. 저녁(夕)에 알현(謁見)하면 좋은 말을 듣는다"[364]는 내용이 나타난다. 이것은 하루의 시간을 나눠, 상관(上官)에게 보고할 때를 길흉(吉凶)으로 분별(分別)한 것이다.

또 『한서(漢書)』 「음양서역법(陰陽書曆法)」에는, "복귀(復歸)하는 날에 대해, 귀기일(歸忌日)은 4맹(孟, 寅·申·巳·亥月)이 丑에 있고, 4중(仲, 子·午·卯·酉月)은 寅에 있으며, 4계(季, 辰·戌·丑·未月)는 子에 있는데, 원행(遠行)에서

---

362) 劉樂賢, 『簡帛數術文獻探論』, 湖北敎育出版社, 2003, 27-38쪽에 의하면, "일서(日書)는 기존 『운몽수호지진묘죽간(雲夢睡虎地秦墓竹簡)』과 『방마탄진간일서(放馬灘秦簡日書)』, 『구점초간일서(九店楚簡日書)』, 『공가파한간일서(孔家坡漢簡日書)』 외에, ①홍콩 중문대학(中文大學) 문물관(文物館) 소장죽독(所藏簡牘), ②안휘(安徽) 부양(阜陽) 쌍고퇴(雙古堆) 1호 『西漢墓簡牘』, ③호북(湖北) 강릉(江陵) 장가산(張家山) 249호 『서한묘간(西漢墓簡)』, ④하북(河北) 정현(定縣) 팔각랑(八角廊) 40호 『서한묘간독(西漢墓簡牘)』, ⑤섬서(陝西) 서안(西安) 『杜陵漢墓簡牘』, ⑥호북(湖北) 형주(荊州) 왕가대(王家臺) 진묘(秦墓), ⑦호북(湖北) 사시(沙市) 주가대(周家臺) 30호 진묘(秦墓), ⑧호북(湖北) 강릉(江陵) 악산(岳山) 36호 진묘(秦墓), ⑨감숙(甘肅) 무위(武威) 마취자(磨嘴子) 6호 동한묘(東漢墓), 『돈황(敦煌)·거연한간(居延漢簡)』, 감숙(甘肅) 돈황(敦煌) 현천치유지(懸泉置遺址) 등에서 나타난다"고 하였다.
363) 琴載元, 「秦漢代의 擇日術과 日書의 活用」, 慶北大 碩士請求論文, 2009, 1-5쪽 참조.
364) 『睡虎地秦墓竹簡』 「日書」: "子, 朝見, 有告, 聽. 晏見, 有告, 不聽. 晝見, 有美言. 日虒見, 令復見之. 夕."
見, 有美言.127

돌아오거나 이사(移徙)할 수 없다"365)라고 하여, 택일(擇日)에 대한 구체적 언급(言及)이 나타난다.

『공가파한묘간독(孔家坡漢墓簡牘)』에는, "아내를 맞이하거나 시집을 갈 때 고(孤)로부터 허(虛)로 가면 안 되며, 외출(外出)은 불길(不吉)366)하다. 허(虛)로부터 고(孤)로 가면 남편(男便)을 죽이게 된다367)고 하여, 방향(方向)에 대한 길흉(吉凶)을 제시하고 있다.

결국 일서(日書)에서 나타나는 내용들을 정리하면, 간지기년(干支期年)의 활용(活用)과 일월성신(日月星辰), 음양오행(陰陽五行) 등을 이용하여 택일(擇日)을 활용(活用)하였음을 알 수 있다. 이것은 음양오행(陰陽五行)과 세성(歲星)[목성(木星)]과 북두칠성(北斗七星) 등을 활용하여, 오랜 시기를 거쳐 완성된 수술(數術)368)369)의 상징체계이다.

이와 더불어 "당시 관리(官吏)들이 일서(日書)의 효용성에 대해 어떠한 인식(認識)을 가지고 있었는지도 파악할 필요가 있다. 만약 관리(官吏)들이 '조정(助

---

365) 郭陳列 옮김, 『後漢書』, 「陰陽書曆法」, 中華書局, 1965, 1547쪽: "歸忌日, 四孟在丑, 四仲在寅, 四季在子, 其日不可遠行歸家及徙也."

366) 고허법(孤虛法)에 대한 내용으로 보인다. 고허(孤虛)에서 고(孤)는 공망(空亡)을 의미하고, 고(孤)[공망(空亡)]의 충(沖)을 허(虛)라고 하고, 풍수(風水), 명리(命理), 병법(兵法), 혼담(婚談), 계약(契約) 등에서 다양하게 사용한다. 여기에서는 방향(方向)에 대한 고허(孤虛)를 말하는 것으로 기문둔갑(奇門遁甲)이나 택일(擇日)에서 많이 사용된다. 뒤에 고허(孤虛)편에서 다시 다루기로 한다.

367) 『孔家坡漢墓簡牘』116參-119參簡, 141쪽: "凡取(娶)妻嫁女, 毋從孤之虛, 出不吉. 從虛之孤, 殺夫."

368) 수술(數術)은 음양(陰陽), 복서(卜筮) 등의 방법을 말하며, 이에 관련하여 명리(命理), 음양오행(陰陽五行), 점복(占卜), 복서(卜筮), 천문(天文), 풍수지리(風水地理) 등에 관한 연구를 술수학(術數學)이라고 한다. 천인감응설(天人感應說)과 관련하여 인간의 화복(禍福)을 예측하는 것으로 분류할 수 있다.

369) 수술(數術)에 대해서는, 李零, 『中國方術正考』, 中華書局, 2006, 및 葛兆光, 『中國思想史1-七世紀前中國的知識·思想與信仰世界』, 復旦大學出版社, 1998, 49-66쪽, 128-142쪽, 277-296쪽, Donald Harper, "Warring state natural philosophy and occult thought", The Cambridge History of Ancient China: CambridgeUniversity Press, 1999, 813-884쪽, 崔振默, 「漢代 方士文化와 數術學의 盛行」, 『古代 中國의 理解』4, 지식산업사, 1998, 「數字의 體系와 漢代人의 생활」, 崔振默, 『古代中國의 理解』5, 지식산업사, 2001 등을 통해 잘 알 수 있다.

政)'을 목적으로 일서(日書)를 사용했다면, 그들은 일서(日書)의 내용을 믿지 않고 비판적 입장에서 사용했다고 단정(斷定)할 수밖에 없다. 원래 '조정(助政)'이란 말이 나온 것은 왕충(王充)[370]의 『논형(論衡)』인데, 임검명(林劍鳴)이 이 용어를 처음 제시하며 일서(日書)의 사용이 '정사(政事)에 도움을 얻기 위해서'라는 긍정적(肯定的) 의미(意味)를 부여했다."[371]

하지만 이러한 해석에는 왕충(王充)이 의도했던 문의(文意)의 분석(分析)이 결여(缺如)되어 있다. 원래 '조정(助政)'은 "고로 복서(卜筮)라는 것은 그 자체만으로는 사용할 수 없고, 다스려서 '조정(助政)'해야 한다"[372]라는 구문의 일부로, 점복(占卜)의 올바른 활용법을 가리키는 말이기도 하다.

왕충(王充)은 이 문장을 언급(言及)하기에 앞서 점복(占卜)에 대해 현명(賢明)하게 대처한 공자(孔子)의 고사(故事)를 제시하며 점복(占卜)을 정사(政事)에 유리하도록 부회하여 이용할 줄 아는 '궤논지재(詭論之材)'가 필요하다[373]고 말하였다.

여기에서 무엇보다 중요한 것은, 앞서 설명한 북두칠성(北斗七星)의 두병(斗柄)에 의한 24절기와 세성(歲星)[목성(木星)]의 주기(週期)의 운행(運行)으로 12차(次)를 적용한 십이지(十二支) 등에서 이미 은대(殷代)이전부터 간지법(干支

---

370) 왕충(王充, 27~104)은 후한대(後漢代) 사상가로, 뤄양[洛陽]에 유학하여 저명한 역사가 반고(班固)의 부친 반표(班彪)에게 사사하였다. 가난하여 늘 책방에서 책을 훔쳐 읽고 기억했다고 한다. 그는 철저한 반속정신(反俗精神)의 소유자로, 그 독창성에 넘치는 자유주의적(自由主義的) 사상은 유교적(儒敎的) 테두리 안에서 다듬어진 한대적(漢代的) 사상을 타파하고 언론의 자유를 내세우는 위진적(魏晉的) 사조를 만들어 내었다. 사상적 전환기에 선 선구자(先驅者)로서 그가 중국(中國)사상사에서 차지하는 지위는 크다. 대표적 저서에 전통적인 당시의 정치나 학문을 비판한 『논형(論衡)』85편 등이 있다.

371) 林劍鳴, 「秦漢政治生活中的神秘主義」, 『歷史研究』第4期, 1991, 110쪽.

372) 王充(黃暉 옮김), 『論衡校釋』, 中華書局, 1990, 1005쪽. ("故謂卜筮不可純用, 略以助政.")

373) 『論衡』「卜筮篇」: "夫子貢占鼎折足以爲凶, 猶周之占卜者謂之逆矣. 逆中必有吉, 有折鼎足之占, 宜以伐越矣. 周多子貢直占之知, 寡若孔子詭論之材, 故覩非常之兆, 不能審也." 참조.

法)을 사용한 것을 알 수 있었다.

따라서 위 내용에서 나타나는 진대(秦代) 지방 군현(郡縣)의 관리(官吏)들은 간지법(干支法)을 이용하여 날짜를 확인하는데 상당히 익숙했을 것이다. 최근에 호남성(湖南省) 용산현(龍山縣) 리야진(里耶鎭)에서 발견되어 그 일부가 공개된 리아진간(里耶秦簡)의 수발공문서(收發公文書)를 대체로 살펴보면, 당시 관리(官吏)들이 간지법(干支法)에 의거하여 공문서(公文書)의 발송(發送)과 수송(輸送)의 날짜를 정확히 기입(記入)했다는 것을 확인할 수 있다.[374]

종합해보면, 진한대(秦漢代)에는 이미 음양오행설(陰陽五行說)이 퍼져 일반 관리(官吏)들도 택일(擇日)을 사용한 것을 알 수 있고, 주대(周代)이전에는 정치(政治)및 안녕(安寧)과 관련하여 사용되었던 것으로 볼 수 있다.

한편, 우리나라에서는 『삼국사기(三國史記)』에 복일(卜日)에 관련한 택일(擇日)에 대해 나타나 있다.

"설씨녀(薛氏女)는 율리(栗里) 마을 민가(民家)의 여자(女子)이다. …, 진평왕(眞平王) 때, …, 설씨(薛氏)가 말하기를, '혼인(婚姻)은 인간의 윤리(倫理)라 갑작스레 이루어 질수는 없습니다. 제가 마음으로 허락한 이상 죽어도 변하지는 않겠습니다. 그대가 변방(邊防) 방위(方位)에 나갔다가 교대(交代)하여 돌아온 후에, 날을 골라서[卜日] 예식(禮式)을 올려도 늦지 않겠습니다'"[375]라는 기록이 나타난다.

또한 같은 책에서 궁예(弓裔)가 태어난 중오일(重午日)[午月, 午日)]을 흉(凶)함으로 보고 왕(王)이 죽이라고 한 내용은 앞에서 설명하였다.

---

374) 『睡虎地秦墓竹簡』「編年記」, 5-7쪽 : "卅五年, …, 十二月甲午鷄鳴時, 喜産.", "七月, 正月甲寅, 鄢令史.", "十二年, 四月癸丑, 喜治獄鄢.", "十六年, 七月丁巳, 公終.", "廿年, 七月甲寅, 嫗終.", "廿七年, 八月己亥廷食時, 産穿耳." 참조.
375) 『三國史記』: "薛氏女栗里民家女子也, …, 眞平王時, …, 於是嘉實退而請期, 薛氏曰, 婚姻人之大倫, 不可以倉猝, 妾旣以心許, 有死無易, 願君邊方, 交代而歸, 然後卜日成禮, 未晩也."

조선(朝鮮)시대 초 이순지(李純之[376], 1406~1465)의 『선택요략(選擇要略)』에는 택일(擇日) 중 하나인 삼재(三災)에 대해 구체적으로 나타나 있다.

"삼재성(三災星)의 年에 대해 논하면, 申年, 子年, 辰年에 출생한 사람은 寅年, 卯年, 辰年이 천고성(天蠱星), 천형성(天刑星), 천겁성(天劫星)에 해당하고, 巳年, 酉年, 丑年에 출생한 사람은 亥年, 子年, 丑年이 천패성(天敗星), 지망성(地亡星), 지형성(地刑星)에 해당하고, 寅年, 午年, 戌年에 출생한 사람은 申年, 酉年, 戌年이 인황성(人皇星), 천화성(天禍星), 지재성(地災星)에 해당하고, 亥年, 卯年, 未年에 출생한 사람은 巳年, 午年, 未年이 흑악성(黑惡星), 음모성(陰謀星), 백살성(白殺星)에 해당한다. 이상은 수조하면 주(主)는 장병(長病), 사망(死亡), 파패(破敗)한다. 申年, 子年, 辰年에 출생한 사람은 寅年은 천고(天蠱)이고, 卯年은 천형(天刑)이고, 辰年은 천겁(天劫)이다. 나머지는 여기에 따른다"[377]고 하여, 삼재(三災)에 해당하는 생(生, 띠)이나 그 생(生, 띠)이 해당하는 해에 대해 구체적으로 설명하고 있다.

이순지(李純之)는 세종(世宗)의 명(命)으로 정인지(鄭麟趾) 등과 함께 『칠정산내외편(七政算內外篇)』을 저술(著述)하여 조선(朝鮮)의 역법(曆法)을 완전히

---

376) 이순지(李純之)에 대해 한국고전종합DB에 의하면, "조선(朝鮮) 초기의 천문학(天文學)과 역산학(曆算學)을 대표하는 인물이자 지리(地理), 풍수(風水), 택일(擇日) 등에도 정통하였던 인물로, 우리 과학사에서 보기 드문 기술 관료 가운데 한 사람이다. 천문과 역법 이외에도 관상감(觀象監)에서 관장하던 전문 분야에 두루 정통하여 '산학(算學), 천문, 음양, 풍수의 학문에 매우 밝았다'라는 평가를 받았다.(『조선왕조실록(朝鮮王朝實錄)』「세조실록(世祖實錄)」: "純之性精巧, 詳於算學・天文・陰陽・風水之學.") 그런 사실은 세조 9년(1463)에 『지리서(地理書)』를 편찬하자, 세조(世祖)가 '이런 일은 이순지처럼 정교하게 할 사람이 없다.……음양(陰陽)이나 지리 같은 일은 나는 반드시 이 사람과 의논하겠다'라며 깊이 신임한 일화가 잘 입증한다.(『조선왕조실록(朝鮮王朝實錄)』「세조실록(世祖實錄)」: "行上護軍李純之齎地理書, 進御前論對, 上曰, '如此之事, 無如純之之精. …, 陰陽地理等事, 予必與此人論之.") 『선택요략(選擇要略)』은 명과학(命課學)에 속하는 점서(占書)의 일종으로, 일상에서의 택일(擇日)과 택방(擇方)의 방법을 상세히 담아낸 문헌이다."

377) 李純之, 『選擇要略』: "論三災星年, 如申子辰生人, 寅卯辰年值天蠱星, 天刑星, 天劫星, 巳酉丑生人, 亥子丑年值天敗星, 地亡星, 地刑星. 寅午戌生人, 申酉戌年值人皇星, 天禍星, 地災星. 亥卯未生人, 巳午未年值黑惡星, 陰謀星, 白殺星. 已上修造, 主長病, 死亡, 破敗.〔如申子辰生人, 寅天蠱, 卯天刑, 辰天劫. 餘倣此.〕."

정비(整備)한 인물이다.

『조선왕조실록(朝鮮王朝實錄)』「숙종실록(肅宗實錄)」에는 숙종(肅宗)이 〈희빈(禧嬪) 장씨(張氏)의 일로〉 인정문(仁政門)에서 친국(親鞫)하는 내용 중에, "금년[辛巳年] 정월에 〈무복(巫卜)〉 오례(五禮)가 숙정(淑正)에게 '금년에 己亥生에게 삼재(三災)가 있을 터이니, 삼가고 다시 신사(神祀)를 행하지 말라'고 하였다"[378]라는 내용이 나타난다.

숙종(肅宗) 27년(1701) 辛巳年의 기사(記事)로, 내용에 나타난 亥生(돼지띠)·卯生(토끼띠)·未生(양띠)은 실제 巳年(뱀의 해)·午年(말의 해)·未年(양의 해)에 삼재(三災)[379]가 된다.

조선(朝鮮) 순조(純祖, 1790~1834)때 활약했던 이항로(李恒老[380], 1792~1868)의 『화서집(華西集)』에는 낙서(洛書)와 그를 이용한 구국구궁도(九局九宮圖)에서 삼재(三災), 구길(九吉) 등에 대해 잘 나타나 있다.

이처럼 앞 우리나라 명리학(命理學)의 발전에서 주지(周知)한바와 같이 삼국(三國)시대에 이미 민간에 까지 사용한 것을 알 수 있으며, 고려(高麗)시대 서운관(書雲觀)에 이어 조선(朝鮮)시대 사대부(士大夫)와 관상감(觀象監)에서는 택일(擇日)이 여러 방면으로 활용(活用)되면서 상용화 되었던 것을 알 수 있다.

---

378) 『朝鮮王朝實錄』「肅宗實錄」: 今年正月, 五禮謂淑正曰, '今年己亥生有三災'【巫卜家言】, 愼勿復行神祀."

379) 『조선왕조실록(朝鮮王朝實錄)』에서는 「숙종실록(肅宗實錄)」이외 10건의 기사(記事)에서 삼재(三災)의 의미를 풍(風)·수(水)·화(火) 세 가지 재앙(災殃)으로 나타내고 있다. 통상적으로 수재(水災), 화재(火災), 풍재(風災)의 세 가지 재앙(災殃)을 대삼재(大三災)라고 하고, 병난(兵難), 질역(疾疫), 기근(饑饉)의 세 가지 재앙(災殃)을 소삼재(小三災)라고 한다.

380) 이항로(李恒老)에 대해 한국고전종합DB에 의하면, "저자(著者)는 조선(朝鮮) 말기 척사의리(斥邪義理)를 대표하는 화서학파(華西學派)의 종장(宗)匠이다. 출사(出仕)를 단념하고 일생을 학문에 전념하였으며, 주자(朱子)와 송시열(宋時烈)을 학문의 정통으로 삼아 그들의 저작을 연구하는 데 심혈을 기울여 『주자대전집차(朱子大全集箚)』와 『주자대전집차의집보(朱子大全集箚疑輯補)』, 『이정전서집의(二程全書集疑)』, 『송원화동사합편강목(宋元華東史合編綱目)』, 『주역전의동이석의(周易傳義同異釋義)』 등의 집필에 힘썼다."

현재 택일(擇日)에 대해 명리학(命理學)을 처음 접하시는 분들을 위해 가장 많이 활용되는 몇 가지만을 서술(敍述)하기로 하고, 택일(擇日) 활용편[Ⅱ권]에서 활용방안과 방법에 대해 구체적으로 나타내기로 하자.

〖 1. 대장군(大將軍)·삼살(三煞)·이사(移徙) 방위(方位) 〗

1) 대장군(大將軍) 방위(方位)

〈표 22〉 대장군(大將軍) 방위(方位)

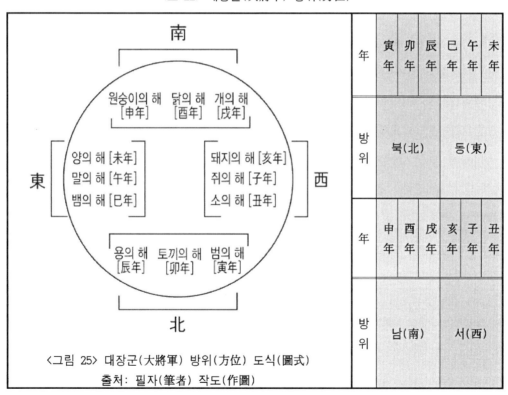

〈그림 25〉 대장군(大將軍) 방위(方位) 도식(圖式)

출처: 필자(筆者) 작도(作圖)

年	寅年	卯年	辰年	巳年	午年	未年
방위	북(北)			동(東)		
年	申年	酉年	戌年	亥年	子年	丑年
방위	남(南)			서(西)		

대장군(大將軍)[381] 방위(方位)는 그 해에 건물(建物) 신축(新築) 및 개축(改

築), 이사(移徙), 집수리 등에 사용되는 택일(擇日) 기법(技法)이다. 매년 시계 방향으로 이동하며, 3년을 한 방위(方位)에 머무르는 결과가 나타나고, 그 해에 그 방위(方位)는 만사(萬事)를 꺼린다.

寅年(범의 해)·卯年(토끼의 해)·辰年(용의 해)에는 북쪽이 대장군(大將軍) 방위(方位)가 되고, 巳年(뱀의 해)·午年(말의 해)·未年(양의 해)에는 동쪽이 대장군(大將軍) 방위가 되며, 申年(원숭이의 해)·酉年(닭의 해)·戌年(개의 해)에는 남쪽이 대장군(大將軍) 방위(方位)가 되고, 亥年(돼지의 해)·子年(쥐의 해)·丑年(소의 해)에는 서쪽이 대장군(大將軍) 방위(方位)가 된다.

2) 삼살(三煞) 방위(方位)

삼살(三煞) 방위(方位)는 대장군(大將軍) 방위(方位)와 같이 방향(方向)에 대한 택일(擇日) 기법(技法)이다. 매년 시계 반대방향으로 이동하고, 그해 그 방위(方位)로는 만사(萬事)를 꺼려야 한다.

위 표를 보면서 설명하면, 亥年(돼지의 해)·卯(토끼의 해)·未年(양의 해)에는 서쪽이 삼살(三煞) 방위(方位)가 되고, 寅年(범의 해)·午年(말의 해)·戌年(개의 해)에는 북쪽이 삼살(三煞) 방위(方位)가 되고, 巳年(뱀의 해)·酉年(닭의 해)·丑年(소의 해)에는 동쪽이 삼살(三煞) 방위(方位)가 되고, 申年(원숭이의 해)·子年(쥐의 해)·辰年(용의 해)에는 남쪽이 삼살(三煞) 방위(方位)가 된다.

삼살(三煞) 방위(方位)를 정리하면 <그림 26>과 <표 23>과 같다.

---

381) 대장군(大將軍)은 길흉(吉凶) 방위(方位)를 관장하는 팔장신(八將神)의 하나로, 나머지 팔장신(八將神)은 세형(歲刑), 황번(黃幡), 세파(歲破), 표미(豹尾), 세살(歲煞), 태세(太歲), 태음(太陰)이다.

<표 23> 삼살(三煞) 방위(方位)

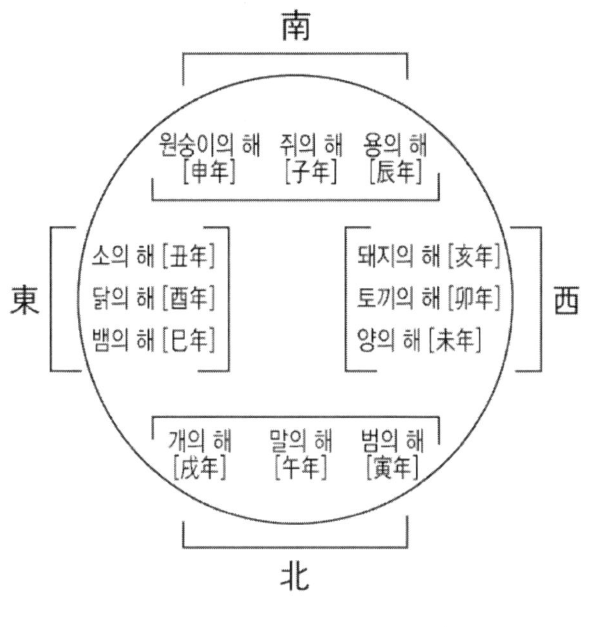

年	亥年	卯年	未年	寅年	午年	戌年
방위	서(西)			북(北)		
年	巳年	酉年	丑年	申年	子年	辰年
방위	동(東)			남(南)		

원숭이의 해 [申年] 쥐의 해 [子年] 용의 해 [辰年]

소의 해 [丑年]
닭의 해 [酉年]
뱀의 해 [巳年]

돼지의 해 [亥年]
토끼의 해 [卯年]
양의 해 [未年]

개의 해 [戌年] 말의 해 [午年] 범의 해 [寅年]

南 東 西 北

<그림 26> 삼살(三煞) 방위(方位) 도식(圖式)
출처: 필자(筆者) 작도(作圖)

3) 이사(移徙) 날 잡는 법(法)

다음은 이사(移徙)와 관련하여 알아보자.

이사(移徙)를 하려면 먼저 해당하는 방위(方位)가 대장군(大將軍)과 삼살(三煞) 방위(方位)에 해당되지 않는지를 살피는 것이 우선이다. 그 해에서 관련된 방위(方位)와 관련이 없다면, 다음으로 택일(擇日)하여 이사(移徙)를 하면 된다.

흔히 그 방위(方位)에 손 있는 날이라 하여, 꺼리는 날을 '손 있는 날', 꺼리지 않는 날을 '손 없는 날'로 구분하기도 하며 아래 <그림 27>과 같다.

<표 24> 이사(移徙) 방위(方位)

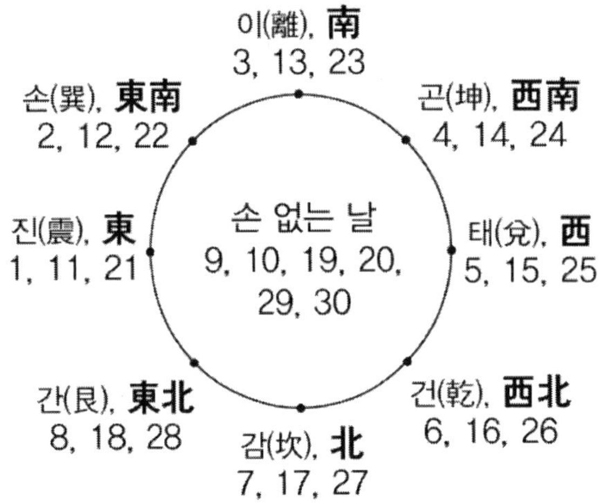

방위(方位)	손 있는 일자(日子)
동(東)	1, 11, 21
동남(東南)	2, 12, 22
남(南)	3, 13, 23
서남(西南)	4, 14, 24
서(西)	5, 15, 25
서북(西北)	6, 16. 26
북(北)	7, 17, 27
동북(東北)	8, 18, 28
손 없는 일자(日子)	
9, 10, 19, 20, 29, 30	

이(離), 南
3, 13, 23

손(巽), 東南
2, 12, 22

곤(坤), 西南
4, 14, 24

진(震), 東
1, 11, 21

손 없는 날
9, 10, 19, 20,
29, 30

태(兌), 西
5, 15, 25

간(艮), 東北
8, 18, 28

감(坎), 北
7, 17, 27

건(乾), 西北
6, 16, 26

<그림 27> 이사방위도(移徙方位圖)
출처: 필자(筆者) 작도(作圖)

<그림 27>과 <표 24>를 보면서 설명하면, 동쪽[진(震)]으로는 매월 1일, 11일, 21일은 손 있는 날이 되어 그 날들만 피하고, 십 자리와는 상관없이 나머지 2∼10일로 끝나는 날에는 이사(移徙)가 가능하다.

동남쪽으로는 매월 2일, 12일, 22일이 손 있는 날이 되어 이 날들만 피하고, 끝자리가 1, 3∼10일에는 이사(移徙)가 가능하다.

남쪽으로는 매월 3일, 13일, 23일이 손 있는 날이 되어 해당하는 날만 피하고, 끝자리가 1, 2, 4∼10일에는 이사(移徙)가 가능하다.

서남쪽으로는 매월 4일, 14일, 24일이 손 있는 날이 되어, 해당하는 날만 피하고 끝자리가 1~3, 5~10일에는 이사(移徙)가 가능하다.

　서쪽으로는 매월 5일, 15일, 25일이 손 있는 날이 되어 해당하는 날만 피하고, 끝자리가 1~4, 6~10일에는 이사(移徙)가 가능하다.

　서북쪽으로는 매월 6일, 16일, 26일이 손 있는 날이 되어 해당하는 날만 피하고, 끝자리가 1~5, 7~10일에는 이사(移徙)가 가능하다.

　북쪽으로는 매월 7일, 17일, 27일이 손 있는 날이 되어 해당하는 날만 피하고, 끝자리가 1~6, 8~10일에는 이사(移徙)가 가능하다.

　동북쪽으로는 매월 8일, 18일, 28일이 손 있는 날이 되어 해당하는 날은 피하고, 끝자리가 1~7, 9, 10일에는 이사(移徙)가 가능하다.

　마지막으로 손 없는 날은 매월 9일, 10일, 19일, 20일, 29일, 30일이 되어 이사(移徙) 택일(擇日)에 가장 많이 사용하고 있다. 그러나 실제는 매월 손 있는 날을 피하여 이사(移徙)하면 되기 때문에, 이사(移徙)할 수 있는 날은 매월 해당하는 날[손 있는 날]만 피하면 이사(移徙)가 가능하다.

〖 2. 삼재(三災)와 호충(呼沖) 〗

　1) 삼재(三災)

　삼재(三災)는 대삼재(大三災)와 소삼재(小三災)가 있다.

　대삼재(大三災)는 피할 수 없는 수재(水災), 화재(火災), 풍재(風災)의 세 가지 재앙(災殃)을 말하고, 소삼재(小三災)는 병난(兵難), 질역(疾疫), 기근(饑饉)의 세 가지 재앙(災殃)을 말한다.

　삼재(三災)에 해당하는 생(生, 띠)은 삼년(三年)을 이어 좋지 않은 해라 하여,

언행(言行)[말과 행동]과 출입(出入)에 있어 조심하여야 한다.

<표 25> 삼재(三災)

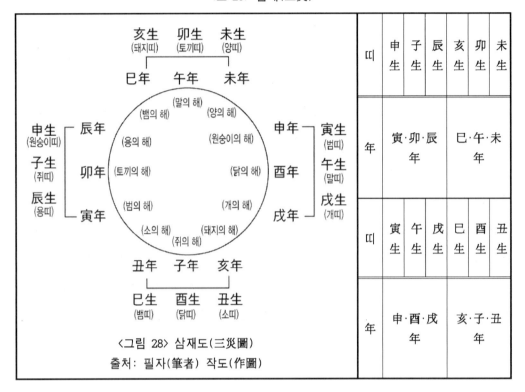

<그림 28> 삼재도(三災圖)
출처: 필자(筆者) 작도(作圖)

<그림 28>과 <표 25>를 보면서 설명하면, 申生(원숭이 띠)·子生(쥐 띠)·辰生(용 띠)은 寅年(범의 해), 卯年(토끼의 해), 辰年(용의 해)에 삼재(三災)가 된다.

巳生(뱀 띠)·酉生(닭 띠)·丑生(소 띠)는 亥年(돼지의 해), 子年(쥐의 해), 丑年(소의 해)에 삼재(三災)가 된다.

寅生(범 띠)·午生(말 띠)·戌生(개 띠)은 申年(원숭이의 해), 酉年(닭의 해), 戌年(개의 해)에 삼재(三災)가 된다.

巳生(뱀 띠)·酉生(닭 띠)·丑生(소 띠)은 亥年(돼지의 해), 子年(쥐의 해), 丑

年(소의 해)에 삼재(三災)가 된다.

　　2) 호충(呼沖)

　다음은 하관(下棺)이나 출입(出入)에 중요한 호충(呼沖)에 대해 알아보기로 하자.

　호충(呼沖)은 흉(凶)한 기운(氣運)이 해당하는 사람을 불러, 그 원래의 기운(氣運)을 충(沖)하여 나쁜 기운(氣運)으로 바뀐다는 의미를 가지고 있다.

　나쁜 기운(氣運)으로 바뀐다는 호충(呼沖)은 호충(呼沖), 정충(正沖), 동충(同沖)을 합(合)해서 이르는 말이고, 해당하는 생(生, 띠)은 그 날을 조심하여 출행(出行)하여야 하며, 특히 음택(陰宅)에서 하관(下棺)할 때에는 가족(家族)이라도 보아서는 안 된다.

　조선(朝鮮) 영조(英祖)부터 정조(正祖)가 즉위한 때까지의 기록이 나타나 있는 『일성록(日省錄)』[382]에 〈정조(正祖)가 즉위한 원년(1776, 丙申年)에〉 영조(英祖)의 하관(下棺)과 관련한 내용이 나타난다.

　현궁(玄宮)[임금의 광중(壙中)]을 내리는 것[영조(英祖)의 하관(下棺)]은 〈1776년〉 7월 13일 壬午日 寅時에 한다. 직접적으로 호충(呼沖)에 해당되는 것은 壬寅生이고, 正沖에 해당되는 것은 壬子生이고, 동충(同沖)에 해당되는 것은 丙子生이다. 이상은 현궁(玄宮)을 내릴 때 조금 피한다.[383]

　또 『승정원일기(承政院日記)』[384]에, "고종(高宗) 15년(1878, 戊寅年) 하관

---

382) 『일성록(日省錄)』은 영조(英祖) 36년(1760) 1월부터 1910년 8월까지 151년간의 국정에 관한 제반 사항들이 기록되어 있는 일기로, 필사본이며, 총 2,329책이다. 왕(王)의 입장에서 편찬한 일기(日記)의 형식을 갖추고 있으나 실질적으로는 정부의 공식기록이다. 이 책은 조선(朝鮮) 후기에 문화 사업을 크게 일으켰던 정조(正祖)에 의하여 기록되기 시작하여 그 뒤 정부의 업무로서 계속 편찬되었다.

383) 『日省錄』: "下玄宮。七月十三日壬午寅時。的呼壬寅生。正沖壬子生。同沖丙子生."

384) 『승정원일기(承政院日記)』는 승정원(承政院)에서 작성한 업무일지이다. 승정원(承政院)은 조선(朝

(下棺)하는 내용이 능소(陵所)에서는, 찬궁(欑宮)[385]을 여는 것은 같은 달 17일 癸亥日 戌時에 먼저 동방(冬防)에서 시작하고, …, 하관(下官)은 같은 달 18일 [甲子日] 寅時에 한다. 호충살(呼沖煞)은 辛丑生이고, 정충살(正沖煞)은 甲午生이고, 동순충(同旬沖)은 庚午生이니, 이상은 하관(下棺)할 때 조금 피한다"[386]라고 나타난다.

호충(呼沖)은 해당하는 그 해와 생년(生年, 띠)의 지지(地支)가 서로 충(沖)하는 것을 말한다.

정충(正沖)은 해당하는 일과 생년(生年, 띠)의 천간(天干)이 동일하고, 지지(地支)가 충(沖)하는 것을 말한다.

동충(同沖)은 해당하는 일과 생년(生年, 띠)의 천간(天干)과 지지(地支)가 모두 충(沖)하는 것을 말한다.

이를 간단하게 정리하면, 해당하는 그 해와 생년(生年, 띠)이 충(沖)해도 안 되고, 해당하는 그 날이 생년(生年, 띠)과 충(沖)해도 안 된다. 따라서 하관(下棺)과 같은 날이 본인과 연관되는 충(沖)이라면 그 자리를 피해야 하고, 문상(問喪)을 가서도 조심하여야 한다. 지지충(地支沖)에 대해서는 향후 구체적으로 설명하기로 하고, 간단하게 나타내면 <그림 29>와 <표 26>과 같다.

만약, 하관(下棺)에 해당하는 일자(日子)가 丙申年, 壬午日이면, 丙申과 호충(呼沖)하는 寅生(범 띠)과 壬午와 호충(呼沖)하는 子生(쥐 띠)은 호충(呼沖)에

鮮)시대 왕(王)의 비서실(祕書室)로 승지(承旨) 6명(정3품 堂上官), 주서(注書. 정7품) 2명, 서리(書吏) 28명으로 구성된 관서(官署)였다. 승정원(承政院)의 중심은 도승지(都承旨)부터 동부승지(同副承旨)에 이르는 6명의 승지(承旨)였지만, 작성은 2명의 주서(注書)가 담당했다.

385) 찬궁(欑宮)이란 임금이나 왕비(王妃)가 죽게 되면, 먼저 빈전(殯殿)[일종의 전각(殿閣)]을 설치한다. 설치된 빈전(殯殿)내에 관을 두는 방인 빈소(殯所)를 차리는데, 이 빈소(殯所)를 찬궁(欑宮)이라 한다.

386) 『承政院日記』「高宗 15년」: "陵所啓欑宮, 同月十七日癸亥戌時, 先啓東方, …, 下玄宮, 同月十八日寅時, 的呼辛丑生, 正沖甲午生, 同旬沖庚午生."

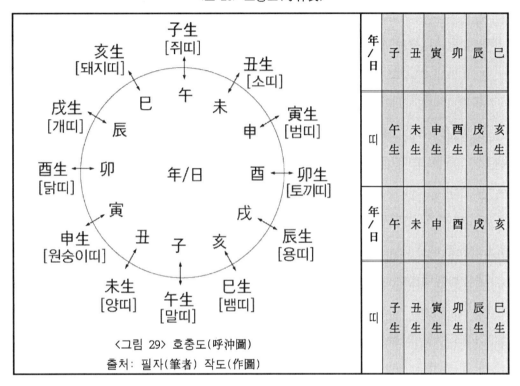

年/日	子	丑	寅	卯	辰	巳
띠	午生	未生	申生	酉生	戌生	亥生
年/日	午	未	申	酉	戌	亥
띠	子生	丑生	寅生	卯生	辰生	巳生

〈그림 29〉 호충도(呼沖圖)
출처: 필자(筆者) 작도(作圖)

해당하므로, 참석하지 않는 것이 좋으며 피치 못할 상황이라면 그 자리를 잠시 피해 있어야 한다.

〖 3. 음양오행(陰陽五行)과 인체(人體) 〗

앞 제2장에서 설명한 음양오행설(陰陽五行說)은 천인감응설(天人感應說)과 함께 의학(醫學)과도 접목(椄木)되면서 상관관계(相關關係)를 이루게 된다.

이 절에서는 동양(東洋)에서 의학(醫學) 전문서적으로 빼 놓을 수 없는 『황제내경(黃帝內經)』을 중심으로, 음양오행(陰陽五行)과 인체(人體)에 대해 알아보고, 격국용신(格局用神)[Ⅱ. 원론(原論)]과 활용(活用)[Ⅲ. 통변론(通辯論)]에서 구체적으로 설명하고자 한다.

1) 음양오행(陰陽五行)과 인체(人體)

전국(戰國)시대 『황제내경(黃帝內經)』[387]은 소문(素門)과 영추(靈樞)로 나누어진다. 소문(素門)은 음양오행설(陰陽五行說)과 천인감응설(天人感應說)이 주(主)를 이루고 있다.

「음양이합론(陰陽離合論)」에 "천(天)은 양(陽)이 되고, 지(地)는 음(陰)이 된다"[388]고 하여, 음양(陰陽)과 천지(天地)의 관계를 나타내고 있다.

「음양응상대론(陰陽應相大論)」에는 "양(陽)이 이기면 열이 나고, 음(陰)이 이기면 추워진다. 심히 추워지면 더워지고, 심히 더워지면 추워진다."[389] 또 "음(陰)이 이기면 양(陽)이 병(病)이 들고, 양(陽)이 이기면 음(陰)이 병(病)이 든다"[390]고 하였다.

「금궤진언론(金櫃眞言論)」에는 "음(陰) 가운데도 또 음(陰)이 있고, 양(陽) 가운데도 또 양(陽)이 있다. 아침부터 한낮까지는 천(天)이 양(陽)이니, 양(陽) 가운데 양(陽)이 된다. 한낮부터 황혼(黃昏)까지는 천(天)이 양(陽)이니, 양(陽) 가운데 음(陰)이다. 해가 지고부터 새벽까지는 천(天)이 음(陰)이 되니, 음(陰)

---

387) 『황제내경(黃帝內經)』은 진한대(秦漢代) 만들어 진 것으로 추정하며, 의학오경(醫學五經)의 하나이다. 이 책은 소문(素問)[전반 9권]과 영추(靈樞)[후반 9권]로 구분된다. 소문(素門)은 천인합일설(天人合一說)과 음양오행설(陰陽五行說) 등 자연학(自然學)에 입각한 병리학설(病理學設)을 주로 하고 있다. 영추(靈樞)는 침구(鍼灸)와 도인(導引) 등 물리요법(物理療法)을 상술(詳述)하고 있다.
388) 『黃帝內經』「陰陽離合論」: "天爲陽, 地爲陰."
389) 『黃帝內經』「陰陽應相大論」: "陽勝則熱, 陰勝則寒, 重寒則熱, 重熱則寒."
390) 『黃帝內經』「陰陽應相大論」: "陰勝則陽病, 陽勝則陰病."

가운데 음(陰)이다. 새벽부터 아침까지는 천(天)이 음(陰)이 되니, 음(陰) 가운데 양(陽)이다"[391]고 하였다.

위 내용들에서 알 수 있는 것은 음양(陰陽)의 상호 관계(關係)와 변화(變化), 그리고 서로 특정한 관계를 형성하고 있음을 말하고 있다.

음양(陰陽)과 인체(人體)의 관계에 대해서 「금궤진언론(金櫃眞言論)」에는, "사람의 음양(陰陽)은 밖이 양(陽)이 되고, 안이 음(陰)이 되며, 인체(人體)의 음양(陰陽)은 등이 양(陽)이 되고, 배가 음(陰)이 되며, 인체(人體)의 장부(臟腑) 중에서의 음양(陰陽)은 장(臟)[오장(五臟)]이 음(陰)이 되고 부(腑)[육부(六腑)]가 양(陽)이 된다. 간장(肝腸)과 심장(心臟)과 비장(脾臟)과 폐장(肺臟)과 신장(腎臟)의 오장(五臟)은 음(陰)이 되고, 담(膽)과 위장(胃臟)과 대장(大腸)과 소장(小腸)과 방광(膀胱)과 삼초(三焦) 육부(六腑)는 양(陽)이 된다"[392]고 하였다.

「생기통천론(生氣通天論)」에는 "예로부터 천(天)과 통하는 것이 삶의 근본(根本)이니, 그 근본(根本)은 음양(陰陽)이다"[393]라고 하였다.

또 「음양응상대론(陰陽應相大論)」에는 "양병(陽病)엔 음(陰)을 다스리고, 음병(陰病)엔 양(陽)을 다스린다"[394]고 하였다.

위 「금궤진언론(金櫃眞言論)」과 「생기통천론(生氣通天論)」과 「음양응상대론(陰陽應相大論)」에서 나타나는 내용은, 음양(陰陽)과 장부(臟腑)를 설명하였

---

391) 『黃帝內經』「金櫃眞言論」: "陰中有陰, 陽中有陽, 平旦至日中, 天之陽, 陽中之陽也, 日中之黃昏, 天之陽, 陽中之陰也, 合夜至鷄鳴, 天之陰, 陰中之陰也, 鷄鳴之平旦, 天之陰, 陰中之陽也."
392) 『黃帝內經』「金櫃眞言論」: "夫言人之陰陽, 則外爲陽, 內爲陰, 言人身之陰陽, 則背爲陽, 復爲陰, 言人身之臟腑中陰陽, 則臟者爲陰, 腑者爲陽, 肝心脾肺腎五臟, 皆爲陰, 胆胃大腸小腸膀胱三焦, 六腑皆爲陽."
393) 『黃帝內經』「生氣通天論」: "夫自古通天者, 生之本, 本於陰陽."
394) 『黃帝內經』「陰陽應相大論」: "陽病治陰, 陰病治陽."

고, 이것이 서로 조화(調和)를 이루지 않고 균형(均衡)을 잃게 되면, 그에 해당하는 장부(臟腑)와 그 장부(臟腑)와 관계된 다른 장부(臟腑)들까지 손상(損傷)을 당하게 된다는 내용이 나타나 있다.

이처럼 음양오행(陰陽五行)은 천인감응설(天人感應說)과 함께 의학(醫學)과의 연관관계를 형성하고 있음을 알 수 있다.

음양오행(陰陽五行)과 인체(人體)가 불가분(不可分)의 관계라는 것에 대해서, 「보명전형론(寶明全形論)」에 "사람은 형체(形體)를 가지면 음양(陰陽)을 떠날 수 없다"395)고 하였고, 「생기통천론(生氣通天論)」에는 "음기(陰氣)가 고르고 양기(陽氣)가 잘 간직되어야 정신(精神)이 온전해진다"396)고 하였으며, 「음양이 십오인(陰陽二十五人)」에는 "천지(天地)와 육합(六合)내의 모든 사물(事物)은 오행(五行)을 벗어나지 않으며, 사람 또한 그것에 상응(相應)한다"397)고 하였다.

이처럼 음양오행설(陰陽五行說)을 근거(根據)로 생리(生理)·병리(病理) 및 치료(治療)의 이치를 설명한 의학체계가 바로 한의학(韓醫學)이다.398)

『황제내경(黃帝內經)』에서는 오행(五行)의 상호관계(相互關係)를 기반으로 하여 인체(人體)의 세계를 설명한 것처럼, 한의학(韓醫學)에서 상생(相生)의 생(生)은 자생(資生) 또는 조장(助長)의 의미를 가지며, 상극(相剋)의 극(剋)은 억제(抑制) 또는 제약(制約)의 의미를 가진다.399) 즉 인체(人體)에서의 오행(五行)의 상생(相生)과 상극(相剋)이 신체(身體)의 질병(疾病)과 상관관계(相關關係)를 이루고 있음을 말하고 있다.

---

395) 『黃帝內經』 「寶明全形論」: "人生有形, 不離陰陽."
396) 『黃帝內經』 「生氣通天論」: "陰平陽秘, 精神乃治."
397) 『黃帝內經』 「陰陽二十五人」: "天地之間, 六合之內, 不離于五, 人亦應之."
398) 張其成(정창현 옮김), 『한의학의 원류를 찾다』, 청흥, 2008, 111쪽.
399) 윤창렬, 『醫哲學』, 주민출판사, 2005, 62-63쪽 참조.

2) 인체(人體)의 유형(有形)과 사상체질(四象體質)

다음은 사람의 유형(有形)을 오행(五行)으로 설명하고 있는 내용을 보면 다음과 같다. 먼저 사람의 체질(體質)을 음양(陰陽)으로, 음양(陰陽)은 다시 사상체질(四象體質)400)로 나누어 설명하고 있고, 사람의 유형(有形)을 오행(五行)으로 설명하고 있다.

체질(體質)에서 태음인(太陰人)은 탐욕(貪慾)이 지나침으로 인해 어진 마음이 부족해지나, 자신을 낮추고 공손(恭遜)하며 침착 묵중(默重)하고 속이 깊다. 외향적이지 않고 내향적이며, 마음이 온화하고 속마음이나 감정(感情)을 발현(發現)시켜 겉으로 잘 드러내지 않으나, <그렇다고> 힘써 적극적으로 나서지는 않고, 행동이 늦고 남 뒤에 서기를 좋아한다. 음양(陰陽)이 조화(調和)를 이루지 못하므로 근맥(筋脈)이 늘어지고 피부(皮膚)가 두텁다. …, 피부색(皮膚色)이 검으며, 원래 겸손(謙遜)한 마음보다 과하게 표현하며, 신체(身體)가 든든하고 장대하여 우뚝 서 있기 때문에 오금이 쫙 펴져서 굽은 기색(氣色)이 없게 된다.401)

소음인(少陰人)은 작은 일에 만족하고, 그 일에 집착하여 마음을 빼앗기고 상처받아 정신건강을 해칠 수 있고, 다른 사람의 좋은 일을 마치 자기의 일처럼 좋아하나 다른 사람에게 <쓴 소리를 하여> 마음에 상처를 입히고 해치게 되며, 다른 사람이 잘 되는 것을 보면 오히려 은근히 화가 나는 듯 한 기분이 들 수 있어, 시기하는 나쁜 마음이 있고 인정 어린 마음이 없는 것처럼 보이며, 음기(陰

---

400) 사상체질(四象體質)은 『주역(周易)』「계사전(繫辭傳)」에, "역(易)에는 태극(太極)이 있는데, 이것은 양의(兩義)를 낳고, 양의(兩義)[음양(陰陽)]가 사상(四象)을 낳고, 사상(四象)이 팔괘(八卦)를 낳는다.(是故易有太極, 是生兩義, 兩義生四象, 四象生八卦.)"에서 그 근원을 찾을 수 있다.

401) 『黃帝內經』「通天論」: "太陰之人, 貪而不仁, 下齊湛湛, 好內而惡出, 心和而不發, 不務於時, 動而後之, …, 陰陽不和, 緩筋而厚皮, …, 其狀黮黮然黑色, 念然下意, 臨臨然長大, 膕然未僂."

氣)가 많고 양기(陽氣)가 적어 위(胃)가 작고 대장(大腸)이 커서 육부(六府)의 기능(機能)이 조화(調和)를 이루지 못한다. …, 그 모습이 조용하고 숨기는 것 같아 보이며, 서 있으면 조급하고 불안해하며 걸을 때는 어깨를 굽히고 내리 누르는 듯이 한다.[402)

태양인(太陽人)은 일정한 거처 없이 아무데서나 기거(起居)하기를 좋아하면서 활동범위가 넓고 크며, 큰 일 논하기를 좋아하며, 능력 밖의 것을 주장하면서 사방(四方)에 펼치고 싶어 하며, 행동이 멋대로 이면서 절제할 줄 모르고 독선적이며, 품은 뜻은 고원(高原)하지만 실패가 많고 <그러나> 후회하지는 않는다. …, 양기(陽氣)가 과도하게 빠지면 쉽게 화를 내고 음양(陰陽)이 모두 빠진 경우는 갑자기 죽거나 사람을 알아보지 못하게 된다.[403)

소양인(少陽人)은 따지기를 좋아하면서 스스로를 귀하게 여기며, 작은 관직(官職)도 스스로 대단하다고 여기며, <가정일 보다는> 밖으로 나가서 사람만나기를 좋아하지만 다른 사람의 말을 잘 받아들이지 않는다. 외형(外形)은 서 있을 때는 가슴이 활짝 펴져 있어 고개를 바짝 든 것처럼 보이고, 걸을 때 손발을 많이 흔들며 어깨가 활짝 벌어져서 양 팔뚝이 마치 등 뒤에서 나오는 것 같다. 또한 양기(陽氣)가 많고 음기(陰氣)가 적어 경맥(經脈)이 작고 낙맥(絡脈)이 커서 혈(血)은 속에 있고 기(氣)는 밖에 있다.[404)

그에 반해 음양(陰陽)이 편중(偏重)되지 않은 사람을 음양화평인(陰陽和平人)

---

402) 『黃帝內經』「通天論」: "小貪而賊心, 見人有亡, 常若有得, 好傷好害, …, 見人有榮, 乃反慍怒, …, 多陰少陽, 小胃而大腸, 六府不調, …, 其狀淸然竊然. 固以陰賊, 立而躁嶮, 行而似伏, 此少陰之人也."
403) 『黃帝內經』「通天論」: "居處于于, 好言大事, 無能而虛說, 志發于四野, 擧措不顧是非, 爲事如常自用, 事雖敗, 而常無悔, …, 陽重脫者, 易狂, 陰陽皆脫者, 暴死不知人也, 此太陽之人也."
404) 『黃帝內經』「通天論」: "諟諦好自貴, 有小小官, 則高自宜, 好爲外交, 而不內附, 其狀立則好仰, 行則好搖, 其兩臂兩肘, 則常出於背, 多陽少陰, 經小而絡大, 血在中而氣外, …, 此少陽之人也."

으로 표현(表現)하면서 다음과 같이 나타내고 있다.

음양화평인(陰陽和平人)은 행동거지가 안정되어 늘 두려워하지 않고 지나친 즐거움을 찾지 않으며, 사물(事物)에 순응(順應)하여 남과 따져서 다투지 않고 상황(狀況)의 변화(變化)에 따르며, 높은 자리에 있으면 겸손(謙遜)하고 낮은 자리에 있으면 아첨(阿諂)하지 않는다. 외형(外形)은 온화(穩和)하고 점잖으며, 성격(性格)이 유순(柔順)하여 환경(環境)에 잘 적응(適應)한다. 태도(態度)가 엄숙(嚴肅)하고 품행(品行)이 단정(斷定)하며, 사람을 부드럽게 대하고 눈빛이 자상하고 상냥하며, 행동거지에 절도(節度)가 있고 일을 분명하게 처리하여 여러 사람들이 모두 군자(君子)라고 한다. 또한 음양(陰陽)의 기(氣)가 조화(調和)롭고 혈맥(穴脈)이 순조롭다. …, 이것이 음양(陰陽)을 조화(調和)롭게 하고, 다섯 가지 사람의 유형(有形)을 나누는 표준(標準)이 되고 있다.[405]

더 나아가, 사람의 유형(有形)을 오행(五行), 즉 오형인(五形人)[목형인(木形人)·화형인(火形人)·토형인(土形人)·금형인(金形人)·수형인(水形人)]으로 자세히 설명하고 있다.

목형인(木形人)은 상각(上角)에 비할 수 있으며 창제(蒼帝)[동방인(東方人)]와 비슷하다. 피부(皮膚)는 푸른색이고, 머리가 작고 얼굴이 길며, 어깨와 등이 넓고 몸이 곧으며 손발이 작다. 재주가 있고 조심성이 많으며, 체력(體力)이 약하고 세상일에 근심(謹審)이 많다. 춘하(春夏)는 견디나 추동(秋冬)은 견디지 못하여 병사(病邪)에 쉽게 감촉(感觸)되어 병(病)이 생긴다.[406]

---

405) 『黃帝內經』「通天論」"居處安靜, 無爲懼懼, 無爲欣欣, 婉然從物, 或與不爭, 與時變化, 尊則謙謙, 譚而不治. 其狀立則仰仰, 行則好搖, 其兩臂兩肘, 則常出於背, 此少陽之人也. 陰陽和平之人, 其狀委委然隨隨然, 顒顒然, 愉愉然, 曘曘然, 豆豆然, 衆人皆曰君子, 此陰陽和平之人也. 其陰陽之氣和, …, 此所以調陰陽, 別五態之人者也. 此陰陽和平之人也."
406) 『黃帝內經』「陰陽二十五人」: "木形之人, 比於上角, 似於蒼帝, 其爲人蒼色, 小頭, 長面, 大肩背, 直身, 小手足, 好有才, 勞心, 少力, 多憂勞於事. 能春夏不能秋冬, 感而病."

화형인(火形人)은 상징(上徵)에 비할 수 있으며 적제(赤帝)[남방인(南方人)]와 비슷하다. 피부(皮膚)는 붉은 색이고 잇몸이 넓고 얼굴이 좁으며 머리가 작다. 어깨와 등과 넓적다리나 배의 발육(發育)이 고르고, 수족(手足)은 작고 걸음걸이는 안정되며, 생각은 재빠르며 걸음걸이는 두 어깨를 흔들면서 걷는다. 어깨와 등에는 살집이 많고 기백(氣魄)이 있고 재물(財物)을 가볍게 여기며 믿음성이 적고 생각이 많으며, 사리판단이 분명하고 안색(顔色)은 좋다. 하지만 마음이 급하여 오래 살지 못하고 갑자기 죽는다. 춘하(春夏)는 잘 견디나 추동(秋冬)은 잘 견디지 못하여 추동(秋冬)에 주로 외사(外事)로 인해 병(病)이 생긴다.407)

토형인(土形人)은 가운데 상궁(上宮)에 견줄 수 있고 황제(黃帝)[중앙(中央)]와 비슷하다. 피부(皮膚)는 누렇고 둥근 얼굴이며 머리가 크고 어깨가 잘 발달되었다. 복부(腹部)는 풍만(豐滿)하고 대퇴부(大腿部)와 정강이가 튼튼하고, 수족(手足)은 작으나 살이 많고, 전신(全身)의 상하(上下)가 조화(調和)롭게 균형(均衡)을 이루고 걸음걸이도 안정되어있다. 남을 돕기를 좋아하고 마음은 안정 되어 있고, 권세(權勢)를 좋아하지 않으며 남들과 잘 어울린다. 추동(秋冬)은 잘 견디나 춘하(春夏)는 견디기 힘들어 하며, 춘하(春夏)에 바깥일을 하면 쉽게 병(病)이 생긴다.408)

금형인(金形人)은 上商(상상)에 비할 수 있어 백제(白帝)[서방인(西方人)]의 사람들과 비슷하다. 네모난 얼굴에 피부(皮膚)가 하얗고, 머리가 작으며, 어깨와 등도 좁고, 배도 작고, 수족(手足)도 작으며, 발꿈치가 단단하여 골격(骨格)이

---

407) 『黃帝內經』「陰陽二十五人」: "火形之人, 比於上徵, 似於赤帝, 其爲人赤色, 廣䐃, 脫面小頭, 好肩背髀腹, 小手足, 行安地, 疾心, 行搖, 肩背肉滿, 有氣輕財, 少信, 多慮, 見事明, 好顔, 急心, 不壽暴死, 能春夏不能秋冬, 秋冬感而病生."
408) 『黃帝內經』「陰陽二十五人」: "土形之人, 比於上宮, 似於上古黃帝, 其爲人黃色, 圓面, 大頭, 美肩背, 大腹, 美股脛, 小手足, 多肉, 上下相稱, 行安地, 擧足浮, 安心, 好利, 不喜權勢, 善附人也, 能秋冬, 不能春夏, 春夏感而病生."

발꿈치 밖으로 드러난 듯하며, 골격(骨格)에 힘이 있어 움직임도 경쾌(輕快)하다. 품성(品性)이 맑고 성격(性格)이 급해서 가만히 있으면 안정되나, 움직이면 사나워 관리(官吏)에 적합하다. 추동(秋冬)은 잘 견디나 춘하(春夏)는 견디지 못하여, 춘하(春夏)에 쉽게 사기(邪氣)에 노출되어 병(病)이 생긴다.[409]

수형인(水形人)은 상익(上羽)에 비할 수 있으며, 흑제(黑帝)[북방인(北方人)]의 사람들과 비슷하다. 피부(皮膚)가 검고 얼굴이 넓적하지만 평평(平平)하지는 않아서 굽은 듯하며, 머리가 크고 턱이 넓으며, 어깨는 좁고 배가 크다. 수족(手足)을 움직이는 것을 좋아하고 걸을 때는 몸을 흔들며, 꽁무니뼈가 길고 등도 긴 편이다. 이들은 남을 존경하는 마음이 없고 남을 무서워하지도 않으며, 남을 잘 속이고 종종 죽임을 당하기도 한다. 추동(秋冬)은 잘 견디나 춘하(春夏)는 견디기 힘들어하고, 춘하(春夏)에 사기(邪氣)에 노출되면 병(病)이 생긴다.[410]

그리고 음양오행(陰陽五行)과 인체(人體)에 대한 상관관계(相關關係)를 「천원기대론(天元紀大論)」과 「옥기진장론(玉機眞藏論)」에는 각각 다음과 같이 나타내고 있다.

천(天)에는 오행(五行)이 있어 오방(五方)을 다스려 한(寒)·서(暑)·조(燥)·습(濕)·풍(風)의 기후(氣候) 변화(變化)를 생성(生成)하고, 사람에게는 오장(五臟)이 있어 오기(五氣)[한(寒)·서(暑)·조(燥)·습(濕)·풍(風)]를 만들어 희(喜)[기쁨]·노(怒)[노여움]·사(思)[근심]·우(憂)[어리석음]·공(恐)[두려움]의 감정을 낳는다.[411]

---

409) 『黃帝內經』「陰陽二十五人」: "金形之人, 比於上商, 似於白帝, 其爲人, 方面, 白色, 小頭, 小肩背, 小腹, 小手足, 如骨發踵外, 骨輕, 身淸廉, 急心, 靜悍, 善爲吏, 能秋冬不能春夏, 春夏感而病生."
410) 『黃帝內經』「陰陽二十五人」: "水形之人, 比於上羽, 似於黑帝, 其爲人, 黑色, 面不平, 大頭, 廉頤, 小肩, 大腹, 動手足, 發行搖身, 下尻長, 背延延然, 不敬畏, 善欺紿人, 戮死, 能秋冬不能春夏, 春夏感而病生."
411) 『黃帝內經』「天元紀大論」: "天有五行, 御五位, 以生寒暑燥濕風, 人有五藏, 化五氣, 以生喜怒思憂

오장(五臟)은 병기(病氣)를 해당 장기(臟器)가 생(生)하는 장기(臟器)에서 받고, 해당 장기(臟器)가 극(剋)하는 장기(臟器)로 전해주며, 해당 장기(臟器)를 생(生)하는 장기(臟器)에 머무르고, 해당 장기(臟器)를 극(剋)하는 장기(臟器)에 전해져서 죽는다.412) 또 간장(肝臟)[木]은 병기(病氣)를 심장(心臟)[火]에서 받고, 심해지면 비장(脾臟)[土]으로 전해지며 그 병기(病氣)는 위장(胃臟)에서 머물다가 폐장(肺臟)[金]으로 전해져서 죽는다.413)

이처럼 천원기대론(天元紀大論)」과 「옥기진장론(玉機眞藏論)」에는, 천인감응(天人感應)과 오행(五行)의 상생상극(相生相剋)과 인체(人體)의 장기(臟器)와의 상관관계(相關關係)를 설명하고 있다.

수대(隋代) 소길(簫吉)의 『오행대의(五行大義)』에, "간장(肝臟)은 木에 배속되고, 심장(心臟)은 火에 배속되며, 비장(脾臟)은 土에 배속되고, 폐장(肺臟)은 金에 배속되며, 신장(腎臟)은 水에 배속된다"414)고 하였다.

또 후한대(後漢代) 말 황보밀(皇甫謐)의 『갑을경(甲乙經)』에는 "코는 폐장(肺臟)의 기관이 되고, 눈은 간장(肝臟)의 기관이 되며, 입과 입술은 비장(脾臟)의 기관이 되고, 혀는 심장(心臟)의 기관이 되며, 귀는 신장(腎臟)의 기관이 된다"415)고 하여, 각각 오행(五行)과 장부(臟腑) 및 오관(五官)의 관계를 구체적으로 나타내고 있다.

위 인체(人體)와 음양오행(陰陽五行)과의 관련을 표로 나타내면 〈표 27〉과 같다.

恐."

412) 『黃帝內經』「玉機眞藏論」: "五藏受氣於其所生, 傳之於其所勝, 氣舍於其所生, 死於其所不勝, 病之且死, 必先傳行, 至其所不勝, 病乃死, 此言氣之 逆行也, 故死."
413) 『黃帝內經』「玉機眞藏論」: "肝受氣於心, 傳之於脾, 氣舍於腎, 至肺而死."
414) 『五行大義』: "肝以配木, 心以配火, 脾以配土, 肺以配金, 腎以配水."
415) 皇甫謐, 『甲乙經』: "鼻爲肺之官, 目爲肝之官, 口脣爲脾之官, 舌爲心之官, 耳爲腎之官."

<표 27> 인체(人體)와 관련된 오행(五行)

오행(五行) / 종류(種類)	木	火	土	金	水
천간(天干)	甲, 乙	丙, 丁	戊, 己	庚, 辛	壬, 癸
계절(季節)	춘(春)[봄]	하(夏)[여름]	중앙	추(秋)[가을]	동(冬)[겨울]
방위(方位)	동(東)	남(南)		서(西)	북(北)
오색(五色)	청색(青色)	적색(赤色)	황색(黃色)	백색(白色)	흑색(黑色)
오덕(五德)	인(仁)	예(禮)	신(信)	의(義)	지(智)
기운(氣運)	따뜻함	뜨거움	중성	서늘함	차가움
오장(五臟) [음(陰)]	간장(肝臟) [乙]	심장(心臟) [丁]	비장(脾臟) [己]	폐장(肺臟) [辛]	신장(腎臟) [癸]
육부(六腑) [양(陽)]	담(膽) [甲]	소장(小腸) [丙]	위장(胃臟) [戊]	대장(大腸) [庚]	방광(膀胱) [壬]
오체(五體)	두(頭), [머리, 甲] 경(頸) [목, 乙]	견(肩) [어깨, 丙] 흉(胸) [가슴, 丁]	륵(肋) [갈비, 戊] 복(腹) [배, 己]	제(臍) [배꼽, 庚] 고(股)[넓적다 리, 辛]	경(脛) [정강이, 壬] 족(足) [발, 癸]
오미(五味)	산(酸) [신맛]	고(苦) [쓴맛]	감(甘) [단맛]	신(辛) [매운맛]	함(鹹) [짠맛]
오관(五官)	목(目)[눈]	설(舌)·피(皮) [혀·피부]	구(口)·순(脣) [입·입술]	비(鼻)[코]	이(耳)[귀]
오기(五氣)	풍(風)	열(熱)	습(濕)	조(燥)	한(寒)
오지(五志)	노(怒) [노여움]	희(喜) [기쁨]	사(思) [슬픔]	우(憂) [근심함]	공(恐) [두려움]
수리(數里)	3, 8	2, 7	5, 10	4, 9	1, 6
팔괘(八卦)	震, 巽	離	艮, 坤	乾, 兌	坎

좀 더 나아가 음양오행(陰陽五行)과 인체(人體)에 대해서 오미(五味)를 통해 세밀(細密)히 설명하고 있다.

위장(胃臟)은 오장육부(五臟六腑)의 바다[해(海)]에 해당되어 음식물은 모두 위장(胃臟)으로 들어가며, 오장육부(五臟六腑)는 모두 위장(胃臟)에서 기(氣)를 받아들인다. <음식물의> 오미(五味)는 각기 장소로 들어가는데, 신맛[산(酸), 木]을 지닌 곡기(穀氣)는 먼저 간(肝)으로 들어가고, 쓴맛[고(苦), 火]을 지닌 곡기(穀氣)는 먼저 심장(心臟)으로 들어가며, 단맛[감(甘), 土]을 지닌 곡기(穀氣)는 먼저 비장(脾臟)으로 들어가고, 매운맛[신(辛)]을 지닌 곡기(穀氣)는 먼저 폐장(肺臟)으로 들어가며, 짠맛[함(鹹)]을 지닌 곡기(穀氣)는 먼저 신장(腎臟)으로 들어간다. 곡기(穀氣)에서 화생(化生)한 진액(津液)이 이미 <육체(體內)에서> 운행되고 있으므로 영위(營衛)[416]가 통창(通暢)하고, <그 일부는> 찌꺼기로 변한 다음 순서에 따라 전도(傳導)되어 체외(體外)로 배설된다.[417]

또 음식물이 처음 위장(胃臟)으로 들어가면 그 정미(精微)는 위장(胃臟)에서 나와 상초(上焦)와 중초(中焦)로 들어감으로써 오장(五臟)을 적셔 주고, 두 갈래로 나뉘어져 영분(營分)[418]과 위분(衛分)[419]의 통로(通路)로 운행(運行)한다.

---

416) 영위(營衛)는 영(營)과 위(衛)를 합(合)한 말로, 영(營)은 혈맥(穴脈) 속으로 온몸을 순환하면서 영양작용을 하는 정미(精米)로운 물질(物質) 밖으로부터 사기(邪氣)가 침범(侵犯)하지 못하도록 몸을 보호하는 살갗의 기능을 이르는 말이다.

417) 『黃帝內經』「五味」: "胃者, 五臟六腑之海也, 水穀皆入于胃, 五臟六腑皆稟氣于胃, 五味各走其所喜, 穀味酸, 先走肝, 穀味苦, 先走心, 穀味甘, 先走脾, 穀味辛, 先走肺, 穀味鹹, 先走腎. 穀氣津液已行, 營衛大通, 乃化糟粕, 以次傳下."

418) 영분(營分)은 온병변증(溫病辨證)에서 영(營)에 해당하는 부분과 거기에 병(病)이 생기는 단계를 이르는 말로서, 기분(氣分)의 사열(邪熱)이 이미 혈맥(穴脈) 속 깊이 들어가서 영음(營陰)을 상(傷)하는 동시에 영음(營陰)을 주관하는 심(心)과 신(腎)에 병(病)이 생기는 단계를 말하는데 부위로 보면 기분과 혈분(血分) 사이에 해당되고 병증(病症)으로 보면 몹시 중한 단계이다.

419) 위분(衛分)은 온병변증(溫病辨證)에서 위(衛)에 해당한 부분과 거기에 병(病)이 생기는 단계를 이르는 말로서, 부위(部位)로 보면 표(表)에 해당되며 온열사기(溫熱邪氣)가 피부(皮膚)와 주리(腠理)에 침입하여 위기(衛氣)의 기능이 장애된 표증(表證) 증상이 나타나는 단계이며 발병 초기에 해당한다.

<이와 동시에> 대기(大氣)[종기(宗氣)420)]가 모여 운행(運行)되지 않고 가슴 중앙에 쌓이는데, 이를 기해(氣海)라고 한다. <이 기(氣)는> 폐장(肺臟)에서 나와 목구멍을 따라 흐르므로 숨을 내쉬면 나가고 들이쉬면 들어온다. 대자연의 기(氣)와 음식물에서 화생(化生)한 정기(精氣)를 대강 어림하면 종기(宗氣)·영위(營衛)·조박(糟粕)421)의 세 갈래로 소모된다. 그러므로 음식을 한나절 동안 먹지 않으면 기(氣)가 쇠약해지고, 하루 종일 먹지 않으면 기(氣)가 부족해진다.422)

오미(五味)와 오곡(五穀)에 대해서는, 오곡(五穀)에서 멥쌀은 맛이 달고[감(甘), 土], 참깨는 맛이 시며[산(酸), 木], 대두(大豆)는 맛이 짜고[함(鹹), 水], 소맥(小麥)은 맛이 쓰며[고(苦), 火], 기장은 맛이 맵다[신(辛), 金].423)

오미(五味)와 오과(五果)에 대해서, 오과(五果)의 대추는 맛이 달고[감(甘), 土], 자두는 맛이 시며[산(酸), 木], 밤은 맛이 짜고[함(鹹), 水], 살구는 맛이 쓰며[고(苦), 火], 복숭아는 맛이 맵다[신(辛), 金].424)

오미(五味)와 오축(五畜)에 대해서, 오축(五畜)의 소고기는 맛이 달고[감(甘), 土], 개고기는 맛이 시며[산(酸), 木], 돼지고기는 맛이 짜고[함(鹹), 水], 양고기는 맛이 쓰며[고(苦), 火], 닭고기는 맛이 맵다[신(辛), 金].425)

오미(五味)와 오채(五菜)에 대해서, 오채(五菜)의 아욱은 맛이 달고[감(甘),

---

420) 종기(宗氣)는 음식물(飮食物)의 정미(精米)로운 물질로 된 곡기(穀氣)와 숨 쉴 때 들어온 청기(淸氣)가 결합(結合)되어 생긴 기(氣)를 말한다.
421) 조박(糟粕)은 약(藥)이나 음식물(飮食物) 등에서 필요한 것을 뽑아내고 남은 찌꺼기를 말한다.
422) 『黃帝內經』「五味」: "穀始入于胃, 其精微者, 先出于胃之兩焦, 以漑五臟, 別出兩行營衛之道, 其大氣之搏而不行者, 積于胸中, 命曰氣海, 出于肺, 循咽喉, 故呼則出, 吸則入, 天地之精氣, 其大數常出三入一, 故穀不入, 半日則氣衰, 一日氣少矣."
423) 『黃帝內經』「五味」: "五穀, 杭米甘, 麻酸, 大豆鹹, 麥苦, 黃黍辛."
424) 『黃帝內經』「五味」: "五果, 棗甘, 李酸, 栗鹹, 杏苦, 桃辛."
425) 『黃帝內經』「五味」: "五畜, 牛甘, 犬酸, 猪鹹, 羊苦, 鷄辛."

土], 부추는 맛이 시며[산(酸), 木], 콩잎은 맛이 짜고[함(鹹), 水], 염교[해 (薤)]426)는 맛이 쓰며[고(苦), 火], 파는 매운 맛이 납니다[신(辛), 金].427)

오미(五味)과 오색(五色)에 대해서, 오색(五色)의 황색(黃色)은 단맛이 나고 [감(甘), 土], 청색(靑色)은 신맛이 나며[산(酸), 木], 흑색(黑色)은 짠맛이 나 고[함(鹹), 水], 적색(赤色)은 쓴맛이 나며[고(苦), 火], 백색(白色)은 매운맛이 난다.[신(辛), 金]428)

따라서 오행(五行)에서 비롯된 오미(五味)를 종합하여 오의(五宜)라 하고, "오 의(五宜)란 비장(脾臟)[土] 병(病)에는 <단맛에 속하는> 멥쌀·소고기·대추·아 욱을 먹어야 하고, 심장(心臟)[火] 병(病)에는 <쓴맛에 속하는> 소맥(小麥)·양 고기·살구·염교[해(薤)]를 먹어야 하며, 신장(腎臟)[水] 병(病)에는 짠맛에 속 하는 대두(大豆)·돼지고기·밤·콩잎을 먹어야 하고, 간장(肝臟)[木] 병(病)에 는 <신맛에 속하는> 참깨·개고기·자두·부추를 먹어야 하며, 폐장(肺臟)[金] 병(病)에는 <매운맛에 속하는> 기장429)·닭고기·복숭아·파를 먹어야 한다"430) 고 하였다.

그리고 오금(五禁)이라 하여 다섯 가지 금지(禁止)할 것에 대해 설명하고 있 고, 그 처방(處方)에 대해서도 언급하고 있다. "오금(五禁)이란 간장(肝臟)[木] 병(病)에는 매운맛을 금하고[金], 심장(心臟)[火] 병(病)에는 짠맛을 금하며 [水], 비장(脾臟)[土] 병(病)에는 신맛을 금하고[木], 폐장(肺臟)[金] 병(病)에

---

426) 염교[해(薤)]는 파 비슷한 훈채를 말한다.
427) 『黃帝內經』「五味」: "五菜, 葵甘, 韭酸, 藿鹹, 薤苦, 葱辛."
428) 『黃帝內經』「五味」: "五色, 黃色宜甘, 靑色宜酸, 黑色宜鹹, 赤色宜苦, 白色宜辛."
429) 가장 작은 곡물(穀物) 중 하나로, 오곡밥에 넣어 먹으며, 노란 빛깔로 식욕을 돋는 벼의 일종이다.
430) 『黃帝內經』「五味」: "五宜, 所言五宜者, 脾病者, 宜食秔米飯·牛肉·棗·葵, 心病者, 宜食麥·羊 肉·杏·薤, 腎病者, 宜食大豆黃卷·猪肉·栗·藿, 肝病者, 宜食麻·犬肉·李·韭, 肺病者, 宜食黃 黍·鷄肉·桃·葱."

는 쓴맛을 금하며[火], 신장(腎臟)[水] 병(病)에는 단맛을 금해야 한다[土]"431)
고 하였다.

이와 같이 인체(人體)와 오행(五行)에서 비롯된 오미(五味)의 관계에 대해 알
수 있다. 이것을 정리하여 표로 나타내면 다음과 같다.

<표 28> 오행(五行)과 오미(五味), 오곡(五穀), 오과(五果) 등
출처: 『황제내경(黃帝內經)』

오행(五行)	木	火	土	金	水
오미(五味)	산(酸) [신맛]	고(苦) [쓴맛]	감(甘) [단맛]	신(辛) [매운맛]	함(鹹) [짠맛]
오장(五臟)	간장(肝臟)	심장(心臟)	비장(脾臟)	폐장(肺臟)	신장(腎臟)
오곡(五穀)	참깨	소맥(小麥)	멥쌀	기장 [벼의 일종]	대두(大豆)
오과(五果)	자두	살구	대추	복숭아	밤
오축(五畜)	개	양	소	닭	돼지
오채(五菜)	부추	염교[해(薤), 파의 일종]	아욱	파	콩잎
오금(五禁)	신(辛) [매운맛]	함(鹹) [짠 맛]	산(酸) [신맛]	고(苦) [쓴맛]	감(甘) [단맛]

---

431) 『黃帝內經』 「五味」: "五禁, 肝病禁辛, 心病禁鹹, 脾病禁酸, 肺病禁苦, 腎病禁甘."

【제3절. 사주(四柱)】

다음은 사주(四柱) 세우는 법에 대해 알아보기로 하자.

사주(四柱)는 년주(年柱), 월주(月柱), 일주(日柱), 시주(時柱)로 구성되어 있으며, 네 개의 기둥을 세운다고 하여, '사주(四柱)를 세운다'는 표현을 한다.

네 개의 주(柱) 중에서 한 개의 주(柱)마다 육십갑자(六十甲子)의 배열(排列)이 들어가 있기 때문에 두 글자씩 짝이 지어져 있다. 따라서 네 개의 기둥과 여덟 글자가 있다 하여, 사주팔자(四柱八字)라는 표현을 하기도 한다. 그러나 학문적 소견이 필요한 학(學)이므로, 명리학(命理學) 또는 조선(朝鮮)시대 사용하였던 명과학(命課學)이라는 표현이 올바르다 하겠다.

명리학(命理學)은 사주(四柱)의 간지(干支)에 근거(根據)하여 길흉화복(吉凶禍福)을 연구(研究)하는 학문으로, 년주(年柱)는 조상궁(祖上宮)이고, 월주(月柱)는 부모궁(父母宮)이고, 일간(日干)은 자신(自身)의 궁(宮)이며, 일지(日支)는 배우자궁(配偶者宮)이고, 시주(時柱)는 자손궁(子孫宮)이다.

당대(唐代) 『이허중명서(李虛中命書)』에는 태어난 일간(日干)을 기준으로 하지 않고, 년주(年柱)를 기준으로 추명(推命)하였다.

그리고 송대(宋代)이전에는 대체적으로 부모(父母)가 잉태한 태월(胎月)을 조상궁(祖上宮)으로 보았다.

송대(宋代) 서자평(徐子平)이 주석(註釋)한 『낙록자삼명소식부주(珞珠子三命消息賦注)』에는 노자(老子) 『도덕경(道德經)』「제42장」에 "道生一, …, 沖氣以爲和."(도(道)가 하나를 낳고, …, 충기(沖氣)를 통하여 조화(調和)를 이룬다.)로 시작하여 해당하는 각 궁(宮)에 대해 나타나 있다. "사시(四時)[사계절]

에 펼쳐져 한 해를 이룬다. 원(元)은 시작이고, 일(一)은 도(道)가 낳은 하나의 충기(冲氣)인데, …, 간명법(簡明法)으로 논하자면, 사람이 처음 태(胎)를 받은 달은, 엄마의 뱃속에서 남녀가 나누어지기 전과 같다. 사주(四柱)로 말하자면, 사람의 본명(本命)을 알 수는 있지만 아직 연월일시(生月日時)가 생기지 않아서 귀천(貴賤)과 수요(壽夭)가 나누이지 않으니, '일기(一氣)'라 한다. 대도(大道)로 말하자면, 혼성된 '일기(一氣)'이면서 천지(天地)를 길러내는 것이니, 조종(朝宗)의 궁(宮)이 된다. …, 대도(大道)로 말하자면, 천지(天地)가 나뉘는 것이고, 사주(四柱)로 말하자면 태어난 달이 이것인데, 부모궁(父母宮)을 주재한다. …, 명술(命術)로 말하자면, 사람이 태어난 날이 이것이다. 바로 사람이 몸을 얻은 자신(自身)의 궁(宮)이니, 아래에 어떤 궁(宮)이 임했는지 구분하여 살펴야 한다. …, 사주(四柱)로 논하자면, 본명(本命)과 생월(生月)과 생일(生日)과 생시(生時) 네 기둥이다. 언제나 하나의 궁(宮)마다 삼원(三元)이 있으니, 천원(天元)과 지원(地元)과 인원(人元)이다. 생시(生時)는 자손(子孫)을 주관한다"[432]고 설명하고 있다.

그러나 송대(宋代)부터는 서자평(徐子平)에 의해 명리학(命理學)의 전성기에 도래(渡來)하게 되고, 일주(日主)를 기준으로 한 연월일시(年月日時)를 추명(推命)하기 시작하였다.

이후 청대(清代) 심효첨(沈孝瞻)의 『자평진전(子平眞詮)』에, "사람에게는 육친(六親)이 있는데 팔자(八字)에 배정되어 명(命)에 존재하고 있다. 그 궁(宮)에 분배됨은 연월일시(年月日時)를 年에서부터 時까지 차례대로 조상(祖上), 부모

---

432) 徐子平, 『珞琭子三命消息賦注』: "播四氣以爲年, 元者始也, 一者, 道生一, 冲氣也, …, 以簡明法論之, 如人初受胎月, 在母腹中, 男女未分, 以四柱言之, 則知人本命也, 尚未有生月日時, 即貴賤壽夭未分, 故云一氣, 以大道言之, 則混一氣, 而生育天地也, 主祖宗之宮也, …, 以大道言之, 天地分也, 以四柱言之, 則生月是也, 主父母宮, …, 以命術言之, 是人生日是也, 乃人身自得之宮, 看下臨何宮分也, …, 以四柱論之, 本命, 生月, 生日, 生時, 四柱也, 每一宮, 有三元, 有天元, 人元, 支元, 生時主子孫也."

(父母), 처(妻), 자녀(子女)를 배정(排定)한 것이다. 그 배합(配合)이 적당하면 좋은데, 이는 불변(不變)의 이치(理致)가 된다. 육친(六親)을 보는 법을 보면 예전에 년(年)은 조상(祖上), 월(月)은 부모(父母), 일지(日支)는 처(妻), 시(時)는 자식(子息), 동기(同氣)는 형제(兄弟)라고 했는데, 이것은 이치(理致)에 맞는 것을 법칙화(法則化)한 것이다"433)라고 하였다.

연월일시(年月日時)의 궁(宮)을 근묘화실(根苗花實)로도 표현하였다.

송대(宋代) 서대승(徐大升)의 『연해자평(淵海子平)』에는 "무릇 팔자를 배열하여 간명(看命)할 때는 일간(日干)을 명주(命主)로 한다. 년(年)은 근(根)[뿌리]으로 조상(祖上)의 재산(財産)이 되고 세운(世運)의 성쇠(盛衰)를 알고, 월(月)은 묘(苗)[싹]로서 부모(父母)가 되고 음덕(蔭德)이 있고 없음을 알고, 일간(日干)은 자기 자신이며, 일지(日支)는 처첩(妻妾)이고 처첩(妻妾)의 현숙(賢淑)을 알고, 시(時)는 화실(花實)[꽃과 열매]로 자식(子息)이고 자식(子息)의 향(向)하고 귀의(歸依)하는 바를 안다"434)고 하였다.

또 "내가[서대승(徐大升)] 일찍 당서(唐書)에 기재되어 있는 것을 보니, 이허중(李虛中)이란 사람이 사람의 생년월일시(生年月日時)의 간지(干支)의 생극(生剋)을 취하여 명(命)의 귀천(貴賤)과 수요(壽夭)를 논(論)하고 있는데 이미 상세하였다. 송대(宋代)에 이르러 자평(子平)[서자평(徐子平)]의 학설이 있었는데, 일간(日干)을 취하여 주(主)로 삼고, 년(年)은 근(根)[뿌리]이고, 월(月)은 묘(苗)[싹]이고, 일(日)은 화(花)[꽃]이고, 시(時)는 과(果)[열매]로 삼고, 생왕사절휴인제화(生旺死絶休囚制化)로써 인생의 휴구(休咎)를 결정했는데, 그 이치(理

---

433) 沈孝瞻, 『子平眞詮』 「論宮分用神配六親」: "人有六親, 配之八字, 亦存於命, 其由宮分配之者, 則年月日時, 自上而下, 祖父妻子, 亦自上而下, 以地相配, 適得其宜, 不易之位也."

434) 徐大升, 『淵海子平』 「論看命入式」: "凡看命排下八字, 以日干爲主, 取年爲根, 爲上祖財産, 知世運之盛衰, 取月爲苗爲父母, 則知親蔭之有無, 日干爲己身, 日支爲妻妾, 則知妻妾之賢淑, 時爲花實, 爲子息, 方知嗣續之所歸."

致)가 필연적(必然的)이므로 다시 무슨 의혹(疑惑)이 있겠는가?"[435]하여, 년(年)을 조상궁(祖上宮)과 근(根)[뿌리]이라 하였고, 월(月)을 부모궁(父母宮)과 음덕(蔭德)과 묘(苗)[싹]라 하였고, 일간(日干)은 본인(本人), 일지(日支)는 처첩(妻妾)과 화(花)[꽃], 시(時)는 자식(子息)과 과(果)[열매]로 정리 할 수 있다. 그리고 이 내용들에서 나타나는 것은 명리학(命理學)이 가족중심의 농경(農耕)사회에서 발전하였다는 것을 부연(敷衍)하고 있다.

『연해자평(淵海子平)』에는 궁(宮)을 더 구체적으로 나타내기도 하였다.

"년간(年干)은 조부(祖父)이고, 년지(年支)는 조모(祖母)이다. 월간(月干)은 부친(父親)이고, 월지(月支)는 모친(母親)과 형제(兄弟)이다. 일간(日干)은 자기 자신이고, 일지(日支)는 처첩(妻妾)이다. 시간(時干)은 자식(子息)이고, 시지(時支)는 여식(女息)이다. 그 생왕(生旺)과 형극(刑剋) 여하(如何)를 살펴서 영고득실길흉(榮枯得失吉凶) 관계를 결정한다. 근묘화실(根苗花實)[年月日時]은 사람이 입신(立身)하고 행사(行事)하는 마지막 국면(局面)과도 같은 것이다"[436]고 하였다.

청대(淸代) 진소암(陳素菴)의 『명리약언(命理約言)』에는 해당 궁(宮)에 관한 설명과 그 궁(宮)을 이용한 간단한 추명(推命)이 들어가 있다.

육친(六親)을 보는 법을 보면 예전에 년(年)은 조상(祖上), 월(月)은 부모(父母), 일지(日支)는 처(妻), 시(時)는 자식(子息), 동기(同氣)는 형제(兄弟)라고 했는데, 이것은 이치(理致)에 맞는 것을 법칙화(法則化)한 것이다. 길신(吉神)이

---

435) 徐大升, 『淵海子平』 「論日爲主」: "予嘗觀唐書所載, 有李虛中者, 取人所生年月日時干支生剋, 論命之貴賤壽夭之說, 已詳之矣, 至於宋時, 方有子平之說, 取日干爲主, 以年爲根, 以月爲苗, 以日爲花, 以時爲果, 以生旺死絶休囚制化, 決人生休咎, 其理必然矣, 復有何疑哉."
436) 徐大升, 『淵海子平』 「論看命入式」: "年干爲祖, 年支爲祖母, 月干爲父, 月支爲兄弟附之, 日干己身, 日支爲妻妾, 時干爲子, 時支爲女觀其生旺刑剋, 如何以定榮枯得失吉凶, 根苗花實, 如人之所以立身行事終局."

년(年)에 임(臨)하고 있으면 조상(祖上)의 영화(榮華)가 있고, 또한 명주(命主)는 조상(祖上)의 음덕(蔭德)을 입겠지만, 흉신(凶神)이 년(年)에 있으면 조상(祖上)은 가난(家難)하고 궁핍(窮乏)하여 명주(命主)는 조상(祖上)의 음덕(蔭德)을 받지 못하게 된다. 마찬가지로 길신(吉神)이 월(月)에 있으면 부모(父母)가 귀(貴)하고 번성(繁盛)하여 명주(命主)는 부모(父母)의 음덕(蔭德)을 받게 되지만 흉신(凶神)이 월(月)에 있으면 부모(父母)가 쇠잔(衰殘)하여 음덕(蔭德)을 받지 못하게 된다. 길신(吉神)이 일지(日支)에 있으면 처(妻)와 해로(偕老)하고 처덕(妻德)이 있지만 흉신(凶神)이 있으면 상처(喪妻)하게 되고 처덕(妻德)도 없다. 길신(吉神)이 시(時)에 있으면 자식(子息)이 번창(繁昌)하고 자식(子息) 덕(德)을 보지만 흉신(凶神)이 있으면 자식(子息)이 시들고 가난(家難)하고 구차(苟且)하여 자식(子息) 덕(德)이 없다. 형제(兄弟)는 사주(四柱)중에 정해진 위치가 없으나 동기(同氣)가 길신(吉神)이면 번창(繁昌)하고 명주(命主)는 덕(德)을 보지만 흉신(凶神)이면 형제(兄弟)가 쇠(衰)하고 적어서 덕(德)이 없다.[437]

이제까지 설명된 사주(四柱)의 각 궁(宮)에 대해 정리하여 나타내면 <표 29>와 같다.

그리고 년주(年柱)에 있는 천간(天干)을 년간(年干)이라 하고, 지지(地支)를 년지(年支)라 한다. 월주(月柱)의 천간(天干)을 월간(月干)이라 하고, 지지(地支)를 월지(月支)라 한다. 일주(日柱)의 천간(天干)을 일간(日干)이라 하고, 지지를 일지(日支)라 한다. 년주(年柱)의 천간(天干)을 시간(時干)이라 하고, 지지

---

437) 陳素庵, 『命理約言』 「看六親法」: "看六親之法, 舊又以年爲祖上, 月爲父母, 日支爲妻, 時爲子息, 同類爲兄弟, 此立法之有理者, 如吉神居年, 則祖上顯榮, 亦主受祖上之蔭, 凶神居年, 則祖上寒薄, 亦主不受祖上之蔭, 如吉神居月, 則父母貴盛, 主受父母之蔭, 凶神居月, 則父母衰殘, 亦主不受父母之蔭, 如吉神居日支, 則妻室偕老, 主受妻室之力, 凶神居日支, 則妻室喪亡, 主不得妻室之力, 如吉神居時, 則子息繁衍, 主得子息之力, 凶神居時, 則子息凋零, 主不得子息之力, 若兄弟則無定爲, 但看同類爲吉神, 則兄弟繁昌, 主得兄弟之力, 同類爲凶神, 則兄弟衰寡, 亦主不得兄弟之力."

(地支)를 시지(時支)라고 한다.

<표 29> 사주(四柱)의 궁(宮)과 근묘화실(根苗花實)

시주(時柱)	일주(日柱)	월주(月柱)	년주(年柱)	사주(四柱)
시간(時干)	일간(日干)	월간(月干)	년간(年干)	천간(天干)
시지(時支)	일지(日支)	월지(月支)	년지(年支)	지지(地支)
자손궁 (子孫宮)	본인(本人)	부모궁 (父母宮)	조상궁 (祖上宮)	궁(宮)
	배우자궁 (配偶者宮)			
실(實)[열매]	화(花)[꽃]	묘(苗)[싹]	근(根)[뿌리]	근묘화실 (根苗花實)

〖 **1. 사주(四柱) 세우는 법(法)** 〗

1) 년주(年柱) 세우는 법(法)

년주(年柱)는 태음태양력(太陰太陽歷)에서 태양력(太陽曆)으로 결정하는, 각 월(月)의 절기(節氣) 중에서 양력(陽曆) 2월에 들어있는 입춘(立春)을 기준(基準)으로 한다. 매년 입춘(立春)은 거의 양력(陽曆) 2월 4일이지만, 태양(太陽)의 주기(週期)에 따라 변동(變動)이 있을 수 있다.

만세력(萬歲曆)을 구입한 후, 만세력(萬歲曆)에 나타나 있는 그 해 입춘(立春) 절기(節氣)의 일자(日子)와 시간(時干)을 정확하게 확인해서, 그 이전에 태어났으면 전년도(前年度) 생(生)이 되고, 입춘(立春) 일자(日子)와 시간(時干)이후에 태어났으면 당년(當年) 생(生)이 된다.

년주(年柱)는 조상궁(祖上宮)이 되고, 근묘화실(根苗花實)에서는 갓 심은 나무가 뿌리를 내리는 시기로 근(根)[뿌리]이라고 하며, 뿌리를 내리는 시기는 인생(人生)의 초년(初年)이 된다.

  2) 월주(月柱) 세우는 법(法)

월주(月柱)는 년주(年柱)를 세우고 나서, 태어난 월(月)을 확인하여 결정한다. 각 월(月)에는 24절기(節氣) 중 2개의 절기(節氣)가 있다. 그 중 상절기(上節氣)에 해당하는 일자(日子)와 시간(時干)을 정확히 확인한다.

해당하는 월(月)의 상절기(上節氣)의 일자(日子)가 지나게 되면, 그 달의 월건(月建)을 사용하고, 지나지 않았으면 전월(前月)의 월건(月建)을 사용하여야 한다. 더 정확히 표현하자면, 해당 월(月)의 월건(月建)을 사용하는 것은, 그 월(月)의 상절기(上節氣)와 그 다음 월(月)의 상절기(上節氣) 사이에 태어나는 사람에 해당한다.

만세력(萬歲曆)에 상세히 나와 있지만, 여기에서 해당하는 월(月)의 상절기(上節氣)와 그 월(月)의 월건(月建)을 사용하는가에 대한 내용을 <표 30>과 같이 나타낼 수 있다.

寅月은 입춘(立春) 이후에서 다음 절기(節氣)인 경칩(驚蟄) 이전까지 태어난 사람에 해당한다.

卯月은 경칩(驚蟄) 이후에서 다음 절기(節氣)인 청명(淸明) 이전까지 태어난 사람에 해당한다.

辰月은 청명(淸明) 이후에서 다음 절기(節氣)인 입하(立夏) 이전까지 태어난 사람에 해당한다.

<표 30> 월건(月建)에 필요한 상절기(上節氣)

월 (月)	寅	卯	辰	巳	午	未	申	酉	戌	亥	子	丑
	1월	2월	3월	4월	5월	6월	7월	8월	9월	10월	11월	12월
기준 (基準)	입춘 (立春)	경칩 (驚蟄)	청명 (淸明)	입하 (立夏)	망종 (芒種)	소서 (小暑)	입추 (立秋)	백로 (白露)	한로 (寒露)	입동 (立冬)	대설 (大雪)	소한 (小寒)

巳月은 입하(立夏) 이후에서 다음 절기(節氣)인 망종(亡種) 이전까지 태어난 사람에 해당한다.

午月은 망종(亡種) 이후에서 다음 절기(節氣)인 소서(小暑) 이전까지 태어난 사람에 해당한다.

未月은 소서(小暑) 이후에서 다음 절기(節氣)인 입추(立秋) 이전까지 태어난 사람에 해당한다.

申月은 입추(立秋) 이후에서 다음 절기(節氣)인 백로(白露) 이전까지 태어난 사람에 해당한다.

酉月은 백로(白露) 이후에서 다음 절기(節氣)인 한로(寒露) 이전까지 태어난 사람에 해당한다.

戌月은 한로(寒露) 이후에서 다음 절기(節氣)인 입동(立冬) 이전까지 태어난 사람에 해당한다.

亥月은 입동(立冬) 이후에서 다음 절기(節氣)인 대설(大雪) 이전까지 태어난 사람에 해당한다.

子月은 대설(大雪) 이후에서 다음 절기(節氣)인 소한(小寒) 이전까지 태어난 사람에 해당한다.

丑月은 소한(小寒) 이후에서 다음 절기(節氣)인 입춘(立春) 이전까지 태어난 사람에 해당한다.

해당하는 월(月)에서 월간(月干)은 년주(年柱)에 따라 일정한 법칙(法則)이 있는데, 이것을 둔월법(遁月法)이라 한다.

둔월법(遁月法)에 대해서, 송대(宋代) 『연해자평(淵海子平)』과 조선(朝鮮) 고종(高宗) 4년(1867)에 남병길(南秉吉[438], 1820~1860)의 『선택기요(選擇紀要)』에 잘 나타나 있다.

"甲年과 己年은 丙을 시작[首]으로 삼는다. 乙年과 庚年은 戊를 머리[頭]로 삼는다. 丙年과 辛年은 해에는 일반적으로 庚에서 시작된다. 丁年과 壬年은 壬의 자리에 순서대로 진행하고, 만약 戊年과 癸年의 경우 어떤 방향에서 출발하는가 묻는다면 甲寅으로 따라가는 것이 좋다. 세간(歲干) 년(年)의 천간(天干)은 오호(五虎)[둔월(遁月)]에서 찾는 것이 좋다."[439]

---

438) 남병길(南秉吉)에 대해 한국고전종합DB에 의하면, "남병길(南秉吉)은 남병철(南秉哲 1817~1863), 이상혁(李尙爀 1810~?)과 함께 19세기 조선의 과학기술을 대표하는 학자 가운데 한 사람으로, 천문학·역학(曆學)·산학(算學) 분야에서 뛰어난 성과를 남겼다. 『선택기요(選擇紀要)』는 남병길(南秉吉)이 관상감(觀象監)의 명과학(命課學) 분야 실무관원들과 함께 편찬한 것이다. 책의 서문(序文)에는 '관상감(觀象監)의 몇몇 생도와 함께 대가(大家)들의 주장을 베끼고 모았다'라고 하였고, 또 책의 말미에는 편찬과 감수에 참여한 9인의 명단이 실려 있다. 『선택기요(選擇紀要)』는 조선(朝鮮) 후기에 간행된 선택서(選擇書)의 하나이다. 선택(選擇)이란 국가의 중대사나 민간의 일상사를 하는데 알맞은 시각이나 방위를 가리는 일을 말한다."

439) 徐大升, 『淵海子平』 「論年上起月例」: "甲己之年丙作首, 乙庚之歲戊爲頭, 丙辛之歲尋庚上, 丁壬壬位順行流, 若言戊癸何方發甲寅之上好追求." 및 南秉吉, 『選擇紀要』: "甲己之年丙作首, 乙庚之歲戊爲頭, 丙辛之歲尋庚上, 丁壬壬位順行流, 戊癸甲寅自相去, 歲干五虎好追求."

둔월법(遁月法)을 알기 쉽게 나타내면 <표 31>과 같다.

<표 31> 월건(月建)과 둔월법(遁月法)

둔월(遁月) 월건(月建)	절기(節氣)	甲·己年	乙·庚年	丙·辛年	丁·壬年	戊·癸年
1월(寅)	입춘(立春)	丙寅	戊寅	庚寅	壬寅	甲寅
2월(卯)	경칩(驚蟄)	丁卯	己卯	辛卯	癸卯	乙卯
3월(辰)	청명(淸明)	戊辰	庚辰	壬辰	甲辰	丙辰
4월(巳)	입하(立夏)	己巳	辛巳	癸巳	乙巳	丁巳
5월(午)	망종(芒種)	庚午	壬午	甲午	丙午	戊午
6월(未)	소서(小暑)	辛未	癸未	乙未	丁未	己未
7월(申)	입추(立秋)	壬申	甲申	丙申	戊申	庚申
8월(酉)	백로(白露)	癸酉	乙酉	丁酉	己酉	辛酉
9월(戌)	한로(寒露)	甲戌	丙戌	戊戌	庚戌	壬戌
10월(亥)	입동(立冬)	乙亥	丁亥	己亥	辛亥	癸亥
11월(子)	대설(大雪)	丙子	戊子	庚子	壬子	甲子
12월(丑)	소한(小寒)	丁丑	己丑	辛丑	癸丑	乙丑

월주(月柱)는 부모궁(父母宮)이 되고, 근묘화실(根苗花實)에서는 뿌리에서 싹이 나는 시기로 묘(苗)[싹]라고 하며, 뿌리에서 싹이 올라오는 시기는 청년(靑

年)이 된다.

둔월법(遁月法)에는 일정한 법칙(法則)이 있다. 뒤에서 배울 천간합(天干合)과 관련하여 변경하면 쉽게 익힐 수 있다. 년간(年干)의 합(合)으로 나타나는 오행(五行)을 생(生)하는 천간(天干)이, 곧 해당하는 월주(月柱)의 천간(天干)이 된다.

예를 들어, 해당하는 년간(年干)이 甲年 또는 己年이라면, 甲己合은 土가 되고, 이것을 생(生)하는 오행(五行)은 火이다. 火의 양간(陽干)[440]은 丙火로 甲年과 己年에는 丙寅月부터 시작한다. 나머지도 이에 대입(代入)하여 사용하면 되고, 이를 표로 나타내면 〈표 32〉와 같다.

〈표 32〉 둔월법(遁月法)의 법칙(法則)

해당 년(年)		合 五行	생(生)		양간(陽干)	월건(月建)
甲己	合	土	←	火	丙	丙寅月~
乙庚	合	金	←	土	戊	戊寅月~
丙辛	合	水	←	金	庚	庚寅月~
丁壬	合	木	←	水	壬	壬寅月~
戊癸	合	火	←	木	甲	甲寅月~

3) 일주(日柱) 세우는 법(法)

일주(日柱)는 만세력(萬歲曆)에 나타나는 해당 일자(日子)를 찾아 사용하면 된

---

440) 매년 시작하는 寅月의 寅木은 항상 양(陽)이므로 해당하는 천간(天干) 오행(五行)도 같은 양(陽)이 되어야 한다. 위 예제에서는 火의 양(陽)인 丙火가 되어 丙寅月이 된다.

다. 그러나 해당하는 시(時)를 참조하여 활용하여야 한다.

일간(日干)은 본인(本人)의 궁(宮)이 되고, 일지(日支)는 배우자궁(配偶者宮)이 된다. 근묘화실(根苗花實)에서는 뿌리에서 싹이 올라 오고나면, 열매를 맺기 전에 꽃이 피는 시기로 화(花)[꽃]라고 하며, 꽃이 피는 시기는 인생(人生)의 중년(中年)에 해당 된다.

4) 시주(時柱) 세우는 법(法)

시주(時柱)는 일간(日干)과 연관되어 있다. 해당하는 일간(日干)에 따라 시주(時柱)의 천간(天干)이 정해진다.

해당하는 일(日)에 의해 시간(時干)이 정해지는 법칙(法則)을 둔시법(遁時法)이라 한다.

둔시법(遁時法)에 대해서, 『연해자평(淵海子平)』과 『선택기요(選擇紀要)』에 "甲日과 己日은 돌아와 甲을 더한다. 乙日과 庚日은 丙으로 처음을 삼는다. 丙日과 辛日은 戊에서부터 시작한다. 丁日과 壬日은 庚을 차지한다. 戊日과 癸日은 壬子에서 출발한다. 日干이 변치 않는 길을 향한다."441)

시주(時柱)는 자손(子孫)의 궁(宮)이 되고, 근묘화실(根苗花實)에서는 꽃이 피고 나면 열매가 맺는 시기라 하여 실(實)[열매]이라고 하며, 열매를 맺는 시기는 인생(寅生)의 노년(老年)에 해당 된다.

둔시법(遁時法)을 알기 쉽게 표로 나타내면 <표 33>과 같다.

---

441) 徐大升, 『淵海子平』「論日上起時例」: "甲己還加甲, 乙庚丙作初, 丙辛從戊起, 丁壬庚上居, 戊癸何
　　方發壬子昰眞送." 및 南秉吉, 『選擇紀要』: "甲己還加甲, 乙庚丙作初, 丙辛從戊起, 丁壬庚上居, 戊癸
　　壬子發, 日干向眞途."

<표 33> 시주(時柱)와 둔시법(遁時法)

둔시(遁時) \ 시주(時柱)		甲己日	乙庚日	丙辛日	丁壬日	戊癸日
조자시 (朝子時)	00~01	甲子	丙子	戊子	庚子	壬子
丑時	01~03	乙丑	丁丑	己丑	辛丑	癸丑
寅時	03~05	丙寅	戊寅	庚寅	壬寅	甲寅
卯時	05~07	丁卯	己卯	辛卯	癸卯	乙卯
辰時	07~09	戊辰	庚辰	壬辰	甲辰	丙辰
巳時	09~11	己巳	辛巳	癸巳	乙巳	丁巳
午時	11~13	庚午	壬午	甲午	丙午	戊午
未時	13~15	辛未	癸未	乙未	丁未	己未
申時	15~17	壬申	甲申	丙申	戊申	庚申
酉時	17~19	癸酉	乙酉	丁酉	己酉	辛酉
戌時	19~21	甲戌	丙戌	戊戌	庚戌	壬戌
亥時	21~23	乙亥	丁亥	己亥	辛亥	癸亥
야자시 (夜子時)	23~00	丙子	戊子	庚子	壬子	甲子

둔시법(遁時法)에도 일정한 법칙(法則)이 나타난다.

역시 뒤에서 배울 천간합(天干合)과 관련하여 변경하면 쉽게 익힐 수 있다. 일간(日干)의 합(合)으로 나타나는 오행(五行)을 극(剋)하는 천간(天干)이, 곧 해당하는 시주(時柱)의 천간(天干)이 된다. 예를 들어, 해당하는 일간(日干)이 甲日 또는 己日이라면, 甲己合은 土가 되고, 이것을 극(剋)하는 오행(五行)은 木이다. 木의 양간(陽干)[442]은 甲木으로 甲日과 己日에는 甲子時부터 시작한다. 나머지도 이에 대입(代入)하여 사용하면 되고, 이를 나타내면 〈표 34〉와 같다.

〈표 34〉 둔시법(遁時法)의 법칙(法則)

해당 일(日)	合 五行		극(剋)	양간(陽干)	시간(時干)
甲己	合	土	← 木	甲	甲子時~
乙庚	合	金	← 火	丙	丙子時~
丙辛	合	水	← 土	戊	戊子時~
丁壬	合	木	← 金	庚	庚子時~
戊癸	合	火	← 水	壬	壬子時~

한편, 자시(子時)는 조자시(朝子時)와 야자시(夜子時)로 구분할 수 있다. 조자시(朝子時)와 야자시(夜子時)의 사용은 명대(明代)이후로 보인다.

명대(明代) 만민영(萬民英)의 『삼명통회(三命通會)』에 "만약 子時이면, 상반시(上半時)는 야반전(夜半前)[자정(子正) 전(前)]이므로 전일(前日)에 속(屬)하고, 하반시(下半時)는 야반후(夜半後)[자정(子正) 후(後)] 당일에 속(屬)하는 것

---

442) 매일 시작하는 子時의 子水은 육십갑자(六十甲子)에서 항상 양(陽)이므로 해당하는 천간(天干) 오행(五行)도 같은 양(陽)이 되어야 한다. 위 예제에서는 木의 양(陽)인 甲木이 되어 甲子時가 된다.

이, 오히려 동지(冬至)가 11월 중기(中氣)를 얻어 일양(一陽)이 와서 천도(天道)의 시작이 되는 것과 같은 이치(理致)이다"[443]라고 하였다.

이처럼 조자시(朝子時)와 야자시(夜子時)를 정확히 나타나 있으며, 子月 절기(節氣)[대설(大雪)과 동지(冬至)]에서 <같은 子月이지만> 일양(一陽)이 시작되는 것은 동지(冬至)부터 시작하는 이치(理致)와 접목(椄木)시켜 나타내고 있다.

어제와 오늘을 가르는 중요한 기준(基準)이 되는 것은 子時이다.

子時를 정확히 말하면, 어제 23시에서 오늘 1시까지가 되고, 어제와 오늘이 공유(共有)가 되어 일진(日辰)에서 혼돈(混沌)이 일어나게 되면서 사주(四柱)전체에 변화(變化)(變化)가 일어나게 된다.

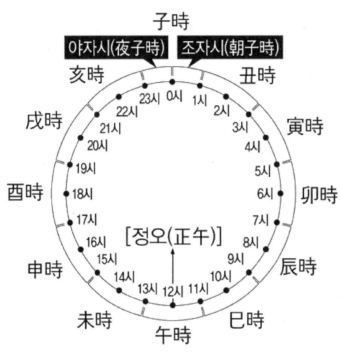

<그림 30> 일일(一日) 시간도(時間圖)
출처: 필자(筆者) 작도(作圖)

<그림 30>을 보면서 정리하면, 子時[전일(前日) 23시~당일(當日) 1시]에서 전

---

443) 萬民英, 『三命通會』: "若子時, 在夜半前屬昨日, 下半時在夜半後屬今日, 亦猶冬至, 得十一月中氣, 一陽來復, 爲天道之初耳."

일(前日) 23시 ~ 당일(當日) 0시 전(前)까지는, 전일(前日)의 일간(日干)과 야자시(夜子時)를 적용한다. 그리고 당일(當日) 0시 ~ 1시 전(前)까지는 당일(當日)의 일간(日干)과 조자시(朝子時)를 적용한다.

예를 들어, 태어난 당사자가 甲日 0시 40분에 태어났으면, <표 33>에 있는 시주(時柱)와 둔시법(遁時法)에서 조자시(朝子時)인 甲子時를 적용해야 하고, 태어난 당사자가 甲日 23시 40분에 태어났으면, 야자시(夜子時)인 丙子時를 적용해야 된다. 덧 붙여 말하면, 甲日 야자시(夜子時)인 丙子時는 다음날인 乙日 조자시(朝子時)인 丙子時와 일진(日辰)은 다르지만, 같은 丙子時가 되는 결과가 나타난다. 나머지도 이와 같이 응용(應用)하면 된다.

다음은 시간(時間) 설정에 있어 표준시(標準時)에 대해 얘기해 보자. 세계의 시간(時間)은 자오선(子午線)의 경도(經度)를 사용한다.

지구(地球)의 정북(正北)[子]과 정남(正南)[午]을 기준하여 천체(天體)가 일주(日周) 운동(運動)을 하면서 자오선(子午線)을 통과할 때의 시간(時間)을 관측(觀測)하기 때문에 정확한 시간(時間)이 측정(測定)된다.

우리나라는 국제표준시(國際標準時)에 따라, 경도(經度)가 동경(東經)을 지나가는 135°를 사용하고 있으며, 이것은 일본(日本) 동경(東京)을 중심으로 지나가는 표준(標準) 자오선(子午線)이다.

그러나 우리나라와 일본(日本)은 경도(經度) 8° 정도의 차이가 남으로 인해, 동경(東京)시간으로 정오(正午)[12시]가 될 때 실제로는 약 32분이 지나야 우리나라에서는 정오(正午)[12시]가 된다. 따라서 일부에서는 현재 사용하고 있는 시간에서 32분 정도를 빼서 시간을 측정하여 시주(時柱)를 세우기도 한다.

그러나 무엇보다 중요한 것은, 시주(時柱)를 세우기 위한 시간(時間) 설정에 있어, 우리나라 내에서도 서울과 부산, 울산, 대구 등지에도 약 10분~20분 이상

차이가 난다.

　이렇게 정확한 시간(時間)을 계산하여 사주(四柱)를 세우기 위해서는 무고한 노력을 해야 할 것이다.

　그러므로 본인(本人)이 알고 있는 시간(時間)을 그대로 사용하되, 전후(前後)의 시간(時間)을 같이 이용하여 간명(看命)을 하면, 좀 더 명확한 시간(時間)을 찾을 수 있다.

〖 **2. 대운(大運)** 〗

　사주(四柱)의 구성은 선천적(先天的)으로 태어난 기운(氣運)으로 길흉화복(吉凶禍福)을 관장(管掌)한다. 그리고 그 기운(氣運)에 후천적(後天的) 기운(氣運)인 대운(大運)이 적용되면서 그 기운(氣運)의 가감(加減)을 알아보는데, 이것이 대운(大運)을 알아보는 주된 목적(目的)이다.

　다시 말해, 사주(四柱) 중 일간(日干)을 위주로 삼원(三元)인 천원(天元)과 지원(地元)과 인원(人元)을 모두 간명(看命)하여 그 격(格)과 용신(用神)을 취한 후, 일간(日干)이 나아가야 하는 길의 길흉(吉凶)을 보는 것이 대운(大運)이다.

　『적천수천미(適天髓闡微)』에는 일간(日干)을 몸으로 비유하였고, "다른 칠신(七神)[팔자(八字) 중 일간(日干)을 제외한 칠자(七字)]은 타고 다니는 배 또는 말로 비유하면서 배합(配合)을 보아야 한다고 하였으며, 대운(大運)을 보고 그 운(運)이 기쁜지 꺼리는 지를 보는 것이다"[444]라고 하였다. 이 내용은 명리학(命理學)에서 사주(四柱) 중 일간(日干)을 가장 우선시 한 다음, 나머지 일곱 글자의 신

---

444) 任鐵樵, 『適天髓闡微』: "日主譬如吾身, 局中之神, 譬之舟馬引從之人, 大運譬所蒞之地, …, 必先明一日主, 配合七字, 權其輕重, 看喜行何運, 忌行何運." 참조.

(神)을 보고 배합(配合)을 판별하여 간명(看命)하여야 하고, 그 다음 본인이 살아가는 운(運)이 좋고 나쁨을 보는 것은 대운(大運)으로 정해야 한다는 것을 말하고 있다.

후천적 기운(氣運)인 대운(大運)에 대해 구체적으로 알아보기로 하자.

대운(大運)을 정하는 방법에 대해 결론을 미리 말하자면, 양남음녀(陽男陰女)는 운(運)이 순행(順行)이며, 그 대운(大運)이 순행(順行)인 사람의 대운(大運) 수(數)를 정하는 것은 태어난 날의 다음 절기(節氣)까지를 세어 삼분(三分)하여 그 몫으로 수(數)를 정한다.

음남양녀(陰男陽女)는 운(運)이 역행(逆行)이며, 그 대운(大運)이 역행(逆行)인 사람의 대운(大運) 수(數)를 정하는 것은 태어난 날의 전(前) 절기(節氣)까지를 세어 삼분(三分)하여 그 몫으로 수(數)를 정한다.

송대(宋代) 『연해자평(淵海子平)』에는 대운(大運)에 대해, "대운(大運)은 출생한 일(日)을 기준으로 한다. 태어난 해가 양간(陽干)[양(陽)의 년(年)]인 남자(男子)와 태어난 해가 음간(陰干)[음(陰)의 년(年)]인 여자(女子)는 운(運)이 순행(順行)이니 다음 절기(節氣)까지 세어서 그 운(運)의 수(數)를 정하고, 양간(陽干)인 여자(女子)와 음간(陰干)인 남자(男子)는 운(運)이 역행(曆行)하니 지난 절기(節氣)까지 세어서 그 운(運)의 수(數)를 정한다"[445]라고 하였다.

이것은 먼저 대운(大運)을 정할 때 양(陽)의 기운(氣運)을 가진 남자(男子)와 음(陰)의 기운(氣運)을 가진 여자(女子)는 양남(陽男)과 음남(陰男)이 되어, 서로 그 기운(氣運)이 같아 운(運)이 순행(順行)한다. 반대로 원래 양(陽)의 기운(氣運)을 가진 남자(男子)가 음(陰)의 해에 태어나거나, 원래 음(陰)의 기운(氣

---

445) 徐大升, 『淵海子平』「論起大運」: "凡起大運, 俱從所生之日, 陽男陰女, 順行數至未來節, 陽女陰男, 逆行數已過去節. 俱折除三日以爲一歲, 陽男陰女順運."

運)을 가진 여자(女子)가 양(陽)의 해에 태어나게 되면, 그 기운(氣運)이 음남(陰男)과 양녀(陽女)가 되니, 서로 그 기운(氣運)이 달라 운(運)이 역행(逆行)하게 된다는 것이다.

　대운(大運) 수(數), 즉 10년 주기(週期)의 대운(大運) 수(數)에 있어서, 각 절기(節氣)까지를 세어 삼분(三分)하여 묶을 대운(大運) 수(數)로 정하되, 남아 있는 수(數)가 1일 때는 나머지를 버리고, 남아 있는 수(數)가 2일 때는 반올림하여 원래 나누어진 묶에서 1을 더하여 사용한다. 요즘은 만세력(萬歲曆)에 잘 나타나 있으므로 활용하면 된다.

　대운(大運)과 이제까지 배운 사주(四柱)와 장간(藏干)에 대해 그 예를 들어,

<표 35> 음력, 1972년 3월 7일 辰時生, 男子(乾命)

時柱	日柱	月柱	年柱	乾命	
癸	辛	甲	壬	天干	
巳	巳	辰	子	地支	
戊庚丙	戊庚丙	乙癸戊	癸	藏干	
75	65	55	45	35	25	15	5
壬子	辛亥	庚戌	己酉	戊申	丁未	丙午	乙巳

(위 표 아래 대운 칸은 大運)

음력, 1972년 3월 7일 巳時生, 男子(乾命)를 설명하면 다음과 같다.

<표 35>에 나타나는 이 명주(命柱)는 건명(乾命)[男子]으로 음력 1972년 3월 7일 巳時生이다. 년주(年柱)는 당년(當年)[1972년] 입춘(立春)일인 2월 5일 02:20분(立春 時間)이 지났으므로 壬子이다. 월주(月柱)는 당월(當月)이 양력(陽曆)으로 3월이고, 3

월 5일 01:29分 청명(淸明) 절기(節氣)가 지나 甲辰이 된다. 일주(日柱)는 만세력(萬歲曆)을 보면 당일(當日)이 辛巳이다. 시주(時柱)는 辛日에 巳時가 되니 둔시법(遁時法)으로 癸巳가 된다.

장간(藏干)을 보면, 辰月의 월률분야(月律分野)는 乙癸戊이고, 절입일(節入日)인 청명(淸明)으로부터 15일이 지나 戊土가 사령(司令)[당령(當領)]하고 있다. 다른 지지(地支)의 인원용사(人元用事)를 보면, 子年은 癸, 巳日과 巳時는 각각 戊·庚·丙이다.

대운(大運)은 양(陽)의 해에 태어난 남자(男子)이므로 양남(陽男)이 되어 순행(順行)이 되고, 대운(大運) 수(數)는 5이다. 대운(大運)의 시작은 계절(季節)의 변화(變化)를 나타내고 부모궁(父母宮)인 월주(月柱) 甲辰에서 시작하여, 乙巳(5), 丙午(15), 丁未(25), 戊申(35), 己酉(45), 庚戌(55), 辛亥(65), 壬子(75), …로 나가며, 乙巳 대운(大運)은 5세에서부터 15세까지이고, 丙午 대운(大運)은 15세에서부터 25세까지의 운(運)을 주관하며, 나머지는 이와 같다.

그럼 여기에서 사용되고 있는 대운(大運)의 시작과 대운(大運) 수(數)에 대해 알아보기로 하자.

대운(大運)을 월주(月柱)에서 정하는 이유는, 사주(四柱) 내에서 나(我)를 위주로 나머지 신(神)들과 장간(藏干)을 활용하여 간명(看命)하지만, 앞 24절기(節氣)와 방위(方位)의 배치(排置)에서 설명한 것처럼 모든 기운(氣運)은 절기(節氣)에 의해 정해질 뿐 아니라, 년(年)과 월(月)과 일(日)이 정해지는 것도 절기(節氣)에 의한 것이다. 또한 절기(節氣)에 의해 월률분야(月律分野)[장간(藏干)]에서 어떤 것이 사령(司令)하는 지가 결정되며, 월주(月柱)는 부모궁(父母宮)이므로 월주(月柱)에서 대운(大運)을 시작하는 것이다.

『연해자평(淵海子平)』에는 "대운(大運)이라는 것은 천간(天干)에 오운(五運)

이 있음을 말하고, 지지(地支)에 육기(六氣)가 있음을 말한다. 고로 <오운육기 (五運六氣)를> 범기(範氣)라 칭하는 것이다. 자평법(子平法)에는 대운(大運)은 지지(地支)를 보고 세운(歲運)은 천간(天干)을 보고 간명(看命)한다. 운(運)과 합(合)함은 어떤 것을 접목(接木)하는 것과 같다. 여기에서 간(干)과 지(支) 2자 (字)는 육십갑자(六十甲子)를 말하고, <근묘화실(根苗花實) 중 일간(日干)을 나타내는> 화(花)[일간(日干)]는 천간(天干)과 지지(地支)가 때를 얻으면 자연히 꽃이 피고 씨를 맺어 성(盛)한 것과 같다. 월령(月令)은 천원(天元)이다. 운(運)을 월상(月上)[월령(月令)]으로 나아가 계산(計算)하는 것이다. 나무와 싹을 비유컨대 나무는 싹을 보아야 한다는 것을 알아야 한다. 월령(月令)의 용신(用神)으로 곧 격(格)을 아는 고로 운(運)이 합(合)함을 접목(接木)한 것과 같다고 비유했다. 명(命)에 근묘화실(根苗花實)이란 어떤 것인지도 이것과 부합(符合)되니 어찌 마땅하지 않겠는가?"446)라고 하였다.

즉, 절기(節氣)에 의해 오운[天干의 氣]육기[地支의 氣](五運六氣)가 정해지고, 대운(大運)에 의해 일간(日干)이 성(盛)해지는 것을 알 수 있다고 말하고 있다. 여기에서 절기(節氣)에 의해 정해지는 월주(月柱)를 월령(月令)이라 하고, 월령(月令)에 의해 일간(日干)의 길흉(吉凶)이 정해진다는 것이며, 월령(月令)에서부터 그 운(運)을 계산해 나간다고 하였다. 또한 일간(日干)과 월령(月令)의 배합(配合)을 보고 격(格)과 용신(用神)을 정하여 간명(看命)하고, 그 후에 대운 (大運)의 접목(接木)을 보고 역시 길흉(吉凶)을 판단해야 한다는 것을 말하고 있다.

---

446) 徐大升, 『淵海子平』「論大運」: "夫大運者, 天干曰五運, 地支曰六氣, 故名範氣, 子平之法, 大運看 支, 歲君看幹, 交運同接木, 何也, 且干支二字, 六十甲子之說, 用花字, 若天干地支得其時, 則自然開花 結子盛矣, 月令者, 天元也, 今運就月上起, 譬之樹苗, 樹之見苗, 則知名, 月之用神, 則知其格, 故謂交 運如同接木然, 命有根苗花實者何, 正合此意也, 豈不宜矣."

위에서 예를 든 것처럼 대운(大運)은 누구에게나 존재하며, 10년을 주기(週期)로 한다.

『주역(周易)』「계사전(繫辭傳)」에 "천(天)의 수(數)가 다섯이다"[447]라고 하였으며, "왕필(王弼)[448]은 이에 대해 '다섯은 1·3·5·7·9의 다섯 기수(奇數)[홀수]를 말한다'고 하였으며, 한강백(韓康伯)[449]은 '다섯은 기수(奇數)[홀수]를 말한다'"고 역주(譯註)하였다.[450]

「계사전(繫辭傳)」에 "지(地)의 수(數)가 다섯이다"[451]고 하였으며, 이에 대해 "왕필(王弼)은 '다섯은 2·4·6·8·10의 다섯 우수(偶數)[짝수]를 말한다'고 하였으며, 한강백(韓康伯)도 '다섯은 우수(偶數)[짝수]를 말한다'고 하였다."[452]

또 「계사전(繫辭傳)」에 "오위(五位)가 서로 얻는다"[453]고 하였는데, "왕필(王弼)은 그 '다섯 자리는 金·木·水·火·土이다'라고 하였다."[454]

여기에서 천지(天地)는 각각 다섯이고, 그 다섯은 오행(五行)을 말하는 것이며, 천상(天象)의 기운(氣運) 다섯과 지상(地象)의 기운(氣運) 다섯을 합(合)하게 되면 십(十)이 된다. 즉 천간(天干)이 십(十)이듯이, 천지(天地)의 합(合)한 수(數)는 십(十)이라는 결론이 나온다.

수대(隋代) 『오행대의(五行大義)』에는 수(數)에 대해 논(論)하면서, 진(晉)

---

447) 『周易』「繫辭傳」: "天數五."
448) 왕필(王弼, 226~249)은 위(魏)나라 하안(何晏)과 함께 현학(玄學)의 시조로 일컬어지는 학자이다. 노자(老子)의 무위자연(無爲自然)에 귀일함으로써 현실의 모순을 해결하려고 했으며, 저서(著書)로는 노자(老子)의 『노자주(老子注)』와 공자(孔子)의 『주역주(周易注)』가 있다.
449) 한강백(韓康伯, 332~380)은 진(晉)나라 사람으로, 왕필(王弼)과 하안(何晏)이 주장한 이무위본설(以無爲本說)을 계승하고 왕필(王弼)의 『주역주(周易註)』에 빠져 있는 「설괘전(說卦傳)」, 「서괘전(序卦傳)」, 「잡괘전(雜卦傳)」 등을 보충하여 주석(註釋)하였다.
450) 『五行大義』: "易上繫曰, 天數五, 王曰, 謂一三五七九也, 韓曰, 五奇也."
451) 『周易』「繫辭傳」: "地數五."
452) 『五行大義』: "地數五, 王曰, 謂二四六八十也, 韓曰, 五偶也." 五位相得, 王曰, 金木水火土也."
453) 『周易』「繫辭傳」: "五位相得."
454) 『五行大義』: "王曰, 金木水火土也."

나라 사람 "사만(謝萬)이 말하기를, '음양(陰陽)이 서로 응(應)하고, 홀수[천수(天數)]와 짝수[지수(地數)]가 서로 짝을 해서 각각 합(合)이 있는 것이다'라고 하였다. 한강백(韓康伯)이 말하기를, '천지(天地)의 수(數)가 각각 다섯이 있으니, 다섯 수(數)가 서로 짝해서 金·木·水·火·土를 합성(合成)한 것이다'라고 하였다."455)

또 수(數)에 대해, "오행(五行)이라고 다섯을 말한 것은, 비록 만물(萬物)이 많으나 그 수(數)는 다섯에 불과함을 밝힌 것이다. 그러므로 하늘에 오성(五星)이 있고, 오성(五星)의 신(神)이 오제(五帝)가 되니, 공자(孔子)가 말하기를, '옛날에 내가 노담(老聃)[노자(老子)]에게 들으니 하늘에 金·木·水·火·土의 오행(五行)이 있는데 그 신(神)을 오제(五帝)라 하고, 땅에는 오방(五方)이 있어서 그 곳을 통괄해 진압하고 있는 것이 오악(五岳)이라고 했다'고 하였다".456)

이와 더불어 "오행(五行)이, …, 만물(萬物)을 낳고 성취(成就)시키니, 운용(運用)해서 쉬지 않기 때문에 행(行)한다는 '행(行)'자(字)를 쓴 것이다. 『춘추번로(春秋繁露)』에, '천지(天地)의 기운(氣運)이 오행(五行)으로 배열(排列)되니, 오행(五行)이라 함은 〈쉬지 않고 운용(運用)하며〉 행(行)하는 것이다"457)라고 하였다.

위에서 나타나는 내용들을 정리하면, 하늘과 땅의 기운(氣運)은 각각 다섯을 합(合)한 것으로 인해 쉬지 않고 운용(運用)되는 것이 천지(天地)의 기운(氣運)임을 말하고 있다.

---

455) 『五行大義』: "謝曰, 陰陽相應, 奇偶相配, 各有合也, 韓曰, 天地之數, 各有五, 五數相配, 以合成金木水火土也."
456) 『五行大義』: "行言五者, 明萬物雖多, 數不過五, 故在天爲五星, 其神爲五帝, 孔子曰, 故丘聞諸老聃云, 天有五行, 金木水火土, 其神謂之五帝, 在地爲五方, 其鎭爲五岳."
457) 『五行大義』: "五行, …, 生成萬物, 運用不休, 故云行也, 春秋繁露云, 天地之氣, 列爲五行, 夫五行者行也."

이에 한 단계 더 나아가, 천지(天地) 각각의 오행(五行) 기운(氣運)이 합(合)해서 십(十)이 되는 것을, 『오행대의(五行大義)』에는 사람에 대해 논하면서, 사람이 10개월 만에 태어나는 이유와 더불어 설명하는 내용도 나타나고 있다.

"『주서(周書)』에서 이르기를, '사람이 열 달 만에 태어나는 것은 하늘의 오행(五行)과 땅의 오행(五行)이 합(合)해서 십(十)이 되기 때문이다. 하늘의 오행(五行)은 오상(五常)이 되고, 땅의 오행(五行)은 오장(五臟)이 되기 때문에 『주역(周易)』에 말하기를, '하늘에 있어서는 상(象)을 이루고, 땅에 있어서는 형체(形體)를 이룬다'고 한 것이다"[458]고 하였다.

또 "『공자가어(孔子家語)』에 이르기를, '天一, 地二, 人三이니, <사람을 나타내는 수(數)> 셋에 셋을 해서 아홉이고, 아홉에 아홉을 해서 여든 하나이다. 하나는 날[日]을 주관하고, 날[日]의 수(數)는 십(十)이기 때문에 사람이 열 달 만에 태어나는 것이다'"[459]라고 하였다.

이처럼 수(數) 십(十)은 천지(天地)가 움직이는 기운(氣運)의 합(合)이고, 그 기운(氣運) 십(十)은 인간(人間)에게 영향을 미친다는 것이다. 따라서 대운(大運)에서 사용하는 10년의 주기(週期)는 천지(天地)의 기운(氣運)과 연관이 있다고 할 수 있으며, 대운(大運)의 천간(天干)과 지지(地支) 2자(字)를 5년씩 나누어서 구별하되, 간명(看命)하는 것은 10년 주기(週期)로 하는 것이 바람직하다.

앞 예에서 설명한 1972년 3월 7일 巳時生, 男子(乾命)는 대운(大運)이 '5'이었다. 이 명주(命柱)는 양남(陽男)으로 대운(大運)이 순행(順行)하기 때문에, 다음 절기(節氣) 입하(立夏)까지 15일이 나오고, 3으로 나눈 몫의 수(數) '5'가 곧 대

---

458) 『五行大義』: "周書云, 人感十而生, 天五行地五行, 合爲十也, 天五行爲五常, 地五行爲五臟, 故易曰, 在天成象, 在地成形者也."
459) 『五行大義』: "家語曰, 天一地二人三, 三三而九, 九九八十一, 一主日, 日數十, 故人十月而生."

운(大運) 수(數)가 된다.

만약 다음 절기(節氣)까지가 16일 경우에는 역시 3으로 나눈 몫이 5가 되고, 나머지가 1이 되지만, 이는 버리고 나눈 몫의 수(數) '5'를 그대로 대운(大運) 수(數)로 활용한다. 또 만약 절기(節氣)까지가 17일인 경우에는 3으로 나눈 몫은 역시 5가 되고, 나머지는 2가 되는데, 이 나머지는 반올림하여 남은 몫 5와 합(合)해 6으로 계산[460]하여 대운(大運)으로 활용한다. 음녀(陰女)도 이와 같이 활용하면 되고, 음남양녀(陰男陽女)는 대운(大運)이 역행(逆行)이므로 전(前) 절기(節氣)까지의 수(數)를 헤아려 이처럼 계산(計算)하면 된다.

여기에서 절입일(節入日)까지의 수(數)에서 '3'으로 나누는 이유는, 한 달은 지난 그믐에서 초승까지 돌아와 30일이 되고, 이 30을 천(天)과 지(地)를 합(合)한 수(數)인 10년의 운기(運氣)로 나누게 되면 수(數) '3'이 되기 때문이다. 또 위에서 언급한 대운(大運)의 수(數) 원리에서 나오는 천지(天地)의 기운(氣運)은 인(人)에 영향을 주고, 그 영향을 주는 수(數)는 3이 되기 때문에 '3'으로 구분하여 사용한다.

다음은 태월(胎月)을 세우는 법(法)[기태법(起胎法)]에 대해 알아보자.

태월(胎月)은 부모(父母)의 합궁(合宮)으로 인해 잉태(孕胎)한 달을 말하고, 이 달을 태월(胎月)이라고 하며, 간명(看命)할 때는 사주(四柱)와 같이 중요한 역할을 하여 태월(胎月)까지 합쳐 오주(五柱)라고도 표현한다.

예를 들어, 앞에서 세운 사주(四柱)의 월주(月柱)는 甲辰이었다.

甲辰의 태월(胎月)을 보면, 천간(天干)에서는 일위(一位)를 더하면 乙이 되고, 지지(地支)에서는 삼위(三位)를 더하면 未가 되므로, 태월(胎月)은 乙未月이 된다.

---

460) 徐大升, 『淵海子平』 「論起大運」: "若多一日, 減一日, 少一日, 增一日." 참조

태월(胎月)에 대해, 송대(宋代) 『연해자평(淵海子平)』에 기태법(起胎法)이라고 일컬어, "이 법(法)은 오직 태어난 달에서 앞 사위(四位)[월주(月柱) 포함]가 이것이다. 그 법(法)은 가령 己巳月이 태어난 달이라면 앞의 申이 태(胎)가 된다. …, 庚申이 수태(受胎)한 달이다. 남은 것도 이에 준한다"[461]고 하였고, "태원(太元)은 수태(受胎)한 달이다. 자평(子平)[서자평(徐子平)]이 말하는 것이 있는데, 먼저 태식(胎息)으로서 추리(推理)하고, 다음 통변(通變)을 추리하는 것이 이치(理致)라 하였다. 정밀한 명(命)은 이 예를 사용하지 않으면 안 된다"[462]고 하여, 태월(胎月)에 대한 중요함을 나타내었다.

〖 3. 십신(十神)과 육친(六親) 〗

1) 십신(十神)

십신(十神)은 일간(日干)을 기준으로 하여, 다른 간지(干支)와의 상생(相生)과 상극(相剋)의 법칙(法則)에서 나타난 명칭(名稱)이다. 즉, 사주(四柱)를 세우게 되면 그 일간(日干)이 정해지고, 그 일간(日干)을 기준으로 다른 간지(干支)들과의 상생(相生)과 상극(相剋)의 관계의 법칙(法則)인 비견(比肩), 겁재(劫財), 식신(食神), 상관(傷官), 정재(正財), 편재(偏財), 정관(正官), 편관(偏官), 정인(正印), 편인(偏印)을 십신(十神) 또는 십성(十星)이라고 한다.

사실 앞서 설명한 오행(五行)의 변화(變化)에서 전한대(前漢代) 『회남자(淮南子)』「천문훈(天文訓)」에 이미 십신(十神)의 초기 개념(槪念)이 나타나고 있

---

461) 徐大升, 『淵海子平』「論起胎法」: "推法但從本生月前四位是也. 其法如己巳月, 則前申上是胎, …, 庚申乃是受胎之月也, 餘皆做此."
462) 徐大升, 『淵海子平』「論起胎法」: "胎元受胎之月也, 子平有曰, 先推胎息之由, 次斷變通之理, 精命者不可不用此例也."

다. "水生木, 木生火, 火生土, 土生金, 金生水이다. 子生母를 의(義)라 하고, 母生子를 보(保)라 하고, 子와 母가 같은 것을 전(專)이라 하며, 母가 子를 이기는 것을 제(制)라 하며, 子가 母를 이기는 것을 곤(困)이라 한다."463) 여기에서 자(子)는 지지(地支)이고, 모(母)는 천간(天干)이다. 생(生)의 개념(概念)을 '의롭고 바르며', '보호하고 양육한다'는 의미(意味)를 주고 있으며, 극(剋)의 개념(概念)을 '억제하고 바로잡으며', '묶이고 시달리다'라는 의미(意味)로 표현(表現)하고 있다. 이것은 다시 나[我]를 위주로 하여 생(生)하고, 극(剋)하며, 동기(同氣)의 개념(概念)으로 해석(解釋)할 수 있다.

진대(晉代) 곽박(郭璞, 276~324)의 『옥조신응진경(玉照神應眞經)』에 관성(官星)의 개념(概念)이 나타난다. "유기(有氣)하면서 관(官)을 만나면 현혁(顯赫)하게 되고, …, 신(身)이 왕향(旺鄕)에 도달하면서 귀(鬼)가 있는 자는 모름지기 귀현(貴顯)하게 된다. …, 귀(鬼)가 생왕(生旺)하고 후에 〈자신을〉 생(生)하면 귀기(貴氣)가 쟁영(崢嶸)하다."464) 십신(十神)의 정확한 개념(概念)은 아니지만, 내가 유기(有氣)하거나 신(身)이 왕향(旺鄕)에 도달하면서 관귀(官鬼)가 있으면 좋다고 하였고, 관귀(官鬼)가 너무 왕(旺)하게 되면 내가 힘들다는 의미가 나타나고 있다. 이것은 현재 명리학(命理學)에서 사용하고 있는 관성(官星)의 의미(意味)와 같다.

이어 당대(唐代) 원천강(袁天綱)의 『원천강오성삼명지남(袁天綱五星三命指南)』에는 관성(官星)중 정관(正官)에 대해 더 자세히 나타나고 있다. "甲木이 辛金을 쓰는 것을 관(官)이라 하고 乙木이 庚金을 쓰는 것을 관(官)이라 한다.

---

463) 『淮南子』「天文訓」: "水生木, 木生火, 火生土, 土生金, 金生水。子生母曰義, 母生子曰保, 子母相得曰專, 母胜子曰制, 子胜母曰困."
464) 郭璞, 『玉照神應眞經』: "有氣逢官, 定爲顯, …, 身到旺鄕, 有鬼者自須貴顯, …, 鬼逢生旺, 后生兮, 貴氣崢嶸."

丙火에게는 癸水가 관(官)이며, 丁火에게는 壬水가 관(官)이다. 壬水에게는 己土가 관(官)이며 癸水에게는 戊土가 관(官)이다. 戊土에게는 乙木이 관(官)이며 己土에게는 甲木이 관(官)이다. 庚金에게는 丁火가 관(官)이며 辛金에게는 丙火가 관(官)이다."[465]

또 당대(唐代) 이허중(李虛中, 761~813)의 『이허중명서(李虛中命書)』에는 완전하지 않지만 식신(食神)과 귀인(貴人)에 대해 나타나 있다. "귀합(貴合)이 있으면 관(官)의 지위가 크고 높아서 행하는 바가 잘 부합(符合)되고, 귀합(貴食)이 있으면 녹(祿)이 풍족(豊足)하고 소망(所望)하는 바를 이룰 수 있다. …, 귀합(貴合)이 있으면 관(官)이 높아져서 좋다는 뜻이고, 귀식(貴食)이 있으면 녹(祿)이 많아져서 좋다는 뜻이다. 이 귀합(貴合)과 귀식(貴食) 두 가지를 겸하게 되면 관(官)이 높고 녹(祿)이 무거워 어디를 가든지 이롭지 않음이 없다"[466]고 하였다.

이후 송대(宋代) 『연해자평(淵海子平)』에서 현재 명리학(命理學)에서 사용하고 있는 십신(十神)에 대해 구체적이고 정확히 나타나고 있다. 「오행발용정례(五行發用定例)」에 "일간(日干)을 극(剋)하는 것은 정관(正官)과 편관(偏官)이고, 일간(日干)을 생(生)하는 것은 정인(正印)과 편인(偏印)이고, 일간(日干)이 극(剋)하는 것은 정재(正財)와 편재(偏財)이며, 일간(日干)이 생(生)하는 것은 상관(傷官)과 식신(食神)이며, 일간(日干)과 어깨를 나란히 하는 것은 겁재(劫財)와 패재(敗財)이다"[467]라고 하였다.

---

465) 袁天綱, 『袁天綱五星三命指南』: "甲用辛爲官, 乙用庚爲官, 丙用癸爲官, 丁用壬爲官, 壬用己爲官, 癸用戊爲官, 戊用乙爲官, 己用甲爲官, 庚用丁爲官, 辛用丙爲官."
466) 李虛中, 『李虛中命書』: "有貴合則官位窮崇, 所作契合, 有貴食則祿豊足, 所成過望, …, 有貴合則官多稱意, 有貴食則祿多稱意, 二者兼之, 官高祿重, 無往不利."
467) 徐大升, 『淵海子平』 「五行發用定例」: "我剋者爲正官偏官, 生我者爲正印偏印, 我剋者爲正財偏財, 我生者爲傷官食神, 比肩者爲劫財敗財."

여기에서 설명되고 있는 십신(十神)의 관계에 대해서 그림으로 나타내면 다음과 같다.

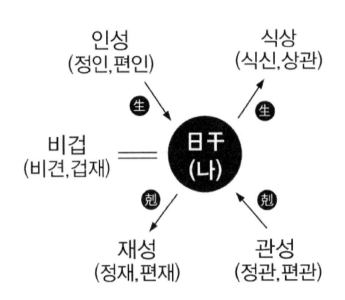

<그림 31> 일간(日干) 위주의 십신도(十神圖)
출처: 필자(筆者) 작도(作圖)

일간(日干)을 생(生)하는 것은 인성(印星)[인수(印綬)]라고 하고, 인성(印星)에는 정인(正印)과 편인(偏印)이 있다. 일간(日干)이 생(生)하는 것을 식상(食傷)이라 하고, 식상(食傷)에는 식신(食神)과 상관(傷官)이 있다. 일간(日干)을 극(剋)하는 것을 관성(官星)이라 하고, 관성(官星)은 정관(正官)과 편관(偏官)이 있다. 일간(日干)이 극(剋)하는 것을 재성(財星)이라 하고, 재성(財星)은 정재(正財)와 편재(偏財)가 있다. 일간(日干)과 동일한 것을 비겁(比劫)이라 하고, 비겁(比劫)에는 비견(比肩)과 겁재(劫財)가 있다.

이것을 다시 간단하게 정리하면 다음과 같다.

(1) 생아자(生我者) - 인성(印星)[정인(正印), 편인(偏印)]

(2) 아생자(我生者) - 식상(食傷)[식신(食神), 상관(傷官)]

(3) 극아자(剋我者) - 관성(官星)[정관(正官), 편관(偏官)]

(4) 아극자(我剋者) – 재성(財星)[정재(正財), 편재(偏財)]

(5) 비화자(比和者) – 비겁(比劫)[비견(比肩), 겁재(劫財)]

2) 일간(日干)과 십신(十神)

일간(日干)은 십천간(十天干) 중에서 한 개의 천간(天干)으로만 구별된다. 즉 십천간(十天干) 중 어떤 천간(天干)인가에 의해 다른 천간(天干)과의 관계에서 그 명칭(名稱)이 주어지며 <표 36>과 같다.

<표 36> 십신(十神)의 구체적 관계(關係)

생극(生剋)	십신(十神)	관계(關係)
인성(印星) [생아자(生我者)]	정인(正印)	陽干→陰干[我], 陰干→陽干[我] – 정 배합
	편인(偏印)	陽干→陽干[我], 陰干→陰干[我] – 편 배합
식상(食傷) [아생자(我生者)]	상관(傷官)	陽干[我]→陰干, 陰干[我]→陽干 – 정 배합
	식신(食神)	陽干[我]→陽干, 陰干[我]→陰干 – 편 배합
관성(官星) [극아자(剋我者)]	정관(正官)	陽干→陰干[我], 陰干→陽干[我] – 정 배합
	편관(偏官)	陽干→陽干[我], 陰干→陰干[我] – 편 배합
재성(財星) [아극자(我剋者)]	정재(正財)	陽干[我]→陰干, 陰干[我]→陽干 – 정 배합
	편재(偏財)	陽干[我]→陽干, 陰干[我]→陰干 – 편 배합
비겁(比劫) [비화자(比和者)]	겁재(劫財)	陽干[我]→陰干, 陰干[我]→陽干 – 정 배합
	비견(比肩)	陽干[我]→陽干, 陰干[我]→陰干 – 편 배합

인성(印星)에서 정인(正印)은, 내 일간(日干)이 음간(陰干)일 때 양간(陽干)이 생(生)을 해 주거나, 일간(日干)이 양간(陽干)일 때 음간(陰干)이 생(生)을 해주는 경우이며, 음양(陰陽)이 서로 정(正) 배합(配合)이다. 편인(偏印)은, 내 일간

(日干)이 양간(陽干)일 때 같은 양간(陽干)이 생(生)을 해 주거나, 일간(日干)이 음간(陰干)일 때 같은 음간(陰干)이 생(生)을 해 주는 경우이며, 음양(陰陽)이 서로 편(偏)[치우친] 배합(配合)이다.

식상(食傷)에서 상관(傷官)은, 내 일간(日干)이 양간(陽干)일 때 음간(陰干)을 생(生)해 주거나, 일간(日干)이 음간(陰干)일 때 양간(陽干)을 생(生)해주는 경우이며, 음양(陰陽)이 서로 정(正) 배합(配合)이다. 식신(食神)은, 내 일간(日干)이 양간(陽干)일 때 양간(陽干)을 생(生)해주거나, 일간(日干)이 음간(陰干)일 때 음간(陰干)을 생(生)해 주는 경우이며, 음양(陰陽)이 서로 편(偏)[치우친] 배합(配合) 관계이다.

관성(官星)에서 정관(正官)은, 내 일간(日干)이 음간(陰干)일 때 양간(陽干)이 극(剋)을 해 하거나, 일간(日干)이 양간(陽干)일 때 음간(陰干)이 극(剋)을 해올 때이며, 음양(陰陽)이 서로 정(正) 배합(配合) 관계이다. 편관(偏官)은, 내 일간(日干)이 양간(陽干)일 때 양간(陽干)이 극(剋)을 해 오거나, 일간(日干)이 음간(陰干)일 때 같은 음간(陰干)이 극(剋)을 해올 때이며, 음양(陰陽)이 서로 편(偏)[치우친] 배합(配合)이다.

비겁(比劫)에서 겁재(劫財)는, 내 일간(日干)이 음간(陰干)일 때 같은 오행(五行) 중 양간(陽干)이 있을 때 이거나, 일간(日干)이 양간(陽干)일 때 같은 오행(五行) 중 음간(陰干)이 있을 때 이며, 오행(五行)은 같으나 음양(陰陽)이 서로 다른 관계이다. 비견(比肩)은, 내 일간(日干)이 양간(陽干)일 때 같은 오행(五行) 양간(陽干)이 있거나, 일간(日干)이 음간(陰干)일 때 같은 오행(五行) 음간(陰干)이 있는 경우이며, 음양오행(陰陽五行)이 서로 같은 관계이다.

여기에서 각 일간(日干)이 다른 천간(天干)과의 상생(相生)과 상극(相剋) 작용에 의해 나타나는 십신(十神)의 명칭(名稱)을 알아보기로 하자.

먼저 일간(日干)이 甲木일 때 다른 천간(天干)과의 상생상극(相生相剋)에 따른
십신(十神) 명칭(名稱)을 알아보면 아래와 같다.

<표 37> 甲木 일간(日干)의 십신(十神)

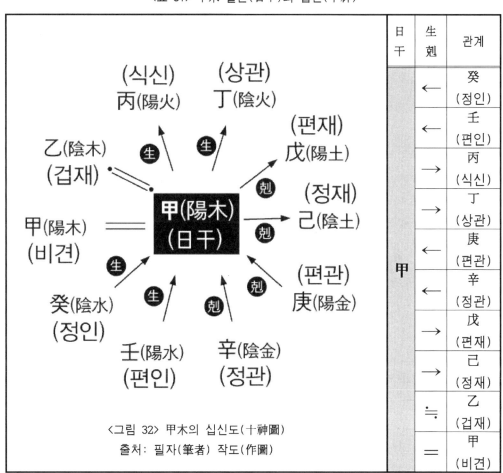

日干	生剋	관계
	←	癸 (정인)
	←	壬 (편인)
	→	丙 (식신)
	→	丁 (상관)
甲	←	庚 (편관)
	←	辛 (정관)
	→	戊 (편재)
	→	己 (정재)
	≒	乙 (겁재)
	=	甲 (비견)

<그림 32> 甲木의 십신도(十神圖)
출처: 필자(筆者) 작도(作圖)

일간(日干)이 乙木일 때 다른 천간(天干)과의 상생상극(相生相剋)에 따른 십신
(十神)의 명칭(名稱)을 알아보면 아래와 같다.

<표 38> 乙木 일간(日干)의 십신(十神)

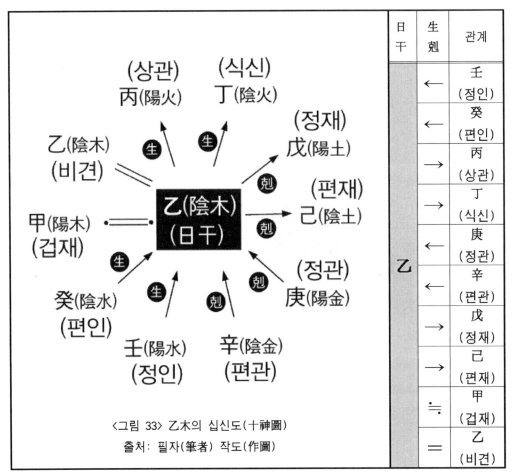

日干	生剋	관계
乙	←	壬 (정인)
	←	癸 (편인)
	→	丙 (상관)
	→	丁 (식신)
	←	庚 (정관)
	←	辛 (편관)
	→	戊 (정재)
	→	己 (편재)
	≒	甲 (겁재)
	=	乙 (비견)

<그림 33> 乙木의 십신도(十神圖)
출처: 필자(筆者) 작도(作圖)

일간(日干)이 丙火일 때 다른 천간(天干)과의 상생상극(相生相剋)에 따른 십신(十神)의 명칭(名稱)을 알아보면 아래와 같다.

<표 39> 丙火 일간(日干)의 십신(十神)

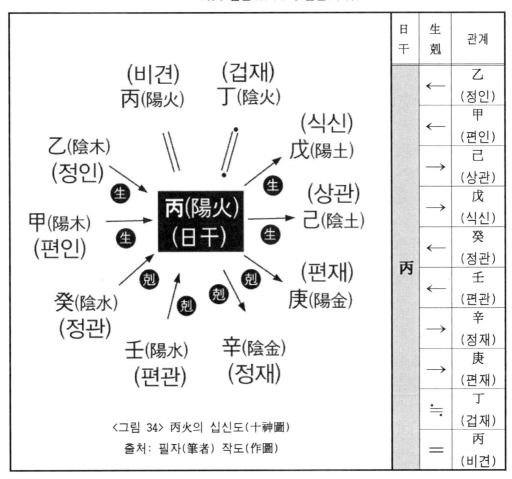

日干	生剋	관계
丙	←	乙 (정인)
	←	甲 (편인)
	→	己 (상관)
	→	戊 (식신)
	←	癸 (정관)
	←	壬 (편관)
	→	辛 (정재)
	→	庚 (편재)
	≒	丁 (겁재)
	=	丙 (비견)

<그림 34> 丙火의 십신도(十神圖)
출처: 필자(筆者) 작도(作圖)

일간(日干)이 丁火일 때 다른 천간(天干)과의 상생상극(相生相剋)에 따른 십신 (十神)의 명칭(名稱)을 알아보면 아래와 같다.

<그림 40> 丁火 일간(日干)의 십신(十神)

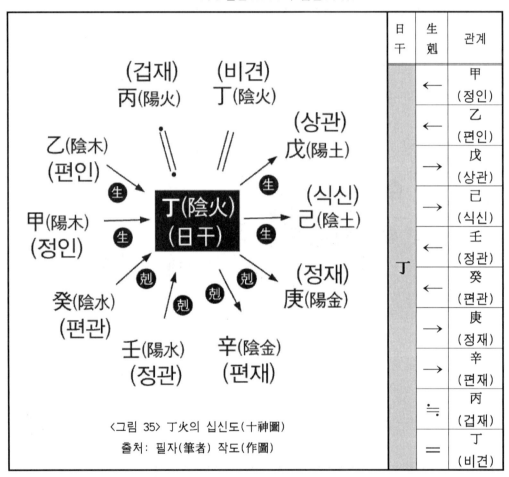

<그림 35> 丁火의 십신도(十神圖)
출처: 필자(筆者) 작도(作圖)

日干	生剋	관계
丁	←	甲 (정인)
	←	乙 (편인)
	→	戊 (상관)
	→	己 (식신)
	←	壬 (정관)
	←	癸 (편관)
	→	庚 (정재)
	→	辛 (편재)
	≒	丙 (겁재)
	=	丁 (비견)

일간(日干)이 戊土일 때 다른 천간(天干)과의 상생상극(相生相剋)에 따른 십신
(十神)의 명칭(名稱)을 알아보면 아래와 같다.

<표 41> 戊土 일간(日干)의 십신(十神)

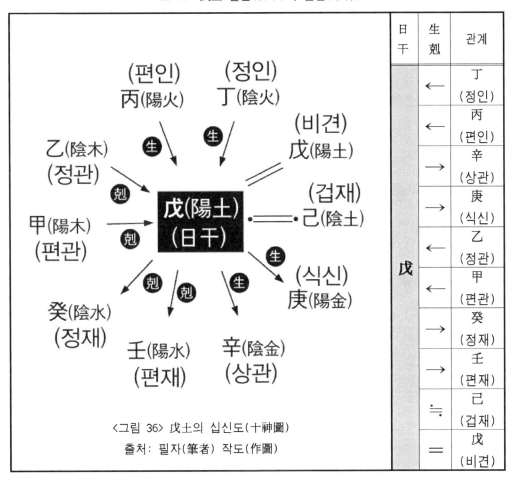

<그림 36> 戊土의 십신도(十神圖)
출처: 필자(筆者) 작도(作圖)

日干	生剋	관계
戊	←	丁 (정인)
	←	丙 (편인)
	→	辛 (상관)
	→	庚 (식신)
	←	乙 (정관)
	←	甲 (편관)
	→	癸 (정재)
	→	壬 (편재)
	≒	己 (겁재)
	=	戊 (비견)

일간(日干)이 己土일 때 다른 천간(天干)과의 상생상극(相生相剋)에 따른 십신
(十神)의 명칭(名稱)을 알아보면 아래와 같다.

<표 42> 己土 일간(日干)의 십신(十神)

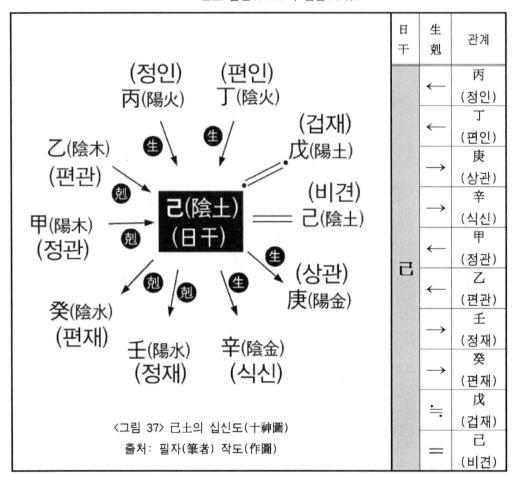

日干	生剋	관계
己	←	丙 (정인)
	←	丁 (편인)
	→	庚 (상관)
	→	辛 (식신)
	←	甲 (정관)
	←	乙 (편관)
	→	壬 (정재)
	→	癸 (편재)
	≒	戊 (겁재)
	=	己 (비견)

<그림 37> 己土의 십신도(十神圖)
출처: 필자(筆者) 작도(作圖)

일간(日干)이 庚金일 때 다른 천간(天干)과의 상생상극(相生相剋)에 따른 십신
(十神)의 명칭(名稱)을 알아보면 아래와 같다.

<표 43> 庚金 일간(日干)의 십신(十神)

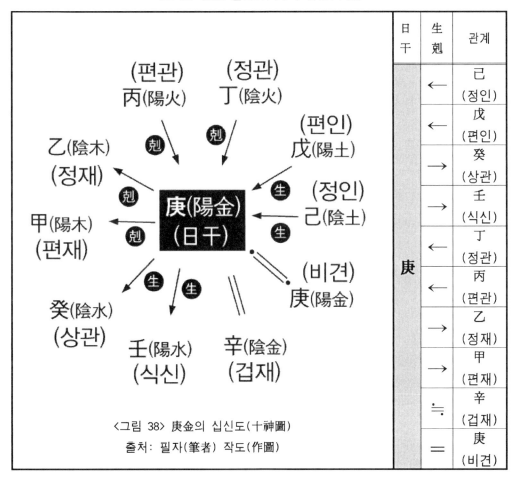

日干	生剋	관계
庚	←	己 (정인)
	←	戊 (편인)
	→	癸 (상관)
	→	壬 (식신)
	←	丁 (정관)
	←	丙 (편관)
	→	乙 (정재)
	→	甲 (편재)
	≒	辛 (겁재)
	=	庚 (비견)

<그림 38> 庚金의 십신도(十神圖)
출처: 필자(筆者) 작도(作圖)

일간(日干)이 辛金일 때 다른 천간(天干)과의 상생상극(相生相剋)에 따른 십신(十神)의 명칭(名稱)을 알아보면 아래와 같다.

<표 44> 辛金 일간(日干)의 십신(十神)

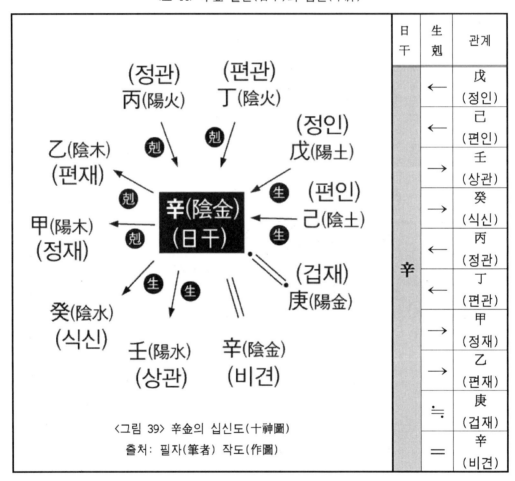

<그림 39> 辛金의 십신도(十神圖)
출처: 필자(筆者) 작도(作圖)

日干	生剋	관계
辛	←	戊 (정인)
	←	己 (편인)
	→	壬 (상관)
	→	癸 (식신)
	←	丙 (정관)
	←	丁 (편관)
	→	甲 (정재)
	→	乙 (편재)
	≒	庚 (겁재)
	=	辛 (비견)

일간(日干)이 壬水일 때 다른 천간(天干)과의 상생상극(相生相剋)에 따른 십신(十神)의 명칭(名稱)을 알아보면 아래와 같다.

<표 45> 壬水 일간(日干)의 십신(十神)

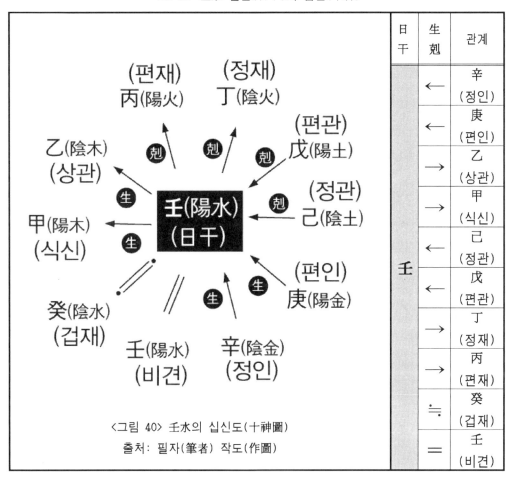

日干	生剋	관계
壬	←	辛 (정인)
	←	庚 (편인)
	→	乙 (상관)
	→	甲 (식신)
	←	己 (정관)
	←	戊 (편관)
	→	丁 (정재)
	→	丙 (편재)
	≒	癸 (겁재)
	=	壬 (비견)

<그림 40> 壬水의 십신도(十神圖)
출처: 필자(筆者) 작도(作圖)

일간(日干)이 癸水일 때 다른 천간(天干)과의 상생상극(相生相剋)에 따른 십신
(十神)의 명칭(名稱)을 알아보면 아래와 같다.

<표 46> 癸水 일간(日干)의 십신(十神)

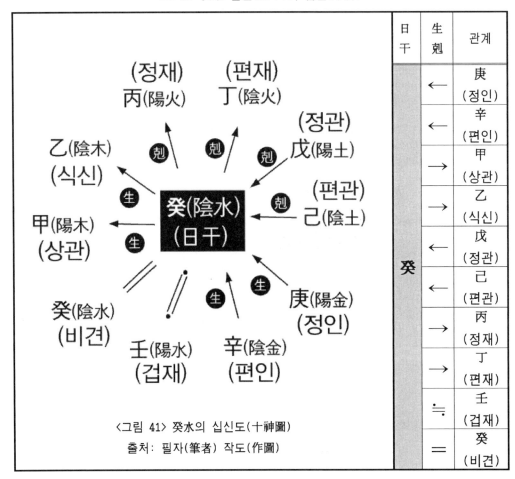

日干	生剋	관계
癸	←	庚 (정인)
	←	辛 (편인)
	→	甲 (상관)
	→	乙 (식신)
	←	戊 (정관)
	←	己 (편관)
	→	丙 (정재)
	→	丁 (편재)
	≒	壬 (겁재)
	=	癸 (비견)

<그림 41> 癸水의 십신도(十神圖)
출처: 필자(筆者) 작도(作圖)

다음은 일간(日干)과 다른 천간(天干)과의 십신(十神) 관계(關係)를 표로 나타내면 〈표 47〉과 같다.

〈표 47〉 일간(日干)과 다른 천간(天干)과의 십신(十神) 관계(關係)

천간(天干) 일간(日干)	甲	乙	丙	丁	戊	己	庚	辛	壬	癸
甲 →	비견 比肩	겁재 劫財	식신 食神	상관 傷官	편재 偏財	정재 正財	편관 偏官	정관 正官	편인 偏印	정인 正印
乙 →	겁재 劫財	비견 比肩	상관 傷官	식신 食神	정재 正財	편재 偏財	정관 正官	편관 偏官	정인 正印	편인 偏印
丙 →	편인 偏印	정인 正印	비견 比肩	겁재 劫財	식신 食神	상관 傷官	편재 偏財	정재 正財	편관 偏官	정관 正官
丁 →	정인 正印	편인 偏印	겁재 劫財	비견 比肩	상관 傷官	식신 食神	정재 正財	편재 偏財	정관 正官	편관 偏官
戊 →	편관 偏官	정관 正官	편인 偏印	정인 正印	비견 比肩	겁재 劫財	식신 食神	상관 傷官	편재 偏財	정재 正財
己 →	정관 正官	편관 偏官	정인 正印	편인 偏印	겁재 劫財	비견 比肩	상관 傷官	식신 食神	정재 正財	편재 偏財
庚 →	편재 偏財	정재 正財	편관 偏官	정관 正官	편인 偏印	정인 正印	비견 比肩	겁재 劫財	식신 食神	상관 傷官
辛 →	정재 正財	편재 偏財	정관 正官	편관 偏官	정인 正印	편인 偏印	겁재 劫財	비견 比肩	상관 傷官	식신 食神
壬 →	식신 食神	상관 傷官	편재 偏財	정재 正財	편관 偏官	정관 正官	편인 偏印	정인 正印	비견 比肩	겁재 劫財
癸 →	상관 傷官	식신 食神	정재 正財	편재 偏財	정관 正官	편관 偏官	정인 正印	편인 偏印	겁재 劫財	비견 比肩

다음은 일간(日干)과 십신(十神)의 관계(關係)를 다른 천간(天干)으로 나타내면 <표 48>과 같다.

<표 48> 일간(日干)과 십신(十神)의 다른 천간(天干)과의 관계(關係)

십신(十神) 일간(日干)	비견 比肩	겁재 劫財	식신 食神	상관 傷官	편재 偏財	정재 正財	편관 偏官	정관 正官	편인 偏印	정인 正印
甲 →	甲	乙	丙	丁	戊	己	庚	辛	壬	癸
乙 →	乙	甲	丁	丙	己	戊	辛	庚	癸	壬
丙 →	丙	丁	戊	己	庚	辛	壬	癸	甲	乙
丁 →	丁	丙	己	戊	辛	庚	癸	壬	乙	甲
戊 →	戊	己	庚	辛	壬	癸	甲	乙	丙	丁
己 →	己	戊	辛	庚	癸	壬	乙	甲	丁	丙
庚 →	庚	辛	壬	癸	甲	乙	丙	丁	戊	己
辛 →	辛	庚	癸	壬	乙	甲	丁	丙	己	戊
壬 →	壬	癸	甲	乙	丙	丁	戊	己	庚	辛
癸 →	癸	壬	乙	甲	丁	丙	己	戊	辛	庚

3) 육친(六親)

일간(日干) 위주의 상생상극(相生相剋)에서 나타난 십신(十神)은, 더 나아가 일간(日干)의 육친(六親)으로 나타나고 있다.

십신(十神)과 육친(六親) 관계를 송대(宋代) 『연해자평(淵海子平)』에는 다음과 같이 나타내고 있다.

"육친(六親)이란 부(父), 모(母), 형제(兄弟), 처재(妻財), 자(子), 손(孫)이다. 일간(日干)을 위주로 하여 정인(正印)은 친모(親母)이고, 편인(偏印)은 편모(偏母)이거나 조부(祖父)이다. 편재(偏財)는 부(父)이고, 모(母)의 부성(夫星)이고 또한 첩(妾)이다. 정재(正財)는 처(妻)가 되고, 편재(偏財)는 첩(妾)이 되고, 부(父)가 된다. 비견(比肩)은 형제(兄弟), 자매(姉妹)이다. 칠살(七殺)[468][편관(偏官)]은 자식(子息)이며, 정관(正官)은 여식(女息)이다. 식신(食神)은 손자(孫子)이고, 상관(傷官)은 손녀(孫女)이며 조모(祖母)이다"[469]라고 구체적으로 나타내고 있다.

또 "부인명(婦人命)은 육친(六親)을 취함에 남명(男命)과 서로 같지 않다. 관성(官星)을 취하여 부성(夫星)을 삼고 칠살(七殺)[편관(偏官)]은 편부(偏夫)이다. 식신(食神)은 자식(子息)이고, 상관(傷官)은 여식(女息)이다. 경(經)에 이르기를, 남자(男子)는 일간(日干)을 극(剋)하는 자(者)로 후사(後嗣)[자식(子息)]로 삼고, 여자(女子)는 일간(日干)이 생(生)하는 자(者)로 자식(子息)과 노비(奴婢)를 삼는다"[470]고 하였다.

---

468) 칠살(七殺)은 곧 편관(偏官)을 말하는 것으로, 일간(日干)에게 길신(吉神)의 역할을 하면[극제(剋制)가 되면] 편관(偏官)이라 하고, 흉신(凶神)의 역할을 하면[극제(剋制)기 되지 않으면] 칠살(七殺)이라고 한다.(徐大升, 『淵海子平』「論偏官」: "有制伏則爲偏官, 無制則爲七殺.")

469) 徐大升, 『淵海子平』「六親總論」: "夫六親者, 父, 母, 兄弟, 妻財, 子, 孫是也, 用日干爲主, 正印正母, 偏印偏母及祖父也, 偏財是父, 乃母之夫星也, 亦爲偏妻, 正財爲妻, 偏財爲妾, 爲父是也, 比肩爲兄弟姉妹也, 七殺是男, 正官是女, 食神是男孫, 傷官是女孫及祖母也."

『적천수천미(適天髓徵義)』「육친론(六親論)」에서도 "일간(日干)을 생(生)하는 것은 부모(父母)이며, 편인(偏印)·정인(正印)인 인수(印綬)를 말하고, 일간(日干)이 생(生)하는 것은 자녀(子女)이며 식신(食神)·상관(傷官)을 말하고, 일간(日干)이 극(剋)하는 것은 처(妻)와 첩(妾)이며 편재(偏財)·정재(正財)를 말하고, 일간(日干)을 극(剋)하는 것은 정관(正官)·편관(偏官)이며 조부(祖父)를 말하고, 일간(日干)과 같은 것은 형제(兄弟)이며 비견(比肩)·겁재(劫財)이다"[471]라고 하여 십신(十神)의 상생상극(相生相剋)에 의한 육친(六親)을 나타내고 있다.

청대(淸代) 『자평진전(子平眞詮)』에는 "그 사용하는 신(神)이 정인(正印)에 배합(配合)되면 모(母)가 되고, 내 몸이 출생한 곳으로 나를 생(生)하는 것을 취한다. 편재(偏財)는 나의 극제(剋制)를 받는 것인데 어떻게 부(父)가 되는가? 편재(偏財)는 모(母)의 정부(正夫)가 되는 것으로, 정인(正印)이 모(母)이기 때문에 편재(偏財)는 부(父)가 된다. 정재(正財)는 처(妻)가 되고 나의 극제(剋制)를 받는 것이다"[472]라고 하였다.

십신(十神)과 육친(六親)을 『삼명통회(三命通會)』「론고인입인식관재명의(論古人立印食官財名義)」에서는 식재관인(食財官印)으로 나누어 그 특성(特性)에 대해 구체적으로 나타내기도 하였다.

인성(印星)에 대해 일간(日干)을 생(生)함은 부모(父母)가 있다는 뜻이므로 인수(印綬)라 하고, 인(印)이란 음덕(蔭德) 등의 뜻이고, 수(綬)란 받다[受]의 뜻이다. 비유컨대 부모(父母)는 은덕(恩德)이 있어서 이를 내려 자손(子孫)을 감싸

---

470) 徐大升, 『淵海子平』「六親總論」: "婦人命取六親, 與男命不同, 取官星爲夫星, 七殺是偏夫, 食神是男, 傷官是女, 經云, 男取剋干爲嗣, 女取干生爲子息及奴婢也."
471) 任鐵樵, 『滴天髓徵義』「六親論」: "生我者爲父母, 偏正印綬是也, 我生者爲子女, 食神傷官是也, 我剋者爲婦妾, 偏正財星是也, 剋我者爲官鬼, 祖父是也, 同我者爲兄弟, 比肩劫財是也."
472) 沈孝瞻, 『子平眞詮』「論宮分用神配六親」: "其由用神配之者, 則正印爲母, 身所自出, 取其生我也, 若偏財受我剋制, 何反爲, 父偏財者, 母之正夫也, 正印爲母, 則偏才爲父矣, 正財爲妻, 受我剋制."

안고 자손(子孫)은 이어 받으니 그것이 복(福)이 된다. 조정(朝廷)에서 관직(官職)을 내릴 때도 인장(印章)을 사용하여 관직(官職)을 부여하는데 인장(印章)이 없으면 어떻게 사람을 증거하며, 또한 부모(父母) 없는 자식(子息)을 어떻게 믿을 것인가? 하는 이치(理致)와 같다.[473]

식신(食神)에 대해서, "'一'이 없으면 '二'가 없는 것처럼 생아자(生我者)와 아생자(我生者)가 있으니, 일간(日干)이 생(生)함은 자손(子孫)이 있다는 뜻으로 식신(食神)이라 한다. 식(食)이란 충(蟲)[벌레]이 물건을 먹어서 상하게 하는 이치와 같다. 충(蟲)이 물(物)을 먹으면 포만감을 얻고 사람이 먹으면 물(物)을 더 얻어 이익(利益)이 되는데, 먹히는 것은 손해(損害)다. 자식(子息)을 완성시키고 조화(調和)를 이룸은 양육(養育)함을 의미한다. 즉 사람은 자식(子息)을 양육(養育)함이 부모(父母)의 도리를 다하는 것이다. 이에 식신(食神)이라 한다."[474]

관성(官星)에 대해, "일간(日干)을 극(剋)함은 '내가 제압(制壓)을 받는다'는 뜻으로 이를 관살(官煞)이라고 한다. 관(官)은 관(棺)[시관(屍官)]이며 살(煞)은 해(害)를 뜻한다. 사람이 조정(朝廷)의 관직(官職)에 들어가면 시키는 대로 말(馬)을 돌보거나 물을 끓여야 한다. 만약 그 일을 감당하지 못하거나 위반(違反)이 있을 때는 관(棺) 속에 들어가야 하는 것이니 관(官)은 해로운 것이다. 사람은 보통 관(棺)을 꿈꾸면 관(官)을 얻는다는 뜻이 있으므로 관살(官煞)이라고 한다."[475]

---

473) 萬民英, 『三命通會』「論古人立印食官財名義」: "生我者有父母之義, 故立名印綬, 印蔭也, 綬受也, 譬父母有恩德, 蔭庇子孫, 子孫得受其福, 朝廷設官分職, 畀以印綬, 使之掌管, 官而無印, 何所憑據, 人無父母, 何所怙恃."
474) 萬民英, 『三命通會』「論古人立印食官財名義」: "其理通一無二, 故曰印綬, 我生者有子孫之義, 故立名食子致養父母之道也, 故曰神."
475) 萬民英, 『三命通會』「論古人立印食官財名義」: "剋我者, 我受制於人之義, 故立名官煞, 官者棺也, 煞者害也, 朝廷以官與人, 此身屬之公家, 任其驅使, 赴湯蹈火, 不敢有違, 至於蓋棺而後已, 是官害之也, 凡人夢棺則得官, 亦是此義, 故曰官煞."

재성(財星)에 대해서, "일간(日干)이 극(剋)함은 나의 극제(剋制)를 받는 사람이라는 뜻이므로 처재(妻財)를 말한다. 사람이 처(妻)에게 장가 들면 처(妻)는 예쁘게 단장도 하고, 전토(田土)도 돌보며, 종신토록 배반 없이 나를 위해 일해 주고, 곤궁(困窮)하지 않게 도와주며, 자식(子息)을 낳아 가정을 이루고 내조(內助)를 한다하여 처재(妻財)라 한다."476)

『삼명통회(三命通會)』에서는 십신(十神)의 상생(相生)과 상극(相剋)으로 나타나는 육친(六親)의 설명을 식재관인(食財官印)으로 크게 나눠 특징까지 표현하고 있다.

인성(印星)은 부모(父母)이며, 부모(父母)의 음덕(蔭德)과 사람을 인식할 수 있는 인장(印章)으로 표현하였다. 식신(食神)은 자손(子孫)이며, 일종의 식복(食福)과 부모(父母)의 당연한 양육(養育)으로도 표현하였다. 관성(官星)은 관(官)과 살(煞)로써 길(吉)과 흉(凶)이 있음을 나타내고 있다. 마지막으로 재성(財星)은 처재(妻財)를 말하며, 재산(財産)과 가정(家政)을 나타내고 있다.

위 내용을 정리하면 다음과 같다.

정인(正印)은 남녀 모두 모친(母親), 편인(偏印)은 계모(繼母)와 조부(祖父)이며, 식신(食神)은 남자(男子)는 손자(孫子)와 장모(丈母), 여자(女子)는 자식(子息)이다. 상관(傷官)은 남자(男子)는 조모(祖母)이고, 여자(女子)는 여식(女息)과 조모(祖母)이다. 정관(正官)은 남자(男子)는 여식(女息)이고, 여자(女子)는 남편(南便)이 된다. 편관(偏官)은 남자(男子)는 자식(子息)이고, 여자(女子)는 정부(情夫)이다. 정재(正財)는 남자(男子)는 처재(妻財)이고, 여자(女子)는 시모(媤母)이다. 편재(偏財)는 남자(男子)는 부친(父親)과 첩(妾)이고, 여자(女子)는

---

476) 萬民英, 『三命通會』 「論古人立印食官財名義」: "我剋者是人受制於我之義, 故立名妻財, 如人娶妻, 而妻有妝奩田土, 竆以事我, 終身無違, 我得自然亨用, 不致困乏, 況人成家立産, 須得妻室內助, 故曰妻財."

<표 49> 육친(六親) 상관표(相關表)

십신(十神)		남자(男子)	여자(女子)
비겁 (比劫)	비견 (比肩)	형제(兄弟), 친구(親口), 처남(妻男)의 자(子), **동업자(同業者)·경쟁자(競爭者)**	자매(姉妹), 친구(親口), 남편(男便)의 처(妻), 시-백숙(媤伯叔), **동업자(同業者)·경쟁자(競爭者)**
	겁재 (劫財)	남매(男妹), 자부(子婦), 친구(親口), **동업자(同業者)·경쟁자(競爭者)**	남매(男妹), 시부(媤父), 밭-사돈(査頓), 남편(南便)의 첩(妾), **동업자(同業者)·경쟁자(競爭者)**
식상 (食傷)	식신 (食神)	손자(孫子), 장모(丈母), 서(壻)[사위], 증조부(曾祖父), **제자(弟子)·부하(部下), 언어(言語)·예술(藝術)·식복(食福)**	자식(子息), 증조부(曾祖父), **제자(弟子)·부하(部下), 언어(言語)·예술(藝術)·식복(食福)**
	상관 (傷官)	조모(祖母), 손녀(孫女), 외조부(外祖父), 외숙모(外叔母), **화술(話術)·예술(藝術)·다재다능(多才 多能)**	여식(女息), 조모(祖母), 외조부(外祖父), 외숙모(外叔母), **화술(話術)·예술(藝術)·다재다능(多才 多能)**
재성 (財星)	정재 (正財)	정처(正妻), 백·숙(伯叔), 형·제수(兄弟嫂), 처제(妻弟), 밭-사돈(査頓), **재물(財物)**	시모(媤母), 백·숙(伯叔), 시조부(媤祖父), 안-사돈(査頓), 외손녀(外孫女), 증손녀(曾孫女), **재물(財物)**
	편재 (偏財)	부친(父親), 첩(妾)[애인], 처남(妻男), **재물(財物)**	부친(父親), 외손자(外孫子), 증손자(曾孫子), 시숙모(媤叔母), **재물(財物)**
관성 (官星)	정관 (正官)	여식(女息), 증조모(曾祖母), 질녀(姪女), **직장(職場)·관록(官祿)[명예]**	남편(南便), 자부(子婦), 증조모(曾祖母), **직장(職場)·관록(官祿)[명예]**
	편관 (偏官)	자식(子息), 고조부(高祖父), 외조모(外祖母), 매부(妹夫), **상사(上司)·무관(武官)[명예]**	정부(情夫)[애인], 시매(媤妹), 질녀(姪女), **직장(職場)· 상사(上司)·무관(武官)[명예]**
인성 (印星)	정인 (正印)	모친(母親), 장인(丈人), 외손녀(外孫女), 증손자(曾孫子), 숙모(叔母), 스승, 문서(文書), **음덕(蔭德), 공부(工夫), 귀인(貴人)**	모친(母親), 손자(孫子), 스승, 문서(文書), **음덕(蔭德), 공부(工夫), 귀인(貴人)**
	편인 (偏印)	조부(祖父), 계모(繼母), 이모(姨母), 외숙(外叔), 증손녀(曾孫女), 외손자(外孫子), 안-사돈(査頓), **언변(言辯)·예능(藝能)**	조부(祖父), 계모(繼母), 이모(姨母), 시조모(媤祖母), 서(壻)[사위], 손녀(孫女), **언변(言辯)·예능(藝能)**

부친(父親)이다. 비견(比肩)과 겁재(劫財)는 형제자매(兄弟姉妹)가 된다.

이처럼 위에서 나타나는 내용을 십신(十神)과 육친(六親)관계에 대해 식재관인(食財官印)으로 나타내고, 더 나아가 현대적 의미를 가미(加味)하여 나타내면 위 <표 49>와 같다.

4) 사길신(四吉神)·사흉신(四凶神)과 십신(十神)의 특징(特徵)

(1) 사길신(四吉神)과 사흉신(四凶神)

흔히 십신(十神)을 사길신(四吉神)과 사흉신(四凶神)으로 나누어 간명(看命)하고 있다. 사길신(四吉神)은 식재관인(食財官印), 즉 식신(食神), 정재(正財)[재성(財星)], 정관(正官), 정인(正印)을 말하는 것이고, 사흉신(四凶神)은 살상효인(殺傷梟刃), 즉 칠살(七殺)[편관(偏官)], 상관(傷官), 편인(偏印), 양인(羊刃)[겁재(劫財)]을 말하는 것이다.

사길신(四吉神)은 일간(日干)에게 긍정적인 작용을 하고, 길신(吉神)의 역할을 한다. 사흉신(四凶神)은 일간(日干)에게 부정적인 작용을 하고, 흉신(凶神)의 역할을 한다.

그러나 식재관인(食財官印)이 극제(剋制)를 당하게 되면 길신(吉神)이 아니라 오히려 더 큰 흉신(凶神)이 되고, 살상효인(殺傷梟刃)이 제어(制御)를 당하게 되면 흉신(凶神)이 아니라 오히려 더 좋은 길신(吉神)이 된다.

예를 들어 정인(正印)은 길신(吉神)이나 식신(食神)이 합거(合去)해 갈 경우에는 일간(日干)에게 도움을 주지 못하는 경우가 되며, 정관(正官)이 일간(日干)에게 길신(吉神)일 때 식신(食神)이 있으면 관성(官星)이 극제(剋制)될 수 있는 경우에는 오히려 없는 이만 못한 상황이 된다. 반대로 식신(食神)이 칠살(七殺)을 보고 있는데 효신(梟神)[편인(偏印)]을 만나 그 쓰임이 있다면 오히려 관인상생(官印相生)으로 기뻐하게 되고, 칠살(七殺)이 왕향(旺鄉)한데 일간(日干)도 왕향(旺鄉)의 근기(根氣)를 가지게 되면 오히려 편관(偏官)이 되어 길(吉)한 작용을 하는 경우가 있다. 또한 이러한 경우라 하더라도 일간(日干)이 사계(四季)[월령(月令)]의 작용에 의해 희기(喜忌)를 논해야 하므로 사길신(四吉神)과 사흉신(四凶神)에 대해 정확히 간명(看命)해야 할 것이며, 격국(格局)[Ⅱ. 원론(原論)에서 논함]에서 나타나는 팔격(八格)과는 반드시 구별(區別)되어야 한다.

청대(淸代) 『자평진전(子平眞詮)』에서도 사길신(四吉神)과 사흉신(四凶神)에 대해 이와 같이 지적하고 있다. "재관인식(財官印食)은 사길신(四吉神)이다. 그러나 그것을 씀이 마땅하지 않으면 <성격(成格) 된> 격(格)을 파괴(破壞)할 수 있다."[477] "살상효인(煞傷梟刃)은 사흉신(四凶神)이다. 그러나 그것을 실행함이 마땅함을 얻으면 <길(吉)한> 격(格)을 이룰 수 있다."[478]

또 위 글을 역주(譯註)한 서락오(徐樂吾)는 『자평진전평주(子平眞詮評註)』에서 "관살(官殺), 재성(財星), 인성(印星), 식상(食傷) 등은 오행(五行)이 상생(相生)하고 상극(相剋)하는 현상을 지칭하는 대명사이다. 생극(生剋)의 복잡함을 간단한 술어로 표현한 것이며, 강(剛)과 유(柔)의 배합(配合)을 가리키는 뜻도 있다. 명칭은 비록 정(正)과 편(偏)으로 나누어져 있지만 일간(日干)의 수요(需要)에 부합하면 길(吉)한 것이고, 수요(需要)에 부합하지 않으면 흉(凶)한 것이다. 성격(成格)이 되느냐, 파격(破格)이 되느냐는 이러한 희기(喜忌)에 달려 있는 것이지 명칭(名稱)에 달려 있는 것은 아니다"[479]라고 하여, 길신(吉神)과 흉

477) 沈孝瞻, 『子平眞詮』 「論四吉神能破格」: "財官印食, 四吉神也, 然用之不當, 亦能破格."
478) 沈孝瞻, 『子平眞詮』 「論四凶神能成格」: "殺傷梟刃, 四凶神也, 然施之得宜, 亦能成格."
479) 徐樂吾, 『子平眞詮評註』 「論四吉神能破格」: "官煞財印食傷乃五行生剋之代名詞, 以簡馭繁, 並寓剛柔相配之義, 故有偏正名稱, 無所謂吉凶也, 合於我之需要, 即謂之吉, 不合需要, 即謂之凶, 成格破格,

신(凶神)은 각 배합(配合)에 따라 다르게 간명(看命)해야 하고, 일간(日干)의 수요(需要)에 따라 희기(喜忌)를 논하여 길흉(吉凶)을 판단해야 함을 말하고 있다.

Ⅱ. 원론(原論)[격국용신(格局用神)]에서 십신(十神)의 활용(活用)과 격국(格局) 운용(運用)에서 구체적으로 나타내기로 한다.

　　(2) 십신(十神)의 특징(特徵)

　십신(十神)의 특징(特徵)에 대해 먼저 『연해자평(淵海子平)』「상심부(相心賦)」에 나타나 있는 내용을 보자.

　인수(印綬)[정인(正印)]는 주로 지혜(智惠)가 많고, 신체(身體)는 넉넉하며, 마음은 편안(便安)하고 , 인자(仁者)하다.[480]

　효인(梟印)[편인(偏印)]이 당권(黨權)하면, 마음에 계략(計略)이 있고, 처음에는 부지런하나 나중에는 게으르다. 학문(學文)과 예능(藝能)을 좋아하여 많이 배우기는 하나 성취는 적다. 편인(偏印)과 겁인(劫刃)[겁재(劫財)·양인(羊刃)]은 고향을 떠나고 가족과 이별(離別)한다. 외관(外觀)으로 보는 상(象)은 겸손(謙遜)하고 온화(穩和)하며, 의리(義理)를 숭상(崇尙)하는 것처럼 보이나 내심(內心)의 실제는 사납고 독함이 있다. 각박(刻薄)한 뜻은 있으나 자애(慈愛)의 마음은 없다.[481]

　식신(食神)은 음식(飮食)을 잘 먹고, 신체(身體)는 풍후(豊厚)하고 노래 부르는 것을 좋아 한다.[482]

　系乎喜忌, 不在名稱也."
480) 徐大升, 『淵海子平』「相心賦」: "印綬主多智慧豊身, 自在心慈."
481) 徐大升, 『淵海子平』「相心賦」: "梟印當權, 使心機而始勤終惰, 好學藝而多學少成, 偏印劫刃, 出祖離家, 外象謙和尙義, 內實狠毒無知, 有刻剝之意, 無慈惠之心."
482) 徐大升, 『淵海子平』「相心賦」: "食神善能飮食, 體厚而喜謳歌."

상관(傷官)이 역할을 다하면 예술계통(藝術系統)과 다재다능(多才多能)하다. 마음에 계략(計略)이 있고 남을 업신여기며 기세(氣勢)가 높다. 거짓과 속임수가 많고 사람에게 모욕(侮辱)을 주며 뜻만 크다.[483]

관성(官星)[정관(正官)]은 편안(便安)하고 공손(恭遜)하며, 귀기(貴氣)가 드높고, 성품(性品)은 유유자적(悠悠自適)하며, 인자(仁慈)하고 관대(寬待)하다. 가슴에 품은 생각은 활발(活潑)하고, 목소리는 화창(和暢)하다. 넉넉한 자태(姿態)는 아름답고 수려(秀麗)하며, 성격(性格)은 민첩(敏捷)하고 총명(聰明)하다.[484]

관성(官星)의 부정적인 부분의 칠살(偏官七殺)에 대해서 "권세(權勢)가 삼공(三公)을 압도(壓倒)하고, 주색(酒色)을 좋아하며 쟁투(爭鬪)하기를 좋아한다. 위풍당당(威風堂堂)한 것을 좋아하며, 약한 사람을 좋아하고 강한 사람은 업신여긴다. 성정(性情)은 호랑이 같이 사납고, 바람같이 조급(躁急)하다."[485]

편정재(偏正財)가 노출되면 재물(財物)을 가볍게 여기고, 정의(定義)를 좋아한다. 다른 사람을 사랑하여 추종(追從)하고, 받들어 주는 것을 좋아하며, 시시비비(是是非非)를 따지고, 술을 좋아하고, 색(色)을 탐하는 것도 있으며, 또한 이와 관계된다.[486]

주로 정인(正印)과 식신(食神)과 정관(正官)에 대해서는 긍정적 내용이 나타나 있다. 정재(正財)는 편재(偏財)와 혼잡(混雜)되면 부정적 이미지가 나타남을 말하고 있다.

편인(偏印)과 겁재(劫財) 및 상관(傷官)과 칠살(七殺)은 역시 부정적 내용이

---

483) 徐大升, 『淵海子平』 「相心賦」: "傷官傷盡, 多藝多能, 使心機而傲物氣高, 多譎詐而侮人志大."
484) 徐大升, 『淵海子平』 「相心賦」: "官星愷悌, 貴氣軒昂, 性優游而仁慈寬大, 懷豁達而和暢聲音, 豊姿美而秀麗, 性格敏而聰明."
485) 徐大升, 『淵海子平』 「相心賦」: "偏官七殺, 勢壓三公, 喜酒色而偏爭好鬪, 愛軒昂而扶弱欺强, 情性如虎急躁如風."
486) 徐大升, 『淵海子平』 「相心賦」: "偏正財露, 輕財好義, 愛人趨奉, 好設是非, 嗜酒貪花, 亦係如此."

나타나고 있다.

그러나 앞에서 언급한 바와 같이 길신(吉神)과 흉신(凶神)은 그 기능이 극제(剋制)되면 오히려 길신(吉神)은 흉신(凶神)이 되고, 흉신(凶神)은 길신(吉神)이 되어 원래 가지고 있는 성향(性向)의 반대되는 성정(性情)이 나타남을 꼭 주지(主枝)하여야 한다.

십신(十神)의 구체적 특징(特徵)에 대해 하건충(何建忠)의 『팔자심리추명학(八字心理推命學)』과 더불어 나타내면 다음과 같다.

① 비견(比肩)의 특징(特徵)

일간(日干)이 정신적 자아(自我)주체가 되면 나를 돕지만 나를 배척하는[조아차아척(助我且我斥)]관계도 된다. 강건(剛健)하면서도 경솔(輕率)하지 않으며 일을 처리하는 능력이 풍부(豐富)하나 급하지 않으며, 추진력(推進力)이 풍부(豐富)하나 그 행동이 비교적 느리며, 일을 대처함에 두려움이 없고 흉폭(胸幅)하지 않으며, 침범당하지도 않고 또한 쉽게 침범(侵犯)하지도 않으며, 주동적(主動的)이며 자주적(自主的)이다. 자아(自我)를 도와주지만, 자아(自我)와의 관계는 양호치못하다. [487]

비견(比肩)을 표현하면, 자존심(自尊心)이 강하며 성취욕(成就慾)과 추진력(推進力)이 강하며, 자기 주관(主管)이 뚜렷하며, 바른 말 하는 것을 좋아하고, 인내심(忍耐心)이 강하다. 그러나 비견(比肩)이 중(重)하거나 범(犯)하게 되면, 주위의 충고(忠告)나 권유(勸誘)를 무시(無視)하고, 비밀(祕密)이 없으며, 매사에 근심(謹審)이 많고, 의심(疑心)이 많으며, 고부(姑婦) 갈등(葛藤)이 심할 수 있다.

---

487) 何建忠, 『八字心理推命學』「十星的含義」: "當日干爲精神主體我時, 則比肩的含義爲, 助我且我斥, 剛健但不魯莽, 富於處事能力但不急切, 富操作性但行動較慢, 遇事不懼但不兇猛, 不可侵犯的但也不隨意侵犯, 主動, 自主, 如果日干爲肉體我時, 則比肩的含義爲, 幫助肉體我且與我關係不佳者."

② 겁재(劫財)의 특징(特徵)

나를 도와주면서 내가 흡수하는[조아차아흡(助我且我吸)]관계가 된다. 무엇을 하겠다고 생각하면 곧바로 행동에 옮기고, 성격(性格)이 급하며 강렬한 조작욕망(造作欲望)을 가지고 있다. 충동적(衝動的)이나 육신(肉身)의 욕망(欲望)을 중시하지 않고, 유혈(流血)을 두려워하지 않으며, 독립심(獨立心)이 있고 행동으로 해결하려 한다. 정관(正官)은 공법(公法)·사려(思慮) 등인데 겁재(劫財)는 정관(正官)에 대항하는 심리(心理)여서 사회공법을 중시하지 않는다. 일의 정황을 마음에 담아두지 않고 내면적으로 억압(抑壓)을 받지도 않으며 신중한 생각도 하지 않는다. 용맹(勇猛)하나 경솔(輕率)하고 공격성이 있다. 또한 일간(日干)이 육체적 자아(自我)가 되면 육체(肉體)를 도우면서 자아(自我)와의 관계가 양호한 것이 된다.[488]

겁재(劫財)를 표현하면, 성격이 급하며, 교만불손(驕慢不遜)하고, 배우자(配偶者)를 힘들게 하고, 형제(兄弟)와 친구(親口)들과 불화(不和)하며, 시기질투(猜忌嫉妬)한다. 그러나 극제(剋制)가 되면 측은지심(惻隱之心)이 있으며, 의학계(醫學界)로 나가는 수도 있으며, 불의(不義)를 싫어하며, 책임감(責任感)이 강하며, 사리사욕(私利私慾)이 없으며, 자존심(自尊心)이 강하고, 추진력(推進力)이 강하다.

---

488) 何建忠, 『八字心理推命學』 「十星的含義」: "則劫財的含義爲, 助我且我吸, 因此如, 想到什麼就作什麼, 急切的, 有强烈的操作慾望, 衝動, 不重肉身慾望, 不怕流血, 有獨立性, 以行動解抉事情, …, 皆指劫財, 又正官爲公法, 思慮, …, 而劫財抗挫正官, 故而劫財可爲, 不重社會公制, 常規, 不將事情掛在心上, 內心從不壓抑也不思索, 强悍, 魯莽, 有攻擊性. …, 可助肉體我, 且與我關係良好者."

③ 식신(食神)의 특징(特徵)

내가 도와주면서 배척(排斥)하며[아생차아척(我生且我斥)], 표현을 하지만 자신을 염두에 두지 않으며, 참여하지만 서열(序列)에 신경 쓰지 않으며, 연출(演出)은 하지만 잘난 체하지 않는다. 주면서도 주는 것을 염두에 두지 않으며, 자애(慈愛)롭고 집착함이 없이 최선을 다한다. 이용하겠다는 계략(計略)없이 인류(人類)와 작은 동물을 돌보는 마음상태와, 늘 유유자적(悠悠自適) 할 수 있는 심리와 물질과 자아(自我) 둘 다를 잊을 수 있는 심리상태를 말한다. 식신(食神)은 칠살(七殺)을 극(剋)하기 때문에 독재(獨裁)·냉혹(冷酷)함을 싫어하고 강박관념을 가지고 어떤 일을 추진하는 것도 싫어한다. 의식의 흐름이 넓으며 언어(言語)능력이 유창하고, 감상(感想)능력과 예술(藝術) 표현능력이 있다. 또한 일간(日干)이 육체적 자아가 될 때의 식신(食神)의 함의는 육체적 자아(自我)가 생(生)을 하지만 생(生)함을 받은 것과 육체적 자아(自我)와는 친밀하지 않다[489]

식신(食神)을 표현하면, 예의범절(禮儀凡節)이 있고, 관대(寬待)하고, 문예(文藝)에 능하고, 대인관계가 원만(圓滿)하며, 식도락(食道樂)을 즐긴다. 그러나 식신(食神)이 중(重)하거나 범(犯)하게 되어 일간(日干)에 문제가 생기면, 부지런하지만 절제(節制)하지 못하고, 괴팍(乖愎)해지며, 나서기를 좋아하고, 멋 부리기가 심하며, 용두사미(龍頭蛇尾)가 되며, 허풍(虛風)이 심하며, 여자(女子)는 화류계(花柳界)에 종사(從事)할 수 있다.

---

489) 何建忠, 『八字心理推命學』 「十星的含義」: "食神的含義即爲, 我生且我斥, 表現但不在乎自己的表現, 參于, 但不計名次, 表演但沒有出風頭的意味, 付予但不計較自己的付予, 有愛心, 有無執戀的投注力, 能無心機的關懷人類, 小動物, 常能, 悠然見南山, 物我兩忘, 因爲食神可以剋七殺, 而七殺爲暴躁, 專制, 意志, 嚴苛, 故而食神亦可爲不喜獨裁, 不喜嚴苛, 悠遊自然, 不喜自己强迫作某事. 食神也有廣大意識流動, 也有很好的語文流暢力, 更有很好的欣賞性及藝術表達性, …, 肉體我所生及所生的與我關係並不密切."

④ 상관(傷官)의 특징(特徵)

내가 생(生)하면서 흡수하는[아생차아흡(我生且我吸)]관계가 되어 나의 기운(氣運)을 외부로 흘려보내면서, 그 흘려보낸 기운(氣運)에 대하여 집착하며, 표현을 하면서 자신의 표현에 대하여 집착하는 마음이 강하고, 우쭐대고 명예(名譽)를 좋아한다. 자신의 주장을 고수(固守)하고 타인이 자신을 인정해 주고 칭찬해 주는 것을 중시하며, 주면서도 준 것을 중시하고 베풀면서도 타인이 감격하기를 바라는 마음이 강하다. 그리고 상관(傷官)은 정관(正官)을 극(剋)하므로 정관(正官)에 반대되는 것 모두가 상관(傷官)이 된다. 예를 들면 창의력(創意力), 도리(道理)와 규칙(規則)에 반(反)하는 것, 신선함, 규정을 준수하지 않고 구속(拘束)을 싫어하는 것, 승부욕(勝負慾)과 과시욕(誇示慾), 반역자(叛逆者), 생동감(生動感), 변화(變化)에 능하고 의식의 흐름이 한 곳에 고정되지 않고 변화(變化)가 많으며 과장(誇張)과 주관적 성향 등을 들 수 있다. 그리고 인사적(人士的) 변화(變化)에 신경을 쓰고, 관심분야에 재미를 느끼며, 변화(變化)와 과장된 환상(喚想) 등 자기 자신이 세계의 위인인 것으로 환상(喚想)을 하거나, 또는 어떤 이성이 자신 앞에 무릎을 꿇고 사랑을 고백하는 몽상(夢想)을 하고, 사람사이의 승부에 대한 관심이 많은 심리특성을 보인다. 또 육체적 자아(自我)가 생(生)을 해 주면서 그 관계가 양호(良好)한 것이 된다.[490]

상관(傷官)을 표현하면, 총명(聰明)하고 재주는 있으나 불손(不遜)하고, 계산(計算)이 빠르며, 화려(華麗)한 것을 좋아하고, 시시비비(是是非非)를 좋아하며,

---

490) 何建忠, 『八字心理推命學』「十星的含義」: "傷官的含義即爲, 我生且我吸, 我們可由這個含義, 列擧爲以下的心態, 我向外流放, 且, 我與我所流放者黏合, 表現, 但, 戀執自己的表現, 成就感, 出風頭, 喜名聲, 堅持自己的言論, 重視他人對自己的掌聲與背定, 付予但重視自己付予的, 施恩予人卻希望別人感激, 而因爲傷官剋正官, 故而一切反正官的皆爲傷官, 列如, 創意, 反理則, 新鮮感, 不守規定, 不喜拘束, 好勝, 逞强, 反叛, 生動, 富變化, 不止於一點的意識流, 誇大, 主觀, …, 綜合以上二者又可得到某些傷官特性, 注意人事間的變化, 關心有趣, 變化, 誇張的外界; 幻想自己爲世界偉人, 夢想一位異性跪地求親, 關心人之間的勝負, …, 爲肉體我所生, 且和我關係良好者."

불평불만(不平不滿)이 많고, 요사(妖邪)하고 변덕(變德)이 있다. 그러나 극제(剋制)가 되거나 생재(生財)하면 총명(聰明)하면서 능력(能力)을 인정받으며, 임기응변(臨機應變)이 좋고, 기획(企劃)이 뛰어나면서 논리적(論理的)이며, 멋을 낼 줄 알고 박학다식(博學多識)하며, 화술(話術)이 좋아 상대방을 잘 설득(說得)하며, 예술가(藝術家) 기질(器質)이 있다.

⑤ 정재(正財)의 특징(特徵)

일간(日干)이 정신적 자아(自我)주체가 될 때, 이에 대응하는 정재(正財)는 내가 극(剋)을 하면서 상흡하는[아극차아흡(我剋且我吸)]관계가 된다. 육체(肉體)는 정신적 주체자아가 가장 구체적으로 통제하는 것이기 때문에 감각기관의 편안함과 식욕(食慾)·성욕(性慾)을 중시하고, 통제가 가능한 사물에 대한 집착이 강하며 실용적(實用的) 이익(利益) 추구를 하는 편이며, 또한 자아육신을 통제(統制)·제한(制限)하면서 자아(自我)육신과 친밀한 관계가 되는 것이다.[491]

정재(正財)를 표현하면, 성실(誠實)하며, 시간을 엄수(嚴修)하고, 노력의 대가만큼 재물(財物)을 얻으려 하고, 검소(儉素)하여 저축(貯蓄)을 잘 하고, 기획력(企劃力)이 있으며 이익(利益)을 창출(創出)하고, 신용(信用)이 있으며, 신중(愼重)하고 경리(經理)나 회계(會計) 업무에 능력이 있다. 그러나 정재(正財)가 중(重)하거나 이를 범(犯)하여 일간(日干)에 문제가 생기면, 가난(家難)하거나 인색(吝嗇)하기 이를 데 없고, 처(妻)에게 꼼짝하지 못하며, 이해(利害) 타산(打算)이 빠르나 적기(適期)를 놓치며, 양보(讓步)가 없고 융통성(融通性)이 없게 된다.

---

491) 何建忠, 『八字心理推命學』 「十星的含義」: "日干爲精神主體我時, 其所應對的, 正財, 爲, 我剋且我吸, 因爲, 肉體, 是精神主體我最具體的控制者, 重視官覺之安適及口腹, 性慾的滿足, 對具體可控制的物象或事象之執著, 現實, 請求功能利益, 爲我肉身所控制, 限制, 且與我肉身關係親密."

⑥ 편재(偏財)의 특징(特徵)

일간(日干)이 정신적 자아(自我)주체가 될 때, 이에 대응하는 편재(偏財)는 내가 극(剋)을 하면서 배척하는[아극차아척(我剋且我斥)]관계가 된다. 내가 통제할 수 있는 모든 구체적인 물건과 사건을 통제하면서도 그것들에 대하여 집착(執着)을 하지 않는 마음과, 신체적 활동을 하면서도 신체의 편안함을 배척(排斥)한다. 또한 재물을 관리하나 재물을 중하게 여기지 않으며 머릿속에 있는 입체도안을 이리저리 궁리하여 그것의 전개도나 측면도를 꿰뚫어 볼 수 있는 능력, 즉 공간 인식능력이 양호하고 마음의 상(象)과 소리를 잘 가려서 제자리에 안치(安置)하고 배열(排列)할 수 있는 능력이다. 그리고 나의 육신(肉身)이 통제하고 제한하지만, 나의 육신(肉身)과는 친밀하지 않은 관계가 되는데, 이에 해당하는 우주간의 사람, 일과 물질 등을 별로 중시하지 않는다. 즉 일상적인 가사도구, 친밀하지 않는 처자(妻子), 우연히 얻게 되는 금전(禁轉), 자신의 재산(중시하지 않음) 등을 말한다.[492]

편재(偏財)에 대해 표현하면, 재성(財星)에 대한 기획(企劃)이 있고, 요령(要領)이 많고 계산(計算)이 빠르며, 개척정신(開拓精神)이 있고, 자선사업(慈善事業)을 하는 경우도 있다. 그러나 중(重)하면 가무(歌舞)를 즐기고 즉흥적(卽興的)이며, 일확천금(一攫千金)을 꿈꾸며, 본인에게 도움이 되는 거짓말을 하며, 재물(財物)에 대한 집착이 강하며, 기분에 의해 남을 도와주며, 허풍(虛風)이 심하며, 인색(吝嗇)하지 않은 것처럼 행동한다.

---

492) 何建忠, 『八字心理推命學』「十星的含義」: "控制我所能控制的任何具體之物或事件, 但卻不執著在這個事或物上, 操作身體, 但對肉身的安適感卻有排斥之意, 雖理財, 但不重財, 可將腦中的立體圖案加以翻轉, 看出展開圖或側面圖-空間關係良好, 能將, 心象, 心聲, 加以安置, 編排, …, 爲我肉身控制, 限制, 且與我肉身關係並不親密, 我們可列舉爲宇宙的人, 事, 物, 不很重視的日常家務工具, 不親密的妻子, 偶獲得的錢款, 自身的財産(但並不重視)."

⑦ 정관(正官)의 특징(特徵)

일간(日干)이 정신적 자아(自我)주체가 될 때, 정관(正官)을 만나면 내가 극(剋)을 받으면서 또한 상흡하는[극아차아흡(剋我且我吸)]관계가 된다. 순종적이며 법규(法規)를 준수하고 자아(自我)강박이 있으며, 일상적인 규율(規律)을 준수하고 과거의 경험을 존중(尊重)한다. 스스로 구속(拘束)하고 마음속에 담아두고 근심(謹審)하며 반성하고, 때로는 중상모략(中傷謀略)을 당한다. 책임감(責任感)과 충성심(忠誠心)이 있고, 객관적(客觀的)·이성적(理性的)이며 어떤 일을 반복하고, 열등감이 있고 융통성(融通性)이 없다. 양심적(良心的)이며 사회적 공론(公論)을 중시하고, 단체의 결정을 존중(尊重)하고 대중을 따른다. 그리고 육체적 자아(自我)를 박해하거나 제한하면서 육체적 자아(自我)와의 관계가 밀접한 것을 대표한다.[493]

정관(正官)을 표현하면, 모범적(模範的)이며 명예(名譽)를 중시하며, 중용(中庸)의 정신이 있으며, 책임감(責任感)이 강하고 교만(驕慢)하지 않으며, 용모(容貌)가 뛰어나고 인품(人品)이 있으며, 책임감(責任感)과 충성심(忠誠心)이 있어 인정(人情)을 받는다. 그러나 중(重)하거나 범(犯)하여 일간(日干)에 문제가 생기면, 자존심(自尊心)이 너무 강해 일을 그르치기 쉬우며, 관용(寬容)과 이해(理解)가 부족하여 타인을 힘들게 하고, 환경 적응력(適應力)이 부족하여 타인(他人)과 갈등(葛藤)이 심하다.

---

493) 何建忠, 『八字心理推命學』「十星的含義」: "當日干爲精神主體我, 則所遇的正官爲剋我且與我相吸, 順從, 守法, 自我强迫, 守常規, 常用過往的經驗, 合乎理則的心, 拘束, 人云亦云, 掛念, 反省, 被中傷, 責任感, 忠, 自卑感, 客觀, 理性, 重覆某些事, 刻板, 良心感, 重視社會公論, 重視團體決定, 從衆, …, 則所遇的正官卽可代表摧害肉體我, 限制肉體我, 但與肉體我關係密切的."

⑧ 편관(偏官)의 특징(特徵)

일간(日干)이 정신적 자아(自我)주체가 될 때 편관(偏官)을 만나면 내가 극(剋)을 받으면서 배척하는[극아차아척(剋我且我斥)]관계가 된다. 마음속에 명령(命令)을 담아 두면서도, 한편으로 그 명령(命令)을 배척(排斥)하는 심리(心理)를 보이고 한 마리의 야생마(野生馬)로 연상되나 허둥대지 않으며, 어렵고 힘든 일이어도 굴복(屈伏)하지 않는다. 온전치 못한 대중적 관념(觀念)을 존경(尊敬)하고 탄복(歎服)하는 성향(性向)과 권위(權威)·의지력(意志力)·기백(氣魄)은 있으나 의심(疑心)과 패배(敗北)에 대한 불복(不服)과, 혼자의 생각대로 일을 처리하고[전제(專制)] 도리(道理)를 쫓아서 변화(變化)하는 성향을 지녔다. 기민함, 난폭함, 굳센 힘, 자아(自我)억제, 한(恨), 자제력(自制力), 절제(節制), 규율(規律), 매서움, 근면(勤勉), 굳은 인내(忍耐), 자아좌절(自我挫折), 의리(義理)이다. 그리고 우주만상 중에서 자아의 육체(肉體)를 손상(損傷)하고 제한하면서 서로 배척(排斥)하는 관계가 된다.494)

편관(偏官)이 중(重)하고 일간(日干)의 근기(根氣)가 없으면 편관(偏官)이 칠살(七殺)이 된다. 칠살(七殺)을 표현하면, 타협(妥協)을 싫어하며, 성질(性質)이 급하고, 권모술수(權謀術數)에 능하며, 목적을 위해 수단(手段)과 방법(方法)을 가리지 않으며, 타인과 타협(妥協)하기 싫어하여 구설(口舌)이 많으며, 때로는 난폭(亂暴)하여 형액(刑厄)을 당할 수 있다. 그러나 칠살(七殺)이 극제(剋制)된다면, 책임감(責任感)이 강하여 조직(組織)생활에 충실하고, 총명(聰明)하고 결단성(決斷性)이 있으며, 의협심(義俠心)이 있어 약자(弱者)를 도와주고, 무관(武

494) 何建忠, 『八字心理推命學』 「十星的含義」: "日干爲精神之主體我時, 其所應對的偏官爲剋我且我斥, 命令掛在心靈, 但卻想排斥命令, 想像一隻無拘野馬, 但荒唐不來, 難事, 惡勢力壓著我, 但卻不屈服, 尊服於不具大衆性的觀念, 權威, 志氣, 氣魄, 猜疑, 不服輸, 專制, 推移道理, 機敏, 暴氣, 勁力, 自我推剋, 恨, 自制, 節制, 規律, 嚴厲, 勤勞, 堅忍, 自我壓抑, 義氣, …, 義, 對我肉體利益有所剋損, 限制, 且與我關係相排斥."

官)으로 성공하거나 명성(名聲)을 얻는 등 편관(偏官)의 역할을 한다.

⑨ 정인(正印)의 특징(特徵)

일간(日干)이 정신적 자아(自我)주체가 될 때 정인(正印)을 만나면 나를 생(生)하면서 나를 흡수[생아차아흡(生我且我吸)]하는 관계이면서 나와의 관계가 양호(良好)한 대상이 된다. 번잡(煩雜)한 것을 간소화하며 새로운 관념(觀念)을 낡은 관념(觀念)과 결합(結合)하여 받아들이길 좋아하고, 사물의 공통관계를 추구하며, 범사(凡事)를 차별 없이 바라본다. 정밀함(精密含)과 분화력(分化力)이 부족하고, 명성(名聲)을 담백(淡白)하게 바라보고 내적으로 약삭빠르지 않고 안정을 지향(志向)하며 보수적(保守的)이다. 정서력(情緖力)이 부족하고 감촉력(感觸力)이 둔(遁)하며, 유창함은 부족하나 분수(分受)를 지키며 만족할 줄 안다. 생동감(生動感)은 없으나 너그럽고 듬직하며 반대의견이 없다. 수양(修養)이 되었고 자애(慈愛)롭고 공손(恭遜)하다 그리고 육체적 자아(自我)를 낳으면서 나와의 관계가 양호(良好)한 것이다. 495)

정인(正印)에 대해 표현하면, 학문(學文)을 좋아하며, 인정(人情)이 있고, 자비심(慈悲心)과 봉사정신(奉仕精神)이 있으며, 생각이 깊고 예의(禮義) 바르며, 정직(正直)하고 신의(信義)을 지킬 줄 알며, 지혜(智惠)가 있고 명분(名分)을 중시한다. 그러나 중(重)하거나 범(犯)하게 되어 일간(日干)에게 영향을 주면, 이기주의(利己主義)가 넘치고 가치관(價値觀)이 혼잡(混雜)하며, 고집(固執)이 세고 편협(偏狹)한 생각을 가지고 있으며, 계획(計畫)한 일에 대해 실천(實踐)이

---

495) 何建忠, 『八字心理推命學』「十星的含義」: "若日干爲精神主體我, 則正印應當爲, 能使我生長, 且與我關係良好的, 因爲正印會剋傷官, 故而, 正印可以爲化繁爲簡(反複雜化)喜類化, 求得事物共同關係, 凡事看得差不多, 缺乏精細性及分化力, 看淡名聲, 內含不靈, 穩定, 守常, 缺乏情緖力, 缺乏感觸力, 缺乏流暢性, 是知足, 呆滯, 厚重, 沒有意見, 有修養, 慈祗的, …, 能生出肉體我, 且與我關係良好者."

약하면서 행동이 느리고, 융통성(融通性)이 부족하여 타인(他人)과의 마찰(摩擦)이 있으며, 예술적(藝術的) 기질은 많으나 너무 의존적(依存的)이고 조급(躁急)하다.

⑩ 편인(偏印)의 특징(特徵)

일간(日干)이 정신적 자아(自我)주체가 될 때 편인(偏印)을 만나면 나를 생(生)해 주지만 나는 배척(排斥)하는[생아차아척(生我且我斥)]관계가 된다. 생동감이 없으면서 없는 것에 대해 불만(不滿)스럽게 생각하고, 분수(分受)를 지키고 만족할 줄 알면서도 강한 욕망(欲望)을 가지며, 폐쇄적(閉鎖的)이면서도 표현하고 싶은 욕구(欲求)를 가지며, 담백(淡白)하면서도 명예(名譽)를 생각하고, 관념(觀念)을 단순화(單純化)시키면서 오히려 번잡(煩雜)한 사례(事例)를 생각하고 고독(孤獨)하다. 타인(他人)이 자신을 침범하는 것을 원치 않고 자신도 타인(他人)을 침범하는 것을 원치 않으며, 타인(他人)에 대해 관심 갖기를 원치 않고 동시에 타인(他人)이 자신에 대해 관심 갖는 것도 원치 않는다. 비록 타인(他人)의 의사(意思)에 대해 반박(反駁)을 하지 않지만 쉽게 받아들이지 않으며, 종교심(宗敎心)은 있으나 늘 약간의 망상(妄想)을 가지고 있다. 보기에 수양(修養)이 된 것 같으나 인정(人情)에 통달하지 못하고 있으며, 동정심(同情心)이 부족(不足)하고 유유자적(悠悠自適)하지 못하며 말하길 좋아하지 않는다. 그리고 일간(日干)이 육체적 자아(自我)가 되면 편인(偏印)은 육체적 자아(自我)를 생장(生長)하지만 나와의 관계는 친밀(親密)하지 못하다."496)

496) 何建忠, 『八字心理推命學』「十星的含義」: "日干爲精神主體我, 則偏印爲生我且我斥, 知足中帶些奢望, 封閉中帶些表達慾, 淡泊中想想小名, 善於類化中卻想多擧事例, 孤獨, 不願被人侵犯, 也不願侵犯人, 不願關心人, 也不願被人關心, 雖不反駁別人的意見, 但也不隨意接納, 有宗敎心, 但常生小的妄想, 看來有修養, 但不通人情, 又因偏印剋食神故而有偏印的人, 不富同情心, 不能悠遊自然, 不喜言談, …, 生長肉體我, 但與我關係不親密."

편인(偏印)에 대해 표현하면, 사치(奢侈)와 허례허식(虛禮虛飾)이 강하고, 인간관계가 불안하며, 기회주의자(機會主義者)이며, 매사 용두사미(龍頭蛇尾)가 되며, 계략(計略)을 잘 꾸미며, 남의 탓 하기를 좋아하며, 임기응변(臨機應變)에 능하고 위선적(僞善的)이며, 부부불화(夫婦不和)하고 변태성(變態性) 욕구(欲求)가 있으며, 즉흥적 일을 잘 꾸미며 타인을 희롱(戲弄)하길 좋아한다. 그러나 극제(剋制)를 당하게 되어 일간(日干)에게 길(吉)한 작용을 하면, 재치(才致)가 있으며, 예능(藝能)에 능력이 뛰어나고, 신앙심(信仰心)이 두텁고, 희생(犧牲)과 배려(配慮)가 많으며, 헌신봉사(獻身奉仕)하고 잘 화합(和合)하고, 몇 가지 일을 동시에 할 수 있다.

지금까지 각 십신(十神)의 특징(特徵)에 대해 알아보았다.

위 내용들에서 나타나는 십신(十神)의 특징(特徵)을 보면, 식재관인(食財官印)은 긍정적 특징(特徵)을 가지고 있다. 그러나 중범(重犯)하게 되면 그 반대의 성향이 나타나 부정적 특징(特徵)이 나타남을 알 수 있다.

살상효인(殺傷梟刃)은 부정적 특징(特徵)이 나타남을 알 수 있고, 이것이 극제(剋制)가 되면 긍정적 특징(特徵)으로 바뀜을 알 수 있었다.

그리고 일간(日干)과 음양(陰陽)의 배합(配合)이 같은 비견(比肩), 식신(食神), 편재(偏財), 편관(偏官), 편인(偏印)은 성향(性向)에 있어 서로 배척(排斥)하는 관계가 나타남을 알 수 있고, 일간(日干)과 음양(陰陽)의 배합(配合)이 다른 겁재(劫財), 상관(傷官), 정재(正財), 정관(正官), 정인(正印)은 그 성향(城餉)에 있어 서로 흡수(吸收)하는 관계가 나타남을 알 수 있다.

제Ⅴ장. 천간(天干)과 지지(地支)의 변화(變化)

【제1절. 천간(天干)의 합(合)과 충(沖)】

천간(天干)은 서로 합(合)과 충(沖) 및 극(剋)의 작용이 일어난다. 천간(天干)의 합(合)에는 명합(明合)과 암합(暗合), 합거(合去), 쟁합(爭合)과 투합(妒合)이 있으며, 천간(天干)의 충(沖)과 극(剋)과는 구별된다.

〖 1. 천간(天干)의 합(合) 〗

1) 명합(明合)과 암합(暗合)

천간(天干)의 합(合)은 양간(陽干) 입장에서는 정재(正財)하고 합(合)이 되는 것이고, 음간(陰干) 입장에서는 정관(正官)과 합(合)이 된다.

먼저 수대(隋代) 『오행대의(五行大義)』에는 "己는 甲의 처(妻)가 되므로 甲과 己는 합(合)이 되고, 辛은 丙의 처(妻)가 되므로 丙과 辛은 합(合)이 되며, 癸는 戊의 처(妻)가 되므로 癸와 戊는 합(合)이 되고, 乙은 庚의 처(妻)가 되므로 乙과 庚은 합(合)이 되며, 丁은 壬의 처(妻)가 되므로 壬과 丁은 합(合)이 된다"[497]고 하여, 음간(陰干)에서 정관(正官)과 합(合)하는 이치(理致)에 대해 설

---

497) 『五行大義』: "艮合者己爲甲妻, 故甲與己合, 辛爲丙妻, 故丙與辛合, 癸爲戊妻, 故癸與戊合, 乙爲庚妻, 故乙與庚合, 丁爲壬妻, 故壬與丁合."

명하고 있다.

송대(宋代) 『연해자평(淵海子平)』에는 "甲木과 己土가 합(合)하며, 甲木은 木에 속하고 己土는 土에 속한다. 木은 土로써 처(妻)와 재물(財物)을 삼는데, 이것이 합(合)이 되는 이유이다. 乙木과 庚金이 합(合)하며, 丙火와 辛金이 합(合)하고, 丁火와 壬水가 합(合)하며, 戊土와 癸水가 합(合)한다. 서로 합(合)하는 의미가 이와 같다"[498]하여 양간(陽干)에서 처재(妻財)와 합(合)하는 이치(理致)에 대해 설명하고 있다.

천간(天干)의 합(合)을 정리하여 표로 나타내면 다음과 같고, 사주(四柱)의 네 천간(天干)[年干·月干·日干·時干]에서 합(合)하는 것을 명합(明合)이라고 한다.

<표 50> 천간(天干)의 합(合)

양간(陽干)	甲(正官)	丙(正官)	戊(正官)	庚(正官)	壬(正官)
음간(陰干)	己(正財)	辛(正財)	癸(正財)	乙(正財)	丁(正財)

위 표에서 천간(天干)의 합(合)에 있어 양간(陽干)은 합(合)하는 것이, 곧 정재(正財)가 됨을 알 수 있고, 음간(陰干) 입장에서는 합(合)하는 것이 정관(正官)이 됨을 알 수 있다.

천간(天干)에서의 합(合)의 이치(理致)를 『오행대의(五行大義)』에는 양간(陽干) 위주로 설명하면서 서로 상(傷)하지 않게 함이라고 하였고, 자연(自然)과 연관지어 천간(天干)의 합(合)에 대한 상관관계(相關關係)를 설명하고 있다.

乙庚合에 대해, 甲木이 두려워하는 금기(金氣)의 庚金에게 <甲木의> 누이인 乙

---

498) 『淵海子平』「天干相合」: "甲與己合, 甲屬木, 己屬土, 木以土爲妻財, 所以得合, 乙與庚合, 丙與辛合, 丁與壬合, 戊與癸合, 同上相合之義."

木을 庚金에게 시집보내어 합(合)을 이루게 함으로써, 서로 상(傷)하지 않게 한다 하였다. 즉, "계씨(季氏)의 『음양설(陰陽說)』에, 木·8[甲]499)이 庚·9를 두려워하므로 〈甲木의〉 누이인 乙을 庚의 처(妻)가 되게 하니, 庚의 기운(氣運)이 가을에 있더라도 木의 기운(氣運)과 화합(化合)한다. 이 때문에 냉이와 보리가 가을에 생기나니, '아내가 오는 뜻이 있다'고 한 것이다"500)고 하여, 금기(金氣)가 성할 때 庚에게 乙이 시집오기 때문에, 〈금기(金氣)가 성함에도 불구하고〉 냉이와 보리 등이 木기운(氣運)을 받아 생겨난다는 것이다.

丁壬合에 대해, 丙火가 두려워하는 수기(水氣)의 壬水에게 〈丙火의〉 누이인 丁火를 壬水에게 시집보내어 합(合)을 이루게 함으로써, 서로 상(傷)하지 않게 한다 하였다. 즉, "火·7[丙]이 壬·6을 두려워하므로 〈丙火의〉 누이인 丁을 壬의 처(妻)가 되게 하니, 壬이 火의 열기를 얻기 때문에 겨울에 관동화(款冬花)501)가 꽃이 핀다"502)고 하여, 겨울에 壬水가 水氣가 성하지만, 시집 온 丁火의 열기로 인해 관동화(款冬花)가 꽃을 피운다는 것이다.

丙辛合에 대해, 庚金이 두려워하는 화기(火氣)의 丙火에게 〈庚金의〉 누이인 辛金을 丙火에게 시집보내어 합(合)을 이루게 함으로써, 서로 상(傷)하지 않게 한다 하였다. 즉, "金·9[庚]이 丙·7을 두려워하므로 〈庚金의〉 누이인 辛을 丙의 처(妻)가 되게 하니, 丙이 금기(金氣)를 얻기 때문에 초여름에 미초와 냉이·보리가

---

499) 여기에서 木·8은 甲木을 성수(成數)로 나타낸 것이고, 이하 丙, 戊, 庚, 壬도 같은 의미로 해석한다.

500) 『五行大義』: "季氏陰陽設曰, 木八畏庚九, 故以妹乙妻庚, 庚氣在秋, 和以木氣, 是以薺麥當秋而生, 所謂妻來之義."

501) 관동화(款冬花)란 겨울 동안을 죽지 않고 지내다가 꽁꽁 언 초원에 싹을 틔우며 얼음을 가르고 나오기 때문에 과동(顆凍)이라고 하였다가 관동(款冬), 또는 관동(款凍)이라고 와전되었다 한다. 관(款)이란 지낸다는 지(至)의 의미로 겨울을 지내고 꽃을 피운다는 뜻이다. 또한 얼음과 눈을 뚫고 가장 먼저 봄을 알린다하여 찬동(鑽凍)이라고도 하였다. 이 약초는 비록 눈과 얼음 아래에 있지만 때가 이르면 역시 싹을 틔우기 때문에 사람들이 봄이 되면 나물로 채취한다.

502) 『五行大義』: "火七畏壬六, 故以妹丁妻壬, 壬得火熟氣, 故款冬當冬而花."

죽는 것이다. 하지(夏至) 뒤에 세 庚[삼복(三伏)]이 숨는 것은 火를 두려워하기 때문이다"[503]고 하여, 丙火가 辛金을 처(妻)로 맞이하니, 초여름에 화기(火氣)가 왕(旺)한 丙火가 있다하여도 냉이와 보리 등이 처(妻) 辛金의 금기(金氣)에 의해 죽는다는 것이다.

甲己合에 대해, 戊土가 두려워하는 목기(木氣)의 甲木에게 <戊土의> 누이인 己土를 甲木에게 시집보내어 합(合)을 이루게 함으로써, 서로 상(傷)하지 않게 한다 하였다. 즉, "土·5[戊]가 甲·8을 두려워하므로 <戊土의> 누이인 己로써 甲의 처(妻)가 되게 하니, 土의 음양(陰陽)이 합(合)한 기운(氣運)이 있는데다, 음토(陰土)로 木에게 시집갔기 때문에 물건을 생(生)할 수 있다"[504]고 하여, 봄에 목기(木氣)가 왕(旺)한 甲木에게 음토(陰土)인 己土가 시집을 감으로써, 음양(陰陽)이 화합하여 만물(萬物)을 생하게 한다는 것이다.

戊癸合에 대해, 壬水가 두려워하는 토기(土氣)의 戊土에게 <壬水의> 누이인 癸水를 戊土에게 시집보내어 합(合)을 이루게 함으로써, 서로 상(傷)하지 않게 한다 하였다. 즉, "水·6[壬]이 土·5[戊]를 두려워하므로 <壬水의> 누이인 癸로써 戊의 처(妻)가 되게 하니, 오행(五行)이 서로 조화(調和)를 이루는 것이다"[505]라고 하여, 戊土는 수기(水氣)가 없는 土인데, 癸水가 시집을 옴으로써, 水氣를 얻어 부드러워 지므로 土가 오행(五行)에 고루 작용할 수 있다는 것이다.

이처럼 천간(天干) 합(合)에 대한 구성도(構成圖)를 나타내면 <그림 42>와 같다.

청대(淸代) 『자평진전(子平眞詮)』에는 천간(天干)이 서로 합(合)하여 오행

---

503) 『五行大義』: "金九畏丙七, 故以妹辛妻丙, 丙德金氣, 故首夏薺草薺麥死, 故夏至之後, 三庚爲犬, 以畏火也."
504) 『五行大義』: "土五畏甲八, 故以妹己妻甲, 土帶陰陽合, 以雌嫁木, 故能生物也."
505) 『五行大義』: "水六畏土五, 故以妹癸妻戊, 五行相和, 是其合也."

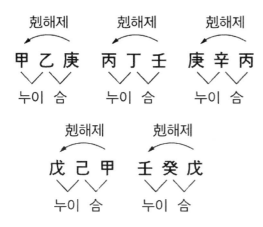

<그림 42> 천간합(天干合) 구성도(構成圖)
출처: 필자(筆者) 작도(作圖)

(五行)이 화(化)함[바뀌는 것]에 대해 설명하고 있다.

"이미 오행(五行)이 있게 되면 만물(萬物)은 또 土에서 생(生)하고, 水·火·木·金도 또한 질(質)을 의탁한다. 그러므로 土로써 거기[水·火·木·金]에 앞세운다. 이 때문에 甲己의 서로 합(合)함의 시작이 곧 화(化)하여 土가 된다. 土는 곧 金을 생(生)하므로 乙庚이 〈합(合)하여〉 金으로 화(化)하는 것이 그 다음이며, 金은 水를 생(生)하므로 丙辛이 〈합(合)하여〉 水로 화(化)하는 것이 또 그 다음이며, 水는 木을 생(生)하므로 丁壬이 〈합(合)하여〉 木으로 화(化)하는 것이 또 그다음이며, 木이 火를 생(生)하므로 무계(戊癸)가 〈합(合)하여〉 水로 화(化)하는 것이 또 그 다음이 되며, 오행(五行)이 거기[십간(十干)의 합화(合化)]에 두루 미친다. 거기[水·火·木·金]에 앞세우기를 土로써 하여 상생(相生)하는 순서가 자연적으로 이와 같으니, 이것이 십간(十干)의 합(合)하여 화(化)하는 의미이다"[506]고 하여, 甲己가 합(合)하여 土가 되고, 乙庚이 合하여 金이 되고, 丙辛이 합(合)하여 水가 되고, 丁壬이 합(合)하여 木이 되고, 戊癸가 합(合)하여 火가 되는 이치(理致)는, 만물(萬物)은 토(土)에서 생(生)하여 土生金, 金生水, 水生木, 木生火, 즉 만물(萬物)→土→金→水→木→

---

506) 沈孝瞻, 『子平眞詮』「論十干配合性情」: "旣有五行, 則萬物又生於土, 而水火木金, 亦寄質焉, 故以土先之, 是以甲己相合之始, 則化爲土, 土則生金, 故乙庚化金次之, 金生水, 故丙辛化水又次之, 水生木, 故丁壬化木又次之, 木生火, 故戊癸化火又次之, 而五行遍焉, 先之以土, 相生之序, 自然如此, 此十干合化之義也."

火의 이치(理致)라고 설명하고 있다.

이것은 다시 말해, 만물(萬物)은 土를 생(生)하고[甲己合化 土] → 土生金[乙庚合化 金] → 金生水[丙辛合化 水] → 水生木[丁壬合化 木] → 木生火[戊癸合化 火]를 말하고 있으며, 제 육위(六位)에 있는 음간(陰干)과 합(合)을 하고 있어 육합(六合)이라고도 한다.

이것을 표로 나타내면 다음과 같다.

<표 51> 천간(天干) 합화(合化)

天干合	甲己	生→	乙庚	生→	丙辛	生→	丁壬	生→	戊癸
化五行	土		金		水		木		火

또 명대(明代)『삼명통회(三命通會)』에는 천간(天干) 합(合)에 대한 각각의 성정(性情)에 대해서 구체적으로 나타내었다.

甲과 己는 중정지합(中正之合)이라고 한다. 甲은 양목(陽木)으로 그 성(性)은 인(仁)이 되고, 그 위치는 십간(十干)의 처음이다. 己는 음토(陰土)로 진정순독(鎭靜純篤)[507]하고 물(物)을 생(生)하는 덕(德)이 있다.[508]

乙과 庚은 인의지합(仁義之合)이라고 한다. 乙은 음목(陰木)으로 그 성(性)은 인(仁)이고 크게 부드럽다. 庚은 양금(陽金)으로 굳세고 강하며, 굽힐 줄 모르고 강유(剛柔)가 서로 구제되어 인의(仁義)가 바탕이 된다.[509]

---

507) 진정순독(鎭靜純篤)은 흥분된 일이나 어지러운 일을 가라앉히고, 그 성향이 진실되며 서로의 관계가 두터움으로 해석(解釋)하였다.

508) 萬民英, 『三命通會』「論十干合」: "甲與己何名爲中正之合, 甲陽木也, 其性仁, 位處十干之首, 己陰土也, 鎭靜淳篤, 有生物之德, 故甲己爲中正之合, 帶此合主人尊崇重大, 寬厚平直, 如帶殺而五行無氣則多嗔好怒, 性梗不可屈."

丙과 辛은 위제지합(威制之合)이라고 하는데, 丙은 양화(陽火)가 되고 불꽃이 스스로 성(盛)하고, 辛은 음금(陰金)으로 병기(兵器)에 능하고 살(煞)을 좋아하여, 丙辛은 위제지합(威制之合)이라고 한다.[510]

丁과 壬은 음닐지합(陰暱之合)이라고 한다. 壬은 순음(純陰)의 水가 되어 삼광(三光)이 비치지 못하고, 丁은 장음(藏陰)의 火로 본연이 어두워 밝히지 못한다. 신비롭게 교태롭고 정이 많아 쉽게 마음을 움직이고 색(色)에 빠지는 것을 좋아한다.[511]

戊와 癸는 무정지합(戊情之合)이라고 하는데, 戊는 양토(陽土)가 되어 늙어 추한 남편이 되고, 癸는 음수(陰水)로 파사(婆娑)[춤 솜씨가 좋은]한 여자로 늙은 양(陽)과 젊은 음(陰)이 된다. 비록 합(合)이 무정(無情)하지만 주인은 혹은 좋고 혹은 나쁜데 가령 戊가 癸를 얻으면 교미(嬌媚)한[애교가 있는] 아름다운 자태(姿態)를 얻는 것이 된다. 남자는 젊은 여자에게 장가가는 것이고, 여자는 아름다운 남자에 시집가는 것이다. 남자는 늙은 여자에게 장가가고, 여자는 늙은 남자에게 시집가게 된다. 경에 이르기를, 戊가 癸를 얻어 합(合)하는 것은 젊은 이와 늙은이로 무정(無情)하다 하였다.[512]

---

509) 萬民英, 『三命通會』「論十干合」: "乙與庚何名爲仁義之合, 乙陰木也, 其性仁而太柔, 庚陽金也, 堅強不屈則剛柔相濟, 仁義兼資。 故主人果敢有守, 不惑柔佞, 周旋唯仁, 進退唯義。五行生旺則骨秀形淸, 若死絶帶殺則使氣好勇, 體貌不揚, 自是非人, 甲己, 乙庚之合, 婦人不忌."

510) 萬民英, 『三命通會』「論十干合」: "丙與辛何名爲威制之合, 丙陽火也, 輝赫自盛, 辛陰金也, 剋刃喜殺, 故丙辛爲威制之合, 主人儀表威肅, 人多畏懼, 酷毒, 好賄喜淫, 若帶殺或五行死絶則寡恩少義, 無情之人, 婦人得之, 與天中, 大耗, 咸池相並者, 貌美聲卑, 夭冶而淫."

511) 萬民英, 『三命通會』「論十干合」: "丁與壬何名爲淫暱之合, 壬者純陰之水, 三光不照, 丁者藏陰之火, 自昧不明, 故丁壬爲淫暱之合, 主人眼明神嬌, 多情易動, 不事高潔, 暂下無去, 耽歡媚色, 於我則吝, 於彼則貪, 若五行死絶或帶殺, 見咸池, 大耗, 天中自敗, 有淫汙家風之醜, 親厚小人, 侮慢君子, 貪婪妄作, 必勝而後已, 婦人淫邪奸惡, 易挑易誘, 多招玷辱, 或年高而嫁少婚, 或年幼而配老夫, 或先賤而後良, 或先良而後賤."

512) 萬民英, 『三命通會』「論十干合」: "戊與癸何名爲無情之合, 戊陽土也, 是老醜之夫, 癸陰水也, 是婆娑之婦, 老陽而少陰, 雖合而無情, 主人或好或醜, 如戊得癸則嬌媚, 姿美得所, 男子娶少婦, 婦人嫁美夫, 若癸得戊則形容古樸, 老相俗塵, 男子娶老妻, 婦人嫁老夫, 經云, 戊得癸合少長無情是也."

이처럼 천간(天干) 합(合)에 대해, 甲己合은 중정지합(中正之合), 乙庚合은 인의지합(仁義之合), 丙辛合은 위제지합(威制之合), 丁壬合은 음닐지합(陰暱之合), 戊癸合은 무정지합(戊情之合)이라고 하였다.

그리고 천간(天干)의 합(合)에 대해 그 복(福)이 후(厚)하고 약(弱)함에 대해서도 설명하고 있다.

"『천원변화서(天元變化書)』에 이르기를, 천간(天干) 합(合)은 양(陽)이 음(陰)을 얻어서 합(合)하면 복(福)이 만(慢)하고, 음(陰)이 양(陽)을 얻어서 합(合)하면 복(福)이 긴(緊)하게 된다 하였다. 그러므로 甲日이 己와 합(合)하면 재(財)가 되고, 己가 甲과 합(合)하면 관(官)이 되어 양간(陽干)이 음간(陰干)을 만나서 합(合)하면 간합(干合)으로 이루어지는 복(福)이 적고, 음간(陰干)이 양간(陽干)을 만나서 합(合)하면 정관(正官)을 얻는 합(合)으로 도움이 되어 두 개의 큰 복(福)은 되나 긴만(緊慢)은 같지 않으며, 나머지 천간(天干) 합(合)도 이와 같다"[513]고 하여 양간(陽干)이 음간(陰干)을 합(合)하면 그 복(福)이 후(厚)

<표 52> 천간(天干) 합(合)의 길흉(吉凶)

복(福)이 후(厚)	甲→己合	庚→乙合	丙→辛合	壬→丁合	戊→癸合
복(福)이 약(弱)	己→甲合	乙→庚合	辛→丙合	丁→壬合	癸→戊合
合化五行	土	金	水	木	火

하고, 음간(陰干)이 양간(陽干)을 합(合)하면 그 복(福)이 약(弱)하다는 것을 나

---

513) 萬民英, 『三命通會』 「論十干合」: "天元變化書云, 天干合陽得陰合福慢, 陰得陽合得福緊, 故甲得己合爲財, 己得甲合爲官, 陽干遇陰干合止得干合之福, 陰干遇陽干合又得正官合, 輔爲兩重福, 故緊慢不同, 餘干例推."

타내고 있다. 이것을 간단하게 나타내면 <표 52>와 같다.

다음은 암합(暗合)에 대해 알아보도록 하자.

암합(暗合)이란 명합(明合)과 같은 합(合)이긴 하나, 천간(天干)에서 합(合)하는 명합(明合)과는 달리 일간(日干)이 장간(藏干)과 합(合)을, 즉 어두운 곳에서 합(合)한 것을 말하며, 명합(明合)이 없을 때에는 암합(暗合)을 공식적인 합(合)으로 볼 때도 있다. 암합(暗合)의 예는 다음 <표 53>과 같다.

<표 53> 양간(陽干)과 음간(陰干)의 암합(暗合)

양간(陽干)의 암합(暗合)	甲午 (己丁)	丙戌 (辛丁戊)	戊子 (癸)	戊辰 (乙癸戊)	庚辰 (乙癸戊)	壬午 (己丁)
음간(陰干)의 암합(暗合)	乙巳 (戊庚丙)	丁亥 (甲壬)	己亥 (甲壬)	辛巳 (戊庚丙)	癸巳 (戊庚丙)	

암합(暗合)은 결국 천간(天干)의 합(合)을 말하는 것으로, 장간(藏干) 내에서도 서로 암합(暗合)이 있으니 주의 깊게 살펴야 한다.

2) 합거(合去)

합거(合去)라는 것은, 위에서 나타난 천간(天干)의 명합(明合)에서 일간(日干)

에게 긍정적 작용을 하는 십신(十神)[사길신(四吉神)]이 다른 천간(天干)과 합(合)하여 긍정적 기능을 잃어버려[거(去)] 부정적 작용을 하는 것을 말하며, 반대로 일간(日干)에서 부정적 작용을 하는 십신(十神)[사흉신(四凶神)]이 다른 천간(天干)과 합(合)하여 그 부정적 기능을 잃어버려[거(去)] 긍정적 작용을 하는 것을 말한다. 이를 청대(淸代) 심효첨(沈孝瞻)의 『자평진전(子平眞詮)』을 통해 자세히 알아보도록 하자.

"그 〈천간(天干) 합화(合化)〉의 성정(性情)은 어떠한가? 일반적으로 이미 짝지어 합(合)함이 있으면 반드시 향(向)과 배(背)가 있다. 예컨대, 甲木이 辛金 정관(正官)을 쓰는데 투출(透出)된[天干에 나와 있는] 丙火가 〈辛金과〉 합(合)을 이루면 그 정관(正官)은 제 구실을 하는 관(官)이 아니게 된다"514)고 하여, 甲木에게 辛金은 정관(正官)이 되는데, 식신(食神) 丙火가 辛金과 합거(合去)를 하게 되면 〈辛金이〉 정관(正官) 역할을 제대로 못할 뿐 아니라 丙火도 식신(食神) 역할을 제대로 못하는 것에 대해 설명하고 있다. (〈표 54〉 참조)

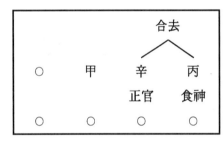

〈표 54〉 정관(正官) 합거(合去)

```
                      合去
                   ┌──────┐
  ○      甲      辛       丙
                正官     食神

  ○      ○      ○       ○
```

또 "甲木이 癸水 정인(正印)을 쓰는데 투출(透出)된[天干에 나와 있는] 戊土가 〈癸水와〉 합(合)을 이루며 그 정인(正印)은 제 구실을 하는 정인(正印)이 아니게 된다"515)고 하여, 甲木에게 癸水는 정인(正印)이 되나, 편재(偏財) 戊土가 癸水

---

514) 沈孝瞻, 『子平眞詮』 「論十干配合性情」: "其性情何也, 蓋旣有配合, 必有向背, 如甲用辛官, 透丙作合, 而官非其官."
515) 沈孝瞻, 『子平眞詮』 「論十干配合性情」: "甲用癸印, 透戊作合, 而印非其印."

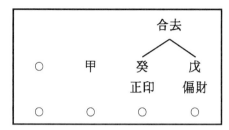

<표 55> 정인(正印) 합거(合去)

와 합거(合去)하게 되니 〈癸水가〉 정인(正印) 역할을 제대로 못할 뿐 아니라 戊土도 편재(偏財) 역할을 못하는 것에 대해 설명하고 있다.(〈표 55〉 참조)

"甲木이 己土 정재(正財)를 쓰는데 己土가 다른 위치에 있는 甲木과 합(合)을 이루면 그 정재(正財)는 제 구실을 하는 재성(財星)이 아니게 된다. 예컨대 년간(年干)이 己土이고, 월간(月干)이 甲木인 경우에 년(年)에 있는 재성(財星) 己土가 월(月)에 갑목(甲木)에게 합거(合去)당하면 일주(日柱)의 甲木이나 乙木에게는 분담(分擔)되는 것이 없게 된다. 그리고 년간(年干)이 甲木이고 월간(月干)이 己土인 경우에 월(月)에 있는 재성(財星) 己가 년(年)의 甲에게 합거(合去)당하면 일주(日柱)의 甲木이나 乙木은 간여하지 않게 되는 것이, 이것이다"516)라고 하여, 甲 일간(日干)이 己土 정재(正財)을 용신(用神)으로 삼아야 하는데, 비견(比肩) 甲木과 〈己土가〉 합거(合去)하니 내 처재(妻財)가 될 수 없다. 또 정재(正財) 己土가 월(月)에 있고 비견(比肩) 甲木이 년(年)에 있어도 己土를 내 처재(妻財)의 기능을 상실(喪失)하게 된다는 것을 설명하고 있다.(〈표 56〉 참조)

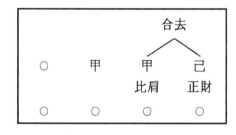

<표 56> 정재(正財) 합거(合去)

"甲木이 丙火 식신(食神)을 쓰는데 〈丙이〉 辛金과 합(合)을 이루면 제 구실을 하는 식신(食神)이 아니게 된다. 이러한 것은 사길신(四吉神)이 합(合)으로 인

---

516) 沈孝瞻, 『子平眞詮』 「論十干配合性情」: "甲用己財, 己與別位之甲作合, 而財非其財, 如年己月甲, 年上之財, 被月合去, 而日主之甲乙無分, 年甲月己, 月上之財, 被年合去, 而日主之甲乙不與是也."

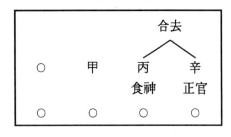

<표 57> 식신(食神) 합거(合去)

(因)하여 쓰임이 없게 되는 경우이다"[517]라고 하여, 甲木에게 丙火가 식신(食神)이 되나, 정관(正官) 辛金이 丙火와 합거(合去)하게 되니 <丙火가> 식신(食神) 역할을 제대로 못할 뿐 아니라 辛金도 정관(正官) 역할을 못하는 것에 대해 설명하고 있다. (<표 57> 참조)

이것이 사길신(四吉神)인 식재관인(食財官印)이 합거(合去)로 인(因)하여 그 쓰임이 없게 되는 경우를 말하며, 육친(六親)도 같은 방식으로 해석하면 된다.

이와 반대로 합거(合去)로 인해 사흉신(四凶神)이 길(吉)한 작용을 하는 경우도 있다. 이는 이미 명합(明合)에서 『오행대의(五行大義)』에서 일부를 밝힌바 있다. 즉 甲木의 누이 乙木을 庚金에게 시집보내고, 丙火의 누이 丁火를 壬水에게 시집보내고, 庚金의 누이 辛金을 丙火에게 시집보내고, 戊土의 누이 己土를 甲木에게 시집보내고, 壬水의 누이 癸水를 戊土에게 시집보냄으로써, 두려움을 없앤다고 하였다. 이를 『자평진전(子平眞詮)』에서 나타나는 십신(十神)의 활용을 통해 더 자세히 알아보도록 하자.

"甲木이 庚金을 만나서 칠살(七煞)이 되는데, <庚金이> 乙木과 합(合)을 이루면 칠살(七煞) <庚金은> 일주(日主)[甲木]를 공격하지 않고, 甲木이 乙木을 만나서 겁재(劫財)가 되는데, <乙木이> 庚金과 합(合)을 이루면 乙木은 재(財)를 빼앗지 않는다"[518]고 하여, 甲木에게 庚金은 칠살(七煞)이 되어 두려운 존재이나,

---

517) 沈孝瞻, 『子平眞詮』 「論十干配合性情」: "甲用丙食與辛作合, 而非其食, 此四喜神因合而無用者也."
518) 沈孝瞻, 『子平眞詮』 「論十干配合性情」: "又如甲逢庚爲煞, 與乙作合, 而煞不攻身, 甲逢乙爲劫財, 與庚作合, 而乙不劫財."

<표 58> 칠살(七煞) 합거(合去)

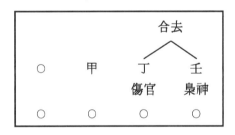

겁재(劫財) 乙木이 庚金과 합거(合去)하니 <庚金> 칠살(七煞)은 甲木의 두려운 존재가 되지 않을 뿐 아니라, 乙木 겁재(劫財)도 향후 내 재성(財星)을 분탈(分奪)해 가지 않아 길(吉)한 작용을 한다는 것을 설명하고 있다.(<표 58> 참조)

또 "甲木이 丁火를 만나서 상관(傷官)이 되는데, <丁火가> 壬水와 합(合)을 이루면 丁火는 관(官)을 손상하게 되지 않고, 甲木이 壬水를 만나서 효신(梟神)이 되는데, <壬水가> 丁火와 합(合)을 이루면 壬水는 식신(食神)을 빼앗지 않게 된다. 이러한 것은 사기신(四忌神)이 합(合)으로 인(因)하여 길(吉)한 작용으로 바뀌게 되는 경우이다"[519]고 하였다. 甲木에게 丁火는 상관(傷官)이 되어 정관(正官) 辛金을 무력화 시키는 흉신(凶神)이 된다.

<표 59> 상관(傷官) 합거(合去)

```
                    合去
                   ╱    ╲
  ○     甲      丁      壬
               傷官     梟神

  ○     ○      ○      ○
```

상관(傷官) 丁火가 편인(偏印) 壬水와 합거(合去)하게 되면, <丁火> 상관(傷官)은 관성(官星)을 제어하는 기능을 상실(喪失)하게 된다. 그리고 壬水는 甲木에게 편인(偏印)이 되지만 식신(食神) 丙火를 도식(倒食)[520]하게 되면 흉신(凶神)인 효신(梟神)이 되나, 丁火와 합거(合去)하면서 그 흉(凶)이 없어지는 결과가 된다.(<표 59> 참조)

519) 沈孝瞻, 『子平眞詮』「論十干配合性情」: "甲逢丁爲傷, 與壬作合, 而丁不爲傷官, 甲逢壬爲梟, 與丁作合, 而壬不奪食, 此四忌神因合化吉者也."

520) 도식(倒食)이라 함은, 의식주(衣食住)를 관장하는 식신(食神)이 편인(偏印)을 보게 되면 <식신(食神)을> 도(倒)하게 되며, 이로 인해 의식주(衣食住)에 어려움이 생기게 된다. 따라서 식신(食神)을 도(倒)한다 하여 도식(圖式)이라고 표현한다.

이처럼 사흉신(四凶神)인 살상효인(殺傷梟刃)이 서로 합거(合去)로 인(因)하여 그 쓰임이 길(吉)하게 되는 경우도 있으며, 육친(六親)도 이와 같이 해석(解釋)하면 된다.

3) 쟁합(爭合)과 투합(妒合)

쟁합(爭合)과 투합(妒合)은 천간(天干)의 양간(陽干)과 음간(陰干)이 합(合)을 하고 있는데, 비견(比肩)이 와서 그 합(合)을 방해하여 부정적 결론(結論)이 나는 것을 말한다.

그 중 쟁합(爭合)이란 하나의 음간(陰干)을 두고 양쪽에서 같은 양간(陽干)들이 서로 합(合)하려고 다투는 합(合)을 말하고, 투합(妒合)이란 반대로 하나의 양간(陽干)을 두고 양쪽에서 같은 음간(陰干)들이 서로 합(合)하려고 투기(妒忌)하는 합(合)을 말한다.

청대(淸代) 진소암(陳素菴)의 『명리약언(命理約言)』에 또 쟁합(爭合)도 꺼리니 가령 甲이 己와 합(合)하는데 다시 또 하나의 己를 만나거나, 己가 甲과 합(合)하는데, 다시 또 하나의 甲을 만나는 것이 그것이다. 만약 甲이 己와 합(合)을 이루는데 庚이나 乙을 만나면, …, 투합(妒合)으로 논(論)하지 않는다[521]고 하여, 쟁합(爭合)과 투합(妒合)을 부정적으로 나타내고 있다.

『자평진전(子平眞詮)』에도 쟁합(爭合)과 투합(妒合)을 다음과 같이 표현되어 있다.

"그런데 또 쟁합(爭合)과 투합(妒合)의 설(設)도 있는데, 어떠한 것인가? 예컨대, 두 개의 辛金이 丙火와 합(合)하고, 두 개의 丁火가 壬水와 합(合)하는 유형

---

521) 陳素菴, 『命理約言』「干合論」: "又己爭合, 如甲合己而又見一己, 己合甲而又見一甲是也."

이다. 한 남자는 두 아내를 맞이하지 아니하고, 한 여자는 두 남편과 짝을 이루지 아니하니, 쟁합(爭合)과 투합(妬合)의 설(設)이 있는 까닭이다. 그러나 결국 마침내는 합(合)할 마음이 있지만, 다만 실정(實情)이 전념하지 않을 뿐이니, 만약 두 천간(天干)으로써 하나의 천간(天干)과 합(合)하는데 그 자리 사이를 가로 막으면, 다투거나 투기(妬忌)함이 전혀 없게 된다"[522]고 하여, 합(合)할 마음은 있지만 실정(實情)은 합(合)에 전념하지 못함을 말하면서 역시 부정적 입장이 나타나 있다.

<표 60> 쟁합(爭合)

쟁합 (爭合)	爭合 ○ 甲 己 甲 合 合	爭合 ○ 丙 辛 丙 合 合	爭合 ○ 戊 癸 戊 合 合	爭合 ○ 庚 乙 庚 合 合	爭合 ○ 壬 丁 壬 合 合

<표 61> 투합(妬合)

투합 (妬合)	妬合 ○ 己 甲 己 合 合	妬合 ○ 辛 丙 辛 合 合	妬合 ○ 癸 戊 癸 合 合	妬合 ○ 乙 庚 乙 合 合	妬合 ○ 丁 壬 丁 合 合

청대(淸代) 『명리약언(命理約言)』과 『자평진전(子平眞詮)』에서 말하는 쟁합(爭合,<표 60>)과 투합(妬合, <표 61>)을 정리하여 나타내면 위와 같다.

---

522) 沈孝瞻, 『子平眞詮』「論十干合而不合」: "然又有爭合妬合之說, 何也, 如兩辛合丙, 兩丁合壬之類, 一夫不娶二妻, 一女不, 配二夫, 所以有爭合?合之說, 然到底終有合意, 但情不專耳, 若以兩合一而隔位, 則全無爭."

〖 2. 천간(天干)의 충(沖) 〗

앞 서 수대(隋代) 『오행대의(五行大義)』에 양간(陽干) 甲·丙·戊·庚·壬이 각
해당하는 음간(陰干)[누이]인 乙·丁·己·辛·癸가 없으면, 칠살(七煞)을 두려워함
을 언급하였는데, 이것은 곧 사계(四季)의 방위에서 일어나는 충(沖)의 의미가
내포되어 있음을 알 수 있다.

천간(天干)의 충(沖)에 대해 청대(淸代) 『명리약언(命理約言)』에는 동[木]과
서[金], 남[火]과 북[水]이 서로 마주하기 때문에 충(沖)이 일어난다고 하였다.
"甲과 庚이 상충(相沖)하고 乙과 辛이 상충(相沖)하며, 壬과 丙이 상충(相沖)하
고 癸와 丁이 상충(相沖)하니, 이것을 동(東)과 서(西), 남(南)과 북(北)이 서로
마주 대하기 때문이며, …, 戊와 己는 충(沖)이 없으니, 그것은 중앙(中央)에 머
물러 상대가 없기 때문이다."[523]

이것을 정리하여 나타내면 <그림 43>과 <표 62>와 같고, 결국 충(沖)이란 길신
(吉神) 정관(正官)을 제외한 흉신(凶神) 칠살(七煞)과의 관계를 의미한다.

이를 설명하면, 甲은 木의 기운(氣運)으로 금기(金氣) 庚金을 보면 두려워하는
것이고, 반대로 庚金은 金의 기운(氣運)으로 木의 기운(氣運)으로 돌아서면 절지
(絶地)[524]가 되어 甲木을 두려워하게 되는 것이다. 乙 또한 木의 기운(氣運)으로
金氣인 庚金에게는 시집을 가 합(合)을 하지만, 辛金을 보면 두려워하는 것이고,
반대로 辛金은 金의 기운(氣運)으로 木의 기운(氣運)으로 돌아서게 되면 절지(絶
地)가 되어 乙木을 두려워하게 된다.

---

523) 陳素菴, 『命理約言』「干衝論」: "天干甲庚相衝, 乙辛相衝, 壬丙相衝, 癸丁相衝, 蓋東與西, 南與北
相對也, …, 戊己無衝, 蓋居中無對也."
524) 절지(絶地)란 12운성(運星)에서 나타나는 용어로, 각 천간(天干)이 가장 힘없는 계절에 태어나는 것
것을 말하며, 12운성(運星) 편에서 다시 언급하기로 한다.

<표 62> 천간(天干) 상충(相沖)

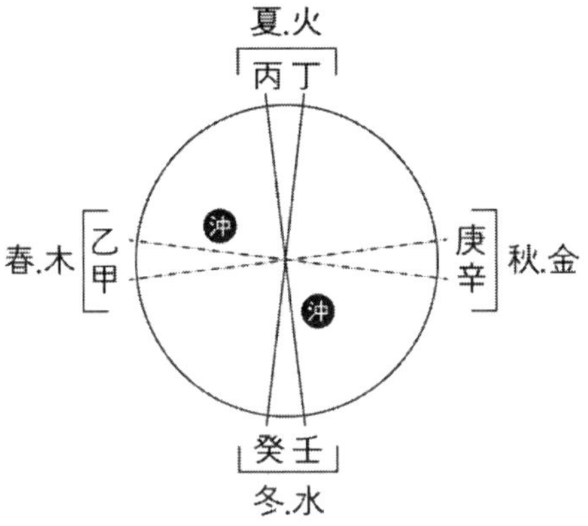

<그림 43> 천간(天干) 상충도(相沖圖)

木 ↔ 金	火 ↔ 水
甲 ↔ 庚 [陽木] [陽金] [甲庚沖]	丙 ↔ 壬 [陽火] [陽水] [丙壬沖]
乙 ↔ 辛 [陰木] [陰金] [乙辛沖]	丁 ↔ 癸 [陰火] [陰水] [丁癸沖]

丙은 火의 기운(氣運)으로 수기(水氣) 壬水를 보면 두려워하는 것이고, 반대로 壬水는 水의 기운(氣運)으로 火의 기운(氣運)으로 돌아서게 되면 절지(絶地)가 되어 丙火를 두려워한다. 丁 또한 火의 기운(氣運)으로 水氣인 壬水에게는 시집을 가 합(合)을 하지만, 癸水를 보면 두려워하는 것이고, 반대로 癸水는 水의 기운(氣運)으로 火의 기운(氣運)으로 돌아서게 되면 절지(絶地)가 되어 丁火를 두려워하게 된다.

戊와 己는 방위(方位)가 없고 중앙(中央) 土의 역할을 하기 때문에 상충(相沖)이 일어나지 않는다.

결국 천간(天干)의 충(沖)은 제 칠위(七位)에서 일어나고 있으며, 칠위(七位)에서 일어나는 충(沖)이라 하여 칠충(七沖)이라고도 한다. 그리고 양간(陽干)과 양간(陽干), 음간(陰干)과 음간(陰干)끼리의 상충(相沖)이 일어나며, 음양(陰陽)

의 배합(配合)이 되면 정관(正官)과 정재(正財)가 된다.

그러나 庚金이 甲木을, 辛金이 乙木을, 壬水가 丙火를, 癸水가 丁火를 방위적으로 충(沖)을 하지만, 甲木이 寅의 세력을 얻거나, 乙木이 卯의 세력을 얻거나, 丙火가 巳午의 세력을 얻거나, 丁火가 巳午의 세력을 얻게 되면 충(沖)을 하여도 넘어지지 않는다.

이를 『명리약언(命理約言)』에는 다음과 같이 나타내고 있다. "일반적인 이치(理致)로 이것을 논하면 庚辛은 甲乙을 충(沖)할 수 있고, 壬癸는 丙丁을 충(沖)할 수 있으나, 甲乙이 때를 만나고 세력(勢力)을 얻으면 또한 庚辛을 충(沖)할 수 있고, 丙丁이 때를 만나고 세력(勢力)을 얻으면 역시 壬癸를 충(沖)할 수 있으므로, 방법은 마땅히 지지(地支)를 참고하여 보아야 하니, 가령 甲이 寅에 앉고 庚이 申에 앉으면 이것은 상하(上下)가 함께 충(沖)하게 되어 그 다툼이 더욱 급하며, 혹 甲이 申에 앉고 庚이 寅에 앉으면 이것은 서로 상대를 충(沖)하게 되어 그 다툼이 쉬지 않으며, 혹 甲과 庚이 함께 申에 앉으면 甲은 충(沖)으로 넘어지며, 비록 寅申에 앉지 않고 주중(柱中)에 寅申이 있더라도 역시 충(沖)을 돕게 되지만 다만 비교적 느슨할 뿐이며, 나머지도 모두 이와 같다"[525]고 하여, 충(沖)의 작용이 각 천간(天干)과 지지(地支)의 힘을 같이 봐야 함을 나타내고 있다.

천간(天干)의 충(沖) 작용에 있어 『오행대의(五行大義)』에서 표현한 각 천간(天干)의 누이[겁재(劫財)]에 의해 충(沖) 작용을 와해(瓦解)되는 방법 외에도, 충(沖)을 하는 오행(五行)이 멀리 있거나, 제지(制止)해주는 오행(五行)이 있게

---

525) 陳素菴, 『命理約言』: "以恆理論之, 庚辛能衝甲乙, 壬癸能衝丙丁, 然甲乙得時勢, 亦能沖庚辛, 丙丁得時得勢, 亦能衝壬癸, 法當參看地支, 如甲坐寅庚坐申, 是爲上下俱沖, 其戰更急, 或甲坐申, 庚坐寅, 是爲交互相沖, 其爭不休, 倘甲庚俱坐申, 則甲沖倒矣, 卽不坐而柱中有寅申, 亦爲助衝, 但較緩耳, 餘俱此."

되면 충(沖) 작용이 일어나지 않는다. 이에 대해 『명리약언(命理約言)』에는 다음과 같이 설명하고 있다.

"무릇 좋아하는 신(神)은 충(沖)을 두려워하고 꺼리는 신(神)은 충(沖)을 원하며 또 충(沖)을 화해(和解)시키는 법이 있으니, 예컨대 甲과 庚이 충(沖)할 때 壬을 만나는 것이 그것이며, 충(沖)을 제지하는 법이 있으니 甲과 庚이 충(沖)할 때 丙을 만나는 것이 그것인데, 총괄하여 말하자면 다만 천신(天神)이 상충(相沖)은 화해(和解)도 쉽고 제지(制止)도 쉬우나, 다른 지지(地支)에서 무리를 이루어 도움이 있으면 화해(和解)와 제지(制止)가 모두 쓸데없으니 폭넓게 견주어 보아야 한다"[526]고 하여, 천간(天干)의 충(沖)에 대해 화해(和解)시키는 것과 제지(制止)시키는 것에 대한 내용이 나타나나, 지지(地支)의 세력을 얻었을 경우에는 그 화해(和解)와 제지(制止)가 힘들다는 내용도 나타나고 있다.

〈표 63〉 천간(天干) 충(沖) 화해(和解)와 제지(制止)

충(沖)	甲 ↔ 庚	乙 ↔ 辛	丙 ↔ 壬	丁 ↔ 癸
화해 (和解)	甲←壬(癸)←庚 生　　　　生	乙←壬(癸)←辛 生　　　　生	丙←甲(乙)←壬 生　　　　生	丁←甲(乙)←癸 生　　　　生
제지 (制止)	甲→丙(丁)→庚 生　　　　剋	乙→壬(癸)→辛 生　　　　剋	丙→戊(己)→壬 生　　　　剋	丁→戊(己)→癸 生　　　　剋

천간(天干) 충(沖)에 대한 화해(和解)와 제지(制止)를 간단하게 표로 나타내면 〈표 63〉과 같다.

---

526) 陳素菴, 『命理約言』: "凡所喜之神畏沖, 所忌之神欲沖, 又有和衝之法, 如甲庚衝而得壬是也, 有制衝之法, 如甲庚衝而得丙是也, 總之, 止是天神相衝, 易和易制, 更有地支黨助, 則和與制俱費舒配矣."

〖 **3. 천간(天干)의 극(剋)** 〗

다음은 각 천간(天干)의 극(剋)에 대해 알아보자.

각 천간(天干)의 극(剋)은 곧 칠살(七煞)을 의미하며, 천간(天干) 충(沖)인 甲庚沖, 乙辛沖, 丙壬沖, 丁癸沖을 제외한 각 십간(十干)의 극(剋)을 말하는 것이긴 하나, 사실 칠위(七位)에 해당하는 천간(天干)이 곧 칠살(七煞)을 의미하므로 극(剋)하는 관계(關係)도 성립(成立)되며, 각 십신(十神)과 해당하는 육친(六親) 등과 연결하여 다양한 의미로 해석(解釋)된다.

참고로, 『오행대의(五行大義)』에 "천간(天干)의 충(沖)과 파(破)는 甲庚이 충파(沖破)이고, 乙辛이 충파(沖破)이고, 丙壬이 충파(沖破)이고, 丁癸가 충파(沖破)이며, 戊·壬과 甲·戊와 乙·己 또한 충파(沖破)이다. 이것은 모두 상대되는 충파(沖破)이며, 또한 본체를 서로 극(剋)하므로 더욱 중한 것이 된다"[527]고 하여, 충파(沖破)와 극(剋)을 같은 개념(概念)으로 나타내고 있다. 그러나 수대(隋代)이후 충(沖)과 파(破)와 극(剋)을 다른 개념(概念)으로 보는 명리학자(命理學者)들도 있다.

여기에서는 각 십간(十干)이 다른 오행(五行)으로 인해 큰 피해를 입거나, 너무 과(過)함으로 인해 문제가 생겼다는 가정(假定)을 필두(筆頭)로 하여, 명리학(命理學)의 기초(基礎) 중 하나인 인체(人體)와 앞 서 나타낸 『황제내경(黃帝內經)』에서 나타난 오행(五行)과 오미(五味)와 오곡(五穀)과 오과(五果)를 연관지어 설명하기로 한다.

천간(天干) 칠위(七位)에서 일어나는 극(剋)에 대해 표로 나타내면 <표 64>와

---

527) 『五行大義』: "干沖破者, 甲庚沖破, 乙申沖破, 丙壬沖破, 丁癸沖破, 戊壬甲戊乙己亦沖破, 此皆對沖破, 亦本體相剋, 彌爲重也."

<표 64> 천간(天干) 칠위(七位)의 극(剋)

천간(天干)	甲	乙	丙	丁	戊	己	庚	辛	壬	癸
충파(沖破)	↑	↑	↑	↑	↑	↑	↑	↑	↑	↑
	庚	辛	壬	癸	甲	乙	丙	丁	戊	己

같다.

甲木은 庚金의 극(剋)을 받으며, 金의 기운(氣運)이 극심(極甚)하거나 木이 과(過)하게 되면, 甲木과 관련된 질병(疾病)인 머리, 담(膽)[쓸개], 시력(視力), 정신적 질환, 머리카락 등에 이상이 생기고, 풍(風)을 조심하여야 한다.

乙木은 辛金의 극(剋)을 받으며, 金의 기운(氣運)이 극심(極甚)하거나 木이 과(過)하게 되면, 乙木과 관련된 질병(疾病)인 경(頸)[목], 간장(肝臟), 눈, 뇌경색(腦梗塞), 경동맥(頸動脈) 등에 이상이 생기고, 풍(風)도 조심하여야 한다.

甲乙木에 문제가 발생하였다면, 주로 몸의 좌측(左側)에 이상이 생기며, 간(肝)과 담(膽)이 놀라서 가슴 두근거림, 손발 저림, 어지럼증, 중풍(中風), 힘줄과 뼈에 이상, 디스크, 편두통(偏頭痛)이 있으며, 머리, 목, 눈, 정신질환, 머리카락, 뇌경색(腦梗塞), 경동맥(頸動脈)에 이상이 생기고, 너무 노여워하게 되면 그 정도가 심해지며, 산(酸)[신맛]에 속하는 참깨, 자두, 개고기, 부추를 먹어야 하고, 매운 음식은 금(禁)해야 한다.

丙火는 壬水의 극(剋)을 받으며, 水의 기운(氣運)이 극심(極甚)하거나 火가 과(過)하게 되면, 丙火와 관련된 질병(疾病)인 어깨, 피부, 소장(小腸) 등에 조심하여야 한다.

丁火는 癸水의 극(剋)을 받으며, 水의 기운(氣運)이 극심(極甚)하거나 火가 과(過)하게 되면, 丁火와 관련된 질병(疾病)인 가슴, 피부, 심장(心臟) 등에 조심하여야 한다.

丙丁火에 문제가 발생하였다면, 주로 상체(上體)쪽에 이상이 생기며, 심장(心臟)이 놀라 간질(肝蛭), 경기(驚氣), 생리불순(生理不純), 얼굴에 홍조(紅潮), 시력저하(視力低下)가 있으며, 어깨, 가슴, 피부(皮膚)질환에 이상이 생기고, 너무 크게 웃는 것을 주의하여야 하며, 고(苦)[쓴맛]에 해당하는 소맥(小麥), 살구, 양고기, 염교[해(薤), 파의 일종]를 먹어야 하고, 짠 음식은 금(禁)해야 한다.

戊土는 甲木의 극(剋)을 받으며, 木의 기운(氣運)이 극심(極甚)하거나 土가 과(過)하게 되면, 戊土와 관련된 질병(疾病)인 갈비, 위장(胃臟) 등에 조심하여야 한다.

己土는 乙木의 극(剋)을 받으며, 木의 기운(氣運)이 극심(極甚)하거나 土가 과(過)하게 되면, 己土와 관련된 질병(疾病)인 배, 비장(脾臟) 등에 조심하여야 한다.

戊己土에 문제가 발생하였다면, 주로 비장(脾臟)과 위장(胃臟) 및 중완(中脘)에 이상이 생기며, 위장(胃臟)이 약하여 자주 토(吐)하고, 회충(蛔蟲)이 많을 수 있으며, 설사(泄瀉), 소화불량(消化不良)이 생기고, 또한 몸이 붓고, 입에서 냄새가 나며, 의심(疑心)이 많고, 갈비, 배에 문제가 생기며, 너무 오열(嗚咽)하는 것을 주의하여야 하고, 감(甘)[단맛]에 해당하는 멥쌀, 대추, 소고기, 아욱을 먹어야 하고, 신맛의 음식은 금(禁)한다.

庚金은 丙火의 극(剋)을 받으며, 火의 기운(氣運)이 극심(極甚)하거나 金이 과(過)하게 되면, 庚金과 관련된 질병(疾病)인 배꼽, 대장(大腸), 코 등에 이상이 생긴다.

辛金은 丁火의 극(剋)을 받으며, 火의 기운(氣運)이 극심(極甚)하거나 金이 과(過)하게 되면, 辛金과 관련된 질병(疾病)인 넓적다리, 폐장(肺臟), 코 등에 이상이 생긴다.

庚辛金에 문제가 발생하였다면, 주로 몸의 우측(右側)에 이상이 생기며, 폐·대장(肺·大腸)이 약해져 치질(痔疾), 천식(喘息), 폐결핵(肺結核), 이질(痢疾)이 생기며, 또한 코가 자주 막히고, 기침, 천식(喘息), 배꼽, 넓적다리에 이상이 생기게 되고, 너무 근심(謹審)이 많으면 그 정도가 심해지며, 기장[벼의 일종], 복숭아, 닭고기, 파를 먹어야 하고, 쓴맛의 음식은 금(禁)해야 한다.

壬水는 戊土의 극(剋)을 받으며, 土의 기운(氣運)이 극심(極甚)하거나 水가 과(過)하게 되면, 壬水와 관련된 질병(疾病)인 정강이, 방광(放光), 귀 등에 이상이 생긴다.

癸水는 己土의 극(剋)을 받으며, 土의 기운(氣運)이 극심(極甚)하거나 水가 과(過)하게 되면, 癸水와 관련된 질병(疾病)인 발, 신장(腎臟), 귀 등에 이상이 생긴다.

壬癸水에 문제가 발생하였다면, 주로 하체(下體)쪽에 이상이 생기며, 신장(腎臟)과 방광(放光)이 약해져서 식은땀을 자주 흘리고, 야뇨증(夜尿症)과 건망증(健忘症), 만성피로(慢性疲勞), 냉·대하(冷·帶下), 정강이, 발에 이상이 있으며, 이석증(耳石症), 중이염(中耳炎)이 있을 수 있고, 너무 두려워하거나 놀라게 되면 그 정도가 심해지며, 단맛을 금(禁)해야 된다.

【제2절. 지지(地支)의 합충(合沖)과 형·파·해(刑·破·害) 및 원진(元嗔)】

지지(地支)는 천간(天干)에 비해 더 다양한 합(合)과 충(沖)이 있으며, 형(刑)과 파(破)와 해(害) 등이 있어 다양하게 간명(看命)하여야 한다.

〚 1. 지지(地支)의 합(合) 〛

1) 지지(地支)의 육합(六合)

지지(地支)의 합(合)은 태양(太陽)과 태음(太陰)[달]이 각각 사계(四季)를 운행(運行)을 하다가, 지구(地球)를 사이에 두고 머물러서 회합(會合)하는 곳을 말하며, 북두칠성(北斗七星)의 두병(斗柄)과 십이지지(十二地支)와의 연관성이 나타난다.

<표 65> 두병(斗柄)과 태양(太陽) 및 태음(太陰)의 회합(會合)

월(月)／두병(斗柄)	寅	卯	辰	巳	午	未	申	酉	戌	亥	子	丑
12진(辰)	亥	戌	酉	申	未	午	巳	辰	卯	寅	丑	子
12차(次)와 명칭	추자(娵訾)	강루(降婁)	대량(大梁)	실침(實沈)	순수(鶉首)	순화(鶉火)	순미(鶉尾)	수성(壽星)	대화(大火)	석목(析木)	성기(星紀)	현효(玄枵)

먼저 태양(太陽)과 태음(太陰)이 회합(會合)하는 곳과 두병(斗柄)이 가리키는 것을 표로 나타내면 <표 65>와 같다.

이를 수대(隋代) 『오행대의(五行大義)』에 다음과 같이 나타나 있다. "지지

(地支)의 합(合)은 해와 달이 운행(運行)하다가 머물러서 회합(會合)하는 곳을 말한다."[528]

또 지지(地支) 합(合)을 구체적으로 다음과 같이 표현하고 있다.

正月[寅]에는 해와 달이 추자(娵訾)의 자리에 모인다. 추자(娵訾)는 亥方이고, 일명 시위(豕韋)라고도 한다. 이때는 두병(斗柄)이 寅을 가리키는 때이므로, 寅과 亥는 합(合)이 된다.[529] 여기에서 추자(娵訾)는 음(陰)이 성하고 양(陽)은 숨는 뜻이니, 만물(萬物)이 근심스럽고 슬프게 되는 것이다.[530]

二月[卯]에는 해와 달이 강루(降婁)의 자리에 모인다. 강루(降婁)는 戌方이고, 두병(斗柄)이 卯를 가리키는 때이므로, 卯와 戌은 합(合)이 된다.[531] 여기에서 강루(降婁)에서 강(降)은 내려오는 것이고, 루(婁)는 굽어지는 것이니, 음기(陰氣)가 위로 침범해서 만물(萬物)이 시들어 늘어지고 구부러지는 것이다.[532]

三月[辰]은 해와 달이 대량(大梁)의 자리에서 모인다. 대량(大梁)은 酉方이고, 두병(斗柄)이 辰을 가리키는 때이므로, 辰과 酉가 합(合)이 된다.[533] 여기에서 대량(大梁)은 강한 것이니, 흰 이슬이 이미 내림에, 만물(萬物)이 굳고 강해지는 것이다.[534]

四月[巳]은 해와 달이 실침(實沈)의 자리에서 모인다. 실침(實沈)은 申方이고, 두병(斗柄)이 巳를 가리키는 때이므로, 巳와 申이 합(合)이 된다.[535] 여기에서 실침(實沈)은 음기(陰氣)가 무겁게 가라앉아서 물건을 열매 맺게 하는 것이

---

528) 『五行大義』: "支合者, 日月行次之所合也."
529) 『五行大義』: "正月日月會於娵訾之次, 娵訾亥也, 一名豕韋, 斗建在寅, 故寅與亥合."
530) 『五行大義』: "娵訾者, 陰盛陽伏, 萬物愁哀也."
531) 『五行大義』: "二月日月會於降婁之次, 降婁戌也, 斗建在卯, 故卯與戌合."
532) 『五行大義』: "降婁者, 降下也, 婁曲也, 陰氣上侵, 萬物萎曲也."
533) 『五行大義』: "三月日月會於大梁之次, 大梁酉也, 斗建在辰, 故辰與酉合."
534) 『五行大義』: "大梁者强也, 白露已降, 萬物堅强也."
535) 『五行大義』: "四月日月會於實沈之次, 實沈申也, 斗建在巳, 故巳與申合."

다.[536]

　五月[午]은 해와 달이 순수(鶉首)의 자리에서 모인다. 순수(鶉首)는 未方이고, 두병(斗柄)이 午를 가리키는 때이므로, 午와 未는 합(合)이 된다.[537] 여기서 "순수(鶉首)는 남방의 별자리로 그 형상이 새 같아서, 정수(井宿)로 새의 벼슬을 삼고, 류수(柳宿)로 입(口)을 삼는 것이다.[538]

　六月[未]은 해와 달이 순화(鶉火)의 자리에서 모인다. 순화(鶉火)는 午方이고, 두병(斗柄)이 미(未)를 가리키는 때이므로, 未와 午는 합(合)이 된다.[539] 여기에서 순화(鶉火)는 양기(陽氣)가 성대한 때이다. 화성(火星)이 저녁때 중천(中天)에 뜨니, 남방(南方) 주작(朱雀) 칠성(七星)의 자리이다.[540]

　七月[申]은 해와 달이 순미(鶉尾)이 자리에서 모인다. 순미(鶉尾)는 巳方이고, 두병(斗柄)이 申을 가리키는 때이므로, 申과 巳가 합(合)이 된다.[541] 여기에서 순미(鶉尾)는 남방(南方) 주작(朱雀)의 별로, 그 꼬리에 해당하는 진수(軫宿)의 끝이라는 뜻이다.[542]

　八月[酉]에는 해와 달이 수성(壽星)의 자리에서 모인다. 수성(壽星)은 辰方이고, 두병(斗柄)이 酉를 가리키는 때이므로, 酉와 辰이 합(合)이 된다.[543] 여기에서 수성(壽星)은 만물(萬物)이 뻗어나기 시작해서, 각각 자기의 수명(受命)을 영위(營爲)하는 것이다.[544]

---

536) 『五行大義』: "實沈者, 陰氣沈重, 降實於物也."
537) 『五行大義』: "五月日月會於鶉首之次, 鶉首未也, 斗建在午, 故午與未合."
538) 『五行大義』: "鶉首者, 南方之宿, 其形象鳥, 以井爲冠, 以柳爲口也."
539) 『五行大義』: "六月日月會於鶉火之次, 鶉火午野, 斗建在未, 故未與午合."
540) 『五行大義』: "鶉火者, 陽氣盛大, 火星昏中, 在七星朱鳥之處也."
541) 『五行大義』: "七月日月會於鶉尾之次, 鶉尾巳也, 斗建在申, 故申與巳合."
542) 『五行大義』: "鶉尾者, 南方朱雀之宿, 以軫尾也."
543) 『五行大義』: "八月日月會於壽星之次, 壽星辰也, 斗建在酉, 故酉與辰合."
544) 『五行大義』: "壽星者, 萬物始達, 各任其命也."

九月[戌]에는 해와 달이 대화(大火)의 자리에서 모인다. 대화(大火)는 卯方이고, 두병(斗柄)이 戌을 가리키는 때이므로, 戌과 卯가 합(合)이 된다.[545] 여기에서 대화(大火)는 동방(東方) 木이니, 심수(心宿)가 卯에 있어서 火가 나무속에서 나오는 형상이다.[546]

十月[亥]은 해와 달이 석목(析木)의 자리에서 모인다. 석목(析木)은 寅方이고, 두병(斗柄)이 亥를 가리키는 때이므로, 亥와 寅은 합(合)이 된다.[547] 여기에서 석목(析木)은 만물(萬物)이 처음 싹터서 水와 木이 구분된 것이다."[548]

十一月[子]은 해와 달이 성기(星紀)의 자리에서 모인다. 성기(星紀)는 丑方이고, 두병(斗柄)이 子를 가리키는 때이므로, 子와 丑이 합(合)이 된다.[549] 여기에서 성기(星紀)의 기(紀)는 통솔하는 것이니, 만물(萬物)의 끝나고 시작되는 것을 주관하는 것이다.[550]

十二月[丑]에는 해와 달이 현효(玄枵)의 자리에서 모인다. 현효(玄枵)는 子方이고, 천원(天黿)이라고도 한다. 두병(斗柄)이 丑을 가리키는 때이므로, 丑과 子는 합(合)이 된다.[551] 여기에서 현효(玄枵)의 현(玄)은 검은 것이고, 효(枵)는 소모되고 빈 것이다. 음기(陰氣)가 성하기 때문에, 만물(萬物)이 처음 움직이려 하나 아직 나오지 못해서 세상이 공허(空虛)하니, 소모되었다고 한 것이다.[552]

이처럼 두병(斗柄)은 각 월(月)을 나타내는데, 지구(地球)를 중심으로 태양(太陽)과 태음(太陰)이 회합(會合)하여 합(合)이 되는 것을 12진(辰)을 중심으로

545) 『五行大義』: "九月日月會於大火之次, 大火卯也, 斗建在戌, 故戌與卯合."
546) 『五行大義』: "大火者, 東方木也, 心宿在卯, 火出木心也."
547) 『五行大義』: "十月日月會於析木之次, 析木寅也, 斗建在亥, 故亥與寅合."
548) 『五行大義』: "析木者, 萬物始萌, 分別水木也."
549) 『五行大義』: "十一月日月會於星紀之次, 星紀丑野, 斗建在子, 故子與丑合."
550) 『五行大義』: "星紀者, 紀統也, 領萬物所終始也."
551) 『五行大義』: "十一月日月會於玄枵之次, 玄枵子也, 一名天黿, 斗建財丑, 故丑與子合."
552) 『五行大義』: "玄枵者, 玄黑也, 枵秏, 陰氣盛, 故萬物始動, 猶未出生, 天下空虛謂之曰秏."

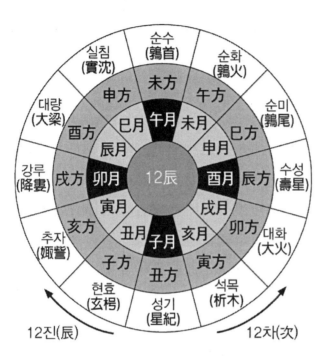

<그림 44> 지지(地支)의 회합도(會合圖)
출처: 필자(筆者) 작도(作圖)

하여 그림으로 나타내면 〈그림 44〉와 같다.

두병(斗柄)이 寅月을 가리킬 때 추자(娵訾) 亥方에서 회합(會合)하니 寅亥合이 되고, 두병(斗柄)이 卯月을 가리킬 때 강루(降婁) 戌方에 있으니 卯戌合이 되고, 辰月을 가리킬 때 대량(大梁) 酉方에 있으니 辰酉合이 되고, 巳月을 가리킬 때 실침(實沈) 申方에 있으니 巳申合이 되고, 午月을 가리킬 때 순수(鶉首) 未方에 있으니 午未合이 되며, 未月월 가리킬 때 순화(鶉火) 午方에 있으니 午未合이 되며, 申月월 가리킬 때 순미(鶉尾) 巳方에 있으니 巳申合이 되며, 酉月을 가리킬 때 수성(壽星) 辰方에 있으니 辰酉合이 되며, 戌月을 가리킬 때 卯方에 있으니 卯戌合이 되며, 亥月을 가리킬 때 寅方에 있으니 寅亥合이 되며, 子月을 가리킬 때 성기(星紀) 丑方에 있으니 子丑合이 되고, 丑月을 가리킬 때 현효(玄枵) 子方에 있으니 子丑合이 된다.

지지(地支) 합(合)에 대해 명대(明代) 『삼명통회(三命通會)』에는 음양(陰陽)

의 법칙과 기수(氣數)로도 표현되어 있다.

"子는 一陽이 되고, 丑은 二陽이 되니 一·二가 三數를 이룬다. 寅은 三陽이 되고, 亥는 六陰이 되니 三·六이 九數를 이룬다. 卯는 四陽이 되고, 戌은 五陰이 되니 四·五가 九數를 이룬다. 辰은 五陽이 되고, 酉는 四陰이 되니 五·四가 九數를 이룬다. 巳는 六陽이 되고, 申은 三陰이 되니 六·三이 九數를 이룬다. 午는 一陰이 되고, 未는 二陽이 되니 一·二가 三數를 이룬다. 子丑과 午未는 각각 三을 얻은 것이며, 三은 만물(萬物)을 낳는다. 나머지는 모두 九를 얻은 것이며, 九는 양수(陽數)가 극(極)에 이른 것이다"[553]고 하여, 만물(萬物)의 시생(始生)을

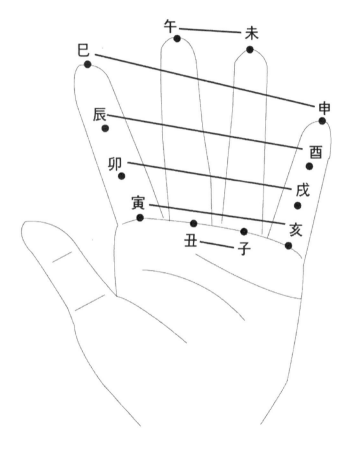

<그림 45> 지지(地支) 육합(六合) 장결(掌訣)

출처: 필자(筆者) 작도(作圖)

---

553) 萬民英, 『三命通會』 「論支元六合」: "子爲一陽, 丑爲二陰, 一二成三數, 寅爲三陽, 亥是六陰, 三六成九數, 卯爲四陽, 戌是五陰, 四五得九數, 辰爲五陽, 酉爲四陰, 五四得九數, 巳爲六陽, 申爲三陰, 六三得九數, 午爲一陽, 未爲二陰, 一二得三數, 子醜午未各得三者, 三生萬物, 餘皆得九者, 乃陽數極也."

주관하는 一陽인 子와 一陰인 午는 二陽인 丑과 二陰인 未와 각각 합(合)하여 만물(萬物)의 생성 수(數) 3이 되고, 나머지는 합(合)하여 음양(陰陽)이 수(數)가 극(極)에 이르는 9가 된다고 하였으며, 지지(地支)의 육합(六合)을 알기 쉽게 장결(掌訣)로 나타내면 <그림 45>와 같다.

더 나아가 지지(地支) 합(合)에 대해 구체적으로 나타내고 있다. "『천원변화서(天元變化書)』에 이르기를, 子가 丑과 합(合)하면 복(福)이 적고, 丑이 子와 합(合)하면 복(福)이 왕성(旺盛)하다. 寅이 亥와 합(合)을 하면 복(福)이 청(淸)하고, 亥가 寅이 합(合)하면 복(福)이 만(慢)[게으름]하다. 戌이 卯와 합(合)하면 복(福)이 허(虛)하고, 卯가 戌과 합(合)하면 복(福)이 후(厚)하다. 辰이 酉와 합(合)하면 복(福)이 약(弱)하고, 酉와 辰이 합(合)하면 대리(大利)하다. 午와 未가 합(合)하면 복(福)이 만(慢)[게으름]하고, 未가 午와 합(合)하면 대리(大利)하다. 巳가 申과 합(合)하면 복(福)이 만(慢)[게으름]하고, 申이 巳와 합(合)

<표 66> 지지합(地支合)의 길흉(吉凶)

복(福)이 후(厚)	丑→子合	寅→亥合	卯→戌合	酉→辰合	未→午合	申→巳合
복(福)이 약(弱)	子→丑合	亥→寅合	戌→卯合	辰→酉合	午→未合	巳→申合
合化五行	土	木	火	金	火	水

하면 관기(官氣)가 성(盛)하다고 하였다."[554] 이를 나타내면 <표 66>과 같다.

위 표에서 나타난 지지(地支)가 서로 합화(合化)하여 오행(五行)이 바뀌는 것

554) 萬民英, 『三命通會』「論支元六合」: "天元變化書雲, 子合醜福輕, 醜合子福盛, 寅合亥福淸, 亥合寅福慢, 戌合卯福虛, 卯合戌福厚, 辰合酉福弱, 酉合辰大利, 午合未福慢, 未合午大利, 巳合申福慢, 申合巳官氣盛."

에 대해 송대(宋代) 『연해자평(淵海子平)』에는 다음과 같이 나타나 있다.

"子와 丑이 합(合)하여 土가 되고, 寅과 亥가 합(合)하여 木이 되며, 卯와 戌이 합(合)하여 火가 된다. 辰과 酉가 합(合)하여 金이 되고, 巳와 申이 합(合)하여 水가 되며, 午와 未가 합(合)하여 午가 된다. 午는 태양(太陽)이고 未는 태음(太陰)이다"[555]고 하여, 태양(太陽)과 태음(太陰)이 회합(會合)하는 것이 합화(合化)하여 그 오행(五行)이 변함을 나타내고 있다.

2) 지지(地支)의 삼합(三合)

지지(地支)의 삼합(三合)하여 국(局)을 이룬다는 내용은 이미 전한대(前漢代) 유안(劉安)의 『회남자(淮南子)』「천문훈(天文訓)」에서부터 나타나 있다.

"木은 亥에서 태어나 卯에서 장성(壯盛)하고 未에서 죽으니, 삼진(三辰)이 다 木이다. 火는 寅에서 태어나 午에서 장성(壯盛)하고 戌에서 죽으니, 삼진(三辰)이 다 火이다. 土는 午에서 태어나 戌에서 장성(壯盛)하고 寅에서 죽으니, 삼진(三辰)이 다 土이다. 金은 巳에서 태어나 酉에서 장성(壯盛)하고 丑에서 죽으니, 삼진(三辰)이 다 金이다. 水는 申에서 태어나 子에서 장성(壯盛)하고 辰에서 죽으니, 삼진(三辰)이 다 水이다"[556]고 하여, 오행(五行)의 생장과정을 나타내고 있으며, 명리학(命理學)에서는 앞에서 배운 장간(藏干)과 뒤에서 접할 십이운성(十二運星)과 밀접(密接)한 관계가 있으며, 전국(戰國)시대 추연(鄒衍)에 의해 발생되었던 음양오행설(陰陽五行說)이 더욱 치밀하게 발전되는 계기가 되었다.

---

555) 徐大升, 『淵海子平』「論十二支六合」: "子與丑合(土), 寅與亥合(木), 卯與戌合(火), 辰與酉合(金), 巳與申合(水), 午與未合(午, 太陽, 未, 太陰也)."
556) 『淮南子』「天文訓」: "木生于亥, 壯于卯, 死于未, 三辰皆木也, 火生于寅, 壯于午, 死于戌, 三辰皆火也, 土生于午, 壯于戌, 死于寅, 三辰皆土也, 金生于巳, 壯于酉, 死于丑, 三辰皆金也, 水生于申, 壯于子, 死于辰, 三辰皆水也."

이것은 이후 송대(宋代) 『연해자평(淵海子平)』에서 현재 명리학(命理學)에서 사용되는 삼합(三合)으로 나타나고 있다.

"申子辰은 水局이고, 亥卯未는 木局이며, 寅午戌은 火局이고, 巳酉丑은 金局이 되고, 辰戌丑未는 土局이 된다"[557]고 하였고, 일간(日干)을 기준으로 십신(十神)의 역할이 큰 국(局)을 이룬다고 간명(看命)하면 되며, 삼합(三合) 국(局)에 대해 나타내면 <표 67>과 같다.

<표 67> 삼합(三合) 국(局)

삼합(三合)	申子辰	亥卯未	寅午戌	巳酉丑	辰戌丑未
국(局)	水局	木局	火局	金局	土局

명대(明代) 『삼명통회(三命通會)』에는 삼합(三合)에 대해 더 구체적으로 나타나 있다.

"역가(曆家)를 보면 申子辰 초(初)의 기(氣)는 누하(漏下) 1각에서 일어나 갖추어지고, 巳酉丑 초(初)의 기(氣)는 26각에서 일어나 갖추어지고, 寅午戌 초(初)의 기(氣)는 51각에서 일어나 갖추어지고, 亥卯未 초(初)의 기(氣)는 76각에서 일어나 갖추어진다. 기(氣)는 모두 동각(同刻)에서 얼어나는데, 이는 천지자연의 이치이므로 일컬어 삼합(三合)이라 한다"[558]고 하여 삼합(三合)은 자연(自然)의 이치(理致)에 의해 일어난다는 내용이 나타난다.

또 "삼합(三合)을 가지고 사람의 일신(一身)에 운용(運用)하여 보면 정(精)은

---

557) 徐大升, 『淵海子平』「論十二支三合」: "申子辰水局, 亥卯未木局, 寅午戌火局, 巳酉丑金局, 辰戌丑未土局."

558) 萬民英, 『三命通會』「支元三合」: "考歷家申子辰初之氣俱起於漏下一刻, 巳酉丑初之氣俱起於二十六刻, 寅午戌初之氣俱起於五十一刻, 亥卯未初之氣俱起於七十六刻, 氣皆起於同刻是天地自然之理也, 故謂之三合."

<表 68> 지지(地支)의 삼합(三合) 구성(構成)

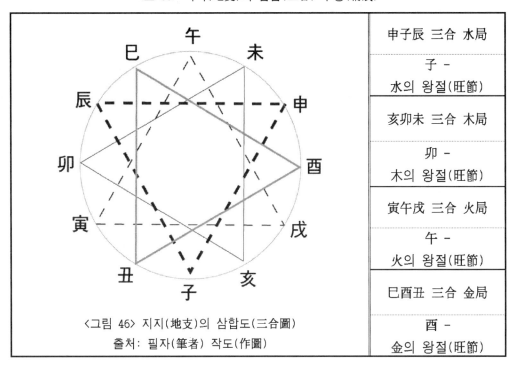

<그림 46> 지지(地支)의 삼합도(三合圖)
출처: 필자(筆者) 작도(作圖)

申子辰 三合 水局
子 - 水의 왕절(旺節)
亥卯未 三合 木局
卯 - 木의 왕절(旺節)
寅午戌 三合 火局
午 - 火의 왕절(旺節)
巳酉丑 三合 金局
酉 - 金의 왕절(旺節)

곧 기(氣)의 근원(根源)이 되고, 기(氣)는 곧 신(神)의 근본(根本)으로 이러한 까닭에서 정(精)은 기(氣)의 어머니가 되고, 신(神)은 기(氣)의 아들이 되어, 모자(母子)가 상호 상생(相生)하여 정·기·신(精氣神)이 완전하게 되어 흩어지지 않게 되는데, 이것이 합(合)이다. 대개 지(支)는 인원(人元)에 속한다고 하여 이것으로 논하게 되는데, 가령 申子辰에서 申은 곧 子의 어머니가 되고, 辰은 곧 子의 이들이 되고, 申은 水가 생(生)하는 것이 되고, 子는 水가 왕(旺)한 곳이 되고, 辰은 水의 고(庫)가 된다"559)고 하여, 정(精)과 기(氣)와 신(神)의 관계로

---

559) 萬民英, 『三命通會』 「支元三合」: "或以三合者, 如人一身之運用也, 精乃天之元, 氣乃神之本, 是以精爲氣之母, 神爲氣之子, 子母相生, 精氣神全而不散之爲合, 蓋謂支屬人元, 故以此論之, 如申子辰, 申乃子之母, 辰乃子之子, 申乃水生, 子乃水旺, 辰乃水庫."

설명하면서 申子辰 三合에서 子는 곧 기(氣)가 되면서 가장 왕(旺)한 곳이 되고, 子를 생(生)하는 申이 근원이 되면서 정(精)으로 설명하고 있고, 子의 아들이 되는 辰은 신(神)이 된다고 하였다.

이와 같은 논리(論理)로 보면, 삼합(三合)에서 水의 왕절(旺節)은 곧 子月이 되고, 木의 왕절(旺節)은 亥卯未에서 卯가 되며, 寅午戌에서 午가 火의 왕절(旺節)이 되고, 巳酉丑에서 酉가 金의 왕절(旺節)이 됨을 알 수 있으며, 삼합(三合)과 왕절(旺節)에 대한 관계를 간단하게 나타내면 <그림 46>과 <표 68>과 같다.

위 『삼명통회(三命通會)』에서 나타나는 삼합(三合)의 특징은, 각 계절(季節)의 왕절(旺節)인 子·午·卯·酉가 각 삼합(三合)에서 없다면 삼합(三合)의 국(局)이 이루어 질 수 없다는 것이 내포되어 있으며, 삼자(三字)가 구성되어야 삼합(三合)이 되고 국(局)이 이루어진다.

"이에 대해 생(生)은 곧 낳는 것이고, 왕(旺)은 곧 이루어진 것이고, 고(庫)는 곧 거두어들이는 것인데, 낳는 것, 이루는 것, 거두는 것은 만물(萬物)에 처음이 있고 끝이 있는 것으로, 곧 자연(自然)의 이치(理致)이다. 그래서 申子辰은 水局이 되는데, 만약 삼자(三字) 중에 한 글자라도 없으면 국(局)이 이루어지지 못하

<표 69> 지지(地支)의 반합(半合)

三合 局	申子辰 水局	亥卯未 木局	寅午戌 火局	巳酉丑 金局
반합(半合)	申子 半合	亥卯 半合	寅午 半合	巳酉 半合
	子辰 半合	卯未 半合	午戌 半合	酉丑 半合
불반합(不半合)	申辰 合	亥未 合	寅戌 合	巳丑 合

여 三合 火局으로 논하지 않는다"560)고 하였으며, 이것은 또 반합(半合)이 어떻게 형성(形成)되고 있음을 시사(示唆)하고 있으며, 반합(半合)에 대해 알기 쉽게 나타내면 <표 69>와 같다.

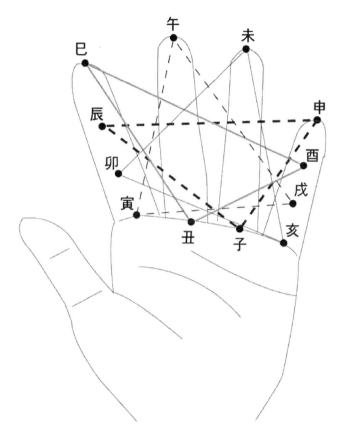

<그림 47> 지지(地支)의 삼합(三合) 장결(掌訣)
출처: 필자(筆者) 작도(作圖)

반합(半合)은 각 계절(季節)의 왕(旺)인 子·午·卯·酉를 중심으로 『삼명통회(三命通會)』에서 나타난 것처럼, 모자(母子) 관계의 합(合)을 말한다. 정·기·신(精·氣·神)에서 정(精)과 기(氣) 또는 기(氣)와 신(神)이 합(合)해 있는 것을 말하며, 기(氣)[子·午·卯·酉]가 중심이 된다. 申子辰에서는 申子와 子辰이 각각 반합(半合)이 되고,

---

560) 萬民英, 『三命通會』「支元三合」: "生即産, 旺即成, 庫即收, 有生有成有收, 萬物得始得終, 乃自然之理, 故申子辰爲水局. 若三字缺一則化不成局, 不可以三合化局論."

亥卯未에서는 亥卯와 卯未가 반합(半合)이 되며, 寅午戌에서는 寅午와 午戌이 각각 반합(半合)이 되고, 巳酉丑에서는 巳酉와 酉丑이 반합(半合)이 된다. 여기에서 각 계절(季節)의 기(氣)인 子·午·卯·酉가 빠진 상태에서 정(精)과 신(神)이 만나게 되면 합(合)[장간(藏干)의 합(合) 포함]은 되지만, 반합(半合)은 성립하지 않으며, 그 국(局)의 힘도 존재하지 않는다.

지지(地支)의 삼합(三合)을 장결(掌訣)로 나타내면 <그림 47>과 같다.

삼합(三合)의 의미와 각 삼합(三合)에서 공통적으로 끝이 辰·戌·丑·未로 이루어진 이유에 대해, "대개 천지(天地) 간의 도리(道理)에서 두 개가 화(化)하는 것은 한 개의 음(陰)과 한 개의 양(陽)을 말한 것이다. 삼(三)에서 화(火)한다는 것은 삼(三)에서는 만물(萬物)이 생(生)하는 것으로 이를 말한 것이다. 巳酉丑, 寅午戌, 亥卯未 모두 그렇고 오행(五行)에서 土에 대한 <삼합(三合)의> 견해가 없는 것은 사행(四行)[사계절] 모두 土에 의지하여 국(局)을 이루고 만물(萬物)

<표 70> 삼합(三合)의 맹·중·계(孟·仲·季)

사맹(四孟)- 계절 시작	申	亥	寅	巳	→ 장생(長生) [寅申巳亥]
사중(四仲)- 계절 왕(旺)	子	卯	午	酉	→ 도화(桃花) [子午卯酉]
사계(四季)- 계절 끝	辰	未	戌	丑	→ 수장(壽藏) [辰戌丑未]
국(局)	水局	木局	火局	金局	土局→辰戌丑未
창고(倉庫)	辰 - 水의 庫	未 - 木의 庫	戌 - 火의 庫	丑 - 金의 庫	→ 화개(華蓋) [辰戌丑未]

은 모두 土에 의해 귀장(歸藏)하기 때문이다"561)고 하였다.

土局에 대해서는 "辰戌丑未가 완전히 갖추어지면 자연히 土局이 되는 것으로 논한다"562)고 하였다.

위 설명을 <표 70>으로 나타낼 수 있고, 위에서 나타나는 삼합(三合)의 공통적인 특징(特徵)은 정·기·신(精·氣·神)에서 정(精)은 각 계절(季節)이 시작하는 초입(初入)[寅申巳亥]이라는 점과, 기(氣)는 각 계절(季節)의 왕절(旺節)[子午卯酉]이 되며, 신(神)은 각 국(局)의 土[辰戌丑未]가 되어 장(藏)[감추어 짐]하고 쌓아두는 축성(蓄星)이 되면서 귀(歸)하고 있다. 이렇듯 삼합(三合)에서 각 계절(季節)이 시작하는 寅申巳亥는 기(氣)가 일어나는 시초(始初)가 되니 장생(長生)이 된다.

각 계절(季節)의 왕절(旺節)인 子·午·卯·酉는 그 해당하는 기(氣)가 되면서 가장 왕성(旺盛)하게 되고, 그 기운(氣運)이 너무 왕(旺)하게 되면 너무 이른 꽃이 피었다 하여 도화(桃花)라 이름 한다.

마지막으로 각 계절(季節)의 말미(末尾)에 있는 辰戌丑未는 만물(萬物)을 창고(倉庫)이면서 간직하는 수장(收藏)의 기능과 각 천간(天干)의 목숨을 관장하는 수장(壽藏)이 되기도 하며, 화려한 것을 덮고 고독(孤獨)하다 하여 화개(華蓋)라 한다.

송대(宋代) 『연해자평(淵海子平)』에는 역마(驛馬)와 화개(華蓋)에 대해 다음과 같이 나타나 있다.

"申子辰의 역마(驛馬)는 寅이고, 寅午戌의 역마(驛馬)는 申, 巳酉丑의 역마(驛

---

561) 萬民英, 『三命通會』 「支元三合」: "蓋天地間道理, 兩則化, 一陰一陽之謂也, 三則化, 三生萬物之謂也, 巳酉丑, 寅午戌, 亥卯未皆然, 五行不言土者, 四行皆賴土成局, 萬物皆歸藏於土故也."
562) 萬民英, 『三命通會』 「支元三合」: "若辰戌丑未全自作土局論."

馬)는 亥, 亥卯未의 역마(驛馬)는 巳이다."563) 또 "寅午戌은 戌, 巳酉丑은 丑, 申子辰은 辰, 亥卯未가 未를 보면 화개(華蓋)이다."564)

이를 표로 나타내면 다음과 같다.

<표 71> 삼합(三合)으로 인한 역마(驛馬)와 화개(華蓋)

삼합(三合)	申子辰	亥卯未	寅午戌	巳酉丑
역마(驛馬)	寅	巳	申	亥
화개(華蓋)	辰	未	戌	丑

역마(驛馬)에 대해, "水[壬]에 申은 생(生)[장생(長生)]이고, <壬水의> 寅은 <십이운성(十二運星)으로> 병(病)이 된다. 水의[壬→申子辰] 역마(驛馬) 寅木을 보면 水가 생(生)하니[水生木] 木[寅]은 水[壬]의 자식(子息)인데, 이것은 곧 병처(病處)의 자식(子息)[木·寅]이 접근해 온 것[반대 방위(方位)=대충방(對沖方)]이다. 가령 사람이 병(病)이 들면 힘쓰지 못하여 자식(子息)이 오기를 기다리게 되는 것과 같이 역마(驛馬)가 접근해 오기를 기다린다"565)고 하였다.

화개(華蓋)에 대해서, "화개(華蓋)는 본래 길(吉)하다. 무릇 인명(人命) 중에 얻으면 많이 고독하다. 설명 귀(貴)하다고 하더라도 또한 고독(孤獨)을 면하기 어렵다. <화개(華蓋)를> 만나면 승도(僧道), 술(術)로 논한다. 호중자(壺中子)가 이르기를, 화개(華蓋)는 예술성(藝術星)이 되고 주(主)는 고독(孤獨)하다 하였다."566)

---

563) 徐大升, 『淵海子平』「論驛馬」: "申子辰馬在寅, 寅午戌馬在申, 巳酉丑馬在亥, 亥卯未馬在巳."
564) 徐大升, 『淵海子平』「論華蓋」: "寅午戌見戌, 巳酉丑見丑, 申子辰見辰, 亥卯未見未."
565) 徐大升, 『淵海子平』「論驛馬」: "其法以水生申病寅, 寅木水生木, 木爲水子, 此乃病處, 見子來相接, 如人病不能進, 待子來接之, 如驛馬來接, 如倣此推."

이제까지 배운 삼합(三合)에 대해 향 후 배울 십이운성(十二運星)과 역마(驛馬) 및 화개(華蓋)를 정리하여 나타내면, 申子辰 三合 水局에서 申은 壬水의 장생(長生)이 되고, 子는 水의 왕절(旺節)이 되며, 辰은 水의 묘고(墓庫)가 된다. 이에 水의 정·기·신(精·氣·神)이 다 모이니 水局이 되는 것이다. 壬水의 병(病)은 장생(長生)인 申과 대충방(對沖方)인 寅이고, 寅木은 申子辰의 역마(驛馬)가 되고, 辰은 화개(華蓋)가 된다.

亥卯未 三合 木局에서 亥는 甲木의 장생(長生)이 되고, 卯는 木의 왕절(旺節)이 되며, 未는 木의 묘고(墓庫)가 된다. 이에 木의 정·기·신(精·氣·神)이 다 모이니 木局이 된다. 甲木의 병(病)은 장생(長生)인 亥와 대충방(對沖方)인 巳이고, 巳火는 亥卯未의 역마(驛馬)가 되고, 未는 화개(華蓋)가 된다.

寅午戌 三合 火局에서 寅은 丙火의 장생(長生)이 되고, 午는 火의 왕절(旺節)이 되며, 戌은 火의 묘고(墓庫)가 된다. 이에 火의 정·기·신(精·氣·神)이 다 모였으니 火局이 되는 것이다. 丙火의 병(病)은 장생(長生)인 寅의 대충방(對沖方)인 申이고, 申金은 寅午戌의 역마(驛馬)가 되고, 戌은 화개(華蓋)가 된다.

巳酉丑 三合 金局에서 巳는 庚金의 장생(長生)이 되고, 酉는 金의 왕절(旺節)이 되며, 丑은 金의 묘고(墓庫)가 된다. 이에 金의 정·기·신(精·氣·神)이 다 모였으니 金局이 되는 것이다. 庚金의 병(病)은 장생(長生)인 巳의 대충방(對沖方)인 亥이고, 亥水는 巳酉丑의 역마(驛馬)가 되고, 丑은 화개(華蓋)가 된다.

역마(驛馬), 도화(桃花), 화개(華蓋)의 구체적 활용은 Ⅱ권[격국용신(格局用神)]에서 논하기로 한다.

---

566) 徐大升, 『淵海子平』「論華蓋」: "華蓋本爲吉, 凡人命中得之, 多主孤寡, 縱貴亦不免爲孤獨也, 遇之多爲僧道術論, 壺中子曰, 華蓋爲藝術之星, 主孤."

3) 지지(地支)의 방합(方合)과 우합(隅合)

방합(方合)은 木[東方]·火[南方]·金[西方]·水[北方]의 해당하는 방위(方位)가 각각 합(合)하는 것을 말한다. 즉 동방(東方) 木인 寅卯辰이 木 方合하는 것을 말하고, 남방(南方)火인 巳午未가 火 方合, 서방(西方) 金인 申酉戌이 金 方合, 북방(北方) 水인 亥子丑이 水 方合 하는 것을 말하고, 이를 나타내면 <그림 48>과 <표 72>와 같다.

<표 72> 지지(地支)의 방합(方合) 구성(構成)

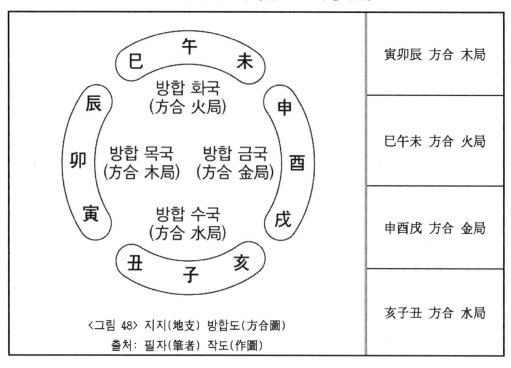

	寅卯辰 方合 木局
	巳午未 方合 火局
	申酉戌 方合 金局
	亥子丑 方合 水局

<그림 48> 지지(地支) 방합도(方合圖)
출처: 필자(筆者) 작도(作圖)

방합(方合)은 앞 서 설명한 삼합(三合) 국(局)과는 구별(區別)하여야 하며, 청대(淸代) 『명리약언(命理約言)』에는 방합(方合)에 대한 설명과 너무 깊이 연구(硏究)하지 말라는 내용이 나타난다.

십이지(十二支)에서 寅卯辰은 동방(東方)이고, 巳午未는 남방(南方)이며, 申酉戌은 서방(西方)이고, 亥子丑은 북방(北方)인데, 무릇 삼자(三字)가 다 갖추어지면 그것을 방(方)을 이룬다고 한다. …, 그 <방합(方合)>의 작용(作用)에 있어서는 <삼합(三合)> 국(局)의 작용은 많은 것이고, 방(方)의 작용(作用)은 협소(狹小)하니, 방(方)을 논할 때에 별도로 깊이 연구(硏究)하지는 말아야 한다.[567]

다음은 우합(隅合)에 대해 알아보기로 하자.

<표 73> 지지(地支)의 우합(隅合) 구성(構成)

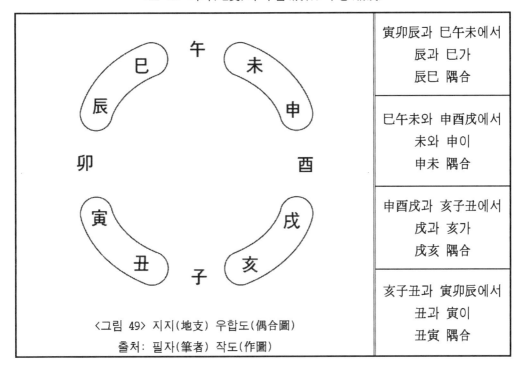

	寅卯辰과 巳午未에서 辰과 巳가 辰巳 隅合
	巳午未와 申酉戌에서 未와 申이 申未 隅合
	申酉戌과 亥子丑에서 戌과 亥가 戌亥 隅合
	亥子丑과 寅卯辰에서 丑과 寅이 丑寅 隅合

<그림 49> 지지(地支) 우합도(偶合圖)
출처: 필자(筆者) 작도(作圖)

우합(偶合)은 방합(方合)에서 각 끝, 즉 계(季)에 속하는 지지(地支)와 각 처음, 즉 맹(孟)에 속하는 지지(地支)가 합(合)하는 것을 말하고, 합(合)으로 인한

---

567) 陳素菴, 『命理約言』「支方合論」: "十二支寅卯辰爲東方, 巳午未爲南方, 申酉戌爲西方, 亥子丑爲北方, 凡三字全, 爲之成方, …, 至於較其作用, 則局之用多, 而方之用狹, 勿於論方別生穿鑿."

오행(五行)의 변화(變化)는 일어나지 않는다.

결국 우합(隅合)은 각 계절(季節)의 모퉁이에 해당하는 지지(地支)의 합(合)이 되고, 때에 따라서 오른쪽 지지(地支)와 합(合)한다고 하여 우합(偶合) 또는 이루어지면 안 되는 합(合)이라 하여 우합(愚合)이라고도 한다. 시(時)에 우합(愚合)이 되거나 40대 이후 우합(愚合)이 운(運)에서 이루어지면, 본인에 비해 상대적으로 나이 어린 사람과 사랑에 빠질 수 있으나, 깊은 연구(研究)가 필요하다.

그 중 辰巳와 戌亥 우합(隅合)에 대해 『삼명통회(三命通會)』에, "호중자(壺中子)가 이르기를, 용사(龍蛇)[辰巳]가 혼잡(混雜)이 되면 <그 기운(氣運)이> 치우쳐 辰生은 불리하다 하고, 개와 돼지[戌亥]가 업신여김으로 침범(侵犯)하면 다만 亥자(字)에게 혐오감(嫌惡感)을 둔다하니, 용(龍)이 辰이 되고 뱀은 巳가 되며, 辰人이 巳를 득(得)하고 巳人이 辰을 득(得)하게 되면 용사(龍蛇)[辰巳]가 혼잡(混雜)했다 하는 것이다. 남명(男命)은 해롭지 않으나 여명(女命)은 파혼(破婚)당하고 자식(子息)에게 해롭다"[568]고 하여, 辰巳와 戌亥가 같이 있으면 그 흉(凶)이 더 심하며, 辰는 여명(女命)이 더 좋지 않음을 나타내고 있다.

또, "운명(運命)이 기구(崎嶇)하고 병(病)치레가 있는 것은 辰人이 巳를 득(得)하면 무거운 바가 되고, 巳人이 辰을 득(得)하면 가벼운 것이 된다 한다. 이를 일러 용(龍)이 뱀 굴에서 생긴 사람은 쇠퇴(衰退)하는 것이고, 뱀이 용(龍)의 굴에서 생긴 것은 발전을 본다고 하는 것이다. 돼지는 亥가 되고 개는 戌이 된다. 戌人이 亥를 득(得)하고, 亥人이 戌을 득(得)하는 것 모두가 다 저견(猪犬)[戌亥]이 습격한다고 한다. 여명(女命)인 즉 해롭지 않으나 남명(男命)인 즉 치아(齒牙)를 가는 장애(障礙)[만사에 장애]가 많고, 조업(祖業)이 방해(妨害)되고

---

568) 萬民英, 『三命通會』 「論天羅地網」: "壺中子云, 龍蛇混雜, 偏不利於辰生, 豬犬侵淩, 但獨嫌於亥字, 龍爲辰, 蛇爲巳, 辰人得巳, 巳人得辰, 皆曰龍蛇混雜, 男命則不妨, 惟女命破婚害子."

처(妻)가 죽는다고 한다. 戌人이 亥를 득(得)하면 가볍고, 亥人이 戌을 득(得)하면 무겁다. 개가 돼지 무리에 들어감을 전진한다 하고, 돼지가 개 무리에 들어감을 후퇴한다고 한다"[569]고 하여, 辰이 巳를 얻으면 용(龍)이 뱀 굴에 있는 것이니 쇠락(衰落)하게 되고, 巳가 辰을 얻으면 뱀이 용(龍) 굴에 있는 것이니 발전(發展)한다고 하였다. 戌이 亥를 보면 개가 돼지 무리에 들어가니 그 흉(凶)이 가볍지만, 亥가 戌을 보면 돼지가 개 무리에 들어가면 그 흉(凶)이 무겁다고 하였으며, 戌亥는 남명(男命)이 더 해롭다고 하였다.

〖 **2. 지지(地支)의 충(沖)** 〗

지지(地支)에서 일어나는 충(沖)은 각 방위(方位)에서 일어나는 충(沖)을 말하는 것이며, 천간(天干)의 충(沖)과 같이 지지(地支)에서도 칠위(七位)에서 일어나는 충(沖)이라고 하여 칠충(七沖)이라고도 하고, 각 방위(方位)에서 양(陽)은 양(陽)끼리, 음(陰)은 음(陰)끼리 상충(相沖)이 일어난다.

수대(隋代) 『오행대의(五行大義)』에는 "지지(地支)의 충파(沖破)[570]는 子午가 충파(沖破)이고, 丑未가 충파(沖破)이며, 寅申이 충파(沖破)이고, 卯酉가 충파(沖破)이며, 辰戌이 충파(沖破)이고, 巳亥가 충파(沖破)이니, 이것 또한 서로 대(對)가 되는 것으로 취한 것이다"[571]고 하였다.

---

569) 萬民英, 『三命通會』「論天羅地網」: "薄命抱疾, 辰人得巳重, 巳人得辰輕, 謂龍生蛇穴者退, 蛇生龍穴者進, 豬爲亥, 犬爲戌, 戌人得亥, 亥人得戌, 皆曰豬犬侵淩, 女命則不妨, 惟男命則迍滯齟齬, 妨祖剋妻, 戌人得亥輕, 亥人得戌重, 謂犬入豬群則進, 豬入犬群則傷."
570) 현재 여기에서 충파(沖破)의 개념(槪念)은 『오행대의(五行大義)』에서 사용되는 충파(衝破)의 개념(槪念)과 동일한 것이므로, 현대적 용어인 충파(沖破)로 통합하여 사용하기로 한다.
571) 『五行大義』: "支沖破者, 子午衝破, 丑未衝破, 寅申衝破, 卯酉衝破, 辰戌衝破, 巳亥衝破, 此亦取相對."

또 "충(沖)[衝]과 파(破)는 모두 반대되는 위치에서 항쟁(抗爭)하고 찌르는[충(衝)] 것을 가장 좋지 않은 것으로 삼는다. …, 묻기를, '서로 찌르는 것은 나쁜 기운(氣運)인데 지금 충파(沖破)라 해석하고, 나쁜 기운(氣運)이 해치는 것이라고 부르지 않는 것은 이해 할 수 없습니다'고 하니, 대답하기를, '오행(五行)이 서로 해치는 것은 사안(事案)에 따라 무겁게 변하는 것이니, 항상 그런 것이 아니다. 치게 되면 나타나고, 재앙(災殃)이 없으면 그치게 된다. 지금 풀이한 것은 곧 간지(干支)의 자리로, 항상 상대되어 부딪쳐서 강한 것과 부드러운 것이 서로 충(沖)하는 것이니, 충파(沖破)가 변이(變異)를 일으키지 않으면 어떻게 해친다고 풀이 할 수 있겠는가?'"572)라고 하여, 충파(沖破)를 가장 좋지 않은 나쁜 기운(氣運)으로 설명하고 있으며, 상황에 따라 충파(沖破)가 해소(解消)되거나 없어질 수도 있는 여러 가지 상황이 있음을 말하고 있다.

칠충(七沖)은 각 천간(天干)과 지지(地支)의 칠위(七位)에서 일어나는 것으로 부정적인 의미를 가지고 있는데, 이 칠수(七數)에 대해 『삼명통회(三命通會)』에는 다음과 같이 설명하고 있다.

"지지(地支)의 칠위(七位)를 취하면 충(沖)[衝]이 되는데 마치 천간(天干)이 칠위(七位)를 취하면 살(煞)이 되는 그 의미와 같다. 가령 子午가 대(對)하면 충(沖)하는데 子에서 午까지는 칠수(七數)가 되고, 甲이 庚을 만나면 살(煞)이 되는데 甲에서 庚까지는 칠수(七數)가 된다. 수(數)들 중에서 육(六)은 곧 합(合)이 되고 칠(七)은 곧 과(過)가 되어, 그래서 서로 충격(衝擊)하여 살(煞)이 된다. 역(易)을 보면, 곤원(坤元)은 육(六)을 사용하니 그 수(數)는 육(六)은 있게 되지만 칠(七)은 없는 것이니 칠(七)은 천지(天地)의 궁핍한 수(數)로 음양(陰

---

572) 『五行大義』: "其衝破皆以對位抗衝, 最爲不善, 又互向對衝之地, …, 問曰, 沴氣是相衝, 而爲今解衝破, 而不喚位沴, 此未可解, 答曰, 五行相沴, 因事變重, 非是常然, 有伐則見, 無災則止, 今之所解, 直是支干之位, 常自格對, 剛柔相衝, 非問變異, 寧得稱爾矣."

陽)이 끝에 다다른 기(氣)가 된다 하였다. 또 역(易)에 이르기를, 칠일(七日)이
다시 오면 따르지 말라 하였는데, 이것에서 칠일(七日)을 알 수 있다"[573]고 하
여, 천간(天干)과 지지(地支) 모두 육위(六位)에 있는 육(六)은 합(合)이 되지
만, 칠위(七位)에 있는 칠(七)은 너무 충격(衝擊)하여 살(煞)이 된다고 하였고,
칠충(七沖)에 대해 나타내면 <그림 50>과 <표 74>와 같다.

<표 74> 지지(地支)의 충(沖) 구성(構成)

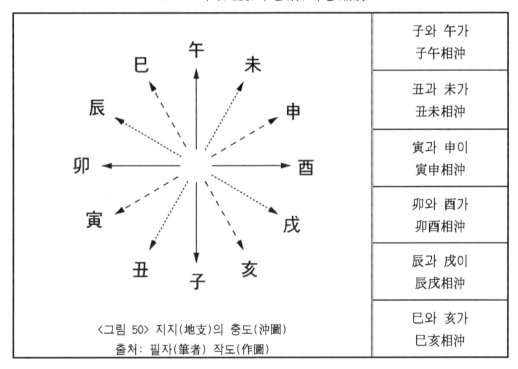

| 子와 午가
子午相沖 |
| 丑과 未가
丑未相沖 |
| 寅과 申이
寅申相沖 |
| 卯와 酉가
卯酉相沖 |
| 辰과 戌이
辰戌相沖 |
| 巳와 亥가
巳亥相沖 |

<그림 50> 지지(地支)의 충도(沖圖)
출처: 필자(筆者) 작도(作圖)

지지(地支)의 충(沖)의 구체적 내용에 대해 송대(宋代) 『연해자평(淵海子

---

573) 萬民英, 『三命通會』「論衝擊」: "地支取七位爲衝, 猶天干取七位爲殺之義, 如子午對沖, 子至午數,
甲逢庚爲殺, 甲至庚七數, 數中六則合, 七則過, 故相衝擊爲殺也, 觀易坤元用六其數有六無七, 七乃天地
之窮數, 陰陽之極氣也, 今書皀字從七本此, 蓋色至於皀色之極矣, 不可變矣, 易曰七日來復, 勿逐七日得
是也."

平)』에는 다음과 같이 나타내고 있다.

"子午는 子 중 癸水와 午중 丁火가 있는데, 水는 火를 극(剋)할 수 있기 때문이다. 寅 중에 甲木과 申 중에 庚金이 있어 金은 木을 극(剋)할 수 있기 때문이다. 지(支)에서 암해(暗害)하여 충(沖)이 된다. 남은 것은 이에 준한다"[574]고 하였다. 이것을 알기 쉽게 표로 나타내면 다음과 같다.

<표 75> 지지(地支) 충(沖)의 암장(暗藏) 해(害)

	子　午	丑　未	寅　申	卯　酉	辰　戌	巳　亥
지지 (地支) 충극 (沖剋)		癸 → 丁	戊　戊		乙 ← 辛	戊
	己	辛 → 乙	丙 ← 壬		癸 → 丁	庚 → 甲
	癸 → 丁	己　己	甲 ← 庚	乙 ← 辛	戊　戊	丙 ← 壬

위 표는 지지(地支)의 충(沖)을 인원용사(人元用事)를 위주로 나타낸 것으로, 각 지지(地支)의 충(沖)외에도 지지(地支) 내에 암장(暗藏)되어 있는 천간(天干)들의 충(沖)이 있음을 알 수 있다.

子午沖에서 子 중 癸水가 午 중 丁火를 충극(沖剋)하고 있다. 丑未沖에서는 丑 중 癸水가 未 중 丁火를 충극(沖剋)하고 있으며, 辛金이 乙木을 제어(制御)하려고 하고 있다. 寅申沖에서 申 중 庚金이 寅 중 甲木을 충극(沖剋)하고 있으며, 壬水가 丙火를 제어(制御)하려고 하고 있다. 卯酉沖에서 酉 중 辛金이 卯 中 乙木을 충극(沖剋)하고 있다. 辰戌沖에서는 戌 중 辛金이 辰 중 乙木을 충극(沖剋)하고 있으며, 반대로 辰 중 癸水가 戌 중 丁火를 제어(制御)하려고 하고 있다.

---

574) 徐大升, 『淵海子平』「論十二支相沖」: "子宮癸水, 午宮丁火, 水能剋火之故也, 寅宮甲木, 申宮庚金, 因金剋木之故也, 以支中暗害爲沖, 餘倣此."

巳亥沖에서는 亥 中 壬水가 巳 中 丙火를 충극(沖剋)하고 있으며, 반대로 巳 中 庚金이 亥 中 甲木을 제어(制御)하려고 하고 있다.

결국 지지(地支)의 충(沖)은 각 지지(地支) 내에 암장(暗藏)되어 있는 천간(天干)들의 충(沖)과도 연결되어 있음을 알 수 있고, 각 지지(地支) 내 암장(暗藏)되어 있는 천간(天干)들이 만약 사주(四柱) 내 천간(天干)에 투출(透出)되어 있는 경우에는, 때에 따라 더 큰 흉(凶)이 될 수도 있으므로 세밀히 살펴 추명(推命)하여야 한다.

지지(地支)의 충(沖)을 장결(掌訣)로 나타내면 <그림 51>과 같다.

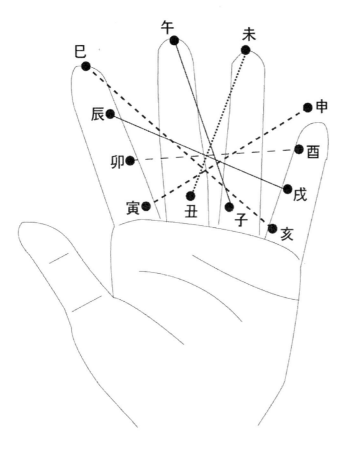

<그림 51> 지지(地支)의 충(沖) 장결(掌訣)
출처: 필자(筆者) 작도(作圖)

한편, 사주(四柱) 내 충(沖)이 있다는 것은 앞에서 설명한 바와 같이 매우 부정적인 것으로, 이를 해소(解消)되는 방법에 대해 청대(淸代) 『자평진전(子平眞

詮)』에는 다음과 같이 설명하고 있다.

팔자(八字)의 지지(地支) 중에서의 형(刑)과 충(沖)은 모두 좋은 것이 아니다. 그런데 삼합(三合)과 육합(六合)으로 그것을 해소(解消)할 수 있다. 가령 甲木이 酉月에 생(生)하였는데, 卯木을 만나면 충(沖)이 된다. 그런데 혹 지지(地支) 중에 戌土가 있으면, 卯木은 戌土와 합(合)하여 충(沖)하지 않고, 辰土가 있으면 酉金이 辰土와 합(合)하여 충(沖)하지 않는다. 亥水와 未土가 있으면 卯木이 亥와 未와 회합(會合)하여 충(沖)하지 않고, 巳火와 丑土가 있으면 酉金이 巳와 丑과 회합(會合)하여 충(沖)하지 않는다. 이것이 회합(會合)[三合과 六合]으로 충(沖)을 해소(解消) 할 수 있음이다.575)

『자평진전(子平眞詮)』에 나타나 있는 내용에 대해 예를 들면 <표 76>과 같다.

<표 76> 지지(地支)의 충(沖) 해소법(解消法)

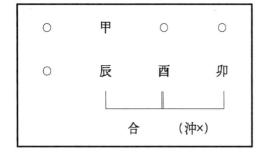

甲木이 酉月에 卯木이 있으면 卯酉沖이 되고, 卯木에 뿌리를 내리고 있는 甲木이 뿌리에 손상(損傷)을 당하여 매우 흉(凶)한 상황이 되었다. 이때 일지(日支)에 辰土가 있으면 합(合)이 먼저이므로, 충(沖)이 일어나지 않는다는 것을 설명하고 있다. 이 충(沖)에 대한 해소법(解消法)은 모든 충(沖)을 해소(解消)하는데 작용하며, 잠시 후 나오는 형(刑)과 파(破)와 해(害) 등에도 작용한다.

반대로 합(合)으로 인해 충(沖)이 해소(解消)되지 않을 때도 있다. 이에 대해

---

575) 沈孝瞻, 『子平眞詮』 「論刑沖會合解法」: "八字支中, 刑沖俱非美事, 而三合六合, 可以解之. 假如甲生酉月, 逢卯則沖, 而或支中有戌, 則卯與戌合而不沖, 有辰, 則酉與辰合而不沖, 有亥與未, 則卯與亥未會而不沖, 有巳與丑, 則酉與巳丑會而不沖, 是會合可以解沖也."

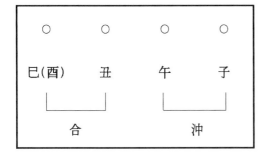

〈표 77〉 지지(地支)의 충(沖)
해소법(解消法)

`자평진전(子平眞詮)』에는 다음과 같이 나타내고 있다.

"또 형충(刑沖)이면서 회합(會合)이 해소(解消)할 수 없는 것도 있는데, 어떠한 것인가? 가령 子年 午月에 일주(日主)가 丑土의 자리에 앉았을 때, …, 시지(時支)에서 巳火나 酉金을 만나면, 丑土는 巳와 酉와 회합(會合)하고, 子水는 다시 午火와 충(沖)하게 된다"[576]고 하였고, 이 내용을 나타내면 〈표 77〉과 같다.

年과 月이 각각 子와 午가 되어 충(沖)의 위협이 있는 가운데, 일지(日支)가 丑土이고 時가 巳 또는 酉가 될 경우를 설명하고 있다.

이 경우에는 일지(日支) 丑土가 時의 巳火 또는 酉金과 합(合)을 하고 있으므로, 年과 月에 있는 子와 午는 충(沖)이 일어나 해소(解消)되지 않으며, 이 작용은 충(沖) 뿐 아니라 모든 형(刑)과 파(破)와 해(害) 등에도 작용한다.

〖 2. 지지(地支)의 형·파·해(刑·破·害) 및 원진(怨嗔) 〗

지지(地支)의 부정적인 변화(變化)는 앞 절에서 나타난 충(沖)이외에도 형·파·해(刑·破·害)가 있다. 형·파·해(刑·破·害)는 십이지지(十二地支) 어느 글자에도 다 해당하며, 때로는 다른 글자와 형파해(刑破害)를 하고, 때로는 스스로 형(刑)

---

576) 沈孝瞻, 『子平眞詮』「論刑沖會合解法」: "又有刑沖而會合不能解者, 何也, 假如子年午月, 日坐丑位, …, 而時逢巳酉, 則丑與巳酉會, 而子複沖午."

을 한다.

  1) 지지(地支)의 삼형(三刑)과 상형(相刑) 및 자형(自刑)

  지지(地支)는 천간(天干)과 달리 여러 가지 합(合)이 있었다. 지지(地支)는 곧 계절(季節)의 변화(變化)이므로, 여러 가지 합(合)에 의해 그에 따른 흉(凶)들도 여러 형태(形態)로 일어난다. 삼합(三合)과 방합(方合)에 의해 삼형(三刑)이 일어나고, 육합(六合)에 의해 형(刑)과 자형(自刑)이 일어나는 등의 종류이다.

  이에 대해 수대(隋代) 『오행대의(五行大義)』에는 『한서(漢書)』에 익봉(翼奉)이 하는 말을 예를 들어, 각 삼합(三合)에서 모든 형(刑)이 일어난다고 하였다.

  亥卯未 木局에 대해, "『한서(漢書)』에 익봉(翼奉)이 일을 아뢴 것에 이르기를, '나무는 떨어져 뿌리로 돌아가기 때문에, 木의 자리인 亥卯未는 형(刑)이 북방(北方)[亥子丑]에 있게 되니, 亥는 스스로 형(刑)이 되고, 卯의 형(刑)은 子에 있으며, 未의 형(刑)은 丑에 있는 것이다"[577]고 하였다.

  申子辰 水局에 대해, "물은 흘러서 끝으로 향하기 때문에, 水의 자리인 申子辰은 형(刑)이 동방(東方)[寅卯辰]에 있게 되니, 申의 형(刑)은 寅에 있고, 子의 형(刑)은 卯에 있으며, 辰은 스스로 형(刑)이 된다"[578]하였다.

  巳酉丑 金局에 대해, "金도 단단하고 火도 강하여서 각각 자기의 고향으로 돌아온다. 따라서 金의 자리인 巳酉丑은 형(刑)이 서방(西方)[申酉戌]에 있으니, 巳의 형(刑)은 申에 있고, 酉는 스스로 형(刑)이 되며, 丑의 형(刑)은 戌에 있

---

577) 『五行大義』: "漢書翼奉奏事云 木落歸本, 故亥卯未木之位, 刑在北方, 亥自刑, 卯刑在子, 未刑在丑."
578) 『五行大義』: "水流向未, 故申子辰水之位, 刑在東方, 申刑在寅, 子刑在卯, 辰自刑."

다"579)고 하였다.

寅午戌 火局에 대해, "火의 자리인 寅午戌은 형(刑)이 남방(南方)[巳午未]에 있으니, 寅의 형(刑)은 巳에 있고, 午는 스스로 형(刑)이 되며, 戌의 형(刑)은 未에 있다"580)고 하였다.

이어 『삼명통회(三命通會)』에도 삼형(三刑)과 상형(相刑) 및 자형(自刑) 등에 대해 다음과 같이 나타내고 있으며, 『오행대의(五行大義)』의 내용과 같이 정리하여 나타내면 다음 <표 78>과 같다.

<표 78> 지지(地支)의 형(刑)

삼합 (三合)	申	子	辰	寅	午	戌	巳	酉	丑	亥	卯	未
방합 (方合)	寅	卯	辰	巳	午	未	申	酉	戌	亥	子	丑
형(刑)	刑	相刑	自刑	刑	自刑	刑	刑	自刑	刑	自刑	相刑	刑

명대(明代) 『삼명통회(三命通會)』에는, "가령 申子辰 三合을 寅卯辰 삼위(三位)에 더하면, 申은 寅을 형(刑)하고, 子는 卯를 형(刑)하고, 辰이 辰을 보면 스스로 형(刑)[자형(自刑)]을 한다."581)

寅午戌 三合을 巳午未 삼위(三位)에 더하면, 寅은 巳를 형(刑)하고, 戌은 未를 형(刑)하고, 午가 午를 보면 자형(自刑)한다.582)

巳酉丑 三合을 申酉戌 삼위(三位)에 더하면, 巳는 申을 형(刑)하고, 丑은 戌을

---

579) 『五行大義』: "金剛火强, 各還其鄉, 故巳酉丑禁之位, 刑在西方, 巳刑在申, 酉自刑, 丑刑在戌."
580) 『五行大義』: "寅午戌火之位, 刑在南方, 寅刑在巳, 午自刑, 戌刑在未."
581) 萬民英, 『三命通會』 「論衝擊」: "如申子辰三合加寅卯辰三位, 則申刑寅, 子刑卯, 辰見辰自刑."
582) 萬民英, 『三命通會』 「論衝擊」: "寅午戌加巳午未, 則寅巳, 午見午自刑, 戌刑未."

형(刑)하고, 酉가 酉를 보면 자형(自刑)이 된다.583)

亥卯未 三合을 亥子丑 삼위(三位)에 더하면, 卯는 子를 형(刑)하고, 未는 丑을 형(刑)하고, 亥가 亥를 보면 자형(自刑)이 된다.584)

합(合)한 속에서 형(刑)이 태어나니 마치 사람의 부부(夫婦)가 서로 합(合)을 하는 것을 뒤집어 형상(刑傷)에 이르게 하는 것으로, 인간사(人間事)의 조화(造化)가 되는 그 이치(理致)의 하나일 뿐이다.585)

『오행대의(五行大義)』와 『삼명통회(三命通會)』의 이러한 원리로 보면, 결국 지지(地支) 12글자는 어떠한 형태이든 형(刑)을 이루고 있는 것을 알 수 있다. 申子辰 三合과 寅卯辰 方合에서 寅申刑, 子卯刑, 辰辰自刑이 일어나고, 寅午戌 三合과 巳午未 方合에서 寅巳刑, 午午自刑, 戌未刑이 일어나고, 巳酉丑 三合과 申酉戌 方合에서 巳申刑, 酉酉自刑이 일어나며, 亥卯未 三合과 亥子丑 方合에서 亥亥自刑, 子卯刑, 丑未刑이 일어난다.

이어 여러 가지 형(刑)이 일어나는 것에 대해 더 구체적으로 나타나 있다.

삼형(三刑)과 육해(六害)가 일어나는 것에 대해, "『음부경(陰符經)』에 이르기를, 은(恩)은 해(害)에서 생(生)하고, 해(害)는 은(恩)에서 생(生)한다 하였는데, 삼형(三刑)은 삼합(三合)에서 태어나고 또 당연히 육해(六害)는 육합(六合)에서 일어난다"586)고 하였다.

여기에서 먼저 삼형(三刑)부터 설명하면, 삼형(三刑)이 일어나는 것은 수(數)에 의한 원리(原理)라고 하였다.

---

583) 萬民英, 『三命通會』 「論衝擊」: "巳酉丑加申酉戌, 則巳刑申, 酉見酉自刑, 丑刑戌."
584) 萬民英, 『三命通會』 「論衝擊」: "亥卯未加亥子丑, 則亥見亥自刑, 卯刑子, 未刑丑."
585) 萬民英, 『三命通會』 「論衝擊」: "合中生刑, 猶人夫婦相合而反致刑傷, 造化人事, 共理一而已矣."
586) 萬民英, 『三命通會』 「論衝擊」: "陰符經曰, 恩生於害, 害生於恩, 三刑生於二合, 亦如六害生於六合之義."

"혹 말하기를 삼형(三刑)의 법(法)은 수(數)에서 일어난다고 하였다. 황극중천 (皇極中天)[587]에서 수(數) 십(十)은 살수(煞數)로 수(數)가 쌓여 십(十)에 이르면, 그 수(數)는 남김없이 비어지게 된다. 천도(天道)는 가득 차는 것을 싫어하며, 가득 차면 엎어지게 된다. …, 칠(七)은 충(沖)이 되고, 십(十)은 형(刑)이 되고, 육(六)은 합(合)이 되는 것은 자연(自然)의 한 이치(理致)이다"[588]라고 하여, 육(六)은 합(合)이 되는 수(數)이고, 칠(七)은 충(沖)이 되는 수(數)이며, 십(十)은 가득차서 비어지는 수(數)이며 살수(煞數)이므로 형(刑)이 되는 수(數) 라고 하였다.

따라서 "寅에서 역행(逆行)하여 巳에 이르고, 巳에서 역행(逆行)하여 申에 이르면, 극(極)한 수(數) 십(十)이 되므로 무은지형(無恩之刑)이 되고,"[589] "丑에서 순행(順行)하여 戌에 이르고, 戌에서 순행(順行)으로 未에 이르면, 극(極)한 수(數) 십(十)이 되므로 시세지형(恃歲之刑)이 된다."[590]

여기에서 寅巳申 三刑이 무은지형(無恩之刑)이 되고, 丑戌未 三刑이 시세지형 (시세지형)이 되는 것에 대해 다음과 같이 나타내고 있다.

寅巳申 刑은 무은(無恩)이 된다. 寅 중에 있는 甲木이 巳 중의 戊土와 형(刑) 한다. 戊는 癸水와 상합(相合)하니 처(妻)가 되고, 癸水는 甲木의 모(母)가 되고, 戊土는 이미 癸水의 남편(男便)이 되고, 또 甲의 부(父)가 되니 부(父)를 내가 형(刑)하니 은혜(恩惠)를 잊는 것이다. 巳 중 丙이 申 중 庚과 형(刑)하는 것

---

587) 황극중천(皇極中天)은 『주역(周易)』에서 나오는 옹어로, 무극(無極)은 우주(宇宙)의 맨 처음 상태 [혼돈(混沌)]를 말하는 것이고, 태극(太極)은 만물의 근원(根源)이 시작하는 음양(陰陽) 상태를 말하는 것이며, 황극(皇極)은 음양(陰陽)에 의해 오행(五行)이 생기면서 변화(變化)가 생기는 상태(狀態)를 말한다.
588) 萬民英, 『三命通會』「論衝擊」: "或曰, 三刑之法, 以數起之, 皇極中天, 十爲殺數, 積數至十則悉空 其數, 天道惡盈滿則覆, …, 七則沖, 十則刑, 六則合, 一理之自然也."
589) 萬民英, 『三命通會』「論衝擊」: "寅逆至巳, 巳逆至申, 極十數而爲無恩之刑."
590) 萬民英, 『三命通會』「論衝擊」: "丑順至戌, 戌順至未, 極十數而爲恃勢之刑."

과 申 중 庚이 寅 중 甲과 형(刑)하는 것도 같은 뜻으로 다룬다.[591]

또 이르기를, 寅에 생(生)하는 火[丙火]가 있어 巳 중에 생(生)하는 金[庚金]과 형(刑)한다. 巳 중 土[戊土]가 기생(寄生)하여 申 중에서 장생(長生)하는 水[壬水]를 형(刑)한다. 申 중 생(生)하는 水[壬水]가 寅 중의 火[丙火]를 형(刑)하고, 생(生)하는 곳이 구휼(救恤)되지 않고, 서로 극제(剋制)하기는 멀어 그래서 <은혜(恩惠)를 모르는> 무은(無恩)이라 한다.[592]

위에서 설명하고 있는 寅巳申 三刑에 대해 그림으로 나타

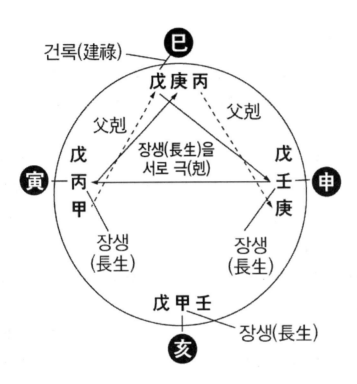

<그림 52> 寅巳申 삼형도(三刑圖)
출처: 필자(筆者) 작도(作圖)

내면 <그림 52>와 같다.

寅 중 甲木이 巳 중 아버지 戊土를 극(剋)하고, 巳 중 丙火는 申 중 아버지 庚

---

591) 萬民英, 『三命通會』「論衝擊」: "寅巳申何以謂之無恩, 蓋寅中有甲木刑巳中戊土, 戊以癸水相合爲要, 則癸水者, 甲木之母也, 戊土旣爲癸水之夫, 乃甲之父也, 彼父而我刑之, 恩斯忘矣, 巳中之丙刑申中之庚, 申中之庚刑寅中之甲, 推此同義."

592) 萬民英, 『三命通會』「論衝擊」: "又云, 寅有生火刑巳上生金, 巳上寄生之土刑申上長生之水, 申中生水刑寅中生火, 不恤所生, 遙相剋制, 故曰無恩."

金을 극(剋)하고, 申 중 庚金은 寅 중 甲木을 서로 극(剋)하고 있다.

또 寅의 장생(長生)[593] 丙火가 巳의 장생(長生) 庚金을 극(剋)하고 있고, 巳의 건록(建祿)[594] 戊土는 申의 장생(長生) 壬水를 극(剋)하고 있으며, 申의 장생(長生) 壬水는 寅의 장생(長生) 丙火를 극(剋)하고 있어, 寅巳申은 서로에게 장생(長生) 또는 건록(建祿)을 극(剋)하고 있는 샘이 된다.

다시 말해, 寅巳申은 각각 역행(逆行)하면[寅→巳, 巳→申] 십(十)이 되는 수(數)가 되어 살수(煞數)가 되고, 나를 낳아 준 어머니의 남편(男便)인 아버지를 서로 극(剋)하고 있으며, 각 궁(宮)의 장생(長生)을 서로 극(剋)하고 있으니 무은지형(無恩之刑)이라고 한다 하였다.

丑戌未는 시세(恃勢)[세력을 믿는다]가 된다. 대체로 丑 중에 왕수(旺水)[癸水]가 있으니 丑은 水 중의 土가 되고, 戌 중에 묘화(墓火)[火의 庫]가 있어 丑이 왕수(旺水)를 믿어 戌 중의 묘화(墓火)[丁火]를 형(刑)한다. 戌은 육갑(六甲)의 존(尊)이[높음] 되고 未는 육계(六癸)의 비(卑)가[낮음] 되는데, 戌은 육갑(六甲)의 존(尊)[높음]을 믿어 未의 육계(六癸)의 비(卑)[낮음]를 형(刑)한다.[595]

또 이르기를, 未는 왕토(旺土)[己土]를 믿고는 丑 중 왕수(旺水)[癸水]를 다시 형(刑)한다. 또 未는 형(刑)하고 戌은 辛金의 세(勢)를 믿고 未 중의 木을 형(刑)한다. 그래서 <세력을 믿는> 시세(恃勢)라고 한다.[596]

---

593) 장생(長生)이란 십이운성(十二運星)에서 계절(季節)의 시작인 寅申巳亥와 子午卯酉에서 그 기운(氣運)이 발생(發生)하는 시기를 말한다. 양간(陽干)은 寅申巳亥가 장생(長生)이 되고, 음간(陰干)은 子午卯酉가 장생(長生)이 된다. 차후 십이운성(十二運星)편에서 자세히 다루기로 한다.

594) 건록(建祿)은 십이운성(十二運星)으로 그 일간(日干)의 계절에 태어난 것을 말하며, 록(祿)을 세운다 하여 건록(建祿)이라고 한다. 건록(建祿)에 대해서는 차후 십이운성(十二運星)편에서 자세히 다루기로 한다.

595) 萬民英, 『三命通會』 「論衝擊」: "丑戌未何以謂之恃勢, 蓋丑中有旺水, 丑乃水中之土, 戌中有墓火, 丑恃旺水刑戌中之墓火, 戌爲六甲之尊, 未爲六癸之卑, 戌恃六甲之尊刑未六癸之卑, 未有旺土, 復恃勢刑丑中之旺水."

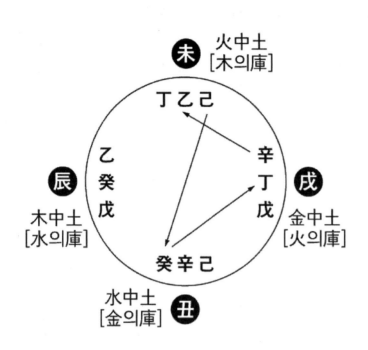

이 내용에 대해 그림으로 나타내면 위 <그림 53>과 같다.

丑 中 癸水가 戌 中 丁火를 극(剋)하고 있고, 戌 中 辛金은 未 中 乙木을 극(剋)하고 있으며, 未 中 己土는 丑 中 癸水를 서로 극(剋)하고 있다.

다시 말해, 丑戌未 三刑은 각각 순행(順行)하면[丑→戌, 戌→未] 십(十)이 되는 수(數)가 되어 살수(煞數)가 되고, 丑은 癸水의 세력을 믿고, 戌은 辛金의 세력을 믿고, 未는 己土의 세력을 믿고, 서로를 극(剋)하고 있으니 시세지형(恃歲之刑)이라고 한다 하였다.

<그림 53> 丑戌未 삼형도(三刑圖)
출처: 필자(筆者) 작도(作圖)

寅巳申 三刑과 丑戌未 三刑과 상형(相刑) 및 자형(自刑)에 대해 장결(掌訣)로 나타내면 <그림 54>와 같다.

『삼거일람(三車一覽)』에 寅巳申은 시세(恃勢)가 되는데 삼궁(三宮) 중에 각 장생(長生)과 임관(任官)의 세(勢)가 있고, 丑戌未는 무은(無恩)이 되는데 삼위

---

596) 萬民英, 『三命通會』「論衝擊」: "又云, 未恃丁火之勢以刑丑中之金, 丑恃旺水之勢以刑戌中之火, 戌恃辛金之勢以刑未中之木, 故曰恃勢."

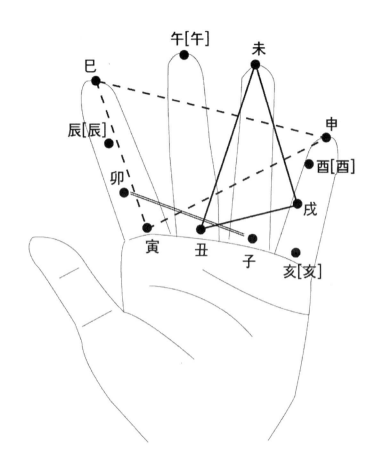

(三位)가 모두 土에
속하여 이는 서로
응(應)하는 형제(兄
弟)가 되어 그렇다
고 하였다.[597]

한편, 위 丑戌未
三刑과 관련하여 각
계절(季節)의 끝에
속해 있는 土[辰戌
丑未]의 성향(性向)
에 대해 알고 넘어
갈 필요가 있다.

木의 계절(季節)
의 辰月의 辰은, 辰
중 乙木이 있어 목
기(木氣)가 있는 土
이므로 木 중의 土
이고, 앞 〈水의〉 계
절(季節)의 묘고(墓

〈그림 54〉 삼형(三刑)과 상형(相刑) 및 자형(自刑)의 장결(掌訣)

출처: 필자(筆者) 작도(作圖)

庫)[申子辰]가 된다. 火의 계절(季節)인 未月의 未는, 未 중 丁火가 있어 화기
(火氣)가 있는 土이므로 火 중의 土가 되고, 앞 〈木의〉 계절(季節)의 묘고(墓

597) 萬民英, 『三命通會』 「論衝擊」: "三車一覽, 以寅巳申爲恃勢, 以三宮中各有長生臨官之勢, 丑戌未爲
    無恩, 以三位皆屬土比和爲兄弟."

<표 79> 土[辰戌丑未]의 성향(性向)

月	辰月	未月	戌月	丑月
장간(藏干)	乙癸戊	丁乙己	辛丁戊	癸辛己
기(氣)	木[乙] 중 土	火[丁] 중 土	金[辛] 중 土	水[癸] 중 土
묘고(墓庫) [月과 무관]	水의 고(庫)	木의 고(庫)	火의 고(庫)	金의 고(庫)
습토(濕土)/ 조토(燥土)	습토(濕土) [癸水]	조토(燥土) [丁火]	조토(燥土) [丁火]	습토(濕土) [癸水]

庫)[亥卯未]가 된다. 金의 계절(季節)인 戌月의 戌은, 戌 중 辛金이 있어 금기(金氣)가 있는 土이므로 金 중의 土가 되며, 앞 <火의> 계절(季節)의 묘고(墓庫)[寅午戌]가 된다. 水의 계절(계절)인 丑月의 丑은, 丑 중 癸水가 있어 수기(水氣)가 있은 土이므로 水 중의 土가 되며, 앞 <金의> 계절(季節)의 묘고(墓庫)[巳酉丑]가 된다. 또 辰土와 丑土는 癸水를 품고 있기 때문에 습기(濕氣)가 많은 습토(濕土)라 하고, 未土와 戌土는 丁火를 품고 있기 때문에 마른 기(氣)가 있어 조토(燥土)라고 한다.

다음은 子卯刑에 대해 구체적으로 알아보기로 하자.

子卯刑을 상형(相刑)이라 하고, 또 예의가 없는 무례(無禮)라고 하였는데 그 이유를 보면 다음과 같다.

子卯가 무례(無禮)가 되는 것은 子는 水에 속하고, 卯는 木에 속하고, 水는 木을 생(生)함이 가능하다. 즉 子水가 모(母)가 되고, 卯는 자식이 되니, 모자(母子)가 몸소 상형(相刑)하고, 또 卯는 태양(太陽)의 문(門)이 되고, 子는 양(陽)

이 소생(所生)한 곳이고, 卯에서 일출(日出)하니, 子卯가 각각 뛰어나 공경하고 자신을 낮추는 도(道)가 없어 상생(相生)하여 구제하지 않고 숨어서 상형(相刑)으로 해(害)치는 것이 되니 무례(無禮)라고 한다.[598]

또 이르기를, 子 중에는 癸水만 있고, 癸水는 戊土가 남편이 되고, 卯는 戊를 손상시키니, 子가 卯를 형(刑)한다. 卯 중에는 乙木이 있고, 乙木에게 庚金은 남편(男便) 성(星)이 되고, 庚은 子에서 사(死)[599]하니, 卯가 子를 형(刑)하여 이 두 집안은 지아비로 인하여 형(刑)이 된다.[600]

이 내용을 나타내면 〈그림 55〉와 같고, 子와 卯는 서로 상생(相生)하는 모자(母子)관계에서, 서로 강(强)하여 형(刑)을 하니 상형(相刑)이라 하고, 모자(母子)간에 형(刑)을 하니 예(禮)가 없는 '무례(無禮)'라고 설명하고 있으며, 子 중 癸水와 卯 중 乙의 남편(男便)들이 각각 극(尅)을 하거나 사(死)하게 되니 형(刑)이 이루어진다고 설명하고 있다.

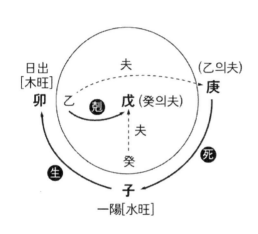

〈그림 55〉 子卯 상형도(相刑圖)
출처: 필자(筆者) 작도(作圖)

다음은 자형(自刑)에 대해 다음과 같이 설명하고 있다.

---

598) 萬民英, 『三命通會』「論衝擊」: "子卯何以謂之無禮, 子屬水, 卯屬木, 水能生木, 則子水爲母, 卯木爲子, 子母自相刑, 又卯爲日門, 子爲陽之所生, 日出於卯, 子卯角立, 無欽卑之道, 不恤所以相生, 遞相刑害, 故曰無禮."

599) 여기에서 나타나는 사(死)란 직접적인 죽음의 의미가 아니고, 십이운성(十二運星)에서 사지(死地)를 말한다. 양간(陽干)은 子午卯酉가 사(死)가 되고, 음간(陰干)은 寅申巳亥가 사(死)가 된다. 차후 십이운성(十二運星)편에서 자세히 다루기로 한다.

600) 萬民英, 『三命通會』「論衝擊」: "又云, 子中獨用癸水, 癸用戊土爲夫星而敗於卯, 所以子刑卯, 卯中獨用乙木, 乙用庚金爲夫星而死於子, 所以卯刑子, 此二家因夫見刑."

辰·午·酉·亥는 어찌 자형(自刑)이 되겠는가? 寅申巳亥에서 寅巳申은 서로 상형(相刑)하는데 亥는 형(刑)이 없고, 辰戌丑未에서 丑戌未는 상형(相刑)을 하는데 辰은 형(刑)이 되지 않고, 子午卯酉에서 子卯는 상형(相刑)하는데 午와 酉는 형(刑)을 하지 않는다. 이와 같은 까닭에서 辰·午·酉·亥의 네 개의 자리는 스스로 형(刑)이 되는데, 모두 다른 물건과 상호(相互) 더해지지 않고 몸소 형(刑)하니 자형(自刑)이라고 한다.[601]

또 이르기를, 辰은 水의 묘고(墓庫)로 꽉 차서 넘치고, 午는 火의 왕(旺)으로 사나운 가시나무가 되고, 酉는 金의 위치로 강하여 어그러지고, 亥는 木의 장생(長生)으로 왕(旺)하면 썩게 된다. 각 이미 왕성(旺盛)하여 태과(太過)한 기(氣)가 되어 스스로 재화(災禍)에 이르니 자형(自刑)이 된다. 이 형(刑)은 네 개가 한 명목(名目)으로 이루어 세 부류(部類)가 되어 삼형(三刑)이라 한다.[602]

2) 지지(地支)의 파(破)

지지(地支)의 파(破)는 앞 서 『삼명통회(三命通會)』에 "수(數) 십(十)은 살수(煞數)이며, 수(數)가 쌓여 십(十)에 이르면, 그 수(數)는 남김없이 비어지게 된다. …, 칠(七)은 충(沖)이 되고, 십(十)은 형(刑)이 되고, 육(六)은 합(合)이 되는 것은 자연(自然)의 한 이치(理致)이다"[603]라고 한 것처럼, 지지(地支)에서

---

601) 萬民英, 『三命通會』「論衝擊」: "辰午酉亥何以謂之自刑, 謂寅申巳亥有寅巳申互相刑, 內有亥無刑, 辰戌丑未有戌丑未互相刑, 內有辰無刑, 子午卯酉有子卯互相刑, 內有午酉無刑, 是以此四位謂之自刑, 蓋無別物相加, 乃曰自也."

602) 萬民英, 『三命通會』「論衝擊」: "又云, 辰者水之墓, 滔則盈, 午者火之旺, 暴則焚; 酉者金之位, 剛則缺, 亥者水之生, 旺則朽, 各稟巳盛太過之氣而自致禍, 故曰自刑, 生旺則沈靜內毒, 形容劣弱, 死絶則深毒輕忽, 察見淵漁, 多肢節手足之災, 入貴格則機變權謀, 入賤格則多憂頑愚, 不情自害, 帶諸凶殺, 非令終也, 婦人主淫蕩凶折之災, 此刑有四辜名目而獨曰三刑者."

603) 萬民英, 『三命通會』「論衝擊」: "十爲殺數, 積數至十則悉空其數, …, 七則沖, 十則刑, 六則合, 一理之自然也."

양(陽)인 子, 寅, 辰, 午, 申, 戌은 순행(順行)하여 열 번째 지지(地支)와 파(破)가 되고, 음(陰)인 丑, 卯, 巳, 未, 酉, 亥는 역행(逆行)하여 열 번째 지지(地支)와 파(破)가 되며, 〈그림 56〉과 〈표 80〉과 같다.

〈표 80〉 지지(地支)의 파(破) 구성(構成)

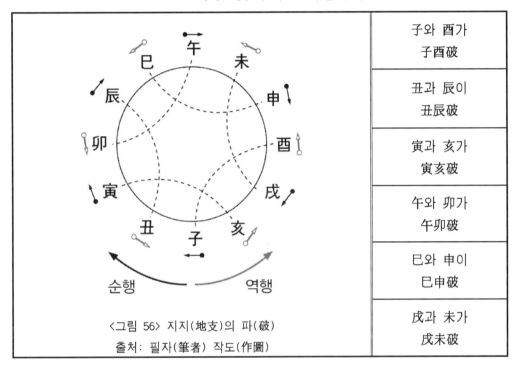

	子와 酉가 子酉破
	丑과 辰이 丑辰破
	寅과 亥가 寅亥破
	午와 卯가 午卯破
	巳와 申이 巳申破
	戌과 未가 戌未破

〈그림 56〉 지지(地支)의 파(破)
출처: 필자(筆者) 작도(作圖)

십(十)은 가득차서 비어지는 수(數)이며 살수(煞數)이므로 파(破)도 흉(凶)함을 알 수 있다.

이 중 巳申과 寅亥는 합(合)이 있는 가운데 파(破)가 되기 때문에, 어떤 일이 일어났을 때 당장은 합(合)이 되지만 이후 그 일이 깨뜨려 파(破)가 될 수 있다. 戌未는 이미 형(刑)이 되어 있고, 나머지 파(破)는 子酉와 丑辰과 午卯가 있다.

子酉는 金生水이니 너무 깨끗하여 병(病)이 되고, 丑辰은 모두가 습(濕)함으로 인해 흉(凶)하고, 午卯는 습목(濕木)이 되어 화식(火熄)이 되니 좋지 않다.

그러나 일부 명리학서(命理學書)에는 파(破)에 대한 내용을 충(沖)에 속해서 해석하고 있으며, 청대(淸代) 『명리약언(命理約言)』에는, "구서(舊書)에 또 이른바 파(破)라는 것이 있으나, …, 십이지지(十二地支)의 이치(理致)에 맞지 않으니, 예컨대 卯는 午를 파(破)하고, …, 파(破)가 모(某) 신(神)에서 나왔다는 설에 이르러서는 더욱 쓸데없이 파고든 것이 되니 그것을 삭제(削除)하는 것이 옳다"[604]고 하였

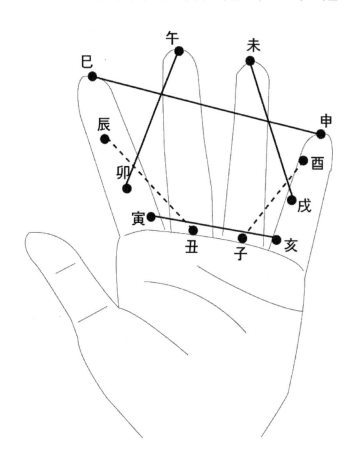

<그림 57> 지지(地支)의 파(破) 장결(掌訣)
출처: 필자(筆者) 작도(作圖)

고, 서락오(徐樂吾)의 『자평수언(子平粹言)』에도 "다시 파(破)가 있는 경우는,

---

604) 陳素菴, 『命理約言』 「支害論」: "舊書又有所謂破者, 如卯破午, …, 至破出某神之說, 尤爲穿鑿, 削之可也."

겨우 卯가 午를 파(破)하는 등의 세 자리이니, 나머지는 모두 논하지 않는다"[605]
고 하여, 일부에서는 파(破)를 중요시 하지 않는 것을 알 수 있다.

그러나 충(沖)작용에 비해 파(破)의 작용이 작은 것은 사실이지만, 여러 가지 상황을 고려하여 때에 따라 큰 흉(凶)이 될 수도 있음을 인지(認知)하고 있어야 하며, 지지(地支)의 파(破)를 장결(掌訣)로 나타내면 〈그림 57〉과 같다.

3) 지지(地支)의 해(害)와 원진(元嗔)

앞에서 잠시 언급한 바와 같이 지지(地支)에서 일어나는 해(害)는 육합(六合)으로 인하여 발생한다. 지지(地支)의 육합(六合)이 있듯이, 육지(六支)가 육지(六支)를 해(害)한다고 해서 육해(六害)[606]라고도 한다.

먼저 수대(隋代) 『오행대의(五行大義)』에는 육해(六害)에 대해, "오행(五行)이 미워하는 것은 충파(沖破)[衝破]에 있으니, 충파(沖破)[衝破]와 합(合)하기 때문에 서로 해(害)친다는 것이다. 그러므로 아버지는 자애로움을 잃고, 남편(男便)은 화합(化合)하고 함께 하려 하지 않으니, 이 모두가 원망(怨望)하는 마음이

〈표 81〉 지지(地支)의 육해(六害)

육합 (六合)	子	丑	寅	亥	卯	戌	辰	酉	巳	申	午	未
충(沖)		↑		↑		↑	↑		↑			↑
해(害)	子 ↔ 未		寅 ↔ 巳		卯 ↔ 辰		戌 ↔ 酉		亥 ↔ 申		午 ↔ 丑	

합쳐져서 서로 해(害)치게 되는 것이다"[607]고 하여, 충파(沖破)와 더불어 해(害)

---

605) 徐樂吾, 『子平粹言』「地支三刑破附」: "更有破者, 僅卯破午, 午破酉三位, 餘皆不論."
606) 陳素菴, 『命理約言』「支害論」: "總而計之, 以六支害六支, 是爲六害." 참조.

를 부정적인 것으로 표현하고 있다.

『오행대의(五行大義)』에는 5개의 해(害)가 나타나고 있으나, 현재 사용하고 있는 여섯 개의 해(害)를 알기 쉽게 나타내면 〈표 81〉과 같다.

丑과 午가 서로 해(害)가 되는 것은, 丑은 子와 합(合)이 되는데 子는 午를 충파(沖破)하며, 午와 未가 합(合)이 되는데, 未는 丑에게 파(破)를 당하니, 또한 부자(父子)가 서로 해(害)하는 뜻이다.[608]

未와 子가 서로 해(害)가 되는 것은, 未와 午가 합이 되는데 午는 子를 충파(沖破)하며, 未土는 군(君)이 되고 子水는 신(臣)이 되는데, 午火는 子水의 재물(財物)이 되니, 군(君)이 재물(財物)로써 신(臣)을 해치는 상(象)이다. 또 子와 丑이 합이 되고, 丑은 未에게 파(破)를 당하나, 丑 또한 土이니, 子와 丑이 합(合)하는 것은 다른 군(君)과 연합(聯合)하여 함께 그 주인(主人)을 헤치려고 하는 것이다. 이것은 신(臣)이 도망한다는 뜻이 있다.[609]

寅과 巳가 서로 해(害)가 되는 것은, 巳와 申은 합(合)이 되며 申이 寅을 충(沖)하는데, 巳는 寅의 아들이 된다. 申은 寅을 극(剋)하니, 巳와 申이 합(合)하는 것은 아들이 거스르는 행동을 하는 것이다.[610]

辰과 卯가 서로 해(害)가 되는 것은, 卯와 戌은 합(合)이 되며 戌이 辰을 파(破)하는데, 辰土는 卯木의 처(妻)이다. 戌과 辰은 원수(怨讎) 사이인데도, 卯와 戌이 합(合)이 되니, 처(妻)인 辰土를 버리는 것이다.[611]

---

607) 『五行大義』: "五行所惡, 其在破衝, 今之相害, 以與破衝合, 故父失其慈, 子違其孝, 妻不敬順, 夫棄和同, 竝合讎念, 理成相害."
608) 『五行大義』: "丑午相害者, 丑與子合, 子沖破午, 午與未合, 未破於丑, 亦是父子相害義也."
609) 『五行大義』: "未子相害者, 未與午合, 午沖破子, 未土爲君, 子水爲臣, 午火爲子水之財, 君以財害臣之象也, 子與丑合, 丑破於未, 丑又是土, 子與丑合, 欲引外君, 其害其主, 此則臣有逃亡之象也."
610) 『五行大義』: "寅與申合, 申沖於寅, 巳爲寅子, 申能剋寅, 巳與申合, 子有逆行."
611) 『五行大義』: "辰卯爲害子, 卯與戌合, 戌破於辰, 辰土爲卯木妻, 戌辰同讎, 卯與戌合, 便是巢."

辰과 酉는 합(合)이 되고, 酉가 卯를 충파(沖破)하는데, 辰은 卯의 처(妻)가 된다. 酉는 卯의 원수(怨讎)인데도, 辰이 酉와 합(合)을 해서 酉가 卯를 극(剋)할 수 있게 하니, 처(妻)가 외간 남자와 간통(姦通)하여 본 남편을 죽이는 상(象)이다.[612]

申과 亥가 서로 해(害)가 되는 것은, 亥는 寅과 합(合)이 되는데 寅은 申에게 충(沖)을 받으며, 申은 巳와 합(合)이 되는데 巳는 亥에게 충(沖)을 당하니, 또한 부자(父子)가 서로 해(害)치는 뜻이 된다.[613]

이처럼 『오행대의(五行大義)』에는 서로의 관계에서 중요한 부자(父子), 부부(夫婦), 군신(君臣)관계와 연관지어 설명하고 있는 것을 알 수 있었으며, 그만큼 해(害)가 끼치는 부정적인 요소(要素)를 짐작 할 수 있다.

子丑이 서로 합(合)을 하는데, 未土가 丑土와 충(沖)을 하니 子와 未는 해(害)가 된다. 寅亥가 서로 합(合)을 하는데, 巳火가 亥水를 충(沖)하니 寅과 巳는 해(害)가 된다. 卯戌이 서로 합(合)을 하는데, 辰土가 戌土와 충(沖)을 하니 卯와 辰은 서로 해(害)가 된다. 辰酉가 서로 합(合)을 하는데, 戌土가 辰土를 충(沖)하니 酉와 戌는 서로 해(害)가 된다. 巳申이 서로 합(合)을 하는데, 亥水가 巳火를 충(沖)을 하니 申과 亥는 해(害)가 된다. 午未가 서로 합(合)을 하는데, 丑土가 未土를 충(沖)하니 午와 丑은 해(害)가 된다.

현재 사용되고 있는 여섯 개의 해(害)에 대해 장결(掌訣)로 나타내면 <그림 58>과 같고, 명대(明代) 『삼명통회(三命通會)』에는 다음과 같이 나타나 있다.

주야(晝夜) 음양(陰陽)의 기감(氣感)으로 인하여 육합(六合)이 있게 되고, 육

---

612) 『五行大義』: "辰與酉合, 酉衝破卯, 辰爲卯妻, 酉爲卯讎, 辰與酉合, 酉能剋卯, 婦姦外夫, 殺本夫之象也."
613) 『五行大義』: "申亥相害者, 亥與寅合, 寅衝於申, 申與巳合, 巳衝於亥, 亦是父子相害義也."

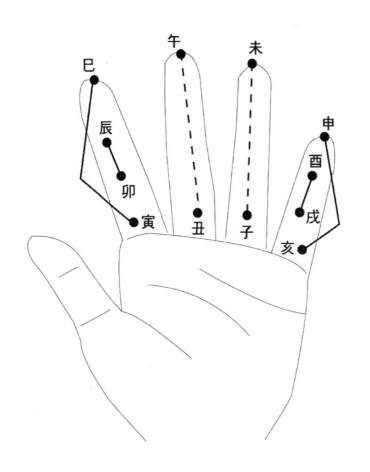

<그림 58> 지지(地支)의 해(害) 장결(掌訣)
출처: 필자(筆者) 작도(作圖)

합(六合)으로 인하여 육해(六害)가 발생한다. 주야(晝夜) 음양(陰陽)의 기(氣)는 육해(六害)를 꺼린다. 육해(六害)는 12지(支)를 침범(侵犯)하여 전쟁(戰爭)을 벌이는 별[辰]이다.[614]

子未 상해(相害)는, 未 왕토(旺土)가 子 왕수(旺水)를 해(害)하는 것을 일컫는 것으로, 세가(勢家)가 상해(相害)하는 것인데 子가 未를 보면 해(害)가 된다.[615]

丑午 상해(相害)는, 午 왕화(旺火)가 丑 사금(死金)을 능멸(凌蔑)하는 것을 일

---

614) 萬民英, 『三命通會』 「論六害」: "因晝夜陰陽之氣感而六合, 因六合而生六害, 因六害而忌晝夜陰陽之氣, 六害者, 十二支淩戰之辰也."
615) 萬民英, 『三命通會』 「論六害」: "子未相害者, 謂未旺土, 害子旺水, 名勢家相害, 故子見未則爲害."

컫는 것으로 관귀(官鬼)가 상해(相害)하는 것을 지칭한다. 丑이 午를 보고 午는 다시 丑을 차면 午의 진귀(眞鬼)가 된다. 즉 해(害)가 더욱 심하다.[616]

寅巳 상해(相害)는, 각 임관(臨官)[건록(建祿)]을 믿고 멋대로 서로 해(害)롭게 하는 것을 일컫는다. 만약 천간(天干)이 왕래하고 귀(鬼)가 있는 자는 더욱 심하다. 하물며 형(刑)이 그 중에 있으니 더욱 재앙(災殃)과 복(福)을 가감(加減)하지 않는 것은 불가(不可)하다는 말이다.[617]

卯辰 상해(相害)는, 卯는 왕목(旺木)으로 辰 사토(死土)를 능멸(凌蔑)하는 것을 일컫는데, 이는 능멸(凌蔑)의 역량은 적지만 길게 상해(相害)한다. 辰이 卯를 보고 卯는 辰을 차고 진귀(眞鬼)가 범하면 즉 해(害)가 더욱 심하다.[618]

申亥 상해(相害)는 각 임관(任官)[건록(建祿)]을 믿고 재능(才能)을 시기하여 다투어 싸워 상해(相害)하는 것을 일컫는다. 申이 亥를 보고 亥가 申을 보면 고르게 해(害)가 되지만, 재차 납음(納音)[619]이 상극(相剋)되는 자는 크게 나타난다.[620]

酉戌 상해(相害)는 戌 사화(死火)가 酉 왕금(旺金)을 해(害)하는 것을 일컫는다. 이것은 질투하는 상해(相害)로 酉人이 戌을 보면 흉(凶)하고, 戌人이 酉를 보면 재앙(災殃)이 없다. 만약 乙酉 인(人)이 戊戌을 얻으면 乙은 진금(鎭金)이

---

616) 萬民英, 『三命通會』「論六害」: "丑午相害者, 謂午以旺火淩丑死金, 名官鬼相害, 故丑見午, 而午更帶丑干之眞鬼則爲害尤甚."

617) 萬民英, 『三命通會』「論六害」: "寅巳相害者, 謂各恃臨官擅能而進相害, 若干神往來有鬼者尤甚, 況刑在其中, 尤不可不加減災福言之."

618) 萬民英, 『三命通會』「論六害」: "卯辰相害者, 謂卯以旺木淩辰死土, 此以少淩長相害, 故辰見卯, 而卯更帶辰干眞鬼則其害尤甚."

619) 납음(納音)은 육십갑자(六十甲子)에 오행(五行)을 붙인 것으로, 전국(戰國)시대 귀곡자(鬼谷子)가 창제(創製)하였다고 그 유문(遺文)에 전하고 있으며, 그 선천운(先天運)을 가감(加減)하고 있다. 차후 납음오행(納音五行)편에서 구체적으로 나타내기로 한다.

620) 萬民英, 『三命通會』「論六害」: "申亥相害者, 謂各恃臨官, 競嫉才能, 爭進相害。故申見亥, 亥見申均爲害, 更納音相剋者重."

고, 戊는 진화(鎭火)가 되니 그 해(害)는 더욱 심하다.[621]

"또 이르기를, 육(六)은 육친(六親)이고, 해(害)는 손상(損傷)으로, 범하면 주(主)의 육친(六親) 상에 손극(損剋)이 있게 되어 육해(六害)라고 한다"[622]라고 하여, 육해(六害)의 흉(凶)에 대해 구체적으로 나타내고 있다.

다음은 원진(元嗔)에 대해서 알아보기로 하자.

원진(元嗔)도 육합(六合)과 관련되어 있다. 육합(六合)과 육합(六合)의 사이에서 일어나는 부정적인 요소로, 육해(六害)와 일부 중복(重複)되는 개념(概念)이 있으며, 육합(六合)끼리의 합(合)하는 것을 방해(妨害)한다 하여, 원망(怨望)하고 성낸다는 표현의 원진(怨嗔)이라고도 한다. 일부에서는 상대방과 띠 끼리 원진(元嗔)을 적용하여 궁합(宮合)에 활용하기도 하는데, 여러 가지 상황을 고려하여 중요하게 간명(看命)해야 한다. 지지(地支)의 육합(六合)과 원진(元嗔)을 나타내면 〈표 82〉와 같다.

〈표 82〉 지지(地支)의 원진(元嗔)

六合	子	丑	寅	亥	卯	戌
元嗔	↕	↕	↕	↕	↕	↕
六合	未	午	酉	辰	申	巳

송대(宋代) 서자평(徐子平)의 『낙록자삼명소식부주(珞琭子三命消息賦注)』에 '원진(元辰)'이라 하여 공자(孔子)의 고사(古事)와 관련한 내용이 나타난다.

---

621) 萬民英, 『三命通會』「論六害」: "酉戌相害者, 謂戌以死火害酉旺金, 此嫉妒相害, 故酉人見戌則凶, 戌人見酉無災, 若乙酉人得戊戌, 乙爲眞金, 戊爲眞火, 爲害尤甚."
622) 萬民英, 『三命通會』「論六害」: "又云, 六親害損也, 犯之主六親上有損剋, 故謂六害."

"부(賦)에서 선부(宣父)[공자(孔子)]가 원진(元辰)을 두려워하였다고 인용(引用)한 말은, 즉 앞자리의 원진(元辰)을 가리키는 것이 아니다. 이것은 태어난 연월일시(年月日時)의 자리에 원래 칠살(七煞)이 있어서 생월(生月)과 생시(生時)를 해치는 것으로, 곧 원래에 있는 원진(元辰)을 이름하니 즉 재앙(災殃)이 중한 것이다. 이허중(李虛中)은 이르기를, '태어날 때 원래 있으면 흉(凶)이 무겁고, 없으면 흉(凶)이 가볍다'고 하였다. 공자(孔子)가 원진(元辰)을 두려워하였다는 것은, 공자(孔子)의 명중(命中)에 원래 해로운 자리의 살(煞)이 있었기 때문인 것이다"623)고 하여, 공자(孔子)의 일화(逸話)와 당대(唐代) 이허중(李虛中)과

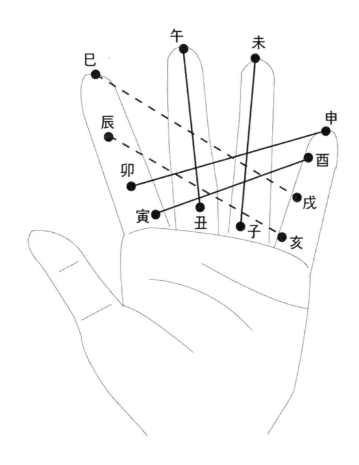

<그림 69> 지지(地支)의 원진(元嗔) 장결(掌訣)
출처: 필자(筆者) 작도(作圖)

---

623) 徐子平, 『珞琭子三命消息賦注』: "故賦中引宣父畏以元辰者, 即非前位元辰也, 是當生年月日時位, 元有七煞, 害生月生時者, 乃名元有元辰也, 即爲灾重矣, 虛中云, 當生元, 有則凶重, 無則凶輕, 所以宣父畏以元辰者, 是宣父命中, 元有煞害之辰也."

칠살(七煞)과 원진(元嗔)을 엮어 길흉(吉凶)을 나타내고 있다.

원진(元嗔)에 대해 장결(掌訣)로 나타내면 <그림 59>와 같고, <표 82>를 보면서 부연(敷衍)하면, 子丑과 午未가 각각 합(合)을 하고 있으나, 子와 午가 충(沖)이 일어나고 丑과 未가 서로 충(沖)이 일어나는 관계로, 합(合)을 방해하는 상대편 지지(地支)를 원망(怨望)하게 된다. 따라서 子와 未가 子未元嗔이 되고, 丑과 午가 丑午元嗔이 된다. 또 寅亥와 辰酉가 서로 합(合)을 하는 관계이나, 寅과 辰은 중간에 卯가 빠지면서 합(合)을 하려하고 있고, 酉와 亥는 중간에 戌이 빠지면서 합(合)을 하려하고 있어, 寅亥와 辰酉가 각각의 합(合)함에 방해(妨害)하고 있다. 이처럼 寅과 酉가 寅酉元嗔이 되고, 辰과 亥가 辰亥元嗔이 된다. 卯戌과 巳申이 각각 합(合)을 하고 있으나, 卯와 巳가 중간에 辰이 빠지면서 합(合)을 하려하고 있고, 申과 戌이 중간에 酉가 빠지면서 역시 합(合)을 하려고 하고 있어, 卯戌과 巳申이 각각 서로의 합(合)을 방해(妨害)하는 결과로 나타난다. 그러므로 申과 卯가 申卯元嗔이 되고, 巳와 戌이 巳戌元嗔이 된다.

【제3절. 당사주(唐四柱)】

당사주(唐四柱)는 우리나라에서 근·현대까지 크게 영향을 끼친 고법(古法) 명리학(命理學)의 일종이다.

태어난 해를 기준으로 연월일시(年月日時)를 적용하여 초년(初年), 청년(靑年), 중년(中年), 노년(老年)의 운세(運勢)를 알아보는 것으로, 가문(家門)과 조상(祖上) 및 부모(父母)가 중점이 되어, 본인(本人)의 부귀(富貴)와 귀천(貴賤), 길흉화복(吉凶禍福)을 나타내는 것이다.

당사주(唐四柱)는 남북조(南北朝)시대 달마대사(達磨大師)가 창안(創案)했다고 전하는 『간명일장금(看命一掌金)』에 "당(唐)에 대해 풀이한 것[당사주(唐四柱)]은 일행(一行)이 저자(著者)이고, 명(明)나라 호씨(胡氏)가 문회당(文會堂)에서 가르쳤다"[624)는 내용이 나타나 당대(唐代) 승려(僧侶)이면서 천문학자(天文學者)로 유명한 일행(一行)이 저술한 것으로 나타나지만, 일반적으로 달마대사(達磨大師) 또는 당대(唐代) 이허중(李虛中)이 지었다고도 하여, 실제 작자(作者)에 대해서는 사실 불명확(不明確)하다.

한편, 앞 서 육십갑자(六十甲子)의 설명에서 목성(木星)[세성(歲星)]의 운행(運行)과 천체(天體)가 하늘을 한 바퀴 돌아 제자리로 돌아오는 것[주천(周天)]이 약 12년으로 일치 하고, 십이지지(十二地支)로 나타낸다고 설명하였다. 이후 전한대(前漢代) 유흠(劉歆)에 의해 목성(木星)[세성(歲星)]의 실제 공전주기는 약 11.86년으로 밝혀지면서, 임의적 천체(天體)를 사용하여 십이지지(十二地支)와 12차(次)를 합치시켜 그 해를 매기기 시작한 것에 대해서도 설명한 바 있다.

이것은 음양오행설(陰陽五行說)과 더불어 천인합일(天人合一)의 사유(思惟)에서 발전되었다고 할 수 있는데, 음양오행설(陰陽五行說)과 천인합일(天人合一)이 전한대(前漢代)에 유안(劉安)과 동중서(董仲舒) 등에 의해 거의 완전하게 결합(結合)되면서, 일월(日月)과 오성(五星) 등의 별자리에 의해 연구(研究)된 북두칠성(北斗七星)[24절기(節氣)]과 세성(歲星)[목성(木星)]의 주기(週期)[주천(周天)] 등도 이후 황도십이궁(黃道十二宮)과 결합(結合)하게 되고, 연월일시(年月日時)를 12개의 별자리에 각각 배치하여 운명(運命)을 감정하는 당사주(唐四柱)에 크게 영향을 준 것으로 보인다.

실제, 당대(唐代)에는 북두칠성(北斗七星), 28수(宿), 황도십이궁(黃道十二

---

624) 『看命一掌金』: "唐, 釋氏, 一行著, 明胡氏, 文會當校."

宮), 십일요(十一曜)625), 칠정사여(七政四餘)626) 등 여러 가지 직성(直星)627)과 본명성(本命星) 관념(觀念)이 등장하게 되는데628), 별자리에 대해서는 이미 전한대(前漢代) 유흠(劉歆)의 영향을 받은 반고(班固)의 『한서(漢書)』「예문지(藝文志)」와 후한대(後漢代) 왕충(王充)의 『논형(論衡)』에, 각각의 별자리가 길흉(吉凶)과 부귀(富貴)와 빈천(貧賤)에 영향을 주는 것에 대해 표현 되어 있다.

먼저 『한서(漢書)』「예문지(藝文志)」에는, "천문(天文)은 28수(宿)629)의 순서에 매기고 오성(五星)과 일월(日月)을 미루어 헤아려서 길흉(吉凶)에 관한 상(象)의 실마리를 잡는다. 이것이 성군(聖君)이 정치(政治)에 참여하는 까닭이다. 『주역(周易)』에 이르기를, '천문(天文)을 보고 사시(四時)[사계절]의 변천(變遷)을 살핀다'고 하였다. 그러나 별자리로 일어나는 일은 매우 위험스러운 것이어서 뛰어난 재주를 가진 사람이 아니면 감당할 수가 없고, 상(象)을 보고 천(天)의 뜻을 파악하는 것은 총명한 왕(王)이 아니면 알아들을 수가 없다. 감당할 수 없는 신하(臣下)가 알아들을 수 없는 군주(君主)에게 아뢰는 것은 모두에게

---

625) 십일요(十一曜)는 일(日)·월(月)과 5성(五星)을 합해서 7정(七政) 또는 7요(七曜)라고 하며, 7요(七曜)에 계도(計都)·나후(羅睺)를 합해서 9요(九曜)라 하며, 다시 9요에 월패(月孛)·자기(紫氣)를 합해서 11요(十一曜)라고 한다.

626) 칠정사여(七政四餘)에서 칠정(七政)은 일월(日月)과 오성(五星)을 가리키고, 사여(四餘)는 자기(紫氣), 월패(月孛), 라후(羅睺), 계도(計都)를 말한다. 매년 간지(干支)에 따라, 서로 다른 길흉(吉凶) 감응을 나타내는데, 이를 십간화요(十干化曜)라고도 부른다.

627) 직성(直星)은 음양도(陰陽道)에 의해 사람의 나이에 따라 운명(運命)을 맡아본다는 아홉 개의 별, 즉 나후직성(羅睺直星)[제웅직성], 토직성(土直星), 수직성(水直星), 금직성(金直星), 일직성(日直星), 화직성(火直星), 계도직성(計都直星), 월직성(月直星), 목직성(木直星)을 말한다. 열 살에 남자는 나후직성(羅睺直星)[제웅직성]이 들기 시작하고, 여자는 목직성(木直性)이 들기 시작하여 차례로 돌아간다고 한다.

628) 김일권, 「道敎의 占星思想과 占卜信仰」『한국민속학보』10, 한국민속학회, 1996, 34-35쪽 참조.

629) 28수[二十八宿]는 황도십이궁(黃道十二宮)을 따라 있으며, 달이 1일에 1수씩 이동하도록 했다. 각 구역에는 여러 개의 별자리들이 있는데, 그 중 대표적인 것을 그 구역에 있는 수(宿)라고 정하였다. 이러한 수(宿)는 전부 28개가 되므로 통칭 28수(宿)라고 부른다. 28수(宿)는 편의상 7개씩 묶어서 4개의 7사(舍)로 구별하여 각각 동·서·남·북을 상징하도록 하였다. 동방 7사[항(亢)·저(氐)·방(房)·심(心)·미(尾)·기(箕) 의 7개 수(宿)], 북방 7사[우(牛)·여(女)·허(虛)·위(危)·실(室)·벽(壁)의 7개 수(宿)], 서방 7사[루(婁)·위(胃)·묘(昴)·필(畢)·자(觜)·삼(參)의 7개 수(宿)], 남방 7사[귀(鬼)·유(柳)·성(星)·장(張)·익(翼)·진(軫)의 7개 수(宿)]가 차지하는 성수(星宿)들을 말한다.

환란(患亂)을 초래하는 원인(原因)이 된다"[630]고 하여, 별자리의 중요성을 나타내고 있다.

왕충(王充)은 "여러 별들의 추이(推移)에 따라 사람의 성쇠(盛衰)가 있게 된다. …, 부귀(富貴)에 이르는 명(命)을 선천적으로 받는 것은 성(性)의 기(氣)와 마찬가지로 여러 별들의 정기(正氣)를 얻어서 된다. 여러 별들은 하늘에 있고, 하늘에는 상(象)이 있어서 부귀(富貴)한 상(象)을 얻으면 부귀(富貴)하게 되고, 빈천(貧賤)한 상(象)을 얻게 되면 빈천(貧賤)하게 된다. …, 이 모두는 별자리의 높고 낮음, 크고 작음에 따라 부여(附與)된 것이다"[631]라고 하여, 역시 별자리의 기(氣)에 의해 부귀(富貴)와 빈천(貧

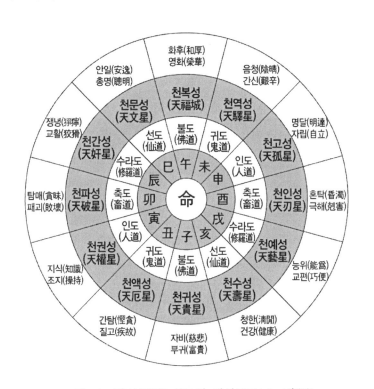

<그림 60> 당사주(唐四柱)의 십이궁도(十二宮圖)
출처: 『간명일장금(看命一掌金)』 참조, 필자(筆者) 작도(作圖)

---

630) 『漢書』「藝文志」: "天文者, 序二十八宿步五星日月, 以紀吉凶之象, 聖王所以參政也, 易曰, 觀乎天文, 以察時變, 然星事悍, 非湛密者弗能由也, 夫觀景以譴形, 非明王亦不能服聽也, 以不能由之臣, 諫不能聽之王, 此所以兩有患也."

631) 王充, 『論衡』「命義第六」: "衆星推移, 人有盛衰, …, 至於富貴所稟, 猶性所稟之氣, 得衆星之精. 衆星在天, 天有其象, 得富貴象則富貴, 得貧賤象則貧賤, …, 星位尊卑小大之所授也."

賤)이 결정(決定)된다고 하였다.

년주(年柱)를 기준으로 하는 당사주(唐四柱)는 당시의 시대상황이 잘 나타나 있다. 그 이유는 당시 조상(祖上)과 가문(家門) 등 개인의 신분(身分)과 지위(地位)에 의해 결정(決定)되는 조상궁(祖上宮)인 년주(年柱)를 기준으로 운명(運命)을 해석하는 것이 당사주(唐四柱)이기 때문이다.

『간명일장금(看命一掌金)』에서 나타나는 당사주(唐四柱)와 관련된 내용을 <그림 60>과 같이 나타낼 수 있고, 여기에서 당사주(唐四柱)를 사람의 운명(運命)을 12개의 별자리에 의한 특성으로 나타내고 있으며, 12개의 별자리 즉 12성(星)은 子- 천귀성(天貴星), 丑- 천액성(天厄星), 寅- 천권성(天權星), 卯- 천파성(天破星), 辰- 천간성(天奸星), 巳- 천문성(天文星), 午- 천복성(天福星), 未- 천역성(天驛星), 申- 천고성(天孤星), 酉- 천인성(天刃星), 戌- 천예성(天藝星), 亥- 천수성(天壽星)이다.

또 "경(經)에 이르기를, 12궁(宮) 가운데서 갔다가 다시 오고, 다만 거듭 겹침이 있어서 강산(江山)을 내달린다. 세상의 빈부(貧富)와 귀천(貴賤), 흥망(興亡)과 성쇠(盛衰)를 모두 승려(僧侶)의 손바닥 안에서 본다"[632]고 하여, 당시 승려(僧侶)들의 수행(修行)방법 중 하나였던 것을 알 수 있으며, 장결(掌訣)도 활용한 것을 알 수 있다. 이것을 『간명일장금(看命一掌金)』과 <그림 60>을 참조하여 장결(掌訣)로 나타내면 <그림 61>과 같다.

다음은 당사주(唐四柱)에서 나타나는 12성(星)의 특성(特性)에 대해 알아보자.

1. 子 – 천귀성(天貴星), 불도(佛道), 자비(慈悲)·부귀(富貴)

자성(子星)은 불도(佛道) 천귀성(天貴星)이라 하고, 자비(慈悲)와 부귀(富貴)

---

632) 『看命一掌金』: "經云, 十二宮中去復還, 惟有重疊走江山, 世間多少榮枯者盡在山僧一掌看."

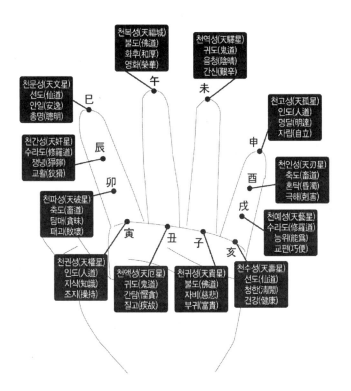

천문성(天文星)
선도(仙道)
안일(安逸)
총명(聰明)

천복성(天福城)
불도(佛道)
화후(和厚)
영화(榮華)

천역성(天驛星)
귀도(鬼道)
음청(陰晴)
간신(艱辛)

巳

午

未

천고성(天孤星)
인도(人道)
명달(明達)
자립(自立)

천간성(天奸星)
수라도(修羅道)
쟁녕(爭獰)
교활(狡猾)

辰

卯

申

천인성(天刃星)
축도(畜道)
혼탁(昏濁)
극해(剋害)

酉

戌

천파성(天破星)
축도(畜道)
탐매(貪昧)
패괴(敗壞)

寅

丑

子

亥

천예성(天藝星)
수라도(修羅道)
능위(能爲)
교편(巧便)

천권성(天權星)
인도(人道)
지식(知識)
조지(操持)

천액성(天厄星)
귀도(鬼道)
간탐(慳貪)
질고(疾故)

천귀성(天貴星)
불도(佛道)
자비(慈悲)
부귀(富貴)

천수성(天壽星)
선도(仙道)
청한(淸閒)
건강(健康)

〈그림 61〉 당사주(唐四柱) 십이궁도(十二宮圖) 장결(掌訣)
출처: 필자(筆者) 작도(作圖)

를 나타낸다.

시진(時辰)이 천귀성(天貴星)이면 일생(一生)이 청귀(淸貴)하고 모든 일이 화동(和同)한다. 지기(志氣)가 비범(非凡)하고 사람됨이 뛰어나다. 편안하게 스스로 머물며 성격(性格)이 밝고 화통(火筒)하다. 천귀성(天貴星)에 해당하는 사람은 청고(淸高), 유덕(有德), 유행(有行)하며, 하는 일이 크고, 작은 것도 이루며 재화(災禍)가 침범(侵犯)하지 않는다. 만일 다시 천귀성(天貴星)[子], 천복성(天福星)[午], 천역성(天驛星)[未]을 얻어서 돕는 자는 부귀영창(富貴榮昌)하다. 천귀성(天貴星)[子]이 거듭되는 사람은 오히려 근심(謹審)하고 후회하며 중하소인(中下小人)의 반길(半吉)한 명(命)이다. 천고성(天孤星)[申], 천액성(天厄星)[寅], 천파성(天破星)[卯], 천인성(天刃星)[酉]을 만나서 명(命)을 비추는 사람은 반드시 조정(朝廷)에서 좌절(挫折)하는 사람이 되는데, 귀(貴)함을 보았으나 온전히 길(吉)하게 되지는 않는다.633)

2. 丑 - 천액성(天厄星), 귀도(鬼道), 간탐(慳貪)·질고(疾故)

축성(丑星)은 귀도(鬼道) 천액성(天厄星)이라고 하고, 간탐(慳貪)[탐욕(貪慾)]과 질고(疾故)[질병(疾病)]를 나타낸다.

시진(時辰)이 천액성(天厄星)에 있는 사람은 혼돈(混沌)하다. 영리(營利)하게 일을 하고 또한 어리석다. 이 사람은 질병(疾病)을 지니고 있으나 처방(處方)이 목숨을 연장(延長)시킨다. 도리어 몹시 애써 일하며 일생을 산다. 천액성(天厄星)에 해당하는 사람은 질병(疾病)을 갖고 있다. 만일 천파성(天破星)[卯], 천인성(天刃星)[酉]을 만나서 서로 충(沖)하면 재앙(災殃)과 질병(疾病)이 반드시 무겁다. 천권성(天權星)[寅], 천귀성(天貴星)[子]을 만나면 질병(疾病)이 가볍고 중상(中上)의 명(命)이다. 천고성(天孤星)[申], 천역성(天驛星)[未], 천간성(天奸星)[辰]을 만나면 하는 일이 더디고 일생동안 탄식(歎息)하며, 힘을 잃어 휘청거리면서 조상(祖上)을 떠나는 중하(中下)의 명(命)이다.[634]

3. 寅 - 천권성(天權星), 인도(人道), 지식(知識)·조지(操持)

인성(寅星)은 인도(人道) 천권성(天權星)이라 하고, 지식(智識)과 조지(操持)[지키려는 것]를 나타낸다.

시진(時辰)이 천권성(天權星)이면 성격(性格)이 굳건하고 지기(地氣)가 웅장(雄壯)하다. 하는 일이 다소 지체(遲滯)되지만 사람됨은 기쁘다. 한번 호령(號

---

633) 『看命一掌金』: "佛道天貴星, 時辰落在天貴星, 一生淸貴事和同, 志氣不凡人出類, 安然自在性明通, 此星主人淸高有德, 有行大事成小, 災禍無侵, 若更得天權祿馬星助者, 榮昌富貴, 若犯重者, 主悲泣翻悔中下小人, 半吉之命, 若逢孤厄, 破刃照命者, 必爲朝堂折挫之人, 見貴而未爲全吉也."

634) 『看命一掌金』: "鬼道天厄星, 時在厄中人混沌, 惺惺作事又癡呆, 此人帶疾方延壽, 還須勞碌作生涯, 此星在命, 主人帶疾, 若逢破刃犯沖, 災病必重, 若逢權貴星, 主人輕疾乃中上命也, 若逢孤驛奸星, 主作事遲令, 一生勞碌, 定主蹭蹬離祖乃中下命也."

令)하면 백 명이 대답하는 위풍(威風)이 있다. 천권성(天權星)에 해당하는 사람은 총명(聰明), 준수(俊秀), 쇄락(灑落)[심신(心身)이 깨끗함], 금회(襟懷)[깊은 마음], 유권(有權), 유세(有勢), 다지다능(多智多能)하다. 만일 천귀성(天貴星)[子], 천복성(天福星)[午], 천문성(天文星)[巳], 천수성(天壽星)[亥]을 만나서 서로 돕는 사람은 여러 사람의 존경(尊敬)과 신망(信望)을 받는다. 천권성(天權星)[寅], 천고성(天孤星)[申], 천역성(天驛星)[未]을 명(命)에서 만난 사람은 하는 일에 힘이 들고 재물(財物)이 모이지 않으며, 먼저 할 수 있으나 아직 할 수 없고 먼저 만날 수 있으나 아직 만나지 않아서 방랑(放浪)하는 중명(中命)이다.[635]

4. 卯 - 천파성(天破星), 축도(畜道), 탐매(貪昧)·패괴(敗壞)

묘성(卯星)은 축도(畜道) 천파성(天破星)이라 하고, 탐매(貪昧)와 패괴(敗壞)[깨뜨리고 무너짐]를 나타낸다.

시진(時辰)이 천파성(天破星)이면 금은(金銀)과 옥(玉)을 쌓아도 헛것이 된다. 밤에 잠을 잘 때도 가부(家富)를 꾀할 궁리(窮理)를 한다. 돈 자루를 가져왔는데 좀 벌레가 있는 줄 누가 알겠는가? 천파성(天破星)에 해당하는 사람은 재물(財物)이 공허(空虛)하며 조업(祖業)이 무너진다. 만일 천권성(天權星)[寅], 천귀성(天貴星)[子], 천복성(天福星)[午]을 얻어서 서로 도우면 중명(中命)이 된다. 천역성(天驛星)[未], 천인성(天刃星)[酉], 천고성(天孤星)[申], 천액성(天厄星)[丑]을 만나거나 천파성(天破星)[卯]이 거듭되는 사람은 하는 일이 매우 어렵고, 거듭해서 실패(失敗)하고 동서(東西)로 떠돌아다니는 하명(下命)이다.[636]

---

635) 『看命一掌金』: "人道天權星, 時辰落在天權星, 性格操持志氣雄, 作事差遲人也喜, 一呼百喏有威風, 此星在命, 主人聰明, 俊秀灑落, 襟懷有權有勢, 多智多能, 若逢貴福文壽星相助者, 人人欽敬, 權而無權乃中命也, 若逢厄破孤驛在命者, 作事勞力, 財帛不聚, 未能先能, 未會先會, 浮浪中命也."

5. 辰 - 천간성(天奸星), 수라도(修羅道), 쟁녕(猙獰)·교활(狡猾)

진성(辰星)은 수라도(修羅道) 천간성(天奸星)이라 하고, 쟁녕(猙獰)[꾀와 모진 마음]과 교활(狡猾)한 마음을 나타낸다.

천간성(天奸星)이면 푸른 바다와 같은 크기로 세밀(細密)하기는 하나 터럭과 같다. 입으로는 부처를 말하지만 마음은 꽈리를 튼 뱀과 같으니 양날의 칼이다. 간교(奸巧)함과 기모(機謨)는 독성(毒性)을 품고 있다. 생각이 많아 자주 번복(飜覆)하니 맞추기가 매우 어렵다. 천간성(天奸星)에 해당하는 사람은 일생이 몹시 힘들고 탄식(歎息)하며 분파(奔波)되고 동쪽을 가리키면 서쪽을 말하며 틀이 변하므로 헤아리기 어렵다. 만일 천귀성(天貴星)[子], 천복성(天福星)[午]을 만나 서로 도우면 재물(財物)이 가득하고 상명(上命)이 된다. 천권성(天權星)[寅], 천인성(天刃星)[酉]을 만난 사람은 반드시 간사(奸詐)한 권세(權勢)이고 잔인한 소인(小人)이다. 말은 깨끗하지만 행동은 혼탁(混濁)하며 고집스럽고 음흉(陰凶)한 모략(謀略)으로 사람을 헤치려는 마음이 있으며 사람을 포용(包容)하는 아량(雅量)이 없으며 탐욕(貪慾)과 성냄이 매우 무거워 선하지 않은 사람이다. 천고성(天孤星)[申], 천액성(天厄星)[丑], 천파성(天破星)[卯], 천역성(天驛星)[未]을 만나면 정말로 인색(吝嗇)하고 욕심(慾心)과 질투(嫉妬)가 많은 소인(小人)의 하명(下命)이다.[637]

---

636) 『看命一掌金』：“畜道天破星, 時辰落在天破宮, 堆金積玉也成空, 夜眠算計圖家富, 鈔袋誰知有蛀蟲, 此星主財帛空虛, 祖業耗散, 若得權貴福星相助, 亦爲中命, 如遇驛刃孤厄犯重者, 作事艱難, 重重破敗, 浮浪東西之下命也.”

637) 『看命一掌金』：“修羅天奸星, 大如滄海細如毛, 佛口蛇心兩面刀, 奸狡狠謀藏毒性, 意多翻覆最難調, 此星照命, 主人一生勞碌, 啾唧奔波, 指東說西, 機變難測, 若得天貴福星相助, 財帛豐盈, 亦爲上命, 若逢權刃星者, 必爲奸權殘忍之人, 言清行濁, 執性凶謀, 有善人之心, 無容人之量, 貪嗔太重, 非善人也, 若逢孤厄破驛, 定爲慳貪嫉妒之小人, 乃下命也.”

6. 巳 - 천문성(天文星), 선도(仙道), 안일(安逸)·총명(聰明)

사성(巳星)은 선도(仙道) 천문성(天文星)이라 하고, 안일(安逸)과 총명(聰明)을 나타낸다.

천문성(天文星)을 만난 명(命)은 기운(氣運)이 빼어나고 맑다. 총명(聰明)하며 지혜(智惠)롭고 영리(榮利)하고 슬기롭다. 남자는 재주가 있고 여자는 수려(秀麗)하며 몸이 깨끗하고 길(吉)하다. 마음속에 문장(文章)이 가득해서 아름다운 시문(時文)을 이룬다. 천문성(天文星)이 명(命)을 비추는 사람은 총명(聰明), 영리(榮利)하고 학식(學識)이 많은 사람으로 하는 일이 화평(和平)하고 아름답다. 만일 천귀성(天貴星)[子], 천복성(天福星)[午], 천예성(天藝星)[戌]을 만나 서로 도우면 확실히 장원급제(壯元及第)를 독차지 하고 무과(武科)에 이름을 올리고 대궐(大闕)에 드나드는 사람이다. 천권성(天權星)[寅], 천인성(天刃星)[酉]을 만난 사람은 문무(文武)가 다재(多才)하며 상명(上命)이 된다. 천파성(天破星)[卯], 천액성(天厄星)[丑], 천고성(天孤星)[申], 천역성(天驛星)[未]을 만나거나 천문성(天文星)[巳]이 거듭되는 사람은 배운 것은 많으나 성취(成就)가 적으며, 책을 읽고 서문(序文)을 짓는 무리가 되지 않고 반드시 강호(江湖)를 뜬 구름처럼 떠돌아다니는 사람이 되고 손으로 하는 예술사(藝術史)가 되는 하명(下命)이다.[638]

7. 午 - 천복성(天福星), 불도(佛道), 화후(和厚)·영화(榮華)

오성(午星)은 불도(佛道) 천복성(天福星)이라 하고, 화후(和厚)와 영화(映畫)

---

638) 『看命一掌金』: "仙道天文星, 命遇天文秀氣淸, 聰明智慧意惺惺, 男才女秀身淸吉, 滿腹文章錦繡成, 此星照命, 主人聰明伶俐, 學識過人, 作事和美, 若逢天貴天福天藝星相助, 定主鰲頭獨占, 虎榜登名, 金階玉陛之人也, 若遇天權天刃星者, 文武多才, 乃爲上命, 如遇破厄孤驛及犯重者, 乃多學少成, 不爲書算文墨之輩, 必爲雲遊湖海之人, 乃手藝術士之下命也."

를 나타낸다.

천복성(天福星)을 만난 명(命)은 살아 있는 때이다. 정말로 창고(倉庫)가 가득 차서 넘친다. 매우 관대(寬大)하고 근본(根本)이 평온(平穩)하다. 재물(財物)이 빛나고 복(福)이 갖추어진다. 천복성(天福星)이 명(命)에 자리한 사람은 복(福)을 받고 청한(淸閒)하며 성정(性情)이 저절로 있으며, 도량(度量)이 넓고 관대(寬大)하며 근본(根本)이 평온(平穩)하고 튼튼하다. 만일 천권성(天權星)[寅], 천인성(天刃星)[酉]을 얻어서 서로 도우면 의백(衣帛)이 풍족(豐足)하며 창고(倉庫)가 가득차서 넘치고 금옥(金玉)을 쌓는 명(命)이다. 천복성(天福星)[午]이 거듭되는 사람은 오히려 의록(衣祿)이 많지 않다. 천역성(天驛星)[未], 천고성(天孤星)[申], 천파성(天破星)[卯]을 만난 사람은 반드시 인색(吝嗇)하고 욕심(慾心)과 질투(嫉妬)가 많으며 의록(衣祿)이 가난한 명(命)이다.639)

8. 未 - 천역성(天驛星), 귀도(鬼道), 음청(陰晴)·간신(艱辛)

미성(未星)은 귀도(鬼道) 천역성(天驛星)이라 하고, 음청(陰晴)[흐리고 맑음]과 간신(艱辛)[어렵고 고생함]을 나타낸다.

인도(人道)가 만일 천역성(天驛星)이면 조상(祖上)을 떠나 이사(移徙)를 가 일찍부터 머무르지 않는다. 심신(心身)이 잠시도 고요하지 않다. 하늘 끝까지 두루 돌아다니므로 다리가 편안하지 않다. 천역성(天驛星)이 명(命)을 비추는 사람은 고향을 떠나고 골육(骨肉)간의 정(情)이 소원(疏遠)하고 심신(心身)이 힘들며 자수성가(自手成家)하는 명(命)이다. 만일 천복성(天福星)[午], 천권성(天權星)[寅], 천귀성(天貴星)[子], 천인성(天刃星)[酉], 천수성(天壽星)[亥], 천문성(天

---

639) 『看命一掌金』: "佛道天福星, 命逢天福是生時, 定然倉庫有盈餘, 寬洪大量根基穩, 財帛光華百福齊, 此星照命, 主人受福淸閑, 性情自在, 度量寬洪, 根基穩實, 又得權刃相扶, 衣帛充足, 倉庫盈餘, 堆金積玉之命, 若犯重者, 衣祿不多, 若驛孤奸破星者, 必主貪慳嫉妒, 衣祿艱難之下命也."

文星)[巳]을 만난 사람은 반드시 관록(官祿)이 있고 마차(馬車)가 따르는 영현(榮顯)한 명(命)이다. 천고성(天孤星)[申], 천파성(天破星)[卯], 천액성(天厄星)[丑]을 만나면 바람에 날리는 나뭇잎, 물 위에 떠있는 부평초(浮萍草), 마음을 떠드는 원숭이고 뜻은 날뛰는 말과 같다. 주체(主體)할 수 없는 객(客), 정해진 곳이 없는 구름과 같아서 세상(世上)을 두루 떠돌아다니는 하명(下命)이다.[640]

9. 申 – 천고성(天孤星), 인도(人道), 명달(明達)·자립(自立)

신성(申星)은 인도(人道) 천고성(天孤星)이라고 하고, 명달(明達)과 자립(子粒)을 나타낸다.

시진(時辰)이 천고성(天孤星)을 만나면 육친(六親)과 형제(兄弟)가 있어도 없는 것과 같고 불문(佛門)에 들어와 승려(僧侶)가 된다. 처자식(妻子息)이 있어도 정분(情分)이 없다. 천고성(天孤星)이 명(命)을 비추는 사람은 일생이 고독(孤獨)하다. 남자는 육친(六親)간에 정분(情分)이 없고 여자는 자식과 지아비를 해(害)친다. 천고성(天孤星)[申]이 거듭되는 사람은 불문(佛門)에 있는 사람이 된다. 만일 천권성(天權星)[寅], 천복성(天福星)[午], 천귀성(天貴星)[子], 천수성(天壽星)[亥]을 얻어서 도우면 상명(上命)이다. 그러나 어릴 때 형극(刑克)을 면하지는 못한다. 천파성(天破星)[卯], 천역성(天驛星)[未], 천간성(天奸星)[辰], 천액성(天厄星)[丑], 천인성(天刃星)[卯]을 만나면 반드시 구름과 물처럼 떠도는 하명(下命)이 된다. 그러므로 유서(由緖)깊은 집안에서 사람을 고를 때는 천고성

---

640) 『看命一掌金』: "鬼道天驛星, 人道若逢天驛星, 搬移離祖不曾停, 身心不得片時靜, 走遍天涯是未甯, 此星照命, 主人離鄕別井, 骨肉情多勞碌, 身心自成自立之命, 若逢福權貴刃壽五星者, 必主官供, 給車馬相隨乃顯榮之命, 若逢孤破厄星, 猶如風吹樹葉水上浮萍, 心猿意馬, 奔馳不定, 方外雲遊江湖上之下命也, 若犯重而刃厄相沖者必爲流徒之類."

(天孤星)을 위주로 해서 살피는 것이 중요하다.641)

10) 酉 - 천인성(天刃星), 축도(畜道), 혼탁(昏濁)·극해(剋害)

유성(酉星)은 축도(畜道) 천인성(天刃星)이라 하고, 혼탁(混濁)과 극해(剋害)를 나타낸다.

천인성(天刃星)의 사람은 성격이 매우 강(剛)하다. 종일토록 시비(是非)를 가리며 다툼이 강(剛)하다. 칼과 도끼를 지니고서 베려는 마음이 중(重)하다. 장군(將軍)과 같아 전쟁터에 들어서기를 좋아한다. 천인성(天刃星)이 명(命)을 비추는 사람은 일생(一生)이 강(剛)하며 사납고 성격이 조급(躁急)하며 스스로 만들고 스스로 가린다. 사람의 저촉(抵觸)을 받지 않고 받아들이려는 마음을 얻지 않아서 풍화(風火)의 성질이 지나치다. 그러나 아무런 탈과 일이 없다. 만일 천권성(天權星)[寅], 천귀성(天貴星)[子], 천복성(天福星)[午]을 얻으면 사람됨이 비속(卑俗)하지 않고 예의(禮儀)가 족해서 강포(强暴)함을 변화(變化)시키므로 상명(上命)이다. 천고성(天孤星)[申], 천파성(天破星)[卯], 천간성(天奸星)[辰], 천액성(天厄星)[丑]을 만나면 쓸개[담(膽)]는 크나 심장(心臟)은 조악(粗惡)하고 몸에 잔질(殘疾)이 있어서 죽음을 면하기 어려운 하명(下命)이다. 악성(惡星)이 적고 길성(吉星)이 많은 사람은 중명(中命)이다. 천인성(天刃星)[酉]이 거듭되는 사람은 잔질(殘疾)이 있다.642)

---

641) 『看命一掌金』: "人道天孤星, 時辰若逢此天孤, 六親兄弟有如無, 空作空門淸靜客, 總有妻兒情分疏, 此星照命, 主一生孤獨, 男人得之, 六親無分, 女人得之, 剋子妨夫, 孤星犯重者, 反不爲孤, 必爲半僧半俗, 若得權福貴壽星相助, 乃上命也, 亦不免少年刑剋, 若逢破驛奸厄刃星, 必爲雲水漂流下命也, 凡選故出之命, 要看孤星爲主."

642) 『看命一掌金』: "畜道天刃星, 天刃爲人性大剛, 是非終日要爭强, 持刀弄斧刑心重, 好似將軍入戰場, 此星照命, 主人一生剛很性格, 躁暴自傲, 自是不受人觸, 受不得閑氣, 風火性過端然無事, 若得權貴, 福星爲人, 不俗禮義, 足以化强暴乃上命也, 若逢孤破奸厄, 膽大心粗, 形體殘疾, 不免斷髮身死乃下命也, 惡星少而吉星多者, 亦爲中命犯重必主殘疾."

11. 戌 - 천예성(天藝星), 수라도(修羅道), 능위(能爲)·교편(巧便)

술성(戌星)은 수라도(修羅道) 천예성(天藝星)이라 하고, 능위(能爲)와 교편(巧便)을 나타낸다.

천예성(天藝星) 사람은 성격(性格)이 매우 신령(神靈)하다. 남쪽에서 만들고 북쪽에서 마음대로 하니 다능(多能)하다. 소위 수단(手段)과 방편(方便)이 교묘(巧妙)하다. 도처(到處)에서 화동(和同)하며 일을 꾸며내는데 부지런하다. 천예성(天藝星)[戌]이 명(命)을 비추는 사람은 다지다능(多智多能)하며 기교(機巧)가 귀(貴)하다. 만일 천예성(天藝星)[戌]이 거듭되는 사람은 오히려 자질(資質)이 어리석고 우둔(愚鈍)하며 나태(懶怠)하고, 많이 배워도 적게 성취(成就)하는 장작(匠作)과 용력(用力)의 무리가 된다. 천권성(天權星)[寅], 천귀성(天貴星)[子], 천복성(天福星)[午], 천문성(天文星)[巳], 천수성(天壽星)[亥]을 모두 갖추면 승려(僧侶)의 무리 중에서 뛰어날 수 있으니 중명(中命)이다. 천파성(天破星)[卯], 천액성(天厄星)[丑]을 만나면 예술업(藝術業)에서도 성공(成功)하지 못하니 끝내 하명(下命)이 된다.[643)

12. 亥 - 천수성(天壽星), 선도(仙道), 청한(淸閒)·건강(健康)

해성(亥星)은 선도(仙道) 천수성(天壽星)이라 하고, 청한(淸閒)과 건강(健康)을 나타낸다.

천수성(天壽星)인 사람은 수명(壽命)이 매우 길다. 윗사람에게 공손(恭遜)하고

---

643) 『看命一掌金』: "修羅天藝星, 天藝生人性最靈, 將南作北逞多能, 諱爲見靈機關巧, 到處和同作事勤, 此星照命, 主人多智多能, 機巧近貴, 若犯重者, 主資質昏鈍, 懶惰愚頑, 多學少成, 匠作用力之輩, 若得天權貴福文壽俱全, 剛柔相濟, 雖爲藝術, 亦可成立, 若爲天孤可爲僧道之出類者, 乃中命也, 若逢破厄, 則藝擧無成終爲下命."

아랫사람에게 정중(正中)하며 성품(性品)이 따뜻하고 어질다. 한 가지를 들으면 천 가지를 깨닫고 마음이 자비(慈悲)롭고 착하다. 기쁨과 성냄의 가운데서 주장(主張)이 있다. 천수성(天壽星)이 명(命)을 비추는 사람은 장수(長壽), 건강(健康), 지혜(智惠), 총명(聰明)하며 일을 함에 따뜻하고 어질어서 사람을 구하는 마음이 있고 사람을 해(害)치는 뜻은 없다. 원망(怨望)을 부르는 중에 은혜(恩惠)가 있고 일을 함에 박실(樸實)하고 뭇사람들이 공경(恭敬)하며 평생 평안(平安)하고 평온(平穩)하며 유시유종(有始有終)하며 희노(喜怒)가 없다. 만일 천권성(天權星)[寅], 천복성(天福星)[午], 천귀성(天貴星)[子], 천인성(天刃星)[酉]을 얻고 서로 도우면 반드시 관대(寬大)하고 도량(度量)이 넓으며 복수(福壽)가 면면(綿綿)하다. 천수성(天壽星)[亥]이 거듭되는 사람은 수(壽)는 있으나 복(福)이 없다. 천고성(天孤星)[申], 천파성(天破星)[卯], 천액성(天厄星)[丑]을 범한 사람은 중명(中命)이다.[644)

이제까지 당사주(唐四柱)에 대해 살펴보았다. 길성(吉星)도 중첩(重疊)되게 되면 그 기운(氣運)이 흉(凶)할 수 있고, 또한 흉성(凶星)이 중첩(重疊)되면 길(吉)할수도 있으니 그 형태(形態)를 자세히 살펴야 할 것이다.

건명(乾命)[남자] 1972년 03월 07일 巳時生의 당사주(唐四柱)를 나타내면 다음과 같다.

년(年)은 임자년(壬子年)이므로 자생(子生)이 되고, 건명(乾命)이라 순행(順行)하게 되며, 먼저 子生이므로 子는 천귀성(天貴星)이 된다. 월(月)은 3월이므로 子 천귀성(天貴星)에서 3칸을 순행(順行)하면 卯 천파성(天破星)이 된다. 일

---

644) 『看命一掌金』: "仙道天壽星, 夫妻生時命最長, 上恭下敬性溫良, 一聞千悟心慈善, 喜怒中間有主張, 此星照命, 主人長壽康健, 智慧聰明, 作事溫良有救人之心, 無傷人之意, 恩中招怨, 作事樸實, 衆人欽敬, 平生安穩, 有始有終, 喜怒不形, 若得天權福貴刃星相助, 必主寬洪大量, 福壽綿綿, 犯重者有壽無福, 犯孤破厄星乃中命也."

(日)은 7일이므로 卯 천파성(天破星)에서 7칸을 순행(順行)하면 戌 천예성(天藝星)이 되고, 시(時)는 사시(巳時)이므로 술(戌)에서 7칸을 순행(順行)하면 巳 천문성(天文星)이 된다.

따라서 초년운(初年運)은 천귀성(天貴星)[子]으로 자비(慈悲)와 부귀(富貴)를 나타내며, 청년운(靑年運)은 천파성(天破星)[卯]으로 탐매(貪昧)와 패괴(敗壞)가 나타난다. 중년운(中年運)은 천예성(天藝星)[戌]으로 능위(能爲)와 교편(巧便)을 나타내고, 노년운(老年運)은 천문성(天文星)[巳]으로 안일(安逸)과 총명(聰明)을 나타낸다.

만약 곤명(坤命)이라면 역행(逆行)하여 초년운(初年運)은 천귀성(天貴星)[子]으로 자비(慈悲)와 부귀(富貴)를 나타내고, 청년운(靑年運)은 천인성(天刃星)[酉]으로 혼탁(混濁)과 극해(剋害)를 나타낸다. 중년운(中年運)은 천권성(天權星)[寅]으로 지식(智識)과 조지(操持)를 나타내고, 노년운(老年運)은 천고성(天孤星)[申]으로 명달(明達)과 자립(子粒)을 나타낸다.

제Ⅵ장. 십이운성(十二運星)과 신살(神煞) 및 길흉론(吉凶論)

【제1절. 십이운성(十二運星)】

십이운성(十二運星)은 전국(戰國)시대 추연(鄒衍)에 의해 발생된 음양오행설(陰陽五行說)이 발전한 이후 전한대(前漢代) 『회남자(淮南子)』에서 이미 그 근거가 나타나고 있다. 오행(五行)의 생장과정이 계절(季節)의 영향에 의해 각 천간(天干)의 길흉화복(吉凶禍福)으로 나타난 것이 십이운성(十二運星)이며, 명리학(命理學)의 간명(看命)에서 가장 기본적(基本的)이면서 중요한 것 중 하나이다.

앞 서 삼합(三合)의 원리에서 『회남자(淮南子)』에, "木은 亥에서 태어나 卯에서 장성(壯盛)하고 未에서 죽으니, 삼진(三辰)이 다 木이다. 火는 寅에서 태어나 午에서 장성(壯盛)하고 戌에서 죽으니, 삼진(三辰)이 다 火이다. 土는 午에서 태어나 戌에서 장성(壯盛)하고 寅에서 죽으니, 삼진(三辰)이 다 土이다. 金은 巳에서 태어나 酉에서 장성(壯盛)하고 丑에서 죽으니, 삼진(三辰)이 다 金이다. 水는 申에서 태어나 子에서 장성(壯盛)하고 辰에서 죽으니, 삼진(三辰)이 다 水이다"[645]고 하여, 각 오행(五行)의 장생(長生)[태어남]과 제왕(帝旺)[장성(壯盛)]

---

645) 『淮南子』「天文訓」: "木生于亥, 壯于卯, 死于未, 三辰皆木也, 火生于寅, 壯于午, 死于戌, 三辰皆火也, 土生于午, 壯于戌, 死于寅, 三辰皆土也, 金生于巳, 壯于酉, 死于丑, 三辰皆金也, 水生于申, 壯于子, 死于辰, 三辰皆水也."

과 묘(墓)[돌아감]의 생장(生長)에서 소멸(消滅)까지의 과정을 나타내고 있다. 현재 사용하고 있는 십이운성(十二運星)과 비교하면, 土를 火의 계절(季節)인 여름의 끝 계하(季夏)로 인식하여 나타낸 것 이외에는 다른 것이 없다.

십이운성(十二運星)의 근간(根幹)은 곧 계절(季節)에서 나타나는 삼합(三合)과 장간(藏干)의 활성화와도 깊은 관계가 있으며, 12달의 변화(變化)에 의한 기운(氣運)이 각 천간(天干)을 통해서 나타난 것으로, 생성과정을 나타내는 장생(長生)·목욕(沐浴)·관대(冠帶), 뜻을 이루어 나가는 건록(建祿)·제왕(帝旺)·쇠(衰), 소멸(掃滅)되는 병(病)·사(死)·묘(墓), 소멸(掃滅)후 다시 생성(生成)되어 지는 절(絶)·태(胎)·양(養)의 과정[12과정]으로 나뉘게 된다.

좀 더 구체적으로 말하면, 처음 태어나 모든 것을 배우려 하는 장생(長生), 아무데서나 옷을 벗고 본능(本能)과 생리(生理)현상을 해결하려는 목욕(沐浴), 어느 듯 몸이 성인(成人)이 되는 관대(冠帶), 성인(成人)이 된 후 품은 뜻을 이루는 건록(建祿), 뜻을 이루고 더욱 왕성(旺盛)해지는 제왕(帝旺), 이룬 뜻을 평안(平安)하게 지키려하는 쇠(衰), 몸이 쇠약(衰弱)해져 병석(病席)에 있어야 하는 병(病), 병색(病色)이 짖어져 이제는 죽는 사(死), 죽고 나면 장사(葬事)를 지내는 묘(墓), 세상(世上)과 단절(斷絶)된 절(絶), 다시 잉태(孕胎)되는 태(胎), 잉태(孕胎)되어 뱃속에서 길러지는 양(養), 이렇게 12과정으로 나눌 수 있다.

『회남자(淮南子)』에서 나타난 오행(五行)의 생성(生成)과 소멸(掃滅)과정은 이후 수대(隋代) 『오행대의(五行大義)』에는 좀 더 발전된 모습으로 나타나고, 송대(宋代) 『연해자평(淵海子平)』에서는 명리학(命理學)에서 사용하는 십이운성(十二運星)이 완성된 모습으로 나타나고 있다.

이를 『오행대의(五行大義)』에서부터 나타내면 다음과 같다.

"오행(五行)은 체(體)가 분리되어 죽고 사는 곳이 같지 않고, 한 바퀴 도는데

12달이 걸리니 12진(辰)으로 출몰한다"646)하여, 오행(五行)이 십이지지(十二地支)와 연계되어 생성(生成)과 소멸(掃滅)됨을 나타내고 있다.

木은 申에서 기운(氣運)을 받고[수기(受氣)], 酉에서 태(胎)하며, 戌에서 양(養)하고, 亥에서 생(生)하며, 子에서 목욕(沐浴)하고, 丑에서 관대(冠帶)하며, 寅에서 임관(臨官)[건록(建祿)]하고, 卯에서 왕(王)하며, 辰에서 쇠(衰)하며, 巳에서 병(病)하고, 午에서 사(死)하며, 未에서 장사(葬事)지낸다.647)

火는 亥에서 기운(氣運)을 받고[수기(受氣)], 子에서 태(胎)하며, 丑에서 양(養)하고, 寅에서 생(生)하며, 卯에서 목욕(沐浴)하고, 辰에서 관대(冠帶)하며, 巳에서 임관(臨官)[건록(建祿)]하고, 午에서 왕(王)하며, 未에서 쇠(衰)하며, 申에서 병(病)하고, 酉에서 사(死)하며, 戌에서 장사(葬事)지낸다.648)

金은 寅에서 기운(氣運)을 받고[수기(受氣)], 卯에서 태(胎)하며, 辰에서 양(養)하고, 巳에서 생(生)하며, 午에서 목욕(沐浴)하고, 未에서 관대(冠帶)하며, 申에서 임관(臨官)[건록(建祿)]하고, 酉에서 왕(王)하며, 戌에서 쇠(衰)하며, 亥에서 병(病)하고, 子에서 사(死)하며, 丑에서 장사(葬事)지낸다.649)

水는 巳에서 기운(氣運)을 받고[수기(受氣)], 午에서 태(胎)하며, 未에서 양(養)하고, 申에서 생(生)하며, 酉에서 목욕(沐浴)하고, 戌에서 관대(冠帶)하며, 亥에서 임관(臨官)[건록(建祿)]하고, 子에서 왕(王)하며, 丑에서 쇠(衰)하며, 寅에서 병(病)하고, 卯에서 사(死)하며, 진(辰)에서 장사(葬事)지낸다.650)

---

646) 『五行大義』: "五行體別, 生死之處不同. 遍有十二月, 十二辰, 而出沒."
647) 『五行大義』: "木受氣於申, 胎於酉, 養於戌, 生於亥, 沐浴於子, 冠帶於丑, 臨官於寅, 王於卯, 衰於辰, 病於巳, 死於午, 葬於未."
648) 『五行大義』: "火受氣於亥, 胎於子, 養於丑, 生於寅, 沐浴於卯, 冠帶於辰, 臨官於巳, 王於午, 衰於未, 病於申, 死於酉, 葬於戌."
649) 『五行大義』: "金受氣於寅, 胎於卯, 養於辰, 生於巳, 沐浴於午, 冠帶於未, 臨官於申, 王於酉, 衰於戌, 病於亥, 死於子, 葬於丑."
650) 『五行大義』: "水受氣於巳, 胎於午, 養於未, 生於申, 沐浴於酉, 冠帶於戌, 臨官於亥, 王於子, 衰於

土는 亥에서 기운(氣運)을 받고[수기(受氣)], 子에서 태(胎)하며, 丑에서 양(養)하고, 寅에서 기행(寄行)하며, 卯에서 생(生)하고, 辰에서 목욕(沐浴)하며, 巳에서 관대(冠帶)하고, 午에서 임관(臨官)[건록(建祿)]하며, 未에서 왕(王)하며, 申에서 쇠병(衰病)하고, 酉에서 사(死)하며, 戌에서 장사(葬事)지낸다. 그런데 戌은 火의 묘(墓)가 되고, 火는 土의 어머니이다. 모자(母子)를 한곳에 장사(葬事)지내지 않으므로 戌 다음의 흙인 丑으로 나아가 장사(葬事)지내려 한다. 그런데 丑은 金의 묘(墓)가 되고, 金은 土의 아들이기 때문에 또 합장(合葬)하지 못하고 뒤로 물러나 戌 이전의 흙인 未에 돌아가려 한다. 그런데 未는 木의 묘(墓)가 되고, 木은 土의 귀(鬼)가 되니[木剋土], 두려워서 감히 들어가지 못하고, 辰으로 한 발 물러나 쉰다. 그런데 辰은 水의 묘(墓)가 되나, 水는 土의 처(妻)가 되니[土剋水], 의리(義理)가 서로 합(合)하게 되므로 드디어 辰에서 장사

<표 83> 『오행대의(五行大義)』에 나타난 木·火·金·水의 생성(生成)과 소멸(掃滅)

생성 / 오행	수기 (受氣)	태 (胎)	양 (養)	생 (生)	목욕 (沐浴)	관대 (冠帶)	임관 (臨官)	왕 (王)	쇠 (衰)	병 (病)	사 (死)	장 (葬)
木 [甲]	申	酉	戌	亥	子	丑	寅	卯	辰	巳	午	未
火 [丙]	亥	子	丑	寅	卯	辰	巳	午	未	申	酉	戌
金 [庚]	寅	卯	辰	巳	午	未	申	酉	戌	亥	子	丑
水 [壬]	巳	午	未	申	酉	戌	亥	子	丑	寅	卯	辰

丑, 病於寅, 死於卯, 葬於辰."

(葬事)지낸다."651)

『오행대의(五行大義)』에서 나타나고 있는 오행(五行)의 생성(生成)과 소멸(掃滅)은 양간(陽干)인 甲·丙·戊·庚·壬을 말하는 것으로, 土를 제외한 甲·丙·庚·壬을 정리하여 나타내면 위 <표 83>과 같다.

土의 순서는 다른 오행(五行)과 달리 양(養)한 뒤에 기행(寄行)을 거쳐, 생(生)하고, 쇠(衰)와 병(病)이 같이 일어나며, 결국은 진(辰)에서 장사(葬事)지낸다고 하였다.

<표 84> 『오행대의(五行大義)』에 나타난 土의 생성(生成)과 소멸(掃滅)

생성 土	수기 (受氣)	태 (胎)	양 (養)	기행 (寄行)	생 (生)	목욕 (沐浴)	관대 (冠帶)	임관 (臨官)	왕 (旺)	쇠 (衰)	병 (病)	장 (葬)
土	亥	子	丑	寅	卯	巳	午	未	申	酉		戌 [辰]

그러나 『오행대의(五行大義)』에서 나타난 오행(五行)의 생성(生成)과 소멸(掃滅)에서 土가 현재와 같이 정착하지 못한 것을 보면, 수대(隋代)에까지 십이운성(十二運星)의 쓰임이 완벽하지 않았음을 알 수 있다.

이후 송대(宋代) 『연해자평(淵海子平)』에는 각 천간(天干)별로[火·土는 동궁(同宮)652)] 현재 사용되는 십이운성(十二運星)의 개념(概念)이 나타나 있어, 일주(日主) 위주의 신법(新法) 명리학(命理學)이 자리 잡은 송대(宋代)부터 십이운

---

651) 『五行大義』: "土受氣於亥, 胎於子, 養於丑, 寄行於寅, 生於卯, 沐浴於辰, 冠帶於巳, 臨官於午, 王於未, 衰病於申, 死於酉, 葬於戌. 戌是火墓, 火是其母. 母子不同葬, 進行於丑. 丑是金墓, 金是其子, 義又不合, 欲還於未, 未是木墓, 木爲土鬼, 畏不敢入, 進休就辰. 辰是水墓, 水爲其妻, 於義爲合, 遂葬於辰."

652) 앞 음양오행설(陰陽五行說)의 설명에서 전한대(前漢代) 『회남자(淮南子)』에서부터 이미 土를 火의 계절(季節)인 계하(季夏)로 구별(區別)하였음을 알 수 있었고, 수대(隋代) 『오행대의(五行大義)』에서도 '火는 土의 모(母)가 된다'("火是其母. 母子不同葬.") 하였고, 이어 송대(宋代) 『연해자평(淵海子平)』에서는 현재 십이운성(十二運星)에서 사용하고 있는 '음양순역생왕사절지도(陰陽順逆生旺死絕地圖)'에서 火·土 동궁(同宮)으로 나타나게 된다.

성(十二運星)이 확립(確立)된 것을 알 수 있다.

청대(淸代) 심효첨(沈孝瞻)은 십이운성(十二運星)에서 양간(陽干)은 순행(順行)을 하고 음간(陰干)을 역행(逆行)하는 것에 대해, 『자평진전(子平眞詮)』에 "양(陽)은 모아들이는 것을 근본(根本)으로 해서 나아감으로 나아감을 삼기 때문에 순행(順行)을 근본(根本)으로 하며, 음(陰)은 흩어짐을 근본(根本)으로 해서 물러남으로 삼기 때문에 역행(逆行)을 근본(根本)으로 한다. 그러니 생(生)·목욕(沐浴) 등의 항목에서 양간(陽幹)[양간(陽干)]은 순행(順行)하고 음간(陰幹)[음간(陰干)]은 역행(逆行)의 차이가 있는 까닭이다"[653]라고 하였다.

또, 같은 오행(五行)에서 양간(陽干)이 생(生)하는 곳에서 음간(陰干)이 사(死)하고, 음간(陰干)이 생(生)하는 곳에서 양간(陽干)이 사(死)하는 이치(理致)에 대해, "사시(四時)[사계절]가 운행(運行)됨에 공(功)을 이룬 것은 물러가고 쓰임을 기다리는 것은 나아가므로 십이지지(十二地支)의 월(月)을 각 천간(天干)이 유행(流行)하고, 생(生)·왕(旺)·묘(墓)·절(絶)에 일정함이 있다. 양(陽)이 생(生)하는 곳이 바로 음(陰)이 사(死)하는 곳이니, 저기에서 여기로 서로 돌아가는 것이 자연(自然)의 운행(運行)이다"[654]라고 하였다.

십이운성(十二運星)을 『연해자평(淵海子平)』을 중심으로, 각 천간(天干)별로 구체적으로 나타내면 다음과 같다.

먼저 甲木에 대해, "甲木은 亥에서 生하니, 목욕(沐浴)이 子에 있고, 관대(冠帶)가 丑에 있으며, 건록(建綠)이 寅에 있고, 제왕(帝旺)이 卯에 있으며, 쇠(衰)가 辰에 있고, 병(病)이 巳에 있으며, 사(死)가 午에 있고, 묘(墓)가 未에 있으

---

653) 沈孝瞻, 『子平眞詮評注』 「論陰陽生死」: "陽主聚, 以進爲進, 故主順. 陰主散, 以退爲退, 故主逆, 此生沐浴等項, 所以有陽順陰逆之殊也."
654) 沈孝瞻, 『子平眞詮評注』 「論陰陽生死」: "四時之運, 功成者去, 等用者進, 故每幹流行於十二支之月, 而生旺墓絶, 又有一定, 陽之所生, 卽陰之所死, 彼此互換, 自然之運也."

며, 절(絶)이 申에 있고, 태(胎)가 酉에 있으며, 양(養)이 戌에 있다."655)

이 내용을 토대로 양목(陽木)의 기운(氣運)을 가진 甲을 <그림 62>와 같이 나타낼 수 있으며, 다음과 같은 연관성으로 나타낼 수 있다.

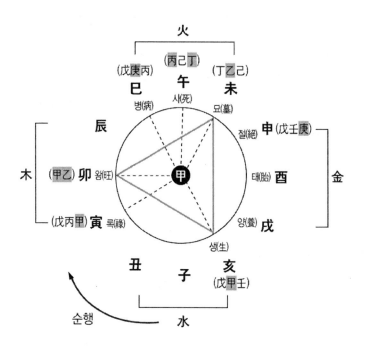

<그림 62> 甲木의 십이운성(十二運星)
출처: 필자(筆者) 작도(作圖)

甲木은 水의 계절(季節)이 시작하는 亥月에 생(長)[水生木]하였으며, 卯月에 가장 왕(旺)하게 되고, 未月에 묘(墓)가 되는데, 이것은 삼합(三合) 목국(木局)의 원리(原理)와 같다.

亥月[戊甲壬]에 이미 장간(藏干) 내에 甲木이 생(生)을 하여 장생(長生)[水生木]이 되고, 寅月에는 장간(藏干)의 정기(正氣)가 甲木이니 녹(祿)을 세울 수 있는 건록(建祿)이 되고, 卯月에는 목왕절(木旺節)이 되어 가장 왕성(旺盛)한 제왕(帝旺)이 되며, 巳月에는 庚金이 장생(長生)[金剋木]하니 병(病)이 들고, 午月에는 乙木이 장생(長生)하니 <乙木에게

---

655) 徐大升, 『淵海子平』 「論天干生旺死絶」: "甲木生亥, 沐浴在子, 冠帶在丑, 建祿在寅, 帝旺在卯, 衰在辰, 病在巳, 死在午, 墓在未, 絶在申, 胎在酉, 養在戌."

[지엽(枝葉)]> 모든 기운(氣運)이 소진(消盡)되어 사(死)하게 되고, 未月에는 木의 고(庫)가 되어 장사(葬事)지내는 묘(墓)가 되며, 가장 힘없는 金의 계절(季節)에는 단절(斷絶)된 절(絶)[庚]과 태(胎)와 양(養)의 계절(季節)이 순차적(順次的)으로 도래(渡來)하게 된다.

다음 乙木을 보면, "乙木은 午에서 생(生)하니, 목욕(沐浴)이 巳에 있고, 관대(冠帶)가 辰에 있으며, 건록(建祿)이 卯에 있고, 제왕(帝旺)이 寅에 있으며, 쇠(衰)가 丑에 있고, 병(病)이 子에 있으며, 사(死)가 亥에 있고, 묘(墓)가 戌에 있으며, 절(絶)이 酉에 있고, 태(胎)가 申에 있으며, 양(養)이 未에 있다."656)

이 내용을 토대로 음목(陰木)의 기운(氣運)을 가진 乙을 <그림 63>과 같이 나타낼 수 있으며, 다음과 같은 연관성으로 나타낼 수 있다.

乙木은 甲木이 생

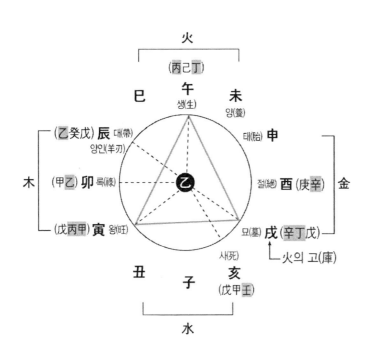

<그림 63> 乙木의 십이운성(十二運星)
출처: 필자(筆者) 작도(作圖)

---

656) 徐大升, 『淵海子平』 「論天干生旺死絶」: "乙木生午, 沐浴在巳, 冠帶在辰, 建祿在卯, 帝旺在寅, 衰在丑, 病在子, 死在亥, 墓在戌, 絶在酉, 胎在申, 養在未."

기(生氣)가 지엽(枝葉)[乙木]으로 번성(繁盛)하고 난 뒤 사(死)하는 午月에 생(生)이 되고, 水의 고(庫)인 辰月에 관대(冠帶)[양인(羊刃)]가 되고, 甲木이 가장 왕성(旺盛)한 卯月에 건록(建祿)이 되며, 寅月[戊丙甲]에 지엽(枝葉)[乙木]에게 꼭 필요한 丙火가 장생(長生)이 되고 甲木이 있어 제왕(帝旺)이 되며, 甲木이 장생(長生)이 되는 亥月에 사(死)가 되고, 戌月에는 지엽(枝葉)[乙木]에게 가장 중요한 丙火가 고(庫)[묘(墓)]로 들어가고 辛金이 있음[金剋木]으로 인해 묘(墓)가 되며, 가장 힘없는 金의 계절(季節)에는 단절(斷絶)된 절(絶)[辛]과 태(胎)와 양(養)의 계절(季節)이 역행(逆行)으로 도래(渡來)하게 된다.

그러므로 乙木은 본인 지엽(枝葉)이 꽃이 피고 열매(熱媒)를 맺기 위해 가장 중요한 丙火의 삼합(三合)과 木生火와 관련되어, 午月에 장생(長生)이 되고, 寅月에 제왕(帝旺)이 되며, 戌月에 묘(墓)가 된다.

다음은 丙火와 戊土를 보면, "丙火와 戊土는 寅에서 생(生)하니, 목욕(沐浴)이 卯에 있고, 관대(冠帶)가 辰에 있으며, 건록(建祿)이 巳에 있고, 제왕(帝旺)이 午에 있으며, 쇠(衰)가 未에 있고, 병(病)이 申에 있으며, 사(死)가 酉에 있고, 묘(墓)가 戌에 있으며, 절(絶)이 亥에 있고, 태(胎)가 子에 있으며, 양(養)이 丑에 있다."657)

이 내용을 토대로 양화(陽火)와 양토(陽土)의 기운(氣運)을 가진 丙·戊를 <그림 64>와 같이 나타낼 수 있으며, 다음과 같은 연관성으로 나타낼 수 있다.

丙·戊는 木의 계절(季節)이 시작하는 寅月에 생(長)[木生火]하였으며, 午月에 가장 왕(旺)하게 되고, 戌月에 묘(墓)가 되는데, 이것은 삼합(三合) 화국(火局)의 원리(原理)와 같다.

---

657) 徐大升, 『淵海子平』 「論天干生旺死絶」: "丙火戊土生寅, 沐浴在卯, 冠帶在辰, 建祿在巳, 帝旺在午, 衰在未, 病在申, 死在酉, 墓在戌, 絶在亥, 胎在子, 養在丑."

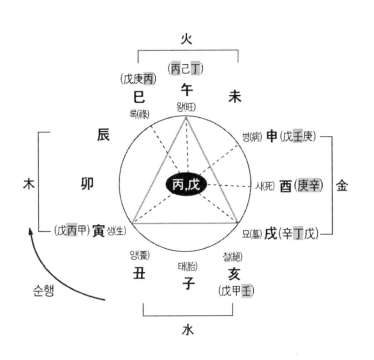

寅月[戊丙甲]에 이미 장간(藏干) 내에 丙火가 생(生)을 하여 장생(長生)[木生火]이 되고, 巳月에는 장간(藏干)의 정기(正氣)가 丙火이니 녹(祿)을 세울 수 있는 건록(建祿)이 되고, 午月에는 화왕절(火旺節)이 되어 가장 왕성(旺盛)한 제왕(帝旺)이 되며, 申月에는 壬水가 장생(長生)[水

<그림 64> 丙火·戊土의 십이운성(十二運星)
출처: 필자(筆者) 작도(作圖)

剋火]하니 병(病)이 들고, 酉月에는 丁·己가 장생(長生)되니 <금왕절(金旺節)[酉]> 모든 기운(氣運)이 소진(消盡)되어 사(死)하게 되고, 戌月에는 火의 고(庫)가 되어 장사(葬事)지내는 묘(墓)가 되며, 가장 힘없는 水의 계절(季節)에는 단절(斷絶)된 절(絶)[壬]과 태(胎)와 양(養)의 계절(季節)이 순차적(順次的)으로 도래(渡來)하게 된다.

다음은 丁·己를 나타내 보면, "丁火와 己土는 酉에서 생(生)하니, 목욕(沐浴)이 申에 있고, 관대(冠帶)가 未에 있으며, 건록(建祿)이 午에 있고, 제왕(帝旺)이 巳에 있으며, 쇠(衰)가 辰에 있고, 병(病)이 卯에 있으며, 사(死)가 寅에 있고, 묘(墓)가 丑에 있으며, 절(絶)이 子에 있고, 태(胎)가 亥에 있으며, 양(養)이 戌에 있다."[658]

이 내용을 토대로 음화(陰火)와 음토(陰土)의 기운(氣運)을 가진 丁·己를 <그림 65>와 같이 나타낼 수 있으며, 다음과 같은 연관성으로 나타낼 수 있다.

丁·己는 丙火와 戊土가 생기(生氣)를 번성(繁盛)하고 난 뒤 金의 왕절(旺節)인 酉月에 사(死)할 때 생(生)이 되고, 木의 고(庫)인 未月에 관대(冠帶)[양인(羊刃)]가 되고, 丙火·戊土가

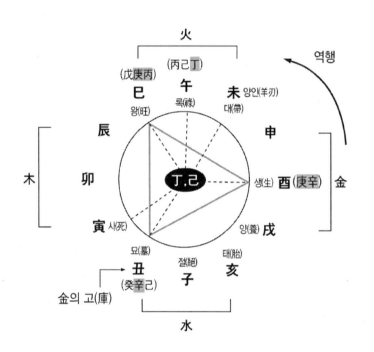

<그림 65> 丁火·己土의 십이운성(十二運星)
출처: 필자(筆者) 작도(作圖)

가장 왕성(旺盛)한 午月에 건록(建祿)이 되며, 巳月[戊庚丙]에 별[丁]에게 꼭 필요한 庚金[달]이 장생(長生)이 되고 丙火가 있어 제왕(帝旺)이 되며, 丙·戊가 장생(長生)이 되는 寅月에 사(死)가 되고, 丑月에는 庚金이 고(庫)로 들어가고 癸水가 있음[水剋火]으로 인해 묘(墓)가 되며, 가장 힘없는 水의 계절(季節)에는

---

658) 徐大升, 『淵海子平』「論天干生旺死絶」: "丁火己土生酉, 沐浴在申, 冠帶在未, 建祿在午, 帝旺在巳, 衰在辰, 病在卯, 死在寅, 墓在丑, 絶在子, 胎在亥, 養在戌."

단절(斷絶)된 절(絶)[子]과 태(胎)와 양(養)의 계절(季節)이 역행(逆行)으로 도래(渡來)하게 된다.

그러므로 丁·己는 본인을 더욱 빛나게 하는 庚金의 삼합(三合)과 火生土, 土生金과 관련되어, 酉月에 장생(長生)이 되고, 巳月에 제왕(帝旺)이 되며, 丑月에 묘(墓)가 된다.

다음은 庚金을 보면, "庚金은 巳에서 생(生)하니, 목욕(沐浴)이 午에 있고, 관대(冠帶)가 未에 있으며, 건록(建祿)이 申에 있고, 제왕(帝旺)이 酉에 있으며, 쇠(衰)가 戌에 있고, 병(病)이 亥에 있으며, 사(死)가 子에 있고, 묘(墓)가 丑에 있으며, 절(絶)이 寅에 있고, 태(胎)가 卯에 있으며, 양(養)이 辰에 있다."[659]

이 내용을 토대

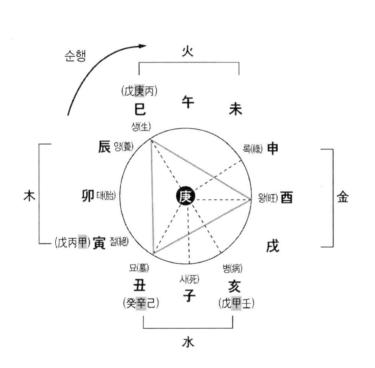

<그림 66> 庚金의 십이운성(十二運星)
출처: 필자(筆者) 작도(作圖)

---

659) 徐大升, 『淵海子平』 「論天干生旺死絶」: "庚金生巳, 沐浴在午, 冠帶在未, 建祿在申, 帝旺在酉, 衰在戌, 病在亥, 死在子, 墓在丑, 絶在寅, 胎在卯, 養在辰."

로 양금(陽金)의 기운(氣運)을 가진 庚을 <그림 66>과 같이 나타낼 수 있으며, 다음과 같은 연관성으로 나타낼 수 있다.

庚은 火의 계절(季節)이 시작하는 巳月에 생(長)[火生土→土生金]하였으며, 酉月에 가장 왕(旺)하게 되고, 丑月에 묘(墓)가 되는데, 이것은 삼합(三合) 금국(金局)의 원리(原理)와 같다.

巳月[戊庚丙]에 이미 장간(藏干) 내에 庚金이 생(生)을 하여 장생(長生)[火生土→土生金]이 되고, 申月에는 장간(藏干)의 정기(正氣)가 庚金이니 녹(祿)을 세울 수 있는 건록(建祿)이 되고, 酉月에는 금왕절(金旺節)이 되어 가장 왕성(旺盛)한 제왕(帝旺)이 되며, 亥月에는 甲木이 장생(長生)[庚이 절(絶)]하니 병(病)이 들고, 子月에는 <겁재(劫財)인> 辛金이 장생(長生)되니 모든 기운(氣運)이 소진(消盡)되어 사(死)하게 되고, 丑月에는 金의 고(庫)가 되어 장사(葬事)지내는 묘(墓)가 되며, 가장 힘없는 木의 계절(季節)에는 단절(斷絶)된 절(絶)[甲]과 태(胎)와 양(養)의 계절(季節)이 순차적(順次的)으로 도래(渡來)하게 된다.

다음 辛金을 보면, "辛金은 子에서 생(生)하니, 목욕(沐浴)이 亥에 있고, 관대(冠帶)가 戌에 있으며, 건록(建祿)이 酉에 있고, 제왕(帝旺)이 申에 있으며, 쇠(衰)가 未에 있고, 병(病)이 午에 있으며, 사(死)가 巳에 있고, 묘(墓)가 辰에 있으며, 절(絶)이 卯에 있고, 태(胎)가 寅에 있으며, 양(養)이 丑에 있다."[660]

이 내용을 토대로 음금(陰金)의 기운(氣運)을 가진 辛을 <그림 67>과 같이 나타낼 수 있으며, 다음과 같은 연관성으로 나타낼 수 있다.

辛金은 庚金이 생기(生氣)가 번성(繁盛)하고 난 뒤 水의 왕절(旺節)인 子月에 사(死)할 때 생(生)이 되고, 火의 고(庫)인 戌月에 관대(冠帶)[양인(羊刃)]가 되

---

660) 徐大升, 『淵海子平』 「論天干生旺死絶」: "辛金生子, 沐浴在亥, 冠帶在戌, 建祿在酉, 帝旺在申, 衰在未, 病在午, 死在巳, 墓在辰, 絶在卯, 胎在寅, 養在丑."

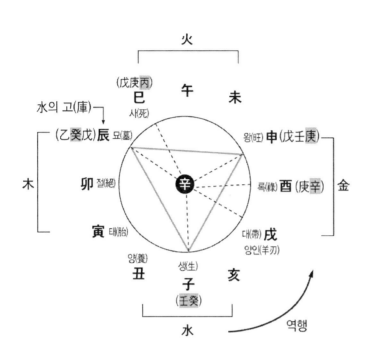

<그림 67> 辛金의 십이운성(十二運星)
출처: 필자(筆者) 작도(作圖)

고, 庚金이 가장 왕성(旺盛)한 酉月에 건록(建祿)이 되며, 子月[壬癸]에 보석(寶石)[辛]에게 꼭 필요한 壬水의 장생(長生)이 되고 庚金이 있어 제왕(帝旺)이 되며, 庚金이 장생(長生)이 되는 巳月에 사(死)가 되고, 辰月에는 壬水가 고(庫)[묘(墓)]로 들어가고 乙木이 있음[辛이 절(絶)]으로 인해 묘(墓)가 되며, 가장 힘없는 木의 계절(季節)에는 단절(斷絶)된 절(絶)[乙]과 태(胎)와 양(養)의 계절(季節)이 역행(逆行)으로 도래(渡來)하게 된다.

그러므로 辛는 본인을 더욱 빛나게 하는 壬水의 삼합(三合)과 金生水와 관련되어, 子月에 장생(長生)이 되고, 申月에 제왕(帝旺)이 되며, 辰月에 묘(墓)가 된다.

다음은 壬水를 보면, "壬水는 申에서 생(生)하니, 목욕(沐浴)이 酉에 있고, 관대(冠帶)가 戌에 있으며, 건록(建祿)이 亥에 있고, 제왕(帝旺)이 子에 있으며,

쇠(衰)가 丑에 있고, 병(病)이 寅에 있으며, 사(死)가 卯에 있고, 묘(墓)가 辰에 있으며, 절(絶)이 巳에 있고, 태(胎)가 午에 있으며, 양(養)이 未에 있다."[661]

이 내용을 토대로 양수(陽水)의 기운(氣運)을 가진 壬을 <그림 68>과 같이 나타낼 수 있으며, 다음과 같은 연관성으로 나타낼 수 있다.

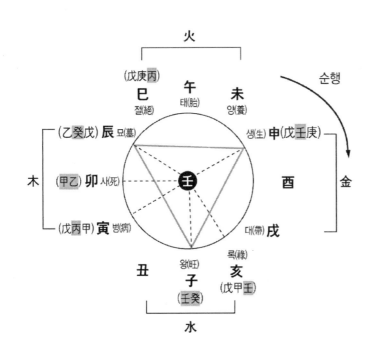

壬은 金의 계절(季節)이 시작하는 申月에 생(長)[金生水]하였으며, 子月에 가장 왕(旺)하게 되고, 辰月에 묘(墓)가 되는데, 이것은 삼합(三合) 수국(水局)의 원리(原理)와 같다.

申月[戊壬庚]에 장간(藏干) 내에 壬水가 생(生)을 하여 장생(長生)[金生水]

<그림 68> 壬水의 십이운성(十二運星)
출처: 필자(筆者) 작도(作圖)

이 되고, 亥月에는 장간(藏干)의 정기(正氣)가 壬水이니 녹(祿)을 세울 수 있는 건록(建祿)이 되고, 子月에는 수왕절(水旺節)이 되어 가장 왕성(旺盛)한 제왕(帝旺)이 되며, 寅月에는 丙火가 장생(長生)[壬이 절(絶)]하니 병(病)이 들고, 卯月

661) 徐大升, 『淵海子平』「論天干生旺死絶」: "壬水生申, 沐浴在酉, 冠帶在戌, 建祿在亥, 帝旺在子, 衰在丑, 病在寅, 死在卯, 墓在辰, 絶在巳, 胎在午, 養在未."

에는 〈겁재(劫財)인〉 癸水가 장생(長生)되니 모든 기운(氣運)이 소진(消盡)되어 사(死)하게 되고, 辰月에는 水의 고(庫)가 되어 장사(葬事)지내는 묘(墓)가 되며, 가장 힘없는 火의 계절(季節)에는 단절(斷絶)된 절(絶)[丙]과 태(胎)와 양(養)의 계절(季節)이 순차적(順次的)으로 도래(渡來)하게 된다.

다음은 마지막으로 癸水를 보면, "癸水는 卯에서 생(生)하니, 목욕(沐浴)이 寅에 있고, 관대(冠帶)가 丑에 있으며, 건록(建祿)이 子에 있고, 제왕(帝旺)이 亥에 있으며, 쇠(衰)가 戌에 있고, 병(病)이 酉에 있으며, 사(死)가 申에 있고, 묘(墓)가 未에 있으며, 절(絶)이 午에 있고, 태(胎)가 巳에 있으며, 양(養)이 辰에 있다."662)

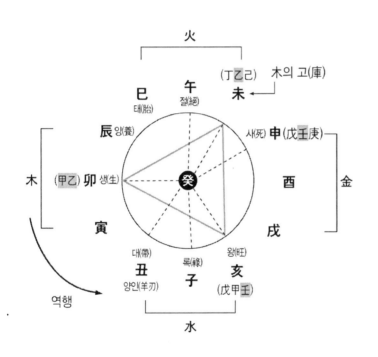

<그림 69> 癸水의 십이운성(十二運星)
출처: 필자(筆者) 작도(作圖)

이 내용을 토대로 음수(陰水)의 기운(氣運)을 가진 癸를 <그림 69>와 같이 나타낼 수 있으며, 다음과 같은 연관성으로 나타낼 수 있다.

癸水는 壬水가 생

---

662) 徐大升, 『淵海子平』 「論天干生旺死絶」: "癸水生卯, 沐浴在寅, 冠帶在丑, 建祿在子, 帝旺在亥, 衰在戌, 病在酉, 死在申, 墓在未, 絶在午, 胎在巳, 養在辰."

기(生氣)를 번성(繁盛)하고 난 뒤 木의 왕절(旺節)인 卯月에 사(死)할 때 생(生)이 되고, 金의 고(庫)인 丑月에 관대(冠帶)[양인(羊刃)]가 되고, 壬水가 가장 왕성(旺盛)한 子月에 건록(建祿)이 되며, 亥月[戊甲壬]에 <水가 木으로 化할 수 있는> 甲木의 장생(長生)이 되고 壬水가 있어 제왕(帝旺)이 되며, 壬水가 장생(長生)이 되는 申月에 사(死)가 되고, 未月에는 <癸水가 화(化)할 수 있는> 甲木이 고(庫)[묘(墓)]로 들어가고 丁火가 있음[癸가 절(絶)]으로 인해 묘(墓)가 되며, 가장 힘없는 火의 계절(季節)에는 단절(斷絶)된 절(絶)[丁]과 태(胎)와 양(養)의 계절(季節)이 역행(逆行)으로 도래(渡來)하게 된다.

그러므로 癸는 본인이 木의 결실(結實)이 나타나게[化하게] 되는 甲木의 삼합(三合)과 水生木과 관련되어, 卯月에 장생(長生)이 되고, 亥月에 제왕(帝旺)이 되며, 未月에 묘(墓)가 된다.

이제까지 십이운성(十二運星)을 『연해자평(淵海子平)』을 중심으로 알아보았다. 위 내용들은 월(月)을 기준으로 설명하였으나, 실제 사용에 있어서는 년일시(年日時)와 행운(行運)에서도 적용할 수 있다.

명대(明代) 『삼명통회(三命通會)』에는, "오행(五行)이 십이궁(十二宮)에 의지(依支)하여 생긴다 하는 것은, 장생(長生), 목욕(沐浴), 관대(冠帶), 임관(臨官)[건록(建祿)], 제왕(帝旺), 쇠(衰), 병(病), 사(死), 묘(墓), 절(絶), 태(胎), 양(養)을 일정하게 두루 돌아선 끝이 없음인지라 두루 시작을 다시 하게되어선 사물(事物)의 큰 체(體)와 더불어 사람의 모양과 흡사하게 만들어지니, 십이궁(十二宮)을 도는 원리(原理)가 역시 인간(人間)이 윤회(輪回)하는 거와 같음이다"663)하여, 인간(人間)의 인생사(人生事)와 같음으로 나타내었다.

---

663) 萬民英, 『三命通會』「論五行旺相休囚死並寄生十二宮」: "五行寄生十二宮, 長生, 沐浴, 冠帶, 臨官, 帝旺, 衰, 病, 死, 墓, 絶, 胎ⅿ 養, 循環無端, 週而復始, 造物大體與人相似."

그리고 『연해자평(淵海子平)』의 내용이 나타난 '음양순역생왕사절지도(陰陽順逆生旺死絕地圖)'를 나타내면 다음과 같다.

<표 85> 『연해자평(淵海子平)』 음양순역생왕사절지도(陰陽順逆生旺死絕地圖)

壬 庚 丙 戊 甲 絕 生 祿 祿 病 巳 癸 辛 丁 己 乙 胎 死 旺 旺 浴	壬 庚 丙 戊 甲 胎 浴 旺 旺 死 午 癸 辛 丁 己 乙 絕 病 祿 祿 生	壬 庚 丙 戊 甲 養 帶 衰 衰 墓 未 癸 辛 丁 己 乙 卯 衰 帶 帶 養	壬 庚 丙 戊 甲 生 祿 病 病 絕 申 癸 辛 丁 己 乙 死 旺 浴 浴 胎
壬 庚 丙 戊 甲 墓 養 帶 帶 衰 辰 癸 辛 丁 己 乙 養 墓 衰 衰 帶	음양순역생왕사절지도 (陰陽順逆生旺死絕地圖)		壬 庚 丙 戊 甲 浴 旺 死 死 胎 酉 癸 辛 丁 己 乙 病 祿 生 生 絕
壬 庚 丙 戊 甲 死 胎 浴 浴 旺 卯 癸 辛 丁 己 乙 生 絕 病 病 祿			壬 庚 丙 戊 甲 帶 衰 墓 墓 養 戌 癸 辛 丁 己 乙 衰 帶 養 養 墓
壬 庚 丙 戊 甲 病 絕 生 生 祿 寅 癸 辛 丁 己 乙 浴 胎 死 死 旺	壬 庚 丙 戊 甲 衰 墓 浴 浴 帶 丑 癸 辛 丁 己 乙 帶 衰 墓 墓 衰	壬 庚 丙 戊 甲 旺 巳 兌 浴 子 癸 辛 丁 己 乙 祿 生 絕 絕 病	壬 庚 丙 戊 甲 祿 病 絕 絕 生 亥 癸 辛 丁 己 乙 旺 浴 胎 死

다음은 십이운성(十二運星)을 천간별(天干別)로 나타내면 다음과 같다.

<표 86> 천간별(天干別) 십이운성(十二運星)

천간(天干) / 십이운성(十二運星)		甲	乙	丙	丁	戊	己	庚	辛	壬	癸
음(陰) 문창(文昌)	장생(長生)	亥	午	寅	酉	寅	酉	巳	子	申	卯
양(陽) 함지(咸池)	목욕(沐浴)	子	巳	卯	申	卯	申	午	亥	酉	寅
음(陰) 양인(羊刃)	관대(冠帶)	丑	辰	辰	未	辰	未	未	戌	戌	丑
십간록(十干祿)	건록(建祿)	寅	卯	巳	午	巳	午	申	酉	亥	子
양(陽) 양인(羊刃)	제왕(帝旺)	卯	寅	午	巳	午	巳	酉	申	子	亥
	쇠(衰)	辰	丑	未	辰	未	辰	戌	未	丑	戌
양(陽) 문창(文昌)/역마(驛馬)	병(病)	巳	子	申	卯	申	卯	亥	午	寅	酉
	사(死)	午	亥	酉	寅	酉	寅	子	巳	卯	申
고(庫)[장(葬)]/화개(華蓋)	묘(墓)	未	戌	戌	丑	戌	丑	丑	辰	辰	未
겁살(劫煞)	절(絶)	申	酉	亥	子	亥	子	寅	卯	巳	午
	태(胎)	酉	申	子	亥	子	亥	卯	寅	午	巳
천살(天煞)	양(養)	戌	未	丑	戌	丑	戌	辰	丑	未	辰

십이운성(十二運星)의 특징(特徵)에 대해 다음과 같이 나타낼 수 있다.

1. 장생(長生)은 많은 가족(家族)들의 기다림 속에 태어남으로 인해 환영(歡迎)을 받으며, 사랑과 관심(關心)을 독차지하고, 어린 생명(生命)이므로 깨끗하고 청결(淸潔)하며 순수(純粹)하고 순진(順進)하고 단정(端正)하고 진실(眞實)하다.

처음 태어나 세상(世上)에 대한 호기심(好奇心)이 많아 열심히 배우려 하고, 연구(硏究), 기술(技術), 창의(創意) 등에 관심이 많다.

그러나 아직은 어린 나이라 반드시 후견인(後見人)이 있어야 학문(學文) 연구하고 배우는데 힘쓸 수 있고, 차후 남을 가르치는 데도 일가견(一家見)이 있으며, 학습(學習) 방면에는 천부적(天賦的)인 재능(才能)과 만사(萬事)에 추진력(推進力)이 있다.

장생(長生)이 있으면 장남(長男)으로 태어나 조상(祖上)과 부모(父母)와의 인연(因緣)이 깊으며, 차남(次男)으로 태어나더라도 장남(長男) 역할을 하는 경우가 많다.

년(年)에 장생(長生)이 있으면, 조상(祖上)과 부모(父母)와의 인연이 깊으며, 어린 시절 행복(幸福)하게 지내며, 조상(祖上)이 부(富)나 귀(貴)가 있었다고 본다.

월(月)에 장생(長生)이 있으면, 부모(父母)와 형제(兄弟)와 인연(因緣)이 있으며, 학업(學業)성적이 우수하고 공부(工夫)에 열성적(熱誠的)이다.

일(日)과 시(時)에 장생(長生)이 있으면, 만학(晩學)에 뜻을 두어 그 일을 성취(成就)하는 경우가 많다.

辛　丁　己　丁　　건명(乾命)

亥　亥　酉　巳

위 명주(命柱)는 丁火가 酉月 장생(長生)에 생(生)하고, 장생(長生)이 식신(食神)과 동주(同柱)하여 부모(父母)와 인연(因緣)이 깊을 뿐 아니라 학문(學文)에도 뛰어나다.

庚　壬　丙　甲　　건명(乾命)

子　申　寅　子

위 명주(命柱)는 壬水가 寅月 병(病)[문창성(文昌星)]에 생(生)하고, 일(日)이 장생(長生)이다. 본인(本人)이 金水가 다(多)하고 재성(財星)이 투출(透出)되어 있고 년(年)과 시(時)가 제왕(帝旺)이 되니, 무관공무원(務官公務員)으로 있다가 정치(政治)에 입문(入門)하여 본인(本人)의 재량(才量)을 펼쳤다.

2. 목욕(沐浴)은 장생(長生)으로 태어난 뒤, 이제는 걸을 수 있으며 제 멋대로 하려하는 시기이다. 그러나 아직은 대소변(大小便)을 가릴 수 없는 시기이므로, 순수(純粹)함을 간직하고 있어 다른 사람들의 유혹(誘惑)에 쉽게 넘어가기도 하고, 실수(失手)와 오판(誤判) 및 실패(失敗)가 많은 시기이다.

좋은 옷을 입으려고 하는 본능(本能)을 가지고 있어, 자주 옷을 벗기도 하고 멋을 잘 부리며, 한참 예쁘기도 하여 인물(人物)이 뛰어나다. 그러나 너무 좋은 것만 취(取)하려 하면서 색정(色情)과 화려한 생활(生活)에 도취(陶醉)될 수 있다. 예능(藝能)과 운동(運動)에 관심이 많음으로 인해, 이성(異性)과의 관계도 자주 바뀔

수 있다.

己　甲　戊　庚　건명(乾命)
巳　子　子　寅

위 명주(命柱)는 甲木이 子月에 생(生)하고 子日이 되어 월(月)과 일(日)이 목욕(沐浴)이다. 부모(父母)와의 인연(因緣)이 적고 어릴 때 서모(庶母) 밑에서 자라 고생을 많이 했으나, 결혼(結婚)이후 형편이 나아졌다.

3. 관대(冠帶)는 육체(肉體)가 성숙(成熟)하여 관모(冠帽)를 쓰는 시기이나, 정신적(精神的)으로는 아직 성숙(成熟)되지 못하였고, 부모(父母)의 격려(激勵)와 배려(配慮)에 관심(關心)이 없으며, 오히려 타인(他人)에게 자존심(自尊心)을 너무 내세우기도 하고 여러 일에 실패(失敗)가 많다.

때로는 자존심(自尊心)과 명예(名譽)를 너무 내세우다가 타인(他人)과 충돌(衝突)이 일어나기도 하고, 독단적(獨斷的)이여서 간섭(干涉)이나 지배(支配)를 싫어한다.

癸　癸　丙　丙　곤명(坤命)
丑　丑　申　申

위 명주(命柱)는 癸水가 申月과 申年에 생(生)하였고 일시(日時)가 丑土로 관대(冠帶)가 되니, 재성(財星) 丙火가 년월(年月)에 투출(透出)되어도 두려워하지 않는다. 인성(印星)이 좋고 관대(冠帶)가 있어 자존심(自尊心)은 강하지만 맡은 바

책임(責任)을 다하는 성격(性格)이 되어, 사립(私立) 유치원(幼稚園)을 운영하다가 유아(幼兒)담당 장학사(奬學士)로 발탁(拔擢)되었다.

4. 건록(建祿)은 정신(精神)이 다 성숙(成熟)된 시기가 되어 부모(父母)와 인연(因緣)이 적으며, 홀로 독립(獨立)된 생활을 해야 한다. 부모(父母)와 인연(因緣)이 적으니 당연 부모(父母)의 도움을 받지 않으면서 자수성가(自手成家)해야 하고, 만약 부모(父母)의 도움을 받는다면 실패(失敗)로 이어질 확률(確率)이 높아진다.

관대(冠帶)보다 더 자존심(自尊心)이 강하고, 타인(他人)의 지배(支配)를 받기 싫어하며, 독립적(獨立的)인 부서(部署)나 체계적(體系的)인 회사(會社) 또는 공무원(公務員), 공기업(公企業), 대기업(大企業) 계통(系統)이 좋다.

년(年)에 건록(建祿)이 있으면, 자수성가(自手成家)한 부친(父親)이 있을 수 있으나, 부친(父親)과의 인연(因緣)은 적다.

월(月)에 건록(建祿)이 있으면, 부모궁(父母宮)에 본인(本人)이 있는 것과 같아 강(强)함에 근거(根據)가 되지만, 오히려 부모형제(父母兄弟)는 힘이 없어져 본인(本人)이 도와주어야 하고, 장남(長男)역할을 하면서 가족(家族)을 돌봐 주지만 그 덕(德)을 인정받지 못하고 오히려 원망(怨望)을 듣는다.

곤명(坤命)은 필히 전문직(專門職)을 하는 것이 좋다.

일(日)에 건록(建祿)이 있으면, 배우자궁(配偶者宮)에 본인(本人)이 있어 부부(夫婦)의 갈등(葛藤)이 심하고, 본인(本人)이 양자(養子)로 가든지 양(兩) 집안을 돌봐야 한다.

시(時)에 건록(建祿)이 있으며, 발복(發福)받는 자식(子息)이 있으며 노후(老後)가 편안(便安)할 수 있다.

乙　甲　戊　庚　건명(乾命)
亥　申　寅　寅

위 명주(命柱)는 甲木이 월(月)과 년(年)이 건록(建祿)이고, 부친(父親) 戊土가 투출(透出)되어 많은 木들에게 공격(攻擊)을 당해 일찍 여의었고, 비겁(比劫)과 건록(建祿)이 다(多)하니 부부(夫婦)인연도 박(薄)하다.

5. 제왕(帝旺)은 오행(五行)이 극(極)에 달하는 시기이며, 타인(他人)을 제압(制壓)하거나 살상(殺傷)하는 위험(危險)을 가지고 있다. 때로는 그 살상(殺傷)이 자신(自身)에게 미칠 때도 있고, 이로 인해 도처(到處)에 적(敵)을 만들기가 쉽다.

숙살(肅殺)과 살상(殺傷)의 기운(氣運)을 무관공무원(武官公務員)이나, 타인(他人)을 위해 헌신봉사(獻身奉事)하게 되면 그 기운(氣運)이 줄어들긴 하나, 아집(我執)과 고집(固執)은 버리기 힘들다.

년(年)에 제왕(帝旺)이 있으며, 보수적(保守的)인 가문(家門)에서 출생할 확률(確率)이 높으며, 선대(先代)가 가난한 선비(鮮肥)이거나 무관공무원(務官公務員)을 지냈으며, 자존심(自尊心)이 강하고 허풍(虛風)이 있어 타인(他人)과 타협(妥協)이 잘 되지 않는다.

월(月)에 제왕(帝旺)이 있으면, 부모형제(父母兄弟)와 인연(因緣)이 없으며 일찍 타향(他鄕)으로 가서 자수성가(自手成家)해야 하며, 만약 부모(父母)에게 유산(遺産)을 물려받았다면 탕진(蕩盡)을 할 것이다.

일(日)에 제왕(帝旺)이 있으면, 부부(夫婦)의 인연(因緣)이 적고 역시 아집(我執)과 고집(固執)이 강하다. 곤명(坤命)은 독신(獨愼)이거나 과부(寡婦)가 많다.

시(時)에 제왕(帝旺)이 있으면, 자식(子息)이 발전(發展)할 수 있으나, 곤명

(坤命)은 관성(官星)이 겸(兼)하면 학문(學文) 연구(研究)를 좋아한다.

辛　壬　癸　丙　　건명(乾命)
亥　子　巳　子

위 명주(命柱)는 壬水가 巳月에 생(生)하여 쇠약(衰弱)하지만 金水가 다(多)하고 년일시(年日時)에 제왕(帝旺)과 건록(建祿)이 되어, 부모(父母)의 덕(德)이 적어 일찍 타향(他鄉)에서 고생을 하였으며, 부인(婦人)도 병(病)으로 고생한 후 사망(死亡)하였다.

6. 왕(旺)한 기운(氣運)이 지나고 나면 쇠(衰)한 기운(氣運)이 오니, 안정(安定)된 생활을 원하는 시기이다. 오행(五行)이 모두 土로 이루어진 쇠(衰)는 믿음[신(信)]과 신용(信用)을 중시하고, 현실(現實)적이며, 맡은 바 책임(責任)을 다하는 성향(性向)을 가지고 있다.

때로는 섬세(纖細)하고, 때로는 소심(小心)하여 건명(乾命)은 소극적(消極的)인 사람일 수 있으나, 곤명(坤命)은 현모양처(賢母良妻)라고 할 수 있다. 남녀(男女) 공히 고(庫)에 해당하므로 사치(奢侈)와는 인연(因緣)이 없으며, 보수적(保守的)이어서 스스로의 생각에 갇힐 수도 있다.

년(年)에 쇠(衰)가 있으면, 선대(先代)에서부터 보수적(保守的)인 집안이거나 가난한 선비(鮮肥) 집안일 수 있다.

월(月)에 쇠(衰)가 있으면, 부모(父母)가 보수적(保守的)이면서 맡은 바 책임(責任)을 다하는 성격(性格)이 되고, 주거(住居) 및 직장(職場) 이동을 잘 하지 않는다.

일(日)에 쇠(衰)가 있으면, 내면(內面)의 세계(世界)가 보수적(保守的)이고, 외출(外出)하는 것 보다는 학문(學文)과 연구(硏究)에 몰두(沒頭)하는 성향(性向)이 나타난다.

시(時)에 쇠(衰)가 있으면, 노후(老後)가 외롭고 쓸쓸할 수 있으며, 자식(子息)과의 인연(因緣)이 적다.

7. 쇠(衰)하고 난 후에는 병(病)이 들게 마련이다. 병(病)이 있으면 자연 건강(健康)에 관심(關心)이 많아 그와 관련된 직업(職業)을 가지거나, 다른 직업(職業)을 가지고 있어도 공부(工夫)하려 하며, 그런 배우자(配偶者)와도 인연(因緣)이 있다.

신체(身體)에 병(病)이 들게 되면, 본인(本人)이 나가는 것보다는 평소 사교성(社交性)이 있었던 사람들이 방문(訪問)하는 경우가 많고, 많지는 않지만 의식주(衣食住)가 풍부(豐富)하여 평소 정적(靜的)인 취미(趣味)인 음악감상(音樂感傷)이나 독서(讀書)등을 좋아하고, 작은 의식주(衣食住)에도 만족하는 스타일이다. 따라서 동적(動的)인 면보다는 정적(靜的)인 면이 더 강하다.

8. 사(死)하게 되면 영혼(靈魂)에 대한 관심(關心)이 많아지게 된다. 종교(宗敎)나 철학(哲學) 등에 관심(關心)을 기울이고, 그 분야에서 권위(權威)있는 자리에 있을 수 있다. 평소 학문(學文) 연구(硏究)를 좋아하고, 특히 생명(生命)과 관계된 직업(職業), 과학(科學), 교수(敎授) 또는 선생(先生), 명리학(命理學), 풍수지리(風水地理), 기(氣) 등에도 관심(關心)을 많으며, 이를 연구(硏究)하는 직업(職業)을 가지는 수가 많다.

일(日)이나 시(時)에 사(死)가 있으면, 학문(學文) 연구(硏究)에 몰두하거나, 교수(敎授) 또는 선생(先生), 철학자(哲學者), 명리학자(命理學者), 풍수학자(風水學者) 등이 많다.

癸	甲	戊	乙	곤명(坤命)
酉	午	寅	巳	

위 명주(命柱)는 甲木이 寅月에 생(生)하고, 일(日)은 午가 되어 사(死)가 된다. 월(月)과 일(日)이 寅午合을 하고 년(年)이 巳가 되어 火가 성(盛)하여 식상(食傷)이 좋은 역할을 하며, 일지(日支)에 사(死)가 되어 한의사(韓醫師)를 하고 있다.

9. 묘(墓)는 모든 오행(五行)이 고(庫)로 돌아가기 때문에 모든 것을 비축(備蓄)하려는 습성(習性)이 나타난다. 모험(冒險)을 싫어하며, 고정된 수입(收入)으로 안정(安定)된 생활을 좋아하고, 저축(貯蓄)을 기본(基本)으로 하면서 근면(勤勉)하고 성실(誠實)하며 약속(約束)을 소중히 지킨다.

평소 검소(儉素)하고 소박(疎薄)한 것을 좋아하고, 가문(家門)을 지키려 하고 선대(先代)의 묘(墓)를 돌보려 한다.

년(年)에 묘(墓)가 있으면, 고향(故鄕)을 잘 떠나려 하지 않고, 선조(先祖)의 선영(先塋)을 돌보는데 노력한다. 혹 고향(故鄕)을 떠나 있어도 다시 돌아올 확률(確率)이 많고, 멀리 있다 하더라도 항상 고향(故鄕)에 대한 관심(關心)이 있다.

월(月)이나 일(日)에 묘(墓)가 있으면, 아집(我執)과 고집(固執)이 일부 나타나며, 부모(父母) 또는 부부(夫婦) 인연(因緣)이 박(薄)할 수 있다.

시(時)에 묘(墓)가 있으면, 친자식(親子息)과는 인연(因緣)이 박(薄)하고, 오히려 타인(他人)의 자식(子息)들과 인연(因緣)이 있으며, 자식(子息)으로 인한 근심(謹審)이 있을 수 있다.

戊　丙　乙　甲　　곤명(坤命)
戊　戌　亥　辰

위 명주(命柱)는 병화(丙火)가 해월(亥月)에 태어나 절(絶)이 되어 약(弱)하고, 일시(日時)에 묘(墓)가 되고 백호(白虎)가 되어 생활(生活)이 힘들게 되었다. 자식(子息)이 있으나 인연(因緣)이 없으며, 주색(酒色)으로 고생하다가 결국 파가(破家)하였다. 종교(宗敎)생활을 하려하나 식신(食神)이 왕(旺)하여 그 또한 힘들게 되었다.

10. 절(絶)은 모든 인연(因緣)과 끊어져 있기 때문에, 오히려 영감(靈感)이 뛰어나다. 그러나 절(絶)이 되어 불안(不安)한 마음을 항상 지니고 있어, 솔직(率直)할 때도 있지만 허무(虛無)함을 항상 가지고 있다.

년(年)이나 월(月)에 절(絶)이 있으면, 선대(先代) 또는 부모(父母)가 가난(家難)할 수 있으며, 부모형제(父母兄弟)와 인연(因緣)이 박(薄)하다.

일(日)에 절(絶)이 있으면, 부부(夫婦) 인연(因緣)이 박(薄)하며, 일찍 고향(故鄕)을 떠나 고생(苦生)할 수 있다.

시(時)에 절(絶)이 있으면, 자식(子息)과의 인연(因緣)이 적으며, 노후(老後)를 생각하면서 생활하여야 한다.

丙　庚　辛　丙　　건명(乾命)

子　寅　卯　申

위 명주(命柱)는 경금(庚金)이 묘월(卯月)에 생(生)하고 인일(寅日)이라, 각각 태(胎)와 절(絶)이 된다. 일찍이 부모형제(父母兄弟) 덕(德)이 없어 고향(故鄕)을 떠나 살았고, 현재도 독신(獨身)으로 살아가고 있다.

11. 태(胎)는 이제 뱃속에서 잉태(孕胎)되는 시기라 아직은 위험(危險)한 시기이므로, 그 근성(根性)이 부드럽고 연약(軟弱)하며, 주체성(主體性)이 약하고 의타심(依他心)이 있으며, 결단력(決斷力)이 부족하고 두려움이 많다.

년(年)에 태(胎)가 있으면, 선대(先代)에 고향(故鄕)을 떠나 타향(他鄕)에서 일가(一家)를 이루었다고 본다.

월(月)에 태(胎)가 있으면, 부모형제(父母兄弟)와 인연(因緣)이 박(薄)하고, 직업(職業)의 변동(變動)이 심(甚)하다.

일(日)에 태(胎)가 있으면, 본인(本人) 또는 배우자(配偶者)가 의탁심(依託心)이 있고, 주관(主管)이 뚜렷하지 않아 우유부단(優柔不斷)함이 많다.

시(時)에 태(胎)가 있으면, 자식(子息)과 인연(因緣)이 박(薄)하며, 자식(子息)이 연약(軟弱)할 수 있다.

己　庚　庚　辛　　곤명(坤命)

卯　辰　子　丑

위 명주(命柱)는 庚金이 子月에 생(生)하여 사(死)가 되고, 卯時가 되어 태(胎)

가 된다. 여식(女息)이 한 명 있으나 직업(職業)이 여러 번 바뀌고 올바른 직장(職場)이 없다.

12. 양(養)은 모친(母親)에게 영양분(營養分)을 충분히 먹고 뱃속에서 자라고 있다 보니 일부 윤택(潤澤)함을 누릴 수 있다. 그러나 급속적(急速的)인 발전(發展)보다는 원만(圓滿)하고 착실한 것을 좋아하고, 대립(對立)하는 것을 즐기지는 않는다.

양(養)이 있다는 것은 양자(養子)의 기운(氣運)이 있다는 것으로, 선대(先代)에 양자(養子)로 간 사람이 있거나 본인(本人)이 양자(養子)로 갈 수 있으며, 양자(養子)로 간 곳에서 일부 상속(相續)을 받을 수 있다. 양자(養子)로 가지 않았다면 조상(祖上) 중 이름 없는 제사(祭祀)를 모셔야 하고, 모시게 되면 작은 상속(相續)이라도 있다고 본다.

년(年)에 양(養)가 있으면, 선대(先代) 또는 부모(父母)가 양자(養子)로 가는 경향(傾向)이 많다.

월(月)에 양(養)가 있으면, 부모(父母) 또는 형제(兄弟)가 양자(養子)로 가는 수가 있다.

일(日)에 양(養)가 있으면, 부모(父母)와의 인연(因緣)이 박(薄)하고, 본인(本人)이 양자(養子)로 갈 수 있다. 그러나 곤명(坤命)은 결혼(結婚)을 하게 되면 양녀(養女)로 간다고 본다.

시(時)에 양(養)이 있으면, 자식(子息)과의 인연(因緣)이 박(薄)하고, 자식(子息)이 양자(養子)로 가든지 멀리 떨어져 살아야 한다고 본다.

甲　甲　壬　乙　　건명(乾命)

戌　子　午　未

위 명주(命柱)는 甲木이 午月에 생(生)하여 사(死)가 되고, 戌時가 되어 양(養)이 된다. 자식(子息)은 교도소(矯導所)에 가 있어 인연(因緣)이 없고 본인(本人)도 생활이 어려운 편이다.

지금까지 살펴본 십이운성(十二運星)은, 결국 오행(五行)의 왕상휴수사(旺相休囚死)와 관련되어 있고, 왕(旺)은 각 오행(五行)이 자기 계절[건록(建祿), 제왕(帝旺)]에 태어난 것을 말하고, 상(相)은 각 오행(五行)을 생(生)해 주는 계절[인성(印星)]에 태어난 것을 말하며, 휴(休)는 각 오행(五行)이 생(生)하는 계절[식상(食傷)]에 태어난 것을 말하고, 수사(囚死)는 각 오행(五行)이 계절(季節)에서 힘든 절기(節氣)에 태어난 것을 말한다. 수(囚)는 일간(日干)이 극(剋)하는 재성(財星)이 되고, 사(死)는 일간(日干)을 극(剋)하는 관성(官星)이 되며, 재성(財星)과 관성(官星)은 일간(日干)이 극(剋)하거나, 일간(日干)이 극(剋)을 당하여 제일 힘없는 계절(季節)이 된다.

이것은 수대(隋代) 『오행대의(五行大義)』에 구체적으로 나타나 있다.

휴왕(休王)의 뜻은 모두 세 가지가 있으니, 첫째는 오행(五行)의 몸체의 휴왕(休王)을 분별(分別)하는 것이고, 둘째는 간지(干支)의 휴왕(休王)을 논(論)하는 것이며, 셋째는 팔괘(八卦)의 휴왕(休王)을 논하는 것이다.[664]

봄은 木이 왕(旺)하고, 火가 상(相)하며, 水가 휴(休)하고, 金이 수(囚)하며, 土가 사(死)하게 된다.[665]

---

664) 『五行大義』: "休王之義, 凡有三種, 第一辨五行體休王, 第二論支干休王, 第三論八卦休王."

여름은 火가 왕(旺)하고, 土가 상(相)하며, 木이 휴(休)하고, 水가 수(囚)하고, 金이 사(死)하게 된다.[666]

未月[6월]은 土가 왕(旺)하고, 金이 상(相)하며, 火가 휴(休)하고, 木이 수(囚)하고, 水가 사(死)하게 된다.[667]

가을은 金이 왕(旺)하고, 水가 상(相)하며, 土가 휴(休)하고, 火가 수(囚)하며, 木이 사(死)하게 된다.[668]

겨울은 水가 왕(旺)하고, 木이 상(相)하며 金이 휴(休)하고, 土가 수(囚)하며, 火가 사(死)하게 된다.[669]

이를 정리하여 표로 나타내면 다음과 같다.

<표 87> 『오행대의(五行大義)』에 나타난 오행(五行)의 왕상휴수사(旺相休囚死)

사계(四季) / 오행(五行)	춘(春)	하(夏)	未月[6월]	추(秋)	동(冬)
木	왕(旺)	휴(休)	수(囚)	사(死)	상(相)
火	상(相)	왕(旺)	휴(休)	수(囚)	사(死)
土	사(死)	상(相)	왕(旺)	휴(休)	수(囚)
金	수(囚)	사(死)	상(相)	왕(旺)	휴(休)
水	휴(休)	수(囚)	사(死)	상(相)	왕(旺)

---

665) 『五行大義』: "春則木王, 火相水休, 金囚土死."
666) 『五行大義』: "夏則火王, 土相木休, 水囚金死."
667) 『五行大義』: "六月則土王, 金相火休, 木囚水死."
668) 『五行大義』: "秋則金王, 水相土休, 火囚木死."
669) 『五行大義』: "冬則水旺, 木相金休, 土囚火死."

이에 더 나아가 천간(天干)과 지지(地支)를 왕상휴수사(旺相休囚死)를 나타내었고, 현재 명리학(命理學)에서 각 간지(干支)별 왕상휴수사(旺相休囚死)와 상이(相異)하지 않다.

봄에는 甲乙과 寅卯가 왕(王)하고, 丙丁과 巳午는 상(相)하며, 壬癸와 亥子는 휴(休)하고, 庚辛과 申酉는 수(囚)하며, 戊己와 辰戌丑未는 사(死)하게 된다.[670]

여름에는 丙丁과 巳午는 왕(王)하고, 戊己와 辰戌丑未는 상(相)하며, 甲乙과 (寅)卯는 휴(休)하고, 壬癸와 亥子는 수(囚)하며, 庚辛과 申酉는 사(死)하게 된다.[671]

未月[6월]에는 戊己와 辰戌丑未는 왕(王)하고, 庚辛과 申酉는 상(相)하며, 丙丁과 巳午는 휴(休)하며, 甲乙과 寅卯는 수(囚)하며, 壬癸와 亥子는 사(死)하게 된다.[672]

가을은 庚辛과 申酉는 왕(王)하고, 壬癸와 亥子는 상(相)하며, 戊己와 辰戌丑未는 휴(休)하고, 丙丁과 巳午는 수(囚)하며, 甲乙과 寅卯는 사(死)하게 된다.[673]

겨울은 壬癸와 亥子는 왕(王)하고, 甲乙과 寅卯는 상(相)하며, 庚辛과 申酉는 휴(休)하고, 戊己와 辰戌丑未는 수(囚)하며, 丙丁과 巳午는 사(死)하게 된다.[674]

명대(明代) 『삼명통회(三命通會)』에는 왕상휴수사(旺相休囚死)를 각 오행(五行)이 본기(本氣)를 받으면 왕(旺)[왕(王)]이라 하였고, 상생(相生)과 상극(相剋)의 원리(原理)로 계절(季節)과 왕상휴수사(旺相休囚死)를 설명하고 있다.

성덕(盛德)한 오행(五行)이 시령(時令)을 타는 것을 왕(旺)이라 하니, 봄에 목기(木氣)가 왕성(旺盛)한 것과 같다. 목기(木氣)가 왕성(旺盛)하면 화기(火氣)를 생

---

670) 『五行大義』: "春則甲乙寅卯王, 丙丁巳午相, 壬癸亥子休, 庚辛申酉囚, 戊己辰戌丑未死."
671) 『五行大義』: "夏則丙丁巳午王, 戊己辰戌丑未相, 甲乙寅卯休, 壬癸亥子囚, 庚辛申酉死."
672) 『五行大義』: "六月則戊己辰戌丑未王, 庚辛申酉相, 丙丁巳午休, 甲乙寅卯囚, 壬癸亥子死."
673) 『五行大義』: "秋則庚辛申酉王, 壬癸亥子相, 戊己辰戌丑未休, 丙丁巳午囚, 甲乙寅卯死."
674) 『五行大義』: "冬則壬癸亥子王, 甲乙寅卯相, 庚辛申酉休, 戊己辰戌丑未囚, 丙丁巳午死."

(生)하니 火는 바로 木의 자식(子息)이 된다.[675]

여름에는 (火)가 왕(旺)하다. 火가 土를 생(生)하면 곧 土가 상(相)이 되고, 木이 火를 생(生)하면 곧 木이 휴(休)이며, 水가 火를 극(剋)하면 곧 水가 수(囚)이고, 火가 金을 극(剋)하면 곧 金이 사(死)이다.[676]

未月[6월]에는 土가 왕(旺)하다. 土가 金을 생(生)하면 곧 金이 상(相)이 되고, 火가 土를 생(生)하면 곧 火가 휴(休)이며, 木이 土를 극(剋)하면 木이 수(囚)이고, 土가 水를 극(剋)하면 곧 水가 사(死)이다.[677]

가을에는 金이 왕(旺)하다. 金이 水를 생(生)하면 곧 水가 상(相)이고, 土가 金을 생(生)하면 곧 土가 휴(休)이며, 火가 金을 극(剋)하면 곧 火가 수(囚)이고, 金이 木을 극(剋)하면 곧 木이 사(死)이다.[678]

겨울에는 水가 왕(旺)하다. 水가 木을 생(生)하면 곧 木이 상(相)이고, 金이 水를 생(生)하면 곧 金이 휴(休)이며, 土가 水를 극(剋)하면 곧 土가 수(囚)이고, 水가 火를 극(剋)하면 곧 火가 사(死)이다.[679]

『오행대의(五行大義)』와 『삼명통회(三命通會)』의 내용을 같이 정리하여 나타내면 <표 88>과 같다.

---

675) 萬民英, 『三命通會』 「論五行旺相休囚死並寄生十二宮」: "盛德乘時曰旺, 如春木旺, 旺則生火, 火乃木之子."
676) 萬民英, 『三命通會』 「論五行旺相休囚死並寄生十二宮」: "夏火旺火, 生土則土相, 木生火則木休, 水剋火則水囚, 火剋金則金死."
677) 萬民英, 『三命通會』 「論五行旺相休囚死並寄生十二宮」: "六月土旺, 土生金則金相, 火生土則火休, 木剋土則木囚, 土剋水則水死."
678) 萬民英, 『三命通會』 「論五行旺相休囚死並寄生十二宮」: "秋金旺, 金生水則水相, 土生金則土休, 火剋金則火囚, 金剋木則木死."
679) 萬民英, 『三命通會』 「論五行旺相休囚死並寄生十二宮」: "冬水旺, 水生木則木相, 金生水則金休, 土剋水則土囚, 水剋火則火死."

<표 88> 오행(五行)의 왕상휴수사(旺相休囚死)
출처: 『오행대의(五行大義)』와 『삼명통회(三命通會)』 참조

사계(四季) \ 간지(干支)	춘(春) [寅卯]	하(夏) [巳午]	未月 [辰戌丑未]	추(秋) [申酉]	동(冬) [亥子]
甲乙, 寅卯	왕(旺) [녹왕(祿旺)]	휴(休) [식상(食傷)]	수(囚) [재성(財星)]	사(死) [관성(官星)]	상(相) [인성(印星)]
丙丁, 巳午	상(相) [인성(印星)]	왕(旺) [녹왕(祿旺)]	휴(休) [식상(食傷)]	수(囚) [재성(財星)]	사(死) [관성(官星)]
戊己, 辰戌丑未	사(死) [관성(官星)]	상(相) [인성(印星)]	왕(旺) [녹왕(祿旺)]	휴(休) [식상(食傷)]	수(囚) [재성(財星)]
庚辛, 申酉	수(囚) [재성(財星)]	사(死) [관성(官星)]	상(相) [인성(印星)]	왕(旺) [녹왕(祿旺)]	휴(休) [식상(食傷)]
壬癸, 亥子	휴(休) [식상(食傷)]	수(囚) [재성(財星)]	사(死) [관성(官星)]	상(相) [인성(印星)]	왕(旺) [녹왕(祿旺)]

이 중 未月은 통상적으로 진술축미(辰戌丑未)와 같이 보고 있으나, 십이운성(十二運星)에서 火와 土는 동궁(同宮)이므로 戊己土에 있어서는 未月과 辰·戌·丑·月은 일부 구별(區別)이 필요함을 인지하여 간명(看命)하여야 한다.

【제2절. 신살론(神煞論)】

신살(神煞)은 곧 십이신살(十二神煞)을 말하고, 십이신살(十二神煞)은 십이운성(十二運星)과 관련되어 있으며, 삼합(三合)의 원리와 연관되어 운영(運營)된다.

다시 말해, 앞 서 나타낸 『회남자(淮南子)』의 삼합(三合)을 보면, 申子辰은 水이고, 亥卯未는 木이며, 寅午戌은 火이고, 巳酉丑은 金이므로, 水[申子辰]는 절지(絶地)인 巳에서 겁살(劫煞)이 되고, 木[亥卯未]은 절지(絶地)인 申에서 겁 살(劫煞)이 되며, 火[寅午戌]는 절지(絶地)인 亥에서 겁살(劫煞)이 되고, 金[巳 酉丑]은 절지(絶地)인 寅에서 겁살(劫煞)이 된다.

<표 89> 십이신살(十二神煞)

삼합(三合) 신살(神煞)	申子辰[水]	亥卯未[木]	寅午戌[火]	巳酉丑[金]	십이운성 (十二運星)
겁살(劫煞)	巳	申	亥	寅	절(絶)
재살(災煞)	午	酉	子	卯	태(胎)
천살(天煞)	未	戌	丑	辰	양(養)
지살(地煞)	申	亥	寅	巳	장생(長生)
년살(年煞)	酉	子	卯	午	목욕(沐浴)
월살(月煞)	戌	丑	辰	未	관대(冠帶)
망신살 (亡身煞)	亥	寅	巳	申	건록(建祿)
장성살 (將星煞)	子	卯	午	酉	제왕(帝旺)
반안살 (攀鞍煞)	丑	辰	未	戌	쇠(衰)
역마살 (驛馬煞)	寅	巳	申	亥	병(病)
육해살 (六害煞)	卯	午	酉	子	사(死)
화개살 (華蓋煞)	辰	未	戌	丑	묘(墓)

이와 관련하여 십이신살(十二神煞)을 나타내면 〈표 89〉와 같다.

명대(明代) 『삼명통회(三命通會)』에는 십이신살(十二神煞) 중 겁살(劫煞)에 대해 다음과 같이 설명하면서, 겁살(劫煞)[寅申巳亥]은 곧 십이운성(十二運星)에서 절(絶)이 되고 망신살(亡身煞)은 건록(建祿)[임관(臨官), 寅申巳亥]임을 나타내고 있다.

1. 겁살(劫煞)[寅申巳亥, 절(絶)]

겁(劫)이란 빼앗는 것이다. 바깥으로부터 빼앗는 것을 겁(劫)이라 하고 망(亡)[망신살(亡身煞)]이란 것은 안으로부터 빼앗기는 것인데 이것을 망(亡)[망신살(亡身煞)]이라고 한다. 겁(劫)은 오행(五行)의 절처(絶處)[절지(絶地)]에 있고, 망(亡)[망신살(亡身煞)]은 오행(五行)의 임관지(臨冠地)[건록(建祿)]에 있게 되는데, 모두가 寅申巳亥에 속한다.[680]

水는 〈십이운성(十二運星)에서〉 절(絶)이 巳에 있어 申子辰은 巳로써 겁살(劫殺)이 되는데 巳 中 戊土가 水를 겁탈(劫奪)하는 것이다.[681]

火는 〈십이운성(十二運星)에서〉 절(絶)이 亥에서 되니 寅午戌은 亥로써 겁살(劫煞)이 되고 亥 中 壬水는 火를 겁탈(劫奪)하는 것이다.[682]

金은 〈십이운성(十二運星)에서〉 절(絶)이 寅에 있어 巳酉丑은 寅으로써 겁살(劫煞)이 되고 寅 中 丙火가 金을 겁탈(劫奪)하는 것이다.[683]

木은 〈십이운성(十二運星)에서〉 절(絶)이 申에 있어 亥卯未는 申으로써 겁살

---

680) 萬民英, 『三命通會』 「論劫煞亡神」: "劫者奪也, 自外奪之之謂, 亡者失也, 自內失之之謂亡, 劫在五行絶處, 亡在五行臨官, 俱屬寅申巳亥."
681) 萬民英, 『三命通會』 「論劫煞亡神」: "水絶在巳, 申子辰以巳爲劫殺, 巳中戊土, 劫水也."
682) 萬民英, 『三命通會』 「論劫煞亡神」: "火絶在亥, 寅午戌以亥爲劫殺, 亥中壬水, 劫火也."
683) 萬民英, 『三命通會』 「論劫煞亡神」: "金絶在寅, 巳酉丑以寅爲劫殺, 寅中丙火, 劫金也."

(劫煞)이 되고 申 중 庚金이 木을 겁탈(劫奪)하는 것이다.[684]

고가(古歌)에 이르기를, 겁살(劫煞)은 재앙(災殃)이 매우 큰 것으로 한낱 명리(名利)를 얻기 위해 분주(奔走)하기만 하다. 겁살(劫煞)이 있으면 조업(祖業)이 망(亡)하는 것을 막아야 하며, 처자(妻子)가 오래도록 장구(長久)하게 함께 할 수 없게 된다. 또, 사위(四位)가 생지(生地) 겁살(劫煞)을 만나면 응당 조정(朝廷)에서 왕성(旺盛)하게 업(業)을 떨치는 선비(鮮肥)의 우두머리가 되고, 관귀(官貴)가 시상(時上)에 겸(兼)한다면 강직함으로 인해서 그 이름을 어사대(御史臺)에 올린다고 한다. 겁살(劫煞)이 관성(官星)을 감싸거나 만나면 병권(兵權)을 잡고선 성왕(聖王)을 도우니 위엄(威嚴)도 있고 자연 우러러 흠모(欽慕)하고, 모두 다 편안(便安)하고 영화(榮華)롭다.[685]

겁살(劫煞)은 원래 살(殺)의 우두머리로 명궁(命宮)에 오는 것을 반가워하지 않는다. 그래서 겁살(劫煞)이 국(局)을 이루면 죽을 수도 있다. 그러나 겁살(劫煞)에 임(臨)한 천간(天干)이 극(剋)하지 않는다면 그렇게 두려워 할 필요는 없다. 만일 천간(天干)이 극(剋)하지 않더라도 삼합(三合)하여 겁살(劫煞)을 합(合)하는 경우를 세밀(細密)하게 따져봐야 할 것이니, 천간(天干)에 흉성(凶星)이 더한다면 명(命)이 풍전등화(風前燈火)라 오래지 않아선 꺾이게 될 것이다.[686]

겁살(劫煞)과 천인성(天刃星)[酉]이 같이 있으면, 칼로 인한 겁살(劫煞)을 의미하므로 수술(手術)과 교통사고(交通事故) 등 피 흘리는 비극(悲劇)을 당할 수

---

684) 萬民英, 『三命通會』 「論劫煞亡神」: "木絶在申, 亥卯未以申爲劫殺, 申中庚金, 劫木也."

685) 萬民英, 『三命通會』 「論劫煞亡神」: "古歌云, 劫殺爲災不可當, 徒然奔走名利場 ; 須防祖業消亡盡, 妻子如何得久長, 又云四位逢生劫又來, 當朝振業逞儒魁, 若兼官貴在時上, 梗直名標御史台, 又云劫神包裹遇官星, 主執兵權助聖明, 不怒而威人仰慕, 須令華夏悉安榮."

686) 萬民英, 『三命通會』 「論劫煞亡神」: "劫殺原來是殺魁, 身宮命主不須來, 若爲魁局應當死, 殺曜臨之不必猜, 若是無星居此位, 更於三合細推排, 天盤加得凶星到, 命似風燈不久摧."

있다.

겁살(劫煞)과 동주(同柱)하는 육친(六親)을 잘 살펴야 하며, 명주(命柱)에 비겁(比劫)이 많은 사람이 겁살운(劫煞運)이 오게 되면 처재(妻財)로 인한 흉(凶)이 오고, 곤명(坤命)은 겁탈(劫奪)당할 수 있으니 조심(操心)해야 한다.

2. 재살(災煞)[子午卯酉, 태(胎)]

재살(災殺)은 그 성(性)이 용맹(勇猛)하여 항시 겁살(劫殺) 앞에 있으면서 장군(將軍)을 충파(沖破)하는 것을 재살(災煞)이라 하는 것이나, 申子辰은 장성(將星)이 子에 있는데 午가 도리어 子를 沖하면 재살(災殺)이 되는 것이고, 寅午戌이 午에 장성(將星)이 있는데 도리어 子가 충(沖)하며, 巳酉丑은 酉가 장성(將星)인데 卯가 도리어 충(沖)하며, 亥卯未는 卯가 장성(將星)인데 酉가 와서 충(沖)하면 이것이 재살(災殺)인 것이다.[687]

『신백경(神白輕)』에 이르기를, 水의 무리는 별을 만나면, 촉규화(蜀葵花)가 허공(虛空)을 비치고 해는 연기(煙氣)를 겁낸다 하였다. 이 살(殺)은 혈광(血光)과 횡사(橫死)를 주(主)하며 水가 있는데 火가 막으면 타죽는 것과 빠져 죽는 것을 주(主)로하고 金과 木에는 창과 칼이 화(禍)를 주(主)하며, 土는 전염병에 추락하게 되는 신(身)이 극(剋)되어 크게 흉(凶)하다. 만약 복신(福神)이 있어서 상조(相助)하면 무권(武權)에 뛰어나 겁살(劫殺)과 같고, 관성(官星)과 인수(印綬)가 생왕(生旺)한 곳이 되면 아름답게 된다.[688]

또, 『신백경(神白經)』에 이르기를 재살(災殺)은 극(剋)을 두려워하고 생(生)

---

687) 萬民英, 『三命通會』「論災煞」: "災煞者, 其性勇猛, 常激劫殺之前, 沖破將星之災殺, 與申子辰將星在子, 午卻去衝子, 寅午戌在午, 子卻去衝, 巳有丑在酉, 卯卻去衝, 亥卯未在卯, 有卻去衝, 是災煞也."
688) 萬民英, 『三命通會』「論災煞」: "神白云, 類水逢星照, 虛空怕日煙, 庚辛夏蠣戰, 木不引雜眠, 四柱交加見, 福少禍連綿, 此煞主血光橫死, 在水火防焚溺, 金木杖刃, 土墜落瘟疾, 剋身大凶, 若有福神相助, 多是武權, 亦如劫煞之類, 要見官星印綬生旺處爲佳."

한 곳은 도리어 상(祥)서롭게 된다 하였다. 이것은 올바르게 설명한 것이다.[689]

재살(災煞)이 역마(驛馬)와 동주(同柱)하면 무속인(巫俗人)이 될 수 있고, 상관(傷官)과 임(臨)하면 관재구설(官災口舌) 또는 사고(事故)를 당할 수 있다.

3. 천살(天煞)[辰戌丑未, 양(養)]

천살(天殺)은 천재지변(天災地變)으로 인한 피해(被害)를 보게 되고, 하늘을 보고 탄식(歎息)하는 살(煞)이라고 한다.

천액성(天厄星)[축]이 천살(天煞)에 해당하면, 홀로 밤을 지새우는 격(格)이거나 부부(夫婦)에게 파란(波瀾)이 많다.

천살(天煞)에 해당하는 방향(方向)은 이사(移徙)를 하면 안 되는 방향(方向)이며, 행운(行運)이 천살(天煞)에 해당하더라도 이사(移徙)를 하면 안된다고 한다.

4. 지살(地煞)[寅申巳亥, 장생(長生)]

지살(地殺)은 움직이는 것을 의미하여 역마(驛馬)와 작용을 하나, 겁살(劫煞)[寅申巳亥]과 역마살(驛馬煞)[寅申巳亥], 망신살(亡身煞)[寅申巳亥]이 연(聯)이어 있으면 빈천(貧賤)한 명(命)이 될 수 있다.

5. 년살(年煞)[子午卯酉, 목욕(沐浴)]

년살(年煞)은 함지(咸池)라고도 하여, 도화(桃花)가 만발(滿發)하니 곱고 아름다운 것을 다투는 것이다.

남녀(男女) 모두 주색(酒色)을 즐기며, 그 곱고 아름다움은 봄바람을 희롱(戲弄)한다 하였다.

---

689) 萬民英, 『三命通會』「論災煞」: "神白經云, 災煞畏乎剋, 生處卻爲祥, 正謂此也."

십이운성(十二運星)으로 목욕(沐浴)에 해당하는 子午卯酉를 칭(稱)하는 것으로, 색정(色情)의 신(神)으로 표현한다.

6. 월살(月煞)[辰戌丑未, 관대(冠帶)]

월살(月煞)이 화개살(華蓋煞)[辰戌丑未]과 년살(年煞)[子午卯酉]이 같이 있으면 가장 흉(凶)하고, 모든 일이 어렵게 된다.

자식(子息)이 월살(月煞)에 있으면 자식(子息)으로 인해 재산(財産)이 일어나고, 부인(婦人)이 월살(月煞)에 있으면 부인(婦人)으로 인해 재산(財産)이 일어난다.

행운(行運)에 재살(災煞)에 임(臨)하면 조상(祖上)으로부터 재산(財産) 또는 보상금(補償金)이 생기게 된다.

7. 망신살(亡身煞)[寅申巳亥, 건록(建祿)]

水는 木을 생(生)하니 申子辰의 亥로써 망신(亡身)이 되는데 亥 中 甲木은 水를 설(洩)한다. 火는 土를 생(生)하니 寅午戌에 巳로써 망신(亡身)으로 하니 巳 中 戊土는 火를 설(洩)한다. 金은 水를 생(生)하니 巳酉丑에는 申으로 망신(亡身)이 되는데 申 中 壬水는 金을 설(洩)한다. 木이 火를 생(生)하니 亥卯未가 寅으로써 망신(亡身)으로 하면, 寅 中 丙火는 木을 설(洩)하는 것이다.[690]

"고가(古歌)에 이르기를, 망신칠살(亡身七殺)은 화(禍)가 적지 않으니 아무리 힘써도 이루는 것이 없으며, 처자(妻子)를 형(刑)하고 조업(祖業)이 없으며 벼슬자리에 있어도 오히려 두려우며 헛이름만 있게 된다"[691]고 하였다.

---

690) 萬民英, 『三命通會』「論劫煞亡神」: "水生木, 申子辰以亥謂亡身, 亥中甲木洩水也, 火生土, 寅午戌以巳爲亡身, 寅中丙火洩木也."

망신살(亡身煞)이 장생(長生)과 동주(同柱)하고 왕(旺)하게 되면 대성(大成)하며, 귀인(貴人)과 건록(建祿)이 같이 있으면 농담(弄談)을 잘하나 필력(筆力)이 있다.

망신살(亡身煞)이 길(吉)한 작용을 하면 위엄(威嚴)과 모략(謀略)이 있으나 흉(凶)한 작용을 하면 시시비비(是是非非)를 좋아하고 주색(酒色)과 관재구설(官災口舌)이 따라 다닌다.

8. 장성살(將星煞)[子午卯酉, 제왕(帝旺)]

장성(將星)은 장수(將帥)가 중앙군(中央軍) 통제(統制)하는 것과 같은 것으로, 삼합(三合) 중에서 장성(將星)과 화개(華蓋)[辰戌丑未]는 마치 보물(寶物)에 비교한다. 하늘에 이 별이 있으면 그 모양은 평범한 것을 덮어버리는 임금의 자리인 고로 삼합(三合)으로서 저소(低所)에 창고(倉庫)를 얻은 것이라 하여 화개(華蓋)라 하였다.[692]

"『이우가(理愚歌)』에는 장성(將星)이 만약 망신(亡身)[寅申巳亥]에 임(臨)하면 나라의 동량(棟梁)이 되는 길(吉)을 말할땐 도와서 貴로 삼는다 하였고 다시 고묘(庫墓)에 귀를 띠고 순수하여 잡(雜)하지 않으면, 장수(將帥)로 나왔다가 재상(宰相)에 드는 것이다"[693] 라고 하였다.

장성살(將星煞)은 강한 고집(固執)이 있고, 길(吉)할 때는 승진(昇進)과 번영

---

691) 萬民英, 『三命通會』 「論劫煞亡神」: "古歌云, 亡神七煞禍非輕, 用盡機關一不成, 剋子刑妻無祖業, 任人猶恐有虛名."
692) 萬民英, 『三命通會』 「論將星」: "將星者, 如將帝中軍也, 故以三合中位, 謂之將星, 華蓋者, 喩如寶蓋, 天有此星, 其形如蓋, 常履乎大帝之座, 故以三合低處得庫, 謂之華蓋, 洞玄經云, 將星處乎中軍, 華蓋張於庫上是也, 凡將星常愁吉神相扶, 貴煞加臨, 乃爲吉."
693) 萬民英, 『三命通會』 「論將星」: "理愚歌云, 將星若用亡神臨, 爲國梁棟臣, 言吉助之爲貴, 更來貴墓庫, 純粹而不雜者, 出將入相之格也."

(繁榮)이 따르지만 흉(凶)할 때는 아랫사람에게 외면(外面)을 당할 수 있다.

일지(日支)가 장성살(將星煞)이 되면 주관(主管)이 뚜렷하고, 문학(文學)과 예술(藝術) 방면에 소질(素質)이 있다.

장성살(將星煞)이 공망(空亡)이 되면 입산수도(入山修道)하여 속세(俗世)를 떠나게 되고, 곤명(坤命)은 남편(男便)을 출세(出世)시키거나 성공(成功)시킬 수 있다.

9. 반안살(攀鞍煞)[辰戌丑未, 쇠(衰)]

반안살(攀鞍煞)은 금여(金轝)라고도 하여 말 안장(鞍裝)에 앉아 승진(昇進)과 출세(出世)를 한다.

반안살(攀鞍煞)이 귀인(貴人)에 해당하면 사람이 착하고 인자(仁者)하며 자수성가(自手成家)하게 된다. 학자(學者)는 성량(聖量)이 높아지고, 천을귀인(天乙貴人)과 동주(同柱)하면 길(吉)이 더 길(吉)이 된다.

10. 역마살(驛馬煞)[寅申巳亥, 병(病)]

역마(驛馬)가 생왕(生旺)하면 힘이 세고 평생에 성망(聲望)을 많이 얻지만, 사절(死絶)이면 머리는 없고 꼬리만 있는 것과 같은 성격으로 일생(一生)에 이루는 것이 적으며, 주거(住居)가 불안정(不安定)하다고 하였고, 녹(祿)이 동향(同鄉)하면 복력(福力)이 넘치고 살(殺)과 서로 충(冲)함을 당하거나 고신(孤神)과 조객(弔客)과 상문(喪門)이 함께한 사람은 고향(故鄉)을 등진 사람이며, 또는 승도(僧道)나 상인(商人)이라 하였고, 도식(倒食)이나 녹귀(祿鬼)를 함께한 사람은 떠돌이 장사꾼이거나 게으르고, 식신(食神)과 함께 하고 충(冲)을 띤 사람은 명망(名望)을 얻었다고 하였다.694)

행년(行年)에 마(馬)를 만나고 병부(病符)와 함께 하면, 병(病)으로 놀램을 주도하고, 관부(官符)와 함께한 사람은 관사(官事)로 인하여 놀래며 집에 있어도 불안한 생활을 하며 구설(口舌)을 듣고 놀라는 일이 끊이지 않을 것이다.[695]

역마살(驛馬煞)은 한 곳에 정착(定着)하지 않고, 자리이동이 많으며, 돌아다니는 직업(職業)이 많다.

11. 육해살(六害煞)[子午卯酉, 사(死)]

액(厄)이란 것은 어려운 일을 만나는 것이니 항상 역마살(驛馬煞) 앞의 일진(一辰)과 겁살(劫殺)의 뒤 이진(二辰)으로서, 사(死)하였기 때문에 살지 못하는 것을 액(厄)이라고 하는 것이다.[696]

申子辰 水局은 水[壬]의 사(死)가 卯에 있고, 寅午戌 火局은 火[丙]의 사(死)가 酉가 있고, 亥卯未 木局은 木[甲]의 사(死)가 午에 있으며, 巳酉丑의 金局은 金[庚]의 사(死)가 子에 있어서 액(厄)으로 되는 것이다. 만약에 구호(救護)와 겨우 부지(扶持)가 있고 생왕(生旺)을 만나며 귀기(貴氣)를 겸(兼)하여 서로 도우면 길(吉)하나, 이 살(殺)은 일생에 막힘이 많으니 이를 강구(講究)할 것이다.[697]

호중자(壺中子)가 이르기를, 육액(六厄)은 관직(官職)을 박탈하는 살(殺)이 되

---

694) 萬民英, 『三命通會』「論驛馬」: "驛馬生旺, 主人氣韻凝峻, 通變趨時, 平生多聲望, 死絶則爲性有頭無尾, 或是或非, 一生少成, 漂泊不定, 與祿同鄕, 則福力優遊, 與煞相衝倂, 或孤神, 弔客, 喪門倂者, 離鄕背井之人, 或爲僧道, 或爲商賈, 帶倒食祿鬼者, 一生慳吝, 機倖過賤, 市廛態, 食神衝倂者, 聲譽人也."
695) 萬民英, 『三命通會』「論驛馬」: "行年遇馬, 與病符同, 主病驚, 與官符同, 主官事驚恐, 入宅舍, 主口舌驚恐."
696) 萬民英, 『三命通會』「論六害」: "危者, 遭乎雜者也, 常居馬前一辰, 劫後二辰, 死而不生謂之厄."
697) 萬民英, 『三命通會』「論六害」: "申子辰水局, 水死在卯, 寅午戌火局, 火死在酉, 亥卯未木局, 木死在午, 巳酉丑金局, 金死在子, 所以爲厄, 若有求護, 有扶持, 逢生旺, 兼貴氣相助則吉, 究竟一生騫滯."

나니 이광(李廣)을 제후(諸侯)로 봉(封)하지 않은 까닭이 이것 때문이라고 하였다. [698]

육해살(六害煞)은 육친(六親)에게 해(害)가 생기는 것으로, 일생(一生) 장애(障礙)와 실패(失敗)가 많다고 본다.

행운(行運)이 육해살(六害煞)이 되면, 직(職)을 박탈(剝奪)당하거나 좌천(左遷)될 수 있으며, 천인성(天刃星)이나 천고성(天孤星)과 같이 있으면 소아마비(小兒痲痺), 병고(病苦), 불구(不具), 교통사고(交通事故)를 당하는 수가 있다.

12. 화개살(華蓋煞)[辰戌丑未, 묘(墓)]

화개(華蓋)를 띠고 정인(正印)이 있고 고(庫)가 있으면, 양부(兩府)의 격(格)이라 하였다. 다만 고묘(庫墓)만을 대동(帶同)하고 정인(正印)을 띠지 않으면 평민(平民)이요, 상(上)에서 이미 묘(墓)를 띠지 않고 정인(正印)을 띠지 않으며 화개(華蓋)만 있으면, 보통(普通)의 명(命)인 것이다. [699]

화개(華蓋)를 띠고 역마(驛馬)를 갖추면 절인(節印)이라 하여 소위 족절(族節)의 귀(貴)를 주(主)한다. 만일 간(干)의 고(庫)가 같이하면 복(福)이 양중(兩重)하여 대귀(大貴)하다고 한다. [700]

보통(普通)의 명(命)에 화개(華蓋)를 얻은 사람은 고과(孤寡)하여 귀(貴)를 쫓아도 또 고독(孤獨)하고 승인(僧人)이나 예술가(藝術家)로서 논(論)한다. [701]

호중자(壺中子)가 이르기를, 화개(華蓋)는 술예성(術藝星)이라 하였고, 『이우

---

698) 萬民英, 『三命通會』「論六害」: "壺中子云, 六厄危爲剝官之煞, 李廣不封侯是也."
699) 萬民英, 『三命通會』「論華蓋」: "帶華蓋正印, 而不來庫, 兩府之格也, 只帶庫墓而不帶正印, 員郞以上, 旣不帶墓, 又不帶正印, 止酉華蓋, 常調之祿也."
700) 萬民英, 『三命通會』「論華蓋」: "帶華蓋而正建驛馬, 名曰節印, 主旌節之貴, 若歲干庫同位, 爲兩重福, 主大貴."
701) 萬民英, 『三命通會』「論華蓋」: "凡人命得華蓋, 多主孤寡, 縱貴亦不免孤獨, 作僧道藝術論."

가(理愚歌)』에서는 화개(華蓋)는 길성(吉星)이나 막힘이 있어 후 당자(塘子)하거나 외로운 서릿발이라 하였고, 또는 태개(胎蓋)는 형제가 외롭고 천상(天上)에서는 외로움이 높은 별이라 하니, 생(生)하여 와서 만일 시(時)에 태(胎)와 더불어 있으면 흔히 과방(寡房)과 서출(庶出)이라 하였다.[702]

임개(林開)는 이르기를, 인(印)과 묘(墓)가 함께 하면 화품격(華品格)이니 품격(品格)이 청고(淸高)하여 거듭 임(臨)하면 공경(公卿)이라 하였다. 만일 공망(空亡)이 되거나 파(破)가 되면 한가한 예술인(藝術人)에 불과하고, 또 화개(華蓋)가 중중(重重)하면, 휴(休)를 기뻐하고 파(破)와 충(冲)이 함께 들면 성정(性情)은 비록 총명(聰明)하며 기술(技術)을 가지지만 동서(東西)로 달리며, 만일 왕상(旺相)이 있다면 삼공(三公)을 결정(決定)받고, 군자(君子)를 만나면 정(定)히 획복(獲福)하며, 소인(小人)이 곳을 생(生)하면 현침(懸針)을 싫어한다. 또한 일반명(一般命)의 시(時)가 화개(花蓋)에 좌(座)하면 평생에 헐멸(歇滅)하고, 壬癸人은 더욱 꺼려하니 노년(老年)에 자식(子息)이 죽고, 일(日)을 범(犯)하면 극처(剋妻)하며, 여명(女命)이 시(時)에서 만나면 일생(一生)에 자식(子息)을 낳지 못한다고 하였다.[703]

화개살(華蓋煞)이 인성(印星)과 동주(同柱)하고 식상(食傷)이 왕성(旺盛)하면 예능(藝能)과 학문(學文) 등과 관련이 있으나, 화개(華蓋)가 중중(重重)하면 수도인(修道人)이고, 곤명(坤命)은 색정(色情)에 빠질 우려가 있으며 고과(孤寡)를 면하기 쉽지 않다.

---

702) 萬民英, 『三命通會』 「論華蓋」: "壺中子云, 華蓋爲術藝星, 理愚歌云, 華蓋雖吉亦有妨, 或爲當子或孤孀, 塡房入贅多闕口鑪鉗頂笠拔. 緇黃又云, 華蓋星辰兄弟寡天上孤高之宿也, 生來若在時與胎, 便是寡房庶出者."

703) 萬民英, 『三命通會』 「論華蓋」: "林開云, 印墓同華品格淸, 重中臨印卽公卿, 若環空破臨其位, 便是幽閑藝術人, 又云華蓋重中喜, 休逢破與衝, 性雖頗聰慧, 挾術走西東, 若環臨旺相, 定是作三公, 君子値之應獲福, 小人生處怕懸針, 云曰凡命時坐華蓋, 主平生歇滅, 壬癸人尤忌之, 主老年喪子, 曰犯剋妻, 女子命時逢, 一生不産."

【제3절. 길흉론(吉凶論)】

길흉(吉凶)은 곧 신살(神煞)과 연관되어 있고, 신살(神煞)[704]은 곧 당사주(唐四柱)와 연계(連繫)된 것이라고 할 수 있다.

당대(唐代) 『이허중명서(李虛中命書)』에는 천을귀인(天乙貴人), 괴강(魁罡) 등의 길성(吉星)과 흉성(凶星)에 대해 나타나 있다. "천을귀인(天乙貴人)은 괴강(魁罡)의 자리를 지키지 않고, …, 괴강(魁罡)은 대살(大煞)이다."[705] 그러므로 길흉론(吉凶論)에 대해서는 최소한 당대(唐代)이후 부터는 활용되면서 송대(宋代)를 거치면서 신법(新法) 명리학(命理學)과 합치(合致)된 것으로 보인다.

여기에서는 일간(日干)의 길성(吉星)과 흉성(凶星)을 위주로 언급하기로 하고, 길흉성(吉凶星)에 대해 구체적으로 나타나고 있는 송대(宋代) 『연해자평(淵海子平)』과 명대(明代) 『삼명통회(三命通會)』를 통해 나타내기로 한다.

〖 1. 길성(吉星) 〗

1) 십간록(十干祿)[정록(正祿)]과 암록(暗祿)

십간(十干)의 녹(祿)은 곧 십이운성(十二運星)의 건록(建祿)[정록(正錄)]을 말하는 것으로, 각 일간(日干)이 녹(祿)을 세울만한 지지(地支)를 얻은 것이다.

명대(明代) 『삼명통회(三命通會)』에는 십간록(十干祿)에 대해, "녹(祿)은 작록(爵祿)[벼슬과 녹봉]으로 마땅히 세력(勢力)을 얻게 되니 녹(祿)이라고 한다. 먼저

---

704) 신살(神煞)은 년주(年柱) 위주인 고법(古法) 명리학(命理學)과 연계된 것으로, 길신(吉神)과 흉신(凶神)이 있다. 신법(新法) 명리학(命理學)에서도 일정 부분 사용하고 있다.
705) 李虛中, 『李虛中命書』「天乙不守魁罡」: "天乙不守魁罡, …, 魁爲大煞."

십간(十幹)[십간(十干)]과 십이지지(十二地支)의 때를 맞추는데, 甲乙은 동(東)에서 거주하니 寅卯가 함께 짝이 되고, 丙丁은 남(南)에서 거주하니 巳午가 함께 짝이 되고, 庚辛은 서(西)에서 거주하니 申酉가 함께 짝이 되고, 壬癸는 북(北)에서 거주하니 亥子가 함께 짝이 된다"[706]고 하였고, "<십간록(十干祿)은> 십간(十干)[십간(十幹)]이 지신(支神)을 취하여 녹(祿)이 된다. 소이 甲은 寅이 녹(祿)이 되고, 乙은 卯가 녹(祿)이 되고, 庚은 申이 녹(祿)이 되고, 辛은 酉가 녹(祿)이 되고, 壬은 亥가 녹(祿)이 되고, 癸는 子가 녹(祿)이 되고, 丙은 巳가 녹(祿)이 되고, 丁은 午가 녹(祿)이 되고, 戊는 巳에 의지하고, 己는 午에 의지하며, 일컬어 巳午는 화왕(火旺)한 곳으로 자식(子息)이 어미를 따르게 되는 것이 녹(祿)의 의미가 된다"[707]고 하였다.

암록(暗祿)은 『연해자평(淵海子平)』에, "가령 甲生人이 亥를 만나면 甲 녹(祿)은 寅인데, 寅과 亥가 합(合)한다. 乙生人이 戌을 만나면 乙의 녹(祿)은 卯인데 卯와 술 戌이 합(合)한다. 이것이 암록(暗祿)이다. 남은 것은 이에 준한다"[708]고 하였다.

암록(暗祿)은 각 일간(日干)의 녹(祿)이 합(合)해서 들어오는 지지(地支)를 말하는 것으로, 암합(暗合)하여 녹(祿)이 이루어지는 것이기 때문에 보통 음덕(蔭德)이 있고 도와주는 사람이 있다고 표현한다.

따라서 甲은 녹(祿)인 寅과 합(合)하는 亥가 암록(暗祿)이 되고, 乙은 녹(祿)인 卯와 합(合)하는 戌이 암록(暗祿)이 되고, 丙과 戊는 녹(祿)인 巳와 합(合)하는 申이 암록(暗祿)이 되고, 丁과 己는 녹(祿)인 午와 합(合)하는 未가 암록(暗祿)이 되고,

---

706) 萬民英, 『三命通會』「論十幹祿」: "祿, 爵祿也, 當得勢而享, 乃謂之祿. 自始分十幹、十二支時, 便以甲乙配同寅卯居東, 丙丁配同巳午居南, 庚辛配同申酉居酉, 壬癸配同亥子居北."

707) 萬民英, 『三命通會』「論十幹祿」: "十幹就支神爲祿, 謂祿隨旺行, 所以甲祿寅, 乙祿卯, 庚祿申, 辛祿酉, 壬祿亥, 癸祿子, 丙祿巳, 丁祿午, 戊寄巳, 己寄午, 謂巳午乃火旺之, 子隨母得祿之義. 內有辰戌醜未."

708) 徐大升, 『淵海子平』「論暗祿」: "假如甲生人逢亥, 是甲祿在寅, 寅與亥合. 乙生人逢戌, 是乙祿在卯, 卯與戌合是也. 其餘倣此."

庚은 녹(祿)인 申과 합(合)하는 巳가 암록(暗祿)이 되고, 辛은 녹(祿)인 酉와 합(合)하는 辰이 암록(暗祿)이 되며, 壬은 녹(祿)인 亥와 합(合)하는 寅이 암록(暗祿)이 되고, 癸는 녹(祿)인 子와 합(合)하는 丑이 암록(暗祿)이 된다.

십간록(十干祿)[정록(正祿)]과 암록(暗祿)에 대해 표로 나타내면 다음과 같다.

〈표 90〉 십간록(十干祿)[정록(正祿)]과 암록(暗祿)

천간(天干)	甲	乙	丙	丁	戊	己	庚	辛	壬	癸
정록(正祿)	寅	卯	巳	午	巳	午	申	酉	亥	子
암록(暗祿)	亥	戌	申	未	申	未	巳	辰	寅	丑

그러나 辰·戌·丑·未에 대해서 『연해자평(淵海子平)』에 "辰·戌·丑·未는 괴강(魁罡)인 악살(惡煞)로 녹신(祿神)이 임하지 않는다"[709]고 하였으며, 『삼명통회(三命通會)』에도 "辰·戌·丑·未에서 辰과 戌은 괴강(魁罡)이 되어 그 이름이 변비악지(邊鄙惡地)[나쁘고 악한 땅]로 녹원(祿元)이 되지 못하고, 丑未는 천을귀인(天乙貴人)이 출입하는 문(門)으로 녹원(祿元)에서 벗어나게 되어, 소이 사궁(四宮)은 녹(祿)이 없다. 또 말하면 사계(四季)는 잡기(雜氣)가 있어 녹(祿)이 전일(全一)하지 못하니 취(取)하지 않는다"[710]고 하여, 辰戌丑未는 녹(祿)이 없는 것에 대해 나타내었고, 그 중 丑과 未는 천을귀인(天乙貴人)이 된다는 것을 나타내고 있다.

2) 십간식록(十干食祿)과 천주귀인(天廚貴人)

---

709) 徐大升, 『淵海子平』「論十干祿」: "辰戌丑未乃魁罡惡殺, 祿神不臨也."
710) 萬民英, 『三命通會』「論十幹祿」: "辰戌爲魁罡, 名曰邊鄙惡地, 祿元不寄, 醜未乃天乙貴人出入之門, 祿元避之, 所以四宮無祿, 又曰四季有雜氣, 祿不專, 故不取."

십간식록(十干食祿)이란 십간(十干)의 식록(食祿)인 식신(食神)을 말하는 것이고, 천주귀인(天廚貴人)이란 식록(食祿)이 귀(貴)가 되어 벼슬과 녹봉(祿俸)과 오른다는 길성(吉星)이다. 이 중 십간식록(十干食祿)은 길성(吉星) 중에서도 상(上)으로 보고 있으며, 십간식록(十干食祿)과 천주귀인(天廚貴人)을 표로 나타내면 다음과 같다.

<표 91> 십간식록(十干食祿)과 천주귀인(天廚貴人)

천간(天干)	甲	乙	丙	丁	戊	己	庚	辛	壬	癸
식록(食祿)	丙	丁	戊	己	庚	辛	壬	癸	甲	乙
천주귀인(天廚貴人)	巳	午	巳	午	申	酉	亥	子	寅	卯

먼저 십간식록(十干食祿)에 대해, 『연해자평(淵海子平)』에 "甲의 식(食)은 丙, 乙의 식(食)은 丁, 丙의 식(食)은 戊, 丁의 식(食)은 己, 戊의 식(食)은 庚, 己의 식(食)은 辛, 庚의 식(食)은 壬, 辛의 식(食)은 癸, 壬의 식(食)은 甲, 癸의 식(食)은 乙이다"[711]라고 하였다.

"만약 식신(食神)을 만났는데 녹마(祿馬)가 걸터앉으면 반드시 세력(勢力)있는 부자(富者)가 되고 공명(功名)을 이룬다. 공망(空亡), 양인(羊刃), 살(煞), 휴(休), 수(囚), 사절(死絶)이 되면 식(食)이 아니다"[712]고 하여, 식신(食神)과 녹마(祿馬)가 동주(同柱)하게 되면 더욱더 길성(吉星)이 되나 흉신(凶神)을 만나면 길성(吉星)이 되지 못함을 말하고 있다.

예를 들어, 甲이 丙寅을 만나면 식신(食神)과 녹마(祿馬)가 동주(同柱)하여 더 좋

---

711) 徐大升, 『淵海子平』 「論十干食祿」: "甲食丙, 乙食丁, 丙食戊, 丁食己, 戊食庚, 己食辛, 庚食壬, 辛食癸, 壬食甲, 癸食乙."
712) 徐大升, 『淵海子平』 「論十干食祿」: "若遇食神騎祿馬, 必居豪富立功名, 不食空亡羊刃煞, 不食休囚并死絶."

은 길성(吉星)이 되고, 丙子를 만나게 되면 식신(食神)이 절태양(絶胎養)에 이르니 쇠약(衰弱)하여 그 길성(吉星)의 기운(氣運)을 다하지 못한다.

천주귀인(天廚貴人)에 대해, "이것의 주된 것은 사람의 식록(食祿) 귀(貴)가 된다. 과거급제(科擧及第)하고 녹봉(祿俸)이 많아지며 큰 이익(利益)을 만난다. 甲丙은 쌍녀(雙女)[巳]로 가는 것을 좋아하고, 乙丁은 사자(獅子)[午]자리고 가고, 己는 금우(金牛)[酉]로 가는 것을 기뻐한다. 戊는 목양(木陽)[申]에 앉고, 庚이 어복(魚服)[亥]에 앉으면 천주귀인(天廚貴人)이니, 2천석의 녹봉(祿俸)이 황주(皇州)[궁궐(宮闕)]에 입성(入城)하게 된다. 癸는 천갈(天蝎)[卯]을, 壬은 인마(人馬)[寅]자리를 천주귀인(天廚貴人)으로 보고, 辛은 보병(寶瓶)[子]에 이르면 관록(官祿)에 구애되지 않으니, 寅이 천주(天廚)로서 하늘의 관록(官祿)을 얻게 된다. 이런 사람은 복(福)과 지혜(智惠)가 있고 넉넉하다"[713]고 하였다.

3) 문창귀인(文昌貴人)·학당귀인(學堂貴人)·문곡귀인(文曲貴人)

문창귀인(文昌貴人)과 학당귀인(學堂貴人) 및 문곡귀인(文曲貴人)은 전부 학문(學文)과 인연이 깊다.

문창귀인(文昌貴人)은 총명(聰明)하여 학문(學文)과 글재주 및 예술(藝術) 등으로 문학적(文學的) 재능(才能)이 뛰어나다. 양간(陽干)은 십이운성(十二運星)에서 병(病)이 되고, 음간(陰干)은 장생(長生)이 된다.

학당귀인(學堂貴人)은 십이운성(十二運星)으로 전체 장생(長生)에 속하고, 학문(學文)에 능하여 교육계(敎育界)나 교수(敎授), 박사(博士)계통과 인연이 많다.

---

713) 徐大升, 『淵海子平』「論天廚貴人」: "此主人食祿之貴, 乃登科進祿, 遇之大利, 甲丙愛行雙女遊, 乙丁獅子己金牛, 戊坐木陽庚魚腹, 二千石祿坐皇州, 癸用天蝎壬人馬, 辛到寶瓶祿自由, 寅是天廚注天祿, 令人福慧兩優游."

문곡귀인(文曲貴人)은 양간(陽干)은 십이운성(十二運星)에서 장생(長生)이고, 음간(陰干)은 병(病)에 속한다. 주로 학자(學者)가 많고 문화(文化), 예술(藝術) 계통에 두각(頭角)을 나타낸다.

이 세 귀인(貴人)에 대해 표로 나타내면 다음과 같다.

〈표 92〉 문창귀인(文昌貴人)·학당귀인(學堂貴人)·문곡귀인(文曲貴人)

천간(天干)	甲	乙	丙	丁	戊	己	庚	辛	壬	癸
문창귀인 (文昌貴人)	巳	午	申	酉	申	酉	亥	子	寅	卯
학당귀인 (學堂貴人)	亥	午	寅	酉	寅	酉	巳	子	申	卯
문곡귀인 (文曲貴人)	亥	子	寅	卯	寅	卯	巳	午	申	酉

위 표를 보면, 양간(陽干)의 학당귀인(學堂貴人)과 문곡귀인(文曲貴人)은 십이운성(十二運星)에서 장생(長生)임을 알 수 있고, 남아 있는 문창귀인(文昌貴人)은 병(病)이 된다. 음간(陰干)의 문창귀인(文昌貴人)과 학당귀인(學堂貴人)은 장생(長生)이 되고, 남아 있는 문곡귀인(文曲貴人)은 병(病)이 된다. 그러므로 각 천간(天干)의 장생(長生)과 충(沖)하는 병(病)은 곧 학문(學文)과 연계되어 있음을 알 수 있다.

이 중 학당귀인(學堂貴人)에 대해, "무릇 학당(學堂)은 가령 사람이 독서(讀書)하는 학당(學堂)이 있는 것이다. 사관(詞館)은 가령 요즘에 한림(翰林)[학자(學者)]이 사관(詞館)과 같다. 이것은 학업(學業)이 오직 우수(優秀)하여 문장(文章)이 같은 사람들 중에서 뛰어나다. 장생(長生)이 학당(學堂)의 올바른 위치가 된다"[714]고 하였다.

---

714) 萬民英, 『三命通會』「論學堂詞館」: "夫學堂者, 如人讀書之在學堂, 詞館者, 如今官翰林, 謂之詞館, 取其學業精專, 文章出類, 長生乃學堂之正位."

또 "〈납음오행(納音五行)으로〉 금명(金命)이 辛巳를 보면 金의 장생(長生)은 巳에 있게 되고, 辛巳의 납음(納音)도 金에 속하게 되니 학당(學堂)이 된다. …, 남은 것도 이와 같이 추리한다"[715]고 하여 십간학당(十干學堂)에 대해 나타내고 있다.

<표 93> 십간학당(十干學堂)

일간(日干)	辛	己	甲	戊	丙
지지(地支)	巳	亥	申	申	寅
납음(納音)	金	木	水	土	火

위 표에서 나타난 십간학당(十干學堂)은 총명(聰明)하고 과거(科擧)에 급제(及第)를 하나, 공망(空亡)이 되면 교수(敎授)에 이르게 된다.

4) 옥당(玉堂) 천을귀인(天乙貴人)

천을귀인(天乙貴人)은 흔히 귀인(貴人)이 나타남으로 표현하기도 한다. 도움을 주는 사람과 때로는 방향(方向)을 제시하기도 하며, 십간록(十干祿)과 암록(暗祿), 문창귀인(文昌貴人)과 학당귀인(學堂貴人) 및 문곡귀인(文曲貴人)과 동주(同柱)하게 되면 더욱 더 길(吉)이 된다.

천을귀인(天乙貴人)이 문창귀인(文昌貴人)과 동주(同柱)하면 지혜(智惠)가 출중하고, 식록(食祿)과 동주(同柱)하면 의식주(衣食住)에 복(福)이 있게 되며, 녹(祿)과 동주(同柱)하면 문학(文學)에 재능(才能)을 발휘한다.

『삼명통회(三命通會)』에는, "천을(天乙)은 곧 하늘에 있는 신(神)으로 〈삼원(三

---

715) 萬民英, 『三命通會』 「論學堂詞館」: "如金命見辛巳, 金長生在巳, 辛巳納音又屬金是也, 臨官乃詞館正位, 如金命壬申, 金臨官在申, 壬申納音又屬金是也, 餘以類推."

垣)716)의 하나인〉 자미원(紫微垣)에 존재하고 창합문(閶闔門)의 바깥에 있는데, 태을(太乙)과 함께 병열(並列)하여 천황대제(天皇大帝)를 섬기니 하(下)의 삼진(三辰)을 유영(遊泳)하고, 가(家)[집]는 己丑이 되고, 두우(斗牛)[북두칠성(北斗七星)과 견우성(牽牛星)]의 다음이 되고, 己未에서 나타나고 정귀(井鬼)의 집이 된다. 옥형(玉衡)[북두칠성(北斗七星) 제오성(第五星)]을 집형(執刑)하여 천인(天人)의 일들을 비교하여 헤아리는데 이름이 천을(天乙)로 그 신(神)은 가장 존귀(尊貴)한 바 일어나 있는 곳에는 흉살(凶殺)도 일절 숨어 없어지게 된다"717)고 하여, 별자리의 운행(運行)과 연관된 길성(吉星)임을 알 수 있으며, 귀인(貴人) 중에서 가장 큰 길성(吉星)으로 뽑는다.

또 천을귀인(天乙貴人)이 되는 원리(原理)에 대해, "『통현경(通玄經)』에 이르기를, 선천(先天)은 곤(坤) 북방(北方)에 있으니 子의 자리이고, 양귀(陽貴)[양간(陽干) 귀인(貴人)]는 선천(先天)의 곤(坤)에서 일으키니 이를 좇아 子위에 甲干을 일으킨다. 甲의 덕(德)이 子에 있고 甲과 더불어 己가 합(合)하니 甲의 덕(德)은 취하지 않고 오히려 합기(合氣)만을 취하는 까닭으로 己는 子가 귀인(貴人)이 된다. 양귀(陽貴)[양간(陽干)]는 순행(順行)[子→丑→寅→卯→辰→巳→午→未→申→酉→戌→亥]이 된다. 乙의 덕(德)이 丑에 있는데 乙과 더불어 庚이 합(合)하니 庚은 丑이 양귀(陽貴)가 된다. …, 『통현경(通玄經)』에 이르기를, 후천(後天)의 곤(坤)은 서남(西南)에 있고 申의 자리라, 음귀(陰貴)[음간(陰干)]는 후천(後天)의 곤(坤)에서 일으키니 이를 좇아 申 위의 甲干에서 일으킨다. 甲의 덕(德)은 申에 있는데 甲과 더불어 己가 합(合)하니 己는 申이 음귀(陰貴)가 된다. 음귀(陰貴)[음간(陰干)]는 역행(逆行)[申

---

716) 삼원(三垣)은 별자리의 세 구획(區劃)으로, 북극(北極) 부근의 자미원(紫微垣)과, 사자궁(獅子宮) 부근의 태미원(太微垣), 사견궁(蛇遣宮) 부근의 천시원(天市垣)이 있다.

717) 萬民英, 『三命通會』 「論天乙貴人」: "天乙者, 乃天上之神, 在紫微垣·閶闔門外, 與太乙並列, 事天皇大帝, 下游三辰, 家在己醜鬥牛之次, 出乎己未井鬼之舍, 執玉衡較量天人之事, 名曰在乙也, 其神最尊貴, 所至之處, 一切凶煞隱然而避."

→未→午→巳→辰→卯→寅→丑→子→亥→戌→酉]이 된다. 乙의 덕(德)은 未에 있는데 乙은 더불어 庚과 合하니 庚은 未가 음귀(陰貴)가 된다. …."[718] 앞에서 잠깐 언급(言及)했듯이 辰·戌·丑·未에서 辰과 戌은 괴강(魁罡)이 되어 빠지고 丑과 未는 천을귀인(天乙貴人)이 출입하는 문(門)으로 사용하게 되니 십이지지(十二地支) 중 10개의 지지(地支)만 천을귀인(天乙貴人)이 된다.

이에 대해 나타내면 〈표 94〉와 같다.

<표 94> 옥당(玉堂) 천을귀인(天乙貴人)

천간(天干)	甲	乙	丙	丁	戊	己	庚	辛	壬	癸
천을(天乙)	未	申	酉	亥	丑	子	丑	寅	卯	巳
옥당(玉堂)	丑	子	亥	酉	未	辛	未	午	巳	卯

이 중에서 일(日)에 좌(坐)하는 천을귀인(天乙貴人)은 사위(四位)가 되는데, 丁亥, 丁酉와 癸巳, 癸卯이고, 이 사위(四位)를 일귀(日貴)라고도 한다.

『삼명통회(三命通會)』에는 일귀(日貴)에 대해, "日貴格(일귀격)이라 日貴(일귀)라 하는 것은. 자연 天乙(천을)에 앉는 것을 말한다. 이 격(格)은 다만 四日(사일)이 있으니, 丁酉, 丁亥, 癸巳, 癸卯日이라 주로 사람됨이 순수(純粹)하고 인덕(仁德)이 있으며, 자색(姿色)을 겸비(兼備)하며, 인물(人物)이 부랑(浮浪)하지 않으며, 기품(氣品)이 높다. 귀기(貴氣)가 일(日)에 모이고 거듭 재식인(財食印)이 서로 도우면 귀(貴)한 기운(氣運)으로 복(福)이 된다. 삼합(三合)과 육합(六合)과 택묘합(宅墓

---

718) 萬民英, 『三命通會』「論天乙貴人」: "通玄經云, 先天坤在北方子位, 陽貴起先天之坤, 乃從子上起甲干, 甲德在子, 甲與己合, 不取甲德而取合氣, 故己爲貴人, 陽貴順行, 則乙德在丑, 乙與庚合庚以牛爲陽貴, …, 通玄經云, 先天坤在北方子位, 陽貴起先天之坤, 乃從子上起甲干, 甲德在子, 甲與己合, 不取甲德而取合氣, 故己爲貴人, 陽貴順行, 則乙德在丑, 乙與庚合庚以牛爲陽貴."

合)[일귀(日貴)와 합(合)하는 土 오행(五行)]을 좋아하며, 귀인(貴人)이 재왕(財旺)운(運)으로 행(行)하면 발복(發福)을 하게 된다. 형충파해(刑沖破害)와 공망(空亡)을 꺼리고, 행운(行運)에서 오는 것도 꺼리며, …, 癸卯와 丁亥는 낮에 태어날 것을 요구하고, 계사와 丁酉는 밤에 태어날 것을 구하는 것이니, 낮과 밤의 귀(貴)를 다 한꺼번에 체득(體得)하지는 못한다"[719]고 하여, 일귀(日貴)에 대한 길(吉) 작용론을 나타내고 있다.

5) 태극귀인(太極貴人)

태극귀인(太極貴人)은 그 지위(地位)가 삼공(三公)에 이른다[720]는 귀인(貴人)이다.

『삼명통회(三命通會)』에, "태극(太極)은 태초(太初)이고 시작이다. 아무것도 없는 태초(太初)에서부터 만물(萬物)이 생성(生成) 되었으니 태(太)가 된다. 극(極)은 성(成)이요 수(收)이다. 다시 되돌아가는 바가 되니 극(極)이라 한다. 시작에서부터 끝날 때까지 서로 도와가며 조화(造化)를 이루니 태극(太極)이라 한다. 甲乙木은 子 즉, 감수(坎水)의 도움을 받아 생(生)한 연후에 午 즉, 이화(離火)를 생(生)하여 주고 사(死)한다. 丙丁火는 먼저 진(震)으로부터 출(出)함을 좋아하니 진(震)은 곧 卯이고, 다음 태(兌)로 감추는 것을 기뻐하니 태(兌)는 곧 유(酉)이다. 庚辛金은 장생(長生) 寅을 얻어 간방(艮方)으로부터 생(生)함을 받고, 亥는 金의 사당(祠堂)이 되니, 亥는 곧 건방(乾方)이다. 壬癸 水는 먼저 申을 얻어 생(生)함을 받은 후에, 巳에 그 모습을 감춘다. 경(經)에 이르기를, 지함동남(地陷東南)이라 땅은 동남(東南)쪽이 우묵하게 들어가 있어, 동서남북(東西南北)의 도랑[독(瀆)]이 모두 손방(巽方)으로

---

719) 萬民英, 『三命通會』「論天乙貴人」: "日貴者, 自坐天乙是也, 此格只有四日, 丁酉丁亥癸巳癸卯, 主 爲人純粹, 有仁德, 有姿色, 不傲物氣高, 貴氣聚於日, 更有財食印相助, 貴氣爲福, 喜三合, 宅墓合, 行貴人財旺運發福, 大忌刑衝破害空亡, 運行再遇前忌, …, 日生要癸卯, 丁亥, 夜生要癸巳, 丁酉, 日夜 不背爲得體."

720) 徐大升, 『淵海子平』「論十干食祿」: "侯封萬戶列三公." 참조.

흘러가니, 이는 처음(始)과 끝(終)이 있다는 의미이다. 戊己土는 申을 생(生)함을 기뻐하고, 辰·戌·丑·未는 바른 창고(倉庫)가 된다"721)고 하였다.

<표 95> 태극귀인(太極貴人)

천간(天干)	甲·乙	丙·丁	戊·己	庚·辛	壬·癸	時	日	月	年
						甲	己	乙	戊
태극귀인 (太極貴人)	子,午	卯,酉	辰,戌, 丑,未	寅,亥	巳,申	戌	未	丑	辰

태극귀인(太極貴人)을 표로 나타내면 위와 같고, 위의 명주(命柱)는 己土가 태극귀인(太極貴人)아 만주(滿柱)하여 수상(首相)의 자리에 올랐다.

6) 삼기귀인(三奇貴人)

삼기귀인(三奇貴人)은 천상(天上) 삼기(三奇)인 甲·戊·庚, 지하(地下) 삼기(三奇)인 乙·丙·丁, 인중(人中) 삼기(三奇)인 辛·壬·癸가 있다.722)

『연해자평(淵海子平)』에는, "<천상(天上) 삼기(三奇)인> 甲·戊·庚에서 甲은 태양이 되고, 戊는 달이 되고, 庚은 별이 된다. 이미 있는 해와 달과 별은 뛰어나다. …, 지하(地下) 삼기(三奇)의 乙은 음목(陰木)의 우두머리가 되고, 丙은 양화(陽火)의 임금이 되고, 丁은 음화(陰火)의 상(相)[모양]이 된다. 지(地)에 이것이 있으면 뛰어나다. 모름지기 乙을 사용하여야 하는데, 乙은 곤토(坤土)에 속하여 없으면 길(吉)하지 않다"723)고 하여, 삼기(三奇) 중 천상(天上) 삼기(三奇)와 지하(地下) 삼기(三奇)에

---

721) 萬民英, 『三命通會』「論天乙貴人」: "太極者, 太初也, 始也, 物造于初爲太極, 成也, 收也, 物有所歸曰極, 造化始終相保, 乃曰太極貴也, 甲乙木先造乎子, 坎水助而生, 後終乎午, 離火焚而死, 丙丁火先喜出乎震, 卯也, 後喜藏乎兌, 酉也, 庚辛金得寅, 乃金生乎艮, 見亥乃 金廟乎乾, 壬癸水先得則生, 後得巳而納, 經曰, 地陷東南, 四瀆俱流巽位, 皆有始有終之意, 己土也, 喜生乎申, 得辰戌醜未爲正庫."
722) 徐大升, 『淵海子平』「論三奇貴人」: "天上三奇甲戊庚, 地下三奇乙丙丁, 人中三奇壬癸辛." 참조.
723) 徐大升, 『淵海子平』「論三奇貴人」: "甲戊庚者, 以甲爲日, 以戊爲月, 以庚爲星, 旣有日月星爲奇,

대해 나타나 있다.

여기에서 『삼명통회(三命通會)』에는, "천상(天上) 삼기(三奇) 甲·戊·庚은 천을귀인(天乙貴人) 축미(丑未)가 임하여야 한다고 한다"[724]고 하였다.

천상(天上) 삼기(三奇)는 다른 살(煞)의 작용을 해소(解消)해 주고, 지상(地上) 삼기(三奇)는 육친(六親)의 덕(德)을 받으며, 인중(人中) 삼기(三奇)인 辛·壬·癸는 인덕(人德)이 넘친다고 한다.

7) 금여록(金輿祿)

<표 96> 금여록(金輿祿)

천간(天干)	甲	乙	丙	丁	戊	己	庚	辛	壬	癸
금여(金輿)	辰	巳	未	辛	未	辛	戌	亥	丑	寅

금여록(金輿祿)은 현모양처(賢母良妻)를 얻고, 처가(妻家)의 덕(德)과 처가(妻家)의 재물(財物)까지 얻을 수 있는 것으로, 총명(聰明)하고 부귀(富貴)하며 평생 근심(謹審)이 없다고 한다. 십이운성(十二運星)에서 건록(建祿)의 이진(二辰) 앞이 금여(金輿)가 된다.

『삼명통회(三命通會)』에는, "여(輿)는 수레가 되고, 금(金)은 귀(貴)의 의미가 있다. 군자(君子)에 비유하면, 거관(居官)과 득록(得祿)은 반드시 수레에 실려 앉아 있게 되는 것이 근거(根據)가 된다. 그래서 금여(金輿)가 늘 거처하는 곳은 녹(祿)의

地支須得戌亥爲天門, 方得爲奇, 若無戌亥, 須有日月星, 而無天門, 則不爲奇矣, 而有天門, 若有丑卯酉巳, 又不爲奇, 寅中有箕星好風, 酉中有畢宿主雨, 丑卯爲風雷, 則三光失明, 奇不得時也. 地下三奇, 乙爲陰木之魁, 丙爲陽火之君, 丁爲陰火之相, 此地有之爲奇, 須用乙, 乙屬坤土, 若無則不吉."
724) 萬民英, 『三命通會』「論三奇」: "若甲戊庚亦以爲天上三奇, 以甲戊庚俱臨丑未."

이진(二辰)이다. 가령 甲子人의 녹(祿)은 寅이 되는데 〈이진(二辰) 뒤의〉 辰이 금여 (金輿)가 된다. 이 살(殺)은 곧 녹명(祿命)의 깃발이고, 삼재(三才)의 절월(節鉞)[임금이 하사한 도끼]로 주인(主人)이 성(性)이 부드럽고 용태(容態)가 성실(誠實)하고, 행동거지가 온화(穩和)하고, 공손(恭遜)하고, 부인(婦人)이 만나면 부유(富有)하지 않으면 귀(貴)하고, 남자가 얻으면 처첩(妻妾) 음복(陰福)이 많고, 서로 돕고, 생일 (生日) 생시(生時)에 만나면 더욱 아름답고 골육(骨肉)이 평생 크게 편안(便安)하고, 현숙(賢淑)한 처첩(妻妾)을 얻고, 자손(子孫)이 무성(茂盛)하다"[725]고 하여, 복(福)이 끊임없음을 나타내고 있으며, 특히 처덕(妻德)이 많음을 알 수 있다.

『자허국(紫虛局)』에 이르기를, 녹(祿)의 이진(二辰)은 금여(金輿)란 이름으로 이것을 만나는 사람은 복(福)이 최고로 다다르게 되고, 총명(聰明)하고, 부귀(富貴)하게 되고, 평생(平生) 근심(謹審)이 없다 하였다.[726]

또, 『팔자금서(八字金書)』에 이르기를, 역마(驛馬)[건록(建祿)] 앞의 이위(二位)에 있는 진(辰)은 금여(金輿)로 이곳에 생(生)하고, 아울러 행운(行運)에 도달하게 되면 늙어도 벼슬이 자연히 통(通)하게 되고, 또 마(馬)[건록(建祿)]의 이진(二辰)은 금여(金輿)가 되는데 만약 인명(人命)에 관귀(官貴)와 손을 잡으면 금여(金輿)가 순조롭게 다가오며, 주(主)는 대귀(大貴)하고, 만약 금여(金輿)가 복(福)과 귀(貴)를 보고 장성(將星)[子·午·卯·酉]이 아울러 있는 사람은 뛰어나다 하였다.[727]

---

725) 萬民英, 『三命通會』 「論金輿」: "輿者, 車也, 金者, 貴之義也, 譬之君子居官得祿, 須坐車以載之, 故金輿常居祿前二辰, 如甲子人祿在寅, 辰爲金輿是也, 此殺乃祿命之旌旗, 三才之節鉞, 主人性柔貌顯, 舉止溫克, 婦人逢之, 不富卽貴, 男子得之, 多妻妾, 陰福相扶持, 生日生時遇之爲佳, 骨肉平生安泰, 得賢妻妾, 子孫茂盛."

726) 萬民英, 『三命通會』 「論金輿」: "紫虛局云, 祿前二辰號金輿, 遇此之人福最殊, 偏主聰明多富貴, 一生清泰亦無虞."

727) 萬民英, 『三命通會』 「論金輿」: "八字金書云: 驛馬前辰居二位, 此名金輿在其中, 生於此處並行運, 到老爲官轉自通, 是又以馬前二辰爲金輿, 若人命官貴夾擁金輿引從, 主大貴, 若金輿見福貴並將星者妙."

8) 공록(拱祿)과 협록(夾祿)

공록(拱祿)에서 공(拱)은 두 손을 맞잡는 것을 말하고, 록(祿)은 건록(建祿)을 말하는데, 지지(地支) 2자(字)가 합(合)하여 허공(虛空)[명(命)에 없는]에 있는 천간(天干)의 녹(祿)을 가져와 쓰는 것을 말하며, 지지(地支) 2자(字)가 전후(前後)에 있어야 성립(成立)된다.

공록(拱祿)과 협록(夾祿)에 대해 표로 나타내면 다음과 같다.

<표 97> 공록(拱祿)과 협록(夾祿)

천간(天干)	甲	乙	丙	丁	戊	己	庚	辛	壬	癸
지지(地支)	丑 卯	寅 辰	辰 午	巳 未	辰 午	巳 未	未 酉	申 戌	戌 子	亥 丑
공협(拱挾)과 협록(夾祿)	寅	卯	巳	午	巳	午	申	酉	亥	子

이에 대해, 『연해자평(淵海子平)』에 "가령 戊辰이 丙午를 보고, 丙午가 戊辰을 보고, 丁巳가 己未를 보고, 己未가 丁巳를 보면 전후(前後)가 서로 공(拱)된다"[728] 하였고, "가령 甲生人이 丑卯를 만나면 甲의 녹(祿)은 寅에 있는데, 앞에 卯와 뒤에 丑이 있다. 乙生人이 寅辰을 만나면 乙의 녹(祿)은 卯가 되는데, 앞에 辰과 뒤에 寅이 있어 협록(夾祿)이 된다. 남은 것은 이에 준한다"[729]고 하였다.

9) 복성귀인(福星貴人)

---

728) 徐大升, 『淵海子平』「論拱祿」: "假如戊辰生人見丙午, 丙午生人見戊辰. 丁巳生人見己未, 己未生人見丁巳, 前後相拱."
729) 徐大升, 『淵海子平』「論夾祿」: "假如甲生人遇丑卯, 是甲祿在寅, 前有卯, 後有丑, 乙生人遇寅辰, 是乙祿在卯, 前有辰, 後有寅, 他倣此."

복성귀인(福星貴人)은 선천적(先天的)으로 복(福)을 가지고 태어났으며, 인덕(人德)이 많으며 수복(壽福)을 관장한다고 하며, 戌亥는 천문(天門)이라 수복(壽福)을 관장하는 복성귀인(福星貴人)이 될 수 없다.

복성귀인(福星貴人)에 대해 표로 나타내면 다음과 같다.

<표 98> 복성귀인(福星貴人)

천간(天干)	甲	乙	丙	丁	戊	己	庚	辛	壬	癸
복성귀인 (福星貴人)	寅	卯	子	酉	申	未	午	巳	辰	丑

『연해자평(淵海子平)』에는 "甲丙이 서로 떨어져서 호향(虎鄕)[寅]으로 들고, 다시 쥐[子] 구멍을 만나면 최고로 강(强)해지고, 戊는 원숭이[申], 己는 未가 그러하다. 乙丁은 亥, 丙火의 사람은 戌 중에 감추어지는 것을 기뻐하고, 庚은 말[午]머리를 향해서 가고, 辛은 巳에 이르러야 한다. 임기용배(壬騎龍背)[壬이 辰]는 비상(飛上)함을 기뻐하고, 다시 丁火의 사람은 보통 酉를 사랑한다. 癸乙은 午[丑]와 록(祿)[卯]이 좋으니 스스로 창성(昌盛)한다"[730]고 하였다.

10) 현침살(顯針煞)

현침살(顯針煞)은 간지(干支)에서 바늘[침(針)]이 나타나 그와 관련된 직업(職業)인 한의사(韓醫師), 간호사(看護師), 의사(醫師), 미용사(美容師) 등과 관련되었다고 본다.

---

730) 徐大升, 『淵海子平』 「論福星貴人」: "甲丙相邀入虎鄕, 更逢鼠穴最高强, 戊猴己未, 乙丁亥丙人惟喜戌中藏, 庚趁馬頭辛到巳, 壬騎龍背喜非常, 更有丁人愛尋酉, 癸乙宜牛祿自昌."

<표 99> 현침살(顯針煞)

현침살 (顯針煞)	천간(天干)	甲		辛	
	지지(地支)	午	未	申	卯

〖 2. 흉성(凶星) 〗

1) 고(孤)[공망(空亡)]와 허(虛)

앞서 이미 언급되었던 육십갑자(六十甲子)는 간지(干支)의 활용으로 이루어진 것으로, 그 육십갑자(六十甲子)에 오행(五行)을 붙인 것을 납음(納音)이라 하고, 십천간(十天干)과 십이지지(十二地支)의 글자가 서로 만나 운행되는 가운데 그 천간(天干)이 2글자 모자라 비어 있는 것을 공망(空亡)이라 한다. 공망(空亡)은 연월일시(年月日時)를 다 적용하며, 십신(十神)과 육친(六親) 및 그 궁(宮)에 대한 간명(看命) 등 여러 가지 상황이 고려(考慮)되어야 한다.

고·허(孤虛)에서 고(孤)는 곧 공망(空亡)을 말한다.

공망(空亡)은 천간(天干)과 지지(地支)로 운용되는 육십갑자(六十甲子)에서 일어나는 것이다. 천간(天干)은 10자(字)가 되고, 지지(地支)는 12자(字)가 되니 그 짝에서 지지(地支) 2자(字)가 남게 된다. 짝이 없는 2자(字)의 지지(地支)에 좌(坐)한 천간(天干)은 비어 녹(祿)이 없다 하여 공망(空亡)이라고 하고, 공망(空亡)의 충(沖)되는 것이 허(虛)가 되며, 고·허(孤·虛)를 나타내면 <표 100>과 같다.

순(旬)	육십갑자(六十甲子)										고(孤)[空亡]	허(虛)
甲子旬	甲子	乙丑	丙寅	丁卯	戊辰	己巳	庚午	辛未	壬申	癸酉	戌亥	辰巳
甲戌旬	甲戌	乙亥	丙子	丁丑	戊寅	己卯	庚辰	辛巳	壬午	癸未	申酉	寅卯
甲申旬	甲申	乙酉	丙戌	丁亥	戊子	己丑	庚寅	辛卯	壬辰	癸巳	午未	子丑
甲午旬	甲午	乙未	丙申	丁酉	戊戌	己亥	庚子	辛丑	壬寅	癸卯	辰巳	戌亥
甲辰旬	甲辰	乙巳	丙午	丁未	戊申	己酉	庚戌	辛亥	壬子	癸丑	寅卯	申酉
甲寅旬	甲寅	乙卯	丙辰	丁巳	戊午	己未	庚申	辛酉	壬戌	癸亥	子丑	午未

위와 같이 천간(天干)이 지지(地支)를 만나는데, 甲子旬에서는 戌과 亥는 천간(天干)의 짝이 없어 고(孤)[공망(空亡)]가 되고, 그에 충(沖)하는 것이 허(虛)가 된다.

甲戌旬에는 申과 酉, 寅과 卯가 각각 고(孤)[공망(空亡)]와 허(虛)가 된다.

甲申旬에는 午와 未, 子와 丑이 각각 고(孤)[공망(空亡)]와 허(虛)가 된다.

甲午旬에는 辰과 巳, 戌과 亥가 각각 고(孤)[공망(空亡)]와 허(虛)가 된다.

甲辰旬에는 寅과 卯, 申과 酉가 각각 고(孤)[공망(空亡)]와 허(虛)가 된다.

甲寅旬에는 子와 丑, 午와 未가 각각 고(孤)[공망(空亡)]와 허(虛)가 된다.

먼저 고(孤)인 공망(空亡)에 대해 송대(宋代) 『연해자평(淵海子平)』에는, "양간(陽干)의 궁(宮)은 공(空)이 되고, 음간(陰干)의 궁(宮)은 망(亡)이 된다.

즉 戌[양(陽)]은 공(空)이고, 亥[음(陰)]는 망(亡)이 된다"[731]고 하여, 공망(空亡) 중 양(陽)인 子, 寅, 辰, 午, 申, 戌은 양간(陽干)의 짝이 되므로 공(空)이라 하고, 음(陰)인 丑, 卯, 巳, 未, 酉, 亥는 음간(陰干)의 짝이 되므로 망(亡)으로 설명하고 있다.

또 명대(明代) 『삼명통회(三命通會)』에는 공망(空亡)에 대해, "『신백경(神白經)』에 이르기를, '공망(空亡)은 꽤 많은 종류가 있는데, 십간(十干)이 비어 도달하지 못한 것이다'고 하였다. 『동현경(洞玄經)』에 이르기를, '둔궁(遁宮)이라 하여 없어지는 것이다'고 하였다. …, 이 위치는 녹(祿)이 없는 것을 말하여 공(空)이라 하고, 지(支)는 있는데 간(干)이 없는 것을 망(亡)이라 한다. …, 그래서 비었지만[공(空)] 실(實)은 있고, 없지만[망(亡)] 있는 것이 되어 옳지 않게 되어 흉(凶)하다고 논한다"[732]고 하여, 흉(凶)함을 나타내고 있다.

공망(空亡)을 보는 법은, 일주(日柱)에서 년월시(年月時)를 보고, 년주(年柱)에서 일주(日柱)를 봐서 공망(空亡)이 있는지를 본다.

년(年)이 공망(空亡)이 되면, 조상궁(祖上宮)이 비어있는 것과 같아, 조업(祖業)이나 유산(遺産)을 지키기 힘들며, 초년운(初年運)이 좋지 않다고 본다.

월(月)이 공망(空亡)이 되면, 부모(父母)의 덕(德)이 적고, 만약 부모(父母)의 덕(德)이 있으면 부모(父母)가 헤어지거나 떨어져 살아야 하며, 청년기(靑年期)에 계획한 일이 바로 되지 않고 <그 중 사주(四柱) 구성이 좋으면> 몇 번의 실패 후 성공(成功)한다고 본다.

일(日)이 공망(空亡)이면, 처덕(妻德)이 적으며 본인(本人)도 현달(顯達)하는

---

731) 徐大升, 『淵海子平』「論六甲空亡」: "陽宮爲空, 陰宮爲亡, 是戌爲空, 亥爲亡."
732) 萬民英, 『三命通會』「論空亡」: "神白經云, 空亡空亡幾多般, 十干不到作空看, 洞玄經云, 遁窮而亡生, …, 蓋有是位而無祿曰空, 有支而無干曰亡, …, 是爲空亡, 然空而有實, 亡而有存, 所以未可便爲凶論."

데 많은 어려움을 겪게 되며, 중년기(中年期)에 큰 변화(變化)로 인해 고생할 수 있다.

시(時)가 공망(空亡)이면, 노후(老後)가 불안전하며, 자식(子息)으로 인한 근심(謹審)이 있거나 자식(子息)이 없으며, 만약 화개(華蓋)[辰戌丑未]가 공망(空亡)이 되면 노후(老後)를 외롭게 보내야 하고 관(棺)이 없는 것과 같으며, 더욱 고생(苦生)이 심하게 된다.

"또 이르기를, 무릇 명(命)에서 공망(空亡)이 시상(時上)에 있으면 성격이 삐뚤고 일의 높이가 허(虛)하고, 다시 화개(華蓋)[辰·戌·丑·未]를 만나면 자식(子息)이 적고, 일상(日上)에 있으면 서출(庶出)이 많고, 혹 처첩(妻妾)과 이별(離別)을 하고, 우합(隅合)하면 음탕(淫蕩)하다"733)고 하였다.

일(日)에서 년(年)이 공망(空亡)이 되고, 년(年)에서 일(日)이 공망(空亡)이 되는 것을 호환공망(互換空亡)이라고 하는데, 재앙(災殃)이 매우 깊어734) 초년(初年)에 이룬 일이 망(亡)하게 되거나 건강(健康)에 이상이 생겨 고생을 하게 된다.

『삼명통회(三命通會)』에는 "가령 甲子年에 壬戌日이 되면, 甲子에서 壬戌이 공망(空亡)이 되고 壬戌에서 甲子가 공망(空亡)이 되니 호환공망(互換空亡)이 된다. 이 일주(日主)는 일생(一生) 재물(財物)이 흩어져 줄어들게 되고, 가택(家宅)이 크게 깨어지는 것이다. 남은 것은 이에 준해서 추리(推理)하면 된다"735)고 하였다.

---

733) 萬民英, 『三命通會』「論空亡」: "又云, 凡命値空亡, 時上見, 多拗性, 爲事高而虛, 更遇華蓋, 決主少子, 日上見多庶出, 或妻妾間離, 遇偶合則多淫蕩."
734) 萬民英, 『三命通會』「論空亡」: "故帶互換空亡者災深." 참조.
735) 萬民英, 『三命通會』「論空亡」: "假令甲子年壬戌日, 甲子之正空亡在壬戌, 其壬戌乃甲寅旬, 甲寅旬中空復在子, 主一生財物耗散, 大破家宅, 餘倣此."

또 "일(日)과 시(時)가 호환공망(互換空亡)이 되면 시(時)는 긴(緊)하고 일(日)은 만(慢)하다"[736]고 하여, 일시(日時)가 호환공망(互換空亡)이 되면 시(時)가 더 강하게 작용함을 말하고 있다.

그러나 "『동원경(東原京)』에 이르기를, 연정(淵淨)하여 공동(倥洞)에 기(氣)가 없는 것, 즉 공망(空亡)이 뛰어난 것을 연정격(淵淨格)이라고 하는데, …, 월(月)과 일(日)과 시(時) 삼위(三位)가 공망(空亡)이 된 사람은 해롭지 않아 대귀인(大貴人)이 된다"[737]고 하여, 연쟁격(淵淨格)을 설명하면서 대귀인(大貴人)이 된다고 하였다. 또, "만약 양위(兩位)가 되면, 비록 벼슬은 하게 되지만 크게 되지는 않는다"[738]고 하여, 공망(空亡)이 연(聯)이어 있는 것은 작은 길(吉)이 있다는 것을 나타내고 있다.

"경(經)에 이르기를, 金이 공(空)되면 울리게 되고, 火가 공(空)되면 밝게 되고, 水가 공(空)되면 맑게 되고, 木이 공(空)되면 꺾어지고, 土가 공(空)되면 붕괴(崩壞)된다 하였다"[739]고 하여, 공망(空亡)에 대한 반어적(反語的) 표현도 나타나고 있다.

공망(空亡)이 해공(解空)됨에 대해, "만약 일(日)이 시(時)가 공망(空亡)이 되고, 도리어 형(刑), 해(害), 충(衝)[沖], 파(破)가 되면 일주(日主)는 복(福)이 있게 되나, 그 뜻을 다 이루지 못하는 것을 면하지는 못한다"[740]고 하였고, "만약 공망(空亡)은 합(合)이 되는 것은 옳지 않은 것이나, 합(合)이 되면 공(空)이

---

736) 萬民英, 『三命通會』「論空亡」: "若日時互換, 時緊日慢."
737) 萬民英, 『三命通會』「論空亡」: "洞元經云, 淵淨而倥洞無氣, 空亡多, 謂之淵淨格, …, 月日時三位俱空亡者, 不害爲大貴人."
738) 萬民英, 『三命通會』「論空亡」: "若値兩位, 雖有官不大."
739) 萬民英, 『三命通會』「論空亡」: "經云, 金空則響, 火空則明, 水空則清, 木空則折, 土空則崩, 此之謂也."
740) 萬民英, 『三命通會』「論空亡」: "若日犯而時卻刑害衝破, 時犯而日卻刑害衝破, 亦主有福, 未免坎坷."

되지 않기 때문이다"[741]라고 하여, 공망(空亡)이 합(合)이 되는 것을 꺼리나 공망(空亡)이 되지 않는다고 하였으며, 공망(空亡)이 형(刑), 해(害), 충(沖), 파(破)가 되면 해공(解空)이 되나 그 뜻을 다 이루지 못함을 말하고 있다.

"만약 충(沖)이 없거나, 합(合)이 없거나, 형(刑)이 없게 되면 진공망(眞空亡)이 되고, 사맹(四孟)은 태독(太毒)하여 재주가 많아 예술인(藝術人)이 된다"[742]고 하여, 충(沖)과 합(合)과 형(刑) 등이 없다면 진공망(眞空亡)이라 하여 그 공망(空亡)이 심하다고 하였으며, 사맹(四孟) 寅·申·巳·亥月[月 空亡 포함]은 오히려 태독(太毒)하여 예술인(藝術人)이 된다고 하였다. 여기에서 진공망(眞空亡)은 공망(空亡)이 해공(解空)되지 않아, 그 공망(空亡)이 심한 것을 말하고, 반공망(半空亡)은 공망(空亡)이 해공(解空)이 되면서 약해지기는 하나 그 뜻을 다 이루지 못함을 말한다.

따라서 공망(空亡)에 대한 간명(看命)은 어느 궁(宮)이 공망(空亡)이 되는지를 살펴야 하고, 천간(天干)이 일간(日干)에게 길신(吉神)인지 흉신(凶神)인지도 중요하며, 호환공망(互換空亡)인지 진공망(眞空亡)인지 반공망(半空亡)인지도 잘 살펴야 할 것이며, 이후 통변론(通辯論)[Ⅲ권]에서 구체적 활용(活用)을 하도록 하겠다.

다음 허(虛)는 명리(命理), 풍수(風水), 병법(兵法), 혼담(婚談), 계약(契約) 등에서 다양하게 사용한다.

예를 들어, 방향(方向)에 대한 허(虛)를 보자면, 甲子旬의 공망(空亡)은 戌亥가 되니, 고방(孤方)인 戌亥方을 등지고 허방(虛方)인 辰巳方을 바라보라는 등의 것이다.

---

741) 萬民英, 『三命通會』 「論空亡」: "合則不能空矣."
742) 萬民英, 『三命通會』 「論空亡」: "若無沖無合無刑, 謂眞空亡, 四孟太毒, 只作小伎巧術人."

조선(朝鮮)시대 『국조보감(國朝寶鑑)』에서 인조(仁祖) 2년(1624)에 이괄(李适)의 난(亂)을 평정(平定)하는 과정에서 고허(孤虛)에 대한 내용이 나타난다. "날짜가 고허(孤虛)에 걸렸다 하여 출병(出兵)을 꺼리는 사람이 있었다"[743]고 하여, 병사(兵士)들의 출병(出兵)에도 지장(支障)을 준 것을 알 수 있다.

2) 사대공망(四大空亡)

명대(明代) 『삼명통회(三命通會)』에는 공자(孔子)와 그가 가장 아끼고 총애하였던 수제자(首弟子) 안회(顏回)의 일화(逸話)가 사대공망(四大空亡)의 예를 들어 나타나 있다.

"호중자(壺中子)가 말하기를, …, 안회(顏回)가 요절(夭折)한 것은 단지 사대공망(四大空亡)을 범한 까닭이다"[744]고 하여, 이 일화(逸話)에 사대공망(四大空亡)의 의미가 담겨져 있다고 볼 수 있다.

육십갑자(六十甲子)에서 甲子와 甲午 및 甲寅과 甲申을 말한다. 甲子旬과 甲午旬에는 납음오행(納音五行) 水가 없으며, 甲寅旬과 甲申旬에는 납음오행(納音五行) 金이 없다. 이 네 개의 순(旬)은 납음오행(納音五行)이 완벽하게 갖추어져 있지 않기 때문에 사대공망(四大空亡)이라고 한다.

사대공망(四大空亡)을 송대(宋代) 『연해자평(淵海子平)』에는, "甲子, 甲午 순(旬)에는 水가 절류(絕流)되었고, 甲寅과 甲申 순(旬)에는 금기(金氣)를 구하기가 막연(漠然)하다"[745]고 나타나 있다.

또 "육갑(六甲) 중 甲辰, 甲戌 두 순(旬)은 납음오행(納音五行) 金·木·水·火·

---

743) 『國朝寶鑑』「제34권」: "及發兵, 人有日孤虛爲忌."
744) 萬民英, 『三命通會』「論壽夭」: "壺中子云, …, 又云, 顏回夭折, 只因四大空亡."
745) 徐大升, 『淵海子平』「論四大空亡」: "甲子并甲午, 旬中水絕流, 甲寅與甲申, 金氣杳難求."

土가 다 갖추어져 있는데, 甲子, 甲午 순중(旬中)에는 납음오행(納音五行) 水가 없고, 甲寅, 甲申 순(旬)에는 납음오행(納音五行) 金이 없어 오행(五行)이 불완전(不完全)하다"[746]고 하였다.

그러므로 甲子, 甲午 순(旬)의 주(主)의 사람이 다른 주(柱)에서 水를 보면 올바른 사대공망(四大空亡)이 되고, 명주(命柱)에는 없으나 행운(行運)에서 水를 만나게 되도 또한 작용(作用)을 한다. 이와 같이 甲寅과 甲申 순(旬)의 주(主)의 사람도 다른 주(柱)에서 金을 보면 올바른 사대공망(四大空亡)이 되며, 명주(命柱)에는 없으나 행운(行運)에서 金을 만나게 되도 사대공망(四大空亡)이 된다.[747]

3) 십악대패일(十惡大敗日)

십악대패일(十惡大敗日)도 결국 공망(空亡)과 관련된 일주(日主)를 말하는데, 甲辰, 乙巳, 丙申, 丁亥, 戊戌, 己丑, 庚辰, 辛巳, 壬申, 癸亥를 말한다. 이 십일(十日)은 건록(建祿)이 공망(空亡)이 되고 패(敗)가 되니 십악대패일(十惡大敗日)이라고 하며, 표로 나타내면 다음과 같다.

<표 101> 십악대패일(十惡大敗日)

일(日)	甲辰	乙巳	丙申	丁亥	戊戌	己丑	庚辰	辛巳	壬申	癸亥
공망(空亡)	寅卯	寅卯	辰巳	午未	辰巳	午未	申酉	申酉	戌亥	子丑

---

746) 徐大升, 『淵海子平』「論四大空亡」: "六甲中只有甲辰甲戌二旬之中, 有金木水火土全, 內甲子甲午旬中獨無水, 甲寅甲申旬無金, 此四旬者, 五行不全."
747) 徐大升, 『淵海子平』「論四大空亡」: "如甲子甲午旬, 主人見水者, 謂之正犯, 如當生命中不犯, 行運至水字亦爲犯也, 甲寅甲申旬亦同此論." 참조.

여기에서 甲의 록(祿)은 寅이 되고, 乙은 卯, 丙과 戊는 巳, 丁와 己는 午, 庚은 申, 辛은 酉, 壬은 亥, 癸는 子가 각각 록(祿)이다.

甲辰과 乙巳 일주(日主)는 寅과 卯가 공망(空亡)이 되니, 甲辰과 乙巳는 각각 록(祿)이 공망(空亡)이다.

壬申은 戌亥가 공망(空亡)이 되니, 록(祿)이 공망(空亡)이 된다.

癸亥는 子丑이 공망(空亡)이 되니, 역시 록(祿)이 공망(空亡)이 된다.

丙申과 戊戌은 辰巳가 같이 공망(空亡)이고, 丁亥와 己丑은 午未가 공망(空亡)이 되니, 역시 각각 록(祿)이 공망(空亡)이다.

庚辰과 辛巳는 申酉가 공망(空亡)이 되니, 각각 록(祿)이 공망(空亡)이 된다.

송대(宋代) 『연해자평(淵海子平)』에는 십악대패일(十惡大敗日)에 대해, "나라의 병사(兵士)가 되는 것을 크게 꺼리고, 용(龍)과 뱀[사(蛇)]이 동굴에서 나와 펼치기가 어렵다. 사람의 명(命)이 이 일(日)을 만나게 되면 창고(倉庫)의 금(金)과 은(銀)이 먼지가 된다"[748]고 하였고, "십악(十惡)은 흉(凶)하다. 대패(大敗)를 가진 사람은 적(敵)을 겁낸다"[749]고 하여, 그 흉(凶)에 대해 나타내고 있다.

그러나 "일주(日主)외 다른 곳에 있는 것은 논하지 않으며, 만약 길신(吉神)과 상부(相扶)하면 다소 길(吉)해진다"[750]고 하였다. 여기에서 길신(吉神)은 식·재·관·인(食·財·官·印)을 의미하며, 십악대패일(十惡大敗日)이라도 길신(吉神)의 상생(相生)과 상극(相剋)의 조화가 잘 이루어지면 길(吉)한 작용을 한다.

---

748) 徐大升, 『淵海子平』「論十惡大敗日」: "邦國用兵須大忌, 龍蛇出穴也難伸, 人命若還逢此日, 倉庫金銀化作塵."
749) 徐大升, 『淵海子平』「論十惡大敗日」: "十惡者, 凶也, 大敗者, 怯敵也."
750) 徐大升, 『淵海子平』「論十惡大敗日」: "當以日主見之方是, 其餘見之, 未可便作十惡論, 若有吉神扶之稍吉."

4) 사폐일(四廢日)

다음은 사폐일(四廢日)에 대해 알아보도록 하자.

천간(天干)의 충(沖)과 지지(地支)의 충(沖)은 앞에서 계절(季節)의 방위(方位)에서 일어난다고 하였다. 이처럼 金이 木의 계절(季節)에, 水가 火의 계절(季節)에, 木이 金의 계절(季節)에, 火가 水의 계절(季節)에 생(生)하여 부서지는 폐(廢)를 의미한다. 즉, 庚申은 金의 기운(氣運)으로 木의 계절(季節)인 봄에는 부서지는 폐(廢)가 되고, 壬子는 水의 기운(氣運)으로 火의 계절(季節)인 여름에 폐(廢)가 되며, 甲寅은 木의 기운(氣運)으로 金의 계절(季節)인 가을에 폐(廢)가 되고, 丙午는 火의 기운(氣運)으로 水의 계절(季節)인 겨울에 폐(廢)가 된다. 이 사일(四日)이 각각 힘없는 계절에 태어나는 것을 폐(廢)한다 하여, 사폐일(四廢日)이라고 한다.

사폐일(四廢日)에 대해 『연해자평(淵海子平)』에는, "봄의 庚申 金은 수사(囚死)가 되고, 여름의 壬子 水는 수사(囚死)가 되고, 가을 甲寅 木은 수사(囚死)가 되며, 겨울 丙午 火는 수사(囚死)가 된다. 사수(死囚)로 인하여 사용할 수 없어 폐(廢)라 한다. 봄은 목신(木神)이 용사(用事)하는데 金의 수(囚)가 되어 사용하지 못한다. 그래서 庚金은 폐(廢)가 된다. 여름 火를 사용하면 水는 폐(廢)가 되고, 가을에 金을 사용하면 甲木은 폐(廢)가 된다. 겨울에 水를 사용하면 丙火는 폐(廢)가 된다. 무릇 명중(命中)에 이것이 있어 만난 사람은 일을 만들지만 이루지 못한다. 춘하추동(春夏秋冬) 사계(四季)도 구분하여 보아야 한다. 방위(方位)가 기준(基準)이다"[751]고 하였다.

---

751) 徐大升, 『淵海子平』「論十惡大敗日」: "春庚申金囚死, 夏壬子水囚死, 秋甲寅木囚死, 冬丙午火囚死, 因死囚而無用, 謂之廢, 春乃木神用事, 金囚而無用, 故以庚金爲廢, 夏用火而壬水爲廢, 秋用金而甲

여기에서 수사(囚死)는 뒤에서 배울 왕·상·휴·수·사(旺·相·休·囚·死)에서 수사(囚死)를 말하는 것으로, 『연해자평(淵海子平)』에는 庚申이 木의 계절(季節)에, 壬子는 火의 계절(季節)에, 甲寅은 金의 계절(季節)에, 丙午는 水의 계절(季節)에 태어나 폐(廢)가 되어 항상 이루지 못함을 왕·상·휴·수·사(旺·相·休·囚·死)와 같이 나타내었다.

5) 천라지망(天羅地網)

천라(天羅)와 지망(地網)은 각각 戌亥와 辰巳를 말한다. 이미 언급한 바와 같이 辰과 戌은 괴강(魁罡)으로 천을귀인(天乙貴人)이 좌(坐)하지 못하여 그 흉(凶)이 크며, 남에게 헌신봉사(獻身奉事)함으로 인해 그 흉(凶)을 적게 만들어야 하며, 곤명(坤命)이 더욱 흉(凶)한 것으로 본다.

<표 102> 천라지망(天羅地網)

천라(天羅)	戌亥
지망(地網)	辰巳

하고자 하는 일이 항상 어둡게 되는 흉성(凶星)이며, 戌亥는 하늘에 거물이 드리운 격(格)이고 辰巳는 땅에 거물이 드리운 격(格)이다.

『삼명통회(三命通會)』에는 "나망(羅網)[천라지망(天羅地網)]의 설(說)은 그 의미가 매우 확실하다. 戌亥는 천라(天羅)가 되고 辰巳는 지망(地網)이 되는 것은 무릇 하늘은 서북(西北)으로 기울어져 있어 戌亥는 육음(六陰)이 끝이 되고, 땅은 동남(東南)이 꺼져 있어 辰巳는 육양(六陽)의 끝이 되어 나망(羅網)이 있게 된다"[752]고 하였고, "음양(陰陽)이

木爲廢, 冬用水而丙火爲廢, 凡命中有遇之者, 主作事無成, 要分春夏秋冬四季看, 方準."
752) 萬民英, 『三命通會』「論天羅地網」: "羅網之說, 其義甚明。然何以戌亥爲天羅, 辰巳爲地網, 蓋天傾西北, 戌亥者, 六陰之終也, 地陷東南, 辰巳者, 六陽之終也."

맨 마지막이면 어두워져 밝지 않게 되니, 사람에게 나망(羅網)이 있게 되는 것이다"[753]고 하였다.

음(陰)의 극(極)인 육음(六陰)의 자리가 戌亥가 되고, 양(陽)의 극(極)인 육양(六陽)의 자리가 辰巳가 되니, 음(陰)과 양(陽)이 각각 너무 기울어져 그물이 드리워져 흉(凶)이 된다는 것이다.

6) 양인(羊刃)·괴강(魁罡)·백호대살(白虎大煞)

인(刃)은 양인(羊刃)과 비인(飛刃)이 있다.

그 중 양인(羊刃)은 양양인(陽羊刃)과 음양인(陰陽人)이 있고, 양양인(陽羊刃)은 십이운성(十二運星)에서 제왕(帝旺)을 말하며, 음양인(陰陽人)은 관대(冠帶)에 해당하고, 비인(飛刃)은 양인(羊刃)의 반대쪽 궁(宮)을 말한다.

인(刃)은 만물(萬物)을 숙살(肅殺)하는 기운(氣運)을 가진 흉성(凶星)으로, 정리하여 나타내면 다음과 같다.

<표 103> 양인(羊刃)과 비인(飛刃)

천간(天干)	甲	乙	丙	丁	戊	己	庚	辛	壬	癸
양인(羊刃)	卯	辰	午	未	午	未	酉	戌	子	丑
비인(飛刃)	酉	戌	子	丑	子	丑	卯	辰	午	未

양간(陽干)에서 甲은 卯, 丙·戊는 午, 庚은 酉, 壬은 子가 양인(羊刃)이 되고, 반대쪽 궁(宮)에 있는 즉 충(沖)하는 것으로, 甲은 酉, 丙·戊는 子, 庚은 卯, 壬

---

753) 萬民英, 『三命通會』 「論天羅地網」: "陰陽終極, 則暗昧不明, 如人之在羅網, 此春義也."

은 午가 비인(飛刃)이 된다.

음간(陰干)에서 乙은 辰, 丁·己는 未, 辛은 戌, 癸는 丑이 양인(羊刃)이 되고, 반대쪽 궁(宮)에 있는, 즉 충(沖)하는 것으로, 乙은 戌, 丁·己는 丑, 辛은 辰, 癸는 未가 비인(飛刃)이 된다.

명주(命柱) 내에 양인(羊刃)과 비인(飛刃)이 같이 있게 되면 그 흉(凶)이 더욱 심하여 몸에 칼을 대는 일이 계속 생기게 된다.

『연해자평(淵海子平)』에는 양인(羊刃)에 대해, "양(羊)은 강(剛)한 것이고, 인(刃)은 주(主)가 형벌(刑罰)을 당하는 것이다. 녹(祿)[건록(建祿)]이 지나고 나면 인(刃)이 나타나게 된다. 공(功)이 이루어지면 물러나는 것이 마땅하고, 물러나지 않으면 사납게 나아가게 된다. 사납게 나아가면 관(官)을 손상(損傷)시키게 된다. 양인(羊刃)은 녹(祿) 앞의 일진(一辰)으로 길(吉)이 너무 과(過)하게 되면 좋지 않다"[754]고 하였다. 즉 양인(羊刃)이 관성(官星)이 있으면 공(功)을 이루게 되나 물러날 줄 알아야 하고, 양인(羊刃)이 과(過)하게 되면 관성(官星)을 손상(損傷)시키므로 그 흉(凶)이 더욱 심하게 된다.

<표 104> 괴강(魁罡)

辰戌 괴강(魁罡)	辰	戌
	戊辰, 庚辰, 壬辰	戊戌, 庚戌, 壬戌

앞 서 몇 차례 언급된 괴강(魁罡)은 辰과 戌을 말하는 것으로, 천을귀인(天乙貴人)이 동주(同柱)하지 못하는 흉성(凶星)이며, 곤명(坤命)은 그 흉(凶)이 더욱 심하다. 그러나 명주(命柱) 구성에 따라 길성(吉星) 작용을 할 때도 있으니 잘

---

754) 徐大升, 『淵海子平』「論羊刃」: "羊, 詳剛也, 刃者, 主刑也, 祿過則刃生, 功成當退不退, 乃狼而進也, 言進而有傷官, 羊刃當居祿前一辰, 謂吉極則否."

살펴야 한다.

　『연해자평(淵海子平)』에는, "무릇 괴강(魁罡)은 네 개가 있다. 壬辰, 庚戌, 戊戌, 庚辰이다. …, 재관(財官)을 보게 되면 재앙(災殃)이 일어나고, …, 살생(殺生)을 좋아한다. 만약 사주(四柱)에 재(財)와 관(官)이 있거나 혹은 형살(刑殺)을 차면 화(禍)가 매우 심하다. 일주(日柱)를 충(沖)하는 사람이 〈괴강(魁罡)이〉 무리지어 있으면 반드시 그는 소인(小人)이고, 항상 형벌(刑罰)이 멈추지 않고, 매우 가난하여 궁핍(窮乏)이 뼈를 뚫는다. 운(運)에서 재관(財官)이 들어오면 의외의 화(禍)를 막아야 한다. 庚戌, 庚辰은 관(官)이 오는 것을 두려워하고, 壬戌, 壬辰은 재(財)를 연이어 보는 것이 두렵다. …, 주(柱)에 형충(刑沖)이 있고 겸(兼)해서 파해(破害)가 있으면 매우 가난(家難)하고 채찍 당한다"[755]고 하여, 괴강(魁罡)의 큰 흉(凶)에 대해 나타내고 있다.

　그러나 "가령 일(日)에 임(臨)한 사람이 〈괴강(魁罡)이〉 연이어 있으면 반드시 복(福)이 백단(百端)으로 일어난다. 행운(行運)이 신왕(身旺)하면 온 갖 복(福)이 나타나고, …, 주인(主人)의 성격(性格)은 총명(聰明)하고 문장(文章)이 뛰어나고, 모든 일에 결단력이 있으며, …, 괴강(魁罡) 4일(日)은 가장 먼저가 되는데, 첩첩(疊疊)하게 만나면 대권(大權)을 장악(掌握)한다. …, 주인(主人)의 성격(性格)은 총혜(聰慧)하고, …, 마음이 결단력이 좋고, 중립적이다"[756]고 하여 괴강(魁罡)이 형충파해(刑沖破害)가 없이 연이어 있게 되면 도리어 길(吉)이 된다는 것을 나타내고 있다.

---

755) 徐大升, 『淵海子平』「論魁罡」: "夫魁罡者有四, 壬辰庚戌戊戌庚辰日是也, …, 一見財官, 禍患立至, …, 惟是好殺, 若四柱有財及官, 或帶刑殺, 禍不可測, 倘日獨處, 沖者太衆, 必是小人, 刑責不已, 窮必徹骨, 運臨財官旺處, 亦防奇禍, …, 庚戌庚辰怕官顯, 壬戌壬辰見財連, …, 柱有刑沖兼破害, 一貧徹骨受笞鞭."

756) 徐大升, 『淵海子平』「論魁罡」: "如日位加臨者衆, 必是福, 運行身旺, 發福百端, …, 主人性格聰明, 文章振發, 臨事有斷, …, 魁罡四日最爲先, 疊疊相逢掌大權, …, 主人性格多聰慧, …, 之心斷不偏."

『삼명통회(三命通會)』에도 괴강(魁罡)의 흉(凶)에 대해, "옛날에는 庚辰, 壬辰, 戊戌, 庚戌 등의 네 일주(日柱)를 괴강격(魁罡格)이라 하고, 강경(剛勁)하여 위엄(威嚴)과 권세(權勢)를 주관한다 하였다. 이에 辰은 하늘의 강(罡)이 되고 戌은 강의 괴(魁)가 되는데, 이는 음양(陰陽)이 멸절(滅絶)되는 땅이라 하였다."[757] 괴강(魁罡) 육위(六位) 중 庚辰, 庚戌, 壬辰, 壬戌 괴강(魁罡)의 흉(凶)을 나타내고 있다.

위의 설명을 정리하면 괴강(魁罡)이 연이어 있되 형충파해(刑沖破害)가 없으면 길(吉)이 되지만, 형충파해(刑沖破害)가 있거나 재관(財官)을 보게 되면 그 흉(凶)이 심해짐을 알 수 있으며, 戊戌과 戊辰 괴강(魁罡)은 조금 약하게 본다고 하나, 형충파해(刑沖破害)를 꺼리는 것은 동일(同一)하다.

백호대살(白虎大煞)은 구궁(九宮)의 감궁(坎宮)[1]에서 육십갑자(六十甲子)를 일으켜 중궁(中宮)에 거(居)하는 일곱 개의 주(柱)를 말하는데, 사방(四方)이 막혀 해당하는 육친(六親)이 죽어야 없어진다는 흉살(凶殺)이다. 일곱 개의 주(柱)는 甲

<표 105> 구궁(九宮)과 백호대살(白虎大煞)

丁卯, 丙子, 乙酉 甲午, 癸卯 壬子, 辛酉	4	壬申, 辛巳, 庚寅 己亥, 戊申, 丁巳	9	乙丑, 甲戌, 癸未 壬辰, 辛丑 庚戌, 己未	2
丙寅, 乙亥, 甲申 癸巳, 壬寅 辛亥, 庚申	3	**戊辰, 丁丑, 丙戌 乙未, 甲辰 癸丑, 壬戌**	5	庚午, 己卯, 戊子 丁酉, 丙午, 乙卯	7
辛未, 庚辰, 己丑 戊戌, 丁未, 丙辰	8	甲子, 癸酉. 壬午 辛卯, 庚子 己酉, 戊午	1	己巳, 戊寅, 丁亥 丙申, 乙巳 甲寅, 癸亥	6

---

757) 萬民英, 『三命通會』「論魁罡」: "舊取庚辰壬辰戊戌庚戌, 四日爲魁罡格, 主剛果掌威權, 以辰爲天罡, 戌爲河魁, 乃陰陽滅絶之地也."

辰, 乙未, 丙戌, 丁丑, 戊辰, 壬戌, 癸丑을 말하고, 사주(四柱) 중 어디에 있어
도 해당한다. 흔히 호랑이에게 물려 피를 흘리고 죽는다는 흉살(凶殺)로 비유된
다.

백호대살(白虎大煞)은 해당하는 육친(六親)을 잘 살펴야 한다. 건명(乾命)에
재성(財星)이 백호(白虎)가 되면 부처(父妻)가, 비겁(比劫)이면 형제자매(兄弟姉
妹)가, 관성(官星)이면 자식(子息)이 혈광사(血光死)[피를 흘리고 죽음]한다고
하며, 곤명(坤命)에 관성(官星)이 백호(白虎)가 되면 지아비가, 식상(食傷)이면
자녀(子女)가, 재성(財星)이면 부(父)가 혈광사(血光死)[피를 흘리고 죽음]한다
는 흉살(凶殺)이다.

7) 귀문관살(鬼門關煞)과 탕화살(湯火煞)

귀문관살(鬼門關煞)은 신경쇠약(神經衰弱), 정신이상(精神理想), 불감증(不感
症), 근친결혼(近親結婚), 근친상간(近親相姦), 변태(變態) 등을 뜻한다.

丑午와 申卯와 辰亥 및 巳戌은 원진(元嗔)과 같이 하고, 子酉는 파(破)와 동일
(同一)하다. 행운(行運)에서도 살펴야 하니 잘 간명(看命)하여야 한다.

<표 106> 귀문관살(鬼門關煞)

귀문관살 (鬼門關煞)	丑午	申卯	辰亥	巳戌	子酉	寅未
탕화살 (湯火煞)	寅		丑		午	

탕화살(湯火煞)은 비관(悲觀), 음독(飮毒), 약물중독(藥物中毒), 화상(火傷),
화재(火災), 총상(銃傷), 폭발사고(爆發事故) 등을 뜻하며, 행운(行運)에서도 작
용한다. 명주(命柱)에서 화기태왕자(火氣太旺者)도 탕화살(湯火煞)로 볼 수 있

다. 이 중 丑午는 원진(元嗔), 귀문관살(鬼門關煞), 육해(六害), 탕화살(湯火煞)
이 겹치니 그 흉(凶)이 더욱 심하다고 본다.

8) 급각살(急脚煞)

급각살(急脚煞)은 다리는 다치는 살(煞)이라 하여, 소아마비(小兒痲痺), 낙상
(落傷), 절골(折骨), 상처(傷處), 신경통(神經痛) 등과 관련이 있으며, 월지(月
支)를 기준으로 한다.

<표 107> 급각살(急脚煞)

월지(月支)	寅卯辰月	巳午未月	申酉戌月	亥子丑月
급각살(急脚煞)	亥子	卯未	寅戌	丑辰

9) 도화살(桃花殺)

도화살(桃花殺)은 십이신살(十二神煞)에서 년살(年煞)을 말하고, 십이운성(十
二運星)에서는 목욕(沐浴)에 해당한다.

명대(明代) 『삼명통회(三命通會)』에, "『회남자(淮南子)』에 태양(太陽)이
부상(扶桑)해 나와서 함지(咸池)로 가는데 오행(五行)의 목욕지(沐浴地)로서 함
지(咸池)를 이룬다 하였으니 이것은 태양(太陽)이 들어간다는 뜻이며, 만물(萬
物)이 어둡게 되는 때가 된다. 寅午戌이 卯에 있고, 巳酉丑은 午에 있으며, 申子
辰은 酉에 있고, 亥卯未는 子에 있다. 즉 장생(長生)의 이위(二位)가 목욕(沐浴)
의 궁(宮)인데, 목욕(沐浴)은 일명 패신(敗神)이고 또한 도화살(桃花殺)이다. 도
화살(桃花殺)은 궁술(弓術)을 좋아하고, 어지럽고 인색함을 주장(主張)한다"[758]

고 하였다.

　도화살(桃花殺)을 나타내면 표로 다음과 같다.

<표 108> 도화살(桃花煞)

도화살 (桃花煞)	寅午戌	巳酉丑	申子辰	亥卯未
	卯	午	酉	子

　또 "생왕(生旺)하면 용모(容貌)와 행동(行動)이 아름답고, 주색(酒色)에 소질(素質)이 있으며, 재산(財産)을 소홀히 하고, 가업(家業)을 파(破)하기 좋아하고 오직 탐음(貪淫)하다. 만약 <십이운성(十二運星)으로> 사절(死絶)이 되면 언행(言行)이 불손(不遜)하고, 교사(狡詐)하고 유탕(遊蕩)과 도박(賭博)을 하며, 은혜(恩惠)를 모르고 신용(信用)을 잃고 사통(私通)이나 간음(奸淫)하여 불미(不美)하다"[759]고 하였다.

　"원진(元辰)이 있고 아울러서 생왕(生旺)이 다시 임(臨)하면 흔히 악인(惡人)을 얻어 처(妻)로 삼고, 귀인(貴人)과 건록(建祿)이 같이 하면 유흥(遊興)으로 재물(財物)을 벌거나 부인(婦人)이 어두운 재산(才山)으로 집을 일으킨다. 그리고 평생(平生)에 수액(水厄)이 있고, 여러 번의 유실(遺失)과 조난(遭難) 등 어둠의 재앙(災殃)이 있으며, 명(命)에 있으면 파(破)가 있고, 이루는 것이 없어 길조(吉兆)가 아니며 부인(婦人)은 이것을 꺼려한다"[760]고 하였다.

---

758) 萬民英, 『三命通會』「論咸池」: "淮南子曰, 日出扶桑, 入於咸池, 故五行沐浴之地, 名咸池, 是取日入之義, 萬物暗昧之時, 寅午戌卯, 巳酉丑午, 申子辰酉, 亥卯未子卽長生第二位沐浴之宮是也, 一名敗神, 一名桃花殺, 其神主奸邪淫鄙."

759) 萬民英, 『三命通會』「論咸池」: "如生旺則美容儀, 耽酒色, 疏財好歡, 破散家業, 唯務貪淫, 如死絶, 落魄不檢, 言行狡詐, 遊蕩賭博, 忘恩失信, 私濫姦淫, 靡所不爲."

760) 萬民英, 『三命通會』「論咸池」: "與元辰並, 更臨生旺者, 多得匪人爲妻, 與貴人建祿並, 多因油鹽酒貨得生, 或因婦人暗昧之財起家, 平生有水厄, 癆瘵之疾, 累遭遺失暗昧之災, 此神入命, 有破無成, 非爲

"심지(沈芝)는 '함지(咸池)는 일시(日時)를 꺼려하고, 함지(咸池)는 水를 두려워한다'고 하였고, 호중자(壺中子)는 '목욕(沐浴)이 오래 임하면 백이(伯夷)[761]가 수양(首陽)에게 굶주림을 받은 바가 있을 것이고, 또는 목욕(沐浴)이 생(生)함을 당하면 벌거벗은 모습이라 하고, 행년(行年)이 목욕(沐浴)이면 이른바 궁살(窮殺)이며, 또는 오행(五行)이 가장 꺼려하는 것은 목욕(沐浴)이라 하겠다'"[762]고 하였다.

"『자허국(紫虛局)』에서 말하기를, 풍류음치(風流淫治)는 함지(咸池)라 하며, 화(禍)가 주기적으로 임하고, 주색(酒色)의 난(難)이 있으며, 상향(上向)하여 이삼위(二三位)가 있는데 살(殺)이 가중(加重)하면 혈광(血光)이 따른다 하였다. 모든 서(書)에서 함지(咸池)를 보면 길조(吉兆)가 아니며 살(殺)이 일시(日時)에 水와 같이 있을 때, 이런 명(命)을 만난 사람은 가장 흉(凶)하다"[763]고 하였다.

함지(咸池)는 도화(桃花)가 만발(滿發)한 것을 말하므로, 남녀(男女) 주색(酒色)을 좋아하고, 봄바람을 희롱(戲弄)함을 즐기며, 양간(陽干)[甲丙戊庚壬]이 양인(羊刃)과 함지(咸池)가 동주(同柱)하면 풍기(風氣)에 감동(感動)하고 함지(咸池)가 더욱 심할 것이다.

10) 고란살(孤鸞煞)

吉兆, 婦人尤忌之."

761) 백이(伯夷)와 숙제(叔齊)는 은대(殷代) 고죽군(孤竹君)의 아들인데 왕위(王位)를 서로 양보(讓步)하였고, 주(周)나라가 은(殷)나라 주(紂)를 토벌(討伐)하자 천자(天子)를 공격한 신하(臣下)라며 섬기기를 거부(拒否)하고 수양산(首陽山)에 들어가 고사리를 캐어 먹다 죽어서 충신(忠臣)의 대명사가 되었다.

762) 萬民英, 『三命通會』 「論咸池」: "沈芝云, 咸池忌日時, 又云, 咸池怕水, 壺中子云, 沐浴臨年伯夷有首陽之餓, 又云, 見生値沐浴曰裸形, 行年値沐浴曰窮殺, 又云, 五行最忌沐浴."

763) 萬民英, 『三命通會』 「論咸池」: "紫虛局云, 風流淫治號咸池, 並集來臨禍應期, 酒色相刑二三位, 更加神殺血光隨, 詳諸書見咸池非吉殺, 日時與水命遇之尤凶."

여자(女子)에게만 해당하는 살(煞)로, 남편(男便)이 작첩(作妾)을 하거나 이별(離別)을 한다. 곤명(坤命)에 배우자(配偶者) 궁(宮)이 비겁(比劫)이거나 상관(傷官)에 해당한다.

<표 109> 고란살(孤鸞煞)

甲寅	乙巳	丁巳	戊申	辛亥

11) 고과살(孤寡煞)과 상처(喪妻)·상부살(喪夫煞)

남녀(男女) 공히 과부(寡婦)[과숙살(寡宿煞)]와 홀아비[고신살(孤神煞)]가 된다는 살(煞)을 합쳐서 고과살(孤寡煞)이라 하고, 상처(喪妻)와 상부살(喪夫煞)은 혼인(婚姻)한 남녀(男女)에만 해당하는 살(煞)로 약(弱)할 때는 이별(離別)을 하고 강(强)할 때는 상(喪)[죽음]으로 작용(作用)한다.

<표 110> 고과살(孤寡煞)과 상처(喪妻)·상부살(喪夫煞)

고과살(孤寡煞) 지지(地支)	고신살(孤神煞)과 상처살(喪妻煞)	과숙살(寡宿煞)과 상부살(喪夫煞)
寅卯辰	巳	丑
巳午未	申	辰
申酉戌	亥	未
亥子丑	寅	戌

제VII장. 납음오행(納音五行)

납음오행(納音五行)이란 궁·상·각·치·우(宮·商·角·徵·羽) 오음(五音)을 적용하여, 육십갑자(六十甲子)에 오행(五行)을 붙인 것을 말한다.

납음(納音)에 대해 수대(隋代) 『오행대의(五行大義)』에는, "납음수(納音數)라는 것은 사람의 본명(本命)이 소속된 음(音)을 말하니, 〈납음(納音)에서〉 '음(音)'은 곧 궁·상·각·치·우(宮·商·角·徵·羽)의 다섯이고, '납(納)'은 음(音)을 취해서 소속해 있는 성질(性質)을 조율하는 것이다"[764]고 하였다.

납음(納音)의 발생(發生)과 오행(五行)에 대해, "『악위(樂緯)』에, '공자(孔子)가 말하기를, 내가 음률(音律)을 불어서 성질(性質)을 정했으니, 첫 번째 소리로 土를 얻으니 궁(宮)이요, 세 번째 소리로 火를 얻으니 치(徵)요, 다섯 번째 소리로 水를 얻으니 우(羽)요, 일곱 번째 소리로 金을 얻으니 상(商)이요, 아홉 번째 소리로 木을 얻으니 각(角)이고, 이것은 모두 양수(陽數)이다"[765]고 하여, 음률(音律)을 궁·상·각·치·우(宮·商·角·徵·羽) 오행(五行)으로, 木을 9, 火를 3, 土를 1, 金을 7, 水를 5로 각각 나타내고 있다.

또, 납음(納音)의 수(數)인 木 9, 火 3, 土 1, 金 7, 水 5는 오행(五行)의 노수(老數)에서 나왔다고 하는데, 오행(五行)의 수(數)에는 생수(生數)와 장수(壯數)와 노수(老數)의 세 종류가 있고, 그 중 노수(老數)를 납음(納音)에 사용한

---

764) 『五行大義』: "納音數者, 謂人本命所屬之音也, 音卽宮商角徵羽也, 納者取此音, 以調姓所屬也."
765) 『五行大義』: "樂緯云, 孔子曰, 丘吹律定姓, 一言得土曰宮, 三言得火曰徵, 五言得水曰羽, 七言得金曰商, 九言得木曰角, 此并是陽數."

다. 노수(老數) 중 木의 노수(老數)는 9, 火의 노수(老數)는 3, 土의 노수(老數)는 1, 金의 노수(老數)는 7, 水의 노수(老數)는 5이다.[766]

여기에서 노수(老數)외에 생수(生數)와 장수(壯數)는 앞서 하낙(河洛)에서 나타난 생수(生數)와 성수(成數)를 말하는 것으로, 공자(孔子)의 언(言)과 생수(生數)와 장수(壯數)와 노수(老數)를 오행(五行)의 생성(生成)과정 순서대로 나타내면 다음과 같다.

<표 111> 오행(五行)과 생수(生數), 장수(壯數), 노수(老數)[공자(孔子)의 언(言)]

오행(五行)	水	火	木	金	土
생수(生數)	1	2	3	4	5
장수(壯數) [성수(成數)]	6	7	8	9	10
오음(五音)	궁(宮)	상(象)	각(角)	치(徵)	우(羽)
공자(孔子) 언(言)	5	3	9	7	1
노수(老數)	5	3	9	7	1

『오행대의(五行大義)』 편찬자인 소길(簫吉)은 납음(納音)의 수(數)를 노수(老數)로 쓰는 것에 대해, "만물(萬物)이 모두 오상(五常)의 기운(氣運)을 받아 화합(化合)해서 물건을 낳으니, 난 뒤에는 반드시 장성(壯盛)하게 되며, 장성(壯盛)한 뒤에는 반드시 노쇠(老衰)해지기 때문에, 생수(生數)와 장수(壯數)와 노수(老數)의 세 가지 뜻이 있는 것이다. 무릇 사람의 도리(道理)는 장성(壯盛)해서

---

766) 『五行大義』: "凡五行有生數壯數老數三種, 木生數三, 壯數八, 老數九, 火生數二, 壯數七, 老數三, 土生數五, 壯數十, 老數一, 金生數四, 壯數九, 老數七, 水生數一, 壯數六, 老數五." 참조.

늙을 때까지 예의(禮儀)로써 몸을 가져야 하나, 예의(禮儀)를 지키려는 사람도 처음은 잘 하지만 끝까지 지키는 이는 드물다. 이제 납음(納音)으로 사람의 속성(屬性)을 논했으나, 사람이 아니면 그 예의(禮儀)를 행할 수 없기 때문에, 마지막 노수(老數)에 예의(禮儀)로써 밝힌 것이다"[767]고 하여, 낳은 수(數)는 생수(生數)이고, 장성(壯盛)하는 수(數)는 장수(壯數)[성수(成數)]이며, 노쇠(老衰)하면서 예의(禮儀)를 나타내는 수(數)는 노수(老數)라고 하면서, 납음(納音)의 수(數)는 노수(老數)를 사용함에 대해 나타나 있다.

납음(納音)의 수(數)에 대해 한발 더 나아가, "첫 번째 <土 1>은 임금의 덕(德)을 보여주고, 두 번째 <火 3>은 부모에게 순(順)히 하며, 세 번째 <水 5>는 신하(臣下)의 절개(節槪)를 나타내고, 네 번째 <金 7>은 남편을 공경(恭敬)하고 따르게 하며, 다섯 번째 <木 9>는 귀신(鬼神)을 섬기게 하니, 이것으로 예의(例義)가 갖추어지고, 사람의 일이 다 끝나기 때문에 납음(納音)의 숫자로 쓴 것이다"[768]고 하여, 공자(孔子)의 언(言)에 이어, 『오행대의(五行大義)』 내용에 부연(敷衍)되고 사람의 예의(禮儀)를 나타내는 노수(老數)를 사용함을 말하고 있다.

이처럼 납음(納音) 수(數)의 원리(原理)가 나타남을 알았고, 팔괘(八卦)에 천간(天干)과 지지(地支)를 배속(配屬)시킴으로써, 육십갑자(六十甲子)의 납음오행(納音五行) 원리(原理)가 나타나게 된다.

앞 서 팔괘방위(八卦方位)와 궁(宮)에서 건(乾)은 부(父), 곤(坤)은 모(母), 진(震)은 장남(長男), 감(坎)은 중남(中男), 간(艮)은 소남(小男), 손(巽)은 장

---

767) 『五行大義』: "夫萬物皆五常之氣, 化合而生物, 生之後, 必至盛壯, 盛壯之後, 必有衰老, 故有三種義, 爲人之道, 自壯及老, 莫不本乎禮儀而以立身, 然存禮儀者, 靡不有初, 鮮克有終, 今旣論納音人之所屬, 非人莫能行其禮儀, 故以終老之數, 禮儀明之."

768) 『五行大義』: "一示君德, 二順父母, 三表臣節, 四敬從夫, 五事鬼神, 此則禮儀備, 而人事畢矣, 故納音用之數."

녀(長女), 이(離)는 중녀, 태(兌)는 소녀(小女)임을 알았다.

이에 맞춰 먼저 천간(天干)을 팔괘(八卦)에 배속(配屬)시키면, "甲은 양간(陽干)의 시작이고 壬은 양간(陽干)의 끝이니 부(父)인 건(乾)을 취하며, 乙은 음간(陰干)의 시작이고 癸는 음간(陰干)의 끝이니 모(母)인 곤(坤)을 취한다."769)

나머지 여섯 천간(天干)에서 양(陽)은 아들 괘(卦)에 소속시키고, 음(陰)은 딸 괘(卦)에 소속시킨다. 甲乙 다음 丙丁에서, 丙은 소남(小男) 간(艮)에 소속시키고, 丁은 소녀(小女) 태(兌)에 소속시킨다.770)

丙丁 다음 戊己에서, 戊는 중남(中男) 감(坎)에 소속시키고, 己는 중녀(中女) 이(離)에 소속시킨다.771)

戊己 다음 庚辛에서, 庚은 장남(長男) 진(震)에 소속시키고, 辛은 장녀(長女) 손(巽)에 소속시킨다.772)

여기에서 소남(小男) 소녀(小女)부터 팔괘(八卦)에 먼저 배속(配屬)시킨 이유에 대해, "젊은 것부터 먼저 해서 늙은 것으로 소속시켜 간 것은, 작은 것으로부터 큰 것에 미치고, 미세(微細)한 것으로부터 현저(顯著)한 것에 이르기 때문이다"773)라고 하였다.

다음은 지지(地支)를 팔괘(八卦)에 배속(配屬)시키면, 일양(一陽)과 일음(一陰)이 시생(始生)하는 子와 午를 중심으로, 팔괘(八卦) 중 아들 괘(卦)[양(陽)]와 딸 괘(卦)[음(陰)]의 남매(男妹) 순서대로 배속(配屬)시킨다.

---

769) 『五行大義』: "甲是陽干之始, 乾下三爻取之, 壬是陽干之末, 乾上三爻取之, 乙是陰干之始, 坤下三爻取之, 癸是陰干之末, 坤上三爻取之." 참조.
770) 『五行大義』: "餘有六干, 陽付其男, 陰付其女, 甲乙之後, 此於丙丁, 故以丙付小男艮, 以丁付小女兌."
771) 『五行大義』: "丙丁之後, 此於戊己, 故以戊付中男坎, 以己付中女離."
772) 『五行大義』: "戊己之後, 此於庚辛, 故以庚付長男震, 以辛付長女巽."
773) 『五行大義』: "所以後小而付老, 自小及大, 終徵至著故也."

진(震)은 장자(長子)이므로 子와 午를 각각 소속시킨다. 진(震)의 천간(天干)은 庚이므로 子와 午는 庚에 속한다.[774]

손(巽)은 장녀(長女)이고, 子 다음인 丑과 午 다음인 未를 소속시킨다. 손(巽)의 천간(天干)은 辛이므로 丑과 未는 辛에 속한다.[775]

감(坎)은 중남이고, 丑 다음은 寅과 未 다음인 申을 소속시킨다. 감(坎)의 천간(天干)은 戊이기 때문에 寅과 申은 戊에 소속된다.[776]

이(離)는 중녀(中女)가 되고, 寅 다음인 卯와 申 다음인 酉를 소속시킨다. 이(離)의 천간(天干)은 己이기 때문에 卯와 酉는 己에 소속된다.[777]

간(艮)은 소남(小男)이고, 卯 다음인 辰과 酉 다음인 戌을 소속시킨다. 간(艮)의 천간(天干)은 丙이기 때문에 辰과 戌은 丙에 소속된다.[778]

태(兌)는 소녀(小女)가 되고, 辰 다음인 巳와 戌 다음인 亥를 소속시키게 된다. 태(兌)의 천간(天干)은 丁이기 때문에 巳와 亥는 丁에 소속된다.[779]

이제까지의 천간(天干)과 지지(地支)가 팔괘(八卦)에 배속(配屬)된 내용에 대해 알기 쉽게 나타내면 <표 112>와 같다.

<표 112>을 보면서 계속 설명하면, 결국 "납음(納音)으로 볼 때, 子와 午는 庚에 속하니 진괘(震卦)가 맡은 일진(日辰)이고, 丑과 未는 辛에 속하니 손괘(巽

---

774) 『五行大義』: "震爲長子, 故其卦初九, 得乾之子, 九四得乾之午, 震干庚, 故子午屬庚." 참조.
775) 『五行大義』: "巽爲長女, 子後次丑, 故其卦初六, 得坤之丑, 午後次未, 六四得坤之未, 巽干辛, 故丑未屬辛." 참조.
776) 『五行大義』: "坤爲中男, 丑後次寅, 其卦初六, 得乾之寅, 未後次申, 六四得乾之申, 坎干戊, 故寅申屬戊." 참조.
777) 『五行大義』: "離爲中女, 寅後次卯, 故其卦初九, 得坤之卯, 申後次酉, 九四得坤之酉, 離干己, 故卯酉屬己." 참조.
778) 『五行大義』: "艮爲小男, 卯後次辰, 故其卦初六, 得乾之辰, 酉後次戌, 六四得乾之戌, 艮干丙, 故辰戌屬丙." 참조.
779) 『五行大義』: "兌爲小女, 辰後次巳, 故其卦初九, 得坤之巳, 戌後次亥, 九四得坤之亥, 兌干丁, 故巳亥屬丁." 참조.

팔괘 (八卦)	건(乾) [父] ☰	곤(坤) [母] ☷	진(震) [長男] ☳	손(巽) [長女] ☴	감(坎) [中男] ☵	이(離) [中女] ☲	간(艮) [小男] ☶	태(兌) [小女] ☱
천간 (天干)	甲·壬	乙·癸	庚	辛	戊	己	丙	丁
지지 (地支)			子·午	丑·未	寅·申	卯·酉	辰·戌	巳·亥
납음(納音) 수(數) : 木 9, 火 3, 土 1, 金 7, 水 5								

卦)가 맡은 일진(日辰)이며, 寅과 申은 戊에 속하니 감괘(坎卦)가 맡은 일진(日
辰)이 된다. 卯와 酉는 己에 속하니 이괘(離卦)가 맡은 일진(日辰)이고, 辰과 戌
은 丙에 속하니 간괘(艮卦)가 맡은 일진(日辰)이며, 巳와 亥는 丁에 속하니 태괘
(兌卦)가 맡은 일진(日辰)이 된다."[780]

이렇게 해서 육십갑자(六十甲子)에 납음오행(納音五行)이 배속(配屬)되었으며,
예를 들어 나타내면 다음과 같다.

만약 丙寅의 납음오행(納音五行)은, 丙寅 중 寅은 戊에 속해 있다. 丙寅 중 丙
에서 戊까지 세면 3이 되므로, 수(數) 3은 납음오행(納音五行)으로 火이다.[781]
그러므로 丙寅의 납음오행(納音五行)은 火가 된다.

壬戌의 납음오행(納音五行)을 보면, 壬戌 중 戌은 丙에 속하고, 壬戌 중 壬에

---

780) 『五行大義』: "納音者, 子午屬庚, 震卦所直日辰也, 丑未屬辛, 巽卦所直日辰也, 寅申屬戊, 坎卦所直
日辰也, 卯酉屬己, 離卦所直日辰也, 辰戌屬丙, 艮卦所直日辰也, 巳亥屬丁, 兌卦所直日辰也."
781) 『五行大義』: "三言得火者, 本命丙寅, 寅屬於戊, 從丙數至戊, 凡三是也." 참조.

서 丙까지 세면 5가 되므로, 수(數) 5는 水가 된다.[782) 따라서 壬戌은 水가 된다.

또, 壬申일 때, 壬申 중 申은 戊에 속하고, 壬申 중 壬에서 戊까지 세면 7이 되며, 수(數) 7은 金이 되므로,[783) 壬申은 납음오행(納音五行)이 金이다.

己巳일 때, 己巳 중 巳는 丁에 속하고, 己巳 중 己에서 丁까지 세면 9가 되며, 수(數) 9는 木이 되므로,[784) 己巳는 木이다.

庚子는, 庚子 중 子는 庚에 속하고, 庚子 중 庚에서 庚까지는 1이 되며, 수(數) 1은 土이므로[785), 庚子는 납음오행(納音五行)으로 土가 된다.

이러한 원리로 육십갑자(六十甲子)의 오행(五行)을 붙여서 나타나는 것이 납음오행(納音五行)이 되며, 이를 표로 나타내면 <표 113>과 같다.

---

782) 『五行大義』: "午言得水者, 本命壬戌, 戌屬於丙, 從壬數至丙, 凡五是也." 참조.
783) 『五行大義』: "七言得金者, 本命壬申, 申屬於戊, 從壬數至戊, 凡七是也." 참조.
784) 『五行大義』: "九言得木者, 本命己巳, 巳屬於丁, 從己數至丁, 凡九是也." 참조.
785) 『五行大義』: "一言得土者, 本命庚子, 子屬於庚, 數之一言, 便以得之是也." 참조.

<표 113> 육십갑자(六十甲子) 납음오행(納音五行)

甲子旬	甲子	乙丑	丙寅	丁卯	戊辰	己巳	庚午	辛未	壬申	癸酉
	해중금 (海中金)		노중화 (爐中火)		대림목 (大林木)		노방토 (路旁土)		검봉금 (劍鋒金)	
甲戌旬	甲戌	乙亥	丙子	丁丑	戊寅	己卯	庚辰	辛巳	壬午	癸未
	산두화 (山頭火)		간하수 (澗下水)		성두토 (城頭土)		백납금 (白鑞金)		양류목 (楊柳木)	
甲申旬	甲申	乙酉	丙戌	丁亥	戊子	己丑	庚寅	辛卯	壬辰	癸巳
	천중수 (泉中水)		벽상토 (壁上土)		벽력화 (霹靂火)		송백목 (松柏木)		장류수 (長流水)	
甲午旬	甲午	乙未	丙申	丁酉	戊戌	己亥	庚子	辛丑	壬寅	癸卯
	사중금 (砂中金)		산하화 (山下火)		평지목 (平地木)		벽상토 (壁上土)		금박금 (金箔金)	
甲辰旬	甲辰	乙巳	丙午	丁未	戊申	己酉	庚戌	辛亥	壬子	癸丑
	복등화 (覆燈火)		천하수 (天河水)		대역토 (大驛土)		채천금 (釵釧金)		상자목 (桑柘木)	
甲寅旬	甲寅	乙卯	丙辰	丁巳	戊午	己未	庚申	辛酉	壬戌	癸亥
	대계수 (大溪水)		사중토 (沙中土)		천상화 (天上火)		석류목 (石榴木)		대해수 (大海水)	

육십갑자(六十甲子)에 나타난 납음오행(納音五行)을 다르게 찾는 방법도 있다. 이를 표로 나타내면 <표 114>와 같다.

아래 표에서 甲子의 납음오행(納音五行)을 찾으면, 甲과 子는 각각 1이고, 합 (合)하면 2가 되며, 2는 납음오행(納音五行) 표에 보면 金이므로, 甲子의 납음오

<表 114> 납음오행(納音五行) 찾는 다른 방법

납음오행 (納音五行)	木= 1	金= 2	水= 3	火= 4	土= 5
천간(天干)	甲乙= 1	丙丁= 2	戊己= 3	庚辛= 4	壬癸= 5
지지(地支)	子丑, 午未= 1		寅卯, 申酉= 2		辰巳, 戌亥= 3

행(納音五行)은 金이 된다. 만약 합(合)한 수(數)가 5가 넘으면 5를 버리고 남은 수(數)로 찾는다.

이어 당대(唐代)『이허중명서(李虛中命書)』와 송대(宋代) 『연해자평(淵海子平)』에는 육십갑자(六十甲子) 납음오행(納音五行)의 뜻을 풀이한 내용[<표 113>과 같이 나타냄]과 납음(納音)은 귀곡자(鬼谷子)가 만들었다[786]는 내용들이 나타나 있으며, 여기에서는 먼저 송대(宋代) 『연해자평(淵海子平)』에 나타난 뜻을 나타내고, 후에 『이허중명서(李虛中命書)』에 나타난 내용[787]을 나타내기로 한다.

---

786) 李虛中, 『李虛中命書』「序文」: "昔, 司馬季主居壺山之陽, …, 有叟踵門, 自謂鬼谷子, …, 至曉, 出遺文九篇, 包括三才, 指陳萬物." 및 徐大升, 『淵海子平』「論六十花甲子納音幷註解」: "而納音成之於鬼谷子." 참조.

787) 여기에서 일주(日主)를 기본으로 하는 신법(新法) 명리학(命理學)의 하나인 『연해자평(淵海子平)』 외에 고법(古法) 명리학(命理學)으로 구분되는 『이허중명서(李虛中命書)』를 삽입하는 이유는 다음과 같다. 『이허중명서(李虛中命書)』가 당대(唐代)에 만들어지기는 하였으나, 내용 후미(後尾)에 '사주(四柱)[송대(宋代)부터 신법(新法) 명리학(命理學)에 사용됨]'라는 내용이 나타나고, 실제 일주론(日主論)에도 사용할 수 있는 부분이 나타나기 때문이며, 또 「제요(提要)」부분에 송대(宋代)이후 성명학자(星命學者)와 관련이 있다는 내용이 나타나기 때문이다. (『李虛中命書』「提要」: "臣等謹案, 李虛中命書三卷, 舊本題鬼谷子撰, 唐李虛中註, …, 而後半乃多稱四柱, 其說實起於宋時, 與前文殊相繆戾, 且其他職官稱謂, 多涉宋代之事, 其不盡出虛中之手, 尤爲明甚." 신 등이 삼가 살펴보건대 이허중명서 3권은 구본에 '귀곡자찬, 당 이허중 주'라고 쓰여 있는데, …, 후반에는 '사주'라고 말한 것이 많은데, 그 사주라는 말은 실제 송대에 시작되었으므로 앞의 글과 매우 서로 어긋나며, 또 기타 관직의 명칭도 송대의 일과 관계되는 것이 많으니 그 허중의 손에서 다 나오지 않았음이 더욱더 분명하다.) 참조.

甲子, 乙丑 해중금(海中金)

甲子, 乙丑 해중금(海中金)에서, 子는 水에 속하고 또 호수(湖水)가 되고, 또 水의 왕지(旺地)가 되며, 겸하여 金[庚]은 子에서 사(死)가 되고 丑에서 묘(墓)가 되니, 水가 왕성(旺盛)하고 金은 사묘(死墓)가 되므로 바다 속에 있는 金이라고 한다. 또 이르기를, '기(氣)에 있어서는 속에 품어서 극하게 되면 깊이 가라앉아 잠기는 것이다'라고 하였다.788)

甲子는 천관(天官)[甲←子 중 癸]이 간직된 것인데, 곧 자식(子息)[子]이 왕(旺)하고, 〈해중금(海中金)인〉 모(母)가 쇠약한 金이다. 〈金이〉 물속에 빠져 빛을 감추고 있으니 모름지기 화기(火氣)의 개혁(改革)을 빌려서 왕성(旺盛)한 기운(氣運)이 있어야만 비로소 〈甲子人이〉 이름을 드날리고 현달(顯達)하여 쓰일 수 있다. 甲子의 명(命)이 귀격(貴格)에 들려 하면 음양(陰陽)으로 관성(官星)을 취해야 한다.789)

乙丑은 재록(財祿)[乙→丑중 己]과 관(官)[乙←丑 중 辛]이 이어진 것인데, 곧 묘고(墓庫)[丑]로써 재물(財物)을 지키는 金이다. 관귀(官鬼)가 강왕(康旺)한 곳을 싫어하지 않고, 재록(財祿)의 자리를 만나는 것을 좋아하며, 명(命) 중에 水土가 있어 서로 갈고 닦아서 홀연히 생기(生氣)를 갖게 되면, 또한 그릇을 이루고 재목(材木)을 이룰 수 있다. 고르게 조화(調和)를 이룬 귀(貴)한 명(命)은 반드시 녹(祿)이 이르지 않아도 성공(成功)한다.790)

---

788) 徐大升, 『淵海子平』「論六十花甲子納音幷註解」: "甲子乙丑海中金, 以子屬水, 又爲湖, 又爲水旺之地, 兼金死於子, 墓於丑, 水旺而金死墓, 故曰海中之金也, 又曰, 氣在包藏, 使極則沉潛."
789) 李虛中, 『李虛中命書』「六十甲子納音」: "甲子天官藏, 是子旺母衰之金, 溺於水下而韜光, 順假火革, 有旺盛之氣, 方可以揚名顯用, 命入貴格, 明暗取官."
790) 李虛中, 『李虛中命書』「六十甲子納音」: "乙醜祿官承, 乃庫墓守財之金, 不嫌鬼旺之方, 喜見祿財之地, 水土砥礪, 忽然有氣, 亦可以爲器成材, 平和貴格, 不須祿到."

丙寅, 丁卯 노중화(爐中火)

丙寅, 丁卯 노중화(爐中火)에서, 寅은 삼양(三陽)이 되고 卯는 사양(四陽)이 되니 火는 이미 득위(得位)하고, 또 寅卯의 木으로써 이를 생(生)하므로, 이때는 천지(天地)가 화롯불을 피워서 만물(萬物)이 비로소 발생하는 것과 같다. 그러므로 노중화(爐中火)라고 한다. 천지(天地)는 화로(火爐)가 되고 음양(陰陽)은 숯불[탄(炭)]이 되는 것이다.[791]

丙寅은 녹지(祿地)[장생(長生)]의 근원인데, 곧 아들과 모(母)를 서로 이어주는 火이다. 먼저 木의 연기(煙氣)가 있은 뒤에 火의 불꽃이 있어 그 밝음이 발탁되어 세 번 <벼슬길에> 나아가며, 다른 간지(干支)의 木이 도움이 되는 것을 좋아하고, 水가 와서 극(剋)하는 것을 싫어하는데, 오행(五行)이 서로 도와주면 비록 생기(生氣)가 없는 방위(方位)에 있더라도 앞길이 빛날 수 있다. 명(命)이 귀격(貴格)에 들 때에는 간록(干祿)을 필요로 하지 않는다.[792]

丁卯는 귀록(貴祿)의 기(奇)[삼기(三奇, 乙丙丁)]인데, 곧 본명(本命)은 왕(旺)하나 녹성(祿星)이 움직이지 않는 火이다. 다만 명(命)에 음(陰)이 왕(旺)하여 불길한 경우에는 양(陽)을 성(盛)하게 해야 하니, 만약 火와 木이 서로 돕고, 艮[丑寅]과 진(震)[卯]의 방에 이어지면, 반드시 요리의 맛을 바꾸어 신(神)에게 올리는 예(禮)를 이룰 수 있을 것이다. 반드시 명(命) 중에 관살(官煞)이 있어야만 비로소 귀(貴)하고, 기특한 인물이 될 수 있다.[793]

---

791) 徐大升, 『淵海子平』「論六十花甲子納音幷註解」: "丙寅丁卯爐中火, 以寅爲三陽, 卯爲四陽, 火旣得位, 又爲寅卯之木以生之, 此時天地開爐, 萬物始生, 故曰爐中火也, 天地爲爐, 陰陽爲炭."

792) 李虛中, 『李虛中命書』「六十甲子納音」: "丙寅祿地元, 是子母相承之火, 先煙後焰, 抽其明而三進, 喜木爲助, 嫌水陵遲, 五行相養, 雖在死方, 亦可光耿, 命入貴格, 不用간干祿."

793) 李虛中, 『李虛中命書』「六十甲子納音」: "丁卯貴祿奇, 乃本旺祿休之火, 惟欲陰旺惡處盛陽, 若火木相資, 連于艮震之方, 必能變鼎味而成享禮也, 欲逢官鬼, 始得貴奇."

戊辰, 己巳 대림목(大林木)

戊辰, 己巳 대림목(大林木)에서, 辰은 벌판이 되고, 巳는 육양(六陽)이 되니, 木이 육양(六陽)에 이르면 가지와 잎사귀가 무성하므로 큰 숲의 나무가 무성(茂盛)하게 벌판 사이에서 생겨난다. 그러므로 대림목(大林木)이라고 한다. 소리가 구천(九天)에 널리 퍼뜨리니 음(陰)이 만경(萬頃)에 생겨나는 것이다.[794]

戊辰은 록(祿)[戊←辰 중 乙·戊]이니, 곧 꽃과 열매가 겸(兼)하여 번영(繁榮)하는 木이다. 水와 土를 좋아하고, 火와 金을 만나는 것을 꺼리며, 金을 길러주는 바가 있으니, 곧 뛰어난 바탕을 가진 명(命)이다. 상승(相勝)하여 귀(貴)하게 여길 만하니, 칠살(七煞)이 임하는 것을 두려워하지 않는다.[795]

己巳는 지지(地支)에 삼기(三奇)[甲戊庚]가 구비(具備)되었으니, 곧 기세(氣勢)가 뛰어나고 본체가 강한 木이다. 평생에 왕성(旺盛)한 관귀(官鬼)가 서로 가(加)함을 만나거나, 木이 와서 돕는 경우에 金이 와서 상극(相剋)하면 동량(棟梁)의 재목(材木)을 이루게 되니 모두 인생을 아름답게 마칠 수 있다. 귀(貴)를 바라는데 명(命)에 관귀(官鬼)의 상극(相剋)이 없다면 반드시 각음(角音)[木]을 만나야 한다.[796]

庚午, 辛未 노방토(路旁土)

庚午, 辛未 검봉금(劍鋒金)에서, 未는 乙木이 저장(貯藏)되고, 乙木이 午를 생(生)하여 火가 왕성(旺盛)하니, 火가 왕성(旺盛)하면 土는 여기에서 형(刑)을 받

---

794) 徐大升, 『淵海子平』「論六十花甲子納音并註解」: "戊辰己巳大林木, 以辰爲原野, 巳爲六陽, 木至六陽, 則枝榮葉茂, 以茂盛之大林木, 而生原野之間, 故曰大林木也. 聲播九天, 陰生萬頃."
795) 李虛中, 『李虛中命書』「六十甲子納音」: "戊辰神頭祿, 乃華實兼榮之木, 愛乎水土, 忌見火金, 有所養于金, 乃英實之命也, 相乘可貴, 不畏鬼臨."
796) 李虛中, 『李虛中命書』「六十甲子納音」: "己巳地奇備, 乃氣勝體剛之木, 生逢對旺幹鬼相加, 或木來比助金伐以成爲棟梁之材, 皆得終美, 貴無官鬼, 須見角音."

으로, 土가 생(生)하더라도 아직 만물(萬物)을 생육(生育)할 수 없어서, 마치 길가의 흙과 같은 것이다. 제때에 따라 힘을 내고 후덕(厚德)함을 이용하여, 木이 가득 차나 <土가> 많더라도 역시 木을 기뻐하지 않는다.[797]

庚午는 천록(天祿)[경(庚)←午 중 丁]이 이어졌으니, 이것은 광택(光澤)을 함유(含有)하고 화육(化育)을 시작하는 土이다. 토기(土氣)의 水가 미비(未備)하면 오직 왕방(旺方)을 좋아하는데, 水가 완비(完備)되고 나면 오히려 水가 많은 것을 싫어한다. 만약 다만 녹성(祿星)이 모여 명(命)이 왕(旺)하고, 신(身)이 절(絶)하게 되면 어찌 그것이 귀한 자리가 되겠는가. <庚金이> 녹귀(祿鬼)[甲]가 스스로 머물면, 관귀(官鬼)[丁]가 빌릴 필요가 없다.[798]

辛未는 녹(祿)[辛→未 중 乙]이 스스로 간직되었으니, 곧 스스로 본질(本質)이 형성된 土이다. 火가 있어 서로 돕고 또 木이 상승(相乘)함을 만나서, 水가 경미(輕微)하고 木이 중(重)함을 이루면 또한 소강(小康)할 수 있으며, 혹 살림이 패(敗)하더라도 타고 있는 녹(祿)이 많으면 바야흐로 두터운 복(福)이 된다. 천간(天干)이 서로 이어진 것을 만나는 것을 좋아하고, 木이 많은 것을 두려워하지 않는다.[799]

壬申, 癸酉 검봉금(劍鋒金)

壬申, 癸酉 검봉금(劍鋒金)에서, 申酉金의 정위(正位)는 申이 임관(臨官)이고 酉가 제왕(帝旺)이니, 金이 이미 생왕(生旺)하였으므로 金은 진실로 강(剛)한 것

---

797) 徐大升, 『淵海子平』 「論六十花甲子納音幷註解」: "庚午辛未路旁土, 以未中之木, 生午木之旺火, 火旺則土於斯而受刑, 土之所生, 未能育物, 猶路旁土也, 壯以及時, 乘厚載木, 多不喜木."

798) 李虛中, 『李虛中命書』 「六十甲子納音」: "庚午天祿承, 是含輝始育之土, 氣數未備, 惟喜旺方, 得數己完尙嫌水重, 若獨祿會命旺身絶, 豈是貴地, 祿鬼自處, 不假官鬼."

799) 李虛中, 『李虛中命書』 「六十甲子納音」: "辛未祿自藏, 乃自本立形之土, 有火相助, 得木相乘, 水輕木重亦可以小康, 若敗而乘祿多方爲厚載之福, 喜見幹連, 不畏木重."

이다. 강(剛)한 것이 곧 칼의 끝을 벗어나지 못하므로 검봉금(劍鋒金)이라고 한다. 무지개의 광채(光彩)가 북두칠성(北斗七星)과 견우성(牽牛星)을 맞히니 시퍼런 칼날이 눈과 서리를 뭉치게 한다.[800]

壬申은 지지(地支)가 천록(天祿)[壬→申 중 壬]이니, 곧 권력(勸力)으로 제압(制壓)함이 스스로 임무(任務)라고 하는 金이다. 굳세고 결단력이 있으며, 土와 木을 좋아하고 火가 중(重)한 것을 싫어하는데 비록 재(財)[火]가 왕(旺)하여 신(身)이 쇠(衰)하여도 맑고 화려한 귀(貴)를 주관(主管)한다. 진가(眞假)의 재관(財官)을 귀(貴)하게 여기는 것이 중요하다.[801]

癸酉는 관청(官廳)의 도장(圖章)[인(印), 癸←酉 중 辛]이니, 곧 굳세고 예리하여 도검(刀劍)을 만드는데 이용되는 金이다. 절(絶)이 패(敗)를 싫어하지 않고 오직 관귀(官鬼)[火]가 많은 것을 두려워하는데, 만약 명(命)이 평범하여 서로 형(刑)하지 않으면 마땅히 저절로 이루어지는 재목(材木)과 그릇이 있을 것이다. 명(命)에 경신(庚辛)이 중(重)하면 수(水)로 씻으므로, 귀(鬼)가 필요 없으니 관(官)[火]의 귀(貴)를 빌리지 않는다.[802]

甲戌, 乙亥 산두화(山頭火)

甲戌, 乙亥 산두화(山頭火)에서, 戌亥는 천문(天門)이 되고 火가 천문(天門)을 비추니 그 빛이 높이 오르므로 산(山) 정상(頂上)의 火라고 한다. 하늘 끝에 빛을 비스듬히 비추고 산(山)의 정상(頂上)에 석양(夕陽)이 지니, 아름다움이 흩어

---

800) 徐大升, 『淵海子平』「論六十花甲子納音幷註解」: "壬申癸酉劍鋒金, 以申酉金之正位, 兼臨官申, 帝旺酉, 金旣生旺, 則誠剛矣, 剛則無踰於劍鋒, 故曰劍鋒金也, 紅光射斗牛, 白刃凝霜雪."
801) 李虛中, 『李虛中命書』「六十甲子納音」: "壬申地天祿, 乃自仕權制之金, 剛而有斷, 愛土木而嫌火重, 雖居財旺身衰, 亦主淸華之貴, 眞假財官, 貴之爲貴."
802) 李虛中, 『李虛中命書』「六十甲子納音」: "癸酉貴符印, 乃剛銳利用之金, 不嫌絶敗, 惟畏鬼多, 若平易而不相刑, 當有自然之材器, 庚辛無鬼, 不假官貴."

짐으로 인해서 저녁노을이 되고, 노을이 펼쳐져 본래 스스로 빛을 남기는 것이다.[803]

甲戌은 녹(祿)이 관(官)[甲←戌 중 辛]에 임(臨)하니, 곧 묘고(墓庫) 중의 사용을 멈춘 화(火)이다. 장왕(壯旺)해지기를 구하지 않고 그것이 평화롭게 이용되기를 바란다면 복록(福祿)이 높고 두터워질 것이다. 명(命)이 격(格)에 들어 귀(貴)를 주관할 만하니, 다른 천간(天干)에 관살(官煞)이 있기를 필요로 하지 않는다.[804]

乙亥는 지록(地祿)[亥 중 甲]이 이어지는데, 곧 기(氣)가 흩어져 떠도는 혼(混)과 같은 火이다. 木火에게 생(生)을 받아 간지 상하(上下)에 번영(繁榮)이 함께하고, <다른 천간(天干)이> 제어(制御)하지 않으면 조금은 현달(顯達)을 이룰 수 있으며, 생(生)이 많을수록 더욱 숭고(崇高)하다. 진정한 관성(官星)이 극제(剋制)하면, 귀(貴)를 얻음도 숭고(崇高)하다.[805]

丙子, 丁丑 간하수(澗下水)

丙子, 丁丑 간하수(澗下水)에서, 水[壬]는 子에서 왕성(旺盛)하고, 丑에서 쇠(衰)하니, 왕성(旺盛)하나 쇠약(衰弱)한, 즉 강물이 될 수 없으므로 적시어 내려가는 물이라고 한다. 산(山)은 가는 물결이 둘러 쌓여있고 눈이 날리나, 여울이 솟아나서 협곡(峽谷)으로 흘러내리므로, 산골짜기의 팔천척(八千尺)에 도달하는 것이다.[806]

---

803) 徐大升, 『淵海子平』「論六十花甲子納音幷註解」: "甲戌乙亥山頭火, 以戌亥爲天門, 火照天門, 其光至高, 故曰山頭火也, 天際斜暉, 山頭落日, 散綺因以返照, 舒霞本自餘光."

804) 李虛中, 『李虛中命書』「六十甲子納音」: "甲戌祿臨官, 乃墓成息用之火, 不求壯旺, 欲物平資, 福祿可以高厚, 入格可貴, 幹不必官."

805) 李虛中, 『李虛中命書』「六十甲子納音」: "乙亥地祿承, 爲氣散遊魂之火, 生于木火, 榮方上下, 不逢相制僅而成達, 多助尤崇, 眞官相制, 得貴亦崇."

丙子는 천록(天祿)[丙←子 중 癸]이 이어지니, 곧 잠겨 멈추어 있는 水이다. 만약 水의 근원(根源)을 만나 생(生)을 얻고 동남방(東南方)[木]에서 필요하게 만든다면, 좋은 그릇이 될 것이다. 스스로 진정한 관(官)을 지녔으니, 좋은 시기가 되면 녹(祿)이 모인다.807)

丁丑은 녹(祿)[丁←丑 중 癸]을 스스로 지키니, 곧 점점 아래로 흘러내리고자 하는 水이다. 水와 土가 서로 이롭게 한다면 건조한 곳을 경과해도 근원(根源)의 줄기가 끊어지지 않으니 만물(萬物)을 이루어 줄 수 있어서 공덕(公德)이 밝게 드러날 것이다. 丑 중 丁火의 관(官)인 癸가 장간(藏干)에 있으니 관성(官星)을 밝게 노출(露出)하지 않은 것일 뿐이다.808)

戊寅, 己卯 성두토(城頭土)

戊寅, 己卯 성두토(城頭土)에서, 천간(天干)의 戊己는 土에 속하고 寅은 간(艮) 위에 산(山)[丑艮寅]이 되니 흙이 쌓여서 산(山)이 되었으므로, 성벽 꼭대기의 흙이라 한다. 하늘의 서울인 옥루산(玉壘山)과 서울의 금성(金城)은 지세(地勢)가 험준(險峻)한 것이 용(龍)이 서린 것과 같은 천리(千里)의 형상(形狀)이고, 범이 무릎을 세우고 앉은 것처럼 사방(四方)의 세력(勢力)과 같은 것이다.809)

戊寅은 땅의 관작(官爵)[戊←寅 중 甲]을 이루었으니, 곧 본체(本體)를 생(生)

---

806) 徐大升, 『淵海子平』 「論六十花甲子納音并註解」: "丙子丁丑澗下水, 以水旺於子, 衰於丑, 旺而返衰, 則不能爲江河, 故曰澗下水也, 山環細浪, 雪湧飛湍原流三峽之傾, 澗壑千尋之倒."

807) 李虛中, 『李虛中命書』 「六十甲子納音」: "丙子天祿承, 乃深沈停會之水, 若會源得生用制於東南, 爲出常之器, 自有眞官, 佳期祿會."

808) 李虛中, 『李虛中命書』 「六十甲子納音」: "丁丑祿自守, 乃漸下欲流之水, 得水土相承, 經于敗地, 源脈不斷, 可升而濟物, 功德昭著也, 丑有癸藏, 不明見官."

809) 徐大升, 『淵海子平』 「論六十花甲子納音并註解」: "戊寅己卯城頭土, 以天干戊己屬土, 寅爲艮山, 土積而爲山, 故曰城頭土也, 天京玉壘, 帝里金城, 龍蟠千里之形, 虎踞四維之勢也."

하여 안정(安定)되고 화평(和平)한 土이다. 만약 여기에 火와 土가 함께 성(盛)하고 金이 왕성(旺盛)해지는 영광(榮光)을 더한다면, 비록 명(命) 중에 火와 金이 제어하더라도 오히려 숭고(崇高)해져 범상치 않은 쓰임이 될 수 있다. 관(官)을 얻음이 왕(旺)하지 않아도[이미 寅 중 甲木 관성(官星)이 있으므로], 귀(貴)함이 자연스럽게 형성된다.[810]

己卯는 지관(地官)[己←卯 중 乙]이 이어졌으니, 곧 관귀(官鬼)가 왕(旺)하고 체질(體質)이 견실(堅實)한 土이다. 金이 중(重)하고 木이 많은 곳에 생(生)하고 재(財)[水]가 중(重)함을 만나면, 마침내 부귀(富貴)가 장구(長久)할 것이다. 관(官)을 얻음이 왕(旺)하지 않아도, 귀(貴)함이 자연스럽게 형성(形成)된다.[811]

庚辰, 辛巳 백납금(白鑞金)

庚辰, 辛巳 백납금(白鑞金)에서, 庚은 辰에서 길러지고, 巳에서 장생(長生)이나 형질(形質)이 비로소 이루어진 것이니, 아직 단단하고 예리할 수 없으므로 백랍(白蠟)벌레의 수컷 애벌레가 분비한 납(蠟)을 가열 용해(溶解)하여 찬물로 식혀서 만든 <고약이나 초 등에 쓰는> 金이라 한다. 기(氣)가 점점 발생하나 약한 金이 광석(鑛石)에 있으니, 일월(日月)의 빛이 서로 접근(接近)하고 음양(陰陽)의 기(氣)가 응결(凝結)하는 상(象)이다.[812]

庚辰은 녹(祿)이 암회(暗會)[암합(暗合), 乙庚合]했으니, 곧 번쩍번쩍 빛을 드러내는 金이지만, 아직 재목(材木)을 이루지 못한 원료(原料)이다. 명(命)에 金

---

810) 李虛中, 『李虛中命書』「六十甲子納音」: "戊寅地官承, 乃生體安和之土, 若資之以火土俱盛金旺之榮, 雖多反制, 尙可高崇, 爲不常之用, 得官不旺, 貴出自然."
811) 李虛中, 『李虛中命書』「六十甲子納音」: "己卯地官承, 爲鬼旺體堅之土, 生于金重木多, 而見財重乃富貴長遠, 得官不旺, 貴出自然."
812) 徐大升, 『淵海子平』「論六十花甲子納音幷註解」: "庚辰辛巳白鑞金, 以金養於辰, 生於巳, 形質初成, 未能堅利, 故曰白鑞金也, 氣漸發生, 金弱在鑛, 交棲日月之光, 凝象陰陽之氣."

이 강(剛)하고 土가 중(重)하여 때를 만나 서로 회합(會合)하고 염화(炎火)의 관살(官煞)[丙丁]이 없다면 마침내 대신(大臣)의 자리에 오른다. 녹(祿)이 합(合)하기를 기다릴 필요가 없으니, 녹간(祿干)에 기약(期約)이 정해져 있다.[813]

辛巳는 지관(地官)[辛←巳 중 丙]이 이어졌으니, 곧 바탕이 시작되는 金이다. 본신(本身)은 견강(堅剛)하나 체성(體性)은 유약(柔弱)하므로 평온(平穩)한 火의 제어(制御)를 원하며, 만약 다른 金의 내조(來助)가 있거나 土가 생금(生金)함이 있으면 크게 빛나는 그릇이 된다. 丙火 관성(官星)이 지지(地支)에 있으니, 마땅히 辛의 녹(祿)을 귀(貴)하게 여겨야 한다.[814]

壬午, 癸未 양류목(楊柳木)

壬午, 癸未 양류목(楊柳木)에서, 木[甲]은 午에서 사(死)가 되고, 未에서 묘(墓)가 되어 木은 이미 사묘(死墓)가 된다. 비록 천간(天干)에서 壬癸의 水를 얻어 木을 생(生)한다 하더라도, 마침내 부드러운 木이 되므로 양류목(楊柳木)[버드나무]라 한다. 모든 실이라 하여 잠사(蠶絲)[고치실]가 아닌 것과 같고, 모든 가늘고 긴 것이라 하여 침(針)이 아닌 것과 같다.[815]

壬午는 천관(天官)[丁壬合]과 합(合)하는 것이니, 곧 땔나무가 되는 木이다. 두려움이 火의 강(强)함에 있으니, 水를 만나 도움을 받거나 혹은 부귀(富貴)를 이룰 수 있으나, 만약 다만 金의 제어(制御)를 만나고 다시 또 사패(死敗)로 가게 되면 오래갈 수 있는 명(命)이 아니다. 丁과 壬은 덕합(德合)이니 왕성(旺盛)

---

813) 李虛中, 『李虛中命書』「六十甲子納音」: "庚辰祿暗會, 乃顯光之金, 而未成材金剛土重, 得期相會, 無炎火之官, 乃大臣之制, 不假祿合祿干克期."

814) 李虛中, 『李虛中命書』「六十甲子納音」: "辛巳地官承, 爲資始之金, 身堅而體柔, 欲平火之制, 若金助土成, 則爲光大之器, 丙官在下, 務貴于祿."

815) 徐大升, 『淵海子平』「論六十花甲子納音幷註解」: "壬午癸未楊柳木, 以木死於午, 墓於未, 木旣死墓, 雖得天干壬癸之水以生之, 終是柔木, 故曰楊柳木, 萬縷不蠶之絲, 千條不針之線."

한 관성(官星)[土]의 작용(作用)에 맡긴다.[816]

癸未는 녹(祿)[癸→未 중 丁]이 스스로 감추어졌으니, 곧 뿌리를 벤 木이다. 기(氣)기 쇠패(衰敗)하여 본체(本體)가 유약(柔弱)하므로 金의 제어(制御)를 싫어하지 않으며, 水를 기뻐하여 번영(繁榮)할 수 있으며, 근원(根源)을 만나서 생(生)의 주체(主體)를 빌리기에 이르면 마침내 중요한 그릇으로 덕(德)을 이루는 재목(材木)이 될 수 있다. 癸가 巳 중에 있으면, 甲乙을 만나는 것이 좋다.[817]

甲申, 乙酉 천중수(泉中水)

甲申, 乙酉 천중수(泉中水)에서, 金[庚]이 申에서 임관(臨官)이고 酉에서 제왕(帝旺)이니 金은 이미 생왕(生旺)한 즉 水가 이로써 생(生)하는 것이다. 그러나 바야흐로 생(生)하는 가운데의 역량(力量)은 아직 큰물이 아니므로 샘물이라 한다. 기(氣)가 멈추어 고요하니 한도(限度)를 넘더라도 다 없어지지 않고 나아가더라도 궁(窮)하지 않은 것이다.[818]

甲申은 지록(地祿)이 생(生)[甲←申 중 壬]하니, 곧 근원(根源)에서 샘솟는 水이다. 반드시 원천(原泉)[水]이 끊어지지 않아 길게 흐르도록 도움이 있고, 관귀(官鬼)[土]가 근원(根源)을 막음이 없으면, 운행(運行)이 광대(廣大)한 샘물이 되어 높고 두터운 복(福)를 누릴 수 있다. 녹(祿)이 처음으로 생기니, 반드시 천간(天干)이 생왕(生旺)하고 관살(官煞)의 제어(制御)가 없어야 한다.[819]

---

816) 李虛中, 『李虛中命書』「六十甲子納音」: "壬午天官合, 乃化薪之木, 畏在火强, 得水資之, 或處生旺而逢土, 亦可富貴, 若獨見金制在死敗之鄕, 非長久之命, 丁壬德合, 寄任旺官."

817) 李虛中, 『李虛中命書』「六十甲子納音」: "癸未祿自備, 爲伐根之木, 氣敗而體柔, 不嫌金制, 喜水之榮, 及會元而借生主, 乃重器成德之材, 癸在巳中, 喜逢甲乙."

818) 徐大升, 『淵海子平』「論六十花甲子納音幷註解」: "甲申乙酉泉中水, 古本作井泉水, 今誤, 金臨官在申, 帝旺在酉, 金旣生旺, 則水由以生, 然方生之際, 力量未洪, 故曰井泉水也, 氣息而靜, 遇而不竭, 出而不窮."

819) 李虛中, 『李虛中命書』「六十甲子納音」: "甲申地祿生, 乃源泉之水, 務有資助流長而無鬼, 則爲運廣

乙酉는 귀(貴)하게 환원(還元)[酉 중 辛生水[納音]→水[納音]生乙]하는 명(命)이니, 곧 모(母)가 왕(旺)하여 달려 나가는 水이다. 만약 金[酉]으로 돕고 火로써 구제(救濟)하여 쓰면, 자연스럽게 건(乾)[金]에서 東[木]까지 〈金生水生木으로〉 이어지고, 진(震)[木]에서 北[水]까지 〈木生火生土生金生水로〉 이어지니, 또한 남보다 뛰어난 보필(輔弼)의 쓰임이 된다. 천간(天干)에 관살(官煞)이 없으면 회합(會合)[乙庚合]하여 귀(貴)하게 된다.[820]

丙戌, 丁亥 벽상토(壁上土)

丙戌, 丁亥 벽상토(壁上土)에서, 丙丁은 火에 속하고 戌亥는 천문(天門)이다. 火는 이미 염상(炎上)인 즉, 土가 아래에 없더라도 생(生)하므로 옥상(屋上)의 흙이라 한다. 火木이 생왕(生旺)하기 때문에 이것은 그 세력(勢力)을 증강(增强)하는 것으로부터 사절(死絶)하기에 이르기까지 기뻐서 편안(便安)한 것이다.[821]

丙戌은 녹(祿)의 덕합(德合)[丙辛合]이니, 곧 녹(祿)의 바탕인 지지(地支)가 견고(堅固)하고 火[丁]가 있는 土이다. 만약 여기에 木으로 도와준다면 火가 왕(旺)하여 그 빛이 무리에서 빼어날 것이니, 이것은 〈명(命)의〉 본체(本體)가 후중(後重)하여 화(火) 왕(旺)함이 필요로 하지 않기 때문이다. 스스로 병졸(兵卒)의 지휘권(指揮權)을 지녔으니, 치우친 귀(貴)한 것을 두려워하지 않는다.[822]

丁亥는 지지(地支)가 귀(貴)한 관(官)[丁←亥 중 壬]이니, 곧 복(福)이 장왕

之淵, 可享高厚之福, 祿始生要幹生旺而無官."

820) 李虛中, 『李虛中命書』「六十甲子納音」: "乙酉貴還命, 乃母旺進趨之水, 若資以金濟用以火, 自乾東而震北, 亦超卓輔弼之用, 干之無官, 會合而貴."

821) 徐大升, 『淵海子平』「論六十花甲子納音幷註解」: "丙戌丁亥屋上土, 以丙丁屬火, 戌亥爲天門, 火旣炎上, 則土非在下而生, 故曰屋上土也, 以火木而生旺, 是從增其勢, 至於死絶喜以安."

822) 李虛中, 『李虛中命書』「六十甲子納音」: "丙戌祿德合, 乃祿資支附堅固, 火鍾之土, 若資之以木, 光耀不群, 蓋本重不須旺也, 自有卒符, 不畏偏貴."

(壯旺)한 임관(臨官)의 土이다. 만약 여기에 水로 적셔주고 金으로 빛을 내며 괴강(魁罡)[辰戌]과 곤(坤)[申]과 간(艮)[寅]의 자리에 있으면 공(功)을 드러내어 이름을 이룰 수 있다. 귀(貴)함이 지켜지는 것은 지지(地支)에 관(官)[壬]이 암장(暗藏)되어 있기 때문이며, 진귀(眞鬼)[壬]로 인하여 덕(德)이 왕성(旺盛)하다.[823]

戊子, 己丑 벽력화(霹靂火)

戊子, 己丑 벽력화(霹靂火)에서, 丑은 土에 속하고 子는 水에 속한다. 水는 정위(正位)에 거처(居處)하고 납음(納音)이 바로 火이니, 水 가운데에 火가 있는 것이다. 용왕(龍王)이 아닌 즉 없는 것이므로 천둥과 벼락이라고 한다. 번갯불이 공중에서 번쩍하며 전광(電光)의 세력(勢力)이 있고, 구름이 무장(武裝)한 기병(騎兵)을 좇아 분주(奔走)한 것과 같으니 변화(變化)의 상(象)이다.[824]

戊子는 천녹합(天祿合)[子 중 癸, 戊癸合]이니, 곧 신용(神龍)[운무(雲霧, 戊)와 우로(雨露, 癸), 戊癸合]의 火이다. 〈戊癸合化 火가 되면〉 진손(震巽)[木]이 유리하고 水의 형(刑)을 두려워하지 않으며, 다른 지(支)와 간(干)의 관성(官星)[水]을 만나면 다 현달(顯達)하여 쓰일 수 있는데 水木이 성(盛)하면 더욱 아름답다. 스스로 재성(財星)인 癸水를 지녔으며, 다시 녹성(祿星)을 만날 필요가 없다.[825]

己丑은 녹(祿)[己→丑 중 己]이 나와 있으니, 곧 여광(餘光)이 범상치 않은 火

---

823) 李虛中, 『李虛中命書』「六十甲子納音」: "丁亥地貴符, 乃福壯臨官之土, 若潤之以水, 麗澤以金, 處魁?坤艮之方, 可以顯功遂名, 貴守官藏, 眞鬼德旺."
824) 徐大升, 『淵海子平』「論六十花甲子納音幷註解」: "戊子己丑霹靂火, 丑屬土, 子屬水, 水居正位而納音乃火, 水中之火, 非龍神則無, 故曰霹靂火, 電掣金蛇之勢, 雲驅鐵騎之奔, 變化之象."
825) 李虛中, 『李虛中命書』「六十甲子納音」: "戊子天祿合, 乃神龍之火, 利于震巽, 不畏水刑, 支幹得官皆可顯用, 水木盛則尤佳, 自有癸財, 不必會祿."

이다. 본체(本體)의 중(重)함을 만났으니 기특한 재성(財星)[癸]을 필요로 하지 않으며, 녹(祿)이 있음으로 인해 명(命)이 성립되면 바야흐로 편안히 번영(繁榮)하는 귀(貴)한 명국(命局)에 들어간다. 귀성(貴星)[辛, 곧 酉]과 재성(財星)[癸]이 서로 모였으니, 녹(祿)이 없어도 번영(繁榮)한다.826)

庚寅, 辛卯 송백목(松柏木)

庚寅, 辛卯 송백목(松柏木)에서, 木[甲]은 寅에서 임관(臨官)이고 卯에서 제왕(帝旺)이니 木이 이미 생왕(生旺)한 즉 유약(柔弱)하지 않은 도움이므로 소나무류의 木이라 한다. 눈이 날리고 얼음이 얼어서 하늘에 닿고 땅을 덮더라도, 바람이 채찍질하여 생황(笙簧)을 연주하는 듯 하고, 비가 넉넉하여 기(旗)를 장막 삼는 듯 하다.827)

庚寅은 지지(地支)에 기(奇)[甲戊庚]를 갖추어졌으니, 형충(刑沖)[刑衝]을 피하지 않고 다만 쇠패(衰敗)하는 곳을 사양(辭讓)하니 곧 오행(五行)이 견실(堅實)한 木이다. 만약 온화(穩和)하고 부드러운 기(氣)를 만나고 덕(德)과 귀(貴)가 서로 부합(符合)하면 반드시 현달(顯達)하여 크게 쓰이는 재목(材木)이 된다.828)

辛卯는 귀(貴)[卯는 목왕절(木旺節), 辛은 乙이 재(財)]하게 충(沖)[衝, 乙辛沖]하는 명(命)이니, 스스로 왕성(旺盛)하여 다스리고 제어(制御)하는 木이다. 서리와 눈을 두려워하지 않고 기개(氣槪)와 절개(節槪)가 세속(世俗)을 능가하니

---

826) 李虛中, 『李虛中命書』 「六十甲子納音」: "己丑神頭祿, 乃余光不凡之火, 惟期體重不假奇財, 若祿有資而命有成, 方人康榮之貴局, 貴財相會, 無祿亦榮."
827) 徐大升, 『淵海子平』 「論六十花甲子納音幷註解」: "庚寅辛卯松柏木, 以木臨官在寅, 帝旺在卯, 木旣生旺, 則非柔弱相之比, 故曰松柏木也, 揚雪凌霜, 參天覆地, 風撼奏笙簧, 雨餘張旌旆."
828) 李虛中, 『李虛中命書』 「六十甲子納音」: "庚寅地奇備, 不避刑衝, 寧辭衰敗, 乃五行堅實之木, 若得和柔之氣, 德貴相符, 必作顯揚大用, 祿位生旺, 得官鬼成."

그것을 金으로써 제어(制御)하고 火로써 감손(減損)하여 왕상(旺相)을 만나면 큰 집을 지을 수 있는 재목(材木)을 이룰 수 있으며, 만약 다른 간지(干支)가 평온하여 金과 火가 없으면 〈亥·未와 삼합(三合)하여〉 곡직격(曲直格)을 이루더라도 또한 중(重)하고 귀명(貴命)이 된다. 녹명(祿命)이 서로 충격(衝擊)해도 관성(官星)의 소모(消耗)를 두려워하지 않는다.[829]

壬辰, 癸巳 장류수(長流水)

壬辰, 癸巳 장류수(長流水)에서, 辰은 水의 고(庫)가 되고 巳는 金의 장생지(長生地)이니, 金이 곧 水를 생(生)하여 수성(水性)이 이미 존재하는 것이다. 水가 고(庫)에 있더라도 金의 생(生)함을 만나기 때문에, 샘의 근원(根源)은 마침내 마르지 않는 것이다. 그러므로 길게 흐르는 물이라고 한다. 세력(勢力)이 동남(東南)에 거처(居處)하며 귀(貴)하고 편안하고 고요하다.[830]

壬辰은 녹(祿)[壬→辰 중 癸, 水庫]이 청결(淸潔)하니, 곧 회합(會合)한 귀(貴)가 지켜지는 水이다. 다른 오행(五行)과 섞이지 않고 태(兌)[金]·감(坎)[水]의 사이에 있으면서 와서 제어(制御)하는 것이 없으면, 문재(文才)가 밝고 청아(淸雅)하고 뛰어난 자질(資質)이 되니 높고 두터운 복(福)을 누릴 수 있다. 명(命)에 寅亥가 있는 것을 기뻐하며, 戌을 만나도 역시 맑아진다.[831]

癸巳는 지지(地支)가 합(合)[巳申合, 申은 水의 장생(長生)]을 대동하니, 곧

---

829) 李虛中, 『李虛中命書』 「六十甲子納音」: "辛卯貴沖命, 自旺經制之木, 不畏霜雪, 氣節凌雲, 可制之以金, 損之以火, 而逢旺相卽成巨室之材, 若平易而無金, 火生于曲直之會, 亦爲貴重矣, 祿命相擊, 不畏官耗."

830) 徐大升, 『淵海子平』 「論六十花甲子納音幷註解」: "壬辰癸巳長流水, 辰爲水庫, 巳爲金長生之地, 金則生水, 水性已存, 以庫水而逢生金, 泉源終不竭, 故曰長流水也, 勢居東南貴安靜."

831) 李虛中, 『李虛中命書』 「六十甲子納音」: "壬辰祿淸潔, 乃會貴守成之水, 五行不雜, 在兌坎之間無物來制, 文明淸異之資, 可享高厚之福, 喜於寅亥, 見戌亦淸."

멀리 흐르는 맑은 水이다. 만약 명(命)에 水가 많아 水가 넘치면 木火가 왕성(旺盛)한 곳에 있어야 하며, 그 가운데 土의 제어(制御)가 없으면 만물(萬物)을 구제(救濟)하고 은혜(恩惠)를 베푸는 덕(德)이 있다. 진기(眞氣)[水]가 쓰임을 얻으려면 관기(官氣)[土]가 더욱 맑아야 한다.[832]

甲午, 乙未 사중금(砂中金)

甲午, 乙未 사중금(砂中金)에서, 午는 火의 왕지(旺地)가 되니 火가 왕성(旺盛)하면 金은 손상(損傷)을 입는다. 未는 火의 쇠지(衰地)가 되니 火가 쇠(衰)하면 金은 관대(冠帶)이나, 바야흐로 관대(冠帶)란 아직 쇠를 연마하여 나무를 벨 수 없는 것이다. 그러므로 모래 속에 섞인 金이라고 한다.[833]

甲午는 천부(天符)의 녹(祿)[甲→午 중 己]이니, 곧 모래를 물에 일어서 가려낸 金이다. 의지(意志)와 기개(氣槪)가 크고 절개(節槪)와 지조(志操)가 있으니 혹 불에 넣고 뚜껑을 덮어 엄중히 하거나 혹은 왕성(旺盛)한 金이 여기에 모여 강하게 되어야 하고, 丁壬을 만나지 말아야 비로소 굽고 주조할 수 있는 보배(保陪)가 된다. 녹신(祿神)[己]이 쇠패(衰敗)했을 때 식상(食傷)[丁]인 자식(子息)을 쓰면, 처(妻)[己]가 강해지기를 바라지만 자식(子息) 화(火)[丁]만 왕(旺)해진다.[834]

乙未는 녹(祿)[乙→未 중 己]과 인수(印綬)[乙→未 중 丁]이니, 곧 강(强)하고 굳센 金이다. 마땅히 金의 바탕이 쓰이려면 火가 왕성(旺盛)한 곳에 있어야 하

---

832) 李虛中, 『李虛中命書』 「六十甲子納音」: "癸巳地帶合, 乃流遠澄淸之水, 若溢之以水在火木榮方音中無土, 則有濟物惠施之德也, 眞氣得用, 官氣尤淸."
833) 徐大升, 『淵海子平』 「論六十花甲子納音幷註解」: "甲午乙未沙中金, 午爲火旺之地, 火旺則金敗, 未爲火衰之地, 火衰則金冠帶, 敗而方冠帶, 未能硏伐, 故曰沙中金也."
834) 李虛中, 『李虛中命書』 「六十甲子納音」: "甲午天符祿, 乃沙汰之金, 志大而有節操, 或零火蓋之而嚴, 或旺金集之而剛, 不遇丁壬, 始可陶熔之寶, 祿神敗而食子欲妻剛而子旺."

며, 부(父)와 자(子)가 서로 기세(氣勢)를 타고 있으면 모두 진귀(珍貴)한 보배(保陪)가 된다. 명(命)에 덕신(德神)[未]이 합당한 자리에 있으니, 인(印)[水]과 관(官)[金]을 만나는 것을 좋아한다.[835]

丙申, 丁酉 산하화(山下火)

丙申, 丁酉 산하화(山下火)에서, 申은 땅의 문(門)이고 酉는 해가 들어오는 문(門)이니 해는 이 시기에 이르면 빛은 쓸모가 없게 된다. 그러므로 산(山) 아래의 불이라고 한다. 酉가 태위(兌位)에서 가라앉고 또 동남(東南)을 기뻐하니, 진(震)에서 밝음이 나와 그 빛은 더욱 빛나는 것이므로, 어둠이 火를 싫어하더라도 밝음은 구제(救濟)하는 것을 좋아한다.[836]

丙申은 지관(地官)[申은 壬水의 장생(長生), 丙←申 중 壬]이 이어졌는데, 곧 바탕이 없는 火이다. 金과 木이 장왕(壯旺)하여 다듬어짐이 있고, 간(干)의 생(生)을 만나면 후(厚)해 그 결과가 좋지만, 만약 녹(祿)[水]만 왕성(旺盛)하고 의지할 것[木]이 없으면 火가 다 타서 재만 날리고 불꽃이 없다. 관성(官星)[水]이 생왕(生旺)함에 있으면, 다시 癸나 壬을 보면 바람직하지 않다.[837]

丁酉는 귀(貴)[丁→酉 중 辛, 천을귀인(天乙貴人)]가 저절로 이어졌는데, 곧 평온(平穩)하고 무위(無爲)한 火이다. 木의 왕(旺)함을 만나면 크게 뜨거워지고 木이 많음을 만나면 재목(材木)의 쓰임을 이루며, 火의 도움을 만나면 기(氣)가 맑지 않고 火의 자리에 있으면 항상 보존되니, 사람이 이러한 명(命)을 만나면

---

835) 李虛中, 『李虛中命書』 「六十甲子納音」: "乙未祿印綬, 乃强悍剛?之金, 欲金相用在火盛處, 父子相乘, 皆爲珍寶, 德神當位, 喜見印官."

836) 徐大升, 『淵海子平』 「論六十花甲子納音幷註解」: "丙申丁酉山下火, 申爲地戶, 酉爲日入之門, 日至此時而藏光也, 故曰山下火, 酉沉兌位, 復喜東南, 出震明離, 其光愈暉, 暗惡火, 明喜濟."

837) 李虛中, 『李虛中命書』 「六十甲子納音」: "丙申地官承, 乃無資之火, 金木壯旺而有制, 得幹生即爲厚實, 若祿盛而無依, 即灰飛而不焰矣, 官在生方, 不須癸壬."

귀(貴)하고 호걸(豪傑)하지 않음이 없다. 丁의 귀인(貴人)[酉]과 丙의 귀인(貴人)[酉]이 이어져 합(合)함[辰酉合]을 만나면 맑지 않다.838)

戊戌, 己亥 평지목(平地木)

戊戌, 己亥 평지목(平地木)에서, 戌은 들판이 되고 亥는 장생(長生)이 된다. 대저 나무가 들판에서 자라면 초목(草木)의 한 뿌리나 숲의 어느 하나라도 무리를 짓지 않은 것이 없으므로 평지(平地)의 나무라고 한다. 오직 비와 이슬은 돕는 공(功)은 있으나 눈과 서리는 쌓이는 것이 기쁘지 않다.839)

戊戌은 녹(祿)[戊←戌 중 戊]이 나온 것인데, 곧 재목(材木)이 못되는 木이므로 水의 생왕(生旺)함을 만나면 도움을 받아 번영(繁榮)할 수 있으니 어찌 생성(生成)해줌을 싫어하겠는가. 강한 木을 베면 마땅히 약한 金이 쇠패(衰敗)하는 법이며 진실한 운기(運氣)가 저절로 그러한 것이니 녹귀(祿鬼)를 싫어하지 않아야 비로소 숭고(崇高)하게 될 수 있다. 명(明)[木]이 암(暗)[土]을 만난 관(官)이니 수왕(水旺)함에 성공(成功)한다.840)

己亥는 지관(地官)[己→亥 중 甲]이 이어졌으니, 곧 거름물이 싹을 기르는 木이다. 水와 土가 많아 왕(旺)에 임(臨)하면 모두 성취함이 있으나, 패절(絶)을 만나면 재앙(災殃)이 되니 이 또한 부귀(富貴)와 영성(榮盛)을 주관한다. 간지(干支)에 재록(財祿)[水]이 있을 때는 관귀(官鬼)[木]의 극(剋)을 두려워한다.841)

---

838) 李虛中, 『李虛中命書』 「六十甲子納音」: "丁酉貴自承, 乃平易無爲之火, 得木旺則大炎見, 木多則成用, 得火助則不淸, 在火位則常存, 人生得此, 無不貴豪, 丁連丙貴, 見合不淸."
839) 徐大升, 『淵海子平』 「論六十花甲子納音幷註解」: "戊戌己亥平地木, 戌爲原野, 亥爲生木之地, 夫木生於原野, 則非一根一林之比, 故曰平地木也, 惟資雨露之功, 不喜雪霜之積."
840) 李虛中, 『李虛中命書』 「六十甲子納音」: "戊戌神頭祿, 乃不材之木, 喜逢水旺乃可資榮, 豈厭生成伐宜金敗眞運自然, 不嫌祿鬼, 方可高崇, 明合暗官, 成于旺方."

庚子, 辛丑 벽상토(壁上土)

庚子, 辛丑 벽상토(壁上土)에서, 비록 丑이 土라 하더라도 정위(正位)이고, 子는 곧 水의 왕지(旺地)이니, 土가 많은 水를 만난 즉 진흙이 되는 것이다. 그러므로 바람벽 위의 흙이라고 한다. 추위에 생기(生氣)가 막힌 기(氣)이니 사물이 저장(貯藏)하는 것을 숭상(崇尙)하므로, 형체(形體)를 숨겨서 내외(內外)가 미치지 못하는 것이다.[842]

庚子는 천일(天日)[庚生子]이 이어졌으니, 곧 기(氣)가 태과(太過)하여 허(虛)한 土이다. 많은 土를 만나 서로 도와서 水·木이 강(剛)하지 않으면 곧 수복(壽福)을 누린다. 관귀(官鬼)[火, 午]가 형(刑)하지 않으면, 쇠절(衰絶)[십이운성(十二運星) 사(死)]해도 자신을 보전한다.[843]

辛丑은 녹고(祿庫)[丑→金의 고(庫)]가 이어졌으니, 곧 기(氣)가 쇠(衰)하여 근본(根本)에 나아가는 土이다. 마땅히 火로써 이어주거나 木으로 〈土를〉제어(制御)해야 하며, 혹 거듭 木이 土를 만나 형충(刑沖)[刑衝]이 있으면 반드시 녹원(祿元)[土·金]의 생(生)[土]함과 왕(旺)[金]함을 빌려야 하니, 조화(調和)가 상응(相應)하면 공명(功名)을 세울 수 있다. 관귀(官鬼)[火]가 가해지지 않고 녹(祿)[金]이 강(剛)하면 귀(貴)하게 된다.[844]

---

841) 李虛中, 『李虛中命書』「六十甲子納音」: "己亥地官承, 乃糞水育苗之水, 水多土而臨旺, 皆有成就, 然逢敗絶爲殃, 亦主富貴榮盛, 干支財祿, 畏彼官鬼."

842) 徐大升, 『淵海子平』「論六十花甲子納音幷註解」: "庚子辛丑壁上土, 丑雖土家正位, 而子則水旺之地, 土見水多則爲泥也, 故曰壁上土也, 氣居閉塞, 物尚包藏, 掩形遮體, 內外不及故也."

843) 李虛中, 『李虛中命書』「六十甲子納音」: "庚子天雲日承, 乃氣過浮虛之土, 得重土相資, 水木不剛卽享福壽, 官鬼不刑, 衰絶自保."

844) 李虛中, 『李虛中命書』「六十甲子納音」: "辛丑祿承庫, 乃氣衰就本之土, 欲承之以火, 制之以木, 或重遇木土有刑沖, 須假祿元生旺, 造化應斯功名可立, 官鬼不加, 祿剛則貴."

壬寅, 癸卯 금박금(金箔金)

壬寅, 癸卯 금박금(金箔金)에서, 寅卯는 木의 왕지(旺地)가 되니 木이 왕성(旺盛)한 즉 金은 약(弱)하다. 또 寅에서 절지(絶地)[庚]이고 卯에서 태지(胎地)이니, 金은 이미 무력(無力)하므로 金을 얇은 종이같이 늘인 조각이라고 한다. 목기(木氣)가 寅에 있고 金은 절지(絶地)가 되기 때문에 얇은 것이 명주(明紬)와 같아서 이렇게 말하는 것이다. 845)

壬寅은 지지(地支)[납음(納音) 金生壬, 壬生寅]에 뜻이 모였으니, 곧 지지(地支)에 작용(作用)을 간직하고 본체(本體)는 부드러운 金이다. 土가 金을 도와 생왕(生旺)케 하는 것이 좋고 재관(財官)[火·土]이 너무 강(剛)해서는 안 되니, 만약 <재관(財官)이 강(剛)하지 않는> 이러함에 상응(相應)할 수 있으면 부귀(富貴)가 비로소 오래갈 수 있을 것이다. 간토(艮土)[丑土, 丑艮寅]가 명(命)을 감싸고 있으니, 녹(祿)[木]이 모름지기 귀(貴)하고 왕(旺)하다. 846)

癸卯는 귀(貴)[납음(納音) 金生癸, 癸生卯, 천을귀인(天乙貴人)]함이 근원(根源)이 모여 있는데, 곧 재(財)[卯]가 왕(旺)하고 본체(本體)가 약한 金이다. 명(命)에 재명(財命)[木]이 많아 서로 기회를 타면 신(身)[金]이 생왕(生旺)에 있는 것이 좋으니, 혹 진관(眞官)이나 진기(眞氣)인 <金>을 얻으면 배합(配合)하여 귀(貴)의 근원(根源)이 쉽게 나타나지 않음이 없고 녹(祿)이 두터 울 것이다. 귀(貴)의 근원(根源)[金]이 많이 모이는 곳은 재관(財官)[火·土]을 많이 만나는 데에 있지 않다. 847)

---

845) 徐大升, 『淵海子平』「論六十花甲子納音幷註解」: "壬寅癸卯金箔金, 寅卯爲木旺之地, 木旺則金羸, 且金絶於寅, 胎於卯, 金旣無力, 故曰金箔金, 木氣在寅, 則金爲絶地, 薄若繒縞, 乃云."
846) 李虛中, 『李虛中命書』「六十甲子納音」: "壬寅地會義, 乃藏用體柔之金, 喜土資之以旺, 財官不可太剛, 若能應此, 富貴始得久遠, 艮土包命, 祿順貴旺."
847) 李虛中, 『李虛中命書』「六十甲子納音」: "癸卯貴會源, 乃財旺體弱之金, 財命相乘, 喜身在生旺之方, 或得眞官眞氣, 無不配合, 貴源莫不易而厚祿也, 貴源多會, 不在多逢."

甲辰, 乙巳 복등화(覆燈火)

甲辰, 乙巳 복등화(覆燈火)에서, 辰은 식사시간이 되고 巳는 한 낮이 되니, 해가 정오(正午)에 나아가서 염양(艶陽)[늦여름]의 세력(勢力)이 천하(天下)에 빛을 비추므로 뒤집힌 등의 불이라고 한다. 금잔(金盞)이 요광(搖光)[북두칠성(北斗七星)의 일곱 째 별]하고 옥대(玉臺)[천제(天帝)가 있는 곳]가 곱고 아름다운 색채(色彩)를 발산(發散)하니, 일월(日月)이 비춰서 이르지 않는 곳이 없어서 천지(天地)가 밝으나, 아직 밝은 때가 아니다.[848]

甲辰은 녹마(祿馬)[申子辰→寅 역마(驛馬), 寅→甲의 녹(祿)이고 火의 장생(長生)]가 이어졌으니, 곧 장성(壯盛)해지기 시작하는 火이므로 木으로 火[아(我)]를 생(生)함이 많아야 하는데, 혹 火의 본원(本源)과 회합(會合)하더라도 오히려 염광(炎光)[火 강(强)]의 지극함이 없으면 저절로 뛰어날 것이니, 水가 경미(輕微)하고 土가 없으면 또한 현달(顯達)할 수 있다. 甲과 丙이 寅을 생(生)하게 하여, 본명(本命)의 생기(生氣)를 밝게 해야 한다.[849]

乙巳는 지관(地官)[乙→巳 중 庚]이 이어졌는데, 곧 공(功)을 비추는 火이므로 木의 보조가 멈추지 않아야 하고 火의 극왕(極旺)을 필요로 하지 않으니, 木火의 상생(相生)을 만나면 비록 사패(死敗)의 자리일지라도 귀(貴)하게 될 수 있다. 혹 납음(納音) 중 〈水가〉 丙火를 극(剋)하더라도 또한 귀(貴)함을 발생한다.[850]

---

848) 徐大升, 『淵海子平』「論六十花甲子納音幷註解」: "甲辰乙巳覆燈火, 辰爲食時, 巳爲日中, 日之將午, 艶陽之勢, 光於天下, 故曰覆燈火, 金盞搖光, 玉臺吐艶, 照日月不照處, 明天地未明時."

849) 李虛中, 『李虛中命書』「六十甲子納音」: "甲辰祿馬承, 乃始壯之火, 欲多生我, 或會本源却無炎光之極, 自然超卓, 水輕而無土, 亦可騰達矣, 甲丙生寅, 明我生氣."

850) 李虛中, 『李虛中命書』「六十甲子納音」: "乙巳地官承, 乃進功之火, 欲輔助之不息不必旺極, 得木火相乘, 雖死敗而可貴, 或同音煞 丙亦生貴."

丙午, 丁未 천하수(天河水)

丙午, 丁未 천하수(天河水)에서, 丙丁은 火에 속하고 午는 火의 왕지(旺地)이나, 납음(納音)은 바로 水이고 水는 火로부터 나오는 것이니, 은하수가 아니면 존재할 수 없으므로 은하수[천하수(天河水)]라고 한다. 기(氣)는 마땅히 승강(升降)하고 성대한 모양은 장마가 되며, 생왕(生旺)은 사물을 구제하는 공(功)이 있다.[851]

丙午는 녹(祿)[제왕(帝旺)]이 나와 있으니, 곧 음(陰)이 지극한 水이다. 양(陽)이 지극한 데에서 발생하니 그 수증기(水蒸氣)의 왕성(旺盛)함이 어느 곳인들 미치지 않겠는가. 金·木이 많은 곳에 머물러서 녹(祿)[납음(納音) 水]이 형충(刑沖)[刑衝]을 당하게 되면 火를 만나서 재(財)가 왕성(旺盛)해야 비로소 귀(貴)하게 될 수 있다. 신(身)[납음(納音) 水]의 관귀(官鬼)인데, 火가 왕(旺)하면 충(沖)[衝]을 피하지 않는다.[852]

丁未는 녹(祿)[丁→未 중 丁]의 문채(文彩)가 이어졌으니, 곧 재록(財祿)[火]이 왕성(旺盛)하고 생명(生命)을 기르는 水이다. 마땅히 다른 간지(干支)의 水·火 가운데서는 오행(五行) 중 사패(死敗)의 기(氣)를 만나는 것이고, 천간(天干) 丁은 스스로 왕(旺)해지는 것이며, 재귀(財貴)가 건방(乾方)[金]에 모이면 곧 부귀(富貴)가 드러나는 용도(用度)가 되며, 오직 土가 왕성(旺盛)한 자리에 있는 것을 싫어하니 곧 부귀(富貴)가 장구(長久)하지 않기 때문이다. 〈납음(納音) 水는〉 丙丁을 만나는 것이 좋고, 토관(土官)이 쓰이는 것이 두렵다.[853]

---

851) 徐大升, 『淵海子平』「論六十花甲子納音幷註解」: "丙午丁未天河水, 丙丁屬火, 午爲火旺地, 而納音乃水, 水自火出, 非銀漢不能有也, 故曰天河水, 氣當升降, 沛然作霖, 生旺有濟物之功."

852) 李虛中, 『李虛中命書』「六十甲子納音」: "丙午神頭祿, 乃至陰之水, 發于陽明蒸氣氤氳, 何所不及, 處金木旺而沖刑祿得炎而財盛始可貴矣, 身同官鬼, 不避掩衝."

853) 李虛中, 『李虛中命書』「六十甲子納音」: "丁未祿文承, 乃祿旺育生之水, 宜于水火之中, 得五行死敗之氣, 祿幹自旺財貴會于乾方, 乃富貴顯揚之用, 惟嫌土在旺郷, 即非長久, 喜遇丙丁, 畏官當用."

戊申, 己酉 대역토(大驛土)

戊申, 己酉 대역토(大驛土)에서, 申은 곤(坤)[未坤申]이 되고, 坤은 지(地)가 된다. 酉는 태(兌)가 되고 태(兌)는 택(澤)[못]이 된다. 戊己의 土가 곤(坤)과 택(澤)의 위에 더하여 그 외에 불성실(不誠實)하고 경박(浮薄)하지 않으므로 대역토(大驛土)라고 한다. 기(氣)가 휴식(休息)에 들어가고, 사물이 마땅히 수렴(收斂)하였으니 이렇게 말하는 것이다.[854]

戊申은 지부(地符)[戊와 납음(納音) 土가 申을 생(生)]가 회합(會合)한 것이니, 곧 유순(柔順)하게 발생하는 土이다. 사계(四季)에 임하는 것을 좋아하고, 木을 만나면 영화(榮華)롭게 되며, 다만 水·火가 번영(繁榮)하는 곳에 머물면 높게 드러남을 얻지 못한다. 진관(眞官)[木]이 쓰임에 부합(符合)하니 귀(鬼)[木]가 임(臨)함을 두려워하지 않는다.[855]

己酉는 지귀(地貴)[己와 납음(納音) 土가 酉를 생(生)]가 이어졌는데, 곧 자식(子息)이 왕성(旺盛)하고 모(母)가 쇠약한 土이다. 火·土의 생(生)을 좋아하고 종혁(從革)[巳酉丑]의 자리를 기뻐하며, 혹 水가 경미(輕微)하고 木이 부드러운 것도 역시 金을 생(生)하게 하는 덕(德)이니, 만일 이러함에 부응(副應)할 수 있다면 고관(高官)이 두렵지 않다. 바르게 갖추어 부응(副應)할 필요는 없으니 천간(天干)에 辛이나 丙만 임(臨)하면 된다.[856]

---

854) 徐大升, 『淵海子平』 「論六十花甲子納音幷註解」: "戊申己酉大驛土, 申爲坤, 坤爲地, 酉爲兌, 兌爲澤, 戊己之土, 加於坤澤之上, 非其他浮薄之土, 故曰大驛土, 氣以歸息, 物當收斂, 故云."

855) 李虛中, 『李虛中命書』 「六十甲子納音」: "戊申地符會, 乃柔順發生之土, 喜臨四季, 得木爲榮, 獨居水火榮方未得尊高之著, 眞官符用, 不畏鬼臨."

856) 李虛中, 『李虛中命書』 「六十甲子納音」: "己酉貴承, 乃子旺母衰之土, 喜火土之榮, 慶從革之地, 或水輕木柔, 亦是滋生之德, ?能應此, 軒冕非難, 不必正應, 要臨辛丙."

庚戌, 辛亥 채천금(釵釧金)

庚戌, 辛亥 채천금(釵釧金)에서, 金[庚]이 戌에 이르러서 쇠(衰)이고 亥에 이르러서 병(病)이니, 金[庚]이 이미 쇠(衰)와 병(病)인 즉 진실(眞實)로 약(弱)한 것이다. 그러므로 비녀와 팔찌의 金이라고 한다. 형(形)이 이미 기(器)를 이루고 아름답게 꾸민 것이 빛을 발하니, 만족은 생왕(生旺)에 있고 귀함은 체(體)를 감춘 것에 있으므로, 火가 성(盛)하여 형(形)을 상(傷)하면 마침내 기쁘지 않은 것이다.[857]

庚戌은 녹부(祿符)[庚→戌 중 辛]의 근원(根源)인데, 곧 무디고 약(弱)하게 쓰이는 金이다. 火가 경미(輕微)하고 金이 많아 괴강(魁罡)[辰·戌]과 상생(相生)하면 기쁘고 편안하여 복록(福祿)을 자연스럽게 누릴 수 있으며, 木·火가 지극(至極)하여 金을 극(剋)함을 꺼리니 곧 명(命)이 험준(險峻)하게 막히기 때문이다. 왕(旺)한 金이 처(妻)[木, 재(財)]와 귀(鬼)[火, 관(官)]를 만나거나 약(弱)한 귀(鬼)[火]를 만나면 도리어 번영(繁榮)한다.[858]

辛亥는 지록(地祿)[납음(納音) 金과 辛→亥 중 壬]의 인(印)이니, 곧 木이 왕(旺)하고 녹(祿)이 휴(休)[식상(食傷)]하는 金이다. 평온(平穩)한 火의 개혁(改革)을 만나 그러한 뒤에 극(剋)에 제어(制御)되거나, 혹 金·水 중에서 충격(衝擊)함이 있으면 평안(平安)하게 직무(職務)를 지키고 부귀(富貴)하면서 즐거울 수 있다. 金의 도움을 좋아하고 丁·귀(鬼)를 두려워하지 않는다.[859]

---

857) 徐大升, 『淵海子平』 「論六十花甲子納音幷註解」: "庚戌辛亥釵釧金, 金至戌而衰, 至亥而病, 金旣衰病, 則誠柔矣, 故曰釵釧金, 形已成器, 華飾光發, 厭乎生旺, 貴乎藏體, 火盛傷形, 終爲不喜."

858) 李虛中, 『李虛中命書』 「六十甲子納音」: "庚戌祿符源, 乃鈍弱成用之金, 火輕金重, 魁?相乘, 可以休逸, 福祿自然, 忌木火之極, 則命迪蹇, 旺逢妻鬼, 遇鬼反榮."

859) 李虛中, 『李虛中命書』 「六十甲子納音」: "辛亥地祿印, 乃木旺祿休之金, 得平火之革, 然後制于克伐, 或沖擊于金水之中, 得以平安守職, 富貴優遊, 喜於金助, 不畏丁鬼."

壬子, 癸丑 상자목(桑柘木)

壬子, 癸丑 상자목(桑柘木)에서, 子는 水에 속하고 丑은 金에 속하며, 水가 바로 木을 생(生)하고 金이 곧 이를 베어내니, 마치 뽕나무와 산뽕나무가 생(生)하는 것처럼 사람 역시 상해(相害)한다. 그러므로 뽕나무와 산뽕나무라고 한다. 기(氣)가 빙빙 감돌아 수지(水地)에 거처(居處)하니, 아직 도끼와 칼을 사용하지 못한다.[860]

壬子는 록(祿)[제왕(帝旺)]이 나와 있으니, 곧 본체(本體)는 부드럽고 작용이 강한 木이다. 木이 왕성(旺盛)한 자리에 머물면서 金을 만나고, 귀(貴)[金]한 자리를 만나면서 火가 없으면 그 시대에 이름을 드날릴 수 있다. 녹(祿)이 왕성(旺盛)하면 관성(官星)을 필요로 하며, 납음(納音)[木]이 왕성(旺盛)하면 관귀(官鬼)[金]를 두려워한다.[861]

癸丑은 녹(祿)[癸→丑 중 癸·辛]이 근원(根源)을 얻었으니, 곧 강유(剛柔)가 서로 이루어주는 木이다. 水·土가 왕방(旺方)에 이어졌으니 곧 만물(萬物)을 이롭게 생육(生育)하게 되고, 金이 생성(生成)을 제어(制御)하면 모두 공(功)을 세우고 일을 이룰 수 있는데, 다만 생왕(生旺)한 金인 관(官)이 火를 만나는 것을 두려워한다. 녹(祿)이 북방(北方)[水]에 있으니, 귀(貴)의 형충(刑沖)을 두려워한다.[862]

甲寅, 乙卯 대계수(大溪水)

---

860) 徐大升, 『淵海子平』 「論六十花甲子納音幷註解」: "壬子癸丑桑柘木, 子屬水, 丑屬金, 火方生木, 金則伐之, 猶桑柘方生, 人便以戕伐, 故曰桑柘木也, 氣居盤屈, 居於水地, 未施刀斧之勞."
861) 李虛中, 『李虛中命書』 「六十甲子納音」: "壬子神頭祿, 乃體柔用剛之木, 居旺相而得金, 遇貴地而無火, 則可以揚名當世, 祿旺須官, 音盛畏鬼."
862) 李虛中, 『李虛中命書』 「六十甲子納音」: "癸丑祿得源, 乃剛柔相濟之木, 水土承于旺方, 則生育利物金制于生成, 皆可以立功立事, 惟恐生旺逢火, 祿居北地, 畏鬼掩沖."

甲寅, 乙卯 대계수(大溪水)에서, 寅은 동왕(東旺)이 되고 오직 卯는 정동(正東)이 되니, 정동(正東)으로 물이 흐르면 그 성질이 순하고, 시내와 골짜기의 연못이 모두 합하여 귀착(歸着)하므로 큰 시냇물이라고 한다. 기(氣)는 양(陽)의 밝음이 나오고 수세(水勢)는 근원(根源)을 사용하니, 동(東)은 가득 차서 흐르므로 이렇게 말하는 것이다.[863]

甲寅은 녹(祿)[건록(建祿)]이 나와 있으니, 곧 깊은 연못 조용한 곳에 있는 水이다. 만약 木이 왕성(旺盛)해지고 土가 쇠약(衰弱)해지면, 기특하고 귀함이 빼어난 명(命)이 된다. 庚辛은 두렵지 않고, 청수(淸秀)함은 丁壬[木]에 있다.[864]

乙卯는 녹(祿)[건록(建祿)]이 나와 있으니, 곧 사(死) 가운데에서 기(氣)를 받는 水이므로 비록 쇠패(衰敗)해도 무방(無妨)하며 납음(納音)[水]의 자리에서 근원(根源)을 만나면 현달(顯達)하지 않는 경우가 없으니, 이 두 水[납음(納音)과 근원(根源)]는 모두 土가 있어서 청(淸)해지는 것을 좋아하며, 만약 水가 많은데 土가 없으면 水의 한기(寒氣)를 감추고 있는 기세(氣勢)가 된다. 子·午를 관(官)으로 삼는 것이 戊己土를 쓰는 것보다 낫다.[865]

丙辰, 丁巳 사중토(沙中土)

丙辰, 丁巳 사중토(沙中土)에서, 水의 고(庫)가 辰에 있고 〈壬의〉 절지(絕地)가 巳에 있으며, 천하(天下)의 丙丁火가 辰에 이르러 관대(冠帶)가 되고, 巳에 이르러 임관(臨官)이 되니, 土는 이미 고절(庫絕)이 되더라도 왕성(旺盛)한 火가

---

863) 徐大升, 『淵海子平』「論六十花甲子納音并註解」: "甲寅乙卯大溪水, 寅爲東旺, 維卯爲正東, 水流正東, 則其性順, 而川澗池沼俱合而歸, 故曰大溪水, 氣出陽明, 水勢特源, 東流滔注, 故云."
864) 李虛中, 『李虛中命書』「六十甲子納音」: "甲寅神頭祿, 乃淵深處靜之水, 若資之木旺土衰, 則爲奇特貴異, 庚辛不畏, 淸在丁壬."
865) 李虛中, 『李虛中命書』「六十甲子納音」: "乙卯神頭祿, 乃死中受氣之水, 雖敗無妨, 或會源于音地, 木有不達之者, 此一水皆喜土而淸, 若水多而無土, 則爲伏寒之氣, 癸馬爲官, 勝于戊己."

부흥(復興)하여, 이를 생(生)하므로 모래 속의 흙이라 한다. 土가 기(氣)를 트이게 하므로 마땅치 않은 것이다.[866]

丙辰은 녹(祿)[丙生土]이 저절로 넉넉하니 곧 공력(功力)을 베풀어 만물(萬物)을 양생(養生)하는 土이다. 火의 생(生)을 좋아하고, 가리고 충(沖)[衝]하는 것을 두려워하지 않으니, 무릇 이와 같은 것은 저절로 번영(繁榮)하고 귀(貴)하다게 된다. 丙의 관성(官星)인 水가 고(庫)[辰] 중에 있으니, 관(官)[水]이 없어도 저절로 여유롭다.[867]

丁巳는 록(祿)[제왕(帝旺)]이 나와 있으니, 곧 절(絶) 중에 기(氣)를 받는 土이다. 土의 도움을 좋아하고, 사패(死敗)를 두려워하지 않는데, 오직 명(命)을 향하여 근원(根源)을 세우면 문장(文章)으로 묘(妙)하게 빼어날 수 있다.[868]

戊午, 己未 천상화(天上火)

戊午, 己未 천상화(天上火)에서, 土는 火의 왕지(旺地)가 되고, 未 가운데의 木은 또 火를 다시 생(生)하니, 화성(火性)은 불꽃을 일으키며 급기야 土가 생지(生地)를 만나므로, 하늘 위의 火라고 한다. 기(氣)는 양궁(陽宮)이 지나쳐서 거듭 상회(相會)할 수 있으니 <신령(神靈)의 위엄(威嚴)을 밝힘>이 빛을 주고받으며, 불꽃을 발하고 하늘 위로 오르므로 이렇게 말하는 것이다.[869]

---

866) 徐大升, 『淵海子平』「論六十花甲子納音并註解」: "丙辰丁巳沙中土, 土庫在辰, 而絶在巳, 而天下丙丁之火, 至辰冠帶, 而臨官在巳, 土既庫絶, 旺火復興生之, 故曰沙中土, 土疏氣故不宜."
867) 李虛中, 『李虛中命書』「六十甲子納音」: "丙辰祿自裕, 乃發施養生之土, 喜于火助, 不畏掩沖, 夫如是者, 自然榮貴, 水在庫中, 無官自裕."
868) 李虛中, 『李虛中命書』「六十甲子納音」: "丁巳神頭祿, 是絶中受氣之土, 喜逢土助, 不畏死敗, 惟能朝命建元, 可以文章妙選, 上下火乘, 鬼無害也."
869) 徐大升, 『淵海子平』「論六十花甲子納音并註解」: "戊午己未天上火, 古本炎上火, 今作天上火, 土爲火旺之地, 未中之木, 又復生之, 火性炎上, 及逢生地, 故曰天上火, 氣過陽宮, 重能相會, 炳靈交光, 發焰炎上, 故云."

戊午는 천록(天祿)[제왕(帝旺)]이 갖추어졌으니, 곧 신묘(神妙)하게 발하는 밝은 火이다. 왕(旺) 중에서는 절(絶)을 당하니, 쇠약(衰弱)한 곳에서는 木의 도움을 좋아하며 이미 왕성(旺盛)한 자리에서는 火가 타고 있는 것을 꺼리니, 왕(旺)함이 여기에 부응(副應)하면 반드시 으뜸으로 뛰어나게 된다. 火[납음(納音)]와 지지(地支) 午火가 장왕(壯旺)의 자리에 있으면, 水가 성(盛)해도 해치지 못한다.[870]

己未는 녹(祿)[己→未 중 己]이 나와 있으니, 곧 공(功)을 이루는 火이다. 계하(季夏)[未]의 뜨거운 별을 만나서 소길(小吉)의 귀(貴)함을 지키고, 동북[土]의 남(南)[火]에서 생(生)하여 의지하여 기댈 곳이 있으면 두터운 복(福)을 누릴 수 있다. 甲과 己가 서로 돕고 지키면 다시 왕(旺)해질 필요가 없다.[871]

庚申, 辛酉 석류목(石榴木)

庚申, 辛酉 석류목(石榴木)에서, 申은 칠월(七月)이고 酉는 팔월(八月)이 되니, 이때의 木은 곧 절지(絶地)이다. 오직 석류나무만이 열매를 맺으므로 석류목(石榴木)이라 한다. 기(氣)는 정숙(靜肅)하고 만물(萬物)은 점점 결실(結實)을 맺어가니 木이 金이 그 맛을 생(生)하는 시기에 거처(居處)하여 가을이 과실(果實)을 이루므로 그렇게 말하는 것이다.[872]

庚申은 녹(祿)[건록(建祿)]이 나와 있으니, 곧 줄기가 견고(堅固)하지 않고 곁가지가 부드러운 木이다. 木[봄]을 봐도 상(相)이 되고, 火[여름]를 보고도 왕

---

870) 李虛中, 『李虛中命書』 「六十甲子納音」: "戊午天祿備, 乃神發離明之火, 旺中受絶, 喜木助于衰方, 忌火乘于己旺, 生之應此, 必作魁英, 眞假居壯, 水盛不傷."

871) 李虛中, 『李虛中命書』 「六十甲子納音」: "己未神頭祿, 乃成功之火, 得季夏之炎陽, 守小吉之貴地, 生自東北之南, 有所資附則能享福厚矣, 甲己扶持, 不順更旺."

872) 徐大升, 『淵海子平』 「論六十花甲子納音幷註解」: "庚申辛酉石榴木, 申爲七月, 酉爲八月, 此時木則絶矣, 惟石榴之木復實, 故曰石榴木, 氣歸靜肅, 物漸成實, 木居金生其味, 秋果成實云."

(旺)하니, 金이 중(重)할 때 火를 만나고, 土가 중(重)할 때 水를 만나면, 범상(凡常)함을 벗어난 그릇이 된다. 양관(陽官)[丙火]을 두려워하지 않으려면, 반드시 관귀(官鬼)[火]가 왕(旺)해야 한다.[873]

辛酉는 녹(祿)[건록(建祿)]이 나와 있으니, 곧 빼어나고 뛰어난 木이다. 생왕(生旺)을 좋아하고 金이 많은 것을 꺼리며, 土와 水를 만나 서로 기세(氣勢)를 타면 물건 됨이 귀(貴)해지는데, 두 가지가 각각 왕성(旺盛)하고 水를 얻지 못하더라도 또한 기특(奇特)한 재목(材木)이 된다. 관귀(官鬼)[火]를 두려워하지 않고, 甲이 財가 되는 것을 싫어한다.[874]

壬戌, 癸亥 대해수(大海水)

壬戌, 癸亥 대해수(大海水)에서, 水는 戌에서 관대(冠帶)이고, 亥에서 임관(臨官)이니 水는 곧 역량(力量)이 두터운 것이다. 겸(兼)하여 亥는 강(江)이 되어 다른 水와 견줄 수 없으므로 대해수(大海水)라고 한다. 세력(勢力)은 대문(大門)으로 향하고 역사(歷事)[임금을 섬김]는 이미 마쳤으며, 생왕(生旺)하나 범람(汜濫)하지 않고 사절(死絶)이나 마르지 않으므로 이렇게 말하는 것이다.[875]

壬戌은 녹관(祿官)[납음(納音) 水, 壬←戌 중 辛·戌]이 거스르지 않으니, 곧 아득하고 끝이 없는 水이다. 사패(死敗)에 깊이 가라앉는 것을 좋아하니 반드시 土의 부딪힘이 있어야만 널리 베푸는 공(功)이 만물(萬物)에 미칠 수 있다. 정기(正氣)를 스스로 지키니 녹(祿)[水]을 지니면 또한 영화(榮華)롭다.[876]

873) 李虛中, 『李虛中命書』「六十甲子納音」: "庚申神頭祿, 乃未堅柔末之木, 春相夏旺, 金重而得火, 土重而得水, 則爲出常之器, 不畏陽官, 要官鬼旺."
874) 李虛中, 『李虛中命書』「六十甲子納音」: "辛酉神頭祿, 乃包秀結英之木, 喜於生旺, 忌見金多, 得土水相乘爲物之貴, 二者各旺而不得水, 亦爲奇特之材, 不嫌官鬼, 厭甲爲財."
875) 徐大升, 『淵海子平』「論六十花甲子納音幷註解」: "壬戌癸亥大海水, 水冠帶在戌, 臨官在亥, 水則力厚矣, 兼亥爲江, 非他水之比, 故曰大海水, 勢趨大門, 歷事已畢, 生旺不汜, 死絶不涸云."

癸亥는 녹(祿)[제왕(帝旺)]이 나와 있으니, 곧 나아감을 시작하고 끝을 이루는 水이다. 귀지(貴地)를 만나는 것을 좋아하고 녹향(祿向)[水 왕(旺)]에 있는 것을 꺼리므로, 삼원(三元)과 상반되는 오행(五行)을 쓰면 복(福)과 경사(慶事)가 저절로 이를 것이니, 이것은 그 작용(作用)이 크고 넓기 때문에 일정한 상태(常態)를 지키는 것을 숭상(崇尙)해서는 안 되며, 반드시 올라가서는 비와 안개가 되고 흩어져서는 강하(江河)가 되는 것이 곧 癸亥의 큰 작용(作用)이 된다.877)

이 육십갑자(六十甲子)는 간지(干支)의 납음오행(納音五行)이 서로 기세(氣勢)를 타고 있으므로 반드시 경중(輕重)을 분별해야 한다.878)

또, 가령 金이 수하(水下)에 빠져 있고 火가 수상(水上)에 나와 있을 때 木이 金의 제어(制御)를 만나지 못하는 경우에는 木이 그릇을 이룰 수 없으니, 에컨대 甲子와 乙亥의 木이 이 경우이다. 金이 수하(水下)에 빠져 있고 火가 수상(水上)에 나와 있을 때 金이 火의 제어(制御)를 만나지 못하는 경우에는 金이 그릇을 이룰 수 없으니, 예컨대 辛亥의 金이 이 경우이다. 무릇 이와 같은 것은 숨어 있거나 드러난 상황을 추측하면 조화(調和)의 기미(幾微)가 저절로 이해 될 것이다879)라고 하였다.

귀곡자(鬼谷子)가 이 십이지지(十二地支)의 오행(五行)으로 경중(輕重)의 작용을 분별하여 통변(通辯)의 묘(妙)를 추측하게 한 것은, 틀림없이 사람들이 한쪽 귀퉁이만을 고집할까 염려했기 때문이다. 그러므로 드러나고 숨어있는 상황을 헤

---

876) 李虛中, 『李虛中命書』 「六十甲子納音」 : "壬戌祿官順, 乃杳冥之水, 喜于死敗, 要土之擊發, 則能博施之功及物也, 正氣自守, 持祿亦榮."

877) 李虛中, 『李虛中命書』 「六十甲子納音」 : "癸亥神頭祿, 乃始進成終之水, 喜逢貴地, 忌在祿郷, 三元相反, 福慶自然, 蓋其爲用也大而廣, 故不可以守常爲尙, 須升而爲雨霧, 散而爲江河, 乃爲大用也."

878) 李虛中, 『李虛中命書』 「六十甲子納音」 : "此六十位五行支干相乘, 要分輕重."

879) 李虛中, 『李虛中命書』 「六十甲子納音」 : "若金溺水下, 火出水上, 木不得金之所制, 木無成也, 如甲子乙亥是也, 金溺水下, 火出水上, 金不得火之所制, 金無成也, 如辛亥之金是也, 夫如是而推伏現之情, 則造化之機自理."

아리면 조화(調和)를 추측(推測)할 수 있다는 말을 한 것이다.[880]

이처럼 육십갑자(六十甲子)에 대해서 알아보았다.

육십갑자(六十甲子)는 처음에는 음률(音律)과 오행(五行)이 만나고, 이후 팔괘(八卦)에 배속(配屬)되면서 납음오행(納音五行)이 생기고, 오행(五行)에 의미도 나타나게 되었음을 알 수 있었다.

육십갑자(六十甲子) 납음오행(納音五行)은 명주(命柱)의 선천운(先天運)을 도와주는 역할을 하기 때문에, 자세히 살펴 그 뜻을 알게 되면 간명(看命)에 큰 도움이 될 것이다.

---

880) 李虛中, 『李虛中命書』 「六十甲子納音」: "鬼谷子以此十二音五行, 分輕重之用以推通變之妙者, 尚恐人執守方隅, 故言稱顯隱可測, 造化之說也."

【참고문헌(參考文獻)】

1. 원전류(原典類)

『간명일장금(看命一掌金)』, 『갑을경(甲乙經)』, 『고려사(高麗史)』, 『고려사절요(高麗史節要)』, 『공가파한묘간독(孔家坡漢墓簡牘)』, 『과로도기도(果老倒騎圖)』, 『관자(管子)』, 『국어(國語)』, 『궁통보감(窮通寶鑑)』, 『낙록자삼명소식부주(珞琭子三命消息賦注)』, 『노자주(老子注)』, 『노자하상공장구(老子河上公章句)』, 『논형(論衡)』, 『도덕경(道德經)』, 『매월당집(梅月堂集)』, 『맹자(孟子)』, 『명리약언(命理約言)』, 『명리정종(命理正宗)』, 『명리탐원(命理探源)』, 『명통부(明通賦)』, 『목은집(牧隱集)』, 『묵자(墨子)』, 『백호통(白虎通)』, 『삼국사기(三國史記)』, 『삼국유사(三國遺事)』, 『삼명통회(三命通會)』, 『사기(史記)』, 『사물기원(事物紀原)』, 『서경(書經)』, 『설문해자(說文解字)』, 『수호지진묘죽간(睡虎地秦墓竹簡)』, 『순자(荀子)』, 『시경(時經)』, 『선택기요(選擇紀要)』, 『선택요략(選擇要略)』, 『승정원일기(承政院日記)』, 『오행대의(五行大義)』, 『옥조신응진경(玉照神應眞經)』, 『여씨춘추(呂氏春秋)』, 『역학계몽(易學啓蒙)』, 『연해자평(淵海子平)』, 『예기(禮記)』, 『원천강오성삼명지남(袁天綱五星三命指南)』, 『육가요지(六家要旨)』, 『이허중명서(李虛中命書)』, 『일성록(日省錄)』, 『자평수언(子平粹言)』, 『자평진전(子平眞詮)』, 『자평진전평주(子平眞詮評註)』, 『장자(莊子)』, 『적천수(適天髓)』, 『적천수천미(適天髓闡微)』, 『점필재집(佔畢齋集)』, 『조선왕조실록(朝鮮王朝實錄)』, 『주역(周易)』, 『주역전의대전(周易傳義大全)』, 『주역정강성주(周易鄭康成註)』, 『주례(周禮)』, 『진서(晉書)』, 『초사(楚辭)』, 『춘추번로(春秋繁露)』, 『춘추좌씨전(春秋左氏傳)』, 『칠정산내편(七政算內篇)』, 『태극도설(太極圖說)』, 『팔자심리추명학(八字心理推命學)』, 『팔자제요(八字提要)』, 『필원잡기(筆苑雜記)』, 『한서(漢書)』, 『화서집(華西集)』, 『황제내경(黃帝內經)』, 『회남자(淮南子)』, 『후주서(後周書)』

2. 원전(原典) 해석류(解釋類)

郭陳列 옮김, 『後漢書』, 「陰陽書曆法」, 中華書局, 1965.

국사편찬위원회, 『조선왕조실록(朝鮮王朝實錄)』 「고종실록(高宗實錄)」.

국사편찬위원회, 『조선왕조실록(朝鮮王朝實錄)』 「세종실록(世宗實錄)」.

국사편찬위원회, 『조선왕조실록(朝鮮王朝實錄)』 「숙종실록(肅宗實錄)」.

국사편찬위원회, 『조선왕조실록(朝鮮王朝實錄)』 「영조실록(英祖實錄)」.

국사편찬위원회, 『조선왕조실록(朝鮮王朝實錄)』 「태조실록(太祖實錄)」.

국사편찬위원회, 『조선왕조실록(朝鮮王朝實錄)』 「태종실록(太宗實錄)」.

郭璞(김정혜 옮김), 『옥조정진경』, 한국학술정보, 2016.

萬民英(朴一宇 옮김), 『三命通會』, 明文堂, 1973.

徐樂吾(김학목 옮김), 『子平粹言』 1·2권, 어은, 2015.

徐子平(문종란 옮김), 『낙록자삼명소식부주』, 한국학술정보, 2017.

徐大升(김정안 옮김), 『淵海子平』, 문원북, 2018.

徐升, 『淵海子平評註』, 武陵出版有限公司, 1996.

簫吉(김수길 옮김), 『五行大義』 上·下, 大有學堂, 2008.

장신봉(沈載怨 옮김), 『命理正宗精解』, 明文堂, 1993.

朱熹(김상섭 옮김), 『周易啓蒙』, 예문서원, 1994

陳素菴(김정혜 옮김), 『命理約言』, 한국학술정보, 2016.

萬民英(김정안 옮김), 『三命通會』, 문원북, 2017.

萬民英(朴一宇 옮김), 『三命通會』, 明文堂, 1978.

백은기, 『周易本義 研究』, 여강, 1996.

沈孝瞻(이강대 옮김), 『자평진전』, 동창, 2016.

鐘義明, 『現代破譯適天髓』, 武陵出版有限公司, 2010.

王充(黃暉 옮김), 『論衡校釋』, 中華書局, 1990.

韋千里(최기우 옮김), 『八字提要』, 케이디북스, 2013.

李虛中(김정혜 옮김), 『李虛中命書』, 한국학술정보, 2012.

任鐵樵(金東奎 옮김), 『適天髓闡微』, 明文堂, 2002.

한국종합DB, 『승정원일기(承政院日記)』.

한국종합DB, 『칠정산내편(七政算內篇)』.

한국종합DB, 『화서집(華西集)』.

3. 문헌류(文獻類)

葛兆光, 『中國思想史1-七世紀前中國的知識·思想與信仰世界』, 復旦大學出版社, 1998.

곽영직외, 『자연과학의 역사』, 북힐스, 2001.

김 기, 『음양오행설의 연구』, 문사철, 2016.

김만태, 『한국 사주명리 연구』, 민속원, 2011.

김일권, 「道敎의 占星思想과 占卜信仰」 『한국민속학보』 10, 한국민속학회, 1996.

魯炳漢, 『陰陽五行思惟體系論』, 안암문화사, 2005

돈황학대사전편집위원회(고려대민족문화연구원 옮김), 『돈황학대사전(敦煌學大辭典)』, 소명출판, 2016.

陳遵嬀, 『中國天文學史』 第5冊, 明文書局, 1998.

문재곤, 『주역의 현대적 조명』, 범양사, 1993.

박용문, 『고려시대 음서제와 과거제 연구』, 일지사, 1990.

백은기, 『周易本義 研究』, 여강, 1996.

성주덕(이면우 옮김), 『서운관지』, 소명출판, 2003.

梁啓超, 「陰陽五行之來歷」 『飮氷室文集』 36卷, 中華書局, 1960.

양계초외(김흥경 옮김), 「음양오행설과 관련문헌의 연구」 『음양오행설 연구』, 신지서원, 1993.

劉樂賢, 『簡帛數術文獻探論』, 湖北敎育出版社, 2003.

유소흥(송인창외 옮김), 『오행, 그 신비를 벗긴다』, 국학자료원, 2011.

劉蔚華(곽신환 옮김), 『직하철학』, 철학과 현실사, 1995.

윤창렬, 『醫哲學』, 주민출판사, 2005.

이기동, 『동양 삼국의 주자학』, 성균관대학교출판부, 1995.

이기동, 『서경강설』, 성균관대출판부, 2011.

李零, 『中國方術正考』, 中華書局, 2006.

이중생(임채우 옮김), 『언어의 금기로 읽는 중국문화』, 동과서, 2003.

林劍鳴, 「秦漢政治生活中的神秘主義」, 『歷史研究』第4期, 1991.

張其成(정창현 옮김), 『한의학의 원류를 찾다』, 청흥, 2008.

조셉 니덤(이석호 옮김), 『중국의 과학과 문명Ⅱ』, 을유사, 1994.

陳鼓應(최진석 옮김), 『주역, 유가사상인가 도가사상인가』, 예문서원, 1996.

陳鼓應, 『老子今註今譯』, 商務印書館, 1992.

崔振默, 「漢代 方士文化와 數術學의 盛行」, 『古代 中國의 理解』4, 지식산업사, 1998.

------, 「數字의 體系와 漢代人의 생활」, 『古代中國의 理解』5, 지식산업사, 2001.

풍우란(정인재 옮김), 『중국철학사』, 형설출판사, 1990.

The Cambridge History of Ancient China: CambridgeUniversity Press, 1999.

4. 논문류(論文類)

강성인, 「『淮南子』의 음양오행 사상과 명리학의 연관성 고찰」, 『道敎文化研究』40, 韓國道敎文化學會, 2014.

강성인, 「『淮南子』의 음양오행학설과 사주명리의 연관성 연구」, 동방대 박사청구논문, 2017.

고재민, 「四柱命理學의 宮星과 格局用神論 研究」, 大邱韓醫大 博士請求論文, 2016.

구현식, 「『協吉通義』의 命理·風水 原理 研究 」, 공주대 박사청구논문, 2013.

琴載元, 「秦漢代의 擇日術과 日書의 活用」, 慶北大 碩士請求論文, 2009.

金秀年, 「東洋天文學上 北斗七星의 意義와 易理學의 影響에 관한 연구」, 公州大 碩士請求論文, 2007.

金元甲, 「孔子의 道에 관한 研究」, 圓光大 博士請求論文, 2018.

金鍾晩, 「六神의 偏重에 의한 性格特性 研究」, 京畿大 碩士請求論文, 2005.

김철완, 「命理學에 나타난 修養論의 儒家的 探究」, 대전대 박사청구논문, 2013.

金亨根, 「同氣感應과 風水地理」 『디지털 문화콘텐츠』 제24권, 대구한의대 디지털콘텐츠개발연구소, 2015.

-----, 「嶺南地方 邑城의 空間構成과 風水的 特性 研究」, 大邱韓醫大 博士請求論文, 2018.

류시옥, 「명리오행 체질론의 타당성에 관한 연구」, 동방대 박사청구논문, 2010.

文載坤, 「漢代易學연구」, 高麗大 博士請求論文, 1990.

문정희, 「일서(日書)를 통해 본 고대 중국의 질병관념과 제사습속」『學林』, 연세사학연구회, 2017.

문종란, 「『낙록자부주』의 命理觀 研究」, 원광대 박사청구논문, 2015.

박건주, 「『左傳』 僞作說 문제에 대한 一考」, 중국고중세사연구 제12집, 2004.

朴成雨, 「旺相休囚死 理論 研究」, 公州大 碩士請求論文, 2006.

박성희, 「사주명리의 세운해석방법에 관한 연구」, 동방대 박사청구논문, 2013.

朴正潤, 「陰陽五行說의 성립과 그 理論的 배경」, 高麗大 碩士請求論文, 2001.

박용남, 「한국명리학의 발전과정에 관한 연구」, 국제뇌교육대, 박사청구논문, 2016.

박재범, 「명리학의 적천수, 자평진전, 궁통보감 용신론 비교 연구」, 국제뇌교육대 박사청구논문, 2018.

서금석, 「고려시대 '자평 사주학'의 유입에 관한 연구」, 전남대 석사청구논문, 2013.

宋富鐘, 「『淵海子平』飜譯研究」, 圓光大 碩士請求論文, 2005.

신경수, 『『이허중명서』의 명리론 연구』, 원광대 박사청구논문, 2018.

신기주, 「명리학의 중화적 해석에 관한 연구」, 동의대 박사청구논문, 2015.

신영대, 「『周易』의 應用易學研究」, 釜山大 博士請求論文, 2012.

오천균, 「조선조 맹교육의 사상과 제도」, 단국대 박사청구논문, 1988.

윤창렬, 「河圖와 洛書에 나타난 陰陽五行에 관한 研究」『대전대학교 한의학연구소 논문집』6권 2호, 1995.

이상천, 「『適天髓闡微』「六親論」에 관한 研究」, 국제뇌교육대, 석사청구논문, 2017.

이명무, 「『적천수천미』 명리이론에 관한 연구」, 원광대 박사청구논문, 2018.

이명재, 「중국 고대 명리학의 연원과 체계」, 동방대 박사청구논문, 2018.

이진훈, 「십이운성에 관한 연구」, 공주대 석사청구논문, 2010.

이혜경, 「명리 심성론과 MBTI유형론 간의 상관성 연구」, 공주대 박사청구논문, 2014.

장태진, 「四柱命理學에서의 物像에 관한 研究」, 대구한의대 박사청구논문, 2014.

鄭大鵬, 「명리학에서 월지중심의 간명법과 격국운용에 관한 연구」, 公州大 博士請求論文, 2013.

정수호, 「四柱命理學의 行運推論法에 관한 研究」, 대구한의대 박사청구논문, 2014.

정하용, 「卦氣易學과 命理學의 원류에 관한 연구」, 공주대 박사청구논문, 2013.

------, 「六十甲子의 淵源에 관한 研究」, 公州大 碩士請求論文, 2010.

조규문, 「사주명리학에 적용된 음양오행 연구」, 공주대 석사청구논문, 2005.

조재환, 「사주命理學上의 神煞 位相에 관한 研究」, 공주대 석사청구논문, 2014.

조정용, 「命理學의 中和觀에 관한 研究」, 동의대 박사청구논문, 2018.

조주은, 「陰陽五行의 結合過程 研究」, 東方大 博士請求論文, 2014.

지문국, 「십이운성론의 명리학적 의의에 관한 연구」, 공주대 석사청구논문, 2012.

최왕규, 「명리학의 심리학적 위상에 관한 연구」, 공주대 박사청구논문, 2014.

崔王圭, 「지장간(地藏干) 理論의 연원(淵源)에 관한 研究」, 公州大 碩士請求論文, 2012.

崔漢珠, 「十神 槪念의 淵源과 性格」, 圓光大 博士請求論文, 2014.

河永三, 「甲骨文에 나타난 天人關係」, 『중국어문학』제30집, 1997.

韓永愛, 「十干十二支의 由來와 原理에 관한 研究」, 京畿大 碩士請求論文, 2010.

5. 인터넷 검색 사이트

고전종합DB(www.db.itkc.or.kr)

국사편찬위원회(www.sillok.history.go.kr)

네이버(www.naver.com)

다음(www.daum.net)

中國哲學書電子化計劃(www.ctext.org)

漢川草廬(www.sidneyluo.net)